절대 솔루션

1. 수험의 신 '서경원'의 저자 직강 온라인 라이브 강의(월 1회)

수험 일본어의 절대 강자 서경원 선생님이 월 1회 온라인 라이브 강의를 제공합니다.
(자세한 사항은 유튜브 혹은 네이버 블로그 '서경원의 일본, 일본어 이야기'에 공지)

2. 핵심문제풀이 무료 동영상 34강

동영상

- 교재 속 핵심문제를 고르고 골라, 저자 직강으로 풀어 드립니다.
- 해당 QR코드를 찍으면 편리하게 학습 동영상으로 바로 연결됩니다.
- YBM 홈페이지(www.ybmbooks.com) 혹은 유튜브에서 'YBM Books'나 '절대합격 JLPT N2 나홀로 30일 완성' 검색 후 시청하세요.

3. 저자가 직접 답해 주는 온라인 개인지도

학습 중 도움이 필요할 때는 저자에게 SOS를 치세요. agaru1004@hanmail.net으로 궁금한 사항을 보내시면 서경원 선생님으로부터 친절한 답변이 도착합니다.

4. 청해 고득점을 위한 다양한 버전의 음원 | 음원 무료 다운로드 www.ybmbooks.com

음원

	종류	청취 방법
1	학습용(1.0배속) 1) 문자·어휘(일본어+한국어)　2) 청해　3) 실전모의고사	1) 교재 속의 QR코드 2) 음원 다운로드
2	청해 문항별1(1.0배속)	음원 다운로드
3	청해 문항별2(1.2배속)	음원 다운로드
4	실전모의고사 고사장 소음	음원 다운로드
5	문자·어휘(일본어만)	음원 다운로드

5. 최종 점검을 위한 실전모의고사 1회분

모든 준비를 마쳤다면 이제 실전 타임! 고사장에 들어가기 전, 실전 대응 훈련을 위한 실전모의고사로 실전 감각을 키우세요.

나홀로 30일 완성

N2

절대합격 JLPT

서경원, 허윤정, YBM 일본어연구소 저

YBM 홀딩스

절대합격 JLPT N2

나홀로 30일 완성

발행인 권오찬
펴낸곳 와이비엠홀딩스

저자 서경원, 허윤정, YBM 일본어연구소
기획 고성희
마케팅 정연철, 박천산, 고영노, 박찬경, 김동진, 김윤하
디자인 이미화, 박성희

초판 인쇄 2021년 11월 1일
초판 발행 2021년 11월 8일

신고일자 2012년 4월 12일
신고번호 제2012-000060호
주소 서울시 종로구 종로 104
전화 (02)2000-0154
팩스 (02)2271-0172
홈페이지 www.ybmbooks.com

ISBN 978-89-6348-182-1

머리말

기존 일본어 능력시험에서 새로운 시험으로 개정된 지 벌써 10년이 지났습니다. 새롭게 바뀐 일본어 능력시험의 특징 중 하나는 단순한 암기가 아닌 전반적인 일본어에 대한 이해가 중요하다는 점입니다.

구체적인 예로 개정되기 전의 문법 문제는 응시 레벨에 맞는 문법만 암기하면 좋은 점수를 받을 수 있었지만, 개정된 시험에서는 회화체로 구성된 문장이 등장하며 문맥을 통해 정답을 찾아야 하는 문제도 출제됨으로써 단순한 암기만으로는 고득점을 기대하기 힘들어졌습니다.

또한 각 과목별 과락 점수가 있으므로 설령 한 과목에서 좋은 점수를 받더라도 다른 과목 점수가 낮으면 시험에 떨어질 수도 있습니다.

본 교재는 이러한 개정된 시험의 특징과 개정 후의 기출 문제를 철저하게 분석하여 각 과목별로 혼자서도 충분히 학습이 가능하도록 구성했습니다.

본 교재의 특징을 간단히 정리하면 다음과 같습니다.
우선 혼자서 모든 과목을 학습하기에 최적화된 교재라고 자부합니다.
파트별 출제 유형에 대한 분석부터 실제 시험 예시, 확인 문제, 출제 예상 어휘나 표현까지 순차적으로 습득하시면 각 과목의 출제 유형에 대한 완벽한 이해는 물론, 앞으로 출제가 예상되는 부분까지도 학습할 수 있습니다.

다음으로 수록한 모든 내용을 100% 문제로 확인할 수 있다는 점도 본 교재만의 특징이라고 할 수 있습니다. 예를 들어 '언어지식의 문자·어휘' 부분은 기출 어휘와 출제 예상 어휘를 단순히 제시하는 것에 그치지 않고 100% 확인 문제로 다시 풀어봄으로써 완벽하게 숙지할 수 있도록 했습니다.

또한 본 교재는 학습에서 이해가 안 되는 부분을 대표 저자인 서경원 선생님의 온라인 라이브 강의를 통해 바로 질문하고 확인할 수 있으며, 구체적인 학습 방법에 대한 조언 및 방향 설정도 가능합니다.

아무쪼록 본 교재가 여러분의 일본어 능력시험 준비에 조금이나마 도움이 되길 바라며 나아가 모든 분들의 합격을 진심으로 기원합니다.

서경원 · 허윤정 · YBM 일본어연구소 드림

JLPT(일본어 능력시험)란?

JLPT(일본어 능력시험)란?

일본어를 모국어로 하지 않는 사람을 대상으로 일본어 능력을 객관적으로 측정하고 인정함을 목적으로 하는 공식 시험이다. 일본국제교류기금과 일본국제교육지원협회가 공동으로 주최하며, 연 2회(7월·12월 첫째 주 일요일) 실시되고 있다.

시험 레벨과 인정 기준

시험은 5개 레벨(N1, N2, N3, N4, N5)로 나뉘어져 있으며, 각 레벨에 따라 N1, N2는 '언어지식(문자·어휘·문법)·독해', '청해'의 2섹션으로, N3~N5는 '언어지식(문자·어휘)', '언어지식(문법)·독해', '청해'의 3섹션으로 나뉘어져 있다.

레벨	인정 기준
N1	폭넓은 장면에서 사용되는 일본어를 이해할 수 있다.
N2	일상적인 장면에서 사용되는 일본어 이해에 더해, 보다 폭넓은 장면에서 사용되는 일본어를 어느 정도 이해할 수 있다.
N3	일상적인 장면에서 사용되는 일본어를 어느 정도 이해할 수 있다.
N4	기본적인 일본어를 이해할 수 있다.
N5	기본적인 일본어를 어느 정도 이해할 수 있다.

시험 과목과 시험 시간

시험은 2교시에 걸쳐 치러지며, N3~N5의 경우, 1교시에 '언어지식(문자·어휘)'과 '언어지식(문법)·독해'가 휴식 시간 없이 연결 실시된다.

레벨	1교시		휴식	2교시	
N1	언어지식(문자·어휘·문법)·독해	110분	20분	청해	60분
N2	언어지식(문자·어휘·문법)·독해	105분	20분	청해	50분
N3	언어지식(문자·어휘)	30분	20분	청해	40분
	언어지식(문법)·독해	70분			
N4	언어지식(문자·어휘)	25분	20분	청해	35분
	언어지식(문법)·독해	55분			
N5	언어지식(문자·어휘)	20분	20분	청해	30분
	언어지식(문법)·독해	40분			

합격 기준

매 시험의 난이도가 변동되는 것을 감안해 항상 같은 척도로 측정할 수 있도록 '등화(等化)'라는 상대 평가 방식이 적용되며, JLPT에 합격하기 위해서는 아래와 같이 레벨별 '종합 득점의 합격점'과 '과목별 기준점' 이상을 획득해야 한다.

레벨	합격점 / 종합 득점	과목별 기준점 / 과목별 종합 득점		
		언어지식 (문자·어휘·문법)	독해	청해
N1	100점 / 180점	19점 / 60점	19점 / 60점	19점 / 60점
N2	90점 / 180점	19점 / 60점	19점 / 60점	19점 / 60점
N3	95점 / 180점	19점 / 60점	19점 / 60점	19점 / 60점
N4	90점 / 180점	38점 / 120점		19점 / 60점
N5	80점 / 180점	38점 / 120점		19점 / 60점

N2 시험 문제 구성

	문제 유형		문항 수	평가 내용
언어 지식 (문자·어휘)	문제 1	한자 읽기	5	밑줄 친 부분의 한자를 히라가나로 어떻게 읽는지 묻는 문제
	문제 2	한자 표기	5	밑줄 친 부분의 히라가나를 한자로 어떻게 표기하는지 묻는 문제
	문제 3	어형성	5	괄호 안에 들어갈 적당한 접두어나 접미어 등의 파생어나 복합어를 찾는 문제
	문제 4	문맥 규정	7	괄호 안에 들어갈 적당한 어휘를 고르는 문제
	문제 5	교체 유의어	5	밑줄 친 단어나 표현과 가장 가까운 의미를 지닌 선택지를 고르는 문제
	문제 6	용법	5	어휘의 올바른 쓰임새를 묻는 문제
언어 지식 (문법)	문제 7	문법 형식 판단	12	괄호 안에 들어갈 적당한 문법표현을 찾는 문제
	문제 8	문맥 배열	5	문장 내용에 맞게 빈칸에 들어갈 말의 순서를 배열하는 문제
	문제 9	글의 흐름	5	글의 흐름에 맞게 빈칸에 들어갈 가장 적당한 선택지를 고르는 문제
독해	문제 10	내용 이해 1 (단문)	5	200자 내외의 짧은 글(일상생활, 업무 관련 설명문이나 지시문)을 읽고 전체적인 주제나 내용, 필자가 하고 싶은 말 등을 찾는 문제
	문제 11	내용 이해 2 (중문)	9	500자 내외의 글(쉬운 평론, 해설, 에세이 등)을 읽고 핵심 키워드, 인과 관계, 이유나 원인, 필자의 생각 등을 찾는 문제
	문제 12	통합 이해	2	600자 내외의 글(2개의 지문)을 읽고 어떤 주제에 대한 의견이나 생각을 비교, 통합하여 찾는 문제
	문제 13	주장 이해 (장문)	3	900자 내외의 글(평론이나 사설 등)을 읽고, 필자의 주장이나 의도를 찾는 문제
	문제 14	정보 검색	2	700자 내외의 글(광고나 팸플릿, 정보지, 비즈니스 문서 등)에서 필요한 정보를 찾아내는 문제
청해	문제 1	과제 이해	5	과제 해결에 필요한 정보를 듣고 선택지에서 가장 적당한 행동을 찾는 문제
	문제 2	포인트 이해	6	결론이 있는 이야기를 듣고 사전에 제시되는 질문에 근거해 이야기에서 포인트를 파악하는 문제
	문제 3	개요 이해	5	이야기를 듣고 말하는 사람의 의도나 주장 등을 이해했는지 묻는 문제
	문제 4	즉시 응답	12	짧은 발화를 듣고 즉시 적당한 응답을 찾는 문제
	문제 5	통합 이해	4	긴 이야기를 듣고 여러 정보를 비교, 통합하여 내용을 이해했는지 묻는 문제

이 책의 구성과 활용

『절대합격 JLPT N2 나홀로 30일 완성』은 JLPT(일본어 능력시험) N2 종합 대비서로, '언어지식(문자 · 어휘)', '언어지식(문법)', '독해', '청해'의 4SECTION과 'JLPT N2 실전모의고사'로 구성되어 있습니다.

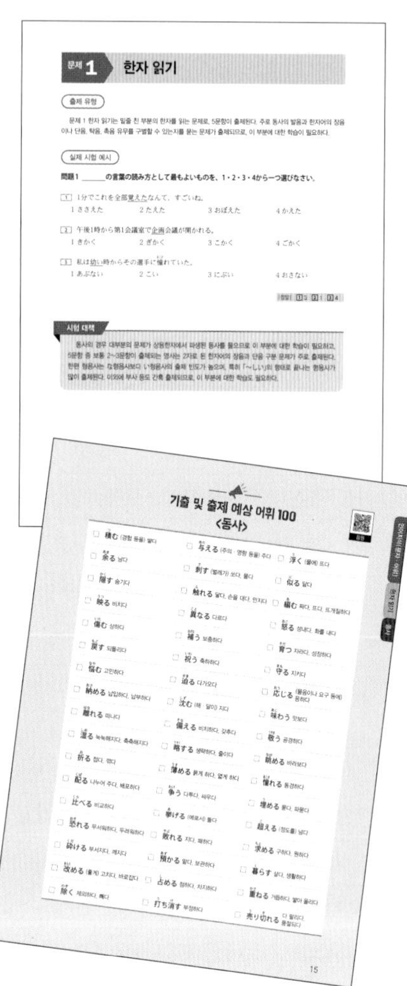

SECTION 1 언어지식(문자 · 어휘)

출제 유형/실제 시험 예시/시험 대책

언어지식(문자 · 어휘) 섹션의 〈문제 1(한자 읽기)~문제 6(용법)〉까지의 각 출제 유형에 대한 분석 및 실제 시험 예, 시험 대책까지 시험 전에 알아두면 좋을 사전 지식을 정리해 두었습니다.

기출 및 출제 예상 어휘

동사, 명사, い형용사, な형용사, 부사 등 품사별로 각 문제 유형에 출제된 기출 어휘 및 출제 예상 어휘를 정리해 두었습니다.
해당 품사별로 학습 후 실제 시험과 동일한 형식의 확인 문제를 통해 완벽히 숙지하였는지 다시 한 번 확인할 수 있습니다.
단, 〈문제 3(어형성)~6(용법)〉의 경우 품사를 아우르는 유형이므로 전 품사를 통합하여 제시하였습니다.

점수 UP! UP!

고득점을 위해 각 문제 유형별로 출제 확률이 높은 어휘를 품사별로 추가 선정하여 정리해 두었습니다.
단, 〈문제 3(어형성)~6(용법)〉의 경우 품사를 아우르는 유형이므로 전 품사를 통합하여 제시하였습니다.

JLPT N2 실전모의고사

실전 대응력을 높일 수 있도록 〈JLPT N2 실전모의고사〉를 부록으로 권말에 구성해 두었습니다. 섹션별 기본 학습을 마친 후 실제 시험과 동일한 환경을 만들어 권말의 '해답용지'를 이용해 실전처럼 문제를 풀어 보세요. 정답을 확인한 뒤에는 오답을 다시 한 번 확인하여 두 번 실수하지 않도록 정리해 두세요.

SECTION 2 언어지식(문법)

출제 유형/실제 시험 예시/시험 대책

언어지식(문법) 섹션의 〈문제7(문법 형식 판단)~문제 9(글의 흐름)〉까지의 각 출제 유형에 대한 분석 및 실제 시험 예, 시험 대책까지 시험 전에 알아두면 좋을 사전 지식을 정리해 두었습니다.

기출 문법표현 108

N2 레벨의 핵심 문법 108개를 선정하여 학습에 부담이 없도록 회차당 12개씩 총 9회차로 구성하였습니다. 문법표현을 학습한 뒤에는 실제 시험과 동일한 형식의 확인 문제를 통해 완벽히 숙지하였는지 다시 한 번 확인할 수 있습니다.

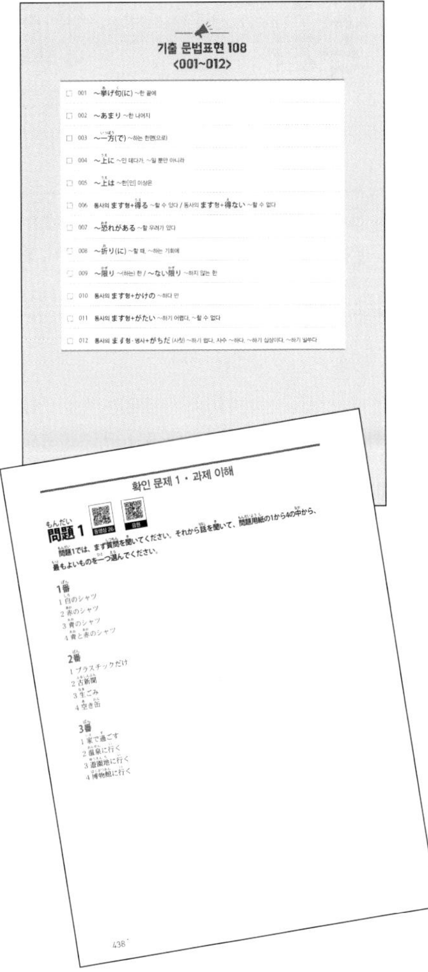

SECTION 3 독해

출제 유형/실제 시험 예시/시험 대책

독해 섹션의 〈문제 10(내용 이해 1(단문))~문제 14(정보 검색)〉까지의 각 출제 유형에 대한 분석 및 자주 나오는 질문 유형, 실제 시험 예, 시험 대책까지 시험 전에 알아두면 좋을 사전 지식을 정리해 두었습니다.

확인 문제

문제 유형별로 실제 시험과 동일한 형식의 확인 문제를 통해 실전 연습은 물론, 독해 능력도 기를 수 있습니다.

SECTION 4 청해

출제 유형/실제 시험 예시/시험 대책

청해 섹션의 〈문제 1(과제 이해)~문제 5(통합 이해)〉까지의 각 출제 유형에 대한 분석 및 실제 시험 예, 시험 대책까지 시험 전에 알아두면 좋을 사전 지식을 정리해 두었습니다.

확인 문제

문제 유형별로 실제 시험과 동일한 형식의 확인 문제를 통해 실전 연습은 물론, 청해 능력도 기를 수 있습니다.

부록

▶ 문자·어휘 및 청해 MP3

다양한 MP3 버전으로 청해 고득점에 도전하세요.

1. 〈문자·어휘〉의 기본 어휘를 두 가지 버전의 MP3로 들으면서 암기하세요.
   - 일본어+한국어
   - 일본어만
2. 〈청해 MP3〉는 원하는 형식과 속도로 골라 들으세요.
   - 1배속: 실전 연습 버전 (학습용, 청해 문항별)
   - 1.2배속: 빨리 듣기 연습 버전 (청해 문항별)
   - 실전모의고사 고사장 소음: 고사장 소음 대비 연습 버전

▶ 핵심문제풀이 무료 동영상 34강

핵심문제만을 엄선하여 동영상에 담았습니다. JLPT 전문가의 상세한 문제 풀이를 통해 더욱 효과적인 학습을 할 수 있습니다.

목차

SECTION 1 언어지식 (문자·어휘)

학습 스케줄 30일 완성

1일	2일	3일	4일	5일
한자 읽기 동사 1 (확인 문제 1~5)	한자 읽기 동사 2 (확인 문제 6~10)	한자 읽기 명사 1 (확인 문제 1~5)	한자 읽기 명사 2 (확인 문제 6~10)	한자 읽기 い형용사&な형용사, 부사 (확인 문제 1~5)
6일	**7일**	**8일**	**9일**	**10일**
한자 표기 동사 1 (확인 문제 1~5)	한자 표기 동사 2 (확인 문제 6~10)	한자 표기 명사 1 (확인 문제 1~5)	한자 표기 명사 2 (확인 문제 6~10)	한자 표기 い형용사&な형용사, 부사 (확인 문제 1~5)
11일	**12일**	**13일**	**14일**	**15일**
어형성 (확인 문제 1~5)	문맥 규정 1 (확인 문제 1~5)	문맥 규정 2 (확인 문제 6~10)	교체 유의어 1 (확인 문제 1~5)	교체 유의어 2 (확인 문제 6~10)
16일	**17일**	**18일**	**19일**	**20일**
용법 (확인 문제 1~10)	문법 1 (확인 문제 1~3)	문법 2 (확인 문제 4~6)	문법 3 (확인 문제 7~10)	내용 이해 1 (단문) (확인 문제 1~3)
21일	**22일**	**23일**	**24일**	**25일**
내용 이해 2 (중문) (확인 문제 1~3)	통합 이해 (확인 문제 1~3)	주장 이해 (장문) (확인 문제 1~3)	정보 검색 (확인 문제 1~3)	과제 이해 (확인 문제 1~3)
26일	**27일**	**28일**	**29일**	**30일**
포인트 이해 (확인 문제 1~3)	개요 이해 (확인 문제 1~3)	즉시 응답 (확인 문제 1~3)	통합 이해 (확인 문제 1~3)	실전모의고사

학습 스케줄 60일 완성

1일	2일	3일	4일	5일
한자 읽기 동사 1 (확인 문제 1~5)	한자 읽기 동사 2 (확인 문제 6~10)	한자 읽기 동사 1, 2 복습	한자 읽기 명사 1 (확인 문제 1~5)	한자 읽기 명사 2 (확인 문제 6~10)
6일	**7일**	**8일**	**9일**	**10일**
한자 읽기 명사 1, 2 복습	한자 읽기 い형용사&な형용사, 부사 (확인 문제 1~5)	한자 읽기 い형용사&な형용사, 부사 복습	한자 표기 동사 1 (확인 문제 1~5)	한자 표기 동사 2 (확인 문제 6~10)
11일	**12일**	**13일**	**14일**	**15일**
한자 표기 동사 1, 2 복습	한자 표기 명사 1 (확인 문제 1~5)	한자 표기 명사 2 (확인 문제 6~10)	한자 표기 명사 1, 2 복습	한자 표기 い형용사&な형용사, 부사 (확인 문제 1~5)
16일	**17일**	**18일**	**19일**	**20일**
한자 표기 い형용사&な형용사, 부사 복습	어형성 (확인 문제 1~5)	어형성 복습	문맥 규정 1 (확인 문제 1~5)	문맥 규정 2 (확인 문제 6~10)
21일	**22일**	**23일**	**24일**	**25일**
문맥 규정 1, 2 복습	교체 유의어 1 (확인 문제 1~5)	교체 유의어 2 (확인 문제 6~10)	교체 유의어 1, 2 복습	용법 (확인 문제 1~10)
26일	**27일**	**28일**	**29일**	**30일**
용법 복습	문법 1 (확인 문제 1~3)	문법 2 (확인 문제 4~6)	문법 3 (확인 문제 7~10)	문법 1, 2, 3 복습
31일	**32일**	**33일**	**34일**	**35일**
내용 이해 1 (단문) (확인 문제 1~3)	내용 이해 1 (단문) 복습	내용 이해 2 (중문) (확인 문제 1~3)	내용 이해 2 (중문) 복습	통합 이해 (확인 문제 1~3)
36일	**37일**	**38일**	**39일**	**40일**
통합 이해 복습	주장 이해 (장문) (확인 문제 1~3)	주장 이해 (장문) 복습	정보 검색 (확인 문제 1~3)	정보 검색 복습
41일	**42일**	**43일**	**44일**	**45일**
과제 이해 (확인 문제 1~3)	과제 이해 복습	포인트 이해 (확인 문제 1~3)	포인트 이해 복습	개요 이해 (확인 문제 1~3)
46일	**47일**	**48일**	**49일**	**50일**
개요 이해 복습	즉시 응답 (확인 문제 1~3)	즉시 응답 복습	통합 이해 (확인 문제 1~3)	통합 이해 복습
51일	**52일**	**53일**	**54일**	**55일**
실전모의고사 언어지식(문자 · 어휘)	실전모의고사 언어지식(문법)	실전모의고사 독해 1 (내용 이해 1, 2)	실전모의고사 독해 2 (통합 이해, 주장 이해)	실전모의고사 독해 3 (정보 검색)
56일	**57일**	**58일**	**59일**	**60일**
실전모의고사 청해 1 (과제 이해, 포인트 이해)	실전모의고사 청해 2 (개요 이해, 즉시 응답)	실전모의고사 청해 3 (통합 이해)	실전모의고사 언어지식(문자 · 어휘 · 문법) · 독해 복습	실전모의고사 청해 복습

SECTION 1

언어지식 (문자 · 어휘)

문제 1 한자 읽기

출제 유형

문제 1 한자 읽기는 밑줄 친 부분의 한자를 읽는 문제로, 5문항이 출제된다. 주로 동사의 발음과 한자어의 장음이나 단음, 탁음, 촉음 유무를 구별할 수 있는지를 묻는 문제가 출제되므로, 이 부분에 대한 학습이 필요하다.

실제 시험 예시

問題1 ＿＿＿＿の言葉の読み方として最もよいものを、1・2・3・4から一つ選びなさい。

1 1分でこれを全部覚えたなんて、すごいね。

1 ささえた　　2 たえた　　3 おぼえた　　4 かえた

2 午後1時から第1会議室で企画会議が開かれる。

1 きかく　　2 ぎかく　　3 こかく　　4 ごかく

3 私は幼い時からその選手に憧(あこが)れていた。

1 あぶない　　2 こい　　3 にぶい　　4 おさない

|정답| 1 3　2 1　3 4

시험 대책

동사의 경우 대부분의 문제가 상용한자에서 파생된 동사를 물으므로 이 부분에 대한 학습이 필요하고, 5문항 중 보통 2~3문항이 출제되는 명사는 2자로 된 한자어의 장음과 단음 구분 문제가 주로 출제된다. 한편 형용사는 な형용사보다 い형용사의 출제 빈도가 높으며, 특히 「~しい」의 형태로 끝나는 형용사가 많이 출제된다. 이외에 부사 등도 간혹 출제되므로, 이 부분에 대한 학습도 필요하다.

기출 및 출제 예상 어휘 100
<동사>

□ 積(つ)む (경험 등을) 쌓다	□ 与(あた)える (주의 · 영향 등을) 주다	□ 浮(う)く (물에) 뜨다
□ 余(あま)る 남다	□ 刺(さ)す (벌레가) 쏘다, 물다	□ 似(に)る 닮다
□ 隠(かく)す 숨기다	□ 触(ふ)れる 닿다, 손을 대다, 만지다	□ 編(あ)む 짜다, 뜨다, 뜨개질하다
□ 映(うつ)る 비치다	□ 異(こと)なる 다르다	□ 怒(おこ)る 성내다, 화를 내다
□ 傷(いた)む 상하다	□ 補(おぎな)う 보충하다	□ 育(そだ)つ 자라다, 성장하다
□ 戻(もど)す 되돌리다	□ 祝(いわ)う 축하하다	□ 守(まも)る 지키다
□ 悩(なや)む 고민하다	□ 迫(せま)る 다가오다	□ 応(おう)じる (물음이나 요구 등에) 응하다
□ 納(おさ)める 납입하다, 납부하다	□ 沈(しず)む (해 · 달이) 지다	□ 味(あじ)わう 맛보다
□ 離(はな)れる 떠나다	□ 備(そな)える 비치하다, 갖추다	□ 敬(うやま)う 공경하다
□ 湿(しめ)る 눅눅해지다, 축축해지다	□ 略(りゃく)する 생략하다, 줄이다	□ 眺(なが)める 바라보다
□ 折(お)る 접다, 꺾다	□ 薄(うす)める 묽게 하다, 엷게 하다	□ 憧(あこが)れる 동경하다
□ 配(くば)る 나누어 주다, 배포하다	□ 争(あらそ)う 다투다, 싸우다	□ 埋(う)める 묻다, 파묻다
□ 比(くら)べる 비교하다	□ 挙(あ)げる (예로서) 들다	□ 超(こ)える (정도를) 넘다
□ 恐(おそ)れる 무서워하다, 두려워하다	□ 敗(やぶ)れる 지다, 패하다	□ 求(もと)める 구하다, 원하다
□ 砕(くだ)ける 부서지다, 깨지다	□ 預(あず)かる 맡다, 보관하다	□ 暮(く)らす 살다, 생활하다
□ 改(あらた)める (좋게) 고치다, 바로잡다	□ 占(し)める 점하다, 차지하다	□ 重(かさ)ねる 거듭하다, 쌓아 올리다
□ 除(のぞ)く 제외하다, 빼다	□ 打(う)ち消(け)す 부정하다	□ 売(う)り切(き)れる 다 팔리다, 품절되다

□ 残(のこ)る 남다	□ 減(へ)る 줄다, 줄어들다	□ 閉(と)じる 닫다, (눈을) 감다
□ 燃(も)える (불에) 타다	□ 働(はたら)く 일하다	□ 絞(しぼ)る (물기를) 짜다, 쥐어짜다
□ 雇(やと)う 고용하다	□ 傾(かたむ)く 기울다, 기울어지다	□ 囲(かこ)む 둘러싸다
□ 断(ことわ)る 거절하다	□ 盗(ぬす)む 훔치다	□ 飢(う)える 굶주리다
□ 著(あらわ)す (책을) 쓰다, 저술하다	□ 続(つづ)く 이어지다, 계속되다	□ 結(むす)ぶ 매다, 묶다
□ 並(なら)ぶ (나란히) 늘어서다, (줄을) 서다	□ 届(とど)く (보낸 물건이) 도착하다	□ 含(ふく)める 포함하다
□ 優(すぐ)れる 뛰어나다, 우수하다	□ 祈(いの)る 빌다, 기원하다	□ 劣(おと)る 뒤떨어지다
□ 怠(おこた)る 게을리하다	□ 決(き)まる 정해지다, 결정되다	□ 乱(みだ)れる 흐트러지다
□ 扇(あお)ぐ 부치다, 부채질하다	□ 迎(むか)える (사람 · 때를) 맞다, 맞이하다	□ 抱(かか)える 안다, (어려움 등을) 떠안다
□ 認(みと)める 인정하다	□ 調(しら)べる 조사하다	□ 競(きそ)う 겨루다, 경쟁하다
□ 運(はこ)び去(さ)る 운반해 가다, (실어) 날라 가다	□ 撫(な)でる 쓰다듬다	□ 伴(ともな)う 동반하다, 따르다
□ 遭(あ)う (어떤 일을) 당하다, 겪다	□ 倒(たお)れる 쓰러지다, 넘어지다	□ 枯(か)れる (초목이) 시들다, 마르다
□ 塗(ぬ)る 바르다, 칠하다	□ 暖(あたた)まる 따뜻해지다	□ 張(は)り切(き)る 힘이 넘치다
□ 耕(たがや)す (논밭을) 갈다, 일구다	□ 焼(や)ける (불에) 타다	□ 甘(あま)やかす 응석을 받아 주다
□ 述(の)べる 말하다, 진술하다	□ 招(まね)く 초대하다	□ 承(うけたまわ)る 듣다
□ 暴(あば)れる 날뛰다, 난폭하게 굴다	□ 背負(せお)う 떠맡다, 짊어지다	□ 受(う)け持(も)つ 맡다, 담당하다
□ 言(い)い付(つ)ける 고자질하다		

확인 문제 1・동사

問題1 ＿＿＿の言葉の読み方として最もよいものを、1・2・3・4から一つ選びなさい。

1 来週のスケジュールはまだ決まっていません。
1 きまって　2 しまって　3 とまって　4 たまって

2 今度の件で、部長も山田君を認めるでしょう。
1 ためる　2 せめる　3 みとめる　4 もめる

3 彼女と彼女のお姉さんは本当に似ている。
1 にて　2 きて　3 して　4 えて

4 彼は10年以上も銀行で働いていた。
1 うごいて　2 はたらいて　3 まいて　4 ういて

5 その店の料理は、今まで味わったことのない料理であった。
1 あじわった　2 いわった　3 にぎわった　4 くわわった

6 ただ遭難者たちの無事を祈るばかりです。
1 のぼる　2 ことわる　3 いのる　4 せまる

7 代金は明後日までには是非納めてください。
1 やめて　2 さめて　3 おさめて　4 なめて

8 勝つだろうと思っていたのに、惜しくも敗れてしまった。
1 あれて　2 やぶれて　3 きれて　4 つれて

9 今回の成功は、努力を怠らなかったからだと思う。
1 おこたらなかった　2 いたらなかった　3 うまらなかった　4 あまらなかった

10 水を全くやらなかったのか、鉢植えは全部枯れていた。
1 たれて　2 おれて　3 たおれて　4 かれて

확인 문제 1 • 정답 및 해석(동사)

1 정답 1
해석 다음 주 스케줄은 아직 정해지지 않았습니다.
어휘 スケジュール 스케줄 決(き)まる 정해지다, 결정되다 し(閉)まる 닫히다 と(止)まる 멈추다, 서다 た(溜)まる 쌓이다

2 정답 3
해석 이번 건으로 부장님도 야마다 군을 인정하겠죠.
어휘 今度(こんど) 이번 件(けん) 건 部長(ぶちょう) 부장 認(みと)める 인정하다 た(貯)める (돈을) 모으다, 지축하다
せ(攻)める 공격하다 も(揉)める 옥신각신하다

3 정답 1
해석 그녀와 그녀의 언니는 정말 닮았다.
어휘 お姉(ねえ)さん (남의) 언니, 누나 本当(ほんとう)に 정말로 似(に)る 닮다 き(着)る (옷을) 입다 する 하다
え(得)る 얻다

4 정답 2
해석 그는 10년 이상이나 은행에서 일했었다.
어휘 以上(いじょう) 이상 숫자+も ~이나 銀行(ぎんこう) 은행 働(はたら)く 일하다 うご(動)く 움직이다
ま(巻)く 감다 う(浮)く (물에) 뜨다

5 정답 1
해석 그 가게의 요리는 지금까지 맛본 적이 없는 요리였다.
어휘 店(みせ) 가게 料理(りょうり) 요리 味(あじ)わう 맛보다 동사의 た형+ことがない ~한 적이 없다
いわ(祝)う 축하하다 にぎ(賑)わう 떠들썩하다, 활기차다 くわ(加)わる 더해지다

6 정답 3
해석 그저 조난자들의 무사함을 기원할 뿐입니다.
어휘 ただ 그저, 오직 遭難者(そうなんしゃ) 조난자 ~たち (사람이나 생물을 나타내는 말에 붙어) ~들 無事(ぶじ) 무사함
祈(いの)る 빌다, 기원하다 ~ばかり ~만, ~뿐 のぼ(登)る (높은 곳에) 오르다, 올라가다 ことわ(断)る 거절하다
せま(迫)る 다가오다

7 정답 3
해석 대금은 모레까지는 꼭 납입해 주세요.
어휘 代金(だいきん) 대금 明後日(あさって) 모레 ~までに ~까지 *최종기한 是非(ぜひ) 꼭
納(おさ)める 납입하다, 납부하다 や(止)める 그만두다, 관두다 さ(冷)める 식다 な(嘗)める 핥다

8 정답 2
해석 이길 거라고 생각하고 있었는데, 아쉽게도 패하고 말았다.
어휘 勝(か)つ 이기다 ~のに ~는데(도) 惜(お)しくも 아깝게도, 아쉽게도 敗(やぶ)れる 지다, 패하다
あ(荒)れる 거칠어지다 き(切)れる 끊어지다, 떨어지다, 다 되다 つ(連)れる 데리고 가다[오다]

9 정답 1
해석 이번 성공은 노력을 게을리하지 않았기 때문이라고 생각한다.
어휘 今回(こんかい) 이번 成功(せいこう) 성공 努力(どりょく) 노력 怠(おこた)る 게을리하다 いた(至)る 이르다
う(埋)まる 묻히다, 메워지다 あま(余)る 남다

10 정답 4
해석 물을 전혀 주지 않았던 것인지, 화분은 전부 시들어 있었다.
어휘 水(みず) 물 全(まった)く (부정어 수반) 전혀 やる (손아랫사람이나 동물 · 식물 등에게) 주다 鉢植(はちう)え 화분
全部(ぜんぶ) 전부 枯(か)れる (초목이) 시들다, 마르다 た(垂)れる 드리워지다 お(折)れる 접히다
たお(倒)れる 쓰러지다, 넘어지다

확인 문제 2 • 동사

問題1 ＿＿＿の言葉の読み方として最もよいものを、1・2・3・4から一つ選びなさい。

11 この頃、春らしい暖かい日が続いている。
1 つづいて　2 さいて　3 すいて　4 といて

12 規則はきちんと守らないと、何の意味もない。
1 さらない　2 よらない　3 まもらない　4 しらない

13 申し訳ありませんが、こちらの商品は売り切れてしまいました。
1 すりきれて　2 うりきれて　3 わりきれて　4 はりきれて

14 彼が今までこんな事実を隠していたなんて、意外だった。
1 もどして　2 うつして　3 かえして　4 かくして

15 未だにこの国では青少年が労働人口のかなりの部分を占めている。
1 はめて　2 しめて　3 ひめて　4 こめて

16 色々と事情があって彼女の誘いを断るしかなかった。
1 ことわる　2 さとる　3 おそわる　4 ける

17 両親は幼い時から、甘やかさないという教育方針で私を育ててきた。
1 おびやかさない　2 ひやかさない　3 あまやかさない　4 ふやかさない

18 ローションなどを塗って肌(はだ)の乾燥を防ぐ。
1 ぬって　2 かって　3 よって　4 こって

19 東南アジアの多くの国では、子供の頭を撫でることは無礼に当たる。
1 かなでる　2 なでる　3 ひいでる　4 ゆでる

20 憧れていた山田選手に会えるなんて、感激の至りだ。
1 おとずれて　2 くれて　3 あこがれて　4 てれて

확인 문제 2 • 정답 및 해석(동사)

11 정답 1
해석 요즘 봄다운 따뜻한 날이 이어지고 있다.
어휘 この頃(ごろ) 요즘 春(はる) 봄 명사+らしい ~답다 暖(あたた)かい 따뜻하다 日(ひ) 날 続(つづ)く 이어지다, 계속되다 さ(咲)く (꽃이) 피다 す(空)く 비다, 듬성듬성해지다 と(解)く (의문 · 문제를) 풀다

12 정답 3
해석 규칙은 제대로 지키지 않으면 아무런 의미도 없다.
어휘 規則(きそく) 규칙 きちんと 제대로, 확실히 守(まも)る 지키다 何(なん)の 아무런 意味(いみ) 의미 さ(去)る 떠나다 よ(寄)る 들르다 し(知)る 알다

13 정답 2
해석 죄송합니다만, 이 상품은 다 팔려 버렸습니다.
어휘 申(もう)し訳(わけ)ありません 죄송합니다 *「すみません」보다 정중한 표현 商品(しょうひん) 상품 売(う)り切(き)れる 다 팔리다, 품절되다 す(擦)りき(切)れる 닳아서 떨어지다 わ(割)りき(切)れる 충분히 납득되다 は(張)りき(切)れる 과도하게 부풀어 올라 찢어지다

14 정답 4
해석 그가 지금까지 이런 사실을 숨기고 있었다니, 의외였다.
어휘 事実(じじつ) 사실 隠(かく)す 숨기다 ~なんて ~라니, ~하다니 意外(いがい)だ 의외다 もど(戻)す 되돌리다 うつ(移)す 옮기다, 이동하다 かえ(返)す 돌려주다

15 정답 2
해석 아직도 이 나라에서는 청소년이 노동 인구의 상당한 부분을 차지하고 있다.
어휘 未(いま)だに 아직(까지)도 国(くに) 나라 青少年(せいしょうねん) 청소년 労働(ろうどう) 노동 人口(じんこう) 인구 かなり 꽤, 상당히 部分(ぶぶん) 부분 占(し)める 점하다, 차지하다 は(嵌)める 끼우다, 끼다 ひ(秘)める 숨기다, 간직하다 こ(込)める 속에 넣다

16 정답 1
해석 여러 가지로 사정이 있어서 그녀의 권유를 거절할 수밖에 없었다.
어휘 色々(いろいろ)と 여러 가지로 事情(じじょう) 사정 誘(さそ)い 권유 断(ことわ)る 거절하다 ~しかない ~할 수밖에 없다 さと(悟)る 깨닫다, 알아차리다 おそ(教)わる 가르침을 받다, 배우다 け(蹴)る 차다, 걷어차다

17 정답 3
해석 부모님은 어릴 때부터 응석을 받아 주지 않는다는 교육 방침으로 나를 키워 왔다.
어휘 両親(りょうしん) 양친, 부모 幼(おさな)い 어리다 甘(あま)やかす 응석을 받아 주다 教育(きょういく) 교육 方針(ほうしん) 방침 育(そだ)てる 키우다 おびや(脅)かす 위협하다 ひ(冷)やかす 차게 하다 ふやかす (물에) 불리다

18 정답 1
해석 로션 등을 발라서 피부의 건조를 막는다.
어휘 ローション 로션 塗(ぬ)る 바르다, 칠하다 肌(はだ) 피부 乾燥(かんそう) 건조 防(ふせ)ぐ 막다, 방지하다 か(飼)う (동물을) 기르다, 사육하다 よ(酔)う (술에) 취하다 こ(凝)る 엉기다, 응고하다

19 정답 2
해석 동남아시아의 많은 나라에서는 아이의 머리를 쓰다듬는 것은 무례에 해당한다.
어휘 東南(とうなん)アジア 동남아시아 多(おお)く 많음 国(くに) 나라 頭(あたま) 머리 撫(な)でる 쓰다듬다 無礼(ぶれい) 무례 当(あ)たる 해당하다 かな(奏)でる 연주하다 ひい(秀)でる 뛰어나다, 빼어나다 ゆ(茹)でる 데치다, 삶다

20 정답 3
해석 동경하고 있던 야마다 선수를 만날 수 있다니, 감격스럽기 그지없다.
어휘 憧(あこが)れる 동경하다 選手(せんしゅ) 선수 会(あ)う 만나다 ~なんて ~라니, ~하다니 感激(かんげき) 감격 ~の至(いた)り 극히 ~함, ~하기 그지없음 おとず(訪)れる 방문하다 く(暮)れる (날이) 저물다 て(照)れる 수줍어하다

확인 문제 3 • 동사

問題1 ＿＿＿＿の言葉の読み方として最もよいものを、1・2・3・4から一つ選びなさい。

21 最近、話題になったその店の前には、朝早くから多くの人が並んでいた。

1 ふんで　2 ならんで　3 とんで　4 すんで

22 子供に健康に育ってほしいというのは、親なら誰もが願うことだろう。

1 そだって　2 そって　3 うって　4 おって

23 景気の回復で、失業者の数もだんだん減っている。

1 たって　2 しって　3 ふって　4 へって

24 彼がそんな事故に遭うとは、想像もできなかった。

1 おぎなう　2 そろう　3 あう　4 さそう

25 この件は今すぐ調べてみた方がいいと思います。

1 しらべて　2 ならべて　3 のべて　4 うかべて

26 昨日買ってきたりんごは、あちこち傷んでいた。

1 むすんで　2 いたんで　3 くんで　4 からんで

27 年を取るに伴って、白髪(しらが)も多くなる。

1 ともなって　2 やしなって　3 いきどおって　4 まかなって

28 彼は世の中の苦悩を一人で背負っているような顔をしていた。

1 あおって　2 なおって　3 かおって　4 せおって

29 お酒を飲んで暴れるなんて、本当にみっともないね。

1 あきれる　2 あふれる　3 あばれる　4 よごれる

30 これは昔田畑(たはた)を耕す道具として盛(さか)んに使われていた。

1 ふやす　2 たがやす　3 さがす　4 もやす

확인 문제 3 • 정답 및 해석(동사)

21 정답 2
해석 최근 화제가 된 그 가게 앞에는 아침 일찍부터 많은 사람이 줄을 서 있었다.
어휘 最近(さいきん) 최근, 요즘 話題(わだい) 화제 店(みせ) 가게 前(まえ) 앞 朝(あさ) 아침 早(はや)く 일찍 多(おお)く 많음 人(ひと) 사람 並(なら)ぶ (나란히) 늘어서다, (줄을) 서다 ふ(踏)む 밟다 と(飛)ぶ 날다 す(済)む 끝나다

22 정답 1
해석 아이가 건강하게 자라 주었으면 하는 것은 부모라면 누구나가 원하는 일일 것이다.
어휘 子供(こども) 아이, 자식 健康(けんこう)だ 건강하다, 튼튼하다 育(そだ)つ 자라다, 성장하다 ～てほしい ~해 주었으면 하다, ~하길 바라다 親(おや) 부모 願(ねが)う 원하다 そ(沿)う 따르다 う(打)つ 치다, 때리다 お(追)う 따르다, 추구하다

23 정답 4
해석 경기 회복으로 실업자 수도 점점 줄고 있다.
어휘 景気(けいき) 경기 回復(かいふく) 회복 失業者(しつぎょうしゃ) 실업자 数(かず) 수 だんだん 점점 減(へ)る 줄다, 줄어들다 た(経)つ (시간이) 지나다, 경과하다 し(知)る 알다 ふ(振)る 흔들다

24 정답 3
해석 그가 그런 사고를 당하다니, 상상도 못했다.
어휘 そんな 그런 事故(じこ) 사고 遭(あ)う (어떤 일을) 당하다, 겪다 ～とは ~하다니 想像(そうぞう) 상상 おぎな(補)う 보충하다 そろ(揃)う 갖추어지다 さそ(誘)う 권하다, 권유하다

25 정답 1
해석 이 건은 지금 바로 조사해 보는 편이 좋다고 생각합니다.
어휘 件(けん) 건 今(いま) 지금 すぐ 곧, 바로 調(しら)べる 조사하다 동사의 た형+方(ほう)がいい ~하는 편[쪽]이 좋다 なら(並)べる (물건 등을) 늘어놓다, 나란히 놓다 の(述)べる 말하다, 진술하다 う(浮)かべる 띄우다

26 정답 2
해석 어제 사 온 사과는 여기저기 상해 있었다.
어휘 昨日(きのう) 어제 買(か)う 사다 りんご 사과 あちこち 여기저기 傷(いた)む 상하다 むす(結)ぶ 매다, 묶다 く(組)む 짜다, (조직을) 만들다 から(絡)む 얽히다, 관계되다

27 정답 1
해석 나이를 먹음에 따라 흰머리도 많아진다.
어휘 年(とし)を取(と)る 나이를 먹다 伴(ともな)う 동반하다, 따르다 *「～に伴(ともな)って」 - ~에 동반해서, ~에 따라서 白髪(しらが) 흰머리 多(おお)い 많다 やしな(養)う 기르다, 양육하다 いきどお(憤)る 분개하다 まかな(賄)う 조달하다

28 정답 4
해석 그는 세상의 고뇌를 혼자서 짊어지고 있는 듯한 얼굴을 하고 있었다.
어휘 世(よ)の中(なか) 세상 苦悩(くのう) 고뇌 一人(ひとり)で 혼자서 背負(せお)う 떠맡다, 짊어지다 ～ような ~인 것 같은, ~인 듯한 顔(かお) 얼굴 あお(煽)る 부치다, 부채질하다 なお(治)る 낫다, 치료되다 かお(香)る 향기가 나다

29 정답 3
해석 술을 마시고 날뛰다니, 정말 꼴불견이네.
어휘 お酒(さけ)を飲(の)む 술을 마시다 暴(あば)れる 날뛰다, 난폭하게 굴다 ～なんて ~라니, ~하다니 みっともない 꼴불견이다 あき(呆)れる 기가 막히다 あふ(溢)れる 넘쳐흐르다 よご(汚)れる 더러워지다

30 정답 2
해석 이것은 옛날에 논밭을 가는 도구로 널리 사용되었다.
어휘 昔(むかし) 옛날 田畑(たはた) 논밭 耕(たがや)す (논밭을) 갈다, 일구다 道具(どうぐ) 도구 ～として ~로서 盛(さか)んだ 왕성하다, 널리 행하여지다 使(つか)う 쓰다, 사용하다 ふ(増)やす 늘리다 さが(探)す 찾다 も(燃)やす (불에) 태우다

확인 문제 4・동사

問題1 ＿＿＿＿の言葉の読み方として最もよいものを、1・2・3・4から一つ選びなさい。

31 昨日買ってきたお菓子は、一つも残っていませんでした。

1 のこって　2 あまって　3 かって　4 そって

32 冬を迎える前に備えておくべきことは何でしょうか。

1 ささえる　2 さかえる　3 かかえる　4 むかえる

33 そんなことをしたから、彼女が怒るのも当然ですよ。

1 かわる　2 しまる　3 のる　4 おこる

34 夫は新学期から大学で英語の講義を受け持つことになった。

1 うけもつ　2 うけまつ　3 ひけもつ　4 ひけまつ

35 息子の誕生日をみんなで祝ってやりました。

1 すって　2 いわって　3 もって　4 きそって

36 過ぎた時間を元に戻すことはできない。

1 しめす　2 いかす　3 かえす　4 もどす

37 去年に比べて今年は春の訪れが遅かった。

1 のべて　2 しらべて　3 くらべて　4 ならべて

38 これは一人当たり2部ずつ配ってください。

1 つのって　2 くばって　3 いかって　4 せまって

39 私はベランダからぼうっと夜空(よぞら)を眺めているのが好きです。

1 さめて　2 ながめて　3 かがめて　4 うめて

40 昨日、先生からありがたいお話を承りました。

1 とまり　2 さわり　3 うけたまわり　4 にぎり

확인 문제 4 • 정답 및 해석(동사)

31 정답 1
해석 어제 사 온 과자는 한 개도 남아 있지 않았습니다.
어휘 昨日(きのう) 어제 買(か)う 사다 お菓子(かし) 과자 一(ひと)つ 한 개 残(のこ)る 남다 あま(余)る 남다
か(飼)う (동물을) 기르다, 사육하다 そ(剃)る 깎다

32 정답 4
해석 겨울을 맞기 진에 대비해 두어야 할 것은 무엇일까요?
어휘 冬(ふゆ) 겨울 迎(むか)える (사람 · 때를) 맞다, 맞이하다 동사의 기본형+前(まえ)に ~하기 전에
備(そな)える 대비하다 ささ(支)える 떠받치다, 지탱하다 さか(栄)える 번영하다, 번창하다
かか(抱)える 안다, (어려움 등을) 떠안다

33 정답 4
해석 그런 짓을 했으니까, 그녀가 화를 내는 것도 당연해요.
어휘 そんな 그런 怒(おこ)る 성내다, 화를 내다 当然(とうぜん)だ 당연하다 か(代)わる 대신하다 し(閉)まる 닫히다
の(載)る (신문 · 잡지 등에) 실리다

34 정답 1
해석 남편은 신학기부터 대학에서 영어 강의를 맡게 되었다.
어휘 夫(おっと) (자신의) 남편 新学期(しんがっき) 신학기 大学(だいがく) 대학 英語(えいご) 영어 講義(こうぎ) 강의
受(う)け持(も)つ 맡다, 담당하다 동사의 보통형+ことになる ~하게 되다

35 정답 2
해석 아들의 생일을 다 같이 축하해 주었습니다.
어휘 息子(むすこ) (자신의) 아들 誕生日(たんじょうび) 생일 みんなで 다 같이 祝(いわ)う 축하하다
~てやる (대등한 관계나 손아랫사람에게) ~해 주다 す(刷)る 인쇄하다 も(盛)る (그릇에) 수북이 담다
きそ(競)う 겨루다, 경쟁하다

36 정답 4
해석 지나간 시간을 예전으로 되돌릴 수는 없다.
어휘 過(す)ぎる (시간이) 지나다, 지나가다 時間(じかん) 시간 元(もと) 전, 이전 戻(もど)す 되돌리다
しめ(示)す (나타내) 보이다 い(生)かす 살리다 かえ(返)す 돌려주다

37 정답 3
해석 작년에 비해 올해는 봄이 찾아오는 것이 늦었다.
어휘 去年(きょねん) 작년 比(くら)べる 비교하다 *「~に比(くら)べて」- ~에 비해서 今年(ことし) 올해 春(はる) 봄
訪(おとず)れ (계절이) 찾아옴 遅(おそ)い 늦다 の(述)べる 말하다, 진술하다 しら(調)べる 조사하다
なら(並)べる (물건 등을) 늘어놓다, 나란히 놓다

38 정답 2
해석 이건 한 사람당 2부씩 나눠 주세요.
어휘 ~当(あ)たり ~당 ~部(ぶ) ~부 ~ずつ ~씩 配(くば)る 나누어 주다, 배포하다 つの(募)る 모집하다
いか(怒)る 노하다, 화를 내다 せま(迫)る 다가오다

39 정답 2
해석 저는 베란다에서 멍하니 밤하늘을 바라보고 있는 것을 좋아합니다.
어휘 ベランダ 베란다 ぼうっと 멍하니 夜空(よぞら) 밤하늘 眺(なが)める 바라보다 好(す)きだ 좋아하다
さ(冷)める 식다 かが(屈)める 굽히다, 구부리다 う(埋)める 묻다, 파묻다

40 정답 3
해석 어제 선생님께 고마운 이야기를 들었습니다.
어휘 昨日(きのう) 어제 ありがたい 고맙다 承(うけたまわ)る 듣다 *「聞(き)く」의 겸양어 と(泊)まる 묵다, 숙박하다
さわ(触)る 만지다, 손을 대다 にぎ(握)る (손에) 쥐다, 잡다

확인 문제 5・동사

問題1 ＿＿＿の言葉の読み方として最もよいものを、1・2・3・4から一つ選びなさい。

41 小学生の時、母によく髪を結んでもらったものだ。
1 むすんで　2 あんで　3 とんで　4 しんで

42 鉄の棒の先を機械で折って曲げた。
1 すって　2 おって　3 くって　4 そって

43 鏡に映る自分の顔と、写真の中の自分の顔は何だか違う気がする。
1 かわる　2 もどる　3 うつる　4 さわる

44 燃えるごみは、あちらの箱に入れてください。
1 もえる　2 かえる　3 きたえる　4 おとろえる

45 具体例を挙げる場合は、以下の点に注意してください。
1 しげる　2 あげる　3 ささげる　4 とげる

46 取引先からの値下げ要求に応じるわけにはいかなかった。
1 かんじる　2 しんじる　3 こうじる　4 おうじる

47 知らないうちに盗まれた個人情報でクレジットカードが作られていた。
1 ぬすまれた　2 はさまれた　3 やまれた　4 もまれた

48 彼女は両親の下(もと)を離れて、東京に出て勉強しているそうだ。
1 わかれて　2 くずれて　3 こわれて　4 はなれて

49 競泳とは、一定の距離を定められた泳法で泳ぎ、タイムを競う競技です。
1 あらそう　2 やしなう　3 きそう　4 たたかう

50 雑巾(ぞうきん)を硬く絞ったら、手首が痛くなった。
1 かぶったら　2 しぼったら　3 こったら　4 もったら

확인 문제 5 • 정답 및 해석(동사)

41 정답 1
해석 초등학생 때 어머니가 자주 머리를 묶어 주곤 했다.
어휘 小学生(しょうがくせい) 초등학생 母(はは) (자신의) 어머니 髪(かみ) 머리(카락) 結(むす)ぶ 매다, 묶다
~て[で]もらう (남에게) ~해 받다, (남이) ~해 주다 동사의 た형+ものだ ~하곤 했다 *회상
あ(編)む 짜다, 뜨다, 뜨개질하다 と(飛)ぶ 날다 し(死)ぬ 죽다

42 정답 2
해석 철로 된 막대기의 끝을 기계로 접어서 구부렸다.
어휘 鉄(てつ) 철 棒(ぼう) 막대기 先(さき) 끝 機械(きかい) 기계 折(お)る 접다, 꺾다 曲(ま)げる 구부리다
す(刷)る 인쇄하다 く(食)う 먹다 そ(剃)る 깎다

43 정답 3
해석 거울에 비치는 자신의 얼굴과 사진 속의 자신의 얼굴은 어쩐지 다른 느낌이 든다.
어휘 鏡(かがみ) 거울 映(うつ)る 비치다 自分(じぶん) 자기, 자신, 나 顔(かお) 얼굴 写真(しゃしん) 사진
何(なん)だか 웬일인지, 어쩐지 違(ちが)う 다르다 気(き)がする 느낌[생각]이 들다 か(代)わる 대신하다
もど(戻)る 되돌아가다, 되돌아오다 さわ(触)る 만지다, 손을 대다

44 정답 1
해석 타는 쓰레기는 저쪽 상자에 넣어 주세요.
어휘 燃(も)える (불에) 타다 ごみ 쓰레기 あちら 저쪽 箱(はこ) 상자 入(い)れる 넣다 か(変)える 바꾸다
きた(鍛)える (심신을) 단련하다 おとろ(衰)える (체력이) 쇠약해지다

45 정답 2
해석 구체적인 예를 드는 경우는 이하의 점에 주의해 주십시오.
어휘 具体例(ぐたいれい) 구체적인 예 挙(あ)げる (예로서) 들다 場合(ばあい) 경우 以下(いか) 이하 点(てん) 점
注意(ちゅうい) 주의 しげ(茂)る 우거지다, 무성해지다 ささ(捧)げる 바치다 と(遂)げる 이루다, 완수하다

46 정답 4
해석 거래처로부터의 가격 인하 요구에 응할 수는 없었다.
어휘 取引先(とりひきさき) 거래처 値下(ねさ)げ 가격 인하 要求(ようきゅう) 요구
応(おう)じる (물음이나 요구 등에) 응하다 동사의 기본형+わけにはいかない ~할 수는 없다 かん(感)じる 느끼다
しん(信)じる 믿다 こう(講)じる 강구하다

47 정답 1
해석 모르는 사이에 도난당한 개인 정보로 신용카드가 만들어져 있었다.
어휘 知(し)る 알다 ~うちに ~동안에, ~사이에 盗(ぬす)む 훔치다 個人(こじん) 개인 情報(じょうほう) 정보
クレジットカード 신용카드 作(つく)る 만들다 はさ(挟)む 끼우다 や(止)む 그치다, 멎다 も(揉)む 비비다, 주무르다

48 정답 4
해석 그녀는 부모님 슬하를 떠나서 도쿄에 나와 공부하고 있다고 한다.
어휘 両親(りょうしん) 양친, 부모 下(もと) 곁, 슬하 離(はな)れる 떠나다 出(で)る 나오다 勉強(べんきょう) 공부
품사의 보통형+そうだ ~라고 한다 *전문 わか(別)れる 헤어지다 くず(崩)れる 무너지다 こわ(壊)れる 부서지다

49 정답 3
해석 경영(競泳)이란 일정 거리를 정해진 영법으로 헤엄쳐 시간을 겨루는 경기입니다.
어휘 競泳(きょうえい) 경영 ~とは ~라고 하는 것은, ~란 *정의 一定(いってい) 일정 距離(きょり) 거리
定(さだ)める 정하다 泳法(えいほう) 영법, 헤엄치는 법 泳(およ)ぐ 헤엄치다, 수영하다 タイム 타임, 시간
競(きそ)う 겨루다, 경쟁하다 競技(きょうぎ) 경기 あらそ(争)う 다투다, 싸우다 やしな(養)う 기르다, 양육하다
たたか(戦)う 싸우다

50 정답 2
해석 걸레를 꼭 짰더니, 손목이 아파졌다.
어휘 雑巾(ぞうきん) 걸레 硬(かた)い (힘을 넣어) 단단하다 絞(しぼ)る (물기를) 짜다, 쥐어짜다 手首(てくび) 손목
痛(いた)い 아프다 かぶ(被)る (머리·얼굴에) 쓰다 こ(凝)る 엉기다, 응고하다 も(盛)る (수북이) 그릇에 담다

확인 문제 6・동사

問題1 ＿＿＿の言葉の読み方として最もよいものを、1・2・3・4から一つ選びなさい。

51 アフリカでは、最高気温が40度を超える地域が多い。
1 たえる　2 きえる　3 さえる　4 こえる

52 池に何匹かの死んだ魚が浮いていた。
1 まいて　2 さいて　3 ういて　4 きいて

53 ストレスは心と体に深刻なダメージを与える。
1 あたえる　2 かまえる　3 さかえる　4 となえる

54 仕事において、経験を積むことはとても大事だ。
1 すむ　2 つむ　3 とむ　4 もむ

55 定年後は、田舎の大自然に囲まれてのんびり暮らしたい。
1 くらし　2 あらし　3 てらし　4 もらし

56 すぐに結果を求めたり、公(おおやけ)より自分を優先する生き方は不幸を招くものだ。
1 もとめ　2 からめ　3 やすめ　4 こめ

57 今回の社員研修には、私も含めて全員参加します。
1 もめて　2 ためて　3 ふくめて　4 いためて

58 「国際連合」は「国連」と略する。
1 たっする　2 りゃくする　3 せっする　4 かする

59 卵を食べると手軽にたんぱく質を補うことができる。
1 あらそう　2 とう　3 やしなう　4 おぎなう

60 衣類は濡れた状態だと雑菌(ざっきん)が繁殖(はんしょく)しやすくなるため、湿ったまま放置するのはよくない。
1 ふった　2 しめった　3 こうむった　4 うらなった

확인 문제 6 • 정답 및 해석(동사)

51 정답 4
해석 아프리카에서는 최고 기온이 40도를 넘는 지역이 많다.
어휘 アフリカ 아프리카 最高気温(さいこうきおん) 최고 기온 ～度(ど) ～도 超(こ)える (정도를) 넘다 地域(ちいき) 지역 多(おお)い 많다 た(耐)える 참다, 견디다 き(消)える 사라지다 さ(冴)える (머리가) 맑아지다

52 정답 3
해석 연못에 몇 마리인가의 죽은 물고기가 떠 있었다.
어휘 池(いけ) 연못 何匹(なんびき) 몇 마리 *「～匹(ひき)」- ～마리 死(し)ぬ 죽다 魚(さかな) 물고기 浮(う)く (물에) 뜨다 ま(巻)く 감다 さ(咲)く (꽃이) 피다 き(効)く 듣다, 효과가 있다

53 정답 1
해석 스트레스는 마음과 몸에 심각한 타격을 준다.
어휘 ストレス 스트레스 心(こころ) 마음 体(からだ) 몸, 신체 深刻(しんこく)だ 심각하다 ダメージ 대미지, 타격 与(あた)える (주의·영향 등을) 주다 かま(構)える 자세를 취하다 さか(栄)える 번영하다, 번창하다 とな(唱)える 제창하다

54 정답 2
해석 일에 있어서 경험을 쌓는 것은 아주 중요하다.
어휘 仕事(しごと) 일 ～において ～에 있어서, ～에서 経験(けいけん) 경험 積(つ)む (경험 등을) 쌓다 大事(だいじ)だ 중요하다 す(済)む 끝나다 と(富)む 풍부하다 も(揉)む 비비다, 주무르다

55 정답 1
해석 정년 후에는 시골의 대자연에 둘러싸여 느긋하게 살고 싶다.
어휘 定年(ていねん) 정년 ～後(ご) ～후 田舎(いなか) 시골 大自然(だいしぜん) 대자연 囲(かこ)む 둘러싸다 のんびり 느긋하게 暮(く)らす 살다, 생활하다 あ(荒)らす 황폐하게 하다, 망치다 て(照)らす (빛을) 비추다, 밝히다 も(漏)らす 누설하다

56 정답 1
해석 바로 결과를 원하거나 공공보다 자신을 우선하는 삶의 방식은 불행을 초래하는 법이다.
어휘 すぐに 곧, 바로 結果(けっか) 결과 求(もと)める 구하다, 원하다 公(おおやけ) 공공 ～より ～보다 自分(じぶん) 자신, 자기, 나 優先(ゆうせん) 우선 生(い)き方(かた) 삶의 방식 不幸(ふこう) 불행 招(まね)く 초래하다 ～ものだ ～인 법[것]이다 *상식·진리·본성 から(絡)める 휘감다, 관련시키다 やす(休)める 쉬(게 하)다, 휴식시키다 こ(込)める 속에 넣다

57 정답 3
해석 이번 사원 연수에는 저도 포함해 전원 참가합니다.
어휘 社員(しゃいん) 사원 研修(けんしゅう) 연수 含(ふく)める 포함하다 全員(ぜんいん) 전원 参加(さんか) 참가 も(揉)める 옥신각신하다 た(貯)める (돈을) 모으다, 저축하다 いた(痛)める 아프게 하다

58 정답 2
해석 '국제 연합'은 '국련'으로 줄인다.
어휘 国際連合(こくさいれんごう) 국제 연합 国連(こくれん) 국련 *「国際連合(こくさいれんごう)」(국제 연합)의 준말 略(りゃく)する 생략하다, 줄이다 たっ(達)する 이르다, 도달하다, 달하다 せっ(接)する 접하다 か(化)する 변하다, 변하게 하다

59 정답 4
해석 계란을 먹으면 손쉽게 단백질을 보충할 수 있다.
어휘 卵(たまご) 달걀, 계란 手軽(てがる)だ 손쉽다, 간단하다 たんぱく質(しつ) 단백질 補(おぎな)う 보충하다 あらそ(争)う 다투다, 싸우다 と(問)う 묻다 やしな(養)う 기르다, 양육하다

60 정답 2
해석 의류는 젖은 상태라면 잡균이 번식하기 쉬워지기 때문에 눅눅해진 채로 방치하는 것은 좋지 않다.
어휘 衣類(いるい) 의류 濡(ぬ)れる 젖다 状態(じょうたい) 상태 雑菌(ざっきん) 잡균 繁殖(はんしょく) 번식 동사의 ます형+やすい ～하기 쉽다 湿(しめ)る 눅눅해지다, 축축해지다 동사의 た형+まま ～한 채, ～상태로 放置(ほうち) 방치 ふ(振)る 흔들다 こうむ(被)る (피해 등을) 입다, 받다 うらな(占)う 점치다

확인 문제 7 • 동사

問題1 ＿＿＿の言葉の読み方として最もよいものを、1・2・3・4から一つ選びなさい。

61 春の日差しで大地が暖まる。
1 つまる　2 とまる　3 あたたまる　4 はやまる

62 眠れない時、目を閉じて横になるだけでも休まるという。
1 おうじて　2 しんじて　3 とうじて　4 とじて

63 道端に自転車がたくさん倒れていた。
1 たおれて　2 こわれて　3 うすれて　4 ながれて

64 この車は、他の車に比べて耐圧性(たいあつせい)に優れている。
1 ふれて　2 すぐれて　3 はなれて　4 あふれて

65 外で遊んでいて、飛んできた蜂(はち)に刺されてしまった。
1 もどされて　2 いかされて　3 ふやされて　4 さされて

66 風船は強い風でどこかに運び去られた。
1 のびさられた　2 はこびさられた　3 のびもられた　4 はこびもられた

67 その国は、外国人労働者を雇うことによって人手不足を凌(しの)いでいた。
1 やとう　2 まう　3 そう　4 おう

68 彼女は証人として見たままのことを述べた。
1 しらべた　2 くらべた　3 ならべた　4 のべた

69 その学者は、亡くなるまで40冊あまりの著作を著した。
1 しめした　2 しるした　3 あらわした　4 あかした

70 火がつかないようであれば、団扇(うちわ)で扇いでください。
1 といで　2 あおいで　3 かいで　4 ふせいで

확인 문제 7 • 정답 및 해석(동사)

61 **정답** 3
해석 봄의 햇살로 대지가 따뜻해진다.
어휘 春(はる) 봄 日差(ひざ)し 햇살, 햇볕 大地(だいち) 대지 暖(あたた)まる 따뜻해지다 つ(詰)まる 가득 차다 と(泊)まる 묵다, 숙박하다 はや(早)まる (시간이) 빨라지다, 앞당겨지다

62 **정답** 4
해석 잠들 수 없을 때 눈을 감고 눕기만 해도 편안해진다고 한다.
어휘 眠(ねむ)る 자다, 잠들다 目(め) 눈 閉(と)じる 닫다, (눈을) 감다 横(よこ)になる 눕다 ～だけでも ~만으로도 休(やす)まる 편안해지다 ～という ~라고 한다 おう(応)じる (물음이나 요구 등에) 응하다 しん(信)じる 믿다 とう(投)じる 던지다

63 **정답** 1
해석 길가에 자전거가 많이 쓰러져 있었다.
어휘 道端(みちばた) 길가 自転車(じてんしゃ) 자전거 たくさん 많이 倒(たお)れる 쓰러지다, 넘어지다 こわ(壊)れる 부서지다 うす(薄)れる 엷어지다 なが(流)れる 흐르다

64 **정답** 2
해석 이 차는 다른 차에 비해 내압성이 뛰어나다.
어휘 車(くるま) 자동차, 차 他(ほか)の～ 다른~ ～に比(くら)べて ~에 비해서 耐圧性(たいあつせい) 내압성 優(すぐ)れる 뛰어나다, 우수하다 ふ(触)れる 접하다 はな(離)れる 떠나다, 떨어지다, 헤어지다 あふ(溢)れる 넘치다

65 **정답** 4
해석 밖에서 놀다가 날아 온 벌에 쏘이고 말았다.
어휘 外(そと) 밖 遊(あそ)ぶ 놀다 飛(と)ぶ 날다 蜂(はち) 벌 刺(さ)す (벌레가) 쏘다, 물다 もど(戻)す 되돌리다 い(生)かす 살리다 ふ(増)やす 늘리다

66 **정답** 2
해석 풍선은 강한 바람에 어딘가로 날라 갔다.
어휘 風船(ふうせん) 풍선 強(つよ)い 강하다 風(かぜ) 바람 どこかに 어딘가로 運(はこ)び去(さ)る 운반해 가다, (실어) 날라 가다

67 **정답** 1
해석 그 나라는 외국인 노동자를 고용함으로써 인력 부족을 견뎌 내고 있었다.
어휘 国(くに) 나라 外国人(がいこくじん) 외국인 労働者(ろうどうしゃ) 노동자 雇(やと)う 고용하다 ～ことによって ~하는 것에 의해, ~함으로써 人手不足(ひとでぶそく) 인력 부족 凌(しの)ぐ 참고 견디다, 견뎌 내다 ま(舞)う 흩날리다, 춤추다 そ(沿)う 따르다 お(負)う 지다, 짊어지다

68 **정답** 4
해석 그녀는 증인으로서 본 대로를 말했다.
어휘 証人(しょうにん) 증인 ～として ~로서 見(み)る 보다 ～まま 그대로, ~대로 述(の)べる 말하다, 진술하다 しら(調)べる 조사하다 くら(比)べる 비교하다 なら(並)べる (물건 등을) 늘어놓다, 나란히 놓다

69 **정답** 3
해석 그 학자는 죽을 때까지 40권 남짓의 저작을 저술했다.
어휘 学者(がくしゃ) 학자 亡(な)くなる 죽다, 돌아가다 ～冊(さつ) ~권 ～あまり ~남짓 著作(ちょさく) 저작 著(あらわ)す (책을) 쓰다, 저술하다 しめ(示)す (나타내) 보이다 しる(記)す 적다, 기록하다, 저술하다 あ(明)かす 밝히다, 털어놓다

70 **정답** 2
해석 불이 안 붙을 것 같으면 부채로 부쳐 주세요.
어휘 火(ひ)がつく 불이 붙다 ～ようだ ~일 것 같다 団扇(うちわ) 부채 扇(あお)ぐ 부치다, 부채질하다 と(研)ぐ (칼 등을) 갈다 か(嗅)ぐ 냄새를 맡다 ふせ(防)ぐ 막다, 방지하다

확인 문제 8・동사

問題1 ＿＿＿＿の言葉の読み方として最もよいものを、1・2・3・4から一つ選びなさい。

71 サラダに使った野菜が<u>余って</u>カレーライスを作った。
1 こって　2 すって　3 あまって　4 くって

72 母は毛糸でセーターを<u>編んで</u>いた。
1 あんで　2 かんで　3 くんで　4 すんで

73 田中君は進路のことで<u>悩んで</u>いるという。
1 こんで　2 つんで　3 なやんで　4 むすんで

74 このお茶は、お湯を少し入れて<u>薄めて</u>飲んでみてください。
1 ちぢめて　2 ゆるめて　3 やめて　4 うすめて

75 中間テストが1週間後に<u>迫って</u>きた。
1 こまって　2 せまって　3 うまって　4 たかまって

76 鈴木君を<u>除いて</u>この仕事ができる人物はいないだろう。
1 のぞいて　2 しりぞいて　3 かたむいて　4 たたいて

77 展示品には手を<u>触れ</u>ないようにお願いします。
1 くずれ　2 のがれ　3 かれ　4 ふれ

78 遺産相続をめぐって兄弟が<u>争って</u>いるなんて、ちょっとみっともないね。
1 たたかって　2 あらそって　3 とまどって　4 やぶって

79 記者会見で二人は離婚の噂を<u>打ち消した</u>。
1 うちけした　2 たちけした　3 うちかした　4 たちかした

80 同じ状況でも、ストレスの感じ方は人によって<u>異なる</u>ものだ。
1 かさなる　2 なくなる　3 つらなる　4 ことなる

확인 문제 8 • 정답 및 해석(동사)

71 정답 3
해석 샐러드에 쓴 채소가 남아서 카레라이스를 만들었다.
어휘 サラダ 샐러드 使(つか)う 쓰다, 사용하다 野菜(やさい) 채소 余(あま)る 남다 カレーライス 카레라이스 作(つく)る 만들다 こ(凝)る 엉기다, 응고하다 す(刷)る 인쇄하다 く(食)う 먹다

72 정답 1
해석 어머니는 털실로 스웨터를 짜고 있었다.
어휘 母(はは) (자신의) 어머니 毛糸(けいと) 털실 セーター 스웨터 編(あ)む 짜다, 뜨다, 뜨개질하다 か(噛)む 씹다 く(組)む 짜다, (조직을) 만들다 す(住)む 살다, 거주하다

73 정답 3
해석 다나카 군은 진로 문제로 고민하고 있다고 한다.
어휘 進路(しんろ) 진로 悩(なや)む 고민하다 ～という ～라고 한다 こ(込)む 붐비다 つ(積)む 쌓다 むす(結)ぶ 매다, 묶다

74 정답 4
해석 이 차는 뜨거운 물을 조금 넣어서 엷게 해서 마셔 보세요.
어휘 お茶(ちゃ) 차 お湯(ゆ) 뜨거운 물 少(すこ)し 조금 入(い)れる 넣다 薄(うす)める 묽게 하다, 엷게 하다 飲(の)む 마시다 ちぢ(縮)める 줄이다, 단축시키다 ゆる(緩)める 늦추다, 완화하다 や(辞)める (일자리를) 그만두다

75 정답 2
해석 중간 시험이 일주일 후로 다가왔다.
어휘 中間(ちゅうかん) 중간 テスト 테스트, 시험 一週間(いっしゅうかん) 일주간, 일주일 ～後(ご) ～후 迫(せま)る 다가오다 こま(困)る 곤란하다, 난처하다 う(埋)まる 묻히다, 메워지다 たか(高)まる 높아지다

76 정답 1
해석 스즈키 군을 제외하고 이 일을 할 수 있는 인물은 없을 것이다.
어휘 除(のぞ)く 제외하다, 빼다 仕事(しごと) 일 できる 할 수 있다, 가능하다 人物(じんぶつ) 인물 しりぞ(退)く 물러나다 かたむ(傾)く 기울다, 기울어지다 たた(叩)く 두드리다, 때리다

77 정답 4
해석 전시품에는 손을 대지 않도록 부탁드립니다.
어휘 展示品(てんじひん) 전시품 手(て) 손 触(ふ)れる 닿다, 손을 대다, 만지다 くず(崩)れる 무너지다 のが(逃)れる 벗어나다, 피하다 か(枯)れる (초목이) 시들다, 마르다

78 정답 2
해석 유산 상속을 둘러싸고 형제가 다투고 있다니, 조금 꼴불견이네.
어휘 遺産(いさん) 유산 相続(そうぞく) 상속 ～をめぐって ～을 둘러싸고 兄弟(きょうだい) 형제 争(あらそ)う 다투다, 싸우다 ～なんて ～라니, ～하다니 みっともない 꼴불견이다 たたか(戦)う 싸우다 とまど(戸惑)う 망설이다 やぶ(破)る 찢다

79 정답 1
해석 기자 회견에서 두 사람은 이혼 소문을 부정했다.
어휘 記者(きしゃ) 기자 会見(かいけん) 회견 離婚(りこん) 이혼 噂(うわさ) 소문 打(う)ち消(け)す 부정하다

80 정답 4
해석 같은 상황이라도 스트레스를 느끼는 방식은 사람에 따라 다른 법이다.
어휘 同(おな)じだ 같다 状況(じょうきょう) 상황 ストレス 스트레스 感(かん)じる 느끼다 동사의 ます형+方(かた) ～하는 방법[방식] 人(ひと) 사람 ～によって ～에 따라 異(こと)なる 다르다 ～ものだ ～인 법[것]이다 *상식·진리·본성 かさ(重)なる 겹치다, 거듭되다 な(無)くなる 없어지다 つら(連)なる 나란히 줄지어 있다

확인 문제 9 • 동사

問題1 ＿＿＿＿の言葉の読み方として最もよいものを、1・2・3・4から一つ選びなさい。

81 この小包はお隣のもので、預かっているだけだ。
1 かかって　2 あずかって　3 ぶつかって　4 はかって

82 ピサの斜塔は3.99度の角度で傾いています。
1 のぞいて　2 やいて　3 ささやいて　4 かたむいて

83 被災経験がある人のうち、備えておいて良かったものの1位は「懐中電灯（かいちゅう）」だったという。
1 そなえて　2 かなえて　3 たえて　4 そえて

84 主にガラスでできているもの、電球、陶磁器類などが埋めるごみとなる。
1 あきらめる　2 さめる　3 ひろめる　4 うめる

85 若い時には経験を重ねておくことが何よりも大切である。
1 かさねて　2 たずねて　3 かねて　4 まねて

86 水平線の彼方に夕日が沈んでいた。
1 とんで　2 いんで　3 しずんで　4 かすんで

87 今、彼女に必要なのは、失敗を恐れないで挑戦してみる心構えである。
1 おそれ　2 くれ　3 たれ　4 あれ

88 人が過ち（あやま）を犯すことはやむを得ないが、過ち（あやま）と気付いたらすぐに改めるべきである。
1 あたためる　2 あらためる　3 かためる　4 そめる

89 突然、崖（がけ）から大きい岩が落ちて砕けた。
1 さけた　2 かたむけた　3 くだけた　4 とけた

90 彼女は高齢者を敬う若者が少なくなっていることに嘆（なげ）いた。
1 うしなう　2 からかう　3 うやまう　4 さそう

확인 문제 9 • 정답 및 해석(동사)

81 정답 2
해석 이 소포는 이웃집 것으로 맡고 있을 뿐이다.
어휘 小包(こづつみ) 소포 隣(となり) 이웃, 이웃집 預(あず)かる 맡다, 보관하다 ～だけ ～만, ～뿐 か(掛)かる 걸리다 ぶつかる 부딪치다 はか(図)る 도모하다, 꾀하다

82 정답 4
해석 피사의 사탑은 3.99도의 각도로 기울어져 있습니다.
어휘 ピサの斜塔(しゃとう) 피사의 사탑 角度(かくど) 각도 傾(かたむ)く 기울다, 기울어지다 のぞ(除)く 제외하다, 빼다 や(焼)く (불에) 굽다 ささやく 속삭이다

83 정답 1
해석 재해를 입은 경험이 있는 사람 중 비치해 둬서 좋았던 것의 1위는 '손전등'이었다고 한다.
어휘 被災(ひさい) 재해를 입음 経験(けいけん) 경험 ～うち ～중, ～가운데 備(そな)える 비치하다, 갖추다 懐中電灯(かいちゅうでんとう) 회중전등, 손전등 かな(叶)える 이루어 주다, 들어주다 た(耐)える 참다, 견디다 そ(添)える 덧붙이다, 첨부하다

84 정답 4
해석 주로 유리로 만들어져 있는 것, 전구, 도자기류 등이 묻는 쓰레기가 된다.
어휘 主(おも)に 주로 ガラス 유리 できる 만들어지다 電球(でんきゅう) 전구 陶磁器類(とうじきるい) 도자기류 埋(う)める 묻다, 파묻다 ごみ 쓰레기 あきら(諦)める 체념하다, 단념하다 さ(冷)める 식다 ひろ(広)める 넓히다

85 정답 1
해석 젊을 때에는 경험을 쌓아 두는 것이 무엇보다도 중요하다.
어휘 若(わか)い 젊다 経験(けいけん) 경험 重(かさ)ねる 거듭하다, 쌓아 올리다 ～ておく ～해 놓다[두다] 何(なに)よりも 무엇보다도 大切(たいせつ)だ 중요하다 たず(訪)ねる 방문하다 か(兼)ねる 겸하다 まね(真似)る 흉내내다, 모방하다

86 정답 3
해석 수평선 저편으로 석양이 지고 있었다.
어휘 水平線(すいへいせん) 수평선 彼方(かなた) 저쪽, 저편 夕日(ゆうひ) 석양 沈(しず)む (해·달이) 지다 と(富)む 풍부하다 い(忌)む 꺼리다, 기피하다 かす(霞)む 안개가 끼다

87 정답 1
해석 지금 그녀에게 필요한 것은 실패를 두려워하지 않고 도전해 보는 마음가짐이다.
어휘 必要(ひつよう)だ 필요하다 失敗(しっぱい) 실패 恐(おそ)れる 두려워하다, 무서워하다 挑戦(ちょうせん) 도전 心構(こころがま)え 마음가짐 く(暮)れる (날이) 저물다 た(垂)れる 드리워지다 あ(荒)れる 거칠어지다

88 정답 2
해석 사람이 실수를 범하는 것은 어쩔 수 없지만, 실수라고 깨달으면 바로 고쳐야 한다.
어휘 過(あやま)ち 잘못, 실수 犯(おか)す 범하다, 저지르다 やむを得(え)ない 어쩔 수 없다 気付(きづ)く 깨닫다, 알아차리다 すぐに 곧, 바로 改(あらた)める (좋게) 고치다, 바로잡다 동사의 기본형+べきだ (마땅히) ～해야 한다 あたた(温)める 따뜻하게 하다 かた(固)める 굳히다 そ(染)める 물들이다, 염색하다

89 정답 3
해석 갑자기 벼랑에서 큰 바위가 떨어져서 부서졌다.
어휘 突然(とつぜん) 돌연, 갑자기 崖(がけ) 벼랑, 절벽, 낭떠러지 大(おお)きい 크다 岩(いわ) 바위 落(お)ちる 떨어지다 砕(くだ)ける 부서지다, 깨지다 さ(避)ける 피하다 かたむ(傾)ける 기울이다 と(溶)ける 녹다

90 정답 3
해석 그녀는 고령자를 공경하는 젊은이가 적어지고 있는 것에 개탄했다.
어휘 高齢者(こうれいしゃ) 고령자 敬(うやま)う 공경하다 若者(わかもの) 젊은이 少(すく)ない 적다 嘆(なげ)く 개탄하다 うしな(失)う 잃다, 잃어버리다 からかう 조롱하다, 놀리다 さそ(誘)う 권하다, 권유하다

확인 문제 10 • 동사

問題1 ＿＿＿の言葉の読み方として最もよいものを、1・2・3・4から一つ選びなさい。

91 火事で家具ばかりか、服まで全部焼けてしまった。
1 やけて　2 あけて　3 いけて　4 ぬけて

92 友人やお世話になっている人を家に招いてホームパーティーを開いた。
1 おいて　2 きいて　3 まねいて　4 しいて

93 弟は僕と喧嘩(けんか)したことを母に言い付けた。
1 まいつけた　2 さいつけた　3 いいつけた　4 かいつけた

94 帰宅すると、実家の母が送った果物が届いていた。
1 えがいて　2 とどいて　3 たいて　4 といて

95 選手たちはみんな「今度こそ必ず勝つ」と張り切っていた。
1 わりきって　2 のりきって　3 かりきって　4 はりきって

96 無理な投資で、莫大な負債を抱えて倒産した。
1 かかえて　2 すえて　3 おびえて　4 つたえて

97 部屋が散らかっているということは、心が乱れているという一つの証である。
1 たおれて　2 みだれて　3 それて　4 おれて

98 久しぶりに同級生たちに会ってテーブルを囲んで色々と話した。
1 つんで　2 かこんで　3 やすんで　4 まなんで

99 その国では、今でも多くの人が飢えているそうだ。
1 もえて　2 ささえて　3 うえて　4 くわえて

100 うちの子は運動神経が他の子より劣るから、体育の成績が悪い。
1 たまる　2 こうむる　3 さとる　4 おとる

확인 문제 10 • 정답 및 해석(동사)

91 정답 1
해석 화재로 가구뿐만 아니라 옷까지 전부 탄 버렸다.
어휘 火事(かじ) 화재 家具(かぐ) 가구 ～ばかりか ～뿐만 아니라 服(ふく) 옷 全部(ぜんぶ) 전부
焼(や)ける (불에) 타다 あ(空)ける 비우다 い(生)ける 살리다 ぬ(抜)ける 빠지다

92 정답 3
해석 친구랑 신세를 지고 있는 사람을 집에 초대해서 홈 파티를 열었다.
어휘 友人(ゆうじん) 친구 お世話(せわ)になる 신세를 지다 招(まね)く 초대하다 ホームパーティー 홈 파티
開(ひら)く 열다, 개최하다 お(置)く 놓다, 두다 き(利)く 듣다, 효력이 있다 し(敷)く 깔다, 펴다

93 정답 3
해석 남동생은 나와 싸운 것을 어머니에게 고자질했다.
어휘 弟(おとうと) (자신의) 남동생 僕(ぼく) 나 *남자의 자칭 喧嘩(けんか)する 싸우다 母(はは) (자신의) 어머니
言(い)い付(つ)ける 고자질하다 か(買)いつ(付)ける 대량으로 사들이다

94 정답 2
해석 귀가하니, 친정 어머니가 보낸 과일이 도착해 있었다.
어휘 帰宅(きたく) 귀가 実家(じっか) 생가, 친정 送(おく)る 보내다 果物(くだもの) 과일
届(とど)く (보낸 물건이) 도착하다 えが(描)く (그림을) 그리다(=描(か)く) た(炊)く (밥 등을) 짓다
と(解)く (의문·문제를) 풀다

95 정답 4
해석 선수들은 모두 "이번에야말로 반드시 이기겠다"며 힘이 넘치고 있었다.
어휘 選手(せんしゅ) 선수 今度(こんど)こそ 이번에야말로 必(かなら)ず 반드시, 꼭 勝(か)つ 이기다
張(は)り切(き)る 힘이 넘치다 わ(割)りき(切)る 딱 잘라 결론을 내다 の(乗)りき(切)る 극복하다
か(借)りき(切)る 전세 내다

96 정답 1
해석 무리한 투자로 막대한 부채를 안고 도산했다.
어휘 無理(むり)だ 무리하다 投資(とうし) 투자 莫大(ばくだい)だ 막대하다 負債(ふさい) 부채
抱(かか)える 안다, (어려움 등을) 떠안다 倒産(とうさん) 도산 す(据)える (물건을) 놓다, 설치하다 おび(怯)える 겁을 먹다
つた(伝)える 전하다

97 정답 2
해석 방이 어질러져 있다는 것은 마음이 흐트러져 있다는 하나의 증거다.
어휘 部屋(へや) 방 散(ち)らかる 어질러지다 心(こころ) 마음 乱(みだ)れる 흐트러지다 証(あかし) 증거, 증표
たお(倒)れる 쓰러지다, 넘어지다 そ(逸)れる 빗나가다 お(折)れる 접히다, 꺾어지다, 부러지다

98 정답 2
해석 오랜만에 동창들을 만나 테이블을 둘러싸고 여러 가지로 이야기했다.
어휘 久(ひさ)しぶり 오랜만임 同級生(どうきゅうせい) 동급생, 동창 ～たち (사람이나 생물을 나타내는 말에 붙어) ～들
会(あ)う 만나다 テーブル 테이블 囲(かこ)む 둘러싸다 色々(いろいろ)と 여러 가지로 つ(積)む 쌓다 やす(休)む 쉬다
まな(学)ぶ 배우다, 익히다

99 정답 3
해석 그 나라에서는 지금도 많은 사람이 굶주리고 있다고 한다.
어휘 今(いま)でも 지금도 多(おお)く 많음 人(ひと) 사람 飢(う)える 굶주리다 も(燃)える (불에) 타다
ささ(支)える 떠받치다, 지탱하다 くわ(加)える 더하다

100 정답 4
해석 우리 아이는 운동 신경이 다른 아이보다 뒤떨어지기 때문에 체육 성적이 나쁘다.
어휘 うち 우리 子(こ) 아이 運動神経(うんどうしんけい) 운동 신경 他(ほか)の～ 다른～ ～より ～보다
劣(おと)る 뒤떨어지다 体育(たいいく) 체육 成績(せいせき) 성적 た(溜)まる 쌓이다
こうむ(被)る (피해 등을) 입다, 받다 さと(悟)る 깨닫다, 알아차리다

점수 UP! UP!
<동사>

☐ 探(さが)す 찾다	☐ 得(え)る 얻다	☐ 掃(は)く 쓸다
☐ 占(うらな)う 점치다	☐ 炒(い)る 볶다	☐ 拭(ふ)く 닦다
☐ 伝(つた)える 전하다	☐ 濡(ぬ)らす 적시다	☐ 冷(さ)める 식다
☐ 錆(さ)びる 녹슬다	☐ 覚(おぼ)える 외우다, 기억하다	☐ 刷(す)る 인쇄하다
☐ 兼(か)ねる 겸하다	☐ 倣(なら)う 모방하다	☐ 羨(うらや)む 부러워하다
☐ 嫌(いや)がる 싫어하다	☐ 卸(おろ)す 도매하다	☐ 嗅(か)ぐ 냄새를 맡다
☐ 外(はず)れる (생각이) 빗나가다, 어긋나다	☐ 恨(うら)む 원망하다	☐ 仕上(しあ)がる 완성되다
☐ 悔(く)やむ 후회하다	☐ 揚(あ)げる 튀기다	☐ 生(は)える 나다, 자라다
☐ 焦(こ)げる 눋다, 타다	☐ 茂(しげ)る 우거지다, 무성해지다	☐ 狙(ねら)う 겨누다, 노리다
☐ 凍(こご)える (추위로) 얼다	☐ 蹴(け)る 차다, 걷어차다	☐ 思(おも)い込(こ)む 굳게 믿다
☐ 澄(す)む 맑다, 맑아지다	☐ 敷(し)く 깔다, 펴다	☐ 組(く)み立(た)てる 조립하다
☐ 討(う)つ 치다, 무찌르다	☐ 崩(くず)れる 무너지다	☐ 汲(く)む (물 같은 액체를) 푸다
☐ 拝(おが)む 절하다, 간절히 바라다	☐ 渇(かわ)く (목이) 마르다	☐ 擦(こす)る 문지르다, 비비다
☐ 思(おも)い付(つ)く 문득 생각이 떠오르다	☐ 削(けず)る 깎다, (예산 등을) 삭감하다	☐ 刻(きざ)む 새기다, 조각하다
☐ 区切(くぎ)る 구분하다, 구획 짓다	☐ 言(い)い出(だ)す 말을 꺼내다	☐ 転(ころ)がる 구르다, 넘어지다
☐ 教(おそ)わる 배우다, 가르침을 받다	☐ 静(しず)まる (마음 등이) 가라앉다, 진정되다	☐ 片付(かたづ)く 정리되다, 정돈되다
☐ 追(お)いかける 쫓다, 뒤쫓다	☐ 心得(こころえ)る 이해하다, 터득하다	☐ 落(お)ち着(つ)く 안정되다, 침착해지다

기출 및 출제 예상 어휘 100
<명사>

□ 抽選(ちゅうせん) 추첨	□ 針(はり) 바늘	□ 隣(となり) 옆, 이웃
□ 景色(けしき) 경치	□ 省略(しょうりゃく) 생략	□ 原因(げんいん) 원인
□ 現象(げんしょう) 현상	□ 違反(いはん) 위반	□ 舞台(ぶたい) 무대
□ 思考(しこう) 사고	□ 警備(けいび) 경비	□ 圧勝(あっしょう) 압승
□ 貿易(ぼうえき) 무역	□ 拒否(きょひ) 거부	□ 宇宙(うちゅう) 우주
□ 批評(ひひょう) 비평	□ 異常(いじょう) 이상	□ 油断(ゆだん) 방심
□ 尊重(そんちょう) 존중	□ 容姿(ようし) 용모	□ 皮膚(ひふ) 피부
□ 損害(そんがい) 손해	□ 勝敗(しょうはい) 승패	□ 講演(こうえん) 강연
□ 求人(きゅうじん) 구인	□ 密閉(みっぺい) 밀폐	□ 移転(いてん) 이전
□ 継続(けいぞく) 계속	□ 協力(きょうりょく) 협력	□ 垂直(すいちょく) 수직
□ 撮影(さつえい) 촬영	□ 完了(かんりょう) 완료	□ 通行(つうこう) 통행
□ 装置(そうち) 장치	□ 総額(そうがく) 총액	□ 方針(ほうしん) 방침
□ 治療(ちりょう) 치료	□ 両替(りょうがえ) 환전	□ 発射(はっしゃ) 발사
□ 規模(きぼ) 규모	□ 模範(もはん) 모범	□ 服装(ふくそう) 복장
□ 破片(はへん) 파편	□ 未来(みらい) 미래	□ 勧誘(かんゆう) 권유
□ 処理(しょり) 처리	□ 交差点(こうさてん) 교차로	□ 返却(へんきゃく) 반납
□ 抽象的(ちゅうしょうてき) 추상적	□ 冷蔵庫(れいぞうこ) 냉장고	□ 強火(つよび) (화력이) 센 불

□ 氷(こおり) 얼음	□ 泥(どろ) 진흙	□ 知恵(ちえ) 지혜
□ 逃亡(とうぼう) 도망	□ 改善(かいぜん) 개선	□ 戦争(せんそう) 전쟁
□ 郊外(こうがい) 교외	□ 設備(せつび) 설비	□ 高層(こうそう) 고층
□ 焦点(しょうてん) 초점	□ 記事(きじ) 기사	□ 成長(せいちょう) 성장
□ 医療(いりょう) 의료	□ 拡充(かくじゅう) 확충	□ 展開(てんかい) 전개
□ 会談(かいだん) 회담	□ 延期(えんき) 연기	□ 責任(せきにん) 책임
□ 姿勢(しせい) 자세	□ 削除(さくじょ) 삭제	□ 操作(そうさ) 조작
□ 要求(ようきゅう) 요구	□ 規制(きせい) 규제	□ 損得(そんとく) 손익
□ 調節(ちょうせつ) 조절	□ 空港(くうこう) 공항	□ 小包(こづつみ) 소포
□ 観察(かんさつ) 관찰	□ 地球(ちきゅう) 지구	□ 貨物(かもつ) 화물
□ 防災(ぼうさい) 방재	□ 信用(しんよう) 신용	□ 想像(そうぞう) 상상
□ 記録(きろく) 기록	□ 休息(きゅうそく) 휴식	□ 冷凍(れいとう) 냉동
□ 例外(れいがい) 예외	□ 参考(さんこう) 참고	□ 回復(かいふく) 회복
□ 故郷(こきょう) 고향	□ 法律(ほうりつ) 법률	□ 人類(じんるい) 인류
□ 混乱(こんらん) 혼란	□ 役目(やくめ) 임무	□ 政治(せいじ) 정치
□ 植木(うえき) 정원수	□ 相互(そうご) 상호, 서로	□ 状況(じょうきょう) 상황
□ 地元(じもと) 그 고장, 그 지방		

확인 문제 1 • 명사

問題1 ＿＿＿＿の言葉の読み方として最もよいものを、1・2・3・4から一つ選びなさい。

1 その雑誌には求人情報がたくさん載っていた。
1 きゅじん　2 きゅにん　3 きゅうじん　4 きゅうにん

2 宇宙には数え切れないほどの星がある。
1 ゆちゅ　2 ゆちゅう　3 うちゅ　4 うちゅう

3 会社側は組合の要求を全て受け入れた。
1 ようきゅう　2 よきゅう　3 ようきゅ　4 よきゅ

4 来月、事務所を駅の近くに移転することになった。
1 たてん　2 いてん　3 してん　4 うてん

5 出発の3時間前までには、チェックインを完了してください。
1 さんりょ　2 さんりょう　3 かんりょ　4 かんりょう

6 よく見ると、床にガラスの破片が落ちていた。
1 さへん　2 ふへん　3 はへん　4 かへん

7 今度の事故は機械装置の欠陥(けっかん)で起きたという。
1 そち　2 そうち　3 しょち　4 しょうち

8 株の暴落によって、大きな損害を受けた。
1 ひがい　2 りがい　3 そんがい　4 しんがい

9 田中さんは容姿が整(ととの)っている上に、頭もいい。
1 ようし　2 ようじ　3 かんし　4 かんじ

10 リーダーは、メンバーの行動の模範となる必要がある。
1 もはん　2 もうはん　3 もばん　4 もうばん

확인 문제 1 • 정답 및 해석(명사)

1 정답 3
해석 그 잡지에는 구인 정보가 많이 실려 있었다.
어휘 雑誌(ざっし) 잡지 求人(きゅうじん) 구인 情報(じょうほう) 정보 たくさん 많이
載(の)る (신문 · 잡지 등에) 실리다

2 정답 4
해석 우주에는 다 셀 수 없을 만큼의 별이 있다.
어휘 宇宙(うちゅう) 우주 数(かぞ)える 세다 동사의 ます형+切(き)れない 완전히[다] ~할 수 없다 ~ほど ~정도, ~만큼
星(ほし) 별

3 정답 1
해석 회사 측은 노동조합의 요구를 모두 받아들였다.
어휘 会社側(かいしゃがわ) 회사 측 組合(くみあい) 노동조합 *「労働組合(ろうどうくみあい)」의 준말
要求(ようきゅう) 요구 全(すべ)て 모두, 전부 受(う)け入(い)れる 받아들이다, 수용하다

4 정답 2
해석 다음 달에 사무소를 역 근처로 이전하게 되었다.
어휘 来月(らいげつ) 다음 달 事務所(じむしょ) 사무소 駅(えき) 역 近(ちか)く 근처 移転(いてん) 이전
동사의 보통형+ことになる ~하게 되다 たてん(他店) 타점, 다른 가게 してん(視点) 시점 うてん(雨天) 우천

5 정답 4
해석 출발 3시간 전까지는 체크인을 완료해 주십시오.
어휘 出発(しゅっぱつ) 출발 前(まえ) 전 ~までには ~까지는 *최종기한 チェックイン 체크인 完了(かんりょう) 완료

6 정답 3
해석 잘 보니, 마루에 유리 파편이 떨어져 있었다.
어휘 よく 잘 見(み)る 보다 床(ゆか) 마루, 바닥 ガラス 유리 破片(はへん) 파편 落(お)ちる 떨어지다
ふへん(不変) 불변

7 정답 2
해석 이번 사고는 기계 장치의 결함으로 일어났다고 한다.
어휘 今度(こんど) 이번 事故(じこ) 사고 機械(きかい) 기계 装置(そうち) 장치 欠陥(けっかん) 결함
起(お)きる 일어나다, 발생하다 ~という ~라고 한다 そち(措置) 조치 しょうち(承知) 알아들음

8 정답 3
해석 주식 폭락에 의해 큰 손해를 입었다.
어휘 株(かぶ) 주식 暴落(ぼうらく) 폭락 ~によって ~에 의해 大(おお)きな 큰
損害(そんがい)を受(う)ける 손해를 입다 ひがい(被害) 피해 りがい(利害) 이해, 이익과 손해 しんがい(侵害) 침해

9 정답 1
해석 다나카 씨는 용모가 반듯한 데다가 머리도 좋다.
어휘 容姿(ようし) 용모 整(ととの)う 잘 다듬어지다, 반듯하다 ~上(うえ)に ~인 데다가, ~일 뿐만 아니라
頭(あたま) 머리 ようじ(用事) 볼일, 용무 かんし(監視) 감시 かん(感)じ 느낌

10 정답 1
해석 리더는 멤버 행동의 모범이 될 필요가 있다.
어휘 リーダー 리더 メンバー 멤버 行動(こうどう) 행동 模範(もはん) 모범 必要(ひつよう) 필요

확인 문제 2 • 명사

問題1 ＿＿＿＿の言葉の読み方として最もよいものを、1・2・3・4から一つ選びなさい。

11 最近、駐車違反の取り締まりが厳しくなった。

1 かはん　2 きはん　3 いはん　4 しはん

12 迷惑メールの受信拒否の設定方法を教えてください。

1 かひ　2 きょひ　3 あんぴ　4 さんぴ

13 そろそろ結氷(けっぴょう)していた氷が少しずつ溶けてくる季節です。

1 くも　2 こおり　3 きり　4 あらし

14 この会社では、人工知能による社会現象のデータ分析を行っている。

1 げんしょう　2 げんそう　3 げんじょう　4 げんぞう

15 警察庁の資料によると、約54％の交通事故が交差点で起きているという。

1 こうちゃてん　2 こうそてん　3 こうじてん　4 こうさてん

16 削除したメールは、「ごみ箱」に30日間保存されます。

1 さくじょ　2 さくじょう　3 しきじょ　4 しきじょう

17 先輩たちの協力なしには、この問題は解決できなかったと思う。

1 きょりょく　2 こりょく　3 きょうりょく　4 こうりょく

18 彼女の発言は、今日の議題から焦点が外れていますね。

1 しょてん　2 しょうてん　3 ちょてん　4 ちょうてん

19 郊外なら、都心部より広い物件で余裕のある暮らしができる。

1 こうがい　2 ごうがい　3 そがい　4 そうがい

20 十分勝てる相手だったのに、油断して負けてしまった。

1 せつだん　2 けつだん　3 ゆだん　4 にゅうだん

확인 문제 2 • 정답 및 해석(명사)

11 정답 3
해석 최근 주차 위반 단속이 심해졌다.
어휘 最近(さいきん) 최근, 요즘 駐車(ちゅうしゃ) 주차 違反(いはん) 위반 取(と)り締(し)まり 단속 厳(きび)しい 엄격하다, 심하다 かはん(過半) 과반 きはん(規範) 규범 しはん(市販) 시판

12 정답 2
해석 스팸메일의 수신 거부 설정 방법을 가르쳐 주세요.
어휘 迷惑(めいわく)メール 스팸메일 受信(じゅしん) 수신 拒否(きょひ) 거부 設定(せってい) 설정 方法(ほうほう) 방법 教(おし)える 가르치다, 알려 주다 かひ(可否) 가부 あんぴ(安否) 안부 さんぴ(賛否) 찬부, 찬반

13 정답 2
해석 이제 슬슬 결빙되었던 얼음이 조금씩 녹을 계절입니다.
어휘 そろそろ 이제 슬슬 結氷(けっぴょう) 결빙 氷(こおり) 얼음 少(すこ)しずつ 조금씩 溶(と)ける 녹다 季節(きせつ) 계절 くも(雲) 구름 きり(霧) 안개 あらし(嵐) 폭풍, 폭풍우

14 정답 1
해석 이 회사에서는 인공 지능에 의한 사회 현상의 데이터 분석을 실시하고 있다.
어휘 会社(かいしゃ) 회사 人工知能(じんこうちのう) 인공 지능 ~による ~에 의한 社会(しゃかい) 사회 現象(げんしょう) (자연·사회) 현상 データ 데이터 分析(ぶんせき) 분석 行(おこな)う 하다, 행하다, 실시하다 げんそう(幻想) 환상 現状(げんじょう) 현상, 현재 상태 現像(げんぞう) (사진의) 현상

15 정답 4
해석 경찰청 자료에 의하면 약 54%의 교통사고가 교차로에서 일어나고 있다고 한다.
어휘 警察庁(けいさつちょう) 경찰청 資料(しりょう) 자료 ~によると ~에 의하면, ~에 따르면 約(やく) 약 交通事故(こうつうじこ) 교통사고 交差点(こうさてん) 교차로 起(お)きる 일어나다, 발생하다 ~という ~라고 한다

16 정답 1
해석 삭제한 메일은 '휴지통'에 30일간 보존됩니다.
어휘 削除(さくじょ) 삭제 メール 메일 ごみ箱(ばこ) 휴지통 *인터넷상의 파일을 버리는 곳 保存(ほぞん) 보존 しきじょう(式場) 식장

17 정답 3
해석 선배들의 협력 없이는 이 문제는 해결할 수 없었다고 생각한다.
어휘 先輩(せんぱい) 선배 ~たち (사람이나 생물을 나타내는 말에 붙어) ~들 協力(きょうりょく) 협력 ~なしには ~없이는 問題(もんだい) 문제 解決(かいけつ) 해결 こうりょく(効力) 효력

18 정답 2
해석 그녀의 발언은 오늘 의제에서 초점이 벗어나 있네요.
어휘 発言(はつげん) 발언 議題(ぎだい) 의제 焦点(しょうてん) 초점 外(はず)れる 벗어나다, 어긋나다

19 정답 1
해석 교외라면 도심부보다 넓은 물건에서 여유 있는 생활이 가능하다.
어휘 郊外(こうがい) 교외 都心部(としんぶ) 도심부 ~より ~보다 広(ひろ)い 넓다 物件(ぶっけん) (토지나 건물 등의) 물건 余裕(よゆう) 여유 暮(く)らし 생활 ごうがい(号外) 호외 そがい(疎外) 소외 そうがい(窓外) 창밖

20 정답 3
해석 충분히 이길 수 있는 상대였는데, 방심해서 지고 말았다.
어휘 十分(じゅうぶん)(に) 충분히 勝(か)つ 이기다 相手(あいて) 상대 ~のに ~는데(도) 油断(ゆだん) 방심 負(ま)ける 지다, 패하다 せつだん(切断) 절단 けつだん(決断) 결단 にゅうだん(入団) 입단

확인 문제 3 • 명사

問題1 ＿＿＿＿の言葉の読み方として最もよいものを、1・2・3・4から一つ選びなさい。

21 迎えに行きますから、空港に着いたら、すぐ電話してください。

1 こうえん　2 くうこう　3 こうばん　4 こうくう

22 祖父は新聞に載っている記事を書き移していた。

1 こうじ　2 さんじ　3 しゃじ　4 きじ

23 これは動画(どうが)を参考にして作ってみたものです。

1 しんこう　2 さんこう　3 たんこう　4 のんこう

24 冷蔵庫の中には食べかけの食品が多く入っていた。

1 れそうこ　2 れいそうこ　3 れぞうこ　4 れいぞうこ

25 彼女は世界選手権で自己ベスト記録を更新した。

1 きろく　2 ぎろく　3 しろく　4 じろく

26 データ処理に時間がかかってしまい、仕事のスピードが上がらない。

1 しょり　2 しょうり　3 ちょり　4 ちょうり

27 自信が付いたのか、彼の批評はますます大胆(だいたん)になってきた。

1 ひかく　2 ひひょう　3 ひりつ　4 ひはん

28 大使館の周辺は、たくさんの警察官がテロ対策として厳重な警備をしていた。

1 けいび　2 じゅんび　3 せつび　4 ぐんび

29 ガラスの破片が親指に刺(さ)さり、4針も縫ってしまった。

1 たて　2 みき　3 はり　4 はしら

30 勝敗はともかく、私たちはこの試合で全ての力を出し切った。

1 かんぱい　2 しはい　3 さんぱい　4 しょうはい

확인 문제 3 • 정답 및 해석(명사)

21 정답 2
해석 마중 나갈 테니까, 공항에 도착하면 바로 전화해 주세요.
어휘 迎(むか)える (사람 · 때를) 맞다, 맞이하다 동사의 ます형+に ~하러 *동작의 목적 空港(くうこう) 공항 着(つ)く 도착하다 電話(でんわ) 전화 こうえん(公園) 공원 こうばん(交番) 파출소 こうくう(航空) 항공

22 정답 4
해석 할아버지는 신문에 실린 기사를 베껴 쓰고 있었다.
어휘 祖父(そふ) (자신의) 할아버지 新聞(しんぶん) 신문 載(の)る (신문 · 잡지 등에) 실리다 記事(きじ) 기사 書(か)き移(うつ)す (글씨 · 그림 등을) 베껴 쓰다[그리다] こうじ(工事) 공사 さんじ(惨事) 참사 しゃじ(謝辞) 감사와 사과의 말

23 정답 2
해석 이것은 동영상을 참고로 해서 만들어 본 것입니다.
어휘 動画(どうが) 동영상 参考(さんこう) 참고 作(つく)る 만들다 しんこう(進行) 진행 たんこう(炭鉱) 탄광

24 정답 4
해석 냉장고 안에는 먹다 만 식품이 많이 들어 있었다.
어휘 冷蔵庫(れいぞうこ) 냉장고 동사의 ます형+かけの ~하다 만 食品(しょくひん) 식품 多(おお)く 많이 入(はい)る 들다

25 정답 1
해석 그녀는 세계 선수권에서 자기 최고 기록을 갱신했다.
어휘 世界(せかい) 세계 選手権(せんしゅけん) 선수권 自己(じこ) 자기 ベスト 베스트, 최고 記録(きろく) 기록 更新(こうしん) 갱신

26 정답 1
해석 데이터 처리에 시간이 걸려 버려서 업무 속도가 붙지 않는다.
어휘 データ 데이터 処理(しょり) 처리 時間(じかん) 시간 かかる (시간이) 걸리다 仕事(しごと) 일 スピード 스피드, 속도 上(あ)がる (기세 · 속력이) 오르다, 붙다 しょうり(勝利) 승리

27 정답 2
해석 자신감이 붙은 것인지, 그의 비평은 점점 대담해졌다.
어휘 自信(じしん) 자신, 자신감 付(つ)く 붙다 批評(ひひょう) 비평 ますます 점점 大胆(だいたん)だ 대담하다 ひかく(比較) 비교 ひりつ(比率) 비율 ひはん(批判) 비판

28 정답 1
해석 대사관 주변은 많은 경찰관이 테러 대책으로서 엄중한 경비를 하고 있었다.
어휘 大使館(たいしかん) 대사관 周辺(しゅうへん) 주변 たくさん 많이 警察官(けいさつかん) 경찰관 テロ 테러 対策(たいさく) 대책 ~として ~로서 厳重(げんじゅう)だ 엄중하다 警備(けいび) 경비 じゅんび(準備) 준비 せつび(設備) 설비 ぐんび(軍備) 군비

29 정답 3
해석 유리 파편이 엄지손가락에 박혀 네 바늘이나 꿰매고 말았다.
어휘 ガラス 유리 破片(はへん) 파편 親指(おやゆび) 엄지손가락 刺(さ)さる 찔리다, 박히다 針(はり) 바늘 숫자+も ~이나 縫(ぬ)う 꿰매다, 바느질하다 たて(縦) 세로 みき(幹) (나무) 줄기 はしら(柱) 기둥

30 정답 4
해석 승패는 어쨌든 간에 우리는 이 시합에서 모든 능력을 다 발휘했다.
어휘 勝敗(しょうはい) 승패 ~はともかく ~은 어쨌든 간에, ~은 (우선) 제쳐 두고 試合(しあい) 시합 全(すべ)て 모두, 전부 力(ちから) 힘, 능력 出(だ)す (힘 등을) 내다, 발휘하다 동사의 ます형+切(き)る 완전히[다] ~하다 かんぱい(乾杯) 건배 しはい(支配) 지배 さんぱい(参拝) 참배

확인 문제 4 • 명사

問題1 ＿＿＿＿の言葉の読み方として最もよいものを、1・2・3・4から一つ選びなさい。

31 この椅子(いす)、通行の邪魔になるから、片付けよう。
1 しんこう　2 つうこう　3 やこう　4 しこう

32 私は自然を観察することが好きです。
1 しさつ　2 けいさつ　3 しんさつ　4 かんさつ

33 両国の首脳(しゅのう)会談は、30分で終わってしまった。
1 かいだん　2 えだん　3 じだん　4 ふだん

34 彼は3年前から貿易会社で働いています。
1 ほえき　2 ぼえき　3 ほうえき　4 ぼうえき

35 新型ウイルスの感染が拡大し、医療機関の負担が重くなっている。
1 うりょう　2 ちりょう　3 いりょう　4 しりょう

36 この方針は重役(じゅうやく)会議において決められた。
1 かたしん　2 ほうしん　3 かたじん　4 ほうじん

37 公園で思う存分遊んで帰って来た息子は、服が泥だらけになっていた。
1 よごれ　2 あざ　3 ひじ　4 どろ

38 正しい姿勢を保(たも)つためには、自分の体に合う椅子(いす)を選ぶことも大切である。
1 させい　2 ざせい　3 しせい　4 じせい

39 もし、今東京で地震が起こればかつてない規模の被害が出るに違いない。
1 しぼ　2 きぼ　3 しほ　4 きほ

40 資料の貸出(かしだし)と返却は、メーンカウンターにお問い合わせください。
1 へんきゃく　2 はんきゃく　3 へんぎゃく　4 はんぎゃく

확인 문제 4 • 정답 및 해석(명사)

31 정답 2
해석 이 의자, 통행에 방해가 되니까 치우자.
어휘 椅子(いす) 의자 通行(つうこう) 통행 邪魔(じゃま) 방해 片付(かたづ)ける 치우다, 정리하다 しんこう(進行) 진행 やこう(夜行) 야행 しこう(施行) 시행

32 정답 4
해석 저는 자연을 관찰하는 것을 좋아합니다.
어휘 自然(しぜん) 자연 観察(かんさつ) 관찰 好(す)きだ 좋아하다 しさつ(視察) 시찰 けいさつ(警察) 경찰 しんさつ(診察) 진찰

33 정답 1
해석 양국의 수뇌 회담은 30분 만에 끝나 버렸다.
어휘 両国(りょうこく) 양국 首脳会談(しゅのうかいだん) 수뇌[정상] 회담 終(お)わる 끝나다 じだん(示談) 시담, 민사상의 분쟁을 재판에 의하지 않고 당사자끼리 해결하는 일 ふだん(普段) 평소

34 정답 4
해석 그는 3년 전부터 무역회사에서 일하고 있습니다.
어휘 前(まえ) 전 貿易会社(ぼうえきがいしゃ) 무역회사 働(はたら)く 일하다

35 정답 3
해석 신형 바이러스의 감염이 확대되어 의료 기관의 부담이 가중되고 있다.
어휘 新型(しんがた) 신형 ウイルス 바이러스 感染(かんせん) 감염 拡大(かくだい) 확대 医療(いりょう) 의료 機関(きかん) 기관 負担(ふたん) 부담 重(おも)い (부담 · 책임 · 비중이) 무겁다 うりょう(雨量) 우량, 강우량 ちりょう(治療) 치료 しりょう(資料) 자료

36 정답 2
해석 이 방침은 중역회의에서 결정되었다.
어휘 方針(ほうしん) 방침 重役(じゅうやく) 중역 会議(かいぎ) 회의 ～において ~에 있어서, ~에서 決(き)める 정하다, 결정하다

37 정답 4
해석 공원에서 실컷 놀고 돌아온 아들은 옷이 진흙투성이가 되어 있었다.
어휘 公園(こうえん) 공원 思(おも)う存分(ぞんぶん) 마음껏, 실컷 遊(あそ)ぶ 놀다 帰(かえ)る 돌아오다 息子(むすこ) (자신의) 아들 服(ふく) 옷 泥(どろ) 진흙 명사+だらけ ~투성이 よご(汚)れ 얼룩 あざ 멍 ひじ(肘) 팔꿈치

38 정답 3
해석 올바른 자세를 유지하기 위해서는 자신의 몸에 맞는 의자를 고르는 것도 중요하다.
어휘 正(ただ)しい 올바르다 姿勢(しせい) 자세 保(たも)つ 유지하다 동사의 보통형+ためには ~하기 위해서는 自分(じぶん) 자기, 자신, 나 体(からだ) 몸, 신체 合(あ)う 맞다 椅子(いす) 의자 選(えら)ぶ 고르다, 선택하다 大切(たいせつ)だ 중요하다

39 정답 2
해석 만약 지금 도쿄에서 지진이 일어나면 유례없는 규모의 피해가 날 것임에 틀림없다.
어휘 もし 만약 今(いま) 지금 地震(じしん) 지진 起(お)こる 일어나다, 발생하다 かつてない 유례없다 規模(きぼ) 규모 被害(ひがい) 피해 出(で)る 나다, 발생하다 ～に違(ちが)いない ~임에 틀림없다

40 정답 1
해석 자료 대출과 반납은 메인 카운터에 문의해 주세요.
어휘 資料(しりょう) 자료 貸出(かしだし) 대출 返却(へんきゃく) 반납 メーンカウンター 메인 카운터 お+동사의 ます형+ください ~해 주십시오 *존경표현 問(と)い合(あ)わせる 문의하다

확인 문제 5 • 명사

問題1 ______の言葉の読み方として最もよいものを、1・2・3・4から一つ選びなさい。

41 親は子供の未来を真剣に考え、健(すこ)やかに育てるべきです。
1 しらい　2 みらい　3 けらい　4 すえらい

42 彼はどんな逆境に対しても前向きで立ち向かうプラス思考を持っている。
1 いこう　2 かこう　3 しこう　4 みこう

43 反対意見が出ても尊重することが、よりよい結論を見出すきっかけになる。
1 きちょう　2 げんじゅう　3 しんちょう　4 そんちょう

44 山頂から見下ろした景色はとても美しかった。
1 けしき　2 けいしき　3 けしょく　4 けいしょく

45 このアプリを使えば、撮影した写真をメールなどで簡単に送ることができる。
1 さつえい　2 しつえい　3 たつえい　4 たちえい

46 癌の治療に有効な物質の発見は世界の注目を集めた。
1 いりょう　2 そうりょう　3 しりょう　4 ちりょう

47 換気の悪い密閉空間は、ウイルス感染症のリスク要因の一つである。
1 しっぺい　2 みっぺい　3 がっぺい　4 けんぺい

48 彼女の話はいつも抽象的で、わかりにくい場合が多い。
1 ちゅしょうてき　2 しゅしょうてき　3 ちゅうしょうてき　4 しゅうしょうてき

49 皮膚の乾燥(かんそう)を防ぐために、シャワーの後はできるだけ早く保湿剤(ほしつざい)を塗(ぬ)りましょう。
1 ひふ　2 はだ　3 うで　4 かかと

50 日本人がよく使う省略表現にもある程度のルールがある。
1 しょらく　2 しょうらく　3 しょりゃく　4 しょうりゃく

확인 문제 5 • 정답 및 해석(명사)

41 정답 2
해석 부모는 아이의 미래를 진지하게 생각하고 건강하게 키워야 합니다.
어휘 親(おや) 부모 子供(こども) 아이, 자식 未来(みらい) 미래 真剣(しんけん)だ 진지하다 考(かんが)える 생각하다 健(すこ)やかだ 건강하다, 튼튼하다 育(そだ)てる 키우다 동사의 기본형+べきだ (마땅히) ~해야 한다 けらい(家来) 부하

42 정답 3
해석 그는 어떤 역경에 대해서도 적극적으로 맞서는 플러스 사고를 가지고 있다.
어휘 逆境(ぎゃっきょう) 역경 ～に対(たい)しても ~에 대해서도, ~에게도 *대상 前向(まえむ)き (사고나 행동이) 적극적임 立(た)ち向(む)かう 맞서다, 대항하다 プラス 플러스 思考(しこう) 사고 持(も)つ 가지다 いこう(意向) 의향 かこう(加工) 가공

43 정답 4
해석 반대 의견이 나와도 존중하는 것이 보다 좋은 결론을 찾아내는 계기가 된다.
어휘 反対(はんたい) 반대 意見(いけん) 의견 尊重(そんちょう) 존중 より 보다 結論(けつろん) 결론 見出(みいだ)す 찾아내다 きっかけ 계기 きちょう(貴重) 귀중 げんじゅう(厳重) 엄중 しんちょう(慎重) 신중

44 정답 1
해석 산꼭대기에서 내려다본 경치는 아주 아름다웠다.
어휘 山頂(さんちょう) 산꼭대기, 정상 見下(みお)ろす 내려다보다 景色(けしき) 경치 とても 아주, 매우 美(うつく)しい 아름답다 けいしき(形式) 형식 けいしょく(軽食) 경식, 간단한 식사

45 정답 1
해석 이 앱을 쓰면 촬영한 사진을 메일 등으로 간단히 보낼 수 있다.
어휘 アプリ 앱(app), 어플 *「アプリケーション(ソフト)」의 준말 使(つか)う 쓰다, 사용하다 撮影(さつえい) 촬영 写真(しゃしん) 사진 メール 메일 簡単(かんたん)だ 간단하다 送(おく)る 보내다

46 정답 4
해석 암 치료에 효과가 있는 물질의 발견은 세계의 주목을 끌었다.
어휘 癌(がん) 암 治療(ちりょう) 치료 有効(ゆうこう)だ 유효하다, 효과가 있다 物質(ぶっしつ) 물질 発見(はっけん) 발견 世界(せかい) 세계 注目(ちゅうもく)を集(あつ)める 주목을 끌다 いりょう(医療) 의료 そうりょう(送料) 송료, 배송료 しりょう(資料) 자료

47 정답 2
해석 환기가 나쁜 밀폐 공간은 바이러스 감염증의 위험 요인 중 하나다.
어휘 換気(かんき) 환기 悪(わる)い 나쁘다 密閉(みっぺい) 밀폐 空間(くうかん) 공간 ウイルス 바이러스 感染症(かんせんしょう) 감염증 リスク 리스크, 위험 要因(よういん) 요인 しっぺい(疾病) 질병 がっぺい(合併) 합병 けんぺい(憲兵) 헌병

48 정답 3
해석 그녀의 이야기는 항상 추상적이어서 이해하기 힘든 경우가 많다.
어휘 話(はなし) 이야기 抽象的(ちゅうしょうてき)だ 추상적이다 わかる 알다, 이해하다 동사의 ます형+にくい ~하기 어렵다[힘들다] 場合(ばあい) 경우 多(おお)い 많다

49 정답 1
해석 피부 건조를 막기 위해서 샤워 후에는 가능한 한 빨리 보습제를 바릅시다.
어휘 皮膚(ひふ) 피부 乾燥(かんそう) 건조 防(ふせ)ぐ 막다, 방지하다 동사의 보통형+ために ~하기 위해서 シャワー 샤워 できるだけ 가능한 한, 되도록 保湿剤(ほしつざい) 보습제 塗(ぬ)る 바르다, 칠하다 はだ(肌) 피부 うで(腕) 팔 かかと 발뒤꿈치

50 정답 4
해석 일본인이 자주 사용하는 생략 표현에도 어느 정도의 규칙이 있다.
어휘 よく 잘, 자주 使(つか)う 쓰다, 사용하다 省略(しょうりゃく) 생략 表現(ひょうげん) 표현 ある 어느 程度(ていど) 정도 ルール 룰, 규칙

확인 문제 6 • 명사

問題1 ＿＿＿＿の言葉の読み方として最もよいものを、1・2・3・4から一つ選びなさい。

51 今度の事故の原因は、未(いま)だにはっきりしていない。
1 けんいん　2 げんいん　3 かんいん　4 がんいん

52 あの先生の講演なら、きっと面白いでしょう。
1 こえん　2 こうえん　3 ごえん　4 ごうえん

53 隣の部屋がうるさくてなかなか眠れない。
1 となり　2 よこ　3 しみ　4 いけ

54 人工衛星の発射の目処はまだ立っていません。
1 はっかん　2 はっしん　3 はっしゃ　4 はっこう

55 異常気象による被害が世界的に広がっている。
1 ししょう　2 いしょう　3 しじょう　4 いじょう

56 津波(つなみ)による被害総額は、10億円に上(のぼ)っていた。
1 そうがく　2 そがく　3 そうかく　4 そかく

57 すみませんが、この近くに両替できる所はありませんか。
1 りょうたい　2 したい　3 りょうがえ　4 しがえ

58 吉田さんにこの仕事を継続させることは難しいと思います。
1 けそく　2 けいそく　3 けぞく　4 けいぞく

59 このパソコン、機能がずいぶん改善されましたね。
1 かいせん　2 かいぜん　3 ぎせん　4 ぎぜん

60 私たちは結局、抽選で順番を決めることにした。
1 ちょせん　2 ちょうせん　3 ちゅせん　4 ちゅうせん

확인 문제 6 • 정답 및 해석(명사)

51 정답 2
해석 이번 사고의 원인은 아직도 확실하지 않다.
어휘 今度(こんど) 이번 事故(じこ) 사고 原因(げんいん) 원인 未(いま)だに 아직(까지)도 はっきりする 확실하다 けんいん(牽引) 견인

52 정답 2
해석 그 선생님의 강연이라면 분명히 재미있겠지요.
어휘 あの (서로 알고 있는) 그 講演(こうえん) 강연 ～なら ～라면 きっと 분명히, 틀림없이 面白(おもしろ)い 재미있다 こえん(故縁) 옛 인연 ごえん(誤嚥) 오연, 모르고 잘못 삼킴

53 정답 1
해석 옆방이 시끄러워서 좀처럼 잠들 수 없다.
어휘 隣(となり) 옆, 이웃 部屋(へや) 방 うるさい 시끄럽다 なかなか (부정어 수반) 좀처럼 眠(ねむ)る 자다, 잠들다 よこ(横) 옆, 가로 し(染)み 얼룩 いけ(池) 연못

54 정답 3
해석 인공위성의 발사 전망은 아직 서 있지 않습니다.
어휘 人工衛星(じんこうえいせい) 인공위성 発射(はっしゃ) 발사 目処(めど)が立(た)つ 전망이 서다 はっかん(発刊) 발간 はっしん(発信) 발신 はっこう(発行) 발행

55 정답 4
해석 이상 기상에 의한 피해가 세계적으로 확대되고 있다.
어휘 異常(いじょう) 이상 気象(きしょう) 기상 ～による ～에 의한 被害(ひがい) 피해 世界的(せかいてき)だ 세계적이다 広(ひろ)がる 확대되다 ししょう(師匠) 스승 いしょう(衣装) 의상 しじょう(市場) 시장

56 정답 1
해석 쓰나미에 의한 피해 총액은 10억 엔에 달했다.
어휘 津波(つなみ) 쓰나미, 지진 해일 総額(そうがく) 총액 上(のぼ)る 달하다, 이르다 そうかく(総画) 총획

57 정답 3
해석 죄송하지만, 이 근처에 환전할 수 있는 곳은 없습니까?
어휘 近(ちか)く 근처 両替(りょうがえ) 환전 したい(姿態) 자태

58 정답 4
해석 요시다 씨에게 이 일을 계속하게 하는 것은 어렵다고 생각합니다.
어휘 仕事(しごと) 일 継続(けいぞく) 계속 難(むずか)しい 어렵다 けいそく(計測) 계측

59 정답 2
해석 이 컴퓨터, 기능이 꽤 개선되었네요.
어휘 パソコン (개인용) 컴퓨터 *「パーソナルコンピューター」의 준말 機能(きのう) 기능 ずいぶん 꽤, 몹시, 퍽 改善(かいぜん) 개선 かいせん(回線) 회선 ぎぜん(偽善) 위선

60 정답 4
해석 우리는 결국 추첨으로 순번을 정하기로 했다.
어휘 結局(けっきょく) 결국 抽選(ちゅうせん) 추첨 順番(じゅんばん) 순번, 차례 決(き)める 정하다, 결정하다 동사의 보통형+ことにする ～하기로 하다 ちょうせん(挑戦) 도전

확인 문제 7 • 명사

問題1 ＿＿＿の言葉の読み方として最もよいものを、1・2・3・4から一つ選びなさい。

61 舞台に立って歌うのは、初めてなのでとても緊張していた。
1 ふたい　2 ふうたい　3 ぶたい　4 ぶうたい

62 集中暖房の場合、温度調節が難しいという。
1 ちょせつ　2 ちょうせつ　3 しょせつ　4 しょうせつ

63 例外のない規則はないものだから、そういうこともあり得るでしょう。
1 れいがい　2 そんがい　3 いがい　4 じょうがい

64 パーティーでの彼女の服装は、いつもとはちょっと違った。
1 ふくしょう　2 ふくそう　3 ふくじょう　4 ふくぞう

65 午後1時からは、防災訓練が行われる。
1 ほさい　2 ほうさい　3 ぼさい　4 ぼうさい

66 当初の予想通り、選挙は与党の圧勝に終わった。
1 あっしょう　2 ゆうしょう　3 しんしょう　4 らくしょう

67 勧誘電話を避けるためには、どうすればいいか教えてください。
1 けんゆう　2 かんゆう　3 さゆう　4 しんゆう

68 犯罪人引き渡し条約(じょうやく)とは、国外に逃亡した容疑者の引き渡しに関する国際条約(じょうやく)である。
1 とほう　2 とうほう　3 とぼう　4 とうぼう

69 肉は強火で焼くと、表面のたんぱく質の凝固の層が厚くなる。
1 きょうか　2 ごうか　3 つよひ　4 つよび

70 昨日、目撃された垂直に落ちた光の正体は飛行機雲であった。
1 しゅちょく　2 ついちょく　3 すいちょく　4 すうちょく

확인 문제 7 • 정답 및 해석(명사)

61 정답 3
해석 무대에 서서 노래를 부르는 것은 처음이라서 매우 긴장하고 있었다.
어휘 舞台(ぶたい) 무대 立(た)つ 서다 歌(うた)う (노래를) 부르다 初(はじ)めて 처음(으로) 緊張(きんちょう) 긴장 ふたい(布袋) 포대

62 정답 2
해석 집중 난방의 경우 온도 조절이 어렵다고 한다.
어휘 集中(しゅうちゅう) 집중 暖房(だんぼう) 난방 場合(ばあい) 경우 温度(おんど) 온도 調節(ちょうせつ) 조절 難(むずか)しい 어렵다 しょせつ(諸説) 제설, 여러 가지 설 しょうせつ(小説) 소설

63 정답 1
해석 예외 없는 규칙은 없으니까, 그런 일도 있을 수 있겠죠.
어휘 例外(れいがい) 예외 規則(きそく) 규칙 ～ものだから ~이니까, ~이기 때문에 *변명조 そういう 그러한, 그런 あり得(う)る 있을 수 있다 そんがい(損害) 손해 いがい(意外) 의외 じょうがい(場外) 장외

64 정답 2
해석 파티에서의 그녀의 복장은 여느 때와는 조금 달랐다.
어휘 パーティー 파티 服装(ふくそう) 복장 いつも 여느 때, 평소 違(ちが)う 다르다 ふくしょう(復唱) 복창

65 정답 4
해석 오후 1시부터는 방재 훈련이 실시된다.
어휘 午後(ごご) 오후 防災(ぼうさい) 방재 訓練(くんれん) 훈련 行(おこな)う 하다, 행하다, 실시하다

66 정답 1
해석 당초 예상대로 선거는 여당의 압승으로 끝났다.
어휘 当初(とうしょ) 당초 予想(よそう) 예상 명사+通(どお)り ~대로 選挙(せんきょ) 선거 与党(よとう) 여당 圧勝(あっしょう) 압승 終(お)わる 끝나다 ゆうしょう(優勝) 우승 しんしょう(辛勝) 신승, 겨우 이김 らくしょう(楽勝) 낙승

67 정답 2
해석 권유 전화를 피하기 위해서는 어떻게 하면 좋은지 가르쳐 주세요.
어휘 勧誘(かんゆう) 권유 避(さ)ける 피하다 동사의 보통형+ためには ~하기 위해서는 教(おし)える 가르치다, 알려 주다 さゆう(左右) 좌우 しんゆう(親友) 친한 친구

68 정답 4
해석 범죄인 인도조약이란 국외로 도망친 용의자의 인도에 관한 국제조약이다.
어휘 犯罪人(はんざいにん) 범죄인 引(ひ)き渡(わた)し 인도, 넘겨줌 条約(じょうやく) 조약 ～とは ~라고 하는 것은, ~란 *정의 国外(こくがい) 국외 逃亡(とうぼう) 도망 容疑者(ようぎしゃ) 용의자 ～に関(かん)する ~에 관한 国際(こくさい) 국제 とほう(途方) 수단, 방도 とうほう(当方) 이쪽, 우리 쪽

69 정답 4
해석 고기는 센 불로 구우면 표면의 단백질 응고층이 두꺼워진다.
어휘 肉(にく) 고기 強火(つよび) (화력이) 센 불 焼(や)く (불에) 굽다 表面(ひょうめん) 표면 たんぱく質(しつ) 단백질 凝固(ぎょうこ) 응고 層(そう) 층 厚(あつ)い 두껍다 きょうか(強化) 강화 ごうか(豪華) 호화

70 정답 3
해석 어제 목격된 수직으로 떨어진 빛의 정체는 비행기운이었다.
어휘 目撃(もくげき) 목격 垂直(すいちょく) 수직 落(お)ちる 떨어지다 光(ひかり) 빛 正体(しょうたい) 정체 飛行機雲(ひこうきぐも) 비행기운, 차고 습한 대기 속을 나는 비행기의 자취를 따라 생기는 구름

확인 문제 8 • 명사

問題1 ＿＿＿＿の言葉の読み方として最もよいものを、1・2・3・4から一つ選びなさい。

71 うちの会社も時代の変化に対応し、積極的に新たな事業展開に取り組むべきだ。
1 しんかい　2 よんかい　3 せんかい　4 てんかい

72 楽しみにしていたピクニックが延期になってしまった。
1 たんき　2 えんき　3 まっき　4 がっき

73 天然(てんねん)資源をめぐって起きた両国の戦争はまだ続いている。
1 せんそう　2 せんぞう　3 せんしょ　4 せんじょう

74 日本の経済成長率を加速させるためには、設備投資の増加が必要である。
1 せつび　2 かんび　3 ぐんび　4 じゅんび

75 昨日、故郷の熊本の名物である「馬刺し」を食べた。
1 こきょ　2 こきょう　3 こうきょ　4 こうきょう

76 未成年者の飲酒(いんしゅ)は法律で禁じられている。
1 ほりつ　2 ぼりつ　3 ほうりつ　4 ぼうりつ

77 貨物の料金は、貨物の種類やコンテナの大きさ、輸送距離によって決定される。
1 しぶつ　2 けんぶつ　3 にもつ　4 かもつ

78 大会期間中は十分な休息を取ってください。
1 きゅうそく　2 きゅそく　3 きゅうけい　4 きゅけい

79 今日は、すぐ使える生活の知恵をご紹介します。
1 しへ　2 しえ　3 ちへ　4 ちえ

80 もう子供たちもみんな独立したから、親としての役目も終わった。
1 やくもく　2 やくめ　3 えきもく　4 えきめ

확인 문제 8 • 정답 및 해석(명사)

71 정답 4
해석 우리 회사도 시대의 변화에 대응해 적극적으로 새로운 사업 전개에 몰두해야 한다.
어휘 時代(じだい) 시대 変化(へんか) 변화 対応(たいおう) 대응 積極的(せっきょくてき)だ 적극적이다
新(あら)ただ 새롭다 事業(じぎょう) 사업 展開(てんかい) 전개 取(と)り組(く)む 몰두하다
동사의 기본형+べきだ (마땅히) ~해야 한다 しんかい(深海) 심해 よんかい(四回) 4회 せんかい(旋回) 선회

72 정답 2
해석 기대하고 있던 소풍이 연기가 되어 버렸다.
어휘 楽(たの)しみにする 기대하다 ピクニック 피크닉, 소풍 延期(えんき) 연기 たんき(短期) 단기 まっき(末期) 말기
がっき(学期) 학기

73 정답 1
해석 천연자원을 둘러싸고 일어난 양국의 전쟁은 아직 계속되고 있다.
어휘 天然資源(てんねんしげん) 천연자원 ～をめぐって ~을 둘러싸고 起(お)きる 일어나다, 발생하다
両国(りょうこく) 양국 戦争(せんそう) 전쟁 続(つづ)く 이어지다, 계속되다 せんじょう(戦場) 전장, 전쟁터

74 정답 1
해석 일본의 경제 성장률을 가속시키기 위해서는 설비 투자 증가가 필요하다.
어휘 経済(けいざい) 경제 成長率(せいちょうりつ) 성장률 加速(かそく) 가속 동사의 보통형+ためには ~하기 위해서는
設備(せつび) 설비 投資(とうし) 투자 増加(ぞうか) 증가 必要(ひつよう) 필요 かんび(完備) 완비 ぐんび(軍備) 군비
じゅんび(準備) 준비

75 정답 2
해석 어제 고향 구마모토의 명물인 '말고기회'를 먹었다.
어휘 昨日(きのう) 어제 故郷(こきょう) 고향 熊本(くまもと) 구마모토 *지명 名物(めいぶつ) 명물
馬刺(ばさ)し 말고기회

76 정답 3
해석 미성년자의 음주는 법률로 금지되어 있다.
어휘 未成年者(みせいねんしゃ) 미성년자 飲酒(いんしゅ) 음주 法律(ほうりつ) 법률 禁(きん)じる 금하다, 금지하다

77 정답 4
해석 화물 요금은 화물의 종류와 컨테이너 크기, 수송 거리에 의해 결정된다.
어휘 貨物(かもつ) 화물 料金(りょうきん) 요금 種類(しゅるい) 종류 コンテナ 컨테이너 大(おお)きさ 크기
輸送(ゆそう) 수송 距離(きょり) 거리 ～によって ~에 의해 決定(けってい) 결정 けんぶつ(見物) 구경
にもつ(荷物) 짐

78 정답 1
해석 대회 기간 중에는 충분한 휴식을 취해 주세요.
어휘 大会(たいかい) 대회 期間(きかん) 기간 十分(じゅうぶん)だ 충분하다 休息(きゅうそく) 휴식 取(と)る 취하다
きゅうけい(休憩) 휴게, 휴식

79 정답 4
해석 오늘은 바로 사용할 수 있는 생활의 지혜를 소개해 드리겠습니다.
어휘 すぐ 곧, 바로 使(つか)う 쓰다, 사용하다 生活(せいかつ) 생활 知恵(ちえ) 지혜
ご+한자명사+する ~하다, ~해 드리다 *겸양표현 紹介(しょうかい) 소개

80 정답 2
해석 이제 아이들도 모두 독립했으니까, 부모로서의 역할도 끝났다.
어휘 もう 이제 独立(どくりつ) 독립 親(おや) 부모 ～として ~로서 役目(やくめ) 임무, 역할 終(お)わる 끝나다

확인 문제 9 • 명사

問題1 ＿＿＿＿の言葉の読み方として最もよいものを、1・2・3・4から一つ選びなさい。

81 湖の向こうに高層ビルが立ち並んでいる。

1 こうそう　2 こそう　3 こうぞう　4 こぞう

82 今回の事故は、決して君の責任ではない。

1 たんにん　2 せきにん　3 ふにん　4 いちにん

83 彼は嘘吐き(うそつ)だから、絶対信用できませんよ。

1 りよう　2 かんよう　3 かつよう　4 しんよう

84 新型ウイルスが景気回復の足(あし)を引(ひ)っ張(ぱ)っている。

1 がいふく　2 がいはく　3 かいふく　4 かいはく

85 子供の成長は早いものです。

1 せいちょう　2 じょうちょう　3 せいじょう　4 じょうじょう

86 物事を損得で考えてしまうのは、人の常である。

1 そんどく　2 しんどく　3 そんとく　4 しんとく

87 地球温暖化は、地球全体の気候を大きく変えてしまう。

1 しきゅ　2 しきゅう　3 ちきゅ　4 ちきゅう

88 この機械、実際に操作してみると、そんなに難しくはないね。

1 しさく　2 しさ　3 そうさく　4 そうさ

89 今年中に生産設備の拡充を図るべきだと思います。

1 かくちゅう　2 かくじゅう　3 こくちゅう　4 こくじゅう

90 父は梯子(はしご)に上って植木の手入れをしている。

1 しょっき　2 しょくぎ　3 うえき　4 うえぎ

확인 문제 9 • 정답 및 해석(명사)

81 정답 1
해석 호수 건너편에 고층 빌딩이 늘어서 있다.
어휘 湖(みずうみ) 호수 向(む)こう 맞은편, 건너편 高層(こうそう) 고층 ビル 빌딩 *「ビルディング」의 준말 立(た)ち並(なら)ぶ 늘어서다 こうぞう(構造) 구조

82 정답 2
해석 이번 사고는 결코 네 책임이 아니다.
어휘 今回(こんかい) 이번 事故(じこ) 사고 決(けっ)して (부정어 수반) 결코 責任(せきにん) 책임 たんにん(担任) 담임 ふにん(赴任) 부임 いちにん(一任) 일임

83 정답 4
해석 그는 거짓말쟁이라서 절대 신용할 수 없어요.
어휘 嘘吐(うそつ)き 거짓말쟁이 絶対(ぜったい) 절대, 절대로 信用(しんよう) 신용 りよう(利用) 이용 かんよう(慣用) 관용 かつよう(活用) 활용

84 정답 3
해석 신형 바이러스가 경기 회복의 발목을 잡고 있다.
어휘 新型(しんがた) 신형 ウイルス 바이러스 景気(けいき) 경기 回復(かいふく) 회복 足(あし)を引(ひ)っ張(ぱ)る 발목을 잡다, 원활한 진행을 방해하다 がいはく(外泊) 외박

85 정답 1
해석 아이의 성장은 빠른 법입니다.
어휘 子供(こども) 아이, 자식 成長(せいちょう) 성장 早(はや)い 빠르다 ～ものだ ～인 법[것]이다 *상식 · 진리 · 본성 せいじょう(正常) 정상 じょうじょう(上場) 상장

86 정답 3
해석 매사를 손익으로 생각해 버리는 것은 인지상정이다.
어휘 物事(ものごと) 물건과 일, (일체의) 사물 損得(そんとく) 손익 考(かんが)える 생각하다 人(ひと)の常(つね) 인지상정, 사람이면 누구나 가지는 보통의 마음

87 정답 4
해석 지구 온난화는 지구 전체의 기후를 크게 바꿔 버린다.
어휘 地球(ちきゅう) 지구 温暖化(おんだんか) 온난화 全体(ぜんたい) 전체 気候(きこう) 기후 大(おお)きい 크다 変(か)える 바꾸다 しきゅう(支給) 지급

88 정답 4
해석 이 기계, 실제로 조작해 보니 그렇게 어렵지는 않네.
어휘 機械(きかい) 기계 実際(じっさい)に 실제로 操作(そうさ) 조작 そんなに 그렇게 難(むずか)しい 어렵다 しさく(試作) 시작 しさ(示唆) 시사 そうさく(創作) 창작

89 정답 2
해석 올해 안으로 생산 설비 확충을 도모해야 한다고 생각합니다.
어휘 今年中(ことしじゅう) 올해 안 生産(せいさん) 생산 設備(せつび) 설비 拡充(かくじゅう) 확충 図(はか)る 도모하다, 꾀하다 동사의 기본형+べきだ (마땅히) ～해야 한다

90 정답 3
해석 아버지는 사다리에 올라가서 정원수 손질을 하고 있다.
어휘 父(ちち) (자신의) 아버지 梯子(はしご) 사다리 上(のぼ)る 오르다, 올라가다 植木(うえき) 정원수 手入(てい)れ 손질 しょっき(食器) 식기

확인 문제 10 • 명사

問題1 ＿＿＿＿の言葉の読み方として最もよいものを、1・2・3・4から一つ選びなさい。

91 昔から政治にはあまり関心がなかった。

1 せいじ　　2 せいち　　3 しょうじ　　4 しょうち

92 色々と努力してみたが、状況を逆転させるのは容易ではなかった。

1 そうきょう　　2 ぞうきょう　　3 じょきょう　　4 じょうきょう

93 彼女がそんなことまでするとは、想像もできなかった。

1 そうそう　　2 そうぞう　　3 そうじょう　　4 ぞうじょう

94 人類が火を使って生活するようになったのは、今から約50万年前だと言われている。

1 にんるい　　2 じんるい　　3 かんるい　　4 しんるい

95 株価が急落したので、市場が混乱している。

1 こんらん　　2 こんなん　　3 ごんらん　　4 ごんなん

96 冷凍した食品を解凍するには、どのような方法が一番良いのでしょうか。

1 ろうどう　　2 ろうとう　　3 れんどう　　4 れいとう

97 ニュースによると、野党は与党の規制改革案に大いに反発しているという。

1 きせい　　2 きゅうせい　　3 かせい　　4 かぜい

98 日本郵便(にっぽんゆうびん)が提供する郵便小包サービスは、以下の通りです。

1 しょうほう　　2 こしょう　　3 こづつみ　　4 しょうづつみ

99 特産品販売店では地元の野菜、果物、米などの特産物を取り扱っている。

1 じげん　　2 ちげん　　3 じもと　　4 ちもと

100 お求めの資料を提供するために、当図書館では相互協力体制を整(ととの)えておきました。

1 そうご　　2 そうごう　　3 しご　　4 しごう

확인 문제 10 • 정답 및 해석(명사)

91 정답 1
해석 옛날부터 정치에는 별로 관심이 없었다.
어휘 昔(むかし) 옛날 政治(せいじ) 정치 あまり (부정어 수반) 그다지, 별로 関心(かんしん) 관심 しょうじ(商事) 상사 しょうち(承知) 앎

92 정답 4
해석 여러 가지로 노력해 봤지만, 상황을 역전시키는 것은 쉽지 않았다.
어휘 色々(いろいろ)と 여러 가지로 努力(どりょく) 노력 状況(じょうきょう) 상황 逆転(ぎゃくてん) 역전 容易(ようい)だ 용이하다, 쉽다 ぞうきょう(増強) 증강

93 정답 2
해석 그녀가 그런 일까지 하다니, 상상도 못했다.
어휘 そんな 그런 ～とは ～하다니 想像(そうぞう) 상상 そうそう(早々) 급히, 서둘러 そうじょう(相乗) (수학) 상승

94 정답 2
해석 인류가 불을 사용해 생활하게 된 것은 지금으로부터 약 50만 년 전이라고 일컬어지고 있다.
어휘 人類(じんるい) 인류 火(ひ) 불 使(つか)う 쓰다, 사용하다 生活(せいかつ) 생활 ～ようになる ～하게(끔) 되다 *변화 しんるい(親類) 친척

95 정답 1
해석 주가가 급락했기 때문에 시장이 혼란해졌다.
어휘 株価(かぶか) 주가 急落(きゅうらく) 급락 市場(しじょう) 시장 混乱(こんらん) 혼란 こんなん(困難) 곤란

96 정답 4
해석 냉동한 식품을 해동하려면 어떤 방법이 가장 좋을까요?
어휘 冷凍(れいとう) 냉동 食品(しょくひん) 식품 解凍(かいとう) 해동 동사의 보통형+には ～하려면 方法(ほうほう) 방법 一番(いちばん) 가장, 제일 良(よ)い 좋다 ろうどう(労働) 노동 れんどう(連動) 연동

97 정답 1
해석 뉴스에 의하면 야당은 여당의 규제 개혁안에 크게 반발하고 있다고 한다.
어휘 ～によると ～에 의하면 野党(やとう) 야당 与党(よとう) 여당 規制(きせい) 규제 改革案(かいかくあん) 개혁안 大(おお)いに 크게 反発(はんぱつ) 반발 きゅうせい(急性) 급성 かせい(火星) 화성 かぜい(課税) 과세

98 정답 3
해석 일본 우편이 제공하는 우편 소포 서비스는 이하와 같습니다.
어휘 日本郵便(にっぽんゆうびん) 일본 우편 *「日本郵便株式会社(にっぽんゆうびんかぶしきがいしゃ)」(일본 우편 주식회사)의 통칭 提供(ていきょう) 제공 小包(こづつみ) 소포 サービス 서비스 以下(いか) 이하 ～通(とお)り ～대로 しょうほう(商法) 상법 こしょう(故障) 고장

99 정답 3
해석 특산품 판매점에서는 그 고장의 채소, 과일, 쌀 등의 특산물을 취급하고 있다.
어휘 特産品(とくさんひん) 특산품 販売店(はんばいてん) 판매점 地元(じもと) 그 고장, 그 지방 野菜(やさい) 채소 果物(くだもの) 과일 米(こめ) 쌀 特産物(とくさんぶつ) 특산물 取(と)り扱(あつか)う 취급하다, 다루다

100 정답 1
해석 원하시는 자료를 제공하기 위해서 저희 도서관에서는 상호 협력 체제를 갖추어 두었습니다.
어휘 求(もと)め 원함 資料(しりょう) 자료 提供(ていきょう) 제공 当(とう)～ 당～, 이～ 図書館(としょかん) 도서관 相互(そうご) 상호 協力(きょうりょく) 협력 体制(たいせい) 체제 整(ととの)える 갖추다 ～ておく ～해 놓다[두다] そうごう(総合) 종합 しご(死語) 사어, 사용하지 않는 말

점수 UP! UP!
<명사>

□ 企画(きかく) 기획	□ 机(つくえ) 책상	□ 声(こえ) 목소리
□ 地震(じしん) 지진	□ 熱演(ねつえん) 열연	□ 希望(きぼう) 희망
□ 裁判(さいばん) 재판	□ 出版(しゅっぱん) 출판	□ 工夫(くふう) 궁리
□ 退院(たいいん) 퇴원	□ 目的(もくてき) 목적	□ 禁止(きんし) 금지
□ 爆発(ばくはつ) 폭발	□ 標識(ひょうしき) (도로 등의) 표지	□ 配布(はいふ) 배포
□ 登山(とざん) 등산	□ 作業(さぎょう) 작업	□ 汚染(おせん) 오염
□ 性格(せいかく) 성격	□ 年齢(ねんれい) 연령	□ 悲劇(ひげき) 비극
□ 信頼(しんらい) 신뢰	□ 販売(はんばい) 판매	□ 評価(ひょうか) 평가
□ 芸能(げいのう) 예능	□ 優勝(ゆうしょう) 우승	□ 著者(ちょしゃ) 저자
□ 遅刻(ちこく) 지각	□ 駐車(ちゅうしゃ) 주차	□ 欠点(けってん) 결점
□ 貯蔵(ちょぞう) 저장	□ 家賃(やちん) 집세	□ 鉄橋(てっきょう) 철교
□ 洗濯(せんたく) 세탁	□ 努力(どりょく) 노력	□ 参加(さんか) 참가
□ 途中(とちゅう) 도중	□ 声援(せいえん) 성원	□ 選択(せんたく) 선택
□ 運送(うんそう) 운송	□ 資料(しりょう) 자료	□ 交換(こうかん) 교환
□ 建設(けんせつ) 건설	□ 流行(りゅうこう) 유행	□ 限定(げんてい) 한정
□ 知識(ちしき) 지식	□ 缶詰(かんづめ) 통조림	□ 歴史(れきし) 역사
□ 進学率(しんがくりつ) 진학률	□ 担当者(たんとうしゃ) 담당자	□ 作物(さくもつ) 작물, 농작물

- ☐ 雲(くも) 구름
- ☐ 星(ほし) 별
- ☐ 汗(あせ) 땀
- ☐ 他人(たにん) 타인
- ☐ 改良(かいりょう) 개량
- ☐ 箱(はこ) 상자
- ☐ 実験(じっけん) 실험
- ☐ 職場(しょくば) 직장
- ☐ 集会(しゅうかい) 집회
- ☐ 飲酒(いんしゅ) 음주
- ☐ 警告(けいこく) 경고
- ☐ 募集(ぼしゅう) 모집
- ☐ 最大(さいだい) 최대
- ☐ 接触(せっしょく) 접촉
- ☐ 生産(せいさん) 생산
- ☐ 鉱山(こうざん) 광산
- ☐ 連続(れんぞく) 연속
- ☐ 左右(さゆう) 좌우
- ☐ 権利(けんり) 권리
- ☐ 血液(けつえき) 혈액
- ☐ 約束(やくそく) 약속
- ☐ 帰宅(きたく) 귀가
- ☐ 停車(ていしゃ) 정차
- ☐ 日常(にちじょう) 일상
- ☐ 割合(わりあい) 비율
- ☐ 平等(びょうどう) 평등
- ☐ 相談(そうだん) 상담
- ☐ 農業(のうぎょう) 농업
- ☐ 賛成(さんせい) 찬성
- ☐ 住民(じゅうみん) 주민
- ☐ 被害(ひがい) 피해
- ☐ 熱帯(ねったい) 열대
- ☐ 予報(よほう) 예보
- ☐ 結婚(けっこん) 결혼
- ☐ 労働(ろうどう) 노동
- ☐ 満足(まんぞく) 만족
- ☐ 航空(こうくう) 항공
- ☐ 掃除(そうじ) 청소
- ☐ 成功(せいこう) 성공
- ☐ 呼吸(こきゅう) 호흡
- ☐ 進歩(しんぽ) 진보
- ☐ 植物(しょくぶつ) 식물
- ☐ 頂上(ちょうじょう) 정상
- ☐ 論文(ろんぶん) 논문
- ☐ 湿度(しつど) 습도
- ☐ 物語(ものがたり) 이야기
- ☐ 恋愛(れんあい) 연애
- ☐ 留学生(りゅうがくせい) 유학생
- ☐ 係員(かかりいん) 계원, 담당자
- ☐ 図書館(としょかん) 도서관
- ☐ 都合(つごう) 사정, 형편

기출 및 출제 예상 어휘 50 <い형용사&な형용사, 부사>

□ 憎い(にく) 밉다	□ 苦い(にが) 쓰다	□ 快適だ(かいてき) 쾌적하다
□ 怖い(こわ) 무섭다	□ 羨ましい(うらや) 부럽다	□ 柔軟だ(じゅうなん) 유연하다
□ 悔しい(くや) 분하다	□ 温い(ぬる) 미지근하다	□ 適切だ(てきせつ) 적절하다
□ 恋しい(こい) 그립다	□ 乏しい(とぼ) 모자라다, 부족하다	□ 新鮮だ(しんせん) 신선하다
□ 偉い(えら) 훌륭하다	□ 勿体ない(もったい) 아깝다	□ 豊かだ(ゆた) 풍부하다
□ 怪しい(あや) 수상하다	□ 勇ましい(いさ) 용감하다	□ 主だ(おも) 주되다
□ 望ましい(のぞ) 바람직하다	□ 騒がしい(さわ) 시끄럽다, 떠들썩하다	□ 不規則だ(ふきそく) 불규칙하다, 불규칙적이다
□ 鋭い(するど) 날카롭다, 예리하다	□ 薄暗い(うすぐら) 어두컴컴하다	□ 再度(さいど) 재차, 다시
□ 荒い(あら) (씀씀이가) 헤프다	□ 厚かましい(あつ) 뻔뻔스럽다, 염치없다	□ 至急(しきゅう) 지급, 시급, 급히
□ 幼い(おさな) 어리다	□ 空しい(むな) 허무하다	□ 突然(とつぜん) 돌연, 갑자기
□ 眩しい(まぶ) 눈부시다	□ 幼稚だ(ようち) 유치하다	□ 少なくとも(すく) 적어도
□ 青白い(あおじろ) 창백하다	□ 清潔だ(せいけつ) 청결하다	□ 逆に(ぎゃく) 반대로
□ 頼もしい(たの) 믿음직스럽다	□ 極端だ(きょくたん) 극단적이다	□ 次々と(つぎつぎ) 잇따라, 계속해서
□ 珍しい(めずら) 드물다, 진귀하다	□ 和やかだ(なご) (기색·공기가) 부드럽다, 온화하다	□ 一応(いちおう) 일단
□ 険しい(けわ) 험하다, 험악하다	□ 生意気だ(なまいき) 건방지다	□ 敢えて(あ) 굳이
□ 惜しい(お) 아깝다, 애석하다	□ 爽やかだ(さわ) 상쾌하다, 산뜻하다	□ 相変わらず(あいか) 여전히, 변함없이
□ 快い(こころよ) 상쾌하다, 기분 좋다	□ 静かだ(しず) 조용하다	

확인 문제 1 • い형용사&な형용사, 부사

동영상 03

問題1 ＿＿＿＿の言葉の読み方として最もよいものを、1・2・3・4から一つ選びなさい。

1 全部終わった人は目を閉じて<u>静か</u>に待っていてください。
1 しずか　　2 かすか　　3 わずか　　4 のどか

2 魚は腐りやすいから、<u>新鮮</u>なうちに食べよう。
1 かんぜん　　2 しんぜん　　3 かんせん　　4 しんせん

3 ホラー映画だったのに、そんなに<u>怖く</u>はなかった。
1 くどく　　2 うすく　　3 こわく　　4 あわく

4 天気予報では一日中晴れると言ったのに、<u>突然</u>雨が降り出した。
1 とつぜん　　2 しぜん　　3 みぜん　　4 まんぜん

5 昨日のパーティーには、今まで食べたことのない<u>珍しい</u>食べ物もたくさんあった。
1 めずらしい　　2 うたがわしい　　3 おしい　　4 ふさわしい

6 <u>清潔</u>な調理器具を使わなければ、食中毒が発生する可能性がある。
1 しけつ　　2 せいけつ　　3 そけつ　　4 そうけつ

7 事件現場の近くで<u>怪しい</u>人物を見たという新しい証言が出た。
1 くわしい　　2 まぶしい　　3 いちじるしい　　4 あやしい

8 納得できなくて<u>再度</u>聞いてみたが、結果は変わらなかった。
1 かいど　　2 けいど　　3 せいど　　4 さいど

9 悪いことでもあったのか、部長は朝から<u>険しい</u>顔をしている。
1 つましい　　2 けわしい　　3 わずらわしい　　4 したしい

10 本当に彼のそんな<u>生意気</u>な態度は気に入らない。
1 じょういき　　2 しょういき　　3 なまいき　　4 せいいき

확인 문제 1 • 정답 및 해석(い형용사&な형용사, 부사)

1 정답 1
해석 전부 끝난 사람은 눈을 감고 조용히 기다리고 있어 주세요.
어휘 全部(ぜんぶ) 전부 終(お)わる 끝나다 目(め) 눈 閉(と)じる 닫다, (눈을) 감다 静(しず)かだ 조용하다 待(ま)つ 기다리다 かす(微)かだ 희미하다, 미약하다 わずか 조금, 약간, 불과 のどかだ 한가롭다

2 정답 4
해석 생선은 상하기 쉬우니까, 신선한 동안에 먹자.
어휘 魚(さかな) 생선 腐(くさ)る 상하다 동사의 ます형+やすい ~하기 쉽다 新鮮(しんせん)だ 신선하다 ～うちに ~동안에, ~사이에 かんぜん(完全)だ 완전하다 しんぜん(親善) 친선 かんせん(感染) 감염

3 정답 3
해석 공포 영화였는데도 그렇게 무섭지는 않았다.
어휘 ホラー 호러, 공포 映画(えいが) 영화 ～のに ~는데(도) 怖(こわ)い 무섭다 くどい 장황하다 うす(薄)い 얇다, 연하다 あわ(淡)い (빛깔이) 옅다, (맛이) 담백하다

4 정답 1
해석 일기 예보에서는 하루 종일 맑다고 했는데 갑자기 비가 내리기 시작했다.
어휘 天気予報(てんきよほう) 일기 예보 一日中(いちにちじゅう) 하루 종일 晴(は)れる 맑다, 개다 突然(とつぜん) 돌연, 갑자기 雨(あめ) 비 降(ふ)り出(だ)す (비·눈 등이) 내리기 시작하다 しぜん(自然) 자연 みぜん(未然) 미연 まんぜん(漫然) 만연

5 정답 1
해석 어제 파티에는 지금까지 먹은 적이 없는 진귀한 음식도 많이 있었다.
어휘 昨日(きのう) 어제 パーティー 파티 今(いま)まで 지금까지 珍(めずら)しい 드물다, 진귀하다 食(た)べ物(もの) 음식, 먹을 것 たくさん 많이 うたが(疑)わしい 의심스럽다 お(惜)しい 아깝다, 애석하다 ふさわ(相応)しい 어울리다, 적합하다

6 정답 2
해석 청결한 조리 기구를 사용하지 않으면 식중독이 발생할 가능성이 있다.
어휘 清潔(せいけつ)だ 청결하다 調理(ちょうり) 조리 器具(きぐ) 기구 使(つか)う 쓰다, 사용하다 食中毒(しょくちゅうどく) 식중독 発生(はっせい) 발생 可能性(かのうせい) 가능성 しけつ(止血) 지혈

7 정답 4
해석 사건 현장 근처에서 수상한 인물을 봤다는 새로운 증언이 나왔다.
어휘 事件(じけん) 사건 現場(げんば) 현장 近(ちか)く 근처 怪(あや)しい 수상하다 人物(じんぶつ) 인물 新(あたら)しい 새롭다 証言(しょうげん) 증언 出(で)る 나오다 くわ(詳)しい 상세하다 まぶ(眩)しい 눈부시다 いちじる(著)しい 두드러지다, 현저하다

8 정답 4
해석 납득할 수 없어서 다시 물어봤지만, 결과는 바뀌지 않았다.
어휘 納得(なっとく) 납득 再度(さいど) 재차, 다시 聞(き)く 묻다 結果(けっか) 결과 変(か)わる 바뀌다, 변하다 けいど(経度) 경도 せいど(制度) 제도

9 정답 2
해석 안 좋은 일이라도 있었던 것인지 부장님은 아침부터 험악한 얼굴을 하고 있다.
어휘 部長(ぶちょう) 부장 朝(あさ) 아침 険(けわ)しい 험하다, 험악하다 顔(かお) 얼굴 つま(倹)しい 검소하다 わずら(煩)わしい 귀찮다, 성가시다 した(親)しい 친하다

10 정답 3
해석 정말로 그녀의 그런 건방진 태도는 마음에 들지 않는다.
어휘 生意気(なまいき)だ 건방지다 態度(たいど) 태도 気(き)に入(い)る 마음에 들다 せいいき(聖域) 성역

확인 문제 2・い형용사&な형용사, 부사

問題1 ＿＿＿の言葉の読み方として最もよいものを、1・2・3・4から一つ選びなさい。

11 この試験に合格するためには、一日に少なくとも5時間以上は勉強すべきだ。
1 すくなくとも　2 ちいなくとも　3 しょうなくとも　4 こなくとも

12 最近、ここでは盗難(とうなん)事件が次々と起きている。
1 それぞれ　2 ちゃくちゃく　3 つぎつぎ　4 べつべつ

13 この文章の主な内容をまとめてみてください。
1 おも　2 しゅ　3 たん　4 さいわい

14 一応、彼女が言った通りにやったが、どうもうまくできなかった。
1 ひとおう　2 ひたおう　3 いちおう　4 いつおう

15 緊張したあまり、適切な判断ができなかった。
1 てきせつ　2 しんせつ　3 かんせつ　4 ちょくせつ

16 極端なダイエットは健康を損なうものだ。
1 かくたん　2 しくだん　3 きょくたん　4 ごくたん

17 私は幼い時から、その歌手に憧(あこが)れていた。
1 ぬるい　2 おさない　3 にぶい　4 とうとい

18 記者の鋭い質問に彼女は冷や汗ばかりかいていた。
1 つらい　2 するどい　3 さとい　4 しぶい

19 彼の勇ましい行動には、私も感心してしまった。
1 あさましい　2 あつかましい　3 せせこましい　4 いさましい

20 二人の結婚式は、和やかな雰囲気の中で行われた。
1 しとやか　2 さわやか　3 なごやか　4 おだやか

확인 문제 2 • 정답 및 해석(い형용사&な형용사, 부사)

11 정답 1
해석 이 시험에 합격하기 위해서는 하루에 적어도 5시간 이상은 공부해야 한다.
어휘 試験(しけん) 시험 合格(ごうかく) 합격 동사의 보통형+ためには ~하기 위해서는 一日(いちにち) 하루 少(すく)なくとも 적어도 以上(いじょう) 이상 勉強(べんきょう) 공부
동사의 기본형+べきだ (마땅히) ~해야 한다 *단, 동사 「する」의 경우에는 「するべきだ」, 「すべきだ」 모두 쓸 수 있음

12 정답 3
해석 최근 이곳에서는 도난 사건이 잇따라 일어나고 있다.
어휘 最近(さいきん) 최근, 요즘 盗難(とうなん) 도난 事件(じけん) 사건 次々(つぎつぎ)と 잇따라, 계속해서 起(お)きる 일어나다, 발생하다 それぞれ (제)각기, 각각, 각자 ちゃくちゃく 착착 べつべつ(別々) 각각, 따로따로

13 정답 1
해석 이 글의 주된 내용을 정리해 보세요.
어휘 文章(ぶんしょう) 문장, 글 主(おも)だ 주되다 内容(ないよう) 내용 まとめる 정리하다 さいわ(幸)いだ 다행스럽다

14 정답 3
해석 일단 그녀가 말한 대로 했지만, 도무지 잘되지 않았다.
어휘 一応(いちおう) 일단 ~通(とお)り ~대로 どうも (부정어 수반) 도무지, 아무래도

15 정답 1
해석 긴장한 나머지, 적절한 판단을 할 수 없었다.
어휘 緊張(きんちょう) 긴장 ~あまり ~한 나머지 適切(てきせつ)だ 적절하다 判断(はんだん) 판단 しんせつ(親切)だ 친절하다 かんせつ(間接) 간접 ちょくせつ(直接) 직접

16 정답 3
해석 극단적인 다이어트는 건강을 해치는 법이다.
어휘 極端(きょくたん)だ 극단적이다 ダイエット 다이어트 健康(けんこう) 건강 損(そこ)なう 해치다 ~ものだ ~인 법[것]이다 *상식 · 진리 · 본성

17 정답 2
해석 나는 어릴 때부터 그 가수를 동경했었다.
어휘 幼(おさな)い 어리다 歌手(かしゅ) 가수 憧(あこが)れる 동경하다 ぬる(温)い 미지근하다 にぶ(鈍)い 둔하다 とうと(尊)い 고귀하다

18 정답 2
해석 기자의 예리한 질문에 그녀는 식은땀만 흘리고 있었다.
어휘 記者(きしゃ) 기자 鋭(するど)い 날카롭다, 예리하다 質問(しつもん) 질문 冷(ひ)や汗(あせ)をかく 식은땀을 흘리다 つら(辛)い 괴롭다 さと(聡)い 총명하다 しぶ(渋)い 떫다, 떨떠름하다

19 정답 4
해석 그의 용감한 행동에는 나도 감탄해 버렸다.
어휘 勇(いさ)ましい 용감하다 行動(こうどう) 행동 感心(かんしん) 감탄 あさ(浅)ましい 비열하다, 비참하다 あつ(厚)かましい 뻔뻔스럽다, 염치없다 せせこましい 비좁다

20 정답 3
해석 두 사람의 결혼식은 온화한 분위기 속에서 치러졌다.
어휘 結婚式(けっこんしき) 결혼식 和(なご)やかだ (기색 · 공기가) 부드럽다, 온화하다 雰囲気(ふんいき) 분위기 行(おこな)う 하다, 행하다, 실시하다 しと(淑)やかだ 정숙하다 さわ(爽)やかだ 상쾌하다, 산뜻하다 おだ(穏)やかだ 온화하다

확인 문제 3 • い형용사&な형용사, 부사

問題1 ＿＿＿＿の言葉の読み方として最もよいものを、1・2・3・4から一つ選びなさい。

21 体に良い薬は苦いものだ。
1 くるしい　2 からい　3 にがい　4 にぶい

22 エアコンを買ったので、今年の夏は快適に過ごせそうだ。
1 してき　2 かいてき　3 こてき　4 ようてき

23 青白い顔をしている彼女に事情を聞いてみた。
1 せいしろい　2 あおしろい　3 せいじろい　4 あおじろい

24 今度彼女が取った行動は、幼稚だとしか言いようがない。
1 ようち　2 しんせん　3 かんたん　4 むぼう

25 不規則な生活が続き、結局体を壊してしまった。
1 ふきそく　2 ぶきそく　3 ふきぞく　4 ぶきぞく

26 その国は豊かな労働力のおかげで、今まで発展してきた。
1 にぎやか　2 したたか　3 はるか　4 ゆたか

27 このままでもいいから、敢えて危険を冒(おか)して挑(いど)むことはない。
1 かえて　2 あえて　3 ふえて　4 たえて

28 ヨーロッパの諸国は、我が国にとって頼もしいパートナーである。
1 たのもしい　2 たよりもしい　3 らいもしい　4 しりもしい

29 厚かましい彼の行動に呆れて言葉も出なかった。
1 ふつかましい　2 やかましい　3 あつかましい　4 せせかましい

30 最近、理由もなく気が滅入(めい)っていて、音楽でも聞きながら爽やかな気分になりたい。
1 かろやか　2 さわやか　3 あざやか　4 すこやか

확인 문제 3 • 정답 및 해석(い형용사&な형용사, 부사)

21 정답 3
해석 몸에 좋은 약은 쓴 법이다.
어휘 体(からだ) 몸, 신체 良(よ)い 좋다 薬(くすり) 약 苦(にが)い 쓰다 ～ものだ ～인 법[것]이다 *상식 · 진리 · 본성 くる(苦)しい 괴롭다 から(辛)い 맵다 にぶ(鈍)い 둔하다

22 정답 2
해석 에어컨을 샀기 때문에 올여름은 쾌적하게 보낼 수 있을 것 같다.
어휘 エアコン 에어컨 買(か)う 사다 今年(ことし) 올해 夏(なつ) 여름 快適(かいてき)だ 쾌적하다 過(す)ごす (시간을) 보내다, 지내다 동사의 ます형+そうだ ～일[할] 것 같다 *양태 してき(指摘) 지적

23 정답 4
해석 창백한 얼굴을 하고 있는 그녀에게 사정을 물어봤다.
어휘 青白(あおじろ)い 창백하다 顔(かお) 얼굴 事情(じじょう) 사정 聞(き)く 묻다

24 정답 1
해석 이번에 그녀가 취한 행동은 유치하다고밖에 말할 수 없다.
어휘 今度(こんど) 이번 取(と)る 취하다 行動(こうどう) 행동 幼稚(ようち)だ 유치하다 ～しか (부정어 수반) ～밖에 동사의 ます형+ようがない ～할 방법이[도리가] 없다, ～할 수 없다 しんせん(新鮮)だ 신선하다 かんたん(簡単)だ 간단하다 むぼう(無謀)だ 무모하다

25 정답 1
해석 불규칙한 생활이 이어져서 결국 건강을 해치고 말았다.
어휘 不規則(ふきそく)だ 불규칙하다, 불규칙적이다 生活(せいかつ) 생활 続(つづ)く 이어지다, 계속되다 結局(けっきょく) 결국 体(からだ)を壊(こわ)す 건강을 해치다

26 정답 4
해석 그 나라는 풍부한 노동력 덕분에 지금까지 발전해 왔다.
어휘 国(くに) 나라 豊(ゆた)かだ 풍부하다 労働力(ろうどうりょく) 노동력 ～おかげで ～덕분에 今(いま)まで 지금까지 発展(はってん) 발전 にぎ(賑)やかだ 번화하다, 떠들썩하다 したた(強)かだ 만만치 않다 はる(遥)かだ 아득하다

27 정답 2
해석 이대로도 좋으니까, 굳이 위험을 무릅쓰고 도전할 필요는 없다.
어휘 このまま 이대로 敢(あ)えて 굳이 危険(きけん)を冒(おか)す 위험을 무릅쓰다 挑(いど)む 도전하다 ～ことはない ～할 것은[필요는] 없다 ふえて(不得手)だ 잘하지 못하다 た(絶)えて (부정어 수반) 조금도, 전혀

28 정답 1
해석 유럽 제국은 우리나라에 있어 믿음직한 파트너다.
어휘 ヨーロッパ 유럽 諸国(しょこく) 제국, 여러 나라 我(わ)が国(くに) 우리나라 ～にとって ～에(게) 있어서 頼(たの)もしい 믿음직스럽다 パートナー 파트너

29 정답 3
해석 뻔뻔스러운 그의 행동에 기가 막혀서 말도 나오지 않았다.
어휘 厚(あつ)かましい 뻔뻔스럽다, 염치없다 行動(こうどう) 행동 呆(あき)れる 기가 막히다, 어이없다 言葉(ことば) 말 出(で)る 나오다 やかま(喧)しい 시끄럽다

30 정답 2
해석 요즘 이유도 없이 마음이 우울해져 있어서 음악이라도 들으면서 상쾌한 기분이 되고 싶다.
어휘 最近(さいきん) 최근, 요즘 理由(りゆう) 이유 気(き)が滅入(めい)る (마음이) 우울해지다 音楽(おんがく) 음악 聞(き)く 듣다 爽(さわ)やかだ 상쾌하다, 산뜻하다 かろ(軽)やかだ 가볍다, 경쾌하다 あざ(鮮)やかだ 선명하다 すこ(健)やかだ 건강하다, 튼튼하다

확인 문제 4 • い형용사&な형용사, 부사

問題1 ＿＿＿＿の言葉の読み方として最もよいものを、1・2・3・4から一つ選びなさい。

31 ニンニクは生で食べれば臭(にお)うが、熱を加えれば逆に芳香(ほうこう)となる。
1 いまだに　2 おもむろに　3 ぎゃくに　4 じかに

32 彼は「とても惜しい人を亡くした」と偉大な俳優の早すぎる死を嘆(なげ)いていた。
1 おしい　2 おそろしい　3 いたわしい　4 はずかしい

33 先方に20日までに回答をしなくてはなりませんので、至急連絡をください。
1 おうきゅう　2 しきゅう　3 さっきゅう　4 きんきゅう

34 私は世の中で嘘をつく人が一番憎い。
1 のろい　2 しかくい　3 にくい　4 かたい

35 妹は金遣いが荒くていつも母に叱られている。
1 あらくて　2 おもたくて　3 あさくて　4 せまくて

36 パソコンの画面が明るすぎると、眩しくて目が疲れやすくなる。
1 ひとしくて　2 さわがしくて　3 したしくて　4 まぶしくて

37 今の段階では、もっと柔軟な対応が要求される。
1 しゅうなん　2 じゅうなん　3 ゆなん　4 ゆうなん

38 健康のためには、毎日運動するのが望ましい。
1 めざましい　2 つましい　3 つつましい　4 のぞましい

39 彼はあんなに若くして死ななかったら、たぶん偉い学者になっていただろう。
1 くどい　2 きよい　3 えらい　4 むごい

40 結婚していても、子供ができても、実家が恋しいのは変わらない。
1 あわただしい　2 かしましい　3 いまわしい　4 こいしい

확인 문제 4 • 정답 및 해석(い형용사&な형용사, 부사)

31 정답 3
해석 마늘은 생으로 먹으면 고약한 냄새가 나지만, 열을 가하면 반대로 좋은 향이 난다.
어휘 ニンニク 마늘 生(なま) 생것, 날것 食(た)べる 먹다 臭(にお)う (고약한) 냄새가 나다 熱(ねつ) 열 加(くわ)える 가하다 逆(ぎゃく)に 반대로 芳香(ほうこう) 방향, 좋은 냄새 いま(未)だに 아직(까지)도 おもむろ(徐)に 서서히, 천천히 じか(直)に 직접

32 정답 1
해석 그는 "아주 아까운 사람을 잃었다"라고 위대한 배우의 너무 이른 죽음을 한탄하고 있었다.
어휘 惜(お)しい 아깝다, 애석하다 亡(な)くす 여의다, 잃다 偉大(いだい)だ 위대하다 俳優(はいゆう) 배우 早(はや)い 이르다, 빠르다 い형용사의 어간+すぎる 너무 ~하다 死(し) 죽음 嘆(なげ)く 한탄하다 おそ(恐)ろしい 무섭다, 두렵다 いたわ(労)しい 가엾다, 애처롭다 は(恥)ずかしい 부끄럽다, 창피하다

33 정답 2
해석 상대편에 20일까지 회답을 하지 않으면 안 되므로 급히 연락을 주십시오.
어휘 先方(せんぽう) 상대편 ~までに ~까지 *최종기한 回答(かいとう) 회답 ~なくてはならない ~하지 않으면 안 된다, ~해야 한다 至急(しきゅう) 지급, 시급, 급히 連絡(れんらく) 연락 おうきゅう(応急) 응급 さっきゅう(早急) 조급, (매우) 급함 きんきゅう(緊急) 긴급

34 정답 3
해석 나는 세상에서 거짓말을 하는 사람이 가장 밉다.
어휘 世(よ)の中(なか) 세상 嘘(うそ)をつく 거짓말을 하다 一番(いちばん) 가장, 제일 憎(にく)い 밉다 のろ(鈍)い 느리다 しかく(四角)い 네모나다 かた(固)い 단단하다, 딱딱하다

35 정답 1
해석 여동생은 돈 씀씀이가 헤퍼서 항상 어머니한테 야단맞고 있다.
어휘 妹(いもうと) (자신의) 여동생 金遣(かねづか)い 돈의 씀씀이 荒(あら)い (씀씀이가) 헤프다 母(はは) (자신의) 어머니 叱(しか)る 꾸짖다, 야단치다 おも(重)たい 무겁다, 묵직하다 あさ(浅)い 얕다 せま(狭)い 좁다

36 정답 4
해석 컴퓨터 화면이 너무 밝으면 눈부셔서 눈이 피로해지기 쉬워진다.
어휘 パソコン (개인용) 컴퓨터 *「パーソナルコンピューター」의 준말 画面(がめん) 화면 明(あか)るい 밝다 眩(まぶ)しい 눈부시다 目(め) 눈 疲(つか)れる 지치다, 피로해지다 동사의 ます형+やすい ~하기 쉽다 ひと(等)しい 같다, 동등하다 さわ(騒)がしい 시끄럽다, 떠들썩하다 した(親)しい 친하다

37 정답 2
해석 지금 단계에서는 더 유연한 대응이 요구된다.
어휘 段階(だんかい) 단계 もっと 더, 더욱 柔軟(じゅうなん)だ 유연하다 対応(たいおう) 대응 要求(ようきゅう) 요구

38 정답 4
해석 건강을 위해서는 매일 운동하는 것이 바람직하다.
어휘 健康(けんこう) 건강 명사+の+ためには ~하기 위해서는 毎日(まいにち) 매일 運動(うんどう) 운동 望(のぞ)ましい 바람직하다 めざま(目覚)しい 눈부시다 つま(倹)しい 검소하다 つつ(慎)ましい 조신하다, 얌전하다

39 정답 3
해석 그는 그렇게 젊어서 죽지 않았다면 아마 위대한 학자가 되었을 것이다.
어휘 若(わか)い 젊다 死(し)ぬ 죽다 たぶん 아마 偉(えら)い 위대하다 学者(がくしゃ) 학자 くどい 장황하다 きよ(清)い 맑다, 깨끗하다 むごい 잔인하다, 무자비하다

40 정답 4
해석 결혼해도 아이가 생겨도 친정이 그리운 것은 변함이 없다.
어휘 結婚(けっこん) 결혼 子供(こども) 아이, 자식 できる 생기다 実家(じっか) 생가, 친정 恋(こい)しい 그립다 変(か)わる 바뀌다, 변하다 あわ(慌)ただしい 분주하다, 어수선하다 かしま(姦)しい 시끄럽다, 떠들썩하다 い(忌)まわしい 꺼림칙하다

확인 문제 5 • い형용사&な형용사, 부사

問題1 ＿＿＿の言葉の読み方として最もよいものを、1・2・3・4から一つ選びなさい。

41 電話に出ているうちに、コーヒーが温くなってしまった。
1 まるく　2 ぬるく　3 けむたく　4 ゆるく

42 世界各国では、相変わらずインフルエンザが猛威(もうい)を振(ふ)るっている。
1 そうかわらず　2 あいかわらず　3 しょうかわらず　4 もうかわらず

43 まだ十分に使える物を捨てるなんて、ちょっと勿体ないね。
1 いったいない　2 くったいない　3 しったいない　4 もったいない

44 まだ若くて経験に乏しい彼にこの仕事は無理だろう。
1 にくらしい　2 とぼしい　3 ひさしい　4 ふるめかしい

45 他人を見て「羨ましいなあ」と思ったことは誰にでもあると思う。
1 あつかましい　2 いさましい　3 このましい　4 うらやましい

46 朝起きて窓を開けると、涼しい風が吹いていて本当に快かった。
1 こころよかった　2 とうとかった　3 せつなかった　4 わかわかしかった

47 そのことは今考えても悔しいが、まあ、仕方ないことだろう。
1 こいしい　2 くるわしい　3 くやしい　4 なつかしい

48 酔(よ)っ払(ぱら)いが喧嘩しているので外が騒がしい。
1 いそがしい　2 すがすがしい　3 くるがしい　4 さわがしい

49 いくら努力しても成績が上がらなくてちょっと空しくなってきた。
1 あわただしく　2 むなしく　3 おびただしく　4 ただしく

50 薄暗い環境での写真は、光が少ないため思い通りに撮ることが難しい。
1 うすくらい　2 うすぐらい　3 はくくらい　4 はくぐらい

확인 문제 5 • 정답 및 해석(い형용사&な형용사, 부사)

41 정답 2
해석 전화를 받고 있는 사이에 커피가 미지근해져 버렸다.
어휘 電話(でんわ)に出(で)る 전화를 받다 ～うちに ~동안에, ~사이에 コーヒー 커피 温(ぬる)い 미지근하다 まる(丸)い 둥글다 けむ(煙)たい 냅다, 거북하다 ゆる(緩)い 느슨하다, 완만하다

42 정답 2
해석 세계 각국에서는 여전히 독감이 맹위를 떨치고 있다.
어휘 世界(せかい) 세계 各国(かっこく) 각국 相変(あいか)わらず 여전히, 변함없이 インフルエンザ 인플루엔자, 독감 猛威(もうい)を振(ふ)るう 맹위를 떨치다

43 정답 4
해석 아직 충분히 사용할 수 있는 물건을 버리다니, 조금 아깝네.
어휘 十分(じゅうぶん)に 충분히 使(つか)う 쓰다, 사용하다 捨(す)てる 버리다 ～なんて ~라니, ~하다니 勿体(もったい)ない 아깝다

44 정답 2
해석 아직 젊어서 경험이 부족한 그에게 이 일은 무리일 것이다.
어휘 若(わか)い 젊다 経験(けいけん) 경험 乏(とぼ)しい 모자라다, 부족하다 仕事(しごと) 일 無理(むり) 무리 にく(憎)らしい 얄밉다 ひさ(久)しい 오래다, 오래되다 ふる(古)めかしい 예스럽다, 낡아빠지다

45 정답 4
해석 타인을 보고 '부럽군'이라고 생각한 적은 누구에게나 있을 것이라고 생각한다.
어휘 他人(たにん) 타인, 남 羨(うらや)ましい 부럽다 誰(だれ)にでも 누구에게나 あつ(厚)かましい 뻔뻔스럽다, 염치없다 いさ(勇)ましい 용감하다 この(好)ましい 바람직하다

46 정답 1
해석 아침에 일어나 창문을 여니, 시원한 바람이 불고 있어서 정말 상쾌했다.
어휘 朝(あさ) 아침 起(お)きる 일어나다, 기상하다 窓(まど) 창문 開(あ)ける 열다 涼(すず)しい 시원하다 風(かぜ) 바람 吹(ふ)く (바람이) 불다 快(こころよ)い 상쾌하다, 기분 좋다 とうと(尊)い 고귀하다 せつ(切)ない 애달프다 わかわか(若々)しい 젊디젊다

47 정답 3
해석 그 일은 지금 생각해도 분하지만, 뭐 어쩔 수 없는 일일 것이다.
어휘 考(かんが)える 생각하다 悔(くや)しい 분하다 仕方(しかた)ない 어쩔 수 없다 こい(恋)しい 그립다 くる(狂)わしい 미칠 것 같다 なつ(懐)かしい 그립다

48 정답 4
해석 취객이 싸우고 있어서 밖이 시끄럽다.
어휘 酔(よ)っ払(ぱら)い 취객, 술 취한 사람 喧嘩(けんか)する 싸우다 外(そと) 밖 騒(さわ)がしい 시끄럽다, 떠들썩하다 いそが(忙)しい 바쁘다 すがすが(清々)しい 상쾌하다, 시원하다

49 정답 2
해석 아무리 노력해도 성적이 오르지 않아서 조금 허무해졌다.
어휘 いくら～ても 아무리 ~해도 努力(どりょく) 노력 成績(せいせき) 성적 上(あ)がる 오르다, 올라가다 ちょっと 조금 空(むな)しい 허무하다 あわ(慌)ただしい 분주하다, 어수선하다 おびただ(夥)しい (수량이) 엄청나다 ただ(正)しい 올바르다

50 정답 2
해석 어두컴컴한 환경에서의 사진은 빛이 적기 때문에 생각대로 찍는 것이 어렵다.
어휘 薄暗(うすぐら)い 어두컴컴하다 環境(かんきょう) 환경 写真(しゃしん) 사진 光(ひかり) 빛 少(すく)ない 적다 ～ため ~때문에 思(おも)い通(どお)りに 생각대로 撮(と)る (사진을) 찍다 難(むずか)しい 어렵다

점수 UP! UP! <い형용사&な형용사, 부사>

□ 辛(から)い 맵다	□ 醜(みにく)い 추하다	□ 遥(はる)かだ 아득하다
□ 塩辛(しおから)い 짜다	□ 正(ただ)しい 올바르다	□ 賑(にぎ)やかだ 번화하다, 떠들썩하다
□ 固(かた)い 단단하다, 딱딱하다	□ 切(せつ)ない 애달프다	□ 余計(よけい)だ 쓸데없다
□ 重(おも)たい 무겁다, 묵직하다	□ 蒸(む)し暑(あつ)い 무덥다	□ 清(きよ)らかだ 맑다, 깨끗하다
□ 四角(しかく)い 네모나다	□ 若々(わかわか)しい 젊디젊다	□ 殊(こと)に 특히
□ 大人(おとな)しい 얌전하다	□ 緩(ゆる)い 느슨하다, 완만하다	□ 現(げん)に 실제로
□ 優(やさ)しい 상냥하다, 다정하다	□ 何気(なにげ)ない 아무렇지도 않다	□ 果(は)たして 과연
□ 力強(ちからづよ)い 마음 든든하다, 힘차다	□ 愚(おろ)かだ 어리석다	□ 絶(た)えず 끊임없이
□ 深(ふか)い 깊다	□ 消極的(しょうきょくてき)だ 소극적이다	□ 早速(さっそく) 당장, 즉시
□ 尊(とうと)い 고귀하다	□ 鮮(あざ)やかだ 선명하다, 뚜렷하다	□ 今更(いまさら) 이제 와서
□ 懐(なつ)かしい 그립다	□ 貴重(きちょう)だ 귀중하다	□ 万一(まんいち) 만일
□ 著(いちじる)しい 두드러지다, 현저하다	□ 明(あき)らかだ 명백하다	□ 一斉(いっせい)に 일제히
□ 面倒(めんどう)くさい 귀찮다	□ 出鱈目(でたらめ)だ 엉터리다	□ 絶対(ぜったい)に 절대로
□ 騒々(そうぞう)しい 시끄럽다, 떠들썩하다	□ 微(かす)かだ 희미하다, 미약하다	□ 改(あらた)めて 재차, 다시
□ 渋(しぶ)い 떫다, 떨떠름하다	□ 真(ま)っ青(さお)だ 새파랗다	□ 却(かえ)って 도리어, 오히려
□ 鈍(にぶ)い 둔하다	□ 無口(むくち)だ 과묵하다	□ 専(もっぱ)ら 오로지
□ 甚(はなは)だしい (정도가) 지나치다, 심하다	□ 呑気(のんき)だ 태평하다	□ 押(お)し並(な)べて 모두, 한결같이

문제 2 한자 표기

출제 유형

문제 2 한자 표기는 밑줄 친 부분의 히라가나를 한자로 어떻게 표기하는지 묻는 문제로, 5문항이 출제된다. 한자 읽기와 마찬가지로 동사와 명사는 매 시험 빠짐없이 출제되고 있고, 간혹 형용사나 부사가 출제되기도 한다.

실제 시험 예시

問題2 ＿＿＿＿の言葉を漢字で書くとき、最もよいものを1・2・3・4から一つ選びなさい。

1 道端に放置されている自転車は、歩行者の通行をさまたげる。

1 放げる　2 防げる　3 妨げる　4 嫁げる

2 今回の台風で、この地域も大きなひがいを被（こうむ）った。

1 被害　2 障害　3 利害　4 損害

3 最近、朝夕だいぶすずしくなりましたね。

1 暑しく　2 涼しく　3 寒しく　4 冷しく

|정답| 1 3　2 1　3 2

시험 대책

동사의 경우 상용한자의 기본 동사를 중심으로 출제되는데, 간혹 동음이의어 구분 문제로 출제되는 경우도 있으므로, 동음이의어는 한자별로 의미를 정확하게 구분해 두어야 한다. 명사는 대부분 2자로 된 한자어가 출제되는데, 선택지는 유사한 한자로 제시되는 경우가 많다. 그리고 형용사나 부사는 매 시험마다 출제되지는 않지만 고득점을 위해서는 학습이 필요하므로, 기출 어휘를 중심으로 학습해 두도록 하자.

기출 및 출제 예상 어휘 100 <동사>

□ 凍(こお)る 얼다	□ 拾(ひろ)う 줍다	□ 咲(さ)く (꽃이) 피다
□ 救(すく)う 구하다, 살리다	□ 与(あた)える (주의 · 영향 등을) 주다	□ 沸(わ)く 끓다
□ 従(したが)う (명령 등에) 따르다	□ 守(まも)る 지키다	□ 座(すわ)る 앉다
□ 至(いた)る 이르다	□ 属(ぞく)する 속하다	□ 伺(うかが)う 여쭙다
□ 補(おぎな)う 보충하다	□ 導(みちび)く 인도하다, 이끌다	□ 異(こと)なる 다르다
□ 贈(おく)る 선물하다	□ 頼(たよ)る 의지하다	□ 困(こま)る 곤란하다, 난처하다
□ 泳(およ)ぐ 헤엄치다, 수영하다	□ 暮(く)れる (날이) 저물다	□ 喜(よろこ)ぶ 기뻐하다
□ 逆(さか)らう 거역하다, 거스르다	□ 含(ふく)まれる 포함되다	□ 決(き)める 정하다, 결정하다
□ 破(やぶ)れる 찢어지다	□ 広(ひろ)がる 확대되다	□ 暮(く)らす 살다, 생활하다
□ 劣(おと)る 뒤떨어지다	□ 整(ととの)う 갖추어지다, 준비가 다 되다	□ 務(つと)める (배우가 배역을) 맡다
□ 乱(みだ)れる 흐트러지다	□ 削(けず)る 깎다	□ 慣(な)れる 익숙해지다
□ 恵(めぐ)まれる 혜택을 받다, 풍족하다	□ 増(ま)す (수 · 양 · 정도가) 많아지다, 늘다	□ 辞(や)める (일자리를) 그만두다
□ 養(やしな)う (실력 등을) 기르다	□ 沈(しず)む 가라앉다	□ 扱(あつか)う 다루다, 취급하다
□ 傾(かたむ)く 기울다, 기울어지다	□ 争(あらそ)う 다투다, 싸우다	□ 消(き)える 사라지다
□ 省(はぶ)く 생략하다, 줄이다	□ 果(は)たす 다하다, 완수하다	□ 続(つづ)く 이어지다, 계속되다
□ 招(まね)く 초대하다	□ 訪(おとず)れる 방문하다	□ 責(せ)める 질책하다, 나무라다
□ 束(たば)ねる 다발로 묶다	□ 焦(あせ)る 안달하다, 초조해하다	□ 努(つと)める 힘쓰다, 노력하다

□ 磨(みが)く (문질러) 닦다	□ 解(と)く (의문 · 문제를) 풀다	□ 編(あ)む 짜다, 뜨다, 뜨개질하다
□ 吹(ふ)く (바람이) 불다	□ 割(わ)れる 깨지다	□ 余(あま)る 남다
□ 生(は)える 나다, 자라다	□ 恨(うら)む 원망하다	□ 兼(か)ねる 겸하다
□ 預(あず)ける 맡기다	□ 飢(う)える 굶주리다	□ 納(おさ)める 납입하다, 납부하다
□ 返(かえ)す 돌려주다	□ 憧(あこが)れる 동경하다	□ 怠(おこた)る 게을리하다
□ 頼(たの)む 부탁하다	□ 扇(あお)ぐ 부치다, 부채질하다	□ 防(ふせ)ぐ 막다, 방지하다
□ 断(ことわ)る 거절하다	□ 暖(あたた)まる 따뜻해지다	□ 埋(う)める 묻다, 파묻다
□ 別(わか)れる 헤어지다	□ 挙(あ)げる (예로서) 들다	□ 重(かさ)ねる 겹치다, 거듭하다
□ 巻(ま)く 감다	□ 召(め)し上(あ)がる 드시다	□ 浮(う)かぶ (공중에) 뜨다
□ 勤(つと)める 근무하다	□ 暴(あば)れる 난폭하게 굴다	□ 問(と)い合(あ)わせる 문의하다
□ 命(めい)じる 명령하다	□ 乾(かわ)く 마르다, 건조하다	□ 改(あらた)める (좋게) 고치다, 바로잡다
□ 引(ひ)き出(だ)す 꺼내다	□ 進(すす)む 나아가다, 진행되다	□ 敬(うやま)う 공경하다
□ 立(た)ち去(さ)る 떠나다	□ 示(しめ)す (나타내) 보이다	□ 転(ころ)がる 구르다, 굴러가다
□ 超(こ)える (정도를) 넘다	□ 支(ささ)える 지탱하다, (정신적 · 경제적으로) 지원하다	□ 打(う)ち消(け)す 없애다, 지우다
□ 達(たっ)する 이르다, 도달하다, 달하다	□ 泊(と)まる 묵다, 숙박하다	□ 慌(あわ)てる 당황하다
□ 逃(に)げる 도망치다, 달아나다	□ 用(もち)いる 사용하다, 이용하다	□ 甘(あま)やかす 응석을 받아 주다
□ 疲(つか)れる 지치다, 피로해지다		

확인 문제 1・동사

問題2 ＿＿＿＿の言葉を漢字で書くとき、最もよいものを1・2・3・4から一つ選びなさい。

1 最近、残業がつづいて疲れるといったらない。
1 連いて　2 続いて　3 継いて　4 並いて

2 ちょっと深いから、この川ではおよがない方がいいよ。
1 泳がない　2 氷がない　3 水がない　4 淋がない

3 午後遊びに出かけた息子が、日がくれても帰ってこない。
1 墓れても　2 暮れても　3 募れても　4 模れても

4 引っ越してからもう3年経ち、ここでの生活にもだいぶなれてきた。
1 鳴れて　2 乱れて　3 去れて　4 慣れて

5 鈴木先生の授業はいつも例をあげながら説明してくださるので、理解しやすい。
1 揚げながら　2 貯げながら　3 挙げながら　4 例げながら

6 せっかくの提案であったが、事情があってことわるしかなかった。
1 絶る　2 断る　3 切る　4 辞る

7 驚いたことに、今年中高生の喫煙率は30%にたっしているという。
1 化して　2 発して　3 達して　4 接して

8 税金をおさめるのは、国民の義務の一つである。
1 修める　2 納める　3 収める　4 治める

9 大きな地震の影響で、家が左側にかたむいてしまった。
1 頃いて　2 斜いて　3 下いて　4 傾いて

10 人を正しい方向にみちびくには、まず自分が正しい方向に行くべきである。
1 導く　2 引く　3 届く　4 退く

확인 문제 1 • 정답 및 해석(동사)

1 **정답** 2

해석 최근 야근이 이어져서 너무 피곤하다.

어휘 最近(さいきん) 최근, 요즘 残業(ざんぎょう) 잔업, 야근 つづ(続)く 이어지다, 계속되다 疲(つか)れる 지치다, 피로해지다 ～といったらない ～하기 짝이 없다, 매우 ～하다

2 **정답** 1

해석 조금 깊으니까, 이 강에서는 헤엄치지 않는 편이 좋아.

어휘 深(ふか)い 깊다 川(かわ) 강 およ(泳)ぐ 헤엄치다, 수영하다 ～ない方(ほう)がいい ～하지 않는 편[쪽]이 좋다

3 **정답** 2

해석 오후에 놀러 나간 아들이 날이 저물어도 돌아오지 않는다.

어휘 午後(ごご) 오후 遊(あそ)ぶ 놀다 동사의 ます형+に ～하러 *동작의 목적 出(で)かける 나가다, 외출하다 息子(むすこ) (자신의) 아들 日(ひ) 해, 날 く(暮)れる (날이) 저물다 帰(かえ)る 돌아오다

4 **정답** 4

해석 이사한 지 벌써 3년이 지나, 여기에서의 생활에도 상당히 익숙해졌다.

어휘 引(ひ)っ越(こ)す 이사하다 もう 이미, 벌써 経(た)つ (시간이) 지나다, 경과하다 生活(せいかつ) 생활 だいぶ 꽤, 상당히 な(慣)れる 익숙해지다 乱(みだ)れる 흐트러지다

5 **정답** 3

해석 스즈키 선생님의 수업은 항상 예를 들면서 설명해 주시기 때문에 이해하기 쉽다.

어휘 授業(じゅぎょう) 수업 例(れい) 예 あ(挙)げる (예로서) 들다 동사의 ます형+ながら ～하면서 *동시동작 説明(せつめい) 설명 ～てくださる (남이 나에게) ～해 주시다 *「～てくれる」((남이 나에게) ～해 주다)의 존경표현 理解(りかい) 이해 동사의 ます형+やすい ～하기 쉽다 揚(あ)げる 튀기다

6 **정답** 2

해석 모처럼의 제안이었지만 사정이 있어서 거절할 수밖에 없었다.

어휘 せっかく 모처럼 提案(ていあん) 제안 事情(じじょう) 사정 ことわ(断)る 거절하다 ～しかない ～할 수밖에 없다 切(き)る 자르다, 끊다

7 **정답** 3

해석 놀랍게도 올해 중고생의 흡연율은 30%에 달하고 있다고 한다.

어휘 驚(おどろ)く 놀라다 ～ことに ～하게도 *감탄 · 놀람 今年(ことし) 올해 中高生(ちゅうこうせい) 중고생 喫煙率(きつえんりつ) 흡연율 たっ(達)する 이르다, 도달하다, 달하다 化(か)する 화하다, 변하다 発(はっ)する 시작되다, 일어나다 接(せっ)する 접하다, 인접하다

8 **정답** 2

해석 세금을 납부하는 것은 국민의 의무 중 하나다.

어휘 税金(ぜいきん) 세금 おさ(納)める 납입하다, 납부하다 国民(こくみん) 국민 義務(ぎむ) 의무 修(おさ)める 수양하다 収(おさ)める 거두다 治(おさ)める (어지러운 것을) 수습하다

9 **정답** 4

해석 큰 지진의 영향으로 집이 왼쪽으로 기울어져 버렸다.

어휘 大(おお)きな 큰 地震(じしん) 지진 影響(えいきょう) 영향 左側(ひだりがわ) 왼쪽 かたむ(傾)く 기울다, 기울어지다

10 **정답** 1

해석 다른 사람을 올바른 방향으로 인도하려면 우선 자신이 올바른 방향으로 가야 한다.

어휘 人(ひと) 남, 타인 正(ただ)しい 올바르다 方向(ほうこう) 방향 みちび(導)く 인도하다, 이끌다 동사의 보통형+には ～하려면 まず 우선 自分(じぶん) 자기, 자신, 나 동사의 기본형+べきだ (마땅히) ～해야 한다 引(ひ)く 당기다, 빼다 届(とど)く (보낸 물건이) 도착하다 退(しりぞ)く 물러나다

확인 문제 2 • 동사

問題2 ＿＿＿の言葉を漢字で書くとき、最もよいものを1・2・3・4から一つ選びなさい。

11 約束した以上、まもらなければなりません。
1 厳らなければ　2 守らなければ　3 保らなければ　4 維らなければ

12 怪我でもしたのか、彼女は足に包帯をまいていた。
1 巻いて　2 幕いて　3 回いて　4 券いて

13 鈴木さんは建設会社につとめている。
1 努めて　2 務めて　3 勤めて　4 働めて

14 散歩をかねて家の近くの図書館に行ってみた。
1 連ねて　2 兼ねて　3 寄ねて　4 束ねて

15 何度も彼女にたのんでみたが、引き受けてくれなかった。
1 依んで　2 願んで　3 請んで　4 頼んで

16 冷めないうちに、どうぞめしあがってください。
1 取し上がって　2 入し上がって　3 食し上がって　4 召し上がって

17 じめじめとした日が続き、洗濯物がなかなかかわかない。
1 漠かない　2 乾かない　3 燥かない　4 空かない

18 芸能界にあこがれる若者は多いのだが、成功する人は少数である。
1 憧れる　2 好れる　3 愛れる　4 感れる

19 人生につまずいた時、私をささえてくれたのは家族だった。
1 励えて　2 支えて　3 押えて　4 起えて

20 高齢者をうやまう文化は世界中にあるが、韓国では特に大切な価値観とされてきた。
1 伴う　2 争う　3 敬う　4 養う

확인 문제 2 • 정답 및 해석(동사)

11 **정답** 2
해석 약속한 이상, 지키지 않으면 안 됩니다.
어휘 約束(やくそく) 약속 ～以上(いじょう) ~한[인] 이상 まも(守)る 지키다
～なければならない ~하지 않으면 안 된다, ~해야 한다

12 **정답** 1
해석 부상이라도 입은 것인지 그녀는 다리에 붕대를 감고 있었다.
어휘 怪我(けが) 부상, 상처 *「怪我(けが)をする」- 부상을 입다 足(あし) 발, 다리 包帯(ほうたい) 붕대 ま(巻)く 감다

13 **정답** 3
해석 스즈키 씨는 건설회사에 근무하고 있다.
어휘 建設会社(けんせつがいしゃ) 건설회사 つと(勤)める 근무하다 努(つと)める 힘쓰다, 노력하다
務(つと)める (임무를) 맡다

14 **정답** 2
해석 산책을 겸해서 집 근처의 도서관에 가 봤다.
어휘 散歩(さんぽ) 산책 か(兼)ねる 겸하다 近(ちか)く 근처 図書館(としょかん) 도서관
連(つら)ねる 늘어놓다, 늘어세우다 束(たば)ねる 다발로 묶다

15 **정답** 4
해석 몇 번이나 그녀에게 부탁해 봤지만, 맡아 주지 않았다.
어휘 何度(なんど)も 몇 번이나, 여러 번 たの(頼)む 부탁하다 引(ひ)き受(う)ける (일 등을) 맡다, 떠맡다
～てくれる (남이 나에게) ~해 주다

16 **정답** 4
해석 식기 전에 어서 드세요.
어휘 冷(さ)める 식다 ～ないうちに ~하기 전에 どうぞ 부디, 어서
め(召)しあ(上)がる 드시다 *「食(た)べる」(먹다), 「飲(の)む」(마시다)의 존경어

17 **정답** 2
해석 축축한 날이 이어져서 세탁물이 좀처럼 마르지 않는다.
어휘 じめじめ 습기가 많은 모양 続(つづ)く 이어지다, 계속되다 洗濯物(せんたくもの) 세탁물 なかなか (부정어 수반) 좀처럼
かわ(乾)く 마르다, 건조하다 空(あ)く (자리 · 방 따위가) 나다, 비다

18 **정답** 1
해석 연예계를 동경하는 젊은이는 많지만, 성공하는 사람은 소수다.
어휘 芸能界(げいのうかい) 연예계 あこが(憧)れる 동경하다 若者(わかもの) 젊은이 多(おお)い 많다
成功(せいこう) 성공 少数(しょうすう) 소수

19 **정답** 2
해석 인생에 좌절했을 때, 나를 지탱해 준 것은 가족이었다.
어휘 人生(じんせい) 인생 つまずく 좌절하다, 실패하다 ささ(支)える 지탱하다, (정신적 · 경제적으로) 지원하다
～てくれる (남이 나에게) ~해 주다 家族(かぞく) 가족

20 **정답** 3
해석 고령자를 공경하는 문화는 전 세계에 있지만, 한국에서는 특히 소중한 가치관으로 여겨져 왔다.
어휘 高齢者(こうれいしゃ) 고령자 うやま(敬)う 공경하다 文化(ぶんか) 문화 世界中(せかいじゅう) 전 세계
韓国(かんこく) 한국 特(とく)に 특히 大切(たいせつ)だ 소중하다 価値観(かちかん) 가치관
伴(ともな)う 동반하다, 따르다 争(あらそ)う 다투다, 싸우다 養(やしな)う (실력 등을) 기르다

확인 문제 3 • 동사

問題2 ＿＿＿の言葉を漢字で書くとき、最もよいものを1・2・3・4から一つ選びなさい。

21 話し合ってもきりがないから、投票できめましょう。
1 決め　　2 冷め　　3 定め　　4 止め

22 こまったことがあったら、いつでも連絡してください。
1 因った　　2 囚った　　3 困った　　4 烟った

23 入社してまだ1か月も経(た)っていないのにもうやめてしまったなんて、ちょっと情けないね。
1 埋めて　　2 辞めて　　3 絡めて　　4 占めて

24 申し訳ありませんが、子供用品はあつかっておりません。
1 扱って　　2 及って　　3 投って　　4 使って

25 もう過ぎたことだから、そんなに自分をせめなくてもいいよ。
1 後めなくても　　2 責めなくても　　3 認めなくても　　4 薄めなくても

26 何をそんなにあせっているんですか。
1 興って　　2 奮って　　3 焦って　　4 怒って

27 老化をふせぐことは誰にもできない。
1 訪ぐ　　2 房ぐ　　3 方ぐ　　4 防ぐ

28 このページはあまり重要なところではないから、はぶきます。
1 破き　　2 飛き　　3 省き　　4 駆き

29 主観的な意見ではあるが、決して山田さんに比べて彼がおとっているとは思わない。
1 劣って　　2 悟って　　3 後って　　4 弱って

30 世界には食糧不足でうえている子供がたくさんいる。
1 飽えて　　2 冴えて　　3 耐えて　　4 飢えて

확인 문제 3 • 정답 및 해석(동사)

21 정답 1
해석 의논해도 끝이 없으니까, 투표로 정합시다.
어휘 話(はな)し合(あ)う 의논하다 きりがない 끝[한]이 없다 投票(とうひょう) 투표 き(決)める 정하다, 결정하다
冷(さ)める 식다 定(さだ)める 정하다, 결정하다 止(と)める 세우다, 정지하다

22 정답 3
해석 곤란한 일이 있으면 언제든지 연락해 주세요.
어휘 こま(困)る 곤란하다, 난처하다 いつでも 언제든지 連絡(れんらく) 연락

23 정답 2
해석 입사한 지 아직 한 달도 지나지 않았는데, 벌써 그만둬 버렸다니 조금 한심하네.
어휘 入社(にゅうしゃ) 입사 経(た)つ (시간이) 지나다, 경과하다 もう 이미, 벌써 や(辞)める (일자리를) 그만두다
～なんて ~라니, ~하다니 情(なさ)けない 한심하다 埋(う)める 묻다, 파묻다 絡(から)める 휘감다, 관련시키다
占(し)める 점하다, 차지하다

24 정답 1
해석 죄송합니다만, 어린이용품은 취급하고 있지 않습니다.
어휘 申(もう)し訳(わけ)ありません 죄송합니다 *「すみません」보다 정중한 표현 子供(こども) 어린이
用品(ようひん) 용품 あつか(扱)う 다루다, 취급하다 ～ておる ~하고 있다 *「～ている」의 겸양표현
使(つか)う 쓰다, 사용하다

25 정답 2
해석 이미 지난 일이니까 그렇게 자신을 질책하지 않아도 돼.
어휘 過(す)ぎる (시간·기한이) 지나다, 끝나다 そんなに 그렇게 せ(責)める 질책하다, 나무라다
～なくてもいい ~하지 않아도 된다 認(みと)める 인정하다 薄(うす)める 묽게 하다, 엷게 하다

26 정답 3
해석 뭘 그렇게 초조해하고 있는 거예요?
어휘 あせ(焦)る 안달하다, 초조해하다 興(おこ)る (번성하여) 일어나다, 흥하다 怒(おこ)る 성내다, 화를 내다

27 정답 4
해석 노화를 막는 것은 아무도 할 수 없다.
어휘 老化(ろうか) 노화 ふせ(防)ぐ 막다, 방지하다

28 정답 3
해석 이 페이지는 별로 중요한 부분이 아니니까, 생략하겠습니다.
어휘 ページ 페이지 あまり (부정어 수반) 그다지, 별로 重要(じゅうよう)だ 중요하다 はぶ(省)く 생략하다, 줄이다

29 정답 1
해석 주관적인 의견이기는 하지만, 결코 야마다 씨에 비해 그가 뒤떨어진다고는 생각하지 않는다.
어휘 主観的(しゅかんてき)だ 주관적이다 意見(いけん) 의견 決(けっ)して (부정어 수반) 결코
～に比(くら)べて ~에 비해서 おと(劣)る 뒤떨어지다 悟(さと)る 깨닫다, 알아차리다 弱(よわ)る 약해지다, 쇠약해지다

30 정답 4
해석 세계에는 식량 부족으로 굶주리고 있는 아이가 많이 있다.
어휘 世界(せかい) 세계 食糧不足(しょくりょうぶそく) 식량 부족 う(飢)える 굶주리다 たくさん 많이
耐(た)える 참다, 견디다

확인 문제 4・동사

問題2 ＿＿＿の言葉を漢字で書くとき、最もよいものを1・2・3・4から一つ選びなさい。

31 すみませんが、窓際にすわっている方はどなたですか。
1 立って　2 座って　3 乗って　4 傾って

32 朝から強い風がふいてちょっと寒い。
1 福いて　2 拭いて　3 蒔いて　4 吹いて

33 お湯がわいたら、このお茶を入れてください。
1 解いたら　2 沸いたら　3 描いたら　4 裂いたら

34 暖房をつけたら、部屋がすぐあたたまってきました。
1 深まって　2 冷まって　3 凍まって　4 暖まって

35 一人で自炊（じすい）しながらくらすのは容易ではなかった。
1 暮らす　2 成らす　3 活らす　4 日らす

36 この地域のりんごは品種（ひんしゅ）改良をかさねた結果、香りと味がよくなった。
1 取ねた　2 重ねた　3 足ねた　4 促ねた

37 彼が成功できたのは、日々の努力をおこたらなかったからである。
1 遅らなかった　2 溜らなかった　3 怠らなかった　4 次らなかった

38 他人をうらむことで生じる否定的な感情は、ストレス反応の一つである。
1 恨む　2 原む　3 源む　4 遠む

39 まだ時間は十分にあるから、そんなにあわてなくてもいいですよ。
1 荒てなくても　2 慌てなくても　3 況てなくても　4 恍てなくても

40 子供は遊びを通じて学力の基礎（きそ）をやしなうこともある。
1 倍う　2 増う　3 養う　4 育う

확인 문제 4 • 정답 및 해석(동사)

31 **정답** 2
해석 죄송하지만, 창가에 앉아 있는 분은 누구십니까?
어휘 窓際(まどぎわ) 창가 すわ(座)る 앉다 方(かた) 분 どなた 어느 분, 누구 *「誰(だれ)」의 공손한 말씨 立(た)つ 서다 乗(の)る (탈것에) 타다

32 **정답** 4
해석 아침부터 강한 바람이 불어서 조금 춥다.
어휘 朝(あさ) 아침 ～から ～부터 強(つよ)い 강하다, 세다 風(かぜ) 바람 ふ(吹)く (바람이) 불다 寒(さむ)い 춥다 拭(ふ)く 닦다 蒔(ま)く (씨를) 뿌리다

33 **정답** 2
해석 물이 끓으면 이 차를 넣어 주세요.
어휘 お湯(ゆ) 뜨거운 물 わ(沸)く 끓다 お茶(ちゃ) 차 入(い)れる 넣다 解(と)く (의문 · 문제를) 풀다 描(えが)く 그리다(=描(か)く) 裂(さ)く 찢다

34 **정답** 4
해석 난방을 켰더니, 방이 바로 따뜻해졌습니다.
어휘 暖房(だんぼう)をつける 난방을 켜다 部屋(へや) 방 すぐ 곧, 바로 あたた(暖)まる 따뜻해지다 深(ふか)まる 깊어지다

35 **정답** 1
해석 혼자서 자취하면서 생활하는 것은 쉽지 않았다.
어휘 一人(ひとり)で 혼자서 自炊(じすい) 자취 동사의 ます형+ながら ～하면서 *동시동작 く(暮)らす 살다, 생활하다 容易(ようい)だ 용이하다, 쉽다

36 **정답** 2
해석 이 지역의 사과는 품종 개량을 거듭한 결과, 향과 맛이 좋아졌다.
어휘 地域(ちいき) 지역 りんご 사과 品種(ひんしゅ) 품종 改良(かいりょう) 개량 かさ(重)ねる 겹치다, 거듭하다 結果(けっか) 결과 香(かお)り 향기 味(あじ) 맛

37 **정답** 3
해석 그가 성공할 수 있었던 것은 매일의 노력을 게을리하지 않았기 때문이다.
어휘 成功(せいこう) 성공 日々(ひび) 매일, 나날 努力(どりょく) 노력 おこた(怠)る 게을리하다

38 **정답** 1
해석 타인을 원망하는 것으로 생기는 부정적인 감정은 스트레스 반응의 하나이다.
어휘 他人(たにん) 타인, 남 うら(恨)む 원망하다 生(しょう)じる 생기다 否定的(ひていてき)だ 부정적이다 感情(かんじょう) 감정 ストレス 스트레스 反応(はんのう) 반응

39 **정답** 2
해석 아직 시간은 충분히 있으니까, 그렇게 당황하지 않아도 돼요.
어휘 時間(じかん) 시간 十分(じゅうぶん)に 충분히 あわ(慌)てる 당황하다 ～なくてもいい ～하지 않아도 된다

40 **정답** 3
해석 아이는 놀이를 통해서 학력의 기초를 기르는 경우도 있다.
어휘 子供(こども) 아이 遊(あそ)び 놀이 ～を通(つう)じて ～을 통해서 学力(がくりょく) 학력 基礎(きそ) 기초 やしな(養)う (실력을) 기르다

확인 문제 5 • 동사

問題2 ＿＿＿の言葉を漢字で書くとき、最もよいものを1・2・3・4から一つ選びなさい。

41 この間借りた本、おかえしします。
1 返し　2 貸し　3 指し　4 垂し

42 昨日お世話になった人を家にまねいてホームパーティーをした。
1 追いて　2 負いて　3 溶いて　4 招いて

43 歯は一日に3回きちんとみがいているので、虫歯ができるはずがない。
1 掃いて　2 磨いて　3 拭いて　4 撒いて

44 ちょっと納得できない部分もあったが、結局上司の命令にしたがうしかなかった。
1 逆う　2 順う　3 伴う　4 従う

45 今や全世代に、個人の時間が何よりも貴重だという認識がひろがっている。
1 充がって　2 広がって　3 拡がって　4 確がって

46 切(き)り落(お)とされた枝の先から細い枝がはえている。
1 飢える　2 冴える　3 生える　4 替える

47 いつまでも薬だけにたよっていては、本当の健康は取り戻せない。
1 頼って　2 信って　3 膨って　4 含って

48 この店は、テレビ番組に報道されてから多くの観光客がおとずれる町の新名所となった。
1 問れる　2 運れる　3 訪れる　4 並れる

49 その船は、数多くの財宝(ざいほう)を積んだまま海底にしずんでしまった。
1 浸んで　2 沈んで　3 深んで　4 下んで

50 気温の低下で、日陰(ひかげ)に残った雪は全てこおっていた。
1 固って　2 泳って　3 結って　4 凍って

확인 문제 5 • 정답 및 해석(동사)

41 정답 1
해석 요전에 빌린 책, 돌려 드릴게요.
어휘 この間(あいだ) 요전, 지난번 借(か)りる 빌리다 本(ほん) 책 お+동사의 ます형+する ~하다, ~해 드리다 *겸양표현 かえ(返)す 돌려주다 貸(か)す 빌려주다 指(さ)す 가리키다

42 정답 4
해석 어제 신세를 진 사람을 집에 초대해서 홈 파티를 했다.
어휘 昨日(きのう) 어제 お世話(せわ)になる 신세를 지다 まね(招)く 초대하다 ホームパーティー 홈 파티 溶(と)く (액체 따위에 섞어서) 풀다, 개다

43 정답 2
해석 이는 하루에 세 번 제대로 닦고 있기 때문에 충치가 생길 리가 없다.
어휘 歯(は) 이, 치아 きちんと 제대로, 확실히 みが(磨)く (문질러) 닦다 虫歯(むしば) 충치 できる 생기다 ～はずがない ~일 리가 없다 掃(は)く 쓸다 拭(ふ)く 닦다 撒(ま)く 뿌리다, 살포하다

44 정답 4
해석 조금 납득할 수 없는 부분도 있었지만, 결국 상사의 명령에 따를 수밖에 없었다.
어휘 納得(なっとく) 납득 部分(ぶぶん) 부분 結局(けっきょく) 결국 上司(じょうし) 상사 命令(めいれい) 명령 したが(従)う (명령 등에) 따르다 ～しかない ~할 수밖에 없다

45 정답 2
해석 이제는 전 세대에 개인 시간이 무엇보다도 귀중하다는 인식이 확대되고 있다.
어휘 今(いま)や 이제는 全世代(ぜんせだい) 전 세대 個人(こじん) 개인 時間(じかん) 시간 何(なに)よりも 무엇보다도 貴重(きちょう)だ 귀중하다 認識(にんしき) 인식 ひろ(広)がる 확대되다

46 정답 3
해석 잘라내어진 가지 끝에서 가는 가지가 나고 있다.
어휘 切(き)り落(お)とす 잘라내다 枝(えだ) 가지 先(さき) 끝 細(ほそ)い 가늘다 は(生)える 나다, 자라다 飢(う)える 굶주리다 冴(さ)える (머리가) 맑아지다 替(か)える 바꾸다, 교체하다

47 정답 1
해석 언제까지나 약에만 의지하고 있어서는 진정한 건강은 되찾을 수 없다.
어휘 いつまでも 언제까지나 薬(くすり) 약 たよ(頼)る 의지하다 本当(ほんとう) 진정 健康(けんこう) 건강 取(と)り戻(もど)す 되찾다

48 정답 3
해석 이 가게는 TV 프로그램에 보도되고 나서 많은 관광객이 방문하는 마을의 새 명소가 되었다.
어휘 店(みせ) 가게 番組(ばんぐみ) (방송·연예 등의) 프로그램 報道(ほうどう) 보도 ～てから ~하고 나서, ~한 후에 観光客(かんこうきゃく) 관광객 おとず(訪)れる 방문하다 町(まち) 마을 新名所(しんめいしょ) 새 명소

49 정답 2
해석 그 배는 수많은 재화와 보물을 실은 채로 해저에 가라앉아 버렸다.
어휘 船(ふね) 배 数多(かずおお)い 수많다 財宝(ざいほう) 재화와 보물 積(つ)む (짐을) 싣다 동사의 た형+まま ~한 채로, ~상태로 海底(かいてい) 해저 しず(沈)む 가라앉다

50 정답 4
해석 기온 저하로 그늘에 남았던 눈은 모두 얼어 있었다.
어휘 気温(きおん) 기온 低下(ていか) 저하 日陰(ひかげ) 그늘 残(のこ)る 남다 雪(ゆき) 눈 全(すべ)て 모두, 전부 こお(凍)る 얼다

확인 문제 6 • 동사

問題2 ＿＿＿の言葉を漢字で書くとき、最もよいものを1・2・3・4から一つ選びなさい。

51 押し入れから布団をひきだして敷いてください。
1 引き出して　2 弾き出して　3 取き出して　4 割き出して

52 現在にいたるまで、この事件の真相は全く解明されていない。
1 倒る　2 辿る　3 着る　4 至る

53 誰かが私の財布をひろって交番に届けてくれた。
1 拾って　2 捨って　3 舎って　4 師って

54 弟は自分の部屋で木をけずって人形を作っている。
1 消って　2 削って　3 絶って　4 切って

55 今週は相次(あいつ)いで仕事が入ってきて、とてもつかれた一週間であった。
1 労れた　2 到れた　3 疲れた　4 渡れた

56 消防士たちはいつも人命をすくうことを第一に考えて行動している。
1 助う　2 救う　3 活う　4 養う

57 うちの会社は上下(じょうげ)関係が厳しくてなかなか上司にさからえない。
1 従らえない　2 反らえない　3 転らえない　4 逆らえない

58 明日、オフィスにうかがおうと思っておりますが、お時間大丈夫でしょうか。
1 訪おう　2 往おう　3 伺おう　4 責おう

59 彼は昨日、お酒を飲んであばれて店の物まで壊してしまった。
1 暴れて　2 爆れて　3 幅れて　4 曝れて

60 娘が学芸会で主役をつとめることになってとても嬉しい。
1 努める　2 務める　3 勤める　4 働める

확인 문제 6 • 정답 및 해석(동사)

51 **정답** 1
해석 벽장에서 이불을 꺼내서 펴 주세요.
어휘 押(お)し入(い)れ 벽장 布団(ふとん) 이부자리, 이불, 요 ひ(引)きだ(出)す 꺼내다 敷(し)く 깔다, 펴다

52 **정답** 4
해석 현재에 이르기까지 이 사건의 진상은 전혀 해명되지 않고 있다.
어휘 現在(げんざい) 현재 いた(至)る 이르다 事件(じけん) 사건 真相(しんそう) 진상 全(まった)く (부정이 수반) 전혀 解明(かいめい) 해명 辿(たど)る (모르는 곳을) 더듬어가다 着(き)る (옷을) 입다

53 **정답** 1
해석 누군가가 내 지갑을 주워서 파출소에 신고해 주었다.
어휘 財布(さいふ) 지갑 ひろ(拾)う 줍다 交番(こうばん) 파출소 届(とど)ける (관청 등에) 신고하다

54 **정답** 2
해석 남동생은 자기 방에서 나무를 깎아서 인형을 만들고 있다.
어휘 弟(おとうと) (자신의) 남동생 自分(じぶん) 자기, 자신, 나 部屋(へや) 방 木(き) 나무 けず(削)る 깎다 人形(にんぎょう) 인형 作(つく)る 만들다 絶(た)つ 끊다 切(き)る 자르다, 끊다

55 **정답** 3
해석 이번 주는 잇따라 일이 들어와서 아주 피곤한 일주일이었다.
어휘 今週(こんしゅう) 이번 주 相次(あいつ)いで 잇따라 仕事(しごと) 일 入(はい)る 들어오다 つか(疲)れる 지치다, 피로해지다 一週間(いっしゅうかん) 일주간, 일주일

56 **정답** 2
해석 소방관들은 항상 인명을 구하는 것을 제일로 생각하고 행동하고 있다.
어휘 消防士(しょうぼうし) 소방관 いつも 항상, 늘 人命(じんめい) 인명 すく(救)う 구하다, 살리다 第一(だいいち) 제일, 첫 번째, 가장 중요한 것 考(かんが)える 생각하다 行動(こうどう) 행동 養(やしな)う (실력을) 기르다

57 **정답** 4
해석 우리 회사는 상하 관계가 엄격해서 좀처럼 상사에게 거역할 수 없다.
어휘 うち 우리 上下(じょうげ) 상하 関係(かんけい) 관계 厳(きび)しい 엄하다, 엄격하다 なかなか (부정어 수반) 좀처럼 上司(じょうし) 상사 さか(逆)らう 거역하다, 거스르다

58 **정답** 3
해석 내일 사무실에 찾아뵈려고 생각하고 있습니다만, 시간 괜찮으신가요?
어휘 オフィス 오피스, 사무실 うかが(伺)う 찾아뵙다 *「訪(おとず)れる」(방문하다)의 겸양어 ～ておる ～하고 있다 *「～ている」의 겸양표현 時間(じかん) 시간 大丈夫(だいじょうぶ)だ 괜찮다

59 **정답** 1
해석 그는 어제 술을 마시고 난폭하게 굴어서 가게 물건까지 부숴 버렸다.
어휘 お酒(さけ)を飲(の)む 술을 마시다 あば(暴)れる 난폭하게 굴다 店(みせ) 가게 物(もの) 물건 壊(こわ)す 부수다

60 **정답** 2
해석 딸이 학예회에서 주인공을 맡게 되어 매우 기쁘다.
어휘 娘(むすめ) (자신의) 딸 学芸会(がくげいかい) 학예회 主役(しゅやく) 주역, 주인공 つと(務)める (배우가 배역을) 맡다 동사의 보통형+ことになる ～하게 되다 嬉(うれ)しい 기쁘다 努(つと)める 힘쓰다, 노력하다 勤(つと)める 근무하다

확인 문제 7 • 동사

問題2 ＿＿＿＿の言葉を漢字で書くとき、最もよいものを1・2・3・4から一つ選びなさい。

61 裏庭にきれいな花がたくさんさいています。

1 蒔いて　　2 裂いて　　3 割いて　　4 咲いて

62 その便りを聞いて彼女がよろこんだのは言うまでもない。

1 望んだ　　2 喜んだ　　3 叫んだ　　4 営んだ

63 鈴木選手は今でも現役選手たちへ多大の影響をあたえている。

1 付えて　　2 伝えて　　3 寄えて　　4 与えて

64 息子の卒業祝いにパソコンをおくろうと思っている。

1 贈ろう　　2 加ろう　　3 配ろう　　4 参ろう

65 人によって考え方が違うように、会社によってもそれぞれ経営理念がことなる。

1 相なる　　2 異なる　　3 間なる　　4 重なる

66 山田君に態度をあらためるようにと何度も言ったのに、人の言うことを聞こうとしない。

1 諦める　　2 埋める　　3 改める　　4 詰める

67 中村さん、お食事の用意がととのったので、こちらへどうぞ。

1 整った　　2 理った　　3 終った　　4 済った

68 一日に必要なたんぱく質量を単一の食材のみでおぎなうのは非常に難しい。

1 漂う　　2 従う　　3 舞う　　4 補う

69 その国は、他の発展途上国に比べては色々な面でめぐまれていると言える。

1 優まれて　　2 恵まれて　　3 勝まれて　　4 劣まれて

70 紙クリップは書類やプリントをたばねる事務用品として欠かせない。

1 連ねる　　2 兼ねる　　3 結ねる　　4 束ねる

확인 문제 7 • 정답 및 해석(동사)

61 **정답** 4
해석 뒤뜰에 예쁜 꽃이 많이 피어 있습니다.
어휘 裏庭(うらにわ) 뒤뜰 きれいだ 예쁘다 花(はな) 꽃 たくさん 많이 さ(咲)く (꽃이) 피다 蒔(ま)く (씨를) 뿌리다 裂(さ)く 찢다 割(さ)く 가르다, 째다

62 **정답** 2
해석 그 소식을 듣고 그녀가 기뻐한 것은 말할 것도 없다.
어휘 便(たよ)り 소식 聞(き)く 듣다 よろこ(喜)ぶ 기뻐하다 言(い)うまでもない 말할 것도 없다, 물론이다 望(のぞ)む 바라다, 원하다, 기대하다 叫(さけ)ぶ 외치다 営(いとな)む 경영하다

63 **정답** 4
해석 스즈키 선수는 지금도 현역 선수들에게 매우 많은 영향을 주고 있다.
어휘 選手(せんしゅ) 선수 今(いま)でも 지금도 現役(げんえき) 현역 多大(ただい) 다대, 매우 많음 影響(えいきょう) 영향 あた(与)える (주의·영향 등을) 주다 伝(つた)える 전하다

64 **정답** 1
해석 아들의 졸업 축하 선물로 컴퓨터를 선물하려고 생각하고 있다.
어휘 息子(むすこ) (자신의) 아들 卒業(そつぎょう) 졸업 祝(いわ)い 축하 선물 パソコン (개인용) 컴퓨터 *「パーソナルコンピューター」의 준말 おく(贈)る 선물하다 配(くば)る 나누어 주다, 배포하다 参(まい)る 가다, 오다 *「行(い)く」, 「来(く)る」의 겸양어

65 **정답** 2
해석 사람에 따라 사고방식이 다른 것처럼 회사에 따라서도 각각 경영 이념이 다르다.
어휘 ～によって ～에 따라 考(かんが)え方(かた) 사고방식 違(ちが)う 다르다 ～ように ～처럼 それぞれ 각각 経営(けいえい) 경영 理念(りねん) 이념 こと(異)なる 다르다 重(かさ)なる 겹치다, 거듭되다

66 **정답** 3
해석 야마다 군에게 태도를 고치라고 몇 번이나 말했는데 남의 말을 들으려고 하지 않는다.
어휘 態度(たいど) 태도 あらた(改)める (좋게) 고치다, 바로잡다 何度(なんど)も 몇 번이나, 여러 번 言(い)う 말하다 ～のに ～는데(도) 人(ひと) 남 聞(き)く 듣다 동사의 의지형+(よ)うとしない ～하려고 하지 않다 諦(あきら)める 체념하다, 단념하다 埋(う)める 묻다, 파묻다 詰(つ)める 채우다

67 **정답** 1
해석 나카무라 씨, 식사 준비가 다 되었으니까, 이쪽으로 오세요.
어휘 食事(しょくじ) 식사 用意(ようい) 준비 ととの(整)う 갖추어지다, 준비가 다 되다

68 **정답** 4
해석 하루에 필요한 단백질 양을 단일 식재료만으로 보충하는 것은 대단히 어렵다.
어휘 一日(いちにち) 하루 必要(ひつよう)だ 필요하다 たんぱく質量(しつりょう) 단백질 양 単一(たんいつ) 단일 食材(しょくざい) 식재료 おぎな(補)う 보충하다 非常(ひじょう)に 대단히, 매우 難(むずか)しい 어렵다 漂(ただよ)う 떠돌다, 표류하다 従(したが)う (명령 등에) 따르다 舞(ま)う 흩날리다, 춤추다

69 **정답** 2
해석 그 나라는 다른 발전 도상국에 비해서는 여러 면에서 혜택을 받고 있다고 할 수 있다.
어휘 国(くに) 나라 発展途上国(はってんとじょうこく) 발전 도상국 ～に比(くら)べて ～에 비해서 面(めん) 면 めぐ(恵)まれる 혜택을 받다, 풍족하다

70 **정답** 4
해석 종이 클립은 서류랑 프린트를 다발로 묶는 사무용품으로서 빠뜨릴 수 없다.
어휘 紙(かみ)クリップ 종이 클립 書類(しょるい) 서류 プリント 프린트 たば(束)ねる 다발로 묶다 事務用品(じむようひん) 사무용품 ～として ～로서 欠(か)かす 빠뜨리다, 거르다 連(つら)ねる 늘어놓다, 늘어세우다 兼(か)ねる 겸하다

확인 문제 8 • 동사

問題2 ＿＿＿＿の言葉を漢字で書くとき、最もよいものを1・2・3・4から一つ選びなさい。

71 その球団は成績不振でわずか3年で歴史の中にきえてしまった。

1 亡えて　2 消えて　3 無えて　4 忘えて

72 今回の洪水(こうずい)で、農家の運搬(うんぱん)コストなどがます可能性がある。

1 減す　2 運す　3 増す　4 加す

73 その企業は、賠償金1千万円の支払いをめいじる判決は絶対に受け入れられないと述(の)べた。

1 命じる　2 令じる　3 話じる　4 講じる

74 あの兄弟は、親の遺産(いさん)相続をめぐってまだあらそっている。

1 失って　2 競って　3 戦って　4 争って

75 一般的にわかれた後の男性と女性の心理は正反対であると言われる。

1 流れた　2 優れた　3 別れた　4 振れた

76 仕事を任されたら、最後まで責任をはたすのが社会人としての務めだと思う。

1 済たす　2 果たす　3 終たす　4 満たす

77 最近、家で過ごす時間が長くなることで食事の管理に疲れ、食生活がみだれてしまった。

1 乱れて　2 倒れて　3 紛れて　4 置かれて

78 紙袋は非常に便利であるが、紙の特性でやぶれやすい短所がある。

1 切れ　2 損れ　3 破れ　4 捕れ

79 パスタの乾麺(かんめん)には、全く塩分がふくまれていないという。

1 入まれて　2 含まれて　3 富まれて　4 膨まれて

80 虎(とら)は猫科(ねこか)にぞくする動物の一つである。

1 属する　2 配する　3 課する　4 達する

확인 문제 8 • 정답 및 해석(동사)

71 **정답** 2
해석 그 구단은 성적 부진으로 불과 3년 만에 역사 속으로 사라져 버렸다.
어휘 球団(きゅうだん) 구단 成績(せいせき) 성적 不振(ふしん) 부진 わずか 불과 歴史(れきし) 역사
き(消)える 사라지다

72 **정답** 3
해석 이번 홍수로 농가의 운반 비용 등이 늘 가능성이 있다.
어휘 洪水(こうずい) 홍수 農家(のうか) 농가 運搬(うんぱん) 운반 コスト 경비, 비용
ま(増)す (수·양·정도가) 커지다, 많아지다, 늘다 可能性(かのうせい) 가능성

73 **정답** 1
해석 그 기업은 배상금 천 만 엔의 지불을 명령하는 판결은 절대로 받아들일 수 없다고 말했다.
어휘 企業(きぎょう) 기업 賠償金(ばいしょうきん) 배상금 支払(しはら)い 지불 めい(命)じる 명령하다
判決(はんけつ) 판결 絶対(ぜったい)に 절대로 受(う)け入(い)れる 받아들이다, 수용하다 述(の)べる 말하다, 진술하다
講(こう)じる 강구하다

74 **정답** 4
해석 그 형제는 부모의 유산 상속을 둘러싸고 아직 다투고 있다.
어휘 あの (서로 알고 있는) 그 兄弟(きょうだい) 형제 遺産(いさん) 유산 相続(そうぞく) 상속
~をめぐって ~을 둘러싸고 あらそ(争)う 다투다, 싸우다 失(うしな)う 잃다, 잃어버리다 競(きそ)う 겨루다, 경쟁하다
戦(たたか)う 싸우다

75 **정답** 3
해석 일반적으로 헤어진 후의 남성과 여성의 심리는 정반대라고 한다.
어휘 一般的(いっぱんてき)だ 일반적이다 わか(別)れる 헤어지다 동사의 た형+後(あと) ~한 후 男性(だんせい) 남성
女性(じょせい) 여성 心理(しんり) 심리 正反対(せいはんたい) 정반대 ~と言(い)われる ~라는 말을 듣다, ~라고 하다
流(なが)れる 흐르다 優(すぐ)れる 뛰어나다, 우수하다 振(ふ)れる 흔들리다

76 **정답** 2
해석 일을 맡으면 마지막까지 책임을 다하는 것이 사회인으로서의 임무라 여긴다.
어휘 仕事(しごと) 일 任(まか)す (일 등을 남에게) 맡기다 最後(さいご) 최후, 마지막 責任(せきにん) 책임
は(果)たす 다하다, 완수하다 社会人(しゃかいじん) 사회인 務(つと)め 임무 満(み)たす 채우다, 충족시키다

77 **정답** 1
해석 최근 집에서 지내는 시간이 길어짐으로써 식사 관리에 지쳐 식생활이 흐트러져 버렸다.
어휘 最近(さいきん) 최근, 요즘 過(す)ごす (시간을) 보내다, 지내다 長(なが)い 길다 ~ことで ~함으로써
食事(しょくじ) 식사 管理(かんり) 관리 疲(つか)れる 지치다, 피로해지다 食生活(しょくせいかつ) 식생활
みだ(乱)れる 흐트러지다 倒(たお)れる 쓰러지다, 넘어지다 紛(まぎ)れる 혼동되다, 헷갈리다 置(お)く 놓다, 두다

78 **정답** 3
해석 종이봉투는 대단히 편리하지만, 종이의 특성으로 찢어지기 쉬운 단점이 있다.
어휘 紙袋(かみぶくろ) 종이봉투 非常(ひじょう)に 대단히, 매우 便利(べんり)だ 편리하다 紙(かみ) 종이
特性(とくせい) 특성 やぶ(破)れる 찢어지다 동사의 ます형+やすい ~하기 쉽다 短所(たんしょ) 단점
切(き)れる 끊어지다

79 **정답** 2
해석 파스타 건면에는 전혀 염분이 포함되어 있지 않다고 한다.
어휘 パスタ 파스타 乾麺(かんめん) 건면 全(まった)く (부정어 수반) 전혀 ふく(含)まれる 포함되다 富(と)む 풍부하다

80 **정답** 1
해석 호랑이는 고양이과에 속하는 동물 중 하나다.
어휘 虎(とら) 호랑이 猫科(ねこか) 고양이과 ぞく(属)する 속하다 動物(どうぶつ) 동물 配(はい)する 배합하다
課(か)する 부과하다 達(たっ)する 이르다, 도달하다, 달하다

확인 문제 9・동사

問題2 ＿＿＿＿の言葉を漢字で書くとき、最もよいものを1・2・3・4から一つ選びなさい。

81 みんなのおかげで、プロジェクトは順調にすすんでいる。
1 進んで　2 歩んで　3 捗んで　4 行んで

82 コップが落ちて、われてしまった。
1 絶れて　2 割れて　3 凍れて　4 憧れて

83 彼は「もう終わった話だ」と言って、そっけなくその場をたちさってしまった。
1 立ち去って　2 絶ち去って　3 経ち去って　4 建ち去って

84 いくら大学生でも、この問題をとくのは容易ではないだろう。
1 談く　2 明く　3 解く　4 決く

85 高価の指輪(ゆびわ)やネックレスなどはホテルのフロントにおあずけください。
1 受け　2 預け　3 予け　4 任け

86 一般的に体温は37度前後が平熱で、37.8度をこえると発熱したとみなされる。
1 超える　2 増える　3 栄える　4 支える

87 新製品の開発に熱心なあまり、何日も研究室にとまることがある。
1 寝まる　2 止まる　3 眠まる　4 泊まる

88 渡辺君はクラブ活動ばかりしないで、もっと勉学につとめるべきだと思う。
1 深める　2 力める　3 努める　4 倍める

89 子供をあまやかしてばかりいると、自立心が育たなくなる恐れがある。
1 甘やかして　2 応やかして　3 遊やかして　4 耐やかして

90 国民の対立をそそのかしたり、政策の混線をあおぐような発言には慎重を期すべきだ。
1 育ぐ　2 注ぐ　3 扇ぐ　4 研ぐ

확인 문제 9 • 정답 및 해석(동사)

81 **정답** 1
해석 모두의 덕분으로 프로젝트는 순조롭게 진행되고 있다.
어휘 ～おかげで ～덕분에 プロジェクト 프로젝트 順調(じゅんちょう)だ 순조롭다 すす(進)む 나아가다, 진행되다 歩(あゆ)む 걷다

82 **정답** 2
해석 컵이 떨어져서 깨져 버렸다.
어휘 コップ 컵 落(お)ちる 떨어지다 わ(割)れる 깨지다 憧(あこが)れる 동경하다

83 **정답** 1
해석 그는 '이미 끝난 이야기다'라며 쌀쌀맞게 그 자리를 떠나 버렸다.
어휘 もう 이미, 벌써 終(お)わる 끝나다 そっけない 무뚝뚝하다, 쌀쌀맞다 場(ば) 자리, 장소 た(立)ちさ(去)る 떠나다

84 **정답** 3
해석 아무리 대학생이라도 이 문제를 푸는 것은 쉽지 않을 것이다.
어휘 いくら～でも 아무리 ～라도 大学生(だいがくせい) 대학생 問題(もんだい) 문제 と(解)く (의문·문제를) 풀다 容易(ようい)だ 용이하다, 쉽다

85 **정답** 2
해석 고가의 반지나 목걸이 등은 호텔 프런트에 맡겨 주세요.
어휘 高価(こうか) 고가 指輪(ゆびわ) 반지 ネックレス 목걸이 ホテル 호텔 フロント 프런트
お+동사의 ます형+ください ～해 주십시오 *존경표현 あず(預)ける 맡기다 受(う)ける 받다

86 **정답** 1
해석 일반적으로 체온은 37도 전후가 정상 체온이고, 37.8도를 넘으면 발열했다고 간주된다.
어휘 一般的(いっぱんてき)だ 일반적이다 体温(たいおん) 체온 前後(ぜんご) 전후 平熱(へいねつ) 평열, 정상 체온
こ(超)える (정도를) 넘다 発熱(はつねつ) 발열 みなす 간주하다 増(ふ)える 늘다, 늘어나다 栄(さか)える 번영하다, 번창하다
支(ささ)える 떠받치다, 지탱하다

87 **정답** 4
해석 신제품 개발에 열심인 나머지, 며칠이고 연구실에 묵는 경우가 있다.
어휘 新製品(しんせいひん) 신제품 開発(かいはつ) 개발 熱心(ねっしん)だ 열심이다 ～あまり ～한 나머지
何日(なんにち)も 며칠이고, 여러 날 研究室(けんきゅうしつ) 연구실 と(泊)まる 묵다, 숙박하다 と(止)まる 멈추다, 서다

88 **정답** 3
해석 와타나베 군은 클럽 활동만 하지 말고 더욱 면학에 힘써야 한다고 생각한다.
어휘 クラブ活動(かつどう) 클럽 활동 ～ばかり ～만, ～뿐 もっと 더, 더욱 勉学(べんがく) 면학
つと(努)める 힘쓰다, 노력하다
동사의 기본형+べきだ (마땅히) ～해야 한다 *단, 동사 「する」의 경우에는 「するべきだ」, 「すべきだ」 모두 쓸 수 있음
深(ふか)める 깊게 하다

89 **정답** 1
해석 아이를 응석을 받아 주고만 있으면 자립심이 자라지 않게 될 우려가 있다.
어휘 あま(甘)やかす 응석을 받아 주다 ～てばかりいる ～하고만 있다 自立心(じりつしん) 자립심
育(そだ)つ 자라다, 성장하다 ～恐(おそ)れがある ～할 우려가 있다

90 **정답** 3
해석 국민의 대립을 부추기거나 정책 혼선을 부채질하는 듯한 발언에는 신중을 기해야 한다.
어휘 国民(こくみん) 국민 対立(たいりつ) 대립 そそのかす 부추기다 政策(せいさく) 정책 混線(こんせん) 혼선
あお(扇)ぐ 부치다, 부채질하다 発言(はつげん) 발언 慎重(しんちょう)を期(き)する 신중을 기하다 注(つ)ぐ 붓다, 따르다
研(と)ぐ (칼 등을) 갈다

확인 문제 10 • 동사

問題2 ＿＿＿＿の言葉を漢字で書くとき、最もよいものを1・2・3・4から一つ選びなさい。

91 一人暮らしだと、パック牛乳があまってしまうことがよくある。
1 跡って　2 広って　3 振って　4 余って

92 「ころがる石には苔(こけ)が生えない」は本来イギリスの諺(ことわざ)である。
1 転がる　2 動がる　3 働がる　4 移がる

93 犯人がわかっても、外国ににげてしまった時は、自国の捜査権が及ばない場合が多い。
1 走げて　2 逃げて　3 移げて　4 越げて

94 詳しい日程は事務室におといあわせください。
1 門い合わせ　2 問い合わせ　3 聞い合わせ　4 関い合わせ

95 セーターをあんでいる間は無心になれて気持ちが落ち着く。
1 便んで　2 片んで　3 編んで　4 偏んで

96 先生の優しい言葉は、今までの私の不安をうちけしてくれた。
1 打ち削して　2 打ち忘して　3 打ち消して　4 打ち無して

97 空を見上げると、白い雲が青空にうかんでいた。
1 巻かんで　2 浮かんで　3 飛かんで　4 迷かんで

98 全く興味がないだろうと思っていたのに、彼女はその問題に対して大変興味をしめした。
1 見した　2 認した　3 悟した　4 示した

99 小学校の卒業記念に、校庭にタイムカプセルをうめたことがある。
1 深めた　2 溜めた　3 埋めた　4 絡めた

100 この場合には、あのプログラムをもちいるのが便利です。
1 用いる　2 使いる　3 駆いる　4 活いる

확인 문제 10 • 정답 및 해석(동사)

91 정답 4
해석 혼자서 살면 팩 우유가 남아 버리는 경우가 자주 있다.
어휘 一人暮(ひとりぐ)らし 혼자서 삶 パック 팩 牛乳(ぎゅうにゅう) 우유 あま(余)る 남다 よく 잘, 자주 振(ふ)る 흔들다

92 정답 1
해석 '구르는 돌에는 이끼가 끼지 않는다'는 본래 영국 속담이다.
어휘 ころ(転)がる 구르다 石(いし) 돌 苔(こけ) 이끼 生(は)える 나다, 자라다 本来(ほんらい) 본래 イギリス 영국 諺(ことわざ) 속담

93 정답 2
해석 범인을 알아도 외국으로 도망쳐 버렸을 때는 자국의 수사권이 미치지 않는 경우가 많다.
어휘 犯人(はんにん) 범인 わかる 알다, 이해하다 外国(がいこく) 외국 に(逃)げる 도망치다, 달아나다 自国(じこく) 자국 捜査権(そうさけん) 수사권 及(およ)ぶ 미치다 場合(ばあい) 경우 多(おお)い 많다

94 정답 2
해석 상세한 일정은 사무실에 문의해 주십시오.
어휘 詳(くわ)しい 상세하다 日程(にってい) 일정 事務室(じむしつ) 사무실
お+동사의 ます형+ください ~해 주십시오 *존경표현 と(問)いあ(合)わせる 문의하다

95 정답 3
해석 스웨터를 짜고 있는 동안은 생각이 없어져서 마음이 안정된다.
어휘 セーター 스웨터 あ(編)む 짜다, 뜨다, 뜨개질하다 間(あいだ) 동안 無心(むしん) (열중해서) 아무 생각 없음 落(お)ち着(つ)く 안정되다, 침착해지다

96 정답 3
해석 선생님의 다정한 말은 지금까지의 내 불안을 없애 주었다.
어휘 優(やさ)しい 상냥하다, 다정하다 言葉(ことば) 말 不安(ふあん) 불안 う(打)ちけ(消)す 없애다, 지우다
~てくれる (남이 나에게) ~해 주다

97 정답 2
해석 하늘을 올려다보니, 흰 구름이 푸른 하늘에 떠 있었다.
어휘 空(そら) 하늘 見上(みあ)げる 올려다보다 白(しろ)い 하얗다, 희다 雲(くも) 구름 青空(あおぞら) 창공, 푸른 하늘 う(浮)かぶ (공중에) 뜨다

98 정답 4
해석 전혀 흥미가 없을 것이라고 생각했었는데, 그녀는 그 문제에 대해 대단히 흥미를 보였다.
어휘 全(まった)く (부정어 수반) 전혀 興味(きょうみ) 흥미 問題(もんだい) 문제
~に対(たい)して ~에 대해서, ~에게 *대상 大変(たいへん) 대단히, 매우 しめ(示)す (나타내) 보이다

99 정답 3
해석 초등학교 졸업기념으로, 교정에 타임캡슐을 묻은 적이 있다.
어휘 小学校(しょうがっこう) 초등학교 卒業(そつぎょう) 졸업 記念(きねん) 기념 校庭(こうてい) 교정
タイムカプセル 타임캡슐 う(埋)める 묻다, 파묻다 동사의 た형+ことがある ~한 적이 있다 深(ふか)める 깊게 하다 溜(た)める 모으다 絡(から)める 휘감다, 관련시키다

100 정답 1
해석 이 경우에는 저 프로그램을 이용하는 것이 편리합니다.
어휘 場合(ばあい) 경우 プログラム 프로그램 もち(用)いる 사용하다, 이용하다 便利(べんり)だ 편리하다

점수 UP! UP!
<동사>

☐ 掻(か)く 긁다

☐ 探(さが)す 찾다

☐ 敷(し)く 깔다, 펴다

☐ 映(うつ)る 비치다

☐ 刺(さ)す (벌레가) 쏘다, 물다

☐ 澄(す)む 맑다, 맑아지다

☐ 感(かん)じる 느끼다

☐ 応(おう)じる (물음이나 요구 등에) 응하다

☐ 冷(さ)める 식다

☐ 迫(せま)る 다가오다

☐ 刷(す)る 인쇄하다

☐ 加(くわ)える 더하다

☐ 擦(こす)る 문지르다, 비비다

☐ 背負(せお)う 떠맡다, 짊어지다

☐ 接(せっ)する 접하다

☐ 渇(かわ)く (목이) 마르다

☐ 湿(しめ)る 눅눅해지다, 축축해지다

☐ 高(たか)める 높이다

☐ 崩(くず)す 무너뜨리다

☐ 蹴(け)る 차다, 걷어차다

☐ 炊(た)く (밥 등을) 짓다

☐ 嗅(か)ぐ 냄새를 맡다

☐ 妨(さまた)げる 방해하다

☐ 承(うけたまわ)る 듣다

☐ 羨(うらや)む 부러워하다

☐ 焦(こ)げる 눋다, 타다

☐ 攻(せ)める 공격하다

☐ 轟(とどろ)く 울려 퍼지다

☐ 仕上(しあ)がる 완성되다

☐ 例(たと)える 예를 들다, 비유하다

☐ 組(く)み立(た)てる 조립하다

☐ 絞(しぼ)る (물기를) 짜다, 쥐어짜다

☐ 握(にぎ)る (손에) 쥐다, 잡다

☐ 遡(さかのぼ)る 거슬러 올라가다

☐ 請(こ)う 청하다, 바라다

☐ 薄(うす)める 묽게 하다, 엷게 하다

☐ 砕(くだ)く 부수다, 깨뜨리다

☐ 枯(か)れる (초목이) 시들다, 마르다

☐ 散(ち)らかす 어지르다

☐ 占(うらな)う 점치다

☐ 茂(しげ)る 우거지다, 무성해지다

☐ 載(の)る (신문·잡지 등에) 실리다

☐ 拝(おが)む 절하다, 간절히 바라다

☐ 配(くば)る 나누어 주다, 배포하다

☐ 縮(ちぢ)める 줄이다, 단축시키다

☐ 刻(きざ)む 새기다, 조각하다

☐ 区切(くぎ)る 구분하다, 구획 짓다

☐ 悔(く)やむ 후회하다, 애도하다

☐ 追(お)い越(こ)す 앞지르다, 추월하다

☐ 落(お)ち着(つ)く 안정되다, 침착해지다

☐ 教(おそ)わる 배우다, 가르침을 받다

음원

기출 및 출제 예상 어휘 100 <명사>

□ 肩(かた) 어깨	□ 岩(いわ) 바위	□ 壁(かべ) 벽
□ 撮影(さつえい) 촬영	□ 症状(しょうじょう) 증상	□ 湿度(しつど) 습도
□ 採算(さいさん) 채산	□ 距離(きょり) 거리	□ 警備(けいび) 경비
□ 組織(そしき) 조직	□ 系統(けいとう) 계통	□ 戦争(せんそう) 전쟁
□ 講師(こうし) 강사	□ 批判(ひはん) 비판	□ 回復(かいふく) 회복
□ 介護(かいご) 간병	□ 招待(しょうたい) 초대	□ 参照(さんしょう) 참조
□ 物価(ぶっか) 물가	□ 製造(せいぞう) 제조	□ 出世(しゅっせ) 출세
□ 保証(ほしょう) 보증	□ 福祉(ふくし) 복지	□ 禁止(きんし) 금지
□ 収穫(しゅうかく) 수확	□ 開催(かいさい) 개최	□ 援助(えんじょ) 원조
□ 討論(とうろん) 토론	□ 油断(ゆだん) 방심	□ 混乱(こんらん) 혼란
□ 登録(とうろく) 등록	□ 変更(へんこう) 변경	□ 共同(きょうどう) 공동
□ 指摘(してき) 지적	□ 好調(こうちょう) 호조	□ 礼儀(れいぎ) 예의
□ 在籍(ざいせき) 재적	□ 運賃(うんちん) 운임	□ 大陸(たいりく) 대륙
□ 伝統(でんとう) 전통	□ 永久(えいきゅう) 영구	□ 改札口(かいさつぐち) 개찰구
□ 勢い(いきお) 기세	□ 抵抗(ていこう) 저항	□ 駐車場(ちゅうしゃじょう) 주차장
□ 腕(うで) 솜씨	□ 教育(きょういく) 교육	□ 辺り(あた) 주변, 부근
□ 領収書(りょうしゅうしょ) 영수증	□ 積極的(せっきょくてき) 적극적	□ 硬貨(こうか) 동전

☐ 煙(けむり) 연기	☐ 遅刻(ちこく) 지각	☐ 涙(なみだ) 눈물
☐ 雑誌(ざっし) 잡지	☐ 寄付(きふ) 기부	☐ 坂(さか) 언덕, 비탈길, 고개
☐ 横断(おうだん) 횡단	☐ 才能(さいのう) 재능	☐ 販売(はんばい) 판매
☐ 卒業(そつぎょう) 졸업	☐ 環境(かんきょう) 환경	☐ 拡大(かくだい) 확대
☐ 景気(けいき) 경기	☐ 表現(ひょうげん) 표현	☐ 指導(しどう) 지도
☐ 法律(ほうりつ) 법률	☐ 温泉(おんせん) 온천	☐ 恐怖(きょうふ) 공포
☐ 観測(かんそく) 관측	☐ 編集(へんしゅう) 편집	☐ 自信(じしん) 자신, 자신감
☐ 経営(けいえい) 경영	☐ 尊敬(そんけい) 존경	☐ 形式(けいしき) 형식
☐ 生活(せいかつ) 생활	☐ 訪問(ほうもん) 방문	☐ 首相(しゅしょう) 수상
☐ 接続(せつぞく) 접속	☐ 構造(こうぞう) 구조	☐ 保存(ほぞん) 보존
☐ 欠点(けってん) 결점	☐ 処理(しょり) 처리	☐ 承認(しょうにん) 승인
☐ 金額(きんがく) 금액	☐ 方法(ほうほう) 방법	☐ 研修(けんしゅう) 연수
☐ 直接(ちょくせつ) 직접	☐ 感覚(かんかく) 감각	☐ 団体(だんたい) 단체
☐ 依頼(いらい) 의뢰	☐ 財布(さいふ) 지갑	☐ 深夜(しんや) 심야
☐ 貿易(ぼうえき) 무역	☐ 省略(しょうりゃく) 생략	☐ 周囲(しゅうい) 주위
☐ 就職(しゅうしょく) 취직	☐ 誤り(あやま) 잘못, 실수	☐ 出版社(しゅっぱんしゃ) 출판사
☐ 報告書(ほうこくしょ) 보고서		

확인 문제 1 • 명사

問題2 ＿＿＿の言葉を漢字で書くとき、最もよいものを1・2・3・4から一つ選びなさい。

1 大学をそつぎょうしても就職できず、アルバイトで生活している若者が増えている。

1 傘業　2 卒業　3 出業　4 作業

2 ここでの炊事(すいじ)は、ほうりつで禁止されている。

1 法率　2 規率　3 法律　4 規律

3 来週の土曜日、家族連れでおんせん旅行をする予定です。

1 穏川　2 温川　3 穏泉　4 温泉

4 宛先(あてさき)をへんこうしたいのですが、どうしたらいいですか。

1 変経　2 変更　3 変京　4 変景

5 この建物の地下1階と2階はちゅうしゃじょうでございます。

1 駐車場　2 主車場　3 周車場　4 株車場

6 彼は幼い時から国際ぼうえきに興味を持っていた。

1 貿易　2 務易　3 武易　4 舞易

7 字が小さくて読みにくいので、かくだいしてください。

1 広大　2 拡大　3 広台　4 拡台

8 中村君が書いた論文は、別にしてきすべきところが見当たらなかった。

1 支摘　2 支的　3 指摘　4 指的

9 彼女の料理のうではプロ並みである。

1 肘　2 膝　3 腰　4 腕

10 けってんが一つもない人間など、この世の中に存在しない。

1 決点　2 欠点　3 結点　4 潔点

확인 문제 1 • 정답 및 해석(명사)

1 **정답** 2
해석 대학을 졸업해도 취직 못해서 아르바이트로 생활하는 젊은이가 늘고 있다.
어휘 大学(だいがく) 대학 そつぎょう(卒業) 졸업 就職(しゅうしょく) 취직 ~ず ~하지 않아서
アルバイト 아르바이트 生活(せいかつ) 생활 若者(わかもの) 젊은이 増(ふ)える 늘다, 늘어나다 作業(さぎょう) 작업

2 **정답** 3
해석 이곳에서의 취사는 법률로 금지되어 있다.
어휘 炊事(すいじ) 취사 ほうりつ(法律) 법률 禁止(きんし) 금지 規律(きりつ) 규율

3 **정답** 4
해석 다음 주 토요일, 가족 동반으로 온천 여행을 할 예정입니다.
어휘 来週(らいしゅう) 다음 주 土曜日(どようび) 토요일 家族(かぞく) 가족 ~連(づ)れ ~동반 おんせん(温泉) 온천
旅行(りょこう) 여행 予定(よてい) 예정

4 **정답** 2
해석 수신인을 변경하고 싶은데 어떻게 하면 되나요?
어휘 宛先(あてさき) (우편의) 수신인 へんこう(変更) 변경

5 **정답** 1
해석 이 건물의 지하 1층과 2층은 주차장입니다.
어휘 建物(たてもの) 건물 地下(ちか) 지하 ~階(かい) ~층 ちゅうしゃじょう(駐車場) 주차장
~でございます ~입니다 *「~です」의 정중한 표현

6 **정답** 1
해석 그는 어릴 때부터 국제 무역에 흥미를 가지고 있었다.
어휘 幼(おさな)い 어리다 国際(こくさい) 국제 ぼうえき(貿易) 무역 興味(きょうみ) 흥미 持(も)つ 가지다

7 **정답** 2
해석 글자가 작아서 읽기 힘드니까, 확대해 주세요.
어휘 字(じ) 글자 小(ちい)さい 작다 読(よ)む 읽다 동사의 ます형+にくい ~하기 어렵다[힘들다] かくだい(拡大) 확대

8 **정답** 3
해석 나카무라 군이 쓴 논문은 특별히 지적할 만한 곳이 눈에 띄지 않았다.
어휘 論文(ろんぶん) 논문 別(べつ)に (부정어 수반) 별로, 특별히 してき(指摘) 지적
동사의 기본형+べき (마땅히) ~해야 할, ~할 만한 *단, 동사「する」의 경우에는「するべき」,「すべき」 모두 쓸 수 있음
見当(みあ)たる 눈에 띄다, 발견되다

9 **정답** 4
해석 그녀의 요리 솜씨는 프로 수준이다.
어휘 料理(りょうり) 요리 うで(腕) 솜씨 プロ 프로 명사+並(な)み ~와 같음, 동등함 肘(ひじ) 팔꿈치 膝(ひざ) 무릎
腰(こし) 허리

10 **정답** 2
해석 결점이 하나도 없는 인간 따위, 이 세상에 존재하지 않는다.
어휘 けってん(欠点) 결점 人間(にんげん) 인간 ~など (부정의 뜻을 강조하는) ~따위 世(よ)の中(なか) 세상
存在(そんざい) 존재

확인 문제 2・명사

問題2 ＿＿＿＿の言葉を漢字で書くとき、最もよいものを1・2・3・4から一つ選びなさい。

11 勉強はできないが、運動にかけてはじしんがあります。

1 自信　2 地震　3 自分　4 自身

12 ほうこくしょに抜けている部分がないか、もう一度確認してください。

1 保告書　2 報告書　3 補告書　4 普告書

13 決してこのほうほうが最善であるとは言えないだろう。

1 房法　2 放法　3 方法　4 防法

14 買い物をしている途中、さいふが無くなっていることに気が付いた。

1 金布　2 材布　3 財布　4 再布

15 残業続きで帰宅は毎日しんや、土日も仕事が頭から離れない。

1 心夜　2 深夜　3 沈夜　4 審夜

16 この問題は、本人にちょくせつ聞いてみた方がいいと思います。

1 密接　2 近接　3 直接　4 間接

17 この機械は、何度見てもこうぞうが複雑すぎる。

1 究調　2 構調　3 究造　4 構造

18 西洋の多くの国では、生物(なまもの)を食べるのにまだていこうがあるようだ。

1 著抗　2 底抗　3 低抗　4 抵抗

19 「火のない所にけむりは立たぬ」と言うほどだから事実に相違ない。

1 霧　2 雲　3 煙　4 嵐

20 彼は毎月一定の金額をふくし施設に寄付している。

1 福祉　2 福地　3 福支　4 福止

확인 문제 2 • 정답 및 해석(명사)

11 **정답** 1
해석 공부는 못하지만, 운동에 관해서는 자신이 있습니다.
어휘 勉強(べんきょう) 공부 できる 잘하다 運動(うんどう) 운동 ～にかけては ～에 관해서는, ～에 관한 한 じしん(自信) 자신, 자신감 地震(じしん) 지진 自分(じぶん) 자기, 자신, 나 自身(じしん) 자신 *체언에 접속하여 그 말을 강조함. 「自分自身(じぶんじしん)」과 같이 씀

12 **정답** 2
해석 보고서에 빠져 있는 부분이 없는지 한 번 더 확인해 주세요.
어휘 ほうこくしょ(報告書) 보고서 抜(ぬ)ける 빠지다, 누락되다 部分(ぶぶん) 부분 もう一度(いちど) 한 번 더 確認(かくにん) 확인

13 **정답** 3
해석 결코 이 방법이 최선이라고는 할 수 없을 것이다.
어휘 決(けっ)して (부정어 수반) 결코 ほうほう(方法) 방법 最善(さいぜん) 최선 ～とは言(い)えない ～라고는 할 수 없다

14 **정답** 3
해석 쇼핑을 하고 있는 도중에 지갑이 없어진 것을 깨달았다.
어휘 買(か)い物(もの) 쇼핑, 장을 봄 途中(とちゅう) 도중 さいふ(財布) 지갑 無(な)くなる 없어지다 気(き)が付(つ)く 깨닫다, 알아차리다

15 **정답** 2
해석 야근이 계속되어 귀가는 매일 심야, 토요일과 일요일에도 일이 머리에서 떠나지 않는다.
어휘 残業(ざんぎょう) 잔업, 야근 명사+続(つづ)き ～이 계속됨 帰宅(きたく) 귀가 毎日(まいにち) 매일 しんや(深夜) 심야 土日(どにち) 토요일과 일요일 仕事(しごと) 일 頭(あたま) 머리 離(はな)れる 떠나다

16 **정답** 3
해석 이 문제는 본인에게 직접 물어보는 편이 좋다고 생각합니다.
어휘 問題(もんだい) 문제 本人(ほんにん) 본인 ちょくせつ(直接) 직접 聞(き)く 묻다 密接(みっせつ) 밀접 近接(きんせつ) 근접 間接(かんせつ) 간접

17 **정답** 4
해석 이 기계는 몇 번을 봐도 구조가 너무 복잡하다.
어휘 機械(きかい) 기계 何度(なんど) 몇 번 こうぞう(構造) 구조 複雑(ふくざつ)だ 복잡하다 な형용사의 어간+すぎる 너무 ～하다

18 **정답** 4
해석 서양의 많은 나라에서는 날것을 먹는 것에 아직 저항이 있는 것 같다.
어휘 西洋(せいよう) 서양 多(おお)く 많음 国(くに) 나라 生物(なまもの) 날것 ていこう(抵抗) 저항 ～ようだ ～인 것 같다

19 **정답** 3
해석 '아니 땐 굴뚝에 연기 날까'라고 말할 정도니까, 사실임에 틀림없다.
어휘 火(ひ)のない所(ところ)にけむり(煙)は立(た)たぬ 아니 땐 굴뚝에 연기 날까 ～と言(い)う ～라고 하다 ～ほど ～정도, ～만큼 事実(じじつ) 사실 ～に相違(そうい)ない ～임에 틀림없다 霧(きり) 안개 雲(くも) 구름 嵐(あらし) 폭풍, 폭풍우

20 **정답** 1
해석 그는 매달 일정 금액을 복지 시설에 기부하고 있다.
어휘 毎月(まいつき) 매월, 매달 一定(いってい) 일정 金額(きんがく) 금액 ふくし(福祉) 복지 施設(しせつ) 시설 寄付(きふ) 기부

확인 문제 3 • 명사

問題2 ＿＿＿＿の言葉を漢字で書くとき、最もよいものを1・2・3・4から一つ選びなさい。

21 お金がなくて、せいかつがとても苦しいです。

1 省滑　　2 生滑　　3 省活　　4 生活

22 朝寝坊をしてしまい、学校にちこくしてしまいました。

1 地角　　2 地刻　　3 遅角　　4 遅刻

23 森選手の金メダルが決まった瞬間、なみだが出てきた。

1 涙　　2 汗　　3 泡　　4 氷

24 彼はしゅういの批判をものともせず、その計画を進めていった。

1 週囲　　2 周囲　　3 週爲　　4 周為

25 農家の畑(はたけ)で新鮮な野菜をはんばいしている。

1 販売　　2 判売　　3 販買　　4 判買

26 信号が青に変わると、大勢の人が一斉におうだん歩道を渡った。

1 横段　　2 広段　　3 横断　　4 広断

27 この問題について、しゅしょうの答弁を求めます。

1 首常　　2 首詳　　3 首象　　4 首相

28 黄砂(こうさ)は中国たいりくのゴビ砂漠などの乾燥地域で発生する。

1 台陸　　2 大陸　　3 台凌　　4 大凌

29 いらいに対して、早急に回答を得られればありがたいのですが。

1 依頼　　2 義頼　　3 意頼　　4 衣頼

30 りょうしゅうしょがない場合、経費の精算はどうすればいいでしょうか。

1 令収書　　2 領収書　　3 嶺収書　　4 零収書

확인 문제 3 • 정답 및 해석(명사)

21 정답 4
해석 돈이 없어서 생활이 매우 힘듭니다.
어휘 お金(かね) 돈 せいかつ(生活) 생활 苦(くる)しい 힘들다, 괴롭다

22 정답 4
해석 늦잠을 자 버려서 학교에 지각하고 말았습니다.
어휘 朝寝坊(あさねぼう)をする 늦잠을 자다 学校(がっこう) 학교 ちこく(遅刻) 지각

23 정답 1
해석 모리 선수의 금메달이 결정된 순간, 눈물이 났다.
어휘 選手(せんしゅ) 선수 金(きん)メダル 금메달 決(き)まる 정해지다, 결정되다 瞬間(しゅんかん) 순간
なみだ(涙) 눈물 *「涙(なみだ)が出(で)る」– 눈물이 나다 汗(あせ) 땀 泡(あわ) 거품 氷(こおり) 얼음

24 정답 2
해석 그는 주위의 비판을 아랑곳하지 않고 그 계획을 진행해 나갔다.
어휘 しゅうい(周囲) 주위 批判(ひはん) 비판 ～をものともせず ~을 아랑곳하지 않고 計画(けいかく) 계획
進(すす)める 진행하다

25 정답 1
해석 농가의 밭에서 신선한 채소를 판매하고 있다.
어휘 農家(のうか) 농가 畑(はたけ) 밭 新鮮(しんせん)だ 신선하다 野菜(やさい) 채소 はんばい(販売) 판매

26 정답 3
해석 신호가 파란불로 바뀌자, 많은 사람이 일제히 횡단보도를 건넜다.
어휘 信号(しんごう) 신호, 신호등 青(あお) 파랑 変(か)わる 바뀌다, 변하다 大勢(おおぜい) 많은 사람, 여럿
一斉(いっせい)に 일제히 おうだん(横断) 횡단 歩道(ほどう) 보도 渡(わた)る 건너다

27 정답 4
해석 이 문제에 대해서 수상의 답변을 요구합니다.
어휘 問題(もんだい) 문제 ～について ~에 대해서 *내용 しゅしょう(首相) 수상 答弁(とうべん) 답변
求(もと)める 요구하다, (요)청하다

28 정답 2
해석 황사는 중국 대륙의 고비 사막 등의 건조 지역에서 발생한다.
어휘 黄砂(こうさ) 황사 中国(ちゅうごく) 중국 たいりく(大陸) 대륙 ゴビ砂漠(さばく) 고비 사막
乾燥(かんそう) 건조 地域(ちいき) 지역 発生(はっせい) 발생

29 정답 1
해석 의뢰에 대해서 급히 회답을 얻을 수 있으면 고맙겠습니다만.
어휘 いらい(依頼) 의뢰 ～に対(たい)して ~에 대해서, ~에게 *대상 早急(さっきゅう)に 급히 回答(かいとう) 회답
得(え)る 얻다 ありがたい 고맙다

30 정답 2
해석 영수증이 없을 경우, 경비 정산은 어떻게 하면 될까요?
어휘 りょうしゅうしょ(領収書) 영수증 場合(ばあい) 경우 経費(けいひ) 경비 精算(せいさん) 정산 どう 어떻게

확인 문제 4・명사

問題2 ＿＿＿＿の言葉を漢字で書くとき、最もよいものを1・2・3・4から一つ選びなさい。

31 今回のようなせんそうは、二度と起きてはならない。

1 全争　　2 戦争　　3 電争　　4 転争

32 彼に関するざっしの記事を読んで感動を受けた。

1 雑地　　2 雑支　　3 雑指　　4 雑誌

33 前田さんも今度の社員けんしゅうに参加しますか。

1 研修　　2 然修　　3 年修　　4 連修

34 輸出のこうちょうで、今年会社の売り上げは大幅に伸びそうだ。

1 好造　　2 好調　　3 好組　　4 好朝

35 未だに日本の多くの会社には、個人よりそしきを重視する文化が残っている。

1 組職　　2 組直　　3 組織　　4 組植

36 昨日さつえいしたのは、私が先生にお送りします。

1 撮栄　　2 撮営　　3 撮英　　4 撮影

37 政府がしょうにんしていない薬は、副作用(ふくさよう)などが出ても救済対象にならない可能性がある。

1 承認　　2 昇認　　3 乗認　　4 勝認

38 今日の日没後、土星が400年ぶりに大接近している様子をかんそくできるそうだ。

1 関測　　2 関側　　3 観測　　4 観側

39 日本語にはしょうりゃくされて使われている言葉が多い。

1 甥略　　2 牲略　　3 生略　　4 省略

40 まだ試合が全部終わったわけではないので、ゆだんしてはいけません。

1 維断　　2 有断　　3 油断　　4 由断

확인 문제 4 • 정답 및 해석(명사)

31 **정답** 2
해석 이번과 같은 전쟁은 두 번 다시 일어나서는 안 된다.
어휘 今回(こんかい) 이번 명사+の+ような ~와 같은 せんそう(戦争) 전쟁 二度(にど)と 두 번 다시 起(お)きる 일어나다, 발생하다 ~てはならない ~해서는 안 된다

32 **정답** 4
해석 그에 관한 잡지 기사를 읽고 감동을 받았다.
어휘 ~に関(かん)する ~에 관한 ざっし(雑誌) 잡지 記事(きじ) 기사 感動(かんどう)を受(う)ける 감동을 받다

33 **정답** 1
해석 마에다 씨도 이번 사원 연수에 참가합니까?
어휘 今度(こんど) 이번 社員(しゃいん) 사원 けんしゅう(研修) 연수 参加(さんか) 참가

34 **정답** 2
해석 수출 호조로 올해 회사의 매출은 큰 폭으로 늘 것 같다.
어휘 輸出(ゆしゅつ) 수출 こうちょう(好調) 호조 会社(かいしゃ) 회사 売(う)り上(あ)げ 매상, 매출 大幅(おおはば)に 대폭적으로, 큰 폭으로 伸(の)びる 늘다, 신장하다 동사의 ます형+そうだ ~일[할] 것 같다 *양태

35 **정답** 3
해석 아직도 일본의 많은 회사에는 개인보다 조직을 중시하는 문화가 남아 있다.
어휘 未(いま)だに 아직(까지)도 多(おお)く 많음 個人(こじん) 개인 ~より ~보다 そしき(組織) 조직 重視(じゅうし) 중시 文化(ぶんか) 문화 残(のこ)る 남다

36 **정답** 4
해석 어제 촬영한 것은 제가 선생님께 보내 드리겠습니다.
어휘 昨日(きのう) 어제 さつえい(撮影) 촬영 お+동사의 ます형+する ~하다, ~해 드리다 *겸양표현 送(おく)る 보내다

37 **정답** 1
해석 정부가 승인하지 않은 약은 부작용 등이 생겨도 구제 대상이 되지 않을 가능성이 있다.
어휘 政府(せいふ) 정부 しょうにん(承認) 승인 薬(くすり) 약 副作用(ふくさよう) 부작용 救済(きゅうさい) 구제 対象(たいしょう) 대상 可能性(かのうせい) 가능성

38 **정답** 3
해석 오늘 일몰 후 토성이 400년 만에 대접근하는 모습을 관측할 수 있다고 한다.
어휘 日没(にちぼつ) 일몰 土星(どせい) 토성 ~ぶりに ~만에 大接近(だいせっきん) 대접근 様子(ようす) 모습 かんそく(観測) 관측 품사의 보통형+そうだ ~라고 한다 *전문

39 **정답** 4
해석 일본어에는 생략되어 쓰이는 말이 많다.
어휘 しょうりゃく(省略) 생략 使(つか)う 쓰다, 사용하다 言葉(ことば) 말 多(おお)い 많다

40 **정답** 3
해석 아직 시합이 전부 끝난 것은 아니니까, 방심해서는 안 됩니다.
어휘 試合(しあい) 시합 全部(ぜんぶ) 전부 終(お)わる 끝나다 ~わけではない (전부) ~인 것은 아니다, 반드시 ~라고는 말할 수 없다 ゆだん(油断) 방심

확인 문제 5 • 명사

問題2 ＿＿＿＿の言葉を漢字で書くとき、最もよいものを1・2・3・4から一つ選びなさい。

41 彼は長年の経験からきょういく問題に通じている。
1 教育　2 教肉　3 教六　4 教陸

42 パーティーにしょうたいされて行ったが、あまり楽しくなかった。
1 超持　2 超待　3 招持　4 招待

43 あの企業のけいえい状態はだんだん悪化している。
1 経栄　2 経永　3 経営　4 経英

44 けいきが低迷(ていめい)していたが、やっと回復の兆しが見え始めた。
1 経気　2 経機　3 景気　4 景機

45 真夜中にほうもんするなんて、非常識きわまりない。
1 訪文　2 訪問　3 訪門　4 訪聞

46 大きな1台のトラックが緩やかなさかを上(のぼ)ってくるのが見えた。
1 泉　2 坂　3 原　4 岸

47 皆様からお寄せいただいたお金は、全額慈善(じぜん)団体へきふされます。
1 寄付　2 寄部　3 寄副　4 寄富

48 私はいつも最善を尽くす人々をそんけいする。
1 尊京　2 尊慶　3 尊敬　4 尊鏡

49 すぐ終わると思っていたのに、動画へんしゅうにかなりの時間がかかってしまった。
1 偏集　2 片集　3 便集　4 編集

50 残念ながら、今年の米のしゅうかくは凶作(きょうさく)であった。
1 収穫　2 収確　3 収拡　4 収入

확인 문제 5 • 정답 및 해석(명사)

41 정답 1
해석 그는 오랜 경험으로부터 교육 문제에 정통하다.
어휘 長年(ながねん) 긴[오랜] 세월, 오랫동안 経験(けいけん) 경험 きょういく(教育) 교육 問題(もんだい) 문제 通(つう)じる 정통하다

42 정답 4
해석 파티에 초대되어 갔지만, 별로 즐겁지 않았다.
어휘 パーティー 파티 しょうたい(招待) 초대 あまり (부정어 수반) 그다지, 별로 楽(たの)しい 즐겁다

43 정답 3
해석 그 기업의 경영 상태는 점점 악화되고 있다.
어휘 あの (서로 알고 있는) 그 企業(きぎょう) 기업 けいえい(経営) 경영 状態(じょうたい) 상태 だんだん 점점 悪化(あっか) 악화

44 정답 3
해석 경기가 침체되어 있었는데, 겨우 회복의 징조가 보이기 시작했다.
어휘 けいき(景気) 경기 低迷(ていめい) 침체 やっと 겨우, 간신히, 가까스로 回復(かいふく) 회복 兆(きざ)し 조짐, 징조 見(み)える 보이다 동사의 ます형+始(はじ)める ~하기 시작하다

45 정답 2
해석 한밤중에 방문하다니, 몰상식하기 짝이 없다.
어휘 真夜中(まよなか) 한밤중 ほうもん(訪問) 방문 ～なんて ~라니, ~하다니 非常識(ひじょうしき) 비상식, 몰상식 ～きわ(極)まりない ~하기 짝이 없다, 정말 ~하다

46 정답 2
해석 큰 한 대의 트럭이 완만한 언덕을 올라오는 것이 보였다.
어휘 大(おお)きな 큰 ～台(だい) ~대 トラック 트럭 緩(ゆる)やかだ 완만하다 さか(坂) 언덕, 비탈길, 고개 上(のぼ)る 오르다, 올라오다 泉(いずみ) 샘 原(はら) 들판 岸(きし) 물가

47 정답 1
해석 여러분이 보내 주신 돈은 전액 자선 단체에 기부됩니다.
어휘 お+동사의 ます형+いただく (남에게) ~해 받다, (남이) ~해 주시다 *겸양표현 寄(よ)せる 보내다, 한데 모으다 全額(ぜんがく) 전액 慈善(じぜん) 자선 団体(だんたい) 단체 きふ(寄付) 기부

48 정답 3
해석 나는 항상 최선을 다하는 사람들을 존경한다.
어휘 いつも 항상, 늘 最善(さいぜん)を尽(つ)くす 최선을 다하다 そんけい(尊敬) 존경

49 정답 4
해석 곧 끝날 것이라고 생각했는데, 동영상 편집에 상당한 시간이 걸려 버렸다.
어휘 すぐ 곧, 바로 終(お)わる 끝나다 ～のに ~는데(도) 動画(どうが) 동영상 へんしゅう(編集) 편집 かなり 꽤, 상당히 時間(じかん) 시간 かかる 걸리다

50 정답 1
해석 유감스럽게도 올해 쌀 수확은 흉작이었다.
어휘 残念(ざんねん)ながら 유감스럽게도 今年(ことし) 올해 米(こめ) 쌀 しゅうかく(収穫) 수확 凶作(きょうさく) 흉작 収入(しゅうにゅう) 수입

확인 문제 6 • 명사

問題2 ＿＿＿の言葉を漢字で書くとき、最もよいものを1・2・3・4から一つ選びなさい。

51 ここでの喫煙はきんしになっておりますが。
1 禁地　2 禁指　3 禁知　4 禁止

52 みんなこうしの話に聞き入っている。
1 行使　2 工事　3 講師　4 公私

53 オリンピックは4年に一度かいさいされる、世界的なスポーツの祭典(さいてん)である。
1 火災　2 開催　3 記載　4 交際

54 身体の各部分は全て繋がっているので、首の筋肉を酷使(こくし)すると、かたの筋肉も凝(こ)ってくるものだ。
1 額　2 肘　3 肩　4 腰

55 夏なので、涼しいブルーけいとうの色が人気だそうだ。
1 係統　2 計統　3 界統　4 系統

56 室内の適度のしつどは、40～60%だという。
1 湿度　2 習度　3 拾度　4 襲度

57 お酒を飲みながら、政治についてとうろんしているうちに友達と喧嘩になってしまった。
1 討論　2 吐論　3 土論　4 兎論

58 れいぎの本質は、相手に敬意を表す行為である。
1 礼儀　2 礼義　3 礼意　4 礼犠

59 政府は開発途上国の発展を手助けするために、様々なえんじょを行っている。
1 員助　2 元助　3 援助　4 原助

60 日本人は働き過ぎだとひはんする外国人が多い。
1 備判　2 比判　3 費判　4 批判

확인 문제 6 • 정답 및 해석(명사)

51 **정답** 4
해석 이곳에서의 흡연은 금지로 되어 있습니다만.
어휘 喫煙(きつえん) 흡연 きんし(禁止) 금지 ～ておる ~하고 있다 *「～ている」의 겸양표현

52 **정답** 3
해석 모두 강사의 이야기에 귀를 기울이고 있다.
어휘 こうし(講師) 강사 話(はなし) 이야기 聞(き)き入(い)る (열심히) 듣다, 귀를 기울이다

53 **정답** 2
해석 올림픽은 4년에 한 번 개최되는 세계적인 스포츠 제전이다.
어휘 オリンピック 올림픽 一度(いちど) 한 번 かいさい(開催) 개최 世界的(せかいてき)だ 세계적이다 祭典(さいてん) 제전

54 **정답** 3
해석 신체의 각 부분은 모두 연결되어 있기 때문에 목 근육을 혹사하면 어깨 근육도 결리게 되는 법이다.
어휘 身体(しんたい) 신체 各部分(かくぶぶん) 각 부분 全(すべ)て 모두, 전부 繋(つな)がる 이어지다, 연결되다 首(くび) 목 筋肉(きんにく) 근육 酷使(こくし) 혹사 かた(肩) 어깨 凝(こ)る 뻐근하다, 결리다 額(ひたい) 이마 肘(ひじ) 팔꿈치 腰(こし) 허리

55 **정답** 4
해석 여름이라서 시원한 블루 계통의 색이 인기라고 한다.
어휘 夏(なつ) 여름 涼(すず)しい 시원하다 ブルー 블루, 파랑 けいとう(系統) 계통 人気(にんき) 인기 품사의 보통형+そうだ ~라고 한다 *전문

56 **정답** 1
해석 실내의 적당한 정도의 습도는 40~60%라고 한다.
어휘 室内(しつない) 실내 適度(てきど) 적당한 정도 しつど(湿度) 습도 ～という ~라고 한다

57 **정답** 1
해석 술을 마시면서 정치에 대해서 토론하고 있는 동안에 친구와 싸움이 되고 말았다.
어휘 お酒(さけ)を飲(の)む 술을 마시다 동사의 ます형+ながら ~하면서 *동시동작 とうろん(討論) 토론 ～うちに ~동안에, ~사이에 友達(ともだち) 친구 喧嘩(けんか) 싸움

58 **정답** 1
해석 예의의 본질은 상대에게 경의를 표하는 행위이다.
어휘 れいぎ(礼儀) 예의 本質(ほんしつ) 본질 相手(あいて) 상대 敬意(けいい) 경의 表(あらわ)す 나타내다, 표하다 行為(こうい) 행위

59 **정답** 3
해석 정부는 개발도상국의 발전을 돕기 위해 다양한 원조를 실시하고 있다.
어휘 政府(せいふ) 정부 開発途上国(かいはつとじょうこく) 개발도상국 発展(はってん) 발전 手助(てだす)け 도움 동사의 보통형+ために ~하기 위해서 様々(さまざま)だ 다양하다, 여러 가지다 えんじょ(援助) 원조 行(おこな)う 하다, 행하다, 실시하다

60 **정답** 4
해석 일본인은 일을 너무 한다고 비판하는 외국인이 많다.
어휘 日本人(にほんじん) 일본인 働(はたら)く 일하다 동사의 ます형+過(す)ぎ 너무 ~함 ひはん(批判) 비판 外国人(がいこくじん) 외국인 多(おお)い 많다

확인 문제 7 • 명사

問題2 ＿＿＿＿の言葉を漢字で書くとき、最もよいものを1・2・3・4から一つ選びなさい。

61 一人暮らしを始めて以来、ぶっかに詳しくなった。

1 物可　　2 物価　　3 物加　　4 物假

62 すみませんが、とうろくが完了するまでどのくらいの時間がかかりますか。

1 登記　　2 登載　　3 登録　　4 登緑

63 あの会社は合併(がっぺい)によって全てが変わり、こんらん状態が続いている。

1 混難　　2 混乱　　3 困難　　4 困乱

64 フランスに出張して、ワインのせいぞう工程を見学してきた。

1 捏造　　2 構造　　3 創造　　4 製造

65 昨夜の大きな地震でかべにひびが入ってしまった。

1 壁　　2 崖　　3 湖　　4 岩

66 営業職はせっきょくてきに声をかけなければいけない職業です。

1 績極的　　2 適極的　　3 的極的　　4 積極的

67 割引切符は所定のうんちんより安い一方、利用できる日や列車などに制約が多い。

1 運賃　　2 動賃　　3 運任　　4 動任

68 発熱などのしょうじょうが出たら、直(ただ)ちに相談センターにお問い合わせください。

1 症上　　2 症状　　3 症相　　4 症想

69 近年、酪農業(らくのうぎょう)はさいさんが合わなくて数が減りつつあるという。

1 暗算　　2 精算　　3 計算　　4 採算

70 入居は、大学あるいは大学院にざいせきする留学生および研究生に限られます。

1 在跡　　2 在敵　　3 在籍　　4 在滴

확인 문제 7 • 정답 및 해석(명사)

61 정답 2
해석 혼자 살기를 시작한 이래 물가를 잘 알게 되었다.
어휘 一人暮(ひとりぐ)らし 혼자서 삶 始(はじ)める 시작하다 ～て以来(いらい) ~한 이래 ぶっか(物価) 물가 詳(くわ)しい 상세하다, 잘 알고 있다, 밝다

62 정답 3
해석 죄송하지만, 등록이 완료될 때까지 어느 정도의 시간이 걸립니까?
어휘 とうろく(登録) 등록 完了(かんりょう) 완료 時間(じかん) 시간 かかる (시간이) 걸리다 登記(とうき) 등기 登載(とうさい) 등재

63 정답 2
해석 그 회사는 합병에 의해 모든 것이 변해서 혼란 상태가 이어지고 있다.
어휘 あの (서로 알고 있는) 그 会社(かいしゃ) 회사 合併(がっぺい) 합병 ～によって ~에 의해 全(すべ)て 모두, 전부 変(か)わる 바뀌다, 변하다 こんらん(混乱) 혼란 状態(じょうたい) 상태 続(つづ)く 이어지다, 계속되다 困難(こんなん) 곤란

64 정답 4
해석 프랑스에 출장 가서 와인 제조 공정을 견학하고 왔다.
어휘 フランス 프랑스 出張(しゅっちょう) 출장 ワイン 와인 せいぞう(製造) 제조 工程(こうてい) 공정 見学(けんがく) 견학 捏造(ねつぞう) 날조 構造(こうぞう) 구조 創造(そうぞう) 창조

65 정답 1
해석 어젯밤의 큰 지진으로 벽에 금이 가 버렸다.
어휘 昨夜(ゆうべ) 어젯밤 大(おお)きな 큰 地震(じしん) 지진 かべ(壁) 벽 ひびが入(はい)る 금이 가다 崖(がけ) 벼랑, 절벽, 낭떠러지 湖(みずうみ) 호수 岩(いわ) 바위

66 정답 4
해석 영업직은 적극적으로 말을 걸지 않으면 안 되는 직업입니다.
어휘 営業職(えいぎょうしょく) 영업직 せっきょくてき(積極的)だ 적극적이다 声(こえ)をかける 말을 걸다 ～なければいけない ~하지 않으면 안 된다, ~해야 한다 職業(しょくぎょう) 직업

67 정답 1
해석 할인 티켓은 소정의 운임보다 싼 한편, 이용할 수 있는 날이나 열차 등에 제약이 많다.
어휘 割引(わりびき) 할인 切符(きっぷ) 표, 티켓 所定(しょてい) 소정 うんちん(運賃) 운임 ～より ~보다 安(やす)い 싸다 ～一方(いっぽう) ~하는 한편 利用(りよう) 이용 列車(れっしゃ) 열차 制約(せいやく) 제약 多(おお)い 많다

68 정답 2
해석 발열 등의 증상이 나타나면 즉시 상담 센터로 문의해 주세요.
어휘 発熱(はつねつ) 발열 しょうじょう(症状) 증상 直(ただ)ちに 당장, 즉시 相談(そうだん) 상담 お+동사의 ます형+ください ~해 주십시오 *존경표현 問(と)い合(あ)わせる 문의하다

69 정답 4
해석 요즘 낙농업은 채산이 맞지 않아서 수가 줄고 있다고 한다.
어휘 近年(きんねん) 근래, 요즘 酪農業(らくのうぎょう) 낙농업 さいさん(採算) 채산 合(あ)う 맞다 数(かず) 수 減(へ)る 줄다, 줄어들다 동사의 ます형+つつある ~하고 있다 暗算(あんざん) 암산 精算(せいさん) 정산 計算(けいさん) 계산

70 정답 3
해석 입주는 대학 혹은 대학원에 재적하는 유학생 및 연구생에 한정됩니다.
어휘 入居(にゅうきょ) 입주 大学(だいがく) 대학 あるいは 또는, 혹은 大学院(だいがくいん) 대학원 ざいせき(在籍) 재적 留学生(りゅうがくせい) 유학생 およ(及)び 및 研究生(けんきゅうせい) 연구생 限(かぎ)る 제한하다, 한정하다

확인 문제 8 • 명사

問題2 ＿＿＿＿の言葉を漢字で書くとき、最もよいものを1・2・3・4から一つ選びなさい。

71 中国経済は、投資や輸出の好調などで景気かいふくが続いている。
1 回福　2 回服　3 回復　4 回伏

72 駅からきょりが遠くなるに従ってアパートの家賃も安くなる。
1 距離　2 距理　3 距利　4 距里

73 観光客が少なくなっている近年、こんなでんとうを守っていくのは容易ではないことだ。
1 伝通　2 伝統　3 伝痛　4 伝桶

74 詳細は、添付ファイルをごさんしょうください。
1 参照　2 参考　3 参上　4 参加

75 昨日のテロ事件の影響なのか、空港のけいびも一層厳しくなった。
1 警護　2 警鐘　3 警備　4 警察

76 この温泉は、巨大ないわに囲まれた露天風呂(ろてんぶろ)で有名です。
1 沼　2 谷　3 溝　4 岩

77 かいご施設にも目的や入居条件などによって様々な種類がある。
1 保護　2 擁護　3 看護　4 介護

78 最近、この商品が若い人の間ですごいいきおいで売れているそうだ。
1 力い　2 勢い　3 上い　4 占い

79 この雑誌は、2002年から2005年にかけて「えいきゅう保存版」として発行された。
1 永遠　2 永究　3 永久　4 永求

80 この製品の性能については、私がほしょうします。
1 保症　2 保証　3 報症　4 報証

확인 문제 8 • 정답 및 해석(명사)

71 정답 3
해석 중국 경제는 투자와 수출 호조 등으로 경기 회복이 이어지고 있다.
어휘 中国(ちゅうごく) 중국 経済(けいざい) 경제 投資(とうし) 투자 輸出(ゆしゅつ) 수출 好調(こうちょう) 호조 景気(けいき) 경기 かいふく(回復) 회복 続(つづ)く 이어지다, 계속되다

72 정답 1
해석 역에서 거리가 멀어짐에 따라 아파트 집세도 싸진다.
어휘 駅(えき) 역 きょり(距離) 거리 遠(とお)い 멀다 ～に従(したが)って ~함에 따라서 アパート 아파트, 공동주택 *「アパートメントハウス」의 준말 家賃(やちん) 집세 安(やす)い 싸다

73 정답 2
해석 관광객이 적어지고 있는 요즘 이런 전통을 지켜 가는 것은 쉽지 않은 일이다.
어휘 観光客(かんこうきゃく) 관광객 少(すく)ない 적다 近年(きんねん) 근래, 요즘 でんとう(伝統) 전통 守(まも)る 지키다 容易(ようい)だ 용이하다, 쉽다

74 정답 1
해석 자세한 내용은 첨부 파일을 참조해 주세요.
어휘 詳細(しょうさい) 상세, 자세한 내용 添付(てんぷ) 첨부 ファイル 파일 ご+한자명사+ください ~해 주십시오 *존경표현 さんしょう(参照) 참조 参考(さんこう) 참고 参上(さんじょう) 찾아뵘 参加(さんか) 참가

75 정답 3
해석 어제 테러 사건의 영향인 것인지 공항 경비도 한층 엄중해졌다.
어휘 昨日(きのう) 어제 テロ 테러 事件(じけん) 사건 影響(えいきょう) 영향 空港(くうこう) 공항 けいび(警備) 경비 一層(いっそう) 한층 厳(きび)しい 엄(중)하다, 심하다 警護(けいご) 경호 警鐘(けいしょう) 경종 警察(けいさつ) 경찰

76 정답 4
해석 이 온천은 거대한 바위에 둘러싸인 노천탕으로 유명합니다.
어휘 温泉(おんせん) 온천 巨大(きょだい)だ 거대하다 いわ(岩) 바위 囲(かこ)む 둘러싸다 露天風呂(ろてんぶろ) 노천탕 有名(ゆうめい)だ 유명하다 沼(ぬま) 늪 谷(たに) 계곡 溝(みぞ) 도랑, 개천

77 정답 4
해석 간병 시설에도 목적과 입주 조건 등에 따라 여러 종류가 있다.
어휘 かいご(介護) 간병 施設(しせつ) 시설 目的(もくてき) 목적 入居(にゅうきょ) 입주 条件(じょうけん) 조건 ～によって ~에 따라 種類(しゅるい) 종류 保護(ほご) 보호 擁護(ようご) 옹호 看護(かんご) 간호

78 정답 2
해석 최근 이 상품이 젊은 사람들 사이에서 굉장한 기세로 팔리고 있다고 한다.
어휘 最近(さいきん) 최근, 요즘 商品(しょうひん) 상품 若(わか)い 젊다 間(あいだ) 사이 すごい 굉장하다 いきお(勢)い 기세 売(う)れる (잘) 팔리다 占(うらな)い 점, 점쟁이

79 정답 3
해석 이 잡지는 2002년부터 2005년에 걸쳐 '영구 보존판'으로 발행되었다.
어휘 雑誌(ざっし) 잡지 ～から～にかけて ~부터 ~에 걸쳐서 えいきゅう(永久) 영구 保存版(ほぞんばん) 보존판 発行(はっこう) 발행 永遠(えいえん) 영원

80 정답 2
해석 이 제품의 성능에 대해서는 제가 보증하겠습니다.
어휘 製品(せいひん) 제품 性能(せいのう) 성능 ～について(は) ~에 대해서(는) *내용 ほしょう(保証) 보증

확인 문제 9 • 명사

問題2 ＿＿＿の言葉を漢字で書くとき、最もよいものを1・2・3・4から一つ選びなさい。

81 俳句は5・7・5のけいしきで作ります。
1 型式　2 形式　3 衡式　4 刑式

82 このあたりは静かな住宅街が多くて子育てには最適です。
1 周り　2 地り　3 辺り　4 域り

83 寒さで手が凍えていてかんかくがなくなった。
1 感知　2 感動　3 感覚　4 感謝

84 Wi-Fiに繋がっているのに、インターネットにせつぞくできない。
1 継続　2 持続　3 接続　4 連続

85 本日のきょうどう記者会見の模様は、ライブで中継いたします。
1 共通　2 流通　3 共同　4 合同

86 しゅうしょくが決まったそうですね。おめでとう。
1 就職　2 就織　3 就直　4 就植

87 中村先生のごしどうのもとで、無事に卒業することができました。
1 地導　2 支導　3 知導　4 指導

88 彼女にそんなさいのうがあるとは知らなかった。
1 在能　2 才能　3 再能　4 財能

89 この駅のかいさつぐちは、池袋(いけぶくろ)駅を東西に貫(つらぬ)く通路にある。
1 改札口　2 開札口　3 個札口　4 介札口

90 このきんがくには消費税も含まれています。
1 金液　2 金厄　3 金銭　4 金額

확인 문제 9 • 정답 및 해석(명사)

81 **정답** 2
해석 하이쿠는 5·7·5의 형식으로 짓습니다.
어휘 俳句(はいく) 하이쿠 *일본의 5·7·5의 3구 17음으로 되는 단형 시 けいしき(形式) 형식 作(つく)る (글 등을) 짓다

82 **정답** 3
해석 이 주변은 조용한 주택가가 많아서 육아에는 최적입니다.
어휘 あた(辺)り 주변, 부근 静(しず)かだ 조용하다 住宅街(じゅうたくがい) 주택가 多(おお)い 많다 子育(こそだ)て 육아 最適(さいてき) 최적 周(まわ)り 주위, 주변

83 **정답** 3
해석 추위로 손이 곱아서 감각이 없어졌다.
어휘 寒(さむ)さ 추위 手(て) 손 凍(こご)える (추위로) 얼다, 곱다 かんかく(感覚) 감각 な(無)くなる 없어지다

84 **정답** 3
해석 Wi-Fi에 연결되어 있는데도 인터넷에 접속할 수 없다.
어휘 繋(つな)がる 이어지다, 연결되다 ～のに ~는데(도) インターネット 인터넷 せつぞく(接続) 접속 継続(けいぞく) 계속 持続(じぞく) 지속 連続(れんぞく) 연속

85 **정답** 3
해석 오늘 공동 기자 회견 상황은 라이브로 중계합니다.
어휘 本日(ほんじつ) 금일, 오늘 *「今日(きょう)」의 격식 차린 말씨 きょうどう(共同) 공동 記者(きしゃ) 기자 会見(かいけん) 회견 模様(もよう) 상황 ライブ 라이브 中継(ちゅうけい) 중계 いたす 하다 *「する」의 겸양어

86 **정답** 1
해석 취직이 정해졌다면서요? 축하해요.
어휘 しゅうしょく(就職) 취직 決(き)まる 정해지다, 결정되다 품사의 보통형+そうだ ~라고 한다 *전문

87 **정답** 4
해석 나카무라 선생님의 지도 하에 무사히 졸업할 수 있었습니다.
어휘 しどう(指導) 지도 사람+の+もとで ~아래에서, ~밑에서, ~하에 無事(ぶじ)だ 무사하다 卒業(そつぎょう) 졸업

88 **정답** 2
해석 그녀에게 그런 재능이 있을 줄은 몰랐어.
어휘 そんな 그런 さいのう(才能) 재능 ～とは ~라고는 知(し)る 알다

89 **정답** 1
해석 이 역의 개찰구는 이케부쿠로역을 동서로 관통하는 통로에 있다.
어휘 駅(えき) 역 かいさつぐち(改札口) 개찰구 池袋(いけぶくろ) 이케부쿠로 *지명 東西(とうざい) 동서 貫(つらぬ)く 관통하다 通路(つうろ) 통로

90 **정답** 4
해석 이 금액에는 소비세도 포함되어 있습니다.
어휘 きんがく(金額) 금액 消費税(しょうひぜい) 소비세 含(ふく)まれる 포함되다

확인 문제 10 • 명사

問題2 ＿＿＿の言葉を漢字で書くとき、最もよいものを1・2・3・4から一つ選びなさい。

91 雑誌の広告には誇張されたひょうげんが目立つことがある。
1 漂現　2 票現　3 標現　4 表現

92 スピードしゅっせをしたいなら、「聞き上手」になってください。
1 出社　2 出世　3 出発　4 出身

93 今回の新入社員はデータしょり能力に長(た)けていた。
1 処理　2 処利　3 処里　4 処離

94 20名以上でのご観覧は、下記のだんたい料金が適用されます。
1 段体　2 単体　3 断体　4 団体

95 このお酒は、栓(せん)を抜かなければ、長期間ほぞんできる。
1 保存　2 保尊　3 報存　4 報尊

96 急速な産業化で、かんきょう問題が深刻になってきた。
1 換境　2 環境　3 換経　4 環経

97 パソコンを起動すると、しゅっぱんしゃから執筆(しっぴつ)依頼のメールが届いていた。
1 出販社　2 出板社　3 出版社　4 出判社

98 全てが明らかになったのに、彼は自分のあやまりを素直に認めようとしなかった。
1 謝り　2 誤り　3 過り　4 違り

99 この頃は一人で夜道を歩くことにきょうふを感じる女性が急増している。
1 恐浦　2 恐怖　3 恐包　4 恐布

100 この機械ではこうかは使用できません。
1 高架　2 効果　3 高価　4 硬貨

확인 문제 10 • 정답 및 해석(명사)

91 **정답** 4
해석 잡지 광고에는 과장된 표현이 눈에 띄는 경우가 있다.
어휘 雑誌(ざっし) 잡지 広告(こうこく) 광고 誇張(こちょう) 과장 ひょうげん(表現) 표현 目立(めだ)つ 눈에 띄다 ~ことがある ~할 때[경우]가 있다

92 **정답** 2
해석 빠른 출세를 하고 싶으면 '남의 말에 귀를 잘 기울이는 사람'이 되세요.
어휘 スピード 빠름 しゅっせ(出世) 출세 聞(き)き上手(じょうず) 남의 말에 귀를 잘 기울이는 사람 出社(しゅっしゃ) 출사, 출근함 出発(しゅっぱつ) 출발 出身(しゅっしん) 출신

93 **정답** 1
해석 이번 신입 사원은 데이터 처리 능력이 뛰어났다.
어휘 今回(こんかい) 이번 新入社員(しんにゅうしゃいん) 신입 사원 データ 데이터 しょり(処理) 처리 能力(のうりょく) 능력 長(た)ける 뛰어나다

94 **정답** 4
해석 20명 이상에서의 관람은 하기 단체 요금이 적용됩니다.
어휘 ~名(めい) ~명 以上(いじょう) 이상 観覧(かんらん) 관람 下記(かき) 하기, 어떤 사실을 알리기 위하여 본문 아래에 적는 일, 또는 그런 기록 だんたい(団体) 단체 料金(りょうきん) 요금 適用(てきよう) 적용

95 **정답** 1
해석 이 술은 마개를 열지 않으면 장기간 보존할 수 있다.
어휘 お酒(さけ) 술 栓(せん) 마개 抜(ぬ)く 뽑다, 빼내다 長期間(ちょうきかん) 장기간 ほぞん(保存) 보존 できる 할 수 있다, 가능하다

96 **정답** 2
해석 급속한 산업화로 환경 문제가 심각해졌다.
어휘 急速(きゅうそく)だ 급속하다 産業化(さんぎょうか) 산업화 かんきょう(環境) 환경 問題(もんだい) 문제 深刻(しんこく)だ 심각하다

97 **정답** 3
해석 컴퓨터를 켜자, 출판사로부터 집필 의뢰 메일이 도착해 있었다.
어휘 パソコン (개인용) 컴퓨터 *「パーソナルコンピューター」의 준말 起動(きどう) 기동, 시동 しゅっぱんしゃ(出版社) 출판사 執筆(しっぴつ) 집필 依頼(いらい) 의뢰 メール 메일 届(とど)く 도착하다

98 **정답** 2
해석 모든 것이 밝혀졌는데도 그는 자신의 잘못을 순순히 인정하려고 하지 않았다.
어휘 全(すべ)て 모두, 전부 明(あき)らかになる 밝혀지다 あやま(誤)り 잘못, 실수 素直(すなお)だ 고분고분하다 認(みと)める 인정하다 謝(あやま)り 사과, 사죄

99 **정답** 2
해석 요즘은 혼자서 밤길을 걷는 것에 공포를 느끼는 여성이 급증하고 있다.
어휘 この頃(ごろ) 요즘 一人(ひとり)で 혼자서 夜道(よみち) 밤길 歩(ある)く 걷다 きょうふ(恐怖) 공포 感(かん)じる 느끼다 女性(じょせい) 여성 急増(きゅうぞう) 급증

100 **정답** 4
해석 이 기계에서는 동전은 사용할 수 없습니다.
어휘 機械(きかい) 기계 こうか(硬貨) 경화, 금속 화폐, 동전 使用(しよう) 사용 高架(こうか) 고가, 지상에 높이 건너지름 効果(こうか) 효과 高価(こうか) 고가, 높은 가격

점수 UP! UP!
<명사>

□ 泉(いずみ) 샘	□ 娘(むすめ) (자신의) 딸	□ 骨(ほね) 뼈
□ 村(むら) 마을	□ 窓(まど) 창문	□ 湖(みずうみ) 호수
□ 児童(じどう) 아동, 어린이	□ 祭り(まつり) 축제	□ 背中(せなか) 등
□ 被害(ひがい) 피해	□ 成分(せいぶん) 성분	□ 計算(けいさん) 계산
□ 講義(こうぎ) 강의	□ 弱点(じゃくてん) 약점	□ 工場(こうじょう) 공장
□ 宝石(ほうせき) 보석	□ 検査(けんさ) 검사	□ 競争(きょうそう) 경쟁
□ 募集(ぼしゅう) 모집	□ 開封(かいふう) 개봉	□ 位置(いち) 위치
□ 理解(りかい) 이해	□ 交換(こうかん) 교환	□ 安定(あんてい) 안정
□ 圧迫(あっぱく) 압박	□ 曲線(きょくせん) 곡선	□ 健康(けんこう) 건강
□ 協力(きょうりょく) 협력	□ 才能(さいのう) 재능	□ 輸入(ゆにゅう) 수입
□ 割引(わりびき) 할인	□ 注目(ちゅうもく) 주목	□ 用事(ようじ) 볼일, 용무
□ 進出(しんしゅつ) 진출	□ 採用(さいよう) 채용	□ 記憶(きおく) 기억
□ 公演(こうえん) 공연	□ 付近(ふきん) 부근	□ 優勝(ゆうしょう) 우승
□ 夫婦(ふうふ) 부부	□ 皮膚(ひふ) 피부	□ 普及(ふきゅう) 보급
□ 関係(かんけい) 관계	□ 予算(よさん) 예산	□ 郊外(こうがい) 교외
□ 女優(じょゆう) 여배우	□ 荷物(にもつ) 짐	□ 冷蔵庫(れいぞうこ) 냉장고
□ 喫茶店(きっさてん) 찻집	□ 万年筆(まんねんひつ) 만년필	□ 貴重品(きちょうひん) 귀중품

□ 薬(くすり) 약	□ 昔(むかし) 옛날	□ 群(む)れ 무리
□ 波(なみ) 파도	□ 追加(ついか) 추가	□ 指(ゆび) 손가락
□ 幸運(こううん) 행운	□ 植物(しょくぶつ) 식물	□ 有無(うむ) 유무
□ 訓練(くんれん) 훈련	□ 機能(きのう) 기능	□ 盗難(とうなん) 도난
□ 道路(どうろ) 도로	□ 園芸(えんげい) 원예	□ 請求(せいきゅう) 청구
□ 破片(はへん) 파편	□ 区域(くいき) 구역	□ 休息(きゅうそく) 휴식
□ 超過(ちょうか) 초과	□ 遠足(えんそく) 소풍	□ 乾燥(かんそう) 건조
□ 行動(こうどう) 행동	□ 地帯(ちたい) 지대	□ 井戸(いど) 우물
□ 開放(かいほう) 개방	□ 申請(しんせい) 신청	□ 圧縮(あっしゅく) 압축
□ 免許(めんきょ) 면허	□ 県庁(けんちょう) 현청	□ 温室(おんしつ) 온실
□ 拍手(はくしゅ) 박수	□ 発刊(はっかん) 발간	□ 部品(ぶひん) 부품
□ 楽器(がっき) 악기	□ 育児(いくじ) 육아	□ 延長(えんちょう) 연장
□ 正規(せいき) 정규	□ 物質(ぶっしつ) 물질	□ 催促(さいそく) 재촉
□ 鉱物(こうぶつ) 광물	□ 同時(どうじ) 동시	□ 返品(へんぴん) 반품
□ 雨戸(あまど) 덧문	□ 森林(しんりん) 삼림	□ 自治(じち) 자치
□ 一昨日(おととい) 그저께	□ 行列(ぎょうれつ) 행렬	□ 資格(しかく) 자격
□ 具体化(ぐたいか) 구체화	□ 祖父(そふ) (자신의) 할아버지	□ 身分(みぶん) 신분

기출 및 출제 예상 어휘 50 <い형용사&な형용사, 부사>

□ 浅(あさ)い (생각 · 경험 등이) 얕다	□ 頼(たの)もしい 믿음직스럽다	□ 残念(ざんねん)だ 아쉽다, 유감스럽다
□ 狭(せま)い 좁다	□ 勇(いさ)ましい 용감하다	□ 明確(めいかく)だ 명확하다
□ 憎(にく)い 밉다	□ 激(はげ)しい 심하다, 격하다, 격렬하다	□ 生意気(なまいき)だ 건방지다
□ 荒(あら)い 거칠다	□ 騒(さわ)がしい 시끄럽다, 떠들썩하다	□ 意地悪(いじわる)だ 심술궂다
□ 暑(あつ)い 덥다	□ 清(きよ)い 맑다, 깨끗하다	□ 面倒(めんどう)だ 귀찮다, 성가시다
□ 細(ほそ)い 가늘다	□ 鋭(するど)い 날카롭다, 예리하다	□ 鮮(あざ)やかだ 선명하다, 뚜렷하다
□ 忙(いそが)しい 바쁘다	□ 力強(ちからづよ)い 마음 든든하다	□ 必(かなら)ず 반드시, 꼭
□ 若(わか)い 젊다	□ 快(こころよ)い 상쾌하다, 기분 좋다	□ 絶(た)えず 끊임없이
□ 塩辛(しおから)い 짜다	□ 珍(めずら)しい 드물다, 진귀하다	□ 相変(あいか)わらず 여전히, 변함없이
□ 痛(いた)い 아프다	□ 危(あや)うい 위태롭다, 위험하다	□ 次第(しだい)に 점차
□ 悔(くや)しい 분하다	□ 険(けわ)しい 험하다, 험악하다	□ 常(つね)に 늘, 항상
□ 懐(なつ)かしい 그립다	□ 甘(あま)い 무르다, 야무지지 못하다	□ 即座(そくざ)に 즉석에서, 그 자리에서
□ 薄(うす)い (색 · 맛이) 연하다	□ 惜(お)しい 아깝다, 애석하다	□ 急速(きゅうそく)に 급속히
□ 恋(こい)しい 그립다	□ 湿(しめ)っぽい 축축하다, 눅눅하다	□ 大(たい)して (부정어 수반) 그다지, 별로
□ 怪(あや)しい 수상하다	□ 真剣(しんけん)だ 진지하다	□ 改(あらた)めて 재차, 다시
□ 柔(やわ)らかい 부드럽다, 푹신하다	□ 豊(ゆた)かだ 풍부하다	□ 却(かえ)って 도리어, 오히려
□ 厚(あつ)かましい 뻔뻔스럽다, 염치없다	□ 地味(じみ)だ 수수하다	

확인 문제 1・い형용사&な형용사, 부사

問題2 ＿＿＿＿の言葉を漢字で書くとき、最もよいものを1・2・3・4から一つ選びなさい。

1 毎日あつい日が続いておりますが、いかがお過ごしでしょうか。
1 熱い　2 暑い　3 厚い　4 篤い

2 もっとほそい芯(しん)のペンを貸してください。
1 浅い　2 渋い　3 細い　4 狭い

3 今日は朝から目が回るほどいそがしかった。
1 難しかった　2 忙しかった　3 大人しかった　4 寂しかった

4 多様化した社会で生き残るには、確かな見通しに基づいためいかくな考えが必要だ。
1 正確　2 捕獲　3 明確　4 的確

5 こんなめんどうな仕事はもう二度とやりたくありません。
1 面倒　2 面道　3 面度　4 面導

6 さっきから山田君はしんけんな顔でノートに何かを書き込んでいる。
1 進剣　2 鎮剣　3 振剣　4 真剣

7 政府の積極的な支援でIT関連産業がきゅうそくに発展した。
1 急速に　2 給速に　3 級速に　4 及速に

8 これ、昨日買ったワンピースだけどどう? ちょっとじみすぎるかな。
1 支味　2 地味　3 指味　4 止味

9 この薬を飲むと、すぐ治るだろうと思っていたのに、かえって悪化してしまった。
1 帰って　2 覆って　3 逆って　4 却って

10 気温もだんだん上がり、あざやかな緑の季節になった。
1 鮮やか　2 穏やか　3 爽やか　4 緩やか

확인 문제 1 • 정답 및 해석(い형용사&な형용사, 부사)

1 정답 2
해석 매일 더운 날이 이어지고 있습니다만, 어떻게 지내시는지요?
어휘 毎日(まいにち) 매일 あつ(暑)い 덥다 日(ひ) 날 続(つづ)く 이어지다, 계속되다
～ておる ～하고 있다 *「～ている」의 겸양표현 いかが 어떻게, 어찌
お＋동사의 ます형＋です ～하시다 *존경표현 過(す)ごす (시간을) 보내다, 지내다 熱(あつ)い 뜨겁다 厚(あつ)い 두껍다
篤(あつ)い 위독하다

2 정답 3
해석 더 가는 심의 펜을 빌려주세요.
어휘 もっと 더, 좀 더 ほそ(細)い 가늘다 芯(しん) 심 ペン 펜 貸(か)す 빌려주다 浅(あさ)い 얕다
渋(しぶ)い 떫다, 떨떠름하다 狭(せま)い 좁다

3 정답 2
해석 오늘은 아침부터 눈이 돌 정도로 바빴다.
어휘 朝(あさ) 아침 目(め)が回(まわ)る 눈이 돌다, 매우 바쁘다 ～ほど ～정도, ～만큼 いそが(忙)しい 바쁘다
難(むずか)しい 어렵다 大人(おとな)しい 얌전하다 寂(さび)しい 쓸쓸하다, 외롭다

4 정답 3
해석 다양화된 사회에서 살아남으려면 확실한 전망에 근거한 명확한 생각이 필요하다.
어휘 多様化(たようか) 다양화 社会(しゃかい) 사회 生(い)き残(のこ)る 살아남다 동사의 보통형+には ～하려면
確(たし)かだ 확실하다 見通(みとお)し 전망 基(もと)づく 기초를 두다, 근거하다 めいかく(明確)だ 명확하다
考(かんが)え 생각 必要(ひつよう)だ 필요하다 正確(せいかく)だ 정확하다 捕獲(ほかく) 포획
的確(てきかく)だ 적확하다, 정확하다

5 정답 1
해석 이런 귀찮은 일은 이제 두 번 다시 하고 싶지 않습니다.
어휘 めんどう(面倒)だ 귀찮다, 성가시다 仕事(しごと) 일 もう 이제 二度(にど)と 두 번 다시 やる 하다

6 정답 4
해석 아까부터 야마다 군은 진지한 얼굴로 노트에 뭔가를 써넣고 있다.
어휘 さっき 아까, 조금 전 しんけん(真剣)だ 진지하다 顔(かお) 얼굴 ノート 노트 書(か)き込(こ)む 써넣다, 기입하다

7 정답 1
해석 정부의 적극적인 지원으로 IT 관련 산업이 급속히 발전했다.
어휘 政府(せいふ) 정부 積極的(せっきょくてき)だ 적극적이다 支援(しえん) 지원 関連(かんれん) 관련
産業(さんぎょう) 산업 きゅうそく(急速)に 급속히 発展(はってん) 발전

8 정답 2
해석 이거 어제 산 원피스인데 어때? 좀 너무 수수한가?
어휘 買(か)う 사다 ワンピース 원피스 じみ(地味)だ 수수하다 な형용사의 어간+すぎる 너무 ～하다

9 정답 4
해석 이 약을 먹으면 금방 나을 거라고 생각했는데, 도리어 악화되어 버렸다.
어휘 薬(くすり) 약 飲(の)む (약을) 먹다 すぐ 곧, 바로 治(なお)る 낫다, 치료되다 かえ(却)って 도리어, 오히려
悪化(あっか) 악화 帰(かえ)る 돌아오다 覆(おお)う (위에) 덮다, 씌우다

10 정답 1
해석 기온도 점점 올라가 선명한 녹색의 계절이 되었다.
어휘 気温(きおん) 기온 だんだん 점점 上(あ)がる 오르다, 올라가다 あざ(鮮)やかだ 선명하다, 뚜렷하다 緑(みどり) 녹색
季節(きせつ) 계절 穏(おだ)やかだ 온화하다 爽(さわ)やかだ 상쾌하다, 산뜻하다 緩(ゆる)やかだ 완만하다

확인 문제 2 • い형용사&な형용사, 부사

問題2 ＿＿＿の言葉を漢字で書くとき、最もよいものを1・2・3・4から一つ選びなさい。

11 鈴木君はいい人だが、仕事の処理がいつもあまい。
1 辛い　2 甘い　3 鈍い　4 太い

12 約束した以上は、何があってもかならず守ってください。
1 未ず　2 先ず　3 必ず　4 前ず

13 あいかわらず、テレビのグルメ番組は盛んである。
1 相変わらず　2 合変わらず　3 相代わらず　4 合代わらず

14 減塩食(げんえんしょく)は「味がうすくて美味しくない」といったイメージが強い。
1 薄くて　2 博くて　3 迫くて　4 舶くて

15 仕事の効率化を図るためには、つねに優先度を意識しながら仕事をすることが大事です。
1 誠に　2 実に　3 時に　4 常に

16 彼女は感情の起伏がはげしくて付き合いにくい。
1 厳しくて　2 眩しくて　3 激しくて　4 正しくて

17 店の中にはめずらしい置物がたくさん陳列(ちんれつ)されていた。
1 等しい　2 怪しい　3 著しい　4 珍しい

18 決勝戦で負けることほどくやしいものはない。
1 晦しい　2 梅しい　3 毎しい　4 悔しい

19 遭難した人を全員救出した彼のいさましい行動に感動した。
1 浅ましい　2 勇ましい　3 羨ましい　4 慎ましい

20 洗濯物が乾かなくて、しめっぽいですね。
1 湿っぽい　2 雨っぽい　3 濡っぽい　4 漏っぽい

확인 문제 2 • 정답 및 해석(い형용사&な형용사, 부사)

11 정답 2
해석 스즈키 군은 좋은 사람이지만, 업무 처리가 항상 야무지지 못하다.
어휘 仕事(しごと) 일 処理(しょり) 처리 いつも 항상, 늘 あま(甘)い 무르다, 야무지지 못하다 辛(から)い 맵다
鈍(にぶ)い 둔하다 太(ふと)い 두껍다

12 정답 3
해석 약속한 이상은 무슨 일이 있어도 꼭 지켜 주세요.
어휘 約束(やくそく) 약속 ～以上(いじょう)は ～한[인] 이상은 かなら(必)ず 반드시, 꼭 守(まも)る 지키다
先(ま)ず 우선

13 정답 1
해석 여전히 TV 맛집 프로그램은 인기가 있다.
어휘 あいか(相変)わらず 여전히, 변함없이 グルメ番組(ばんぐみ) 맛집 프로그램 盛(さか)んだ 왕성하다, 성하다

14 정답 1
해석 저염식은 '맛이 연해서 맛없다'라는 이미지가 강하다.
어휘 減塩食(げんえんしょく) 감염식, 저염식 味(あじ) 맛 うす(薄)い (색 · 맛이) 연하다 美味(おい)しい 맛있다
イメージ 이미지 強(つよ)い 강하다

15 정답 4
해석 일의 효율화를 도모하기 위해서는 항상 우선순위를 의식하면서 일을 하는 것이 중요합니다.
어휘 効率化(こうりつか) 효율화 図(はか)る 도모하다, 꾀하다 동사의 보통형+ためには ～하기 위해서는
つね(常)に 늘, 항상 優先度(ゆうせんど) 우선순위 意識(いしき) 의식 동사의 ます형+ながら ～하면서 *동시동작
大事(だいじ)だ 중요하다 誠(まこと)に 참으로, 정말로 実(じつ)に 실로 時(とき)に 때때로, 가끔

16 정답 3
해석 그녀는 감정 기복이 심해서 사귀기 힘들다.
어휘 感情(かんじょう) 감정 起伏(きふく) 기복 はげ(激)しい 심하다, 격하다, 격렬하다 付(つ)き合(あ)う 사귀다, 교제하다
동사의 ます형+にくい ～하기 힘들다 厳(きび)しい 엄하다, 엄격하다 眩(まぶ)しい 눈부시다 正(ただ)しい 올바르다

17 정답 4
해석 가게 안에는 진귀한 장식품이 많이 진열되어 있었다.
어휘 店(みせ) 가게 めずら(珍)しい 드물다, 진귀하다 置物(おきもの) 장식품 たくさん 많이 陳列(ちんれつ) 진열
等(ひと)しい 같다, 동등하다 怪(あや)しい 수상하다 著(いちじる)しい 두드러지다, 현저하다

18 정답 4
해석 결승전에서 지는 것만큼 분한 것은 없다.
어휘 決勝戦(けっしょうせん) 결승전 負(ま)ける 지다, 패하다 ～ほど ～만큼 くや(悔)しい 분하다

19 정답 2
해석 조난당한 사람을 전원 구출한 그의 용감한 행동에 감동했다.
어휘 遭難(そうなん) 조난 全員(ぜんいん) 전원 救出(きゅうしゅつ) 구출 いさ(勇)ましい 용감하다
行動(こうどう) 행동 感動(かんどう) 감동 浅(あさ)ましい 비참하다, 딱하다 羨(うらや)ましい 부럽다
慎(つつ)ましい 얌전하다, 조신하다

20 정답 1
해석 세탁물이 마르지 않아서 축축하네요.
어휘 洗濯物(せんたくもの) 세탁물 乾(かわ)く 마르다, 건조하다 しめ(湿)っぽい 축축하다, 눅눅하다

확인 문제 3 • い형용사&な형용사, 부사

問題2 ＿＿＿＿の言葉を漢字で書くとき、最もよいものを1・2・3・4から一つ選びなさい。

21 彼の部屋は物が多くてせまく感じられる。
1 挟く　2 狭く　3 峡く　4 侠く

22 虫歯ができたのか、朝から歯がいたい。
1 筒い　2 統い　3 痛い　4 通い

23 昨日はお会いできなくてざんねんでした。
1 残燃　2 残年　3 残捻　4 残念

24 日本では今、わかい人たちの労働力が足りないと言われています。
1 古い　2 苦い　3 若い　4 告い

25 人生の経験がゆたかな人は、常に堂々(どうどう)としていて余裕がある。
1 富か　2 豊か　3 溢か　4 増か

26 わずかな水滴(すいてき)でも、たえず落ちると固い石に穴を開ける。
1 絶えず　2 耐えず　3 植えず　4 切えず

27 その大臣は、予想できなかった記者のするどい質問に戸惑(とまど)っていた。
1 偉い　2 鋭い　3 渋い　4 脆い

28 なまいきな彼の態度は、周りの反感を買った。
1 生意期　2 生意基　3 生意機　4 生意気

29 この歌は小学生の時に流行(はや)っていたので、聞くたびになつかしい気持ちになる。
1 懐かしい　2 古かしい　3 響かしい　4 郷かしい

30 彼はやる気に溢(あふ)れていて、仕事もできてとてもたのもしい。
1 力もしい　2 強もしい　3 頼もしい　4 信もしい

확인 문제 3 • 정답 및 해석(い형용사&な형용사, 부사)

21 정답 2
해석 그의 방은 물건이 많아서 좁게 느껴진다.
어휘 部屋(へや) 방 物(もの) 물건 多(おお)い 많다 せま(狭)い 좁다 感(かん)じる 느끼다

22 정답 3
해석 충치가 생긴 것인지 아침부터 이가 아프다.
어휘 虫歯(むしば) 충치 できる 생기다 朝(あさ) 아침 ～から ～부터 歯(は) 이, 치아 いた(痛)い 아프다

23 정답 4
해석 어제는 만나 뵙지 못해서 아쉬웠습니다.
어휘 昨日(きのう) 어제 お＋동사의 ます형＋する ～하다, ～해 드리다 *겸양표현 会(あ)う 만나다
できる 할 수 있다, 가능하다 ざんねん(残念)だ 아쉽다, 유감스럽다

24 정답 3
해석 일본에서는 지금 젊은 사람들의 노동력이 부족하다고 말해지고 있습니다.
어휘 今(いま) 지금 わか(若)い 젊다 労働力(ろうどうりょく) 노동력 足(た)りない 모자라다, 부족하다
古(ふる)い 오래되다 苦(にが)い 쓰다

25 정답 2
해석 인생의 경험이 풍부한 사람은 항상 당당하고 여유가 있다.
어휘 人生(じんせい) 인생 経験(けいけん) 경험 ゆた(豊)かだ 풍부하다 常(つね)に 늘, 항상
堂々(どうどう) 당당 *태도 등이 당당한 모양 余裕(よゆう) 여유

26 정답 1
해석 하찮은 물방울이라도 끊임없이 떨어지면 단단한 돌에 구멍을 낸다.
어휘 わずかだ 사소하다, 하찮다 水滴(すいてき) 물방울 た(絶)えず 끊임없이 落(お)ちる 떨어지다
固(かた)い 단단하다, 딱딱하다 石(いし) 돌 穴(あな)を開(あ)ける 구멍을 내다 耐(た)える 참다, 견디다 植(う)える 심다

27 정답 2
해석 그 장관은 예상하지 못한 기자의 날카로운 질문에 당황하고 있었다.
어휘 大臣(だいじん) 대신, 장관 予想(よそう) 예상 記者(きしゃ) 기자 するど(鋭)い 날카롭다, 예리하다
質問(しつもん) 질문 戸惑(とまど)う 당황하다 偉(えら)い 위대하다 渋(しぶ)い 떫다, 떨떠름하다
脆(もろ)い 깨지기 쉽다, 여리다

28 정답 4
해석 건방진 그의 태도는 주위의 반감을 샀다.
어휘 なまいき(生意気)だ 건방지다 態度(たいど) 태도 周(まわ)り 주위, 주변 反感(はんかん)を買(か)う 반감을 사다

29 정답 1
해석 이 노래는 초등학생 때 유행했기 때문에 들을 때마다 그리운 기분이 든다.
어휘 歌(うた) 노래 小学生(しょうがくせい) 초등학생 流行(はや)る 유행하다 동사의 기본형+たびに ～할 때마다
なつ(懐)かしい 그립다 気持(きも)ち 기분, 마음

30 정답 3
해석 그는 의욕이 넘치고 일도 잘해서 아주 믿음직스럽다.
어휘 やる気(き) 할 마음, 의욕 溢(あふ)れる 넘쳐흐르다 仕事(しごと) 일 できる 잘하다 たの(頼)もしい 믿음직스럽다

확인 문제 4・い형용사&な형용사, 부사

問題2 ＿＿＿＿の言葉を漢字で書くとき、最もよいものを1・2・3・4から一つ選びなさい。

31 私はやわらかいベッドの上で一日の疲れを取るのが好きである。

1 軽らかい　　2 弱らかい　　3 飛らかい　　4 柔らかい

32 昔から旅行にはたいして興味がない。

1 題して　　2 第して　　3 大して　　4 台して

33 山田君は経験はあさいが、専門知識に長(た)けている。

1 深い　　2 浅い　　3 豊い　　4 濃い

34 続いた失敗で、彼の立場も徐々にあやうくなった。

1 危うく　　2 厳うく　　3 登うく　　4 落うく

35 A選手の引退をおしいと思う人が多い。

1 労しい　　2 喧しい　　3 惜しい　　4 等しい

36 彼女はその話を聞いたとたん、けわしい表情になった。

1 倹しい　　2 険しい　　3 怖しい　　4 恐しい

37 不正が蔓延(まんえん)している社会がにくい。

1 感い　　2 容い　　3 憎い　　4 怒い

38 全く準備ができなかったので、上司の質問にそくざに答えられなかった。

1 早座に　　2 直座に　　3 則座に　　4 即座に

39 今商談中なので、こちらからあらためて連絡させていただきます。

1 改めて　　2 再めて　　3 初めて　　4 緩めて

40 職場や交友関係など意外と身近にいじわるな人は存在する。

1 意支悪　　2 意指悪　　3 意地悪　　4 意知悪

확인 문제 4 • 정답 및 해석(い형용사&な형용사, 부사)

31 정답 4
해석 나는 푹신한 침대 위에서 하루의 피로를 푸는 것을 좋아한다.
어휘 やわ(柔)らかい 부드럽다, 푹신하다 ベッド 침대 上(うえ) 위 一日(いちにち) 하루 疲(つか)れ 피로 取(と)る (피로를) 풀다 好(す)きだ 좋아하다

32 정답 3
해석 옛날부터 여행에는 별로 흥미가 없다.
어휘 昔(むかし) 옛날 旅行(りょこう) 여행 たい(大)して (부정어 수반) 그다지, 별로 興味(きょうみ) 흥미 題(だい)する 제목을 붙이다

33 정답 2
해석 야마다 군은 경험은 얕지만, 전문지식이 뛰어나다.
어휘 経験(けいけん) 경험 あさ(浅)い (생각·경험 등이) 얕다 専門知識(せんもんちしき) 전문지식 長(た)ける 뛰어나다 深(ふか)い 깊다 濃(こ)い 진하다

34 정답 1
해석 계속된 실패로 그의 입장도 서서히 위태로워졌다.
어휘 続(つづ)く 이어지다, 계속되다 失敗(しっぱい) 실패 立場(たちば) 입장 徐々(じょじょ)に 서서히 あや(危)うい 위태롭다, 위험하다

35 정답 3
해석 A선수의 은퇴를 애석하다고 여기는 사람이 많다.
어휘 選手(せんしゅ) 선수 引退(いんたい) 은퇴 お(惜)しい 아깝다, 애석하다 労(いたわ)しい 가엾다, 딱하다 喧(やかま)しい 시끄럽다 等(ひと)しい 같다, 동등하다

36 정답 2
해석 그녀는 그 이야기를 듣자마자 험악한 표정이 되었다.
어휘 동사의 た형+とたん(に) ~하자마자, ~한 순간(에) けわ(険)しい 험하다, 험악하다 表情(ひょうじょう) 표정 倹(つま)しい 검소하다

37 정답 3
해석 부정이 만연하고 있는 사회가 밉다.
어휘 不正(ふせい) 부정 蔓延(まんえん) 만연 社会(しゃかい) 사회 にく(憎)い 밉다

38 정답 4
해석 전혀 준비를 못했기 때문에 상사의 질문에 즉석에서 대답할 수 없었다.
어휘 全(まった)く (부정어 수반) 전혀 準備(じゅんび) 준비 上司(じょうし) 상사 質問(しつもん) 질문 そくざ(即座)に 즉석에서, 그 자리에서 答(こた)える 대답하다

39 정답 1
해석 지금 상담 중이라서 이쪽에서 다시 연락드리겠습니다.
어휘 今(いま) 지금 商談(しょうだん) 상담, 장사[거래] 얘기 こちら (자신의) 이쪽, 나 あらた(改)めて 다른 기회에, 다시 連絡(れんらく) 연락 ~させていただく ~하다 *「する」의 겸양표현 初(はじ)めて 처음(으로), 비로소 緩(ゆる)める 늦추다, 완화하다

40 정답 3
해석 직장과 교우 관계 등 의외로 가까이에 심술궂은 사람은 존재한다.
어휘 職場(しょくば) 직장 交友(こうゆう) 교우 関係(かんけい) 관계 意外(いがい)と 의외로 身近(みぢか)だ 가까이 있다, 자신과 관계가 있다 いじわる(意地悪)だ 심술궂다 存在(そんざい) 존재

확인 문제 5 • い형용사&な형용사, 부사

問題2 ＿＿＿＿の言葉を漢字で書くとき、最もよいものを1・2・3・4から一つ選びなさい。

41 今朝のニュースによると、大型(おおがた)台風の接近で、波もあらくなっているそうだ。
1 粗く　2 荒く　3 厳く　4 激く

42 朝からずっと雨だったが、午後からしだいに天気は回復してきた。
1 一斉に　2 主に　3 次第に　4 直に

43 君がそばにいてくれてちからづよい限りだ。
1 力強い　2 腰強い　3 胸強い　4 根強い

44 ここは生(お)い茂(しげ)った森やきよい水が流れていて、休養地としての条件を備(そな)えている。
1 淡い　2 清い　3 狡い　4 温い

45 医者に「血圧が高いので、しおからい食べ物は控(ひか)えてください」と言われた。
1 塩幸い　2 塩辛い　3 炎辛い　4 炎幸い

46 あやしい人を見たら、すぐに警察に通報してください。
1 怪しい　2 卑しい　3 険しい　4 夥しい

47 田舎を離れて東京で暮らしているが、無性に田舎がこいしくなる時がある。
1 愛しく　2 乏しく　3 空しく　4 恋しく

48 あつかましいお願いですが、ご協力いただけますようお願い申し上げます。
1 図かましい　2 厚かましい　3 怖かましい　4 伸かましい

49 私は静かなところよりも、さわがしいところにいると落ち着く。
1 騒がしい　2 乱がしい　3 混がしい　4 溢がしい

50 こころよい音楽が彼らの耳を楽しませてくれた。
1 難い　2 尊い　3 快い　4 凄い

확인 문제 5 • 정답 및 해석(い형용사&な형용사, 부사)

41 정답 2
해석 오늘 아침 뉴스에 의하면 대형 태풍의 접근으로 파도도 거칠어지고 있다고 한다.
어휘 今朝(けさ) 오늘 아침 ニュース 뉴스 ～によると ～에 의하면 大型(おおがた) 대형 台風(たいふう) 태풍 接近(せっきん) 접근 波(なみ) 파도 あら(荒)い 거칠다 품사의 보통형+そうだ ～라고 한다 *전문 粗(あら)い 조잡하다, 엉성하다

42 정답 3
해석 아침부터 계속 비였는데 오후부터 점차 날씨는 회복되었다.
어휘 ずっと 쭉, 계속 雨(あめ) 비 午後(ごご) 오후 しだい(次第)に 점차 天気(てんき) 날씨 回復(かいふく) 회복 一斉(いっせい)に 일제히 主(おも)に 주로 直(じか)に 직접

43 정답 1
해석 네가 옆에 있어 주어서 마음 든든할 따름이다.
어휘 君(きみ) 자네, 너 そば 옆, 곁 ～てくれる (남이 나에게) ～해 주다 ちからづよ(力強)い 마음 든든하다 ～限(かぎ)りだ ～할 따름이다, 매우 ～하다 根強(ねづよ)い 뿌리 깊다, 꿋꿋하다

44 정답 2
해석 이곳은 우거진 숲이랑 맑은 물이 흐르고 있어서 휴양지로서의 조건을 갖추고 있다.
어휘 生(お)い茂(しげ)る 우거지다, 무성하다 森(もり) 숲 きよ(清)い 맑다, 깨끗하다 流(なが)れる 흐르다 休養地(きゅうようち) 휴양지 ～として ～로서 条件(じょうけん) 조건 備(そな)える 갖추다 淡(あわ)い (빛깔이) 옅다, 연하다 狡(ずる)い 교활하다 温(ぬる)い 미지근하다

45 정답 2
해석 의사에게 "혈압이 높으니 짠 음식은 삼가세요"라는 말을 들었다.
어휘 医者(いしゃ) 의사 血圧(けつあつ) 혈압 高(たか)い 높다 しおから(塩辛)い 짜다 食(た)べ物(もの) 음식, 먹을 것 控(ひか)える 삼가다, 줄이다, 자제하다

46 정답 1
해석 수상한 사람을 보면 바로 경찰에 통보해 주세요.
어휘 あや(怪)しい 수상하다 すぐに 곧, 바로 警察(けいさつ) 경찰 通報(つうほう) 통보 卑(いや)しい 천하다 険(けわ)しい 험하다, 험악하다 夥(おびただ)しい 매우 많다, 엄청나다

47 정답 4
해석 고향을 떠나서 도쿄에서 생활하고 있는데 공연히 고향이 그리워질 때가 있다.
어휘 田舎(いなか) 시골, 고향 離(はな)れる 떠나다 暮(く)らす 살다, 생활하다 無性(むしょう)に 공연히, 까닭 없이 こい(恋)しい 그립다 愛(いと)しい 사랑스럽다 乏(とぼ)しい 모자라다, 부족하다 空(むな)しい 허무하다, 덧없다

48 정답 2
해석 염치없는 부탁입니다만, 협력해 주시길 부탁드립니다.
어휘 あつ(厚)かましい 뻔뻔스럽다, 염치없다 お願(ねが)い 부탁 協力(きょうりょく) 협력 ～よう ～하도록 お+동사의 ます형+申(もう)し上(あ)げる ～하다, ～해 드리다 *겸양표현 願(ねが)う 부탁하다

49 정답 1
해석 나는 조용한 곳보다도 떠들썩한 곳에 있으면 안정된다.
어휘 静(しず)かだ 조용하다 ～より ～보다 さわ(騒)がしい 시끄럽다, 떠들썩하다 落(お)ち着(つ)く 안정되다, 침착해지다

50 정답 3
해석 상쾌한 음악이 그들의 귀를 즐겁게 해 주었다.
어휘 こころよ(快)い 상쾌하다, 기분 좋다 音楽(おんがく) 음악 彼(かれ)ら 그들 耳(みみ) 귀 楽(たの)しませる 즐겁게 하다 難(かた)い 어렵다 尊(とうと)い 소중하다, 고귀하다 凄(すご)い 대단하다

점수 UP! UP!
<い형용사&な형용사, 부사>

☐ 重(おも)たい 무겁다, 묵직하다	☐ 疑(うたが)わしい 의심스럽다	☐ 卑怯(ひきょう)だ 비겁하다
☐ 狡(ずる)い 교활하다	☐ 鈍(にぶ)い 둔하다	☐ 不潔(ふけつ)だ 불결하다
☐ 羨(うらや)ましい 부럽다	☐ 煙(けむ)たい 냅다, 거북하다	☐ 朗(ほが)らかだ 명랑하다
☐ 眩(まぶ)しい 눈부시다	☐ 甚(はなは)だしい (정도가) 심하다	☐ 無茶(むちゃ)だ 터무니없다
☐ 涼(すず)しい 시원하다	☐ 偉(えら)い 위대하다	☐ 真(ま)っ青(さお)だ 새파랗다
☐ 蒸(む)し暑(あつ)い 무덥다	☐ 粗(あら)い 조잡하다, 엉성하다	☐ 明(あき)らかだ 명백하다
☐ 愛(いと)しい 사랑스럽다	☐ 緩(ゆる)い 느슨하다, 헐렁하다	☐ 呑気(のんき)だ 무사태평하다
☐ 憎(にく)らしい 얄밉다	☐ 固(かた)い 단단하다, 딱딱하다	☐ 微(かす)かだ 희미하다, 미약하다
☐ 有(あ)り難(がた)い 고맙다	☐ 空(むな)しい 허무하다, 덧없다	☐ お洒落(しゃれ)だ 멋지다, 세련되다
☐ 情(なさ)けない 한심하다	☐ 醜(みにく)い 추하다, 보기 흉하다	☐ 果(は)たして 과연
☐ 物凄(ものすご)い 굉장하다	☐ 慌(あわ)ただしい 분주하다, 어수선하다	☐ 敢(あ)えて 굳이, 감히
☐ 若々(わかわか)しい 젊디젊다	☐ 曖昧(あいまい)だ 애매하다	☐ 殊(こと)に 특히
☐ 四角(しかく)い 네모나다	☐ 派手(はで)だ 화려하다	☐ お互(たが)いに 서로
☐ 大人(おとな)しい 얌전하다	☐ 乱暴(らんぼう)だ 난폭하다	☐ 今更(いまさら) 이제 와서
☐ 青白(あおじろ)い 창백하다	☐ 快適(かいてき)だ 쾌적하다	☐ 一応(いちおう) 일단
☐ 薄暗(うすぐら)い 어두컴컴하다	☐ 余計(よけい)だ 쓸데없다	☐ 一段(いちだん)と 한층 더
☐ 濃(こ)い 짙다, 진하다	☐ 空(から)っぽだ 속이 비다	☐ 残(のこ)らず 남김없이, 모두

문제 3 어형성

출제 유형

문제 3 어형성은 괄호 안에 들어갈 접두어나 접미어 등의 파생어나 복합어를 찾는 문제로, 5문항이 출제된다. 가장 많이 출제되는 것은 접두어 찾기 문제이고, 그다음으로 접미어, 파생어 순으로 출제된다.

실제 시험 예시

問題3 (　　　)に入れるのに最もよいものを、1・2・3・4から一つ選びなさい。

1 この店は交通も不便で、しかも予約が取りにくい(　　　)条件なのに、なぜか評判が高い。

1 物　　2 不　　3 好　　4 悪

2 この国の人口の(　　　)半数は農民によって占(し)められている。

1 過　　2 度　　3 未　　4 超

3 この会社は、半導体生産においては世界(　　　)の技術を誇(ほこ)っている。

1 高　　2 優　　3 一　　4 上

|정답| 1 4　2 1　3 3

시험 대책

어형성은 3자로 된 명사가 가장 많이 출제되는데, 접두어에서는 「不(ふ)~」(부~, 불~), 「無(む)~」(무~), 「非(ひ)~」(비~) 등의 부정을 나타내는 접두어가, 접미어는 「~率(りつ)」(~율), 「~性(せい)」(~성), 「~制(せい)」(~제) 등이 자주 출제된다. 마지막으로 파생어에서는 「~おきに」(~걸러), 「~連(づ)れ」(~동반), 「~風(ふう)」(~풍) 등이 출제 비율이 높으므로 이 부분에 대한 학습도 필요하다.

기출 및 출제 예상 어휘 50
<어형성>

☐ 高性能(こうせいのう) 고성능	☐ 旧制度(きゅうせいど) 구제도	☐ 応援団(おうえんだん) 응원단
☐ 異文化(いぶんか) 이문화	☐ 真後(まうし)ろ 바로 뒤	☐ 男女別(だんじょべつ) 남녀별
☐ 初年度(しょねんど) 초년도	☐ 来学期(らいがっき) 다음 학기	☐ 集中力(しゅうちゅうりょく) 집중력
☐ 悪影響(あくえいきょう) 악영향	☐ 最有力(さいゆうりょく) 가장 유력	☐ 管理下(かんりか) 관리 하
☐ 不正確(ふせいかく) 부정확	☐ 食器類(しょっきるい) 식기류	☐ スキー場(じょう) 스키장
☐ 主成分(しゅせいぶん) 주성분	☐ 作品集(さくひんしゅう) 작품집	☐ 働(はたら)き手(て) 일하는 사람
☐ 未経験(みけいけん) 미경험	☐ 会員制(かいいんせい) 회원제	☐ 生活全般(せいかつぜんぱん) 생활 전반
☐ 無計画(むけいかく) 무계획	☐ 危険性(きけんせい) 위험성	☐ ムード一色(いっしょく) 분위기 일색
☐ 非公式(ひこうしき) 비공식	☐ 電車賃(でんしゃちん) 전철 요금	☐ サラリーマン風(ふう) 샐러리맨풍
☐ 副大臣(ふくだいじん) 부대신, 차관	☐ 進学率(しんがくりつ) 진학률	☐ 一日(いちにち)おきに 하루걸러
☐ 準優勝(じゅんゆうしょう) 준우승	☐ 招待状(しょうたいじょう) 초대장	☐ 線路沿(せんろぞ)い 선로변
☐ 再開発(さいかいはつ) 재개발	☐ 日本式(にほんしき) 일본식	☐ 東京駅発(とうきょうえきはつ) 도쿄역 출발
☐ 半透明(はんとうめい) 반투명	☐ 医学界(いがくかい) 의학계	☐ 子供連(こどもづ)れ 아이 동반
☐ 前社長(ぜんしゃちょう) 전 사장	☐ 送信元(そうしんもと) 송신원	☐ 現実離(げんじつばな)れ 현실에서 동떨어짐
☐ 現段階(げんだんかい) 현 단계	☐ 住宅街(じゅうたくがい) 주택가	☐ 期限切(きげんぎ)れ 기한이 끝남
☐ 諸問題(しょもんだい) 여러 문제	☐ 結婚観(けっこんかん) 결혼관	☐ 夏休(なつやす)み明(あ)け 여름 방학이 끝난 직후
☐ 低(てい)カロリー 저칼로리	☐ 年代順(ねんだいじゅん) 연대순	

확인 문제 1 • 어형성

問題3 (　　　)に入れるのに最もよいものを、1・2・3・4から一つ選びなさい。

1 日本全国には、長野や新潟を中心に100か所以上のスキー (　　　) がある。

1 所　　2 場　　3 区　　4 地

2 (　　　) 学期から息子が通う予定の小学校は、通学時間が1時間ぐらいかかる。

1 明　　2 近　　3 隣　　4 来

3 受け取った迷惑メールの送信 (　　　) を確認することができなかった。

1 原　　2 根　　3 素　　4 元

4 (　　　) 計画のまま旅行に行くなんて、私には到底できないよ。

1 非　　2 不　　3 無　　4 反

5 (　　　) 正確なデータのせいで、全く違う結果が出てしまった。

1 無　　2 反　　3 不　　4 未

6 今年、日本の大学進学 (　　　) は54.4%に達し、過去最高を記録したという。

1 率　　2 値　　3 量　　4 割

7 そのチームは惜しくも決勝戦で敗(やぶ)れ、(　　　) 優勝に止(とど)まってしまった。

1 完　　2 成　　3 次　　4 準

8 不適切な発言で内閣府 (　　　) 大臣は首相に辞表を提出した。

1 補　　2 副　　3 次　　4 助

9 男女 (　　　) に就業者数の増減を見ると、男性は2020年以降減少が続いている。

1 段　　2 節　　3 境　　4 別

10 住宅 (　　　) での廃棄物の不法投棄問題が深刻化している。

1 枠　　2 街　　3 面　　4 界

확인 문제 1 • 정답 및 해석(어형성)

1 정답 2
해석 일본 전국에는 나가노와 니가타를 중심으로 100군데 이상의 스키(장)이 있다.
어휘 全国(ぜんこく) 전국 長野(ながの) 나가노 *지명 新潟(にいがた) 니가타 *지명 中心(ちゅうしん) 중심 ～か所(しょ) ~개소, ~군데 以上(いじょう) 이상 スキー 스키 ～場(じょう) ~장

2 정답 4
해석 (다음) 학기부터 아들이 다닐 예정인 초등학교는 통학 시간이 1시간 정도 걸린다.
어휘 来(らい)～ 다음~ 学期(がっき) 학기 息子(むすこ) (자신의) 아들 通(かよ)う 다니다 予定(よてい) 예정 小学校(しょうがっこう) 초등학교 通学(つうがく) 통학 時間(じかん) 시간 かかる (시간이) 걸리다

3 정답 4
해석 받은 스팸메일의 송신(원)을 확인할 수 없었다.
어휘 受(う)け取(と)る 받다, 수취하다 迷惑(めいわく)メール 스팸메일 送信(そうしん) 송신 ～元(もと) ~원 確認(かくにん) 확인 동사의 기본형+ことができる ~할 수 있다

4 정답 3
해석 (무)계획인 채로 여행을 가다니, 나에게는 도저히 불가능해.
어휘 無(む)～ 무~ 計画(けいかく) 계획 ～まま ~한 채, ~상태로 旅行(りょこう) 여행 ～なんて ~라니, ~하다니 到底(とうてい) (부정어 수반) 도저히

5 정답 3
해석 (부)정확한 데이터 탓에 완전히 다른 결과가 나와 버렸다.
어휘 不(ふ)～ 부~ 正確(せいかく)だ 정확하다 データ 데이터 명사+の+せいで ~탓에 全(まった)く 완전히, 아주 違(ちが)う 다르다 結果(けっか) 결과 出(で)る 나오다

6 정답 1
해석 올해 일본의 대학 진학(률)은 54.4%에 달해 과거 최고를 기록했다고 한다.
어휘 今年(ことし) 올해 大学(だいがく) 대학 進学(しんがく) 진학 ～率(りつ) ~율 達(たっ)する 이르다, 도달하다, 달하다 過去(かこ) 과거 最高(さいこう) 최고 記録(きろく) 기록 ～という ~라고 한다

7 정답 4
해석 그 팀은 아깝게도 결승전에서 패해 (준)우승에 그치고 말았다.
어휘 チーム 팀 惜(お)しくも 아깝게도 決勝戦(けっしょうせん) 결승전 敗(やぶ)れる 패하다 準(じゅん)～ 준~ 優勝(ゆうしょう) 우승 止(とど)まる 멈추다, 그치다

8 정답 2
해석 부적절한 발언으로 내각부 (부)대신은 수상에게 사표를 제출했다.
어휘 不適切(ふてきせつ)だ 부적절하다 発言(はつげん) 발언 内閣府(ないかくふ) 내각부 副(ふく)～ 부~ 大臣(だいじん) 대신, 장관 *「副大臣(ふくだいじん)」- 부대신, 차관 首相(しゅしょう) 수상 辞表(じひょう) 사표 提出(ていしゅつ) 제출

9 정답 4
해석 남녀(별)로 취업자 수 증감을 보면 남성은 2020년 이후 감소가 이어지고 있다.
어휘 男女(だんじょ) 남녀 ～別(べつ) ~별 就業者数(しゅうぎょうしゃすう) 취업자 수 増減(ぞうげん) 증감 男性(だんせい) 남성 以降(いこう) 이후 減少(げんしょう) 감소 続(つづ)く 이어지다, 계속되다

10 정답 2
해석 주택(가)에서의 폐기물 불법 투기 문제가 심각해지고 있다.
어휘 住宅(じゅうたく) 주택 ～街(がい) ~가 廃棄物(はいきぶつ) 폐기물 不法(ふほう) 불법 投棄(とうき) 투기 問題(もんだい) 문제 深刻化(しんこくか) 심각화

확인 문제 2 • 어형성

問題3（　　　）に入れるのに最もよいものを、1・2・3・4から一つ選びなさい。

11 会場で作品（　　　）をもらうには、販売特設サイトでの事前予約が必須(ひっす)である。

1 冊　　2 枚　　3 束　　4 集

12 様々な国から来た人と働いてみて（　　　）文化に対する理解が深まってきた。

1 違　　2 差　　3 異　　4 離

13 私は体重管理のために、（　　　）カロリーの食品だけ食べている。

1 弱　　2 低　　3 下　　4 欠

14 結婚式の招待（　　　）を受け取ったら、同封(どうふう)されている返信葉書で出欠を伝える。

1 便　　2 書　　3 紙　　4 状

15 （　　　）開発事業は、町作りの代表的な事業の一つである。

1 改　　2 再　　3 復　　4 重

16 この店は会員（　　　）で一人当たり5千円です。

1 制　　2 先　　3 側　　4 形

17 （　　　）後ろに見える建物は100年前に建てられたという。

1 本　　2 真　　3 正　　4 完

18 サラリーマン（　　　）の髪型をしている男性が山田君です。

1 風　　2 類　　3 状　　4 式

19 この本を読むと、若者が日本社会の（　　　）問題をどう見ているのかがわかる。

1 多　　2 種　　3 諸　　4 複

20 少子化の影響で、働き（　　　）も減少しつつある。

1 手　　2 顔　　3 腕　　4 足

확인 문제 2 • 정답 및 해석(어형성)

11 정답 4
해석 회장에서 작품(집)을 받으려면 판매 특설 사이트에서의 사전 예약이 필수다.
어휘 会場(かいじょう) 회장 作品(さくひん) 작품 ～集(しゅう) ～집 もらう 받다 동사의 보통형+には ～하려면 販売(はんばい) 판매 特設(とくせつ) 특설 サイト 사이트 事前(じぜん) 사전 予約(よやく) 예약 必須(ひっす) 필수

12 정답 3
해석 다양한 나라에서 온 사람과 일해 보고 (이)문화에 대한 이해가 깊어졌다.
어휘 様々(さまざま)だ 다양하다, 여러 가지다 国(くに) 나라 働(はたら)く 일하다 異(い)～ 이～ 文化(ぶんか) 문화 ～に対(たい)する ～에 대한 理解(りかい) 이해 深(ふか)まる 깊어지다

13 정답 2
해석 나는 체중 관리를 위해서 (저)칼로리 식품만 먹고 있다.
어휘 体重(たいじゅう) 체중 管理(かんり) 관리 명사+の+ために ～하기 위해서 低(てい)～ 저～ カロリー 칼로리 食品(しょくひん) 식품 ～だけ ～만, ～뿐 食(た)べる 먹다

14 정답 4
해석 결혼식 초대(장)을 받으면 동봉되어 있는 회신 엽서로 출결을 전한다.
어휘 結婚式(けっこんしき) 결혼식 招待(しょうたい) 초대 ～状(じょう) ～장 受(う)け取(と)る 받다, 수취하다 同封(どうふう) 동봉 返信(へんしん) 회신 葉書(はがき) 엽서 出欠(しゅっけつ) 출결, 출석과 결석 伝(つた)える 전하다

15 정답 2
해석 (재)개발 사업은 지역 재생의 대표적인 사업 중 하나다.
어휘 再(さい)～ 재～ 開発(かいはつ) 개발 事業(じぎょう) 사업 町作(まちづく)り 마을 만들기, 지역 재생 代表的(だいひょうてき)だ 대표적이다

16 정답 1
해석 이 가게는 회원(제)로 1인당 5천 엔입니다.
어휘 店(みせ) 가게 会員(かいいん) 회원 ～制(せい) ～제 ～当(あ)たり ～당

17 정답 2
해석 (바로) 뒤에 보이는 건물은 100년 전에 세워졌다고 한다.
어휘 真(ま)～ 바로～ 後(うし)ろ 뒤 見(み)える 보이다 建物(たてもの) 건물 建(た)てる (집을) 짓다, 세우다 ～という ～라고 한다

18 정답 1
해석 샐러리맨(풍)의 머리 스타일을 하고 있는 남성이 야마다 군입니다.
어휘 サラリーマン 샐러리맨 ～風(ふう) ～풍 髪型(かみがた) 머리 스타일 男性(だんせい) 남성

19 정답 3
해석 이 책을 읽으면 젊은이가 일본 사회의 (여러) 문제를 어떻게 보고 있는 것인지를 알 수 있다.
어휘 本(ほん) 책 読(よ)む 읽다 若者(わかもの) 젊은이 社会(しゃかい) 사회 諸(しょ)～ 제～, 여러～ 問題(もんだい) 문제

20 정답 1
해석 저출산의 영향으로 일하는 (사람)도 감소하고 있다.
어휘 少子化(しょうしか) 저출산 影響(えいきょう) 영향 働(はたら)く 일하다 동사의 ます형+手(て) ～하는 사람 減少(げんしょう) 감소 동사의 ます형+つつある ～하고 있다

확인 문제 3 • 어형성

問題3（　　　）に入れるのに最もよいものを、1・2・3・4から一つ選びなさい。

21 お酒の（　　　）成分であるエタノールは引火性がある。

1 必　　2 真　　3 主　　4 本

22 魚介類（ぎょかいるい）には、健康に（　　）影響を与える物質が含（ふく）まれている場合がある。

1 劣　　2 危　　3 悪　　4 険

23 応援（　　　）の演舞（えんぶ）を動画と共に紹介しますので、ご参考ください。

1 集　　2 族　　3 党　　4 団

24 感染の拡大で、（　　　）性能マスクが飛ぶように売れているという。

1 高　　2 未　　3 上　　4 離

25 その会社の（　　　）社長は、金融商品取引法違反の疑いで逮捕された。

1 先　　2 前　　3 去　　4 昨

26 （　　　）年度は入会月によって加入金額が変わりますので、ご了承（りょうしょう）ください。

1 発　　2 開　　3 頭　　4 初

27 中国経済は、全てが政府の管理（　　　）に置かれていると言っても過言（かごん）ではないだろう。

1 限　　2 属　　3 下　　4 付

28 過去の写真は大凡年代（　　　）に配置されている。

1 順　　2 番　　3 連　　4 序

29 コーヒーをたくさん飲む人は糖尿病にかかる危険（　　　）が低いそうだ。

1 状　　2 素　　3 性　　4 態

30 せっかくの連休とあって、遊園地は子供（　　　）で朝から賑（にぎ）わっていた。

1 伴い　　2 込み　　3 付き　　4 連れ

확인 문제 3 • 정답 및 해석(어형성)

21 정답 3
해석 술의 (주)성분인 에탄올은 인화성이 있다.
어휘 お酒(さけ) 술 主(しゅ)～ 주～ 成分(せいぶん) 성분 エタノール 에탄올 引火性(いんかせい) 인화성

22 정답 3
해석 어패류에는 건강에 (악)영향을 주는 물질이 포함되어 있는 경우가 있다.
어휘 魚介類(ぎょかいるい) 어개류, 어패류 健康(けんこう) 건강 悪(あく)～ 악～ 影響(えいきょう) 영향
与(あた)える (주의·영향 등을) 주다 物質(ぶっしつ) 물질 含(ふく)まれる 포함되다 場合(ばあい) 경우

23 정답 4
해석 응원(단)의 연무를 동영상과 함께 소개하오니 참고해 주십시오.
어휘 応援(おうえん) 응원 ～団(だん) ~단 演舞(えんぶ) 연무, 춤을 연습함 動画(どうが) 동영상
～と共(とも)に ~와 함께 紹介(しょうかい) 소개 ご+한자명사+ください ~해 주십시오 *존경표현 参考(さんこう) 참고

24 정답 1
해석 감염 확대로 (고)성능 마스크가 날개 돋친 듯이 팔리고 있다고 한다.
어휘 感染(かんせん) 감염 拡大(かくだい) 확대 高(こう)～ 고～ 性能(せいのう) 성능 マスク 마스크
飛(と)ぶように 날개 돋친 듯이, 불티나게 売(う)れる (잘) 팔리다 ～という ~라고 한다

25 정답 2
해석 그 회사의 (전) 사장은 금융 상품 거래법 위반 혐의로 체포되었다.
어휘 会社(かいしゃ) 회사 前(ぜん)～ 전～ 社長(しゃちょう) 사장 金融(きんゆう) 금융 商品(しょうひん) 상품
取引法(とりひきほう) 거래법 違反(いはん) 위반 疑(うたが)い 혐의 逮捕(たいほ) 체포

26 정답 4
해석 (초)년도는 입회하는 달에 따라 가입 금액이 바뀌므로 양해해 주십시오.
어휘 初(しょ)～ 초～ 年度(ねんど) 연도 入会(にゅうかい) 입회 月(つき) 달 ～によって ~에 따라
加入(かにゅう) 가입 金額(きんがく) 금액 変(か)わる 바뀌다, 변하다 ご+한자명사+ください ~해 주십시오 *존경표현
了承(りょうしょう) 양해

27 정답 3
해석 중국 경제는 모든 것이 정부의 관리 (하)에 놓여 있다고 해도 과언이 아닐 것이다.
어휘 中国(ちゅうごく) 중국 経済(けいざい) 경제 全(すべ)て 모두, 전부 政府(せいふ) 정부 管理(かんり) 관리
～下(か) ~하 置(お)く 놓다, 두다 過言(かごん) 과언

28 정답 1
해석 과거 사진은 대체로 연대(순)으로 배치되어 있다.
어휘 過去(かこ) 과거 写真(しゃしん) 사진 大凡(おおよそ) 대체로, 대략 年代(ねんだい) 연대 ～順(じゅん) ~순
配置(はいち) 배치

29 정답 3
해석 커피를 많이 마시는 사람은 당뇨병에 걸릴 위험(성)이 낮다고 한다.
어휘 コーヒー 커피 たくさん 많이 飲(の)む 마시다 糖尿病(とうにょうびょう) 당뇨병 かかる (병에) 걸리다
危険(きけん) 위험 ～性(せい) ~성 低(ひく)い 낮다 품사의 보통형+そうだ ~라고 한다 *전문

30 정답 4
해석 모처럼의 연휴라서 유원지는 아이 (동반)으로 아침부터 떠들썩했다.
어휘 せっかく 모처럼 連休(れんきゅう) 연휴 ～とあって ~라서, ~이기 때문에 遊園地(ゆうえんち) 유원지
子供(こども) 아이 ～連(づ)れ ~동반 朝(あさ) 아침 賑(にぎ)わう 떠들썩하다, 활기차다

확인 문제 4 • 어형성

問題3 (　　　)に入れるのに最もよいものを、1・2・3・4から一つ選びなさい。

31 この仕事は、(　　　)経験の方でもすぐできるほど簡単です。

1 未　　2 少　　3 不　　4 低

32 この宿題、夏休み(　　　)に出さなければならないから、急いでよ。

1 止め　　2 閉め　　3 明け　　4 分け

33 彼女は学校のミュージカルの(　　　)有力主役候補なんです。

1 頂　　2 極　　3 最　　4 特

34 線路(　　　)の賃貸住宅は駅に近い場合が多い。

1 沿い　　2 従い　　3 並び　　4 付き

35 この表は、東京駅(　　　)の高速バス路線の最安値(さいやすね)一覧です。

1 始　　2 離　　3 出　　4 発

36 子供の乗車券、特急券、急行券などの電車(　　　)は大人の半額です。

1 金　　2 財　　3 料　　4 賃

37 イギリスは、エリザベス女王の誕生日を前にお祝いムード(　　　)であった。

1 一面　　2 一色　　3 一例　　4 一種

38 有効期限(　　　)のクレジットカードをそのまま捨ててはいけない。

1 越え　　2 終え　　3 切れ　　4 折れ

39 最近、忙しすぎて部屋の掃除は一日(　　　)にしています。

1 とり　　2 おき　　3 あき　　4 とび

40 現実(　　　)している彼の意見にはとても同意できなかった。

1 離れ　　2 抜け　　3 落ち　　4 逃げ

확인 문제 4 • 정답 및 해석(어형성)

31 정답 1
해석 이 일은 (미)경험인 분이라도 바로 할 수 있을 만큼 간단합니다.
어휘 仕事(しごと) 일 未(み)~ 미~ 経験(けいけん) 경험 方(かた) 분 すぐ 곧, 바로 できる 할 수 있다, 가능하다 ~ほど ~정도, ~만큼 簡単(かんたん)だ 간단하다

32 정답 3
해석 이 숙제, 여름 방학이 (끝난 직후)에 제출하지 않으면 안 되니까 서둘러.
어휘 宿題(しゅくだい) 숙제 夏休(なつやす)み 여름 방학 ~明(あ)け ~이 끝난 직후 出(だ)す 내다, 제출하다 ~なければならない ~하지 않으면 안 된다, ~해야 한다 急(いそ)ぐ 서두르다

33 정답 3
해석 그녀는 학교 뮤지컬의 (가장) 유력한 주역 후보예요.
어휘 学校(がっこう) 학교 ミュージカル 뮤지컬 最(さい)~ 가장~ 有力(ゆうりょく) 유력 主役(しゅやく) 주역 候補(こうほ) 후보

34 정답 1
해석 선로(변)의 임대 주택은 역에 가까운 경우가 많다.
어휘 線路(せんろ) 선로 ~沿(ぞ)い ~변 賃貸(ちんたい) 임대 住宅(じゅうたく) 주택 駅(えき) 역 近(ちか)い 가깝다 場合(ばあい) 경우

35 정답 4
해석 이 표는 도쿄역 (출발)인 고속버스 노선의 가장 싼 가격 일람입니다.
어휘 表(ひょう) 표 東京駅(とうきょうえき) 도쿄역 ~発(はつ) ~발, ~출발 高速(こうそく)バス 고속버스 路線(ろせん) 노선 最安値(さいやすね) 가장 싼 가격 一覧(いちらん) 일람

36 정답 4
해석 어린이의 승차권, 특급권, 급행권 등의 전철 (요금)은 성인의 반액입니다.
어휘 子供(こども) 어린이 乗車券(じょうしゃけん) 승차권 特急券(とっきゅうけん) 특급권 急行券(きゅうこうけん) 급행권 電車(でんしゃ) 전철 ~賃(ちん) ~삯, ~요금 大人(おとな) 성인 半額(はんがく) 반액

37 정답 2
해석 영국은 엘리자베스 여왕의 생일을 앞두고 축하 분위기 (일색)이었다.
어휘 イギリス 영국 女王(じょおう) 여왕 誕生日(たんじょうび) 생일 ~を前(まえ)に ~을 앞두고 お祝(いわ)い 축하 ムード 무드, 분위기 一色(いっしょく) 일색 一面(いちめん) 일면 一例(いちれい) 일례 一種(いっしゅ) 일종

38 정답 3
해석 유효기한이 (끝난) 신용카드를 그대로 버려서는 안 된다.
어휘 有効(ゆうこう) 유효 期限(きげん) 기한 ~切(ぎ)れ ~이 끝남 クレジットカード 신용카드 そのまま 그대로 捨(す)てる 버리다 ~てはいけない ~해서는 안 된다

39 정답 2
해석 요즘 너무 바빠서 방 청소는 하루(걸러) 하고 있습니다.
어휘 最近(さいきん) 최근, 요즘 忙(いそが)しい 바쁘다 い형용사의 어간+すぎる 너무 ~하다 部屋(へや) 방 掃除(そうじ) 청소 一日(いちにち) 하루 ~おきに ~걸러서

40 정답 1
해석 현실에서 (동떨어져) 있는 그의 의견에는 도저히 동의할 수 없었다.
어휘 現実(げんじつ) 현실 ~離(ばな)れ ~에서 동떨어짐 意見(いけん) 의견 とても (부정어 수반) 도저히 同意(どうい) 동의

확인 문제 5 • 어형성

問題3（　　　）に入れるのに最もよいものを、1・2・3・4から一つ選びなさい。

41 無断で（　　　）公式グッズを販売する行為は、法的に禁じられている。

1 非　　2 完　　3 正　　4 無

42 燃えるごみは、透明または（　　　）透明の袋に入れて出してください。

1 無　　2 下　　3 半　　4 注

43 申し訳ありませんが、（　　　）段階ではその問題にご回答できません。

1 現　　2 元　　3 素　　4 側

44 来年1月1日以後も更新などの契約変更がない限り、（　　　）制度がそのまま適用される。

1 昔　　2 旧　　3 去　　4 昨

45 うちの店では、お皿や茶碗(ちゃわん)などの食器（　　　）を取り扱っております。

1 般　　2 集　　3 類　　4 離

46 日本（　　　）サービス精神は、世界中の人々から見習うべきだと言われている。

1 式　　2 物　　3 同　　4 別

47 ビタミンCは、現在まで多くの効果が発表され、医学（　　　）でも注目されている。

1 分　　2 類　　3 種　　4 界

48 結婚（　　　）は時代と共に変化しています。

1 方　　2 見　　3 観　　4 限

49 私たちの生活（　　　）には音楽が色々な形で取り入れられている。

1 全面　　2 共通　　3 共同　　4 全般

50 集中（　　　）が長く続かない原因の一つに睡眠不足が挙げられる。

1 味　　2 結　　3 力　　4 過

확인 문제 5 • 정답 및 해석(어형성)

41 정답 1
해석 무단으로 (비)공식 상품을 판매하는 행위는 법적으로 금지되어 있다.
어휘 無断(むだん) 무단 非(ひ)～ 비～ 公式(こうしき) 공식 グッズ 상품, 용품 販売(はんばい) 판매 行為(こうい) 행위 法的(ほうてき) 법적 禁(きん)じる 금하다, 금지하다

42 정답 3
해석 불에 타는 쓰레기는 투명 또는 (반)투명 봉지에 넣어서 내놓아 주세요.
어휘 燃(も)える (불에) 타다 ごみ 쓰레기 透明(とうめい) 투명 または 또는 半(はん)～ 반～ 袋(ふくろ) 봉지 入(い)れる 넣다 出(だ)す 내놓다

43 정답 1
해석 죄송합니다만, (현) 단계에서는 그 문제에 회답할 수 없습니다.
어휘 申(もう)し訳(わけ)ありません 죄송합니다 *「すみません」보다 정중한 표현 現(げん)～ 현～ 段階(だんかい) 단계 問題(もんだい) 문제 ご+한자명사+する ～하다, ～해 드리다 *겸양표현 回答(かいとう) 회답

44 정답 2
해석 내년 1월 1일 이후에도 갱신 등의 계약 변경이 없는 한 (구)제도가 그대로 적용된다.
어휘 来年(らいねん) 내년 以後(いご) 이후 更新(こうしん) 갱신 契約(けいやく) 계약 変更(へんこう) 변경 ～限(かぎ)り ～(하는) 한 旧(きゅう)～ 구～ 制度(せいど) 제도 そのまま 그대로 適用(てきよう) 적용

45 정답 3
해석 저희 가게에서는 접시나 밥공기 등의 식기(류)를 취급하고 있습니다.
어휘 うち 우리 店(みせ) 가게 お皿(さら) 접시 茶碗(ちゃわん) 밥공기 食器(しょっき) 식기 ～類(るい) ～류 取(と)り扱(あつか)う 취급하다, 다루다 ～ておる ～하고 있다 *「～ている」의 겸양표현

46 정답 1
해석 일본(식) 서비스 정신은 전 세계 사람들로부터 본받아야 한다고 말해지고 있다.
어휘 日本(にほん) 일본 ～式(しき) ～식 サービス 서비스 精神(せいしん) 정신 世界中(せかいじゅう) 전 세계 人々(ひとびと) 사람들 見習(みなら)う 본받다 동사의 기본형+べきだ (마땅히) ～해야 한다

47 정답 4
해석 비타민C는 현재까지 많은 효과가 발표되어 의학(계)에서도 주목받고 있다.
어휘 ビタミンC 비타민C 現在(げんざい) 현재 効果(こうか) 효과 発表(はっぴょう) 발표 医学(いがく) 의학 ～界(かい) ～계 注目(ちゅうもく) 주목

48 정답 3
해석 결혼(관)은 시대와 함께 변화하고 있습니다.
어휘 結婚(けっこん) 결혼 ～観(かん) ～관 時代(じだい) 시대 ～と共(とも)に ～와 함께 変化(へんか) 변화

49 정답 4
해석 우리 생활 (전반)에는 음악이 여러 형태로 도입되어 있다.
어휘 私(わたし)たち 우리 生活(せいかつ) 생활 全般(ぜんぱん) 전반 音楽(おんがく) 음악 形(かたち) 모양, 형태 取(と)り入(い)れる 받아들이다, 도입하다 全面(ぜんめん) 전면 共通(きょうつう) 공통 共同(きょうどう) 공동

50 정답 3
해석 집중(력)이 오래 지속되지 않는 원인 중 하나로, 수면 부족을 들 수 있다.
어휘 集中(しゅうちゅう) 집중 ～力(りょく) ～력 長(なが)い (시간적으로) 오래다 続(つづ)く 이어지다, 계속되다 原因(げんいん) 원인 睡眠不足(すいみんぶそく) 수면 부족 挙(あ)げる (예로서) 들다

점수 UP! UP!
<어형성>

☐ 2対(たい)1 2 대 1	☐ 名台詞(めいせりふ) 명대사	☐ 学年別(がくねんべつ) 학년별
☐ 再放送(さいほうそう) 재방송	☐ 無責任(むせきにん) 무책임	☐ 成功率(せいこうりつ) 성공률
☐ 再提出(さいていしゅつ) 재제출	☐ 無政府(むせいふ) 무정부	☐ 就職率(しゅうしょくりつ) 취직률
☐ 高収入(こうしゅうにゅう) 고수입	☐ 過半数(かはんすう) 과반수	☐ 投票率(とうひょうりつ) 투표율
☐ 高学歴(こうがくれき) 고학력	☐ 過保護(かほご) 과보호	☐ 責任感(せきにんかん) 책임감
☐ 高水準(こうすいじゅん) 고수준	☐ 準決勝(じゅんけっしょう) 준결승	☐ 交通網(こうつうもう) 교통망
☐ 悪条件(あくじょうけん) 악조건	☐ 諸外国(しょがいこく) 여러 외국	☐ 予約制(よやくせい) 예약제
☐ 未指定(みしてい) 미지정	☐ 仮採用(かりさいよう) 임시 채용	☐ 世界一(せかいいち) 세계 제일
☐ 未使用(みしよう) 미사용	☐ 真夜中(まよなか) 한밤중	☐ 国際色(こくさいしょく) 국제색
☐ 副総理(ふくそうり) 부총리	☐ 真新(まあたら)しい 아주 새롭다	☐ 日本流(にほんりゅう) 일본류, 일본식
☐ 現社長(げんしゃちょう) 현 사장	☐ 薄暗(うすぐら)い 어두컴컴하다	☐ ヨーロッパ風(ふう) 유럽풍
☐ 低価格(ていかかく) 저가격	☐ 商店街(しょうてんがい) 상점가	☐ 和風(わふう) 일본풍, 일본식
☐ 不合理(ふごうり) 불합리	☐ 地下街(ちかがい) 지하상가	☐ 会社員風(かいしゃいんふう) 회사원풍
☐ 別会場(べつかいじょう) 다른 회장	☐ ボール状(じょう) 공 모양	☐ ビジネスマン風(ふう) 비즈니스맨풍
☐ 総生産(そうせいさん) 총생산	☐ アルファベット順(じゅん) 알파벳순	☐ 種類(しゅるい)ごとに 종류별로
☐ 総売上(そううりあげ) 총매상	☐ 文学賞(ぶんがくしょう) 문학상	☐ 家族連(かぞくづ)れ 가족 동반
☐ 来(らい)シーズン 다음 시즌	☐ 運転手(うんてんしゅ) 운전기사	☐ 勉強漬(べんきょうづ)け 공부에 열중함

문제 4 문맥 규정

출제 유형

문제 4 문맥 규정은 괄호 안에 들어갈 적절한 어휘를 찾는 문제로, 7문항이 출제된다. 가장 많이 출제되는 것은 명사로, 한자어, 가타카나어 등을 묻는다. 그다음으로 동사, 부사, い형용사, な형용사 순으로 출제된다.

실제 시험 예시

問題4 (　　　)に入れるのに最もよいものを、1・2・3・4から一つ選びなさい。

1 残念ながら、その日は(　　　)が詰(つ)まっていますね。

1 スケジュール　　2 バランス　　3 リーダー　　4 スペース

2 (　　　)を聞いてその店に行ってみたが、あまり美味しくなかった。

1 導入　　2 評判　　3 訂正　　4 意欲

3 彼女なら、(　　　)家に帰ってしまったよ。

1 びっしょり　　2 たっぷり　　3 とっくに　　4 あくまで

|정답| 1 1　2 2　3 3

시험 대책

문맥 규정에서 명사는 평균 4문항 이상 출제되고 있으므로, 이 부분에 대한 집중적인 학습이 필요하다. 또한 동사는 상용한자의 동사가 기본으로, 한자 읽기와 한자 표기에 출제된 동사들이 문맥 규정에 출제되는 경우도 있으므로 함께 묶어서 학습해 두어야 한다. 마지막으로 한자 읽기와 한자 표기에서 부사 비중은 낮은 편이지만, 이 파트에서는 부사도 꽤 비중 있게 출제되고 있으므로 이에 대한 학습도 꼭 필요하다.

기출 및 출제 예상 어휘 100
<문맥 규정>

- □ 欠(か)かす 빠뜨리다
- □ 飛(と)び散(ち)る 흩날리다, 튀다
- □ 達(たっ)する 이르다, 도달하다, 달하다
- □ 打(う)ち消(け)す 부정하다
- □ 悔(く)やむ 후회하다
- □ つまずく 발에 걸려 넘어지다
- □ 得(え)る 얻다
- □ 通(つう)じる 통하다
- □ 迫(せま)る 다가오다
- □ 偏(かたよ)る (한쪽으로) 치우치다
- □ 抱(かか)える 안다, (문제 등을) 떠안다
- □ 散(ち)らかす 어지르다
- □ 目指(めざ)す 목표로 하다, 지향하다
- □ 面(めん)する 면하다, 인접하다
- □ 濁(にご)る 흐려지다, 탁해지다
- □ 差(さ)し支(つか)える 지장이 있다
- □ 呼(よ)び止(と)める 불러 세우다
- □ 蓄(たくわ)える 저축하다
- □ 腹(はら)を立(た)てる 화를 내다
- □ 愚痴(ぐち)をこぼす 푸념을 늘어놓다
- □ 夢中(むちゅう)になる 열중하다
- □ 名所(めいしょ) 명소
- □ 続出(ぞくしゅつ) 속출
- □ 確保(かくほ) 확보
- □ 点検(てんけん) 점검
- □ 発揮(はっき) 발휘
- □ 契機(けいき) 계기
- □ 解散(かいさん) 해산
- □ 中継(ちゅうけい) (TV・라디오 등의) 중계
- □ 普及(ふきゅう) 보급
- □ 意欲(いよく) 의욕
- □ 収穫(しゅうかく) 수확
- □ 訂正(ていせい) 정정
- □ 導入(どうにゅう) 도입
- □ 体格(たいかく) 체격
- □ 苦情(くじょう) 불평, 불만
- □ 地元(じもと) 그 고장, 그 지방
- □ 格好(かっこう) 모습
- □ 邪魔(じゃま) 방해
- □ 比例(ひれい) 비례
- □ 解消(かいしょう) 해소
- □ 専念(せんねん) 전념
- □ 成長(せいちょう) 성장
- □ 改善(かいぜん) 개선
- □ 予測(よそく) 예측
- □ 改正(かいせい) 개정
- □ 機能(きのう) 기능
- □ 特色(とくしょく) 특색
- □ 辞退(じたい) 사퇴
- □ 反映(はんえい) 반영
- □ 完了(かんりょう) 완료

☐ 場面(ばめん) 장면	☐ そそっかしい 경솔하다, 덜렁대다	☐ 着々(ちゃくちゃく)と 착착
☐ 分析(ぶんせき) 분석	☐ やかましい 시끄럽다	☐ にっこり 방긋, 생긋
☐ 視野(しや) 시야	☐ 鋭(するど)い 날카롭다, 예리하다	☐ ひそひそ 소곤소곤
☐ 見当(けんとう) 예상, 예측, 짐작	☐ ぜいたくだ 사치스럽다	☐ のんびり 느긋하게
☐ 相違(そうい) 상이, 차이	☐ 独特(どくとく)だ 독특하다	☐ あいにく 공교롭게도
☐ ショック 쇼크, 충격	☐ 有利(ゆうり)だ 유리하다	☐ 予(あらかじ)め 미리, 사전에
☐ バランス 밸런스, 균형	☐ 敏感(びんかん)だ 민감하다	☐ ぎりぎり 빠듯함
☐ アピール 어필, 호소	☐ 豊富(ほうふ)だ 풍부하다	☐ 思(おも)い切(き)って 과감히, 큰맘 먹고
☐ アレンジ 어레인지, 배치	☐ 活発(かっぱつ)だ 활발하다	☐ ぐったり 녹초가 됨, 축 늘어짐
☐ リーダー 리더	☐ 穏(おだ)やかだ 온화하다	☐ びっしょり 흠뻑
☐ スペース 스페이스, 공간	☐ でたらめだ 엉터리다	☐ 一気(いっき)に 단숨에
☐ デザイン 디자인	☐ 安易(あんい)だ 안이하다	☐ たっぷり 듬뿍, 많이
☐ スケジュール 스케줄	☐ なだらかだ 완만하다, 가파르지 않다	☐ ぼんやりと 멍하니
☐ リラックス 릴랙스, 긴장을 풂	☐ 柔軟(じゅうなん)だ 유연하다	☐ いらいら 안달하며 초조해하는 모양
☐ 辛(つら)い 괴롭다	☐ 適度(てきど)だ 알맞다, 적당하다	☐ ごろごろ 빈둥빈둥
☐ 頼(たの)もしい 믿음직스럽다	☐ 曖昧(あいまい)だ 애매하다	☐ すっきり 상쾌[개운]한 모양
☐ 輝(かがや)かしい 빛나다, 훌륭하다		

확인 문제 1 • 문맥 규정

問題4 (　　　)に入れるのに最も よいものを、1・2・3・4から一つ選びなさい。

1　自分の長所がどのように仕事に結び付くかを(　　　)することを「自己PR」と言う。

1 トラウマ　　2 リサイクル　　3 エネルギー　　4 アピール

2　彼女はいくら(　　　)ことがあっても、決してそれを顔に出さない。

1 詳しい　　2 辛い　　3 かゆい　　4 緩い

3　全く予想できなかった鈴木選手の負傷に観客たちはみんな(　　　)を受けた。

1 カロリー　　2 スカーフ　　3 ショック　　4 コミュニケーション

4　何事にも(　　　)が溢(あふ)れる人は、周囲からの評価が高い。

1 意欲　　2 管理　　3 影響　　4 引退

5　うちの子はせっかく整理整頓(せいとん)をしておいても、すぐに部屋を(　　　)しまう。

1 しびれて　　2 散らかして　　3 備えて　　4 いじめて

6　渋滞に巻き込まれていらいらしたが、何とか(　　　)間に合った。

1 しみじみ　　2 くどくど　　3 はらはら　　4 ぎりぎり

7　人は人目や体裁(ていさい)などを考えると、本当の力を(　　　)できなくなる。

1 発揮　　2 参加　　3 対策　　4 限界

8　今回の旅行は少し(　　　)な気分を味わいたいと思う。

1 慎重　　2 偉大　　3 手頃　　4 ぜいたく

9　メニューがお決まりになったら、(　　　)お知らせください。

1 次第に　　2 いきなり　　3 予め　　4 うっかり

10　下山(げざん)途中に木の根に(　　　)転んでしまった。

1 抱えて　　2 預けて　　3 雇って　　4 つまずいて

확인 문제 1 • 정답 및 해석(문맥 규정)

1 정답 4
해석 자신의 장점이 어떤 식으로 일에 연결될지를 (어필)하는 것을 '자기 PR'이라고 한다.
어휘 長所(ちょうしょ) 장점 仕事(しごと) 일 結(むす)び付(つ)く 연결되다 アピール 어필, 호소 自己(じこ) 자기 トラウマ 트라우마, 정신적인 외상 リサイクル 재활용 エネルギー 에너지

2 정답 2
해석 그녀는 아무리 (괴로운) 일이 있어도 결코 그것을 얼굴에 드러내지 않는다.
어휘 いくら~ても 아무리~해도 辛(つら)い 괴롭다 決(けっ)して (부정어 수반) 결코 顔(かお) 얼굴 出(だ)す 드러내다 詳(くわ)しい 상세하다 かゆい 가렵다 緩(ゆる)い 느슨하다, 헐렁하다

3 정답 3
해석 전혀 예상하지 못한 스즈키 선수의 부상에 관객들은 모두 (충격)을 받았다.
어휘 全(まった)く (부정어 수반) 전혀 予想(よそう) 예상 選手(せんしゅ) 선수 負傷(ふしょう) 부상 観客(かんきゃく) 관객 ショック 쇼크, 충격 受(う)ける 받다 カロリー 칼로리 スカーフ 스카프 コミュニケーション 커뮤니케이션, 의사소통

4 정답 1
해석 무슨 일에도 (의욕)이 넘치는 사람은 주위로부터의 평가가 높다.
어휘 何事(なにごと) 무슨 일 意欲(いよく) 의욕 溢(あふ)れる 넘쳐흐르다 周囲(しゅうい) 주위 評価(ひょうか) 평가 高(たか)い 높다 管理(かんり) 관리 影響(えいきょう) 영향 引退(いんたい) 은퇴

5 정답 2
해석 우리 애는 애써 정리 정돈을 해 두어도 바로 방을 (어질러) 버린다.
어휘 うち 우리 せっかく 모처럼, 애써 整理整頓(せいりせいとん) 정리 정돈 ~ておく ~해 놓다[두다] すぐに 곧, 바로 部屋(へや) 방 散(ち)らかす 어지르다 しびれる 저리다, 마비되다 備(そな)える 대비하다, 갖추다 いじ(苛)める 괴롭히다

6 정답 4
해석 교통 정체에 말려들어 조바심이 났는데, 그럭저럭 (빠듯하게) 시간에 맞췄다.
어휘 渋滞(じゅうたい) (교통) 정체 巻(ま)き込(こ)む 말려들게 하다 いらいら 안달하며 초조해하는 모양 何(なん)とか 그럭저럭 ぎりぎり 빠듯함 間(ま)に合(あ)う 시간에 맞게 대다, 늦지 않다 しみじみ 절실하게, 곰곰이 くどくど 장황하게 はらはら 조마조마

7 정답 1
해석 사람은 남의 눈이나 체면 등을 생각하면 진정한 능력을 (발휘)할 수 없게 된다.
어휘 人目(ひとめ) 남의 눈 体裁(ていさい) 체면 力(ちから) 힘, 능력 発揮(はっき) 발휘 参加(さんか) 참가 対策(たいさく) 대책 限界(げんかい) 한계

8 정답 4
해석 이번 여행은 조금 (사치스러운) 기분을 맛보고 싶다고 생각한다.
어휘 今回(こんかい) 이번 旅行(りょこう) 여행 少(すこ)し 조금 ぜいたく(贅沢)だ 사치스럽다 気分(きぶん) 기분 味(あじ)わう 맛보다 동사의 ます형+たい ~하고 싶다 慎重(しんちょう)だ 신중하다 偉大(いだい)だ 위대하다 手頃(てごろ)だ 알맞다, 적당하다

9 정답 3
해석 메뉴가 정해지시면 (미리) 알려 주세요.
어휘 メニュー 메뉴 お+동사의 ます형+になる ~하시다 *존경표현 決(き)まる 정해지다, 결정되다 予(あらかじ)め 미리, 사전에 お+동사의 ます형+ください ~해 주십시오 *존경표현 知(し)らせる 알리다 次第(しだい)に 점차 いきなり 갑자기 うっかり 무심코, 깜빡

10 정답 4
해석 하산 도중에 나무 뿌리에 (발이 걸려서) 넘어지고 말았다.
어휘 下山(げざん) 하산 途中(とちゅう) 도중 木(き) 나무 根(ね) 뿌리 つまずく 발이 걸려 넘어지다 転(ころ)ぶ 구르다, 넘어지다 抱(かか)える 안다, (문제 등을) 떠안다 預(あず)ける 맡기다 雇(やと)う 고용하다

확인 문제 2 • 문맥 규정

問題4（　　）に入れるのに最もよいものを、1・2・3・4から一つ選びなさい。

11 最近、場所や時間にとらわれないテレワークの（　　）を検討している企業が増えている。
1 導入　2 比較　3 面接　4 流行

12 転職を（　　）に考えてしまい、結局は思ったような仕事に就（つ）くことができなかった。
1 苦手　2 明確　3 安易　4 明朗

13 輸出と輸入は、いつも（　　）が大切である。
1 コピー　2 バランス　3 コンクール　4 スタート

14 友達の家に遊びに行ったが、（　　）留守だった。
1 やたらに　2 いよいよ　3 あいにく　4 ちゃんと

15 車の故障を予防するためには、定期的な（　　）が重要だ。
1 点検　2 発売　3 手間　4 調節

16 いくら過去の失敗を（　　）、過ぎた時間は戻ってこないものだ。
1 結っても　2 憩っても　3 妨げても　4 悔やんでも

17 悩みを（　　）状態では、落ち着いて考えることができなくなる。
1 育てた　2 被った　3 削った　4 抱えた

18 中村さんが今回の企画を引き受けてくれるなんて、（　　）限りですね。
1 頼もしい　2 貧しい　3 眩しい　4 喧しい

19 いつもご飯は栄養成分が（　　）入っている玄米（げんまい）で炊（た）いている。
1 ほとんど　2 却って　3 たっぷり　4 早速

20 先週の日曜日は、特にやることもなくてずっと家で（　　）していた。
1 ぶくぶく　2 ごろごろ　3 じめじめ　4 くらくら

확인 문제 2 • 정답 및 해석(문맥 규정)

11 정답 1
해석 요즘 장소와 시간에 얽매이지 않는 재택 근무 (도입)을 검토하고 있는 기업이 늘고 있다.
어휘 最近(さいきん) 최근, 요즘 場所(ばしょ) 장소 時間(じかん) 시간 とらわれる 사로잡히다, 얽매이다
テレワーク (자택에 컴퓨터 등의 정보 통신 기기를 갖추고 일을 보는) 재택 근무 導入(どうにゅう) 도입 検討(けんとう) 검토
企業(きぎょう) 기업 増(ふ)える 늘다, 늘어나다 比較(ひかく) 비교 面接(めんせつ) 면접 流行(りゅうこう) 유행

12 정답 3
해석 전직을 (안이)하게 생각해 버려서 결국은 생각했던 일에 종사할 수 없었다.
어휘 転職(てんしょく) 전직 安易(あんい)だ 안이하다 結局(けっきょく) 결국 就(つ)く 종사하다
苦手(にがて)だ 서투르다, 잘 못하다 明確(めいかく)だ 명확하다 明朗(めいろう)だ 명랑하다

13 정답 2
해석 수출과 수입은 항상 (균형)이 중요하다.
어휘 輸出(ゆしゅつ) 수출 輸入(ゆにゅう) 수입 いつも 항상, 늘 バランス 밸런스, 균형 大切(たいせつ)だ 중요하다
コピー 복사 コンクール 콩쿠르 スタート 스타트, 시작

14 정답 3
해석 친구 집에 놀러 갔는데, (공교롭게도) 집에 없었다.
어휘 遊(あそ)ぶ 놀다 동사의 ます형+に ~하러 *동작의 목적 あいにく 공교롭게도 留守(るす) 부재중, 외출하고 집에 없음
やたらに 함부로, 무턱대고 いよいよ 드디어 ちゃんと 제대로, 확실히

15 정답 1
해석 차 고장을 예방하기 위해서는 정기적인 (점검)이 중요하다.
어휘 車(くるま) 자동차, 차 故障(こしょう) 고장 予防(よぼう) 예방 동사의 보통형+ためには ~하기 위해서는
定期的(ていきてき)だ 정기적이다 点検(てんけん) 점검 重要(じゅうよう)だ 중요하다 発売(はつばい) 발매
手間(てま) (일을 하는 데 드는) 수고 調節(ちょうせつ) 조절

16 정답 4
해석 아무리 과거의 실패를 (후회해도) 지나간 시간은 되돌아오지 않는 법이다.
어휘 いくら~ても 아무리~해도 過去(かこ) 과거 失敗(しっぱい) 실패 悔(く)やむ 후회하다
過(す)ぎる (시간이) 지나다, 지나가다 時間(じかん) 시간 戻(もど)る 되돌아오다
~ものだ ~하는 법[것]이다 *상식 · 진리 · 본성 結(ゆ)う 매다, 묶다 憩(いこ)う 쉬다, 휴식하다 妨(さまた)げる 방해하다

17 정답 4
해석 고민을 (안은) 상태에서는 침착하게 생각할 수 없게 된다.
어휘 悩(なや)み 고민 抱(かか)える 안다, (문제 등을) 떠안다 状態(じょうたい) 상태
落(お)ち着(つ)く 안정되다, 침착해지다 育(そだ)てる 키우다 被(かぶ)る (머리 · 얼굴에) 쓰다 削(けず)る 깎다

18 정답 1
해석 나카무라 씨가 이번 기획을 맡아 준다니, (믿음직스러울) 따름이네요.
어휘 企画(きかく) 기획 引(ひ)き受(う)ける (일 등을) 맡다, 떠맡다 ~てくれる (남이 나에게) ~해 주다
~なんて ~라니, ~하다니 頼(たの)もしい 믿음직스럽다 ~限(かぎ)りだ ~할 따름이다, 매우 ~하다
貧(まず)しい 가난하다 眩(まぶ)しい 눈부시다 喧(やかま)しい 시끄럽다

19 정답 3
해석 항상 밥은 영양 성분이 (듬뿍) 들어 있는 현미로 짓고 있다.
어휘 ご飯(はん) 밥 栄養(えいよう) 영양 成分(せいぶん) 성분 たっぷり 듬뿍, 많이 玄米(げんまい) 현미
炊(た)く (밥 등을) 짓다 ほとんど 거의, 대부분 却(かえ)って 도리어, 오히려 早速(さっそく) 당장, 즉시

20 정답 2
해석 지난주 일요일은 특별히 할 일도 없어서 계속 집에서 (빈둥)거리고 있었다.
어휘 日曜日(にちようび) 일요일 特(とく)に 특히, 특별히 やる 하다 ずっと 쭉, 계속 ごろごろ 빈둥빈둥
ぶくぶく 부글부글 じめじめ 습기가 많은 모양 くらくら 어질어질

확인 문제 3 • 문맥 규정

問題4 (　　　)に入れるのに最もよいものを、1・2・3・4から一つ選びなさい。

21 なるべく一枚のカードを使った方がポイントなどを貯めるのに(　　　)だ。
1 有利　　2 参加　　3 対面　　4 解釈

22 商品の発送が(　　　)したら、ご連絡ください。
1 往復　　2 維持　　3 完了　　4 足元

23 時代に合わせて学校の校則も(　　　)していくべきであろう。
1 環境　　2 改正　　3 感覚　　4 応答

24 インドネシアは(　　　)な資源に恵まれている国である。
1 明白　　2 上手　　3 簡素　　4 豊富

25 彼女の作業服は、汗で(　　　)濡れていた。
1 うっとり　　2 ちゃっかり　　3 びっしょり　　4 のんびり

26 (　　　)な人の周りにはいつも優しい空気が漂(ただよ)い、和やかな雰囲気になる。
1 穏やか　　2 鮮やか　　3 微か　　4 肝心

27 彼女を呼び止めたら、彼女は振り向いて(　　　)笑った。
1 がっかり　　2 ぎっしり　　3 にっこり　　4 あっさり

28 喉が渇いていたのか、彼はビールを(　　　)飲(の)み干(ほ)してしまった。
1 必ずしも　　2 主に　　3 前以て　　4 一気に

29 彼女ときたら、自分の思った通りにならないとすぐに(　　　)する。
1 すらすら　　2 いらいら　　3 のろのろ　　4 ちくちく

30 彼は人の言うことを頭から(　　　)癖がある。
1 受け持つ　　2 打ち消す　　3 乗り換える　　4 売り切れる

확인 문제 3 • 정답 및 해석(문맥 규정)

21 정답 1
해석 되도록 한 장의 카드를 쓰는 편이 포인트 등을 모으는 데에 (유리)하다.
어휘 なるべく 되도록, 가능한 한 ～枚(まい) ~장 カード 카드 使(つか)う 쓰다, 사용하다 ポイント 포인트
貯(た)める (돈을) 모으다 동사의 보통형+のに ~하는 데에, ~하기에 有利(ゆうり)だ 유리하다 参加(さんか) 참가
対面(たいめん) 대면 解釈(かいしゃく) 해석

22 정답 3
해석 상품 발송이 (완료)되면 연락 주세요.
어휘 商品(しょうひん) 상품 発送(はっそう) 발송 完了(かんりょう) 완료
ご+한자명사+ください ~해 주십시오 *존경표현 連絡(れんらく) 연락 往復(おうふく) 왕복 維持(いじ) 유지
足元(あしもと) 발밑

23 정답 2
해석 시대에 맞춰 학교 교칙도 (개정)해 나가야 할 것이다.
어휘 時代(じだい) 시대 合(あ)わせる 맞추다 校則(こうそく) 교칙 改正(かいせい) 개정
동사의 기본형+べきだ (마땅히) ~해야 한다 環境(かんきょう) 환경 感覚(かんかく) 감각 応答(おうとう) 응답

24 정답 4
해석 인도네시아는 (풍부)한 자원의 혜택을 받은 나라다.
어휘 インドネシア 인도네시아 豊富(ほうふ)だ 풍부하다 資源(しげん) 자원 恵(めぐ)まれる 혜택을 받다, 풍족하다
国(くに) 나라 明白(めいはく)だ 명백하다 上手(じょうず)だ 능숙하다, 잘하다 簡素(かんそ)だ 간소하다

25 정답 3
해석 그녀의 작업복은 땀으로 (흠뻑) 젖어 있었다.
어휘 作業服(さぎょうふく) 작업복 汗(あせ) 땀 びっしょり 흠뻑 濡(ぬ)れる 젖다 うっとり 넋을 잃고, 황홀하게
ちゃっかり 빈틈없이, 약삭빠르게 のんびり 느긋하게

26 정답 1
해석 (온화)한 사람 주위에는 항상 다정한 공기가 감돌아서 부드러운 분위기가 된다.
어휘 穏(おだ)やかだ 온화하다 周(まわ)り 주위, 주변 優(やさ)しい 상냥하다, 다정하다 空気(くうき) 공기
漂(ただよ)う 감돌다 和(なご)やかだ (기색·공기가) 부드럽다, 온화하다 雰囲気(ふんいき) 분위기
鮮(あざ)やかだ 선명하다 微(かす)かだ 희미하다, 미약하다 肝心(かんじん)だ (가장) 중요하다

27 정답 3
해석 그녀를 불러 세웠더니, 그녀는 뒤돌아보며 (방긋) 웃었다.
어휘 呼(よ)び止(と)める 불러 세우다 振(ふ)り向(む)く 뒤돌아보다 にっこり 방긋, 생긋 笑(わら)う 웃다
がっかり 실망하는 모양 ぎっしり 가득, 꽉 あっさり 산뜻한 모양

28 정답 4
해석 목이 말랐던 것인지, 그는 맥주를 (단숨에) 다 마셔 버렸다.
어휘 喉(のど)が渇(かわ)く 목이 마르다 ビール 맥주 一気(いっき)に 단숨에 飲(の)み干(ほ)す 다 마시다
必(かなら)ずしも (부정어 수반) 반드시, 꼭 主(おも)に 주로 前以(まえもっ)て 미리, 사전에

29 정답 2
해석 그녀로 말하자면 자신이 생각한 대로 되지 않으면 바로 (초조해)한다.
어휘 ～ときたら ~로 말하자면 ～通(とお)り ~대로 すぐに 곧, 바로 いらいら 안달하며 초조해하는 모양
すらすら 술술 のろのろ 느릿느릿 ちくちく 콕콕, 따끔따끔

30 정답 2
해석 그는 남이 하는 말을 덮어놓고 (부정하는) 버릇이 있다.
어휘 頭(あたま)から 처음부터, 무조건, 덮어놓고 打(う)ち消(け)す 부정하다 癖(くせ) 버릇
受(う)け持(も)つ 맡다, 담당하다 乗(の)り換(か)える 갈아타다 売(う)り切(き)れる 다 팔리다, 품절되다

확인 문제 4 • 문맥 규정

問題4（　　　）に入れるのに最もよいものを、1・2・3・4から一つ選びなさい。

31 ここは桜の（　　　）として知られている。

1 習慣　　2 集中　　3 応対　　4 名所

32 中村君がチームの（　　　）に選ばれたそうだ。

1 アルバイト　　2 マラソン　　3 リーダー　　4 ストライキ

33 この服、（　　　）はなかなかいいけど、どうも色が気に入らないわ。

1 ペット　　2 ピリオド　　3 デザイン　　4 ユーモア

34 このまま不景気が長引けば、倒産する企業も（　　　）するでしょうね。

1 確認　　2 続出　　3 希望　　4 受付

35 データの結果を（　　　）してレポートを書いた。

1 分析　　2 訪問　　3 心理　　4 強化

36 些細(ささい)なことに（　　　）を立てず、ちょっとした言葉に傷付かない人になりたいです。

1 腰　　2 胸　　3 肘　　4 腹

37 彼女は日本漢字能力検定試験1級の合格を（　　　）勉強している。

1 乗り越えて　　2 受け入れて　　3 目指して　　4 打ち出して

38 娘は少しの刺激(しげき)にもすぐ反応してしまう（　　　）な肌である。

1 迷惑　　2 密接　　3 優秀　　4 敏感

39 誰にも聞こえないように、私たちは（　　　）話をした。

1 さらさら　　2 ひそひそ　　3 くよくよ　　4 ぎくしゃく

40 （　　　）な坂道(さかみち)を登ると家が見えた。

1 なだらか　　2 朗らか　　3 賑やか　　4 健やか

확인 문제 4 • 정답 및 해석(문맥 규정)

31 정답 4
해석 이곳은 벚꽃의 (명소)로 알려져 있다.
어휘 桜(さくら) 벚꽃 名所(めいしょ) 명소 ～として ~로서 知(し)られる 알려지다 習慣(しゅうかん) 습관
集中(しゅうちゅう) 집중 応対(おうたい) 응대

32 정답 3
해석 나카무라 군이 팀의 (리더)로 뽑혔다고 한다.
어휘 チーム 팀 リーダー 리더 選(えら)ぶ 뽑다, 선발하다 품사의 보통형+そうだ ~라고 한다 *전문
アルバイト 아르바이트 マラソン 마라톤 ストライキ 동맹 파업

33 정답 3
해석 이 옷, (디자인)은 꽤 좋은데, 도무지 색이 마음에 안 들어.
어휘 服(ふく) 옷 デザイン 디자인 なかなか 꽤, 상당히 どうも (부정어 수반) 아무래도, 도무지 色(いろ) 색, 색깔
気(き)に入(い)る 마음에 들다 ペット 펫, 애완동물, 반려동물 ピリオド 마침표, 종지부 ユーモア 유머

34 정답 2
해석 이대로 불경기가 오래 가면 도산하는 기업도 (속출)하겠죠.
어휘 このまま 이대로 不景気(ふけいき) 불경기 長引(ながび)く 오래 끌다 倒産(とうさん) 도산 企業(きぎょう) 기업
続出(ぞくしゅつ) 속출 確認(かくにん) 확인 希望(きぼう) 희망 受付(うけつけ) 접수, 접수처

35 정답 1
해석 데이터 결과를 (분석)해서 리포트를 썼다.
어휘 データ 데이터 結果(けっか) 결과 分析(ぶんせき) 분석 レポート 리포트, 보고서 書(か)く (글씨·글을) 쓰다
訪問(ほうもん) 방문 心理(しんり) 심리 強化(きょうか) 강화

36 정답 4
해석 사소한 일에 (화)를 내지 않고 대수롭지 않은 말에 상처받지 않는 사람이 되고 싶습니다.
어휘 些細(ささい)だ 사소하다 腹(はら)を立(た)てる 화를 내다 ちょっとした 대수롭지 않은, 하찮은
傷付(きずつ)く (마음의) 상처를 입다 腰(こし) 허리 胸(むね) 가슴 肘(ひじ) 팔꿈치

37 정답 3
해석 그녀는 일본한자능력검정시험 1급 합격을 (목표로 해서) 공부하고 있다.
어휘 漢字(かんじ) 한자 能力(のうりょく) 능력 検定(けんてい) 검정 試験(しけん) 시험 ～級(きゅう) ~급
合格(ごうかく) 합격 目指(めざ)す 목표로 하다, 지향하다 勉強(べんきょう) 공부 乗(の)り越(こ)える 극복하다
受(う)け入(い)れる 받아들이다, 수용하다 打(う)ち出(だ)す 내세우다, 제창하다

38 정답 4
해석 딸은 약간의 자극에도 바로 반응해 버리는 (민감)한 피부다.
어휘 娘(むすめ) (자신의) 딸 刺激(しげき) 자극 反応(はんのう) 반응 敏感(びんかん)だ 민감하다 肌(はだ) 피부
迷惑(めいわく)だ 귀찮다, 성가시다 密接(みっせつ)だ 밀접하다 優秀(ゆうしゅう)だ 우수하다

39 정답 2
해석 누구에게도 들리지 않도록 우리는 (소곤소곤) 이야기를 했다.
어휘 誰(だれ)にも 누구에게도 聞(き)こえる 들리다 ～ないように ~하지 않도록 ひそひそ 소곤소곤
さらさら 사물이 막힘없이 나아가는 모양 くよくよ 사소한 일을 걱정하는 모양
ぎくしゃく 사물의 진행이나 동작이 순조롭지 못한 모양

40 정답 1
해석 (완만)한 언덕길을 오르자, 집이 보였다.
어휘 なだらかだ 완만하다, 가파르지 않다 坂道(さかみち) 비탈길, 언덕길 登(のぼ)る (높은 곳에) 올라가다, 오르다
見(み)える 보이다 朗(ほが)らかだ 명랑하다 賑(にぎ)やかだ 번화하다, 떠들썩하다 健(すこ)やかだ 건강하다, 튼튼하다

확인 문제 5 • 문맥 규정

問題4 (　　　)に入れるのに最もよいものを、1・2・3・4から一つ選びなさい。

41 ショッピングモールの前に、大型車両も駐車できる(　　　)ができた。
1 クッション　2 アイドル　3 スペース　4 ボックス

42 部屋の家具を(　　　)し直して雰囲気を変えてみた。
1 アレンジ　2 ミーティング　3 シャッター　4 ガレージ

43 この大学の卒業者は、様々な分野で(　　　)な活動を展開している。
1 丈夫　2 惨め　3 活発　4 斜め

44 思考が(　　　)であることは、社会人にとって優れた能力になり得る。
1 平気　2 いい加減　3 濃厚　4 柔軟

45 この事件を(　　　)に、芸能人の私生活が問題視された。
1 温暖　2 契機　3 要領　4 育児

46 ごみ焼却場(しょうきゃくじょう)の建設に対して(　　　)住民の6割が反対しているそうだ。
1 地元　2 克服　3 現象　4 緯度

47 警察に(　　　)、彼はびくびくし始めた。
1 差し支えられて　2 立て替えられて　3 呼び止められて　4 踏み切られて

48 体調が悪いのか、息子は朝から(　　　)している。
1 ぽっかり　2 じっくり　3 きっちり　4 ぐったり

49 娘は(　　　)性格で、よく忘れ物をする。
1 著しい　2 そそっかしい　3 恥ずかしい　4 待ち遠しい

50 彼は仕事での人間関係などでストレスを感じ、いつも(　　　)ばかりこぼしている。
1 愚痴　2 軌道　3 知覚　4 尊重

확인 문제 5 • 정답 및 해석(문맥 규정)

41 정답 3
해석 쇼핑몰 앞에 대형 차량도 주차할 수 있는 (공간)이 생겼다.
어휘 ショッピングモール 쇼핑몰 大型(おおがた) 대형 車両(しゃりょう) 차량 駐車(ちゅうしゃ) 주차
スペース 스페이스, 공간 できる 생기다 クッション 쿠션 アイドル 아이돌 ボックス 박스

42 정답 1
해석 방의 가구를 다시 (배치)해서 분위기를 바꿔 봤다.
어휘 部屋(へや) 방 家具(かぐ) 가구 アレンジ 어레인지, 배치 동사의 ます형+直(なお)す 다시 ~하다
雰囲気(ふんいき) 분위기 変(か)える 바꾸다 ミーティング 미팅, 회의 シャッター 셔터 ガレージ 차고

43 정답 3
해석 이 대학 졸업자는 여러 분야에서 (활발)한 활동을 전개하고 있다.
어휘 大学(だいがく) 대학 卒業者(そつぎょうしゃ) 졸업자 分野(ぶんや) 분야 活発(かっぱつ)だ 활발하다
活動(かつどう) 활동 展開(てんかい) 전개 丈夫(じょうぶ)だ 튼튼하다 惨(みじ)めだ 비참하다 斜(なな)め 비스듬함

44 정답 4
해석 사고가 (유연)하다는 것은 사회인에게 있어 뛰어난 능력이 될 수 있다.
어휘 思考(しこう) 사고, 생각함 柔軟(じゅうなん)だ 유연하다 社会人(しゃかいじん) 사회인 ~にとって ~에(게) 있어서
優(すぐ)れる 뛰어나다, 우수하다 能力(のうりょく) 능력 동사의 ます형+得(う・え)る ~할 수 있다
平気(へいき)だ 태연하다, 아무렇지도 않다 いい加減(かげん)だ 무책임하다, 엉터리다 濃厚(のうこう)だ 농후하다

45 정답 2
해석 이 사건을 (계기)로 연예인의 사생활이 문제시되었다.
어휘 事件(じけん) 사건 契機(けいき) 계기 芸能人(げいのうじん) 연예인 私生活(しせいかつ) 사생활
問題視(もんだいし) 문제시 温暖(おんだん) 온난 要領(ようりょう) 요령 育児(いくじ) 육아

46 정답 1
해석 쓰레기 소각장 건설에 대해 (그 고장) 주민의 60%가 반대하고 있다고 한다.
어휘 ごみ 쓰레기 焼却場(しょうきゃくじょう) 소각장 建設(けんせつ) 건설 ~に対(たい)して ~에 대해서, ~에게 *대상
地元(じもと) 그 고장, 그 지방 住民(じゅうみん) 주민 ~割(わり) ~할, 십 분의 일의 비율 反対(はんたい) 반대
품사의 보통형+そうだ ~라고 한다 *전문 克服(こくふく) 극복 現象(げんしょう) (자연·사회) 현상 緯度(いど) 위도

47 정답 3
해석 경찰이 (불러 세워서) 그는 벌벌 떨기 시작했다.
어휘 警察(けいさつ) 경찰 呼(よ)び止(と)める 불러 세우다 びくびくする 벌벌 떨다
동사의 ます형+始(はじ)める ~하기 시작하다 差(さ)し支(つか)える 지장이 있다 立(た)て替(か)える 대신 지불하다
踏(ふ)み切(き)る 결단하다, 단행하다

48 정답 4
해석 컨디션이 안 좋은 것인지 아들은 아침부터 (축 늘어져) 있다.
어휘 体調(たいちょう) 몸 상태, 컨디션 息子(むすこ) (자신의) 아들 朝(あさ) 아침 ぐったり 녹초가 됨, 축 늘어짐
ぽっかり 둥실 じっくり 차분하게, 곰곰이 きっちり 꽉, 꼭 *빈틈이 없는 모양

49 정답 2
해석 딸은 (덜렁대는) 성격으로 자주 물건을 잃어버린다.
어휘 娘(むすめ) (자신의) 딸 そそっかしい 경솔하다, 덜렁대다 よく 잘, 자주 忘(わす)れ物(もの)をする 물건을 잃어버리다
著(いちじる)しい 두드러지다, 현저하다 恥(は)ずかしい 부끄럽다, 창피하다 待(ま)ち遠(どお)しい 몹시 기다려지다

50 정답 1
해석 그는 일에서의 인간관계 등으로 스트레스를 느껴서 늘 (푸념)만 늘어놓고 있다.
어휘 仕事(しごと) 일 人間関係(にんげんかんけい) 인간관계 ストレス 스트레스 感(かん)じる 느끼다
愚痴(ぐち)をこぼす 푸념을 늘어놓다 ~ばかり ~만, ~뿐 軌道(きどう) 궤도 知覚(ちかく) 지각 尊重(そんちょう) 존중

확인 문제 6・문맥 규정

問題4（　　　）に入れるのに最もよいものを、1・2・3・4から一つ選びなさい。

51 この果物は（　　　）な味がするから、あまり好きではない。
1 理解　　2 独特　　3 物価　　4 貿易

52 南極基地の様子は日本全国に（　　　）された。
1 中継　　2 間食　　3 愉快　　4 土地

53 去年、中国に行った時には、言葉が（　　　）色々と苦労した。
1 任せなくて　　2 倣わなくて　　3 流れなくて　　4 通じなくて

54 壁に来週の（　　　）が貼ってある。
1 ジレンマ　　2 アナウンス　　3 スケジュール　　4 マスコミ

55 依然（いぜん）として廃棄物（はいきぶつ）の不法投棄に関する多くの（　　　）が寄せられている。
1 手数　　2 合併　　3 祝福　　4 苦情

56 1週間にわたるテストが今日終わって（　　　）した。
1 のっぺり　　2 しっかり　　3 すっきり　　4 うっかり

57 新聞は国際連合の軍事援助を（　　　）非難している。
1 懐かしく　　2 鋭く　　3 淡く　　4 名高く

58 微細（びさい）な鉄さびが水道水に混入すると、赤く（　　　）場合がある。
1 納める　　2 濁る　　3 黙る　　4 加わる

59 課長の指示は、本当に（　　　）で何をしたらいいのかわからない。
1 身近　　2 透明　　3 曖昧　　4 新鮮

60 もしもの時のために、お金は（　　　）おいた方がいい。
1 蓄えて　　2 蘇って　　3 遡って　　4 千切って

확인 문제 6 • 정답 및 해석(문맥 규정)

51 정답 2
해석 이 과일은 (독특)한 맛이 나서 별로 좋아하지 않는다.
어휘 果物(くだもの) 과일 独特(どくとく)だ 독특하다 味(あじ)がする 맛이 나다 あまり (부정어 수반) 그다지, 별로 好(す)きだ 좋아하다 理解(りかい) 이해 物価(ぶっか) 물가 貿易(ぼうえき) 무역

52 정답 1
해석 남극 기지의 모습은 일본 전국으로 (중계)되었다.
어휘 南極(なんきょく) 남극 基地(きち) 기지 様子(ようす) 모습, 상황 全国(ぜんこく) 전국 中継(ちゅうけい) (TV·라디오 등의) 중계 間食(かんしょく) 간식 愉快(ゆかい) 유쾌 土地(とち) 토지

53 정답 4
해석 작년에 중국에 갔을 때는 말이 (통하지 않아서) 여러모로 고생했다.
어휘 去年(きょねん) 작년 中国(ちゅうごく) 중국 言葉(ことば) 말 通(つう)じる 통하다 色々(いろいろ)と 여러 가지로 苦労(くろう) 고생 任(まか)せる 맡기다 倣(なら)う 모방하다, 따르다 流(なが)れる 흐르다

54 정답 3
해석 벽에 다음 주 (스케줄)이 붙어 있다.
어휘 壁(かべ) 벽 来週(らいしゅう) 다음 주 スケジュール 스케줄 貼(は)る 붙이다 타동사+てある ~해져 있다 *상태표현 ジレンマ 딜레마 アナウンス 방송 マスコミ 매스컴

55 정답 4
해석 여전히 폐기물 불법 투기에 관한 많은 (불평)이 밀려들고 있다.
어휘 依然(いぜん)として 여전히 廃棄物(はいきぶつ) 폐기물 不法(ふほう) 불법 投棄(とうき) 투기 ~に関(かん)する ~에 관한 苦情(くじょう) 불평, 불만 寄(よ)せる 밀려오다 手数(てすう) (일하는 데 드는) 수고 合併(がっぺい) 합병 祝福(しゅくふく) 축복

56 정답 3
해석 일주일에 걸친 시험이 오늘 끝나서 (개운)했다.
어휘 ~にわたる+명사 ~에 걸친 テスト 테스트, 시험 終(お)わる 끝나다 すっきり 상쾌[개운]한 모양 のっぺり 펀펀하고 밋밋한 모양 しっかり 제대로, 확실히 うっかり 무심코, 깜빡

57 정답 2
해석 신문은 국제 연합의 군사 원조를 (날카롭게) 비난하고 있다.
어휘 新聞(しんぶん) 신문 国際連合(こくさいれんごう) 국제 연합 軍事(ぐんじ) 군사 援助(えんじょ) 원조 鋭(するど)い 날카롭다, 예리하다 非難(ひなん) 비난 懐(なつ)かしい 그립다 淡(あわ)い (빛깔이) 엷다, 연하다 名高(なだか)い 유명하다

58 정답 2
해석 미세한 쇳녹이 수돗물에 혼입되면 붉게 (탁해지는) 경우가 있다.
어휘 微細(びさい)だ 미세하다 鉄(てつ)さび 쇳녹, 쇠에 생기는 녹 水道水(すいどうすい) 수돗물 混入(こんにゅう) 혼입 赤(あか)い 붉다 濁(にご)る 흐려지다, 탁해지다 場合(ばあい) 경우 納(おさ)める 납입하다, 납부하다 黙(だま)る 침묵하다 加(くわ)わる 더해지다

59 정답 3
해석 과장님의 지시는 정말 (애매해)서 무엇을 하면 좋은 것인지 모르겠다.
어휘 指示(しじ) 지시 曖昧(あいまい)だ 애매하다 身近(みぢか)だ 가까이 있다, 자신과 관계가 깊다 透明(とうめい)だ 투명하다 新鮮(しんせん)だ 신선하다

60 정답 1
해석 만약을 위해서 돈은 (저축해) 두는 편이 좋다.
어휘 もしも 만약, 만일 명사+の+ために ~을 위해서 蓄(たくわ)える 저축하다 ~ておく ~해 놓다[두다] 동사의 た형+方(ほう)がいい ~하는 편[쪽]이 좋다 蘇(よみがえ)る 되살아나다, 소생하다 遡(さかのぼ)る 거슬러 올라가다 千切(ちぎ)る 잘게 찢다

확인 문제 7 • 문맥 규정

問題4 (　　　)に入れるのに最もよいものを、1・2・3・4から一つ選びなさい。

61 今、仕事が波に乗っているところだから、(　　　)しないでください。
1 通信　　2 邪魔　　3 徹夜　　4 超過

62 当日は汚れてもいい(　　　)でお越しください。
1 優秀　　2 感激　　3 格好　　4 努力

63 彼は背はちょっと低かったが、(　　　)はがっしりしていた。
1 満足　　2 体格　　3 要旨　　4 手前

64 そのバンドは、人気がなくてわずか3年で(　　　)してしまった。
1 噴出　　2 収納　　3 解散　　4 売買

65 機械化をすることで、田植(たう)えや(　　　)作業などの効率を上げることができた。
1 徴収　　2 加入　　3 接触　　4 収穫

66 消費税増税の動きが(　　　)進んでいる。
1 堂々と　　2 かっと　　3 すっと　　4 着々と

67 私は風邪などで体調が悪くても、毎日のウォーキングは(　　　)。
1 育てない　　2 欠かさない　　3 賄わない　　4 記さない

68 昨日はせっかくの休日だったので、家で何もせずに(　　　)していた。
1 うっとり　　2 みっちり　　3 のんびり　　4 きっかり

69 大きな爆発の衝撃(しょうげき)で、割れたガラスがあちこちに(　　　)。
1 飛び散った　　2 飛び降りた　　3 飛び抜けた　　4 飛び乗った

70 調べてみたら、名簿(めいぼ)の順序は(　　　)だった。
1 みじめ　　2 あわれ　　3 でたらめ　　4 さわやか

확인 문제 7 • 정답 및 해석(문맥 규정)

61 정답 2
해석 지금 일이 잘 되고 있는 중이니까, (방해)하지 말아 주세요.
어휘 仕事(しごと) 일 波(なみ)に乗(の)る 기세를 타다 동사의 진행형+ところだ ~하고 있는 중이다 邪魔(じゃま) 방해 通信(つうしん) 통신 徹夜(てつや) 철야, 밤새움 超過(ちょうか) 초과

62 정답 3
해석 당일은 더러워져도 되는 (모습)으로 와 주세요.
어휘 当日(とうじつ) 당일 汚(よご)れる 더러워지다 格好(かっこう) 모습 お越(こ)し 오심 *「来(く)ること」(옴)의 존경어 優秀(ゆうしゅう) 우수 感激(かんげき) 감격 努力(どりょく) 노력

63 정답 2
해석 그는 키는 약간 작았지만, (체격)은 다부졌다.
어휘 背(せ)が低(ひく)い 키가 작다 体格(たいかく) 체격 がっしり 체격 등이 다부진 모양 満足(まんぞく) 만족 要旨(ようし) 요지 手前(てまえ) 바로 앞

64 정답 3
해석 그 밴드는 인기가 없어서 불과 3년 만에 (해산)하고 말았다.
어휘 バンド 밴드 人気(にんき) 인기 わずか 불과 解散(かいさん) 해산 噴出(ふんしゅつ) 분출 収納(しゅうのう) 수납 売買(ばいばい) 매매

65 정답 4
해석 기계화를 함으로써 모내기나 (수확) 작업 등의 효율을 올릴 수 있었다.
어휘 機械化(きかいか) 기계화 ~ことで ~함으로써 田植(たう)え 모내기 収穫(しゅうかく) 수확 作業(さぎょう) 작업 効率(こうりつ) 효율 上(あ)げる (성과·수익 등을) 올리다 徴収(ちょうしゅう) 징수 加入(かにゅう) 가입 接触(せっしょく) 접촉

66 정답 4
해석 소비세 증세의 움직임이 (착착) 진행되고 있다.
어휘 消費税(しょうひぜい) 소비세 増税(ぞうぜい) 증세 動(うご)き 움직임 着々(ちゃくちゃく)と 착착 進(すす)む 나아가다, 진행되다 堂々(どうどう)と 당당히 かっと 발끈 *갑자기 화를 내는 모양 すっと 불쑥, 쓱

67 정답 2
해석 나는 감기 등으로 몸 상태가 나빠도 매일의 워킹은 (빠뜨리지 않는다).
어휘 風邪(かぜ) 감기 体調(たいちょう) 몸 상태, 컨디션 ウォーキング 워킹 欠(か)かす 빠뜨리다 育(そだ)てる 키우다 賄(まかな)う 조달하다 記(しる)す 적다, 기록하다

68 정답 3
해석 어제는 모처럼의 휴일이었기 때문에 집에서 아무것도 하지 않고 (느긋하게) 보냈다.
어휘 昨日(きのう) 어제 せっかく 모처럼 休日(きゅうじつ) 휴일 ~ずに ~하지 않고 のんびり 느긋하게 うっとり 넋을 잃고, 황홀하게 みっちり 착실하게, 충분히 きっかり 꼭, 딱, 정확히

69 정답 1
해석 큰 폭발의 충격으로 깨진 유리가 여기저기로 (튀었다).
어휘 大(おお)きな 큰 爆発(ばくはつ) 폭발 衝撃(しょうげき) 충격 割(わ)れる 깨지다 ガラス 유리 あちこち 여기저기 飛(と)び散(ち)る 흩날리다, 튀다 飛(と)び降(お)りる 뛰어내리다 飛(と)び抜(ぬ)ける 뛰어나다 飛(と)び乗(の)る (달리는 차에) 뛰어오르다

70 정답 3
해석 조사해 봤더니 명부의 순서는 (엉터리)였다.
어휘 調(しら)べる 조사하다 名簿(めいぼ) 명부 順序(じゅんじょ) 순서 でたらめだ 엉터리다 みじ(惨)めだ 비참하다 あわ(哀)れだ 불쌍하다 さわ(爽)やかだ 상쾌하다, 산뜻하다

확인 문제 8 • 문맥 규정

問題4 (　　　)に入れるのに最もよいものを、1・2・3・4から一つ選びなさい。

71 スマホの(　　　)で、情報収集も昔に比べてだいぶ楽になった。
1 宅配　　2 選択　　3 普及　　4 面会

72 様々な経験をすることで人は精神的に(　　　)する。
1 成長　　2 信念　　3 追加　　4 題目

73 これから我が社における重要な課題は、優秀な人材の(　　　)である。
1 確率　　2 確保　　3 確信　　4 確答

74 全く(　　　)できなかった事態にみんな戸惑(とまど)っていた。
1 予感　　2 予報　　3 予算　　4 予測

75 赤いボールペンでチェックした部分が先生が(　　　)したところだ。
1 修理　　2 候補　　3 訂正　　4 正確

76 嬉しいことに、今月は売上目標に(　　　)ことができました。
1 化する　　2 会する　　3 関する　　4 達する

77 (　　　)な飲酒量は、1日平均純アルコールで約20グラム程度であるという。
1 適度　　2 吸入　　3 算出　　4 流入

78 不要な物を(　　　)捨てたら、すっきりした。
1 非常に　　2 たとえ　　3 思い切って　　4 辛うじて

79 家の前で道路工事をしているので、(　　　)たまらない。
1 じれったくて　　2 やかましくて　　3 おしくて　　4 とうとくて

80 寝不足のせいか今朝は頭が(　　　)している。
1 ぴったり　　2 ぎっしり　　3 いきなり　　4 ぼんやり

확인 문제 8 • 정답 및 해석(문맥 규정)

71 정답 3
해석 스마트폰의 (보급)으로 정보 수집도 옛날에 비해서 상당히 수월해졌다.
어휘 スマホ 스마트폰 *「スマートフォン」의 준말 普及(ふきゅう) 보급 情報(じょうほう) 정보
収集(しゅうしゅう) 수집 昔(むかし) 옛날 ～に比(くら)べて ～에 비해서 だいぶ 꽤, 상당히 楽(らく)だ 수월하다, 편하다
宅配(たくはい) 택배 選択(せんたく) 선택 面会(めんかい) 면회

72 정답 1
해석 다양한 경험을 함으로써 사람은 정신적으로 (성장)한다.
어휘 様々(さまざま)だ 다양하다, 여러 가지다 経験(けいけん) 경험 ～ことで ～함으로써 精神的(せいしんてき) 정신적
成長(せいちょう) 성장 信念(しんねん) 신념 追加(ついか) 추가 題目(だいもく) 제목

73 정답 2
해석 앞으로 우리 회사에 있어서의 중요한 과제는 우수한 인재 (확보)이다.
어휘 これから 앞으로 我(わ)が社(しゃ) 우리 회사 ～における ～에 있어서의, ～에서의 重要(じゅうよう)だ 중요하다
課題(かだい) 과제 優秀(ゆうしゅう)だ 우수하다 人材(じんざい) 인재 確保(かくほ) 확보 確率(かくりつ) 확률
確信(かくしん) 확신 確答(かくとう) 확답

74 정답 4
해석 전혀 (예측)하지 못한 사태에 모두 당황하고 있었다.
어휘 全(まった)く (부정어 수반) 전혀 予測(よそく) 예측 事態(じたい) 사태 戸惑(とまど)う 당황하다
予感(よかん) 예감 予報(よほう) 예보 予算(よさん) 예산

75 정답 3
해석 빨간 볼펜으로 체크한 부분이 선생님이 (정정)한 곳이다.
어휘 赤(あか)い 빨갛다 ボールペン 볼펜 チェック 체크 部分(ぶぶん) 부분 訂正(ていせい) 정정 ところ 부분, 데, 점
修理(しゅうり) 수리 候補(こうほ) 후보 正確(せいかく) 정확

76 정답 4
해석 기쁘게도 이달은 매출 목표에 (도달할) 수 있었습니다.
어휘 嬉(うれ)しい 기쁘다 ～ことに ～하게도 *감탄·놀람 売上(うりあげ) 매상, 매출 目標(もくひょう) 목표
達(たっ)する 이르다, 도달하다, 달하다 化(か)する 화하다, 변하다 会(かい)する 모이다, 만나다
関(かん)する 관하다, 관계하다

77 정답 1
해석 (적당)한 음주량은 하루 평균 순 알코올로 약 20g 정도라고 한다.
어휘 適度(てきど)だ 알맞다, 적당하다 飲酒量(いんしゅりょう) 음주량 平均(へいきん) 평균 純(じゅん) 순, 순수한
アルコール 알코올 グラム 그램, g 程度(ていど) 정도 ～という ～라고 한다 吸入(きゅうにゅう) 흡입
算出(さんしゅつ) 산출 流入(りゅうにゅう) 유입

78 정답 3
해석 필요 없는 물건을 (과감히) 버렸더니 상쾌해졌다.
어휘 不要(ふよう)だ 필요 없다 思(おも)い切(き)って 과감히, 큰맘 먹고 捨(す)てる 버리다 すっきり 상쾌[개운]한 모양
非常(ひじょう)に 대단히, 매우 たとえ 설령, 설사 辛(かろ)うじて 겨우, 간신히

79 정답 2
해석 집 앞에서 도로 공사를 하고 있기 때문에 (시끄러워서) 견딜 수 없다.
어휘 道路(どうろ) 도로 工事(こうじ) 공사 やかま(喧)しい 시끄럽다 ～てたまらない ～해서 견딜 수 없다, 너무 ～하다
じれったい 안타깝다 お(惜)しい 아깝다, 애석하다 とうと(尊)い 고귀하다

80 정답 4
해석 수면 부족 탓인지 오늘 아침은 머리가 (멍하)다.
어휘 寝不足(ねぶそく) 수면 부족 명사+の+せいか ～탓인지 今朝(けさ) 오늘 아침 頭(あたま) 머리 ぼんやり 멍하니
ぴったり 꼭, 딱 *꼭 알맞은[들어맞는] 모양 ぎっしり 가득, 꽉 いきなり 갑자기

확인 문제 9 • 문맥 규정

問題4（　　）に入れるのに最もよいものを、1・2・3・4から一つ選びなさい。

81 このサイトでは、私立大学の様々な（　　）を検索することができる。
1 独特　2 特色　3 単独　4 特別

82 まだ疑問点が完全に（　　）したわけではない。
1 解除　2 解散　3 解消　4 解毒

83 良いお話ですが、今回は（　　）させていただきます。
1 蓄積　2 還元　3 漏洩　4 辞退

84 IT技術の発達によって、世界情報をリアルタイムで（　　）ことができる。
1 積む　2 焼く　3 得る　4 盛る

85 我が社ではユーザのニーズを十分に（　　）してアルゴリズムを作っている。
1 反映　2 削減　3 了解　4 往復

86 石炭の燃焼は、生産電力量に（　　）して多くの二酸化炭素を排出する。
1 交渉　2 深刻　3 倍率　4 比例

87 二人の意見には（　　）があります。
1 設備　2 得意　3 相違　4 現地

88 期末レポートの提出期限が（　　）きた。
1 迫って　2 済ませて　3 潤って　4 用いて

89 彼は戦場で歴史に残る（　　）勝利を収めた。
1 もどかしい　2 輝かしい　3 清々しい　4 若々しい

90 酔（よ）っ払（ぱら）うと明日の仕事に（　　）ので、この辺で帰ろうよ。
1 受け持つ　2 立ち直る　3 取り入れる　4 差し支える

확인 문제 9 • 정답 및 해석(문맥 규정)

81 정답 2
해석 이 사이트에서는 사립대학의 다양한 (특색)을 검색할 수 있다.
어휘 サイト 사이트 私立大学(しりつだいがく) 사립대학 様々(さまざま)だ 다양하다, 여러 가지다
特色(とくしょく) 특색 検索(けんさく) 검색 동사의 기본형+ことができる ~할 수 있다 独特(どくとく) 독특
単独(たんどく) 단독 特別(とくべつ) 특별

82 정답 3
해석 아직 의문점이 완전히 (해소)된 것은 아니다.
어휘 疑問点(ぎもんてん) 의문점 完全(かんぜん)だ 완전하다 解消(かいしょう) 해소
~わけではない (전부) ~인 것은 아니다, (반드시) ~라고 할 수 없다 解除(かいじょ) 해제 解散(かいさん) 해산
解毒(げどく) 해독

83 정답 4
해석 좋은 이야기입니다만, 이번에는 (사퇴)하겠습니다.
어휘 話(はなし) 이야기 今回(こんかい) 이번 辞退(じたい) 사퇴 ~させていただく ~하다 *「する」의 겸양표현
蓄積(ちくせき) 축적 還元(かんげん) 환원 漏洩(ろうえい) 누설

84 정답 3
해석 IT 기술의 발달에 의해 세계 정보를 실시간으로 (얻을) 수 있다.
어휘 技術(ぎじゅつ) 기술 発達(はったつ) 발달 ~によって ~에 의해 世界(せかい) 세계 情報(じょうほう) 정보
リアルタイム 리얼 타임, 실시간 처리 得(え)る 얻다 積(つ)む (물건을) 쌓다 焼(や)く 굽다 盛(も)る (그릇에) 수북이 담다

85 정답 1
해석 우리 회사에서는 유저의 요구를 충분히 (반영)해 알고리즘을 만들고 있다.
어휘 我(わ)が社(しゃ) 우리 회사 ユーザ 유저 ニーズ 요구 十分(じゅうぶん)に 충분히 反映(はんえい) 반영
アルゴリズム 알고리즘 作(つく)る 만들다 削減(さくげん) 삭감 了解(りょうかい) 양해 往復(おうふく) 왕복

86 정답 4
해석 석탄 연소는 생산 전력량에 (비례)해 많은 이산화탄소를 배출한다.
어휘 石炭(せきたん) 석탄 燃焼(ねんしょう) 연소 生産(せいさん) 생산 電力量(でんりょくりょう) 전력량
比例(ひれい) 비례 二酸化炭素(にさんかたんそ) 이산화탄소 排出(はいしゅつ) 배출 交渉(こうしょう) 교섭
深刻(しんこく) 심각 倍率(ばいりつ) 배율

87 정답 3
해석 두 사람의 의견에는 (차이)가 있습니다.
어휘 二人(ふたり) 두 사람 意見(いけん) 의견 相違(そうい) 상이, 차이 設備(せつび) 설비 得意(とくい) 잘함, 장기
現地(げんち) 현지

88 정답 1
해석 기말 보고서 제출 기한이 (다가왔)다.
어휘 期末(きまつ) 기말 レポート 리포트, 보고서 提出(ていしゅつ) 제출 期限(きげん) 기한 迫(せま)る 다가오다
済(す)ませる 끝내다, 해결하다 潤(うるお)う 축축해지다, 물기를 머금다 用(もち)いる 사용하다, 이용하다

89 정답 2
해석 그는 전쟁터에서 역사에 남을 (빛나는) 승리를 거두었다.
어휘 戦場(せんじょう) 전장, 전쟁터 歴史(れきし) 역사 残(のこ)る 남다 輝(かがや)かしい 빛나다, 훌륭하다
勝利(しょうり) 승리 収(おさ)める 거두다, (성과를) 올리다 もどかしい 안타깝다 清々(すがすが)しい 상쾌하다
若々(わかわか)しい 젊디젊다

90 정답 4
해석 만취하면 내일 일에 (지장이 있으)니까 이쯤에서 돌아가자.
어휘 酔(よ)っ払(ぱら)う 몹시 취하다 仕事(しごと) 일 差(さ)し支(つか)える 지장이 있다
受(う)け持(も)つ 맡다, 담당하다 立(た)ち直(なお)る 회복하다 取(と)り入(い)れる 받아들이다

확인 문제 10 • 문맥 규정

問題4（　　　）に入れるのに最もよいものを、1・2・3・4から一つ選びなさい。

91 このスマホは（　　　）が多い割には安い。

1 企画　2 機能　3 作用　4 事例

92 私は映画「タイタニック」の船の先端（せんたん）に立つ有名な（　　　）が好きだ。

1 深海　2 復活　3 場面　4 活躍

93 （　　　）が広い人は、何事にも慌（あわ）てずに柔軟（じゅうなん）に対処できる。

1 視野　2 監督　3 評判　4 順番

94 誰もが（　　　）できる音楽として代表的なものが自然の音である。

1 キーボード　2 コーナー　3 リラックス　4 ルーズ

95 最近、息子はゲームに（　　　）になっている。

1 熱中　2 夢中　3 集中　4 没頭

96 彼は30年間勤めていた会社を辞め、今は創作活動に（　　　）している。

1 相談　2 判断　3 発作　4 専念

97 私の学校は、大きな道路に（　　　）いてちょっとうるさい。

1 絶して　2 制して　3 面して　4 値して

98 サッカーの試合での反則行為を減らすためにルールを（　　　）した。

1 嫌悪　2 改善　3 分離　4 回収

99 彼が一体何を考えているのか、全く（　　　）がつかない。

1 活気　2 理屈　3 上昇　4 見当

100 インスタント食品を好んで食べるので栄養のバランスが（　　　）いる。

1 偏って　2 促して　3 補って　4 捗って

확인 문제 10 • 정답 및 해석(문맥 규정)

91 정답 2
해석 이 스마트폰은 (기능)이 많은 것에 비해서는 싸다.
어휘 スマホ 스마트폰 *「スマートフォン」의 준말 機能(きのう) 기능 多(おお)い 많다
～割(わり)には ～에 비해서는, ～치고는 安(やす)い 싸다 企画(きかく) 기획 作用(さよう) 작용 事例(じれい) 사례

92 정답 3
해석 나는 영화 '타이타닉'의 배 선단에 서는 유명한 (장면)을 좋아한다.
어휘 映画(えいが) 영화 船(ふね) 배 先端(せんたん) 선단, 앞쪽의 끝 立(た)つ 서다 有名(ゆうめい)だ 유명하다
場面(ばめん) 장면 好(す)きだ 좋아하다 深海(しんかい) 심해 復活(ふっかつ) 부활 活躍(かつやく) 활약

93 정답 1
해석 (시야)가 넓은 사람은 무슨 일에도 당황하지 않고 유연하게 대처할 수 있다.
어휘 視野(しや) 시야 広(ひろ)い 넓다 何事(なにごと) 무슨 일 慌(あわ)てる 당황하다 ～ずに ～하지 않고
柔軟(じゅうなん)だ 유연하다 対処(たいしょ) 대처 監督(かんとく) 감독 評判(ひょうばん) 평판
順番(じゅんばん) 순번

94 정답 3
해석 누구나가 (긴장을 풀) 수 있는 음악으로서 대표적인 것이 자연의 소리다.
어휘 リラックス 릴랙스, 긴장을 풂 音楽(おんがく) 음악 ～として ～로서 代表的(だいひょうてき)だ 대표적이다
自然(しぜん) 자연 音(おと) 소리 キーボード 키보드 コーナー 코너, 매장 ルーズ 헐렁함, 단정치 못함

95 정답 2
해석 최근 아들은 게임에 (열중)하고 있다.
어휘 最近(さいきん) 최근, 요즘 息子(むすこ) (자신의) 아들 ゲーム 게임 夢中(むちゅう)だ 열중하다
熱中(ねっちゅう) 열중 集中(しゅうちゅう) 집중 没頭(ぼっとう) 몰두

96 정답 4
해석 그는 30년간 근무한 회사를 그만두고 지금은 창작 활동에 (전념)하고 있다.
어휘 勤(つと)める 근무하다 辞(や)める 일자리를 그만두다 創作(そうさく) 창작 活動(かつどう) 활동
専念(せんねん) 전념 相談(そうだん) 상담 判断(はんだん) 판단 発作(ほっさ) 발작

97 정답 3
해석 우리 학교는 큰 도로에 (인접해) 있어 조금 시끄럽다.
어휘 大(おお)きな 큰 道路(どうろ) 도로 面(めん)する 면하다, 인접하다 うるさい 시끄럽다
絶(ぜっ)する (「～に」의 꼴로) 뛰어나다 制(せい)する 제지하다, 억제하다
値(あたい)する (「～に」의 꼴로) ～할 가치가 있다, ～할 만하다

98 정답 2
해석 축구 시합에서의 반칙 행위를 줄이기 위해서 룰을 (개선)했다.
어휘 サッカー 축구 試合(しあい) 시합 反則(はんそく) 반칙 行為(こうい) 행위 減(へ)らす 줄이다
동사의 보통형+ために ～하기 위해서 ルール 룰, 규칙 改善(かいぜん) 개선 嫌悪(けんお) 혐오 分離(ぶんり) 분리
回収(かいしゅう) 회수

99 정답 4
해석 그가 도대체 무엇을 생각하고 있는지 전혀 (짐작)이 가지 않는다.
어휘 一体(いったい) 도대체, 대관절 全(まった)く (부정어 수반) 전혀
見当(けんとう) 예상, 예측, 짐작 *「見当(けんとう)がつく」- 짐작이 가다 活気(かっき) 활기 理屈(りくつ) 이치, 도리
上昇(じょうしょう) 상승

100 정답 1
해석 인스턴트 식품을 즐겨 먹어서 영양 밸런스가 (한쪽으로 치우쳐) 있다.
어휘 インスタント食品(しょくひん) 인스턴트 식품 好(この)む 좋아하다, 즐기다 栄養(えいよう) 영양
バランス 밸런스, 균형 偏(かたよ)る (한쪽으로) 치우치다 促(うなが)す 재촉하다 補(おぎな)う 보충하다
捗(はかど)る 진척되다

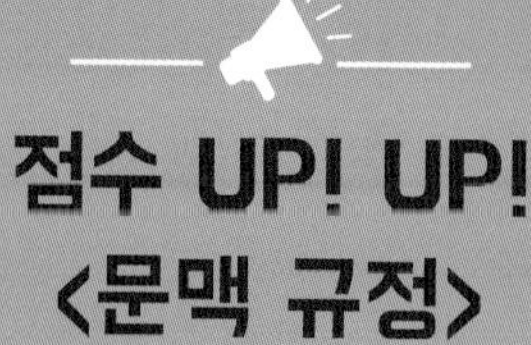

점수 UP! UP!
<문맥 규정>

□ 揃(そろ)える 갖추다	□ 削除(さくじょ) 삭제	□ 徐々(じょじょ)に 서서히
□ 尽(つ)きる 다하다	□ 添付(てんぷ) 첨부	□ 一斉(いっせい)に 일제히
□ 相次(あいつ)ぐ 잇따르다	□ 限界(げんかい) 한계	□ せっかく 모처럼, 애써
□ 固(かた)める 굳히다	□ 境目(さかいめ) 갈림길	□ せっせと 부지런히, 열심히
□ 砕(くだ)く 부수다, 깨뜨리다	□ マイペース 마이 페이스, 자기 방식	□ とっくに 훨씬 전에, 벌써
□ 奪(うば)う 빼앗다	□ スムーズ 원활함, 순조로움	□ どっと 우르르, 왈칵
□ 詰(つ)まる 가득 차다, 막히다	□ かゆい 가렵다	□ あくまで 어디까지나
□ 割(わ)り込(こ)む 끼어들다, 새치기하다	□ 濃(こ)い 짙다, 진하다	□ うっかり 무심코, 깜빡
□ 噂(うわさ) 소문	□ ばからしい 어처구니없다	□ ぎっしり 가득, 빽빽이
□ 有効(ゆうこう) 유효	□ みっともない 꼴불견이다	□ ぶらぶら 어슬렁어슬렁, 빈둥빈둥
□ 評判(ひょうばん) 평판	□ くだらない 시시하다, 형편없다	□ はきはき 시원시원, 또렷또렷
□ 昼寝(ひるね) 낮잠	□ だらしない 칠칠치 못하다	□ じろじろ 빤히, 뚫어지게
□ 活気(かっき) 활기	□ しつこい 집요하다, 끈질기다	□ めちゃくちゃ 엉망진창
□ 身元(みもと) 신원	□ 気(き)が長(なが)い 성미가 느긋하다	□ ぴかぴか 반짝반짝
□ 経費(けいひ) 경비	□ 器用(きよう)だ 손재주가 있다	□ ひとりでに 저절로
□ 上昇(じょうしょう) 상승	□ 気軽(きがる)だ 부담 없다	□ やたらと 함부로, 무턱대고
□ 強(つよ)み 강점, 장점	□ いつの間(ま)にか 어느샌가	□ わりと 비교적

문제 5 교체 유의어

출제 유형

문제 5 교체 유의어는 밑줄 친 단어나 표현과 가장 가까운 의미의 선택지를 고르는 문제로, 5문항이 출제된다. 실제 시험에서는 평균적으로 동사와 명사가 각각 2문항씩, 형용사나 부사가 1문항 정도 출제되고 있다.

실제 시험 예시

問題 5 ＿＿＿＿の言葉に意味が最も近いものを、1・2・3・4から一つ選びなさい。

1 意外なことに、20代のお金の使い道1位は「貯金」であったという。

1 用途　　2 技術　　3 景気　　4 行使

2 彼女から彼についての奇妙な話を聞いた。

1 面白い　　2 恥ずかしい　　3 おしゃれな　　4 変な

3 走って駅まで行ったので、電車の時間にぎりぎり間に合った。

1 いきなり　　2 辛うじて　　3 まさか　　4 予め

|정답| 1 1　2 4　3 2

시험 대책

교체 유의어는 말 그대로 가장 가까운 의미를 지닌 어휘를 고르는 문제이므로, 평소에 어떤 단어나 표현이 나오면 유사한 의미의 표현으로는 뭐가 있는지 찾아서 정리해 두어야 한다. 또한 앞서 언급했듯이 품사별로 보면 동사나 명사의 출제 빈도가 높으므로, 이 두 품사에 대한 집중적인 학습이 필요하다.

기출 및 출제 예상 어휘 100
<교체 유의어>

- ☐ 譲(ゆず)る ≒ あげる
  물려주다 ≒ (남에게) 주다
- ☐ 当(あ)てる ≒ ぶつける
  맞히다 ≒ 던져 맞히다
- ☐ ことなる ≒ 違(ちが)う
  다르다 ≒ 다르다
- ☐ かいしめる ≒ 全部買(ぜんぶか)う
  매점하다 ≒ 전부 사다
- ☐ ついている ≒ 運(うん)がいい
  운이 좋다 ≒ 운이 좋다
- ☐ 仕上(しあ)げる ≒ 完成(かんせい)させる
  일을 끝내다 ≒ 완성시키다
- ☐ お目(め)にかかる ≒ 会(あ)う
  만나 뵙다 ≒ 만나다
- ☐ 冷静(れいせい)になる ≒ 落(お)ち着(つ)く
  냉정해지다 ≒ 안정되다, 침착해지다
- ☐ 揃(そろ)える ≒ 同(おな)じにする
  맞추다, 같게 하다 ≒ 같게 하다
- ☐ 揃(そろ)う ≒ 集(あつ)まる
  (모두) 모이다 ≒ 모이다
- ☐ むかつく ≒ 怒(おこ)る
  화가 치밀다 ≒ 성내다, 화를 내다
- ☐ うつむく ≒ 下(した)を向(む)く
  고개를 숙이다 ≒ 아래를 향하다
- ☐ ささやく ≒ 小声(こごえ)で話(はな)す
  속삭이다 ≒ 작은 소리로 이야기하다
- ☐ いただく ≒ もらう
  (남에게) 받다 ≒ (남에게) 받다
- ☐ 否(いな)む ≒ 否定(ひてい)する
  부정하다 ≒ 부정하다
- ☐ 縮(ちぢ)む ≒ 小(ちい)さくなる
  줄다, 작아지다 ≒ 작아지다
- ☐ レンタルする ≒ 借(か)りる
  렌털하다, 대여하다 ≒ 빌리다
- ☐ 息抜(いきぬ)きする ≒ 休(やす)む
  잠시 쉬다, 한숨 돌리다 ≒ 쉬다
- ☐ 記憶(きおく)する ≒ 覚(おぼ)える
  기억하다 ≒ 기억하다
- ☐ 用心(ようじん)する ≒ 気(き)を付(つ)ける
  조심하다 ≒ 조심하다
- ☐ じたばたする ≒ 慌(あわ)てる
  버둥대다 ≒ 허둥대다
- ☐ 一転(いってん)する ≒ すっかり変(か)わる
  완전히 바뀌다 ≒ 완전히 바뀌다
- ☐ 注目(ちゅうもく)する ≒ 関心(かんしん)を持(も)つ
  주목하다 ≒ 관심을 갖다
- ☐ 衝突(しょうとつ)する ≒ ぶつかる
  충돌하다 ≒ 부딪치다, 충돌하다
- ☐ 追加(ついか)する ≒ 足(た)す
  추가하다 ≒ 더하다
- ☐ 収納(しゅうのう)する ≒ しまう
  수납하다 ≒ 안에 넣다, 간수하다
- ☐ 所有(しょゆう)する ≒ 持(も)つ
  소유하다 ≒ 가지다
- ☐ 回復(かいふく)する ≒ よくなる
  회복하다 ≒ 좋아지다

☐ ほっとする ≒ 安心する
안심하다 ≒ 안심하다

☐ がっかりする ≒ 失望する
실망하다 ≒ 실망하다

☐ 届ける ≒ 配達する
(물건을) 가지고 가다, 배달하다 ≒ 배달하다

☐ お勘定は済ましました
≒ お金は払いました
계산[지불]은 끝냈습니다 ≒ 돈은 지불했습니다

☐ 不平 ≒ 文句
불평 ≒ 불평, 불만

☐ 雑談 ≒ おしゃべり
잡담 ≒ 잡담, 수다

☐ 見解 ≒ 考え方
견해 ≒ 사고방식

☐ あいさつ ≒ 会釈
인사 ≒ (가볍게) 인사함

☐ 誤り ≒ 間違っているところ
잘못, 틀린 곳 ≒ 잘못된[틀린] 부분

☐ 電話中 ≒ 電話をしている
전화 중 ≒ 전화를 하고 있다

☐ 間際 ≒ 直前
직전 ≒ 직전

☐ 署名 ≒ サイン
서명 ≒ 사인

☐ きっかけ ≒ 契機
계기 ≒ 계기

☐ 日中 ≒ 昼間
주간, 낮 ≒ 주간, 낮

☐ 娯楽 ≒ レジャー
오락 ≒ 레저

☐ ふもと ≒ 山の下の方
산기슭 ≒ 산 아래쪽

☐ テンポ ≒ 速さ
템포 ≒ 빠르기, 속도

☐ プラン ≒ 計画
플랜, 계획 ≒ 계획

☐ テクニック ≒ 技術
테크닉, 기술 ≒ 기술

☐ ブーム ≒ 流行
붐, 유행 ≒ 유행

☐ チャンス ≒ 機会
찬스, 기회 ≒ 기회

☐ サンプル ≒ 見本
샘플, 견본 ≒ 견본

☐ キャンセル ≒ 取り消し
취소 ≒ 취소

☐ くどい ≒ 長ったらしい
장황하다 ≒ 장황하다

☐ そうぞうしい ≒ うるさい
시끄럽다, 떠들썩하다 ≒ 시끄럽다, 소란스럽다

☐ 思いがけない ≒ 意外だ
의외다, 뜻밖이다 ≒ 의외다

☐ やむを得ない ≒ 仕方ない
어쩔 수 없다 ≒ 어쩔 수 없다

☐ 哀れだ ≒ かわいそうだ
불쌍하다 ≒ 불쌍하다

□ 大(おお)げさだ ≒ オーバーだ
과장되다 ≒ 과장되다

□ 利口(りこう)だ ≒ 頭(あたま)がいい
영리하다 ≒ 머리가 좋다

□ 臆病(おくびょう)だ ≒ 何(なん)でも怖(こわ)がる
겁이 많다 ≒ 무엇이든지 무서워하다

□ 過剰(かじょう)だ ≒ 多(おお)すぎる
과잉이다 ≒ 너무 많다

□ 愉快(ゆかい)だ ≒ 面白(おもしろ)い
유쾌하다 ≒ 재미있다

□ 妙(みょう)だ ≒ 変(へん)だ
묘하다 ≒ 이상하다

□ 小柄(こがら)だ ≒ 体(からだ)が小(ちい)さい
몸집이 작다 ≒ 몸집이 작다

□ 卑怯(ひきょう)だ ≒ ずるい
비겁하다 ≒ 치사하다, 교활하다

□ 勝手(かって)だ ≒ わがままだ
제멋대로다 ≒ 제멋대로다

□ 退屈(たいくつ)だ ≒ つまらない
지루하다 ≒ 재미없다

□ 無口(むくち)だ ≒ あまり話(はな)さない
과묵하다 ≒ 별로 이야기하지 않다

□ まれだ ≒ ほとんどない
드물다 ≒ 거의 없다

□ そっくりだ ≒ 似(に)ている
꼭 닮다 ≒ 닮다

□ あいまいだ ≒ はっきりしない
애매하다 ≒ 확실하지 않다

□ ぶかぶかだ ≒ とても大(おお)きい
헐렁헐렁하다 ≒ 아주 크다

□ くたくただ ≒ ひどく疲(つか)れる
녹초가 되다 ≒ 몹시 지치다

□ かさかさだ ≒ 乾燥(かんそう)している
까칠까칠하다 ≒ 건조하다

□ 必死(ひっし)だった ≒ 一生懸命(いっしょうけんめい)だった
필사적이었다 ≒ 열심이었다

□ あきらかな ≒ はっきりした
분명한, 명백한 ≒ 확실한

□ 単(たん)なる ≒ ただの
단순한 ≒ 그저, 단순한

□ やや ≒ 少(すこ)し
약간 ≒ 조금

□ おそらく ≒ たぶん
아마 ≒ 아마

□ 時々(ときどき) ≒ 時折(ときおり)
때때로 ≒ 때때로

□ なるべく ≒ できるだけ
되도록, 가능한 한 ≒ 가능한 한, 되도록

□ じかに ≒ 直接(ちょくせつ)
직접 ≒ 직접

□ 常(つね)に ≒ いつも
늘, 항상 ≒ 항상, 늘

□ とっくに ≒ ずっと前(まえ)に
훨씬 전에, 벌써 ≒ 훨씬 전에

□ 直(ただ)ちに ≒ すぐに
당장, 즉시 ≒ 곧, 바로

□ 慎重(しんちょう)に ≒ 十分注意(じゅうぶんちゅうい)して 신중하게 ≒ 충분히 주의해서	□ たびたび ≒ 何度(なんど)も 자주 ≒ 몇 번이나, 여러 번
□ 真剣(しんけん)に ≒ 真面目(まじめ)に 진지하게 ≒ 진지하게	□ たちまち ≒ すぐに 금세, 순식간에 ≒ 곧, 바로
□ 当分(とうぶん) ≒ しばらく 당분간 ≒ 당분간	□ 依然(いぜん)として ≒ 相変(あいか)わらず 여전히 ≒ 여전히, 변함없이
□ 相当(そうとう) ≒ かなり 상당히 ≒ 꽤, 상당히	□ じっとして ≒ 動(うご)かないで 가만히, 꼼짝 않고 ≒ 움직이지 않고
□ およそ ≒ だいたい 대략 ≒ 대개, 대충	□ とりあえず ≒ 一応(いちおう) 우선, 먼저 ≒ 일단
□ かつて ≒ 以前(いぜん) 전에, 옛날에 ≒ 전, 예전	□ 少(すこ)しずつ ≒ だんだん 조금씩 ≒ 점점
□ いきなり ≒ 突然(とつぜん) 갑자기 ≒ 돌연, 갑자기	□ 相次(あいつ)いで ≒ 次々(つぎつぎ)に 잇따라 ≒ 잇따라, 계속해서
□ たまたま ≒ 偶然(ぐうぜん) 우연히 ≒ 우연히	□ 思(おも)ったほど ≒ そんなに 생각했던 만큼 ≒ 그렇게

확인 문제 1 • 교체 유의어

問題 5 ＿＿＿＿の言葉に意味が最も近いものを、1・2・3・4から一つ選びなさい。

1 彼女ときたら、会社の方針についていつも不平ばかり言っている。

1 冗談　2 自慢　3 文句　4 うそ

2 普段あまり勉強しない彼女のことだから、おそらく今度の試験に落ちるだろう。

1 まえもって　2 たぶん　3 さっそく　4 たちまち

3 一生お金に執着（しゅうちゃく）した彼の末路は、とても哀れだった。

1 退屈だった　2 かわいそうだった　3 不安だった　4 偉大だった

4 この仕事に特別なテクニックはさほど要りません。

1 工夫　2 知恵　3 技術　4 訓練

5 胃の手術をしたばかりなので、当分食事はできないだろう。

1 しばらく　2 これから　3 全部　4 いくら

6 息子は一人で壁にサッカーボールを当ててシュートの練習をしていた。

1 詰めて　2 隠して　3 ぶつけて　4 被って

7 火事が起きないように、たばこの火の始末には用心してください。

1 感激して　2 気を付けて　3 落ち着いて　4 怒って

8 社長の話はくどくて、あくびが出た。

1 長ったらしくて　2 上手で　3 つまらなくて　4 簡単で

9 その子供はしっかりしていてとても利口だった。

1 かっこよかった　2 恥ずかしかった　3 元気だった　4 頭がよかった

10 何か悲しいことでもあったのか、彼女はうつむいてしくしくと泣いていた。

1 足を組んで　2 遠くを見て　3 下を向いて　4 目を閉じて

확인 문제 1 • 정답 및 해석(교체 유의어)

1 정답 3
해석 그녀로 말하자면 회사 방침에 대해서 항상 불평만 하고 있다.
어휘 ～ときたら ～로 말하자면 方針(ほうしん) 방침 ～について ～에 대해서 *내용 不平(ふへい) 불평
～ばかり ～만, ～뿐 冗談(じょうだん) 농담 自慢(じまん) 자랑 文句(もんく) 불평, 불만 うそ 거짓말

2 정답 2
해석 평소에 별로 공부하지 않는 그녀니까, 아마 이번 시험에 떨어질 것이다.
어휘 普段(ふだん) 평소 あまり (부정어 수반) 그다지, 별로 勉強(べんきょう) 공부 사람+の+ことだから ～이니까
おそ(恐)らく 아마 試験(しけん) 시험 落(お)ちる 떨어지다 まえもっ(前以)て 미리, 사전에 たぶん 아마
さっそく(早速) 당장, 즉시 たちまち 금세, 순식간에

3 정답 2
해석 평생 돈에 집착한 그의 말로는 아주 불쌍했다.
어휘 一生(いっしょう) 평생 執着(しゅうちゃく) 집착 末路(まつろ) 말로 哀(あわ)れだ 불쌍하다
退屈(たいくつ)だ 지루하다 かわいそうだ 불쌍하다 不安(ふあん)だ 불안하다 偉大(いだい)だ 위대하다

4 정답 3
해석 이 일에 특별한 테크닉은 별로 필요없습니다.
어휘 仕事(しごと) 일 特別(とくべつ)だ 특별하다 テクニック 테크닉, 기술 さほど (부정어 수반) 그다지, 별로
要(い)る 필요하다 工夫(くふう) 궁리 知恵(ちえ) 지혜 技術(ぎじゅつ) 기술 訓練(くんれん) 훈련

5 정답 1
해석 위 수술을 한 지 얼마 안 되었기 때문에 당분간 식사는 못할 것이다.
어휘 胃(い) 위 手術(しゅじゅつ) 수술 동사의 た형+ばかりだ 막 ～한 참이다, ～한 지 얼마 안 되다
当分(とうぶん) 당분간 食事(しょくじ) 식사 しばらく 당분간 これから 앞으로, 이제부터 全部(ぜんぶ) 전부
いくら 얼마

6 정답 3
해석 아들은 혼자서 벽에 축구공을 맞히며 슛 연습을 하고 있었다.
어휘 息子(むすこ) (자신의) 아들 一人(ひとり)で 혼자서 壁(かべ) 벽 サッカーボール 축구공 当(あ)てる 맞히다
シュート 슛 練習(れんしゅう) 연습 詰(つ)める 채우다 隠(かく)す 숨기다 ぶつける 던져 맞히다
被(かぶ)る (머리 · 얼굴에) 쓰다

7 정답 2
해석 화재가 일어나지 않도록 담뱃불 처리에는 조심해 주세요.
어휘 火事(かじ) 화재 起(お)きる 일어나다, 발생하다 ～ないように ～하지 않도록 たばこの火(ひ) 담뱃불
始末(しまつ) 처리 用心(ようじん)する 조심하다 感激(かんげき)する 감격하다 気(き)を付(つ)ける 조심하다
落(お)ち着(つ)く 안정되다, 침착해지다 怒(おこ)る 성내다, 화를 내다

8 정답 1
해석 사장님의 이야기는 장황해서 하품이 났다.
어휘 社長(しゃちょう) 사장 くどい 장황하다 あくびが出(で)る 하품이 나다 長(なが)ったらしい 장황하다
上手(じょうず)だ 능숙하다, 잘하다 つまらない 재미없다 簡単(かんたん)だ 간단하다

9 정답 4
해석 그 아이는 야무지고 아주 영리했다.
어휘 子供(こども) 아이 しっかりする 야무지다, 착실하다 利口(りこう)だ 영리하다 かっこいい 멋지다, 근사하다
恥(は)ずかしい 부끄럽다, 창피하다 元気(げんき)だ 건강하다 頭(あたま)がいい 머리가 좋다

10 정답 3
해석 뭔가 슬픈 일이라도 있었던 것인지 그녀는 고개를 숙이고 훌쩍훌쩍 울고 있었다.
어휘 悲(かな)しい 슬프다 うつむ(俯)く 고개를 숙이다 しくしくと 훌쩍훌쩍 泣(な)く 울다
足(あし)を組(く)む 다리를 꼬다 遠(とお)く 먼 곳 下(した)を向(む)く 아래를 향하다 目(め)を閉(と)じる 눈을 감다

확인 문제 2 • 교체 유의어

問題 5 ＿＿＿＿の言葉に意味が最も近いものを、1・2・3・4から一つ選びなさい。

11 メールを送った後、内容に誤りがあることに気が付いた。

1 間違っているところ　2 わかりにくいところ
3 読みにくいところ　4 汚れているところ

12 臆病な彼がそんな無謀(むぼう)な行動をするはずがない。

1 何でも忘れる　2 よく病気をする　3 よく泣く　4 何でも怖がる

13 社長は家業を長男に譲って田舎で老年を送っている。

1 あげて　2 貸して　3 もらって　4 借りて

14 この牛乳、賞味期限(しょうみきげん)がとっくに過ぎているよ。

1 何も持たずに　2 一段と　3 ずっと前に　4 一人で

15 そんなひどいことを言われたら、誰でもむかつくに違いない。

1 怒る　2 困る　3 驚く　4 恥ずかしがる

16 私は彼女の勝手な行動を、どうしても許すわけにはいかない。

1 いじわるな　2 情けない　3 だらしない　4 わがままな

17 今までの弱気な態度が一転して強気になった。

1 すっかり変わって　2 急に止んで　3 とうとう受けて　4 少し進んで

18 当時、現場に彼がいたことだけははっきりと記憶している。

1 応援して　2 語って　3 覚えて　4 黙って

19 監督が観客と語り合うということは他の映画祭ではまれなことです。

1 単純な　2 ほとんどない　3 よくある　4 複雑な

20 何とか締め切りに合わせようと、じたばたしていた。

1 緊張して　2 慌てて　3 悩んで　4 興奮して

확인 문제 2 • 정답 및 해석(교체 유의어)

11 정답 1
해석 메일을 보낸 후, 내용에 틀린 곳이 있는 것을 알아차렸다.
어휘 メール 메일 送(おく)る 보내다 동사의 た형+後(あと) ~한 후 内容(ないよう) 내용 誤(あやま)り 잘못, 틀린 곳 気(き)が付(つ)く 깨닫다, 알아차리다 間違(まちが)う 잘못되다, 틀리다 ところ 부분, 데, 점 わかる 알다, 이해하다 동사의 ます형+にくい ~하기 힘들다 読(よ)む 읽다 汚(よご)れる 더러워지다

12 정답 4
해석 겁이 많은 그가 그런 무모한 행동을 할 리가 없다.
어휘 臆病(おくびょう)だ 겁이 많다 無謀(むぼう)だ 무모하다 行動(こうどう) 행동 ～はずがない ~일 리가 없다 何(なん)でも 무엇이든지, 뭐든지 忘(わす)れる 잊다 よく 잘, 자주 病気(びょうき)をする 아프다, 병을 앓다 泣(な)く 울다 怖(こわ)がる 무서워하다

13 정답 1
해석 사장님은 가업을 장남에게 물려주고 시골에서 노년을 보내고 있다.
어휘 社長(しゃちょう) 사장 家業(かぎょう) 가업 長男(ちょうなん) 장남 譲(ゆず)る 물려주다 田舎(いなか) 시골, 고향 老年(ろうねん) 노년 送(おく)る (세월을) 보내다, 지내다 あげる (남에게) 주다 貸(か)す 빌려주다 もらう (남에게) 받다 借(か)りる 빌리다

14 정답 3
해석 이 우유, 유통기한이 훨씬 전에 지났어.
어휘 牛乳(ぎゅうにゅう) 우유 賞味期限(しょうみきげん) 유통기한 とっくに 훨씬 전에, 벌써 過(す)ぎる (정해진 기한·기간이) 지나다 持(も)つ 가지다, 들다 ～ずに ~하지 않고 一段(いちだん)と 한층 ずっと 훨씬 前(まえ)に 전에 一人(ひとり)で 혼자서

15 정답 1
해석 그런 심한 말을 들으면 누구든지 화가 치밀 것임에 틀림없다.
어휘 ひどい 심하다 誰(だれ)でも 누구든지 むかつく 화가 치밀다 ～に違(ちが)いない ~임에 틀림없다 怒(おこ)る 성내다, 화를 내다 困(こま)る 곤란하다, 난처하다 驚(おどろ)く 놀라다 恥(は)ずかしがる 부끄러워하다

16 정답 4
해석 나는 그녀의 제멋대로인 행동을 도저히 용서할 수 없다.
어휘 勝手(かって)だ 제멋대로다 行動(こうどう) 행동 どうしても (부정어 수반) 아무리 해도, 도저히 許(ゆる)す 용서하다 동사의 기본형+わけにはいかない ~할 수는 없다 いじわる(意地悪)だ 심술궂다 情(なさ)けない 한심하다 だらしない 칠칠치 못하다 わがままだ 제멋대로다

17 정답 1
해석 지금까지의 나약한 태도가 완전히 바뀌어서 강경한 태도가 되었다.
어휘 弱気(よわき)だ 나약하다 態度(たいど) 태도 一転(いってん)する 완전히 바뀌다 強気(つよき)だ (태도 등이) 강경하다 すっかり 완전히 変(か)わる 바뀌다, 변하다 急(きゅう)に 갑자기 止(や)む 그치다, 멎다 とうとう 결국 受(う)ける 받다 少(すこ)し 조금 進(すす)む 나아가다, 진행되다

18 정답 3
해석 당시 현장에 그가 있었다는 것만은 확실하게 기억하고 있다.
어휘 当時(とうじ) 당시 現場(げんば) 현장 はっきりと 분명하게, 확실하게 記憶(きおく)する 기억하다 応援(おうえん) 응원 語(かた)る 말하다, 이야기하다 覚(おぼ)える 기억하다 黙(だま)る 침묵하다

19 정답 2
해석 감독이 관객과 이야기를 나눈다는 것은 다른 영화제에서는 드문 일입니다.
어휘 監督(かんとく) 감독 観客(かんきゃく) 관객 語(かた)り合(あ)う (서로) 이야기를 나누다 ～ということは ~라는 것은 他(ほか)の～ 다른~ 映画祭(えいがさい) 영화제 まれ(稀)だ 드물다 単純(たんじゅん)だ 단순하다 ほとんど 거의, 대부분 よく 잘, 자주 複雑(ふくざつ)だ 복잡하다

20 정답 2
해석 어떻게든 마감에 맞추려고 버둥대고 있었다.
어휘 何(なん)とか 어떻게든 締(し)め切(き)り 마감 合(あ)わせる 맞추다 じたばたする 버둥대다 緊張(きんちょう) 긴장 慌(あわ)てる 허둥대다 悩(なや)む 고민하다 興奮(こうふん) 흥분

확인 문제 3 • 교체 유의어

問題 5 ＿＿＿＿の言葉に意味が最も近いものを、1・2・3・4から一つ選びなさい。

21 こんなテンポの曲は、速すぎて歌いにくいわ。
1 長さ　2 明るさ　3 速さ　4 高さ

22 高気圧の影響で、明日は今日よりやや暑くなる見込みです。
1 たぶん　2 少し　3 もっと　4 絶対

23 今まで危ういことがたびたびあったが、何とか乗り越えてきた。
1 偶然　2 必ずしも　3 何度も　4 やっと

24 そんなことは、本人にじかに聞いてみた方がいいよ。
1 確実に　2 すべて　3 あとで　4 直接

25 みんな彼女の理論に注目したが、実現できるかは疑問(ぎもん)である。
1 関心を持った　2 驚いた　3 不満を持った　4 感動した

26 中村さんはかつて仕事で中国に住んだことがあるそうだ。
1 ゆっくり　2 大声で　3 急いで　4 以前

27 彼女は見れば見るほどお母さんにそっくりだ。
1 似ている　2 全く違う　3 憧れている　4 怒っている

28 カルシウムが過剰になると高血圧のリスクが高くなる。
1 遅すぎ　2 多すぎ　3 早すぎ　4 少なすぎ

29 危うく前の車に衝突するところだったが、幸い事故は免(まぬか)れた。
1 崩れる　2 敗れる　3 倒れる　4 ぶつかる

30 そんな卑怯な方法で勝っては、誰も認めてくれないだろう。
1 しつこい　2 ずるい　3 激しい　4 危ない

확인 문제 3 • 정답 및 해석(교체 유의어)

21 정답 3
해석 이런 템포의 곡은 너무 빨라서 부르기 힘들어.
어휘 テンポ 템포 曲(きょく) 곡 速(はや)い (속도가) 빠르다 い형용사의 어간+すぎる 너무 ~하다
歌(うた)う (노래를) 부르다 동사의 ます형+にくい ~하기 힘들다 長(なが)さ 길이 明(あか)るさ 밝음
速(はや)さ 빠르기, 속도 高(たか)さ 높이

22 정답 2
해석 고기압의 영향으로 내일은 오늘보다 약간 더워질 전망입니다.
어휘 高気圧(こうきあつ) 고기압 影響(えいきょう) 영향 やや 약간 暑(あつ)い 덥다 見込(みこ)み 예상, 전망
たぶん 아마 少(すこ)し 조금 もっと 더, 더욱 絶対(ぜったい) 절대, 절대로

23 정답 3
해석 지금까지 위태로운 경우가 자주 있었지만, 어떻게든 극복해 왔다.
어휘 危(あや)うい 위태롭다 たびたび(度々) 자주 何(なん)とか 어떻게든 乗(の)り越(こ)える 극복하다
偶然(ぐうぜん) 우연히 必(かなら)ずしも (부정어 수반) 반드시, 꼭 何度(なんど)も 몇 번이나, 여러 번
やっと 겨우, 간신히, 가까스로

24 정답 4
해석 그런 일은 본인에게 직접 물어보는 편이 좋아.
어휘 本人(ほんにん) 본인 じか(直)に 직접 確実(かくじつ)だ 확실하다 すべて 모두, 전부 あとで 나중에
直接(ちょくせつ) 직접

25 정답 1
해석 모두 그녀의 이론에 주목했지만, 실현할 수 있을지는 의문이다.
어휘 理論(りろん) 이론 注目(ちゅうもく)する 주목하다 実現(じつげん) 실현 疑問(ぎもん) 의문 関心(かんしん) 관심
持(も)つ 가지다 驚(おどろ)く 놀라다 不満(ふまん) 불만 感動(かんどう) 감동

26 정답 4
해석 나카무라 씨는 전에 일 때문에 중국에 산 적이 있다고 한다.
어휘 かつて 전에, 옛날에 仕事(しごと) 일 中国(ちゅうごく) 중국 住(す)む 살다, 거주하다
동사의 た형+ことがある ~한 적이 있다 품사의 보통형+そうだ ~라고 한다 *전문 ゆっくり 천천히, 느긋하게
大声(おおごえ) 큰 소리 急(いそ)ぐ 서두르다 以前(いぜん) 전, 예전

27 정답 1
해석 그녀는 보면 볼수록 어머니를 꼭 닮았다.
어휘 ～ば～ほど ~하면 ~수록 お母(かあ)さん (남의) 어머니 そっくりだ 꼭 닮다 似(に)る 닮다
全(まった)く 완전히, 아주 違(ちが)う 다르다 憧(あこが)れる 동경하다 怒(おこ)る 성내다, 화를 내다

28 정답 2
해석 칼슘이 과잉되면 고혈압 위험이 높아진다.
어휘 カルシウム 칼슘 過剰(かじょう)だ 과잉되다 高血圧(こうけつあつ) 고혈압 リスク 리스크, 위험 高(たか)い 높다
遅(おそ)い 늦다 い형용사의 어간+すぎ 너무 ~함 多(おお)い 많다 早(はや)い 이르다, 빠르다 少(すく)ない 적다

29 정답 4
해석 하마터면 앞차에 충돌할 뻔했는데, 다행히 사고는 면했다.
어휘 危(あや)うく～ところだった 하마터면 ~할 뻔했다 衝突(しょうとつ)する 충돌하다 幸(さいわ)い 다행히
事故(じこ) 사고 免(まぬか)れる 면하다, 모면하다 崩(くず)れる 무너지다 敗(やぶ)れる 지다, 패하다
倒(たお)れる 쓰러지다, 넘어지다 ぶつかる 부딪치다, 충돌하다

30 정답 2
해석 그런 비겁한 방법으로 이겨서는 아무도 인정해 주지 않을 것이다.
어휘 卑怯(ひきょう)だ 비겁하다 方法(ほうほう) 방법 勝(か)つ 이기다 認(みと)める 인정하다
～てくれる (남이 나에게) ~해 주다 しつこい 집요하다, 끈질기다 ずる(狡)い 교활하다
激(はげ)しい 심하다, 격하다, 격렬하다 危(あぶ)ない 위험하다

확인 문제 4 • 교체 유의어

問題 5 ＿＿＿＿の言葉に意味が最も近いものを、1・2・3・4から一つ選びなさい。

31 友達は旅行すると常にたくさんの写真を撮ってくる。

1 いつも　2 たまに　3 一気に　4 たとえ

32 完璧な人でも、時々ミスをすることがある。

1 時折　2 却って　3 毛頭　4 早速

33 私が彼女から聞いた話は、実に妙な話だった。

1 懐かしい　2 嬉しい　3 変な　4 嫌な

34 この二つの論文は、結論が全くことなって興味深い。

1 複雑で　2 簡単で　3 違って　4 似ていて

35 驚いたことに、彼はビルを5棟(とう)も所有している金持ちだそうだ。

1 返して　2 建てて　3 探して　4 持って

36 芸能人の登場で、会場がそうぞうしくなった。

1 うるさく　2 静かに　3 暗く　4 寒く

37 彼女が隣の人にささやくように話したことが気になる。

1 小声で　2 大声で　3 泣きながら　4 目を閉じて

38 室内の側面(そくめん)には、荷物を収納する棚が設置してあった。

1 預ける　2 しまう　3 踏まえる　4 集める

39 彼は小柄でかわいらしい女性が好きだそうだ。

1 心が弱くて　2 声が小さくて　3 力が強くて　4 体が小さくて

40 まさか無口な彼が大勢の人の前で落語(らくご)をするなんて、夢にも思わなかった。

1 あまり話さない　2 あまり笑わない　3 あまり食べない　4 あまり怒らない

확인 문제 4 • 정답 및 해석(교체 유의어)

31 정답 1
해석 친구는 여행하면 항상 많은 사진을 찍어 온다.
어휘 友達(ともだち) 친구 旅行(りょこう) 여행 常(つね)に 항상 たくさんの 많은 写真(しゃしん) 사진
撮(と)る (사진을) 찍다 いつも 항상, 늘 たまに 가끔 一気(いっき)に 단숨에 たとえ 설령, 설사

32 정답 1
해석 완벽한 사람이라도 때때로 실수를 할 때가 있다.
어휘 完璧(かんぺき)だ 완벽하다 時々(ときどき) 때때로 ミス 미스, 실수 동사의 기본형+ことがある ~할 때[경우]가 있다
時折(ときおり) 때때로 却(かえ)って 도리어, 오히려 毛頭(もうとう) (부정어 수반) 털끝만큼도, 조금도
早速(さっそく) 당장, 즉시

33 정답 3
해석 내가 그녀에게서 들은 이야기는 실로 묘한 이야기였다.
어휘 聞(き)く 듣다 実(じつ)に 실로 妙(みょう)だ 묘하다 懐(なつ)かしい 그립다 嬉(うれ)しい 기쁘다
変(へん)だ 이상하다 嫌(いや)だ 싫다

34 정답 3
해석 이 두 논문은 결론이 아주 달라서 매우 흥미롭다.
어휘 論文(ろんぶん) 논문 結論(けつろん) 결론 全(まった)く 완전히, 아주 こと(異)なる 다르다
興味深(きょうみぶか)い 매우 흥미롭다 複雑(ふくざつ)だ 복잡하다 簡単(かんたん)だ 간단하다 違(ちが)う 다르다
似(に)る 닮다

35 정답 4
해석 놀랍게도 그는 빌딩을 다섯 동이나 소유하고 있는 부자라고 한다.
어휘 驚(おどろ)く 놀라다 ～ことに ~하게도 *감탄·놀람 ビル 빌딩 *「ビルディング」의 준말 ～棟(とう) ~동 *건물
所有(しょゆう)する 소유하다 金持(かねも)ち 부자 품사의 보통형+そうだ ~라고 한다 *전문 返(かえ)す 돌려주다
建(た)てる (집을) 짓다, 세우다 探(さが)す 찾다 持(も)つ 가지다

36 정답 1
해석 연예인의 등장으로 회장이 시끄러워졌다.
어휘 芸能人(げいのうじん) 연예인 登場(とうじょう) 등장 会場(かいじょう) 회장
そうぞう(騒々)しい 시끄럽다, 떠들썩하다 うるさい 시끄럽다 静(しず)かだ 조용하다 暗(くら)い 어둡다 寒(さむ)い 춥다

37 정답 1
해석 그녀가 옆사람에게 속삭이듯 말한 것이 신경 쓰인다.
어휘 ささやく 속삭이다 ～ように ~하듯이 気(き)になる 신경이 쓰이다, 걱정되다 小声(こごえ) 작은 소리
話(はな)す 말하다, 이야기하다 大声(おおごえ) 큰 소리 泣(な)く 울다 동사의 ます형+ながら ~하면서 *동시동작
目(め)を閉(と)じる 눈을 감다

38 정답 2
해석 실내의 측면에는 짐을 수납하는 선반이 설치되어 있었다.
어휘 室内(しつない) 실내 側面(そくめん) 측면 荷物(にもつ) 짐 収納(しゅうのう)する 수납하다 棚(たな) 선반
設置(せっち) 설치 타동사+てある ~해져 있다 *상태표현 預(あず)ける 맡기다 しまう 안에 넣다, 간수하다
踏(ふ)まえる 입각하다 集(あつ)める 모으다

39 정답 4
해석 그는 몸집이 작고 귀여운 여성을 좋아한다고 한다.
어휘 小柄(こがら)だ 몸집이 작다 かわいらしい 귀엽다, 사랑스럽다 女性(じょせい) 여성 好(す)きだ 좋아하다
心(こころ) 마음 弱(よわ)い 약하다 声(こえ) 목소리 小(ちい)さい 작다 力(ちから) 힘 強(つよ)い 강하다, 세다
体(からだ) 몸, 신체

40 정답 1
해석 설마 과묵한 그가 많은 사람 앞에서 만담을 하다니, 꿈에도 생각하지 못했다.
어휘 まさか 설마 無口(むくち)だ 과묵하다 大勢(おおぜい) 많은 사람, 여럿 落語(らくご) 만담 ～なんて ~라니, ~하다니
夢(ゆめ)にも (부정어 수반) 꿈에도, 조금도 あまり (부정어 수반) 그다지, 별로 笑(わら)う 웃다 食(た)べる 먹다
怒(おこ)る 성내다, 화를 내다

확인 문제 5・교체 유의어

問題 5 ＿＿＿の言葉に意味が最も近いものを、1・2・3・4から一つ選びなさい。

41 山田君は授業の間雑談ばかりしていて、先生に叱られた。
1 相談　2 主張　3 反対　4 おしゃべり

42 日が落ち、辺りはたちまち真っ暗になった。
1 たしかに　2 すっかり　3 すぐに　4 ようやく

43 計(はか)ってみると、小包(こづつみ)の重さはおよそ20キロであった。
1 それぞれ　2 ぴったり　3 だいたい　4 ぜんぶで

44 鈴木さん、もうお勘定は済ましました。
1 料理は注文しました　2 店員は呼びました
3 店は予約しました　4 お金は払いました

45 野球場でたまたま私が座っていた席にホームランボールが飛んできた。
1 何度も　2 偶然　3 さっき　4 すぐに

46 このプログラムで挿入(そうにゅう)した写真のサイズを揃える方法はありますか。
1 大きくする　2 同じにする　3 教える　4 調べる

47 依然としてあの会社は赤字が続いているそうだ。
1 相変わらず　2 実際には　3 思った通り　4 これまでより

48 大型(おおがた)台風のニュースの影響で、食料品をかいしめておく人が多いという。
1 安く買って　2 早速買って　3 全部買って　4 無理に買って

49 出発間際、雨が降り出しました。
1 直前　2 直後　3 前日　4 当日

50 彼の無罪を証明するあきらかな証拠(しょうこ)が新たに発見された。
1 新しい　2 はっきりした　3 様々な　4 別の

확인 문제 5 • 정답 및 해석(교체 유의어)

41 정답 4
해석 야마다 군은 수업 동안 잡담만 하고 있다가 선생님께 야단맞았다.
어휘 授業(じゅぎょう) 수업 ～間(あいだ) ～동안 雑談(ざつだん) 잡담 叱(しか)る 야단치다 相談(そうだん) 상담
主張(しゅちょう) 주장 反対(はんたい) 반대 おしゃべり 잡담, 수다

42 정답 3
해석 해가 져서 주위는 금세 캄캄해졌다.
어휘 日(ひ)が落(お)ちる 해가 지다 辺(あた)り 주위 たちまち 금세, 순식간에 真(ま)っ暗(くら)だ 캄캄하다
たし(確)かに 확실히 すっかり 완전히 すぐに 곧, 바로 ようやく 겨우, 간신히

43 정답 3
해석 달아 보니, 소포 무게는 대략 20kg이었다.
어휘 計(はか)る (무게 등을) 달다 小包(こづつみ) 소포 重(おも)さ 무게 およそ 대략 キロ 킬로그램, kg それぞれ 각각
ぴったり 꼭, 꽉 *꼭 알맞은[들어맞는] 모양 だいたい(大体) 대개, 대략 ぜんぶ(全部)で 전부해서

44 정답 4
해석 스즈키 씨, 이미 계산은 끝냈습니다.
어휘 もう 이미, 벌써 お勘定(かんじょう) 계산, 지불 済(す)ます 끝내다, 마치다 料理(りょうり) 요리
注文(ちゅうもん) 주문 店員(てんいん) 점원 呼(よ)ぶ 부르다 店(みせ) 가게 予約(よやく) 예약
払(はら)う (돈을) 내다, 지불하다

45 정답 2
해석 야구장에서 우연히 내가 앉아 있던 자리로 홈런 볼이 날아왔다.
어휘 野球場(やきゅうじょう) 야구장 たまたま 우연히 座(すわ)る 앉다 席(せき) (앉는) 자리, 좌석 ホームラン 홈런
ボール 볼, 공 飛(と)んでくる 날아오다 何度(なんど)も 몇 번이나, 여러 번 偶然(ぐうぜん) 우연히 さっき 아까, 조금 전
すぐに 곧, 바로

46 정답 2
해석 이 프로그램으로 삽입한 사진의 사이즈를 맞추는 방법은 있습니까?
어휘 プログラム 프로그램 挿入(そうにゅう) 삽입 写真(しゃしん) 사진 サイズ 사이즈 揃(そろ)える 맞추다, 같게 하다
方法(ほうほう) 방법 大(おお)きい 크다 同(おな)じだ 같다 教(おし)える 가르치다, 알려 주다 調(しら)べる 조사하다

47 정답 1
해석 여전히 그 회사는 적자가 이어지고 있다고 한다.
어휘 依然(いぜん)として 여전히 あの (서로 알고 있는) 그 赤字(あかじ) 적자 続(つづ)く 이어지다, 계속되다
품사의 보통형+そうだ ～라고 한다 *전문 相変(あいか)わらず 여전히, 변함없이 実際(じっさい)には 실제로는
～通(とお)り ～대로 これまでより 지금까지보다

48 정답 3
해석 대형 태풍 뉴스의 영향으로 식료품을 매점해 두는 사람이 많다고 한다.
어휘 大型(おおがた) 대형 台風(たいふう) 태풍 ニュース 뉴스 影響(えいきょう) 영향
食料品(しょくりょうひん) 식료품 か(買)いし(占)める 매점하다, 사들이다 ～ておく ～해 놓다[두다] 多(おお)い 많다
安(やす)い 싸다 早速(さっそく) 당장, 즉시 全部(ぜんぶ) 전부 無理(むり)に 무리하게, 억지로

49 정답 1
해석 출발 직전에 비가 내리기 시작했습니다.
어휘 出発(しゅっぱつ) 출발 間際(まぎわ) 직전 雨(あめ) 비 降(ふ)り出(だ)す (비 · 눈 등이) 내리기 시작하다
直前(ちょくぜん) 직전 直後(ちょくご) 직후 前日(ぜんじつ) 전날 当日(とうじつ) 당일

50 정답 2
해석 그의 무죄를 증명할 명백한 증거가 새로이 발견되었다.
어휘 無罪(むざい) 무죄 証明(しょうめい) 증명 あき(明)らかだ 분명하다, 명백하다 証拠(しょうこ) 증거
新(あら)ただ 새롭다 発見(はっけん) 발견 新(あたら)しい 새롭다 はっきりした 분명한, 확실한
様々(さまざま)だ 다양하다, 여러 가지다 別(べつ)の～ 다른～

확인 문제 6 • 교체 유의어

問題 5 ＿＿＿＿の言葉に意味が最も近いものを、1・2・3・4から一つ選びなさい。

51 正直なところ、具体的なプランはまだ立てていない。
1 理由　2 計画　3 特徴　4 情報

52 二人は見解の相違(そうい)によって関係が悪化した。
1 考え方　2 参考　3 言い方　4 配慮

53 来週から大会が始まるので、選手たちはみんな練習に必死だった。
1 緊張した　2 恐ろしかった　3 一生懸命だった　4 危なかった

54 散歩中に、いきなり大雨が降ってきてびしょ濡(ぬ)れになってしまった。
1 いかにも　2 かねて　3 辛うじて　4 突然

55 ゆりは通りの向こうから私にあいさつした。
1 文句　2 会釈　3 興奮　4 起伏

56 友達をIDで検索して追加する方法は、意外と簡単だった。
1 引く　2 割る　3 足す　4 かける

57 輸出の増加で、赤字だった売り上げも徐々に回復するはずだ。
1 悪くなる　2 変わらない　3 よくなる　4 わからない

58 ふもとにはきれいな花がたくさん咲いていた。
1 山の下の方　2 山の上の方　3 山の向こう　4 山の中間あたり

59 もうこんな時間ですね。ちょっと息抜きしましょうか。
1 帰りましょうか　2 送りましょうか　3 休みましょうか　4 取りましょうか

60 その服は試着してみたら、ぶかぶかだった。
1 とても安かった　2 とても高かった　3 とても小さかった　4 とても大きかった

확인 문제 6 • 정답 및 해석(교체 유의어)

51 정답 2
해석 솔직히 말해서 구체적인 플랜은 아직 세우지 않았다.
어휘 正直(しょうじき)だ 정직하다 *「正直(じょうじき)なところ」– 정직하게[솔직히] 말해서
具体的(ぐたいてき)だ 구체적이다 プラン 플랜, 계획 まだ 아직 立(た)てる 세우다 理由(りゆう) 이유
計画(けいかく) 계획 特徴(とくちょう) 특징 情報(じょうほう) 정보

52 정답 1
해석 두 사람은 견해 차이에 의해 관계가 악화되었다.
어휘 二人(ふたり) 두 사람 見解(けんかい) 견해 相違(そうい) 상이, 차이 ~によって ~에 의해 関係(かんけい) 관계
悪化(あっか)する 악화되다 考(かんが)え方(かた) 사고방식 参考(さんこう) 참고 言(い)い方(かた) 말투
配慮(はいりょ) 배려

53 정답 3
해석 다음 주부터 대회가 시작되므로 선수들은 모두 연습에 필사적이었다.
어휘 大会(たいかい) 대회 始(はじ)まる 시작되다 選手(せんしゅ) 선수 練習(れんしゅう) 연습
必死(ひっし)だ 필사적이다 緊張(きんちょう) 긴장 恐(おそ)ろしい 무섭다, 두렵다
一生懸命(いっしょうけんめい) 열심히 함 危(あぶ)ない 위험하다

54 정답 4
해석 산책 중에 갑자기 큰비가 내려 흠뻑 젖어 버렸다.
어휘 散歩(さんぽ) 산책 いきなり 돌연, 갑자기 大雨(おおあめ) 큰비 降(ふ)る (비 · 눈 등이) 내리다
びしょ濡(ぬ)れ 흠뻑 젖음 いかにも 정말로, 매우 かねて 진작, 미리, 전부터 辛(かろ)うじて 겨우, 간신히
突然(とつぜん) 돌연, 갑자기

55 정답 2
해석 유리는 길 건너편에서 나에게 인사했다.
어휘 通(とお)り 길, 거리 向(む)こう 맞은편, 건너편 あいさつ(挨拶) 인사 文句(もんく) 불평
会釈(えしゃく) (가볍게) 인사함 興奮(こうふん) 흥분 起伏(きふく) 기복

56 정답 3
해석 친구를 ID로 검색해서 추가하는 방법은 의외로 간단했다.
어휘 友達(ともだち) 친구 検索(けんさく) 검색 追加(ついか)する 추가하다 方法(ほうほう) 방법
意外(いがい)と 의외로 簡単(かんたん)だ 간단하다 引(ひ)く 빼다 割(わ)る 나누다 足(た)す 더하다 かける 곱하다

57 정답 3
해석 수출 증가로 적자였던 매출도 서서히 회복될 것이다.
어휘 輸出(ゆしゅつ) 수출 増加(ぞうか) 증가 赤字(あかじ) 적자 売(う)り上(あ)げ 매상, 매출 徐々(じょじょ)に 서서히
回復(かいふく)する 회복되다 ~はずだ (당연히) ~할 것[터]이다 悪(わる)い 나쁘다 変(か)わる 바뀌다, 변하다
よくなる 좋아지다 わかる 알다, 이해하다

58 정답 1
해석 산기슭에는 예쁜 꽃이 많이 피어 있었다.
어휘 ふもと 산기슭 きれいだ 예쁘다 花(はな) 꽃 たくさん 많이 咲(さ)く (꽃이) 피다 下(した) 아래 上(うえ) 위
中間(ちゅうかん) 중간 あた(辺)り 주변, 부근

59 정답 3
해석 벌써 시간이 이렇게 되었네요. 잠시 쉴까요?
어휘 もう 이미, 벌써 時間(じかん) 시간 ちょっと 잠시, 잠깐 息抜(いきぬ)きする 잠시 쉬다, 한숨 돌리다
帰(かえ)る 돌아가다 送(おく)る 보내다 休(やす)む 쉬다 取(と)る 잡다, 취하다

60 정답 4
해석 그 옷은 입어 보니 헐렁했다.
어휘 服(ふく) 옷 試着(しちゃく) (옷이 맞는지) 입어 봄 ぶかぶか 헐렁헐렁 とても 아주, 매우 安(やす)い 싸다
高(たか)い 비싸다 小(ちい)さい 작다 大(おお)きい 크다

확인 문제 7 • 교체 유의어

問題 5 ______の言葉に意味が最も近いものを、1・2・3・4から一つ選びなさい。

61 昨日のテストは、思ったほど難しくなかった。

1 こんなに　2 そんなに　3 あんなに　4 どんなに

62 部長は今電話中です。

1 電話をしています　2 電話を切りました　3 電話を探します　4 電話が遠いです

63 彼女の話は、聞いていてとても愉快だった。

1 辛かった　2 面白かった　3 怖かった　4 びっくりした

64 家族全員が楽しめる娯楽には何があるでしょうか。

1 ドラマ　2 トレーニング　3 レジャー　4 マスコミ

65 日本語を始められたきっかけは何ですか。

1 契機　2 感謝　3 賛成　4 苦情

66 とりあえず、会議の日程のみ伝えておきます。

1 強いて　2 一応　3 まさか　4 更に

67 今度のことは、彼にとってもやむを得ない措置(そち)であった。

1 見るにたえない　2 見事な　3 仕方ない　4 冷静な

68 ただ腕を組んで見ている彼女の態度にがっかりしてしまった。

1 感心して　2 配慮して　3 助言して　4 失望して

69 ご注文なさった商品は、明日お届けします。

1 確認します　2 返送します　3 配達します　4 検査します

70 何の刺激のない田舎の退屈な生活に嫌気(いやけ)がさした。

1 嬉しい　2 頼もしい　3 激しい　4 つまらない

확인 문제 7 • 정답 및 해석(교체 유의어)

61 정답 2
해석 어제 시험은 생각했던 것만큼 어렵지 않았다.
어휘 昨日(きのう) 어제 テスト 테스트, 시험 思(おも)ったほど 생각했던 것만큼 難(むずか)しい 어렵다 こんなに 이렇게 そんなに 그렇게 あんなに 저렇게 どんなに 아무리

62 정답 1
해석 부장님은 지금 전화 중입니다.
어휘 電話中(でんわちゅう) 전화 중 電話(でんわ)をする 전화를 하다 電話(でんわ)を切(き)る 전화를 끊다 探(さが)す 찾다 電話(でんわ)が遠(とお)い 전화 감이 멀다, 전화가 잘 안 들리다

63 정답 2
해석 그녀의 이야기는 듣고 있으니 아주 유쾌했다.
어휘 愉快(ゆかい)だ 유쾌하다 辛(つら)い 괴롭다, 고통스럽다 面白(おもしろ)い 재미있다 怖(こわ)い 무섭다 びっくりする 깜짝 놀라다

64 정답 3
해석 가족 전원이 즐길 수 있는 오락에는 무엇이 있을까요?
어휘 家族(かぞく) 가족 全員(ぜんいん) 전원 楽(たの)しむ 즐기다 娯楽(ごらく) 오락 ドラマ 드라마 トレーニング 트레이닝, 훈련 レジャー 레저 マスコミ 매스컴 *「マスコミュニケーション」(매스 커뮤니케이션)의 준말

65 정답 1
해석 일본어를 시작하신 계기는 무엇입니까?
어휘 日本語(にほんご) 일본어 始(はじ)める 시작하다 きっかけ 계기 契機(けいき) 계기 感謝(かんしゃ) 감사 賛成(さんせい) 찬성 苦情(くじょう) 불평, 불만

66 정답 2
해석 우선 회의 일정만 전해 두겠습니다.
어휘 とりあえず 우선, 먼저 会議(かいぎ) 회의 日程(にってい) 일정 ～のみ ～만, ～뿐 伝(つた)える 전하다 ～ておく ～해 놓다[두다] 強(し)いて 굳이 一応(いちおう) 일단 まさか 설마 更(さら)に 게다가, 더욱더

67 정답 3
해석 이번 일은 그에게 있어서도 어쩔 수 없는 조치였다.
어휘 ～にとっても ～에(게) 있어서도 やむを得(え)ない 어쩔 수 없다 措置(そち) 조치 見(み)る 보다 ～にたえない 차마 ～할 수 없다 見事(みごと)だ 멋지다, 훌륭하다 仕方(しかた)ない 어쩔 수 없다 冷静(れいせい)だ 냉정하다

68 정답 4
해석 그저 팔짱을 끼고 보고 있는 그녀의 태도에 실망해 버렸다.
어휘 ただ 그저, 단지 腕(うで)を組(く)む 팔짱을 끼다 態度(たいど) 태도 がっかりする 실망하다 感心(かんしん) 감탄 配慮(はいりょ) 배려 助言(じょげん) 조언 失望(しつぼう) 실망

69 정답 3
해석 주문하신 상품은 내일 배달해 드리겠습니다.
어휘 ご+한자명사+なさる ～하시다 *존경표현 注文(ちゅうもん) 주문 商品(しょうひん) 상품 お+동사의 ます형+する ～하다, ～해 드리다 *겸양표현 届(とど)ける (물건을) 가지고 가다, 배달하다 確認(かくにん) 확인 返送(へんそう) 반송 配達(はいたつ) 배달 検査(けんさ) 검사

70 정답 4
해석 아무런 자극이 없는 시골의 지루한 생활에 싫증이 났다.
어휘 刺激(しげき) 자극 田舎(いなか) 시골 退屈(たいくつ)だ 지루하다 生活(せいかつ) 생활 嫌気(いやけ)がさす 싫증이 나다 嬉(うれ)しい 기쁘다 頼(たの)もしい 믿음직스럽다 激(はげ)しい 심하다, 격하다, 격렬하다 つまらない 재미없다

확인 문제 8 • 교체 유의어

問題 5 ＿＿＿＿の言葉に意味が最も近いものを、1・2・3・4から一つ選びなさい。

71 それでは、この欄(らん)に署名してください。

1 マッチ　2 コード　3 サイン　4 スタート

72 バスに乗って家に帰る途中、少しずつ雨が降り出した。

1 にわかに　2 だんだん　3 主に　4 却って

73 日本にガーデニングブームをもたらした雑誌が100号目を迎えた。

1 流行　2 感激　3 非難　4 混乱

74 彼も相当疲れたのか、壁にもたれてうとうとしていた。

1 ちっとも　2 かなり　3 しばしば　4 めっきり

75 以前から機会があればと思っていた田中先生にお目にかかりました。

1 会いました　2 話しました　3 見せました　4 渡しました

76 明白な証拠(しょうこ)があるのに、彼は犯行を否んだ。

1 否定した　2 肯定した　3 確信した　4 参考した

77 進路のことだから、慎重に考えて決めた方がいいよ。

1 一刻も早く　2 何が何でも　3 十分注意して　4 よりによって

78 そんな大げさな話、信じられるわけがないじゃない？

1 デリケートな　2 オーバーな　3 ルーズな　4 プライベートな

79 当日キャンセルの場合は、全額分のキャンセル料が発生します。

1 取り組み　2 取り扱い　3 取り消し　4 取り次ぎ

80 もうくたくたで、これ以上は歩けません。

1 ぼうっとしていて　2 すっきりしていて　3 元気を取り戻して　4 ひどく疲れて

확인 문제 8 • 정답 및 해석(교체 유의어)

71 정답 3
해석 그럼, 이 난에 서명해 주세요.
어휘 それでは 그렇다면, 그럼 欄(らん) 난 署名(しょめい) 서명 マッチ 성냥 コード 코드 サイン 사인, 서명
スタート 스타트, 출발

72 정답 2
해석 버스를 타고 집에 가는 도중에 조금씩 비가 내리기 시작했다.
어휘 バス 버스 乗(の)る (탈것에) 타다 帰(かえ)る 돌아가다 途中(とちゅう) 도중 少(すこ)しずつ 조금씩 雨(あめ) 비
降(ふ)り出(だ)す (비·눈 등이) 내리기 시작하다 にわかに 갑자기 だんだん 점점 主(おも)に 주로
却(かえ)って 도리어, 오히려

73 정답 1
해석 일본에 가드닝 붐을 가져온 잡지가 100호째를 맞았다.
어휘 ガーデニング 가드닝, 원예 ブーム 붐, 유행 もたらす 가져오다, 초래하다 雑誌(ざっし) 잡지 ～目(め) ~째
迎(むか)える (사람·때를) 맞다, 맞이하다 流行(りゅうこう) 유행 感激(かんげき) 감격 非難(ひなん) 비난
混乱(こんらん) 혼란

74 정답 2
해석 그도 상당히 피곤했던 것인지 벽에 기대어 꾸벅꾸벅 졸고 있었다.
어휘 相当(そうとう) 상당히 疲(つか)れる 지치다, 피로해지다 壁(かべ) 벽 もたれる 기대다 うとうと 꾸벅꾸벅 조는 모양
ちっとも (부정어 수반) 조금도, 전혀 かなり 꽤, 상당히 しばしば 자주 めっきり 뚜렷이, 현저히

75 정답 1
해석 이전부터 기회가 있으면 하고 생각했던 다나카 선생님을 만나 뵈었습니다.
어휘 以前(いぜん) 이전 機会(きかい) 기회 お目(め)にかかる 만나 뵙다 *「会(あ)う」(만나다)의 겸양어 会(あ)う 만나다
話(はな)す 말하다, 이야기하다 見(み)せる 보이다, 보여 주다 渡(わた)す 건네다, 건네주다

76 정답 1
해석 명백한 증거가 있는데도 그는 범행을 부정했다.
어휘 明白(めいはく)だ 명백하다 証拠(しょうこ) 증거 ～のに ~는데(도) 犯行(はんこう) 범행 否(いな)む 부정하다
否定(ひてい) 부정 肯定(こうてい) 긍정 確信(かくしん) 확신 参考(さんこう) 참고

77 정답 3
해석 진로에 관한 거니까, 신중하게 생각해서 결정하는 편이 좋아.
어휘 進路(しんろ) 진로 慎重(しんちょう)だ 신중하다 동사의 た형+方(ほう)がいい ~하는 편[쪽]이 좋다
一刻(いっこく)も早(はや)く 한시라도 빨리 何(なに)が何(なん)でも 무슨 일이 있어도 十分(じゅうぶん)(に) 충분히
注意(ちゅうい) 주의 よりによって 하필이면, 공교롭게도

78 정답 2
해석 그런 과장된 이야기, 믿을 수 있을 리가 없잖아?
어휘 大(おお)げさだ 과장되다 信(しん)じる 믿다 ～わけがない ~일 리가 없다 デリケートだ 섬세하다
オーバーだ 과장되다 ルーズだ 헐렁하다, 단정치 못하다 プライベートだ 개인적이다, 사적이다

79 정답 3
해석 당일 취소인 경우는 전액분의 취소료가 발생합니다.
어휘 当日(とうじつ) 당일 キャンセル 캔슬, 취소 全額(ぜんがく) 전액 ～分(ぶん) ~분 キャンセル料(りょう) 취소료
発生(はっせい) 발생 取(と)り組(く)み 대처 取(と)り扱(あつか)い 취급 取(と)り消(け)し 취소
取(と)り次(つ)ぎ 중개, 중개인

80 정답 4
해석 이제 녹초가 되어서 이 이상은 못 걷겠습니다.
어휘 もう 이제 くたくただ 녹초가 되다 以上(いじょう) 이상 歩(ある)く 걷다 ぼうっと 멍하니
すっきり 상쾌[개운]한 모양 元気(げんき) 기력, 기운 取(と)り戻(もど)す 되찾다 ひどく 몹시, 매우
疲(つか)れる 지치다, 피로해지다

확인 문제 9 • 교체 유의어

問題 5 ＿＿＿＿の言葉に意味が最も近いものを、1・2・3・4から一つ選びなさい。

81 新しいサンプルが出来上がるまで会議は見合わせた方がいいと思います。
1 見本　2 価格　3 利用　4 物価

82 レンタルしたDVDを再生しようとしたが、だめだった。
1 貸した　2 返した　3 借りた　4 買った

83 それは単なる噂(うわさ)にすぎないから、気にしなくてもいいよ。
1 むだな　2 ただの　3 おかしな　4 うその

84 直ちに参りますので、少々お待ちください。
1 いくら　2 ゆっくり　3 たまたま　4 すぐに

85 彼がそんなことまでするなんて、思いがけなかった。
1 予想ができた　2 意外だった　3 腹が立った　4 同意した

86 あちらで水の事故が相次いで起きていますね。
1 次々に　2 予め　3 最も　4 きっかり

87 このシャツ、洗濯したら縮んでしまったわ。
1 破れて　2 色が落ちて　3 大きくなって　4 小さくなって

88 恋人もできたし、会社では昇進もしたし、最近ついていると思う。
1 ぎりぎりだ　2 運がいい　3 危なっかしい　4 ままならぬ

89 外国人との商談では、あいまいな点を残さないことが重要だ。
1 わかりやすい　2 とても面白い　3 はっきりしない　4 まあまあな

90 この件については、もう一度真剣に話し合うべきだと思います。
1 徐に　2 穏やかに　3 真面目に　4 清らかに

확인 문제 9 • 정답 및 해석(교체 유의어)

81 정답 1
해석 새로운 샘플이 완성될 때까지 회의는 보류하는 편이 좋다고 생각합니다.
어휘 新(あたら)しい 새롭다 サンプル 샘플 出来上(できあ)がる 완성되다 会議(かいぎ) 회의 見合(みあ)わせる 보류하다 見本(みほん) 견본 価格(かかく) 가격 利用(りよう) 이용 物価(ぶっか) 물가

82 정답 3
해석 대여한 DVD를 재생하려고 했지만, 안 됐다.
어휘 レンタルする 렌털하다, 대여하다 だめだ 안 되다 貸(か)す 빌려주다 返(かえ)す 돌려주다 借(か)りる 빌리다 買(か)う 사다

83 정답 2
해석 그것은 단순한 소문에 지나지 않으니까, 신경 쓰지 않아도 돼.
어휘 単(たん)なる 단순한 噂(うわさ) 소문 ~にすぎない ~에 지나지 않다 気(き)にする 신경을 쓰다, 걱정하다 むだ(無駄)だ 쓸데없다 ただの 그저, 단순한 おかしな 이상한, 우스운 うそ(嘘) 거짓말

84 정답 4
해석 당장 갈 테니까, 잠시 기다려 주세요.
어휘 直(ただ)ちに 당장, 즉시 参(まい)る 가다 *「行(い)く」의 겸양어 少々(しょうしょう) 잠시 お+동사의 ます형+ください ~해 주십시오 *존경표현 待(ま)つ 기다리다 いくら 얼마 ゆっくり 천천히 たまたま 우연히 すぐに 곧, 바로

85 정답 2
해석 그가 그런 짓까지 하다니, 뜻밖이었다.
어휘 ~なんて ~라니, ~하다니 思(おも)いがけない 의외다, 뜻밖이다 予想(よそう) 예상 意外(いがい)だ 의외다 腹(はら)が立(た)つ 화가 나다 同意(どうい) 동의

86 정답 1
해석 저기에서 물놀이 사고가 잇따라 발생하고 있네요.
어휘 水(みず)の事故(じこ) 물놀이 사고 相次(あいつ)いで 잇따라 起(お)きる 일어나다, 발생하다 次々(つぎつぎ)に 잇따라, 계속해서 予(あらかじ)め 미리, 사전에 最(もっと)も 가장, 제일 きっかり 꼭, 딱, 정확히 *(시간·수량 등이) 꼭 들어맞아서 우수리가 없는 모양

87 정답 4
해석 이 셔츠, 세탁했더니 줄어 버렸어.
어휘 シャツ 셔츠 洗濯(せんたく) 세탁 縮(ちぢ)む 줄다, 작아지다 破(やぶ)れる 찢어지다 色(いろ)が落(お)ちる 색이 빠지다 大(おお)きい 크다 小(ちい)さい 작다

88 정답 2
해석 애인도 생겼고 회사에서는 승진도 했고 최근 운이 좋다고 생각한다.
어휘 恋人(こいびと) 애인 できる 생기다 昇進(しょうしん) 승진 最近(さいきん) 최근, 요즘 ついている 운이 좋다 ぎりぎりだ 빠듯하다 運(うん)がいい 운이 좋다 危(あぶ)なっかしい 위태롭다 ままならぬ 뜻대로 안 되는

89 정답 3
해석 외국인과의 상담에서는 애매한 점을 남기지 않는 것이 중요하다.
어휘 外国人(がいこくじん) 외국인 商談(しょうだん) 상담, 장사[거래] 얘기 あいまい(曖昧)だ 애매하다 残(のこ)す 남기다 重要(じゅうよう)だ 중요하다 とても 아주, 매우 面白(おもしろ)い 재미있다 はっきり 분명하게, 확실하게 まあまあ 그저 그런 정도 *불충분하지만 그 정도로 만족할 수 있음을 나타냄

90 정답 3
해석 이 건에 대해서는 한 번 더 진지하게 서로 이야기해야 한다고 생각합니다.
어휘 もう一度(いちど) 한 번 더 真剣(しんけん)だ 진지하다 話(はな)し合(あ)う 서로 이야기하다 동사의 기본형+べきだ (마땅히) ~해야 한다 徐(おもむろ)に 서서히 穏(おだ)やかだ 온화하다 真面目(まじめ)だ 진지하다 清(きよ)らかだ 맑다, 깨끗하다

확인 문제 10 • 교체 유의어

問題5 ＿＿＿の言葉に意味が最も近いものを、1・2・3・4から一つ選びなさい。

91 優勝できるチャンスだったのに、惜しくも負けてしまった。
1 効果　2 機会　3 返事　4 状態

92 このような賞までいただき、誠にありがとうございます。
1 もらい　2 買い　3 送り　4 辞め

93 ここは週末の日中でも人通りがあまり多くない。
1 昼間　2 休日　3 夜間　4 明け方

94 母が無事に空港に着いたという電話が来てほっとした。
1 心配した　2 感動した　3 配布した　4 安心した

95 今日は美咲(みざき)の誕生日だから、なるべく早く帰って来てね。
1 一切　2 せいぜい　3 できるだけ　4 少なくとも

96 みんな揃ったら、そろそろ出発しましょうか。
1 離れたら　2 集まったら　3 起きたら　4 別れたら

97 吉村さんどうしたんだろう。さっきからじっとしているよ。
1 立たないで　2 走らないで　3 動かないで　4 泣かないで

98 この仕事をたった一日で仕上げるとは、さすが彼女だね。
1 始める　2 修理する　3 完成させる　4 分離する

99 こんな時は、慌(あわ)てずにもっと冷静になる必要があるよ。
1 落ち着く　2 盛り上がる　3 憤慨する　4 受け入れる

100 私は冬になると、いつも肌(はだ)がかさかさだ。
1 乾燥している　2 湿っている　3 寒がっている　4 凍っている

확인 문제 10 • 정답 및 해석(교체 유의어)

91 정답 2
해석 우승할 수 있는 찬스였는데 아깝게도 지고 말았다.
어휘 優勝(ゆうしょう) 우승 チャンス 찬스, 기회 惜(お)しくも 아깝게도, 아쉽게도 負(ま)ける 지다, 패하다
効果(こうか) 효과 機会(きかい) 기회 返事(へんじ) 답장 状態(じょうたい) 상태

92 정답 1
해석 이러한 상까지 받고, 정말로 감사합니다.
어휘 賞(しょう) 상 いただく (남에게) 받다 *「もらう」의 겸양어 誠(まこと)に 실로, 정말로 もらう (남에게) 받다
買(か)う 사다 送(おく)る 보내다 辞(や)める (일자리를) 그만두다

93 정답 1
해석 여기는 주말 낮이라도 사람의 왕래가 별로 많지 않다.
어휘 週末(しゅうまつ) 주말 日中(にっちゅう) 주간, 낮 人通(ひとどおり) 사람의 왕래 あまり (부정어 수반) 그다지, 별로
多(おお)い 많다 昼間(ひるま) 주간, 낮 休日(きゅうじつ) 휴일 夜間(やかん) 야간 明(あ)け方(がた) 새벽녘

94 정답 4
해석 어머니가 무사히 공항에 도착했다는 전화가 와서 안심했다.
어휘 無事(ぶじ)だ 무사하다 空港(くうこう) 공항 着(つ)く 도착하다 電話(でんわ) 전화 来(く)る 오다
ほっとする 안심하다 心配(しんぱい) 걱정 感動(かんどう) 감동 配布(はいふ) 배포 安心(あんしん) 안심

95 정답 3
해석 오늘은 미자키의 생일이니까, 가능한 한 빨리 돌아와.
어휘 誕生日(たんじょうび) 생일 なるべく 되도록, 가능한 한 早(はや)く 일찍, 빨리 帰(かえ)る 돌아오다
一切(いっさい) (부정어 수반) 일절, 전혀 せいぜい 기껏해야, 고작 できるだけ 가능한 한, 되도록 少(すく)なくとも 적어도

96 정답 2
해석 모두 모였으면 이제 슬슬 출발할까요?
어휘 揃(そろ)う (모두) 모이다 そろそろ 이제 슬슬 出発(しゅっぱつ) 출발 離(はな)れる 떨어지다 集(あつ)まる 모이다
起(お)きる 일어나다 別(わか)れる 헤어지다

97 정답 3
해석 요시무라 씨 무슨 일이지? 아까부터 꼼짝 않고 있어.
어휘 さっき 아까, 조금 전 じっとする 꼼짝 않다 立(た)つ 서다 走(はし)る 달리다 動(うご)く 움직이다 泣(な)く 울다

98 정답 3
해석 이 일을 단 하루만에 완성하다니, 과연 그녀네.
어휘 仕事(しごと) 일 たった 단, 단지 一日(いちにち) 하루 仕上(しあ)げる 완성하다 ～とは ~하다니 さすが 과연
始(はじ)める 시작하다 修理(しゅうり) 수리 完成(かんせい) 완성 ～させる ~시키다 *「～する」(~하다)의 사역형
分離(ぶんり) 분리

99 정답 1
해석 이럴 때는 당황하지 말고 더욱 냉정해질 필요가 있어.
어휘 慌(あわ)てる 당황하다 ～ずに ~하지 말고 もっと 더, 더욱 冷静(れいせい)だ 냉정하다 必要(ひつよう) 필요
落(お)ち着(つ)く 안정되다, 침착해지다 盛(も)り上(あ)がる 고조되다 憤慨(ふんがい) 분개
受(う)け入(い)れる 받아들이다, 수용하다

100 정답 1
해석 나는 겨울이 되면 항상 피부가 꺼칠꺼칠하다.
어휘 冬(ふゆ) 겨울 いつも 항상, 늘 肌(はだ) 피부 かさかさだ 꺼칠꺼칠하다 乾燥(かんそう)する 건조하다
湿(しめ)る 눅눅해지다, 축축해지다 寒(さむ)がる 추워하다, 추위를 많이 타다 凍(こお)る 얼다

점수 UP! UP!
<교체 유의어>

□ 済む ≒ 終わる
끝나다 ≒ 끝나다

□ 疲れる ≒ くたびれる
지치다, 피로해지다 ≒ 지치다

□ 抑える ≒ 抑制する
억제하다 ≒ 억제하다

□ いらっしゃる ≒ お越しになる
오시다 ≒ 오시다

□ 訪れる ≒ 伺う
방문하다 ≒ 찾아뵙다

□ 取りかかる ≒ 始める
착수하다, 시작하다 ≒ 시작하다

□ できる ≒ 作られる
만들어지다 ≒ 만들어지다

□ 包む ≒ くるむ
싸다, 포장하다 ≒ 감싸다, 싸다

□ 差し支えない ≒ 構わない
지장이 없다 ≒ 상관없다

□ 書き切れない ≒ 全部書けない
다 적을 수 없다 ≒ 전부 적을 수 없다

□ 貢献できる ≒ 役に立つ
공헌할 수 있다 ≒ 도움이 되다

□ 貸してあげる ≒ 渡す
(내가 남에게) 빌려주다 ≒ 건네다, 건네주다

□ 湿っている ≒ まだ乾いていない
축축해져 있다 ≒ 아직 마르지 않다

□ 洗濯をする ≒ 洗う
세탁을 하다 ≒ 빨다

□ 下駄を預ける ≒ 任せる
(남에게) 일임하다 ≒ (일 등을 남에게) 맡기다

□ 口を出す ≒ 口を挟む
말참견하다 ≒ 말참견하다

□ 終止符を打つ ≒ ピリオドを打つ
종지부를 찍다 ≒ 종지부를 찍다

□ 気を付ける ≒ 注意する
주의하다 ≒ 주의하다

□ けりが付く ≒ 決着が付く
결말이 나다 ≒ 결말이 나다

□ 鼻にかける ≒ 自慢する
자랑하다 ≒ 자랑하다

□ 気に入る ≒ 好きになる
마음에 들다 ≒ 좋아하게 되다

□ 一目置く ≒ 力を認める
한 수 위로 보다 ≒ 능력을 인정하다

□ 安く譲る ≒ 安く売る
싸게 넘기다 ≒ 싸게 팔다

□ 相互 ≒ お互い
상호, 서로 ≒ 서로

- □ 使い道(つかいみち) ≒ 用途(ようと)
  용도, 쓸모 ≒ 용도
- □ 一日中(いちにちじゅう) ≒ 四六時中(しろくじちゅう)
  하루 종일 ≒ 온종일
- □ 年中(ねんじゅう) ≒ いつも
  언제나, 늘 ≒ 항상, 늘
- □ 性格(せいかく) ≒ 人柄(ひとがら)
  성격 ≒ 인품, 사람됨
- □ 苦情(くじょう) ≒ 不満(ふまん)
  불평, 불만 ≒ 불만
- □ 子供用(こどもよう) ≒ 子供向け(こどもむけ)
  어린이용 ≒ 어린이용
- □ 知人(ちじん) ≒ 知り合い(しりあい)
  지인 ≒ 아는 사람
- □ 差し支え(さしつかえ) ≒ 問題(もんだい)
  지장, 장애 ≒ 문제
- □ オイル ≒ 油(あぶら)
  오일, 기름 ≒ 기름
- □ トレーニング ≒ 訓練(くんれん)、練習(れんしゅう)
  트레이닝, 훈련 ≒ 훈련, 연습
- □ 目(め)がない ≒ とても好(す)きだ
  매우 좋아하다, 사족을 못 쓰다 ≒ 아주 좋아하다
- □ すまない ≒ 申し訳(もうしわけ)ない
  미안하다 ≒ 미안하다, 면목 없다
- □ あぶない ≒ あやうい
  위험하다 ≒ 위태롭다
- □ 虫(むし)がいい ≒ 図々しい(ずうずうしい)
  뻔뻔스럽다 ≒ 뻔뻔스럽다
- □ 奇妙(きみょう)だ ≒ 変(へん)だ
  기묘하다 ≒ 이상하다
- □ 優秀(ゆうしゅう)だ ≒ 頭(あたま)がいい
  우수하다 ≒ 머리가 좋다
- □ 適当(てきとう)だ ≒ 相応(ふさわ)しい
  적당하다 ≒ 어울리다, 적합하다
- □ 見事(みごと)だ ≒ 素晴(すば)らしい
  멋지다, 훌륭하다 ≒ 훌륭하다, 멋지다
- □ 生意気(なまいき)だ ≒ 横柄(おうへい)だ
  건방지다 ≒ 건방지다
- □ ほぼ ≒ 大体(だいたい)
  거의, 대강, 대략 ≒ 대개, 대략
- □ とても ≒ 到底(とうてい)
  (부정어 수반) 도저히 ≒ (부정어 수반) 도저히
- □ 度々(たびたび) ≒ しばしば
  자주 ≒ 자주
- □ せいぜい ≒ たかだか
  고작, 기껏해야 ≒ 고작, 기껏해야
- □ 比較的(ひかくてき) ≒ 割合(わりあい)に
  비교적 ≒ 비교적

□ 方々(ほうぼう) ≒ あちこち
여기저기 ≒ 여기저기

□ ぎりぎり ≒ 辛(かろ)うじて
빠듯하게 ≒ 겨우, 간신히

□ 昔(むかし)ながら ≒ 昔(むかし)のまま
옛날 그대로 ≒ 옛날 그대로

□ 開(あ)けたまま ≒ 閉(し)めずに
열어 둔 채로 ≒ 닫지 않고

□ 必(かなら)ず ≒ 絶対(ぜったい)に
반드시, 꼭 ≒ 절대로, 무조건, 반드시

□ やく ≒ およそ
약, 대략 ≒ 대략

□ ちっとも ≒ 全然(ぜんぜん)
(부정어 수반) 조금도, 전혀 ≒ (부정어 수반) 전혀

□ あらゆる ≒ すべての
모든 ≒ 모든, 전부

□ やっぱり ≒ 案(あん)の定(じょう)
역시 ≒ 아니나 다를까, 생각했던 대로

□ わずか ≒ 少(すこ)し
조금, 약간 ≒ 조금

□ 痛切(つうせつ)に ≒ ひしひし
절실히 ≒ 뼈저리게

□ 予(あらかじ)め ≒ 前以(まえもっ)て
미리, 사전에 ≒ 미리, 사전에

□ 再三(さいさん) ≒ 何度(なんど)も
재삼, 여러 번 ≒ 몇 번이나, 여러 번

□ ～はもとより ≒ ～はもちろん
～은 물론이고 ≒ ～은 물론

□ ～を問(と)わず ≒ ～に関係(かんけい)なく
～을 불문하고 ≒ ～에 관계없이

□ ～のみならず ≒ ～ばかりでなく
～뿐만 아니라 ≒ ～뿐만 아니라

□ ～に伴(ともな)って ≒ ～と共(とも)に
～에 동반해서 ≒ ～와 함께

□ 誤(あやま)った ≒ 正(ただ)しくない
잘못된 ≒ 옳지 않은

□ ～につき ≒ ～当(あ)たり
～당 ≒ ～당

□ ～にせよ ≒ ～にしろ
～라고 해도, ～도, ～든 ≒ ～라고 해도, ～도, ～든

문제 6 용법

출제 유형

문제 6 용법은 어휘의 올바른 쓰임새와 용법을 알고 있는지 묻는 문제로, 5문항이 출제된다. 기출 어휘를 살펴보면 2자로 된 한자어와 동사를 중심으로 출제되며, 그 외에 간혹 형용사나 부사 등이 출제되기도 한다.

실제 시험 예시

問題6 次の言葉の使い方として最もよいものを、1・2・3・4から一つ選びなさい。

1 保存

1 車を買うために、毎月お金を保存している。
2 これは腐りやすいから、必ず冷蔵庫で保存してね。
3 明日は朝早いので、体力保存のために早く寝よう。
4 並びの座席を保存するためには、前以(まえもっ)て予約が必要だ。

2 鈍い

1 うちの子は計算が鈍くてちょっと困っている。
2 歯が痛くて鈍い物はよく噛めない。
3 何かがどすんという鈍い音を立てて落ちた。
4 思わぬ彼の鈍い質問に、一瞬慌(いっしゅんあわ)ててしまった。

|정답| 1 2 2 3

시험 대책

용법은 어휘의 올바른 쓰임새와 용법을 알고 있는지 묻는 문제이므로, 꾸준한 작문 연습이 실제 시험에 큰 도움이 된다. 특히 매 시험 출제되고 있는 2자로 된 한자어의 경우 「保存(ほぞん)」(보존), 「温存(おんぞん)」(온존) 등 주로 특정 한자를 이용한 유사한 의미의 한자어가 선택지에 오답으로 등장하므로 앞뒤 문맥을 보고 문제 문장의 정확한 의미를 파악하는 연습이 필요하다.

기출 및 출제 예상 어휘 50

<용법>

- □ 保(たも)つ 유지하다
- □ 縮(ちぢ)む 줄다, 작아지다
- □ かなう (소원 · 꿈 등이) 이루어지다
- □ 覆(おお)う 덮다, 가리다
- □ さびる 녹슬다
- □ 破(やぶ)れる 찢어지다
- □ 受(う)け入(い)れる 받아들이다, 수용하다
- □ 生(しょう)じる 생기다, 발생하다
- □ 振(ふ)り向(む)く 뒤돌아보다
- □ 思(おも)い付(つ)く 문득 생각이 떠오르다
- □ 散(ち)らかす 어지르다
- □ 略(りゃく)す 생략하다, 줄이다
- □ 甘(あま)やかす 응석을 받아 주다
- □ 節約(せつやく) 절약
- □ 日課(にっか) 일과
- □ 演説(えんぜつ) 연설
- □ 作成(さくせい) 작성

- □ 解約(かいやく) 해약
- □ 合図(あいず) (눈짓 · 몸짓 · 소리 등의) 신호
- □ 分解(ぶんかい) 분해
- □ 論争(ろんそう) 논쟁
- □ 注目(ちゅうもく) 주목
- □ 頂上(ちょうじょう) 정상
- □ 引退(いんたい) 은퇴
- □ 限定(げんてい) 한정
- □ 役目(やくめ) 역할
- □ 発達(はったつ) 발달
- □ 延長(えんちょう) 연장
- □ 反省(はんせい) 반성
- □ 中断(ちゅうだん) 중단
- □ 支持(しじ) 지지
- □ 用途(ようと) 용도
- □ 催促(さいそく) 재촉
- □ 行方(ゆくえ) 행방

- □ きっかけ 계기
- □ 目上(めうえ) 윗사람, 연장자
- □ 最寄(もよ)り 가장 가까움
- □ 温暖(おんだん) 온난함
- □ 順調(じゅんちょう) 순조로움
- □ 多彩(たさい) 다채, 다채로움
- □ 心強(こころづよ)い 마음 든든하다
- □ たくましい 늠름하다, 건장하다
- □ とぼしい 모자라다, 부족하다
- □ あわただしい 분주하다, 어수선하다
- □ 大(おお)げさだ 과장되다
- □ いったん 일단
- □ とっくに 훨씬 전에, 벌써
- □ いっせいに 일제히
- □ せめて 적어도, 하다못해
- □ きっぱり 딱 잘라, 단호히

확인 문제 1 • 용법

동영상 10

問題6 次の言葉の使い方として最もよいものを、1・2・3・4から一つ選びなさい。

1 節約

1 交通費を節約するため、会社まで自転車で通勤している。

2 国民の生活に密接な予算が大幅に節約されてしまった。

3 渋滞(じゅうたい)を節約するために、普段より1時間早く家を出た。

4 お年寄りは若い人に比べて体温節約機能が衰(おとろ)えている。

2 日課

1 私は朝、子供と一緒に公園を散歩するのが日課になっている。

2 首相の来韓の日課は、まだはっきりと決まっていない。

3 社内日課は、円滑(えんかつ)な業務の推進(すいしん)に欠(か)かせないと言える。

4 電光掲示板の発車日課を見ると、まだ20分も残っていた。

3 多彩

1 みんなに多彩な損害を与えたのだから、謝るだけでは済まないだろう。

2 彼は今まで芸能界で多彩な活動をしてきた。

3 夏には電気を多彩に使うようになってしまう。

4 最近、会計監査のため、多彩な毎日を送っている。

4 せめて

1 ずっとわからなかった部分が、先生の説明でせめてわかった。

2 いくら忙しくても、せめて電話ぐらいしてくれてもいいのに、ちっとも連絡をくれない。

3 横道から子供がせめて飛び出してくることがあるから、気を付けて運転しよう。

4 大人しそうな彼がせめて犯人だったとは、全く思わなかった。

5 思い付く

1 当時のことは、今思い付いてみても、腹の虫が治(おさ)まらない。

2 病人(びょうにん)の気持ちを思い付くことができない人は、この仕事に向かない。

3 彼に抗議(こうぎ)しようと思ったが、結局思い付いた。

4 このアイデアは、テレビを見ている時にふと思い付いた。

확인 문제 1 • 정답 및 해석(용법)

1 **節約** 절약 | **정답 1**

해석 1 교통비를 절약하기 위해 회사까지 자전거로 통근하고 있다.
2 국민 생활에 밀접한 예산이 큰 폭으로 삭감되어 버렸다. (節約せつやく ➜ 削減さくげん)
3 정체를 회피하기 위해서 평소보다 1시간 일찍 집을 나섰다. (節約せつやく ➜ 回避かいひ)
4 노인은 젊은 사람에 비해 체온 조절 기능이 쇠약해져 있다. (節約せつやく ➜ 調節ちょうせつ)

어휘 節約(せつやく) 절약 交通費(こうつうひ) 교통비 通勤(つうきん) 통근 国民(こくみん) 국민 生活(せいかつ) 생활 密接(みっせつ)だ 밀접하다 予算(よさん) 예산 大幅(おおはば)に 대폭적으로, 큰 폭으로 削減(さくげん) 삭감 渋滞(じゅうたい) (교통) 정체 回避(かいひ) 회피 普段(ふだん) 평소 家(いえ)を出(で)る 집을 나서다 お年寄(としよ)り 노인 若(わか)い 젊다 ～に比(くら)べて ～에 비해서 体温(たいおん) 체온 調節(ちょうせつ) 조절 機能(きのう) 기능 衰(おとろ)える (체력이) 쇠약해지다

2 **日課** 일과 | **정답 1**

해석 1 나는 아침에 아이와 함께 공원을 산책하는 것이 일과가 되어 있다.
2 수상의 방한 일정은 아직 확실히 정해지지 않았다. (日課にっか ➜ 日程にってい)
3 사내 규정은 원활한 입무 추진에 빠뜨릴 수 없나고 할 수 있다. (日課にっか ➜ 規定きてい)
4 전광 게시판의 발차 시각을 보니 아직 20분이나 남아 있었다. (日課にっか ➜ 時刻じこく)

어휘 日課(にっか) 일과 公園(こうえん) 공원 散歩(さんぽ) 산책 首相(しゅしょう) 수상 来韓(らいかん) 방한 日程(にってい) 일정 はっきりと 분명하게, 확실하게 決(き)まる 정해지다, 결정되다 社内(しゃない) 사내 規定(きてい) 규정 円滑(えんかつ)だ 원활하다 業務(ぎょうむ) 업무 推進(すいしん) 추진 欠(か)かす 빠뜨리다 電光(でんこう) 전광 掲示板(けいじばん) 게시판 発車(はっしゃ) 발차 時刻(じこく) 시각 残(のこ)る 남다

3 **多彩** 다채, 다채로움 | **정답 2**

해석 1 모두에게 매우 많은 손해를 입혔기 때문에 사과하는 것만으로는 끝나지 않을 것이다. (多彩たさい ➜ 多大ただい)
2 그는 지금까지 연예계에서 다채로운 활동을 해 왔다.
3 여름에는 전기를 대량으로 사용하게 되어 버린다. (多彩たさい ➜ 大量たいりょう)
4 최근 회계 감사 때문에 매우 바쁜 매일을 보내고 있다. (多彩たさい ➜ 多忙たぼう)

어휘 多彩(たさい) 다채, 다채로움 *「多彩(たさい)だ」 – 다채롭다 多大(ただい)だ 다대하다, 매우 많다 損害(そんがい)を与(あた)える 손해를 입히다 謝(あやま)る 사과하다 ～だけでは ～만으로는 済(す)む 끝나다, 해결되다 芸能界(げいのうかい) 연예계 活動(かつどう) 활동 夏(なつ) 여름 電気(でんき) 전기 大量(たいりょう) 대량 使(つか)う 쓰다, 사용하다 ～ようになる ～하게(끔) 되다 *변화 会計(かいけい) 회계 監査(かんさ) 감사 ～ため ～때문에 多忙(たぼう)だ 다망하다, 매우 바쁘다 送(おく)る 보내다

4 **せめて** 적어도, 하다못해 | **정답 2**

해석 1 계속 몰랐던 부분을 선생님의 설명으로 겨우 알게 되었다. (せめて ➜ ようやく)
2 아무리 바빠도 적어도 전화 정도는 해 줘도 될 텐데 전혀 연락을 주지 않는다.
3 골목에서 아이가 갑자기 뛰어나오는 경우가 있으니까, 조심해서 운전하자. (せめて ➜ いきなり)
4 온순해 보이는 그 사람이 설마 범인이었다니 전혀 생각하지 않았다. (せめて ➜ まさか)

어휘 せめて 적어도, 하다못해 ずっと 쭉, 계속 わかる 알다, 이해하다 部分(ぶぶん) 부분 説明(せつめい) 설명 ようやく 겨우, 간신히 いくら～ても 아무리 ～해도 忙(いそが)しい 바쁘다 ちっとも (부정어 수반) 조금도, 전혀 連絡(れんらく) 연락 横道(よこみち) 골목길 いきなり 갑자기 飛(と)び出(だ)す (갑자기) 뛰어나오다 気(き)を付(つ)ける 조심하다, 주의하다 運転(うんてん) 운전 大人(おとな)しい 얌전하다 い형용사의 어간+そうだ ～할[일] 것 같다 *양태 まさか 설마 犯人(はんにん) 범인 全(まった)く (부정어 수반) 전혀

5 **思い付く** 문득 생각이 떠오르다 | **정답 4**

해석 1 당시 일은 지금 떠올려 봐도 치미는 분노를 참을 수 없다. (思おもい付ついて ➜ 思おもい出だして)
2 환자의 심정을 헤아릴 수 없는 사람은 이 일에 적합하지 않다. (思おもい付つく ➜ 思おもいやる)
3 그에게 항의하려고 생각했지만, 결국 단념했다. (思おもい付ついた ➜ 思おもい止とどまった)
4 이 아이디어는 TV를 보고 있을 때 문득 생각이 떠올랐다.

어휘 思(おも)い付(つ)く 문득 생각이 떠오르다 当時(とうじ) 당시 思(おも)い出(だ)す 떠올리다, 생각해 내다 腹(はら)の虫(むし)が治(おさ)まらない 치미는 분노를 참을 수 없다 病人(びょうにん) 병자, 환자 気持(きも)ち 기분, 심정 思(おも)いやる 헤아리다, 배려하다 向(む)く 적합하다, 어울리다 抗議(こうぎ) 항의 結局(けっきょく) 결국 思(おも)い止(とど)まる 단념하다 アイデア 아이디어 ふと 문득

확인 문제 2 • 용법

問題6 次の言葉の使い方として最もよいものを、1・2・3・4から一つ選びなさい。

6 延長

1 平穏(へいおん)な環境が続けば、それに慣れてしまい、自分の実力も延長しない。

2 順調な利用者数の増加が、売上高の延長に繋がった。

3 今、彼は小学生の学力延長を図(はか)るためのテキスト開発に力を入れている。

4 政府は、観光支援策の実施期間を延長する方針を固めた。

7 解約

1 この問題を完全に解約するのが、会社の先決課題であると言える。

2 インターネットの普及で、様々な情報を解約して探せるようになった。

3 留学生活ももうすぐ終わるので、今日銀行の口座を解約した。

4 その大臣は、この間の発言について深く反省し、解約したいと述べた。

8 きっかけ

1 次のきっかけにご一緒できることを楽しみにしています。

2 日本のアニメをきっかけに、日本語に興味を持つようになった外国人が多いという。

3 交通事故を防止するためには、そのきっかけを把握することが必要である。

4 風力発電建設に反対するきっかけは、自然環境が壊れるからである。

9 さびる

1 これは、さびた部分に直接塗(ぬ)れる塗料(とりょう)である。

2 40代は、一般的に体力や気力がさびていく年代と言われている。

3 この地域では、降水量が毎年さびているため、様々な問題が起きている。

4 モチベーションがさびると、生産性や仕事の質が落ちるものだ。

10 とっくに

1 その仕事なら、とっくに終わらせておいたよ。

2 山田君が書いた報告書をざっと読んでみたところ、とっくに問題はなかった。

3 我が家ではとっくに母が食事を作っていて、父が後片付けをしている。

4 さっきまでからりと晴れていたのに、とっくに雨が激しく降り出した。

확인 문제 2 • 정답 및 해석(용법)

6 **延長** 연장 | 정답 4

해석 1 평온한 환경이 계속되면 그것에 익숙해져 버려서 자신의 실력도 향상되지 않는다. (延長えんちょう ➔ 向上こうじょう)
2 순조로운 이용자 수 증가가 판매액 신장으로 이어졌다. (延長えんちょう ➔ 伸長しんちょう)
3 지금 그는 초등학생의 학력 신장을 도모하기 위한 교과서 개발에 힘을 쏟고 있다. (延長えんちょう ➔ 伸長しんちょう)
4 정부는 관광 지원책 실시 기간을 연장할 방침을 굳혔다.

어휘 延長(えんちょう) 연장 平穏(へいおん)だ 평온하다 慣(な)れる 익숙해지다 実力(じつりょく) 실력 向上(こうじょう) 향상 順調(じゅんちょう)だ 순조롭다 利用者数(りようしゃすう) 이용자 수 増加(ぞうか) 증가 売上高(うりあげだか) 판매액, 매상고 伸長(しんちょう) 신장 繋(つな)がる 이어지다, 연결되다 学力(がくりょく) 학력 図(はか)る 도모하다, 꾀하다 テキスト 교과서 力(ちから)を入(い)れる 힘을 쏟다 政府(せいふ) 정부 観光(かんこう) 관광 支援策(しえんさく) 지원책 実施(じっし) 실시 方針(ほうしん) 방침 固(かた)める 굳히다

7 **解約** 해약 | 정답 3

해석 1 이 문제를 완전히 해결하는 것이 회사의 선결 과제라고 말할 수 있다. (解約かいやく ➔ 解決かいけつ)
2 인터넷의 보급으로 다양한 정보를 검색해서 찾을 수 있게 되었다. (解約かいやく ➔ 検索けんさく)
3 유학 생활도 이제 곧 끝나기 때문에 오늘 은행 계좌를 해약했다.
4 그 장관은 지난번 발언에 대해 깊이 반성하며 철회하고 싶다고 말했다. (解約かいやく ➔ 撤回てっかい)

어휘 解約(かいやく) 해약 問題(もんだい) 문제 完全(かんぜん)だ 완전하다 解決(かいけつ) 해결 先決(せんけつ) 선결 課題(かだい) 과제 普及(ふきゅう) 보급 情報(じょうほう) 정보 検索(けんさく) 검색 探(さが)す 찾다 ~ようになる ~하게(끔) 되다 *변화 留学(りゅうがく) 유학 生活(せいかつ) 생활 もうすぐ 이제 곧 終(お)わる 끝나다 口座(こうざ) 계좌 発言(はつげん) 발언 深(ふか)い 깊다 反省(はんせい) 반성 撤回(てっかい) 철회 述(の)べる 말하다, 진술하다

8 **きっかけ** 계기 | 정답 2

해석 1 다음 기회에 함께할 수 있기를 기대하고 있겠습니다. (きっかけ ➔ 機会きかい)
2 일본의 애니메이션을 계기로 일본어에 흥미를 갖게 된 외국인이 많다고 한다.
3 교통사고를 방지하기 위해서는 그 원인을 파악하는 것이 필요하다. (きっかけ ➔ 原因げんいん)
4 풍력 발전 건설에 반대하는 이유는 자연환경이 파괴되기 때문이다. (きっかけ ➔ 理由りゆう)

어휘 きっかけ 계기 次(つぎ) 다음 機会(きかい) 기회 楽(たの)しみにする 기대하다 アニメ 애니메이션 *「アニメーション」의 준말 興味(きょうみ) 흥미 持(も)つ 가지다 交通事故(こうつうじこ) 교통사고 防止(ぼうし) 방지 原因(げんいん) 원인 把握(はあく) 파악 必要(ひつよう)だ 필요하다 風力(ふうりょく) 풍력 発電(はつでん) 발전 建設(けんせつ) 건설 反対(はんたい) 반대 理由(りゆう) 이유 自然(しぜん) 자연 環境(かんきょう) 환경 壊(こわ)れる 파괴되다

9 **さびる** 녹슬다 | 정답 1

해석 1 이것은 녹슨 부분에 직접 바를 수 있는 도료다.
2 40대는 일반적으로 체력과 기력이 쇠약해져 가는 세대라고들 한다. (さびて ➔ 衰おとろえて)
3 이 지역에서는 강수량이 매년 줄고 있기 때문에 여러 가지 문제가 일어나고 있다. (さびて ➔ 減へって)
4 동기 부여가 내려가면 생산성과 일의 질이 떨어지는 법이다. (さびる ➔ 下さがる)

어휘 さび(錆)る 녹슬다 部分(ぶぶん) 부분 直接(ちょくせつ) 직접 塗(ぬ)る 바르다, 칠하다 塗料(とりょう) 도료 体力(たいりょく) 체력 気力(きりょく) 기력 衰(おとろ)える (체력이) 쇠약해지다 年代(ねんだい) 세대 地域(ちいき) 지역 降水量(こうすいりょう) 강수량 毎年(まいとし) 매년 減(へ)る 줄다, 줄어들다 モチベーション 동기 부여 下(さ)がる 내려가다 生産性(せいさんせい) 생산성 質(しつ) 질 落(お)ちる 떨어지다 ~ものだ ~인 법[것]이다 *상식 · 진리 · 본성

10 **とっくに** 훨씬 전에, 벌써 | 정답 1

해석 1 그 일이라면 훨씬 전에 끝내 뒀어.
2 야마다 군이 쓴 보고서를 대충 읽어 봤더니 특별히 문제는 없었다. (とっくに ➔ 別べつに)
3 우리 집에서는 주로 어머니가 식사를 만들고 아버지가 설거지를 하고 있다. (とっくに ➔ 主おもに)
4 조금 전까지 화창하게 맑았는데 돌연 비가 세차게 내리기 시작했다. (とっくに ➔ 突然とつぜん)

어휘 とっくに 훨씬 전에 終(お)わらせる 끝내다 報告書(ほうこくしょ) 보고서 ざっと 대충, 대략 동사의 た형+ところ ~했더니, ~한 결과 別(べつ)に (부정어 수반) 별로, 특별히, 딱히 我(わ)が家(や) 우리 집 主(おも)に 주로 作(つく)る 만들다 後片付(あとかたづ)け 뒤처리, 설거지 さっき 아까, 조금 전 からりと 화창하게 晴(は)れる 맑다, 개다 ~のに ~는데(도) 突然(とつぜん) 돌연, 갑자기 激(はげ)しい 심하다, 격하다, 격렬하다 降(ふ)り出(だ)す (비 · 눈 등이) 내리기 시작하다

확인 문제 3 • 용법

問題6 次の言葉の使い方として最もよいものを、1・2・3・4から一つ選びなさい。

11 発達

1 科学技術の発達は、私たちの生活を豊(ゆた)かにしてくれた。
2 各方面別の発達時刻表のご案内は、こちらをご覧ください。
3 日本の経済発達は、世界の経済史の中でも興味深い事例である。
4 今回の古代遺物(いぶつ)の発達で、258万年より前から人類は道具を使っていたことがわかった。

12 中断

1 現状からすると、中断された試合の再開は無理だろう。
2 情報格差の拡大で、世代間の中断も深まっている。
3 残業が多くて今の会社を中断して転職しようかと思っている。
4 大地震によって電話網が中断されてしまった。

13 分解

1 細かいお金がありませんね。すみませんが、この紙幣(しへい)、分解していただけますか。
2 このままでは冷蔵庫に入らないから、二つに分解して入れてね。
3 みんなが分解して手伝ってくれたので、思ったより早く仕事が終わった。
4 うちの息子は、機械を分解してから再び組み立てるのが趣味である。

14 たくましい

1 彼は予想と違って生き生きとしてたくましい若者であった。
2 今度の仕事に経験がたくましい彼が参加するなんて、本当に頼(たの)もしい。
3 日差しもたくましくなったから、日焼(ひや)け止(ど)めを塗(ぬ)って出かけよう。
4 たくましい信念と続ける力を持って努力すれば、必ず道はある。

15 かなう

1 心身共(とも)に疲れている時は、かなってくれる人が必要になる。
2 夢というのは諦(あきら)めない以上、きっといつかはかなう。
3 全ての要望にかなうことが、いつも顧客満足アップに繋がるとは限らない。
4 私は自分の気持ちを相手に正確にかなうことが苦手である。

확인 문제 3 • 정답 및 해석(용법)

11 **発達** 발달 | **정답** 1

해석 1 과학 기술의 발달은 우리 생활을 풍요롭게 해 주었다.
2 각 방면별 발차 시각표 안내는 이쪽을 보십시오. (発達はったつ → 発車はっしゃ)
3 일본의 경제 발전은 세계 경제사 중에서도 매우 흥미로운 사례다. (発達はったつ → 発展はってん)
4 이번 고대 유물의 발견으로 258만 년보다 전부터 인류는 도구를 쓰고 있었음을 알 수 있었다. (発達はったつ → 発見はっけん)

어휘 発達(はったつ) 발달 科学(かがく) 과학 技術(ぎじゅつ) 기술 豊(ゆた)かだ 풍부하다, 풍요롭다 各方面別(かくほうめんべつ) 각 방면별 発車(はっしゃ) 발차 時刻表(じこくひょう) 시각표 ご覧(らん) 보심 *「見(み)ること」(봄)의 존경어 経済(けいざい) 경제 発展(はってん) 발전 世界(せかい) 세계 経済史(けいざいし) 경제사 興味深(きょうみぶか)い 매우 흥미롭다 事例(じれい) 사례 古代(こだい) 고대 遺物(いぶつ) 유물 発見(はっけん) 발견 人類(じんるい) 인류 道具(どうぐ) 도구

12 **中断** 중단 | **정답** 1

해석 1 현재 상태로 보아 중단된 시합의 재개는 무리일 것이다.
2 정보 격차의 확대로 세대 간의 단절도 깊어지고 있다. (中断ちゅうだん → 断絶だんぜつ)
3 야근이 많아서 지금 회사를 퇴직하고 전직할까 라고 생각하고 있다. (中断ちゅうだん → 退職たいしょく)
4 대지진에 의해 전화망이 절단되어 버렸다. (中断ちゅうだん → 切断せつだん)

어휘 中断(ちゅうだん) 중단 現状(げんじょう) 현상, 현재 상태 ～からすると ～로 보면, ～로 판단컨대 試合(しあい) 시합 再開(さいかい) 재개 情報(じょうほう) 정보 格差(かくさ) 격차 拡大(かくだい) 확대 世代間(せだいかん) 세대 간 断絶(だんぜつ) 단절 深(ふか)まる 깊어지다 退職(たいしょく) 퇴직 転職(てんしょく) 전직 大地震(だいじしん) 대지진 電話網(でんわもう) 전화망 切断(せつだん) 절단

13 **分解** 분해 | **정답** 4

해석 1 잔돈이 없네요. 죄송하지만, 이 지폐, 잔돈으로 바꿔 주실 수 있습니까? (分解ぶんかいして → 崩くずして)
2 이대로는 냉장고에 들어가지 않으니까 두 개로 나눠서 넣어. (分解ぶんかいして → 分わけて)
3 모두가 분담해서 도와줬기 때문에 생각보다 빨리 일이 끝났다. (分解ぶんかい → 分担ぶんたん)
4 우리 아들은 기계를 분해한 후에 다시 조립하는 것이 취미이다.

어휘 分解(ぶんかい) 분해 細(こま)かい (금액이) 작다 *「細(こま)かいお金(かね)」– 잔돈 紙幣(しへい) 지폐 崩(くず)す (큰 돈을) 헐다, 바꾸다 ～ていただけますか (남에게) ～해 받을 수 있습니까?, (남이) ～해 주실 수 있습니까? *「～てもらえますか」((남에게) ～해 받을 수 있습니까?, (남이) ～해 줄 수 있습니까?)의 겸양표현 入(はい)る 들어가다 分(わ)ける 나누다 入(い)れる 넣다 分担(ぶんたん) 분담 手伝(てつだ)う 돕다 終(お)わる 끝나다 機械(きかい) 기계 ～てから ～하고 나서, ～한 후에 再(ふたた)び 재차, 다시 組(く)み立(た)てる 조립하다 趣味(しゅみ) 취미

14 **たくましい** 늠름하다,건장하다 | **정답** 1

해석 1 그는 예상과 달리 생기가 넘치고 늠름한 젊은이였다.
2 이번 일에 경험이 풍부한 그가 참가하다니, 정말 믿음직스럽다. (たくましい → 豊富ほうふな)
3 햇살도 강해졌으니까, 선크림을 바르고 나가자. (たくましく → 強つよく)
4 강한 신념과 계속할 힘을 가지고 노력하면 반드시 길은 있다. (たくましい → 強つよい)

어휘 たくま(逞)しい 늠름하다, 건장하다 予想(よそう) 예상 違(ちが)う 다르다 生(い)き生(い)き 생기 넘치는 모양 経験(けいけん) 경험 豊富(ほうふ)だ 풍부하다 参加(さんか) 참가 ～なんて ～라니, ～하다니 頼(たの)もしい 믿음직스럽다 日差(ひざ)し 햇살, 햇볕 日焼(ひや)け止(ど)め 선크림 塗(ぬ)る 바르다, 칠하다 出(で)かける 나가다, 외출하다 信念(しんねん) 신념 続(つづ)ける 계속하다 努力(どりょく) 노력 必(かなら)ず 반드시, 꼭 道(みち) 길

15 **かなう** (소원 · 꿈 등이) 이루어지다 | **정답** 2

해석 1 심신이 모두 피곤할 때는 지원해 주는 사람이 필요해진다. (かなって → 支ささえて)
2 꿈이라는 것은 단념하지 않는 이상, 틀림없이 언젠가는 이루어진다.
3 모든 요망에 부응하는 것이 항상 고객 만족 향상으로 이어지는 것은 아니다. (かなう → 応こたえる)
4 나는 내 기분을 상대에게 정확하게 전달하는 것이 서투르다. (かなう → 伝つたえる)

어휘 かな(叶)う (소원 · 꿈 등이) 이루어지다 心身(しんしん) 심신 共(とも)に 모두, 다 支(ささ)える 지탱하다, (정신적 · 경제적으로) 지원하다 諦(あきら)める 체념하다, 단념하다 ～以上(いじょう) ～한[인] 이상 きっと 분명히, 틀림없이 いつかは 언젠가는 全(すべ)て 모두, 전부 要望(ようぼう) 요망 応(こた)える 부응하다 顧客(こきゃく) 고객 満足(まんぞく) 만족 アップ 업, 향상 繋(つな)がる 이어지다, 연결되다 ～とは限(かぎ)らない (반드시) ～하다고는 할 수 없다, ～하는 것은 아니다 正確(せいかく)だ 정확하다 伝(つた)える 전하다

확인 문제 4 • 용법

問題6 次の言葉の使い方として最もよいものを、1・2・3・4から一つ選びなさい。

16 頂上

1 失業率が5か月間連続で頂上し続けている。
2 落石のせいで、頂上までの登山道は封鎖（ふうさ）されていた。
3 飛行機の頂上から外を見下ろすと、普段は絶対見られない景色が広がっていた。
4 日本の住宅は、頂上の高さは2.5メートル前後が平均値と言われている。

17 いっせいに

1 先生の話を聞いた生徒たちは、いっせいに笑った。
2 彼が言った方法が、いっせいに成功に繋がるとは限らない。
3 玄関ベルが鳴ったので、いっせいにゲームを止めて玄関へ向かった。
4 いっせいには言えないけれど、ゆとり世代はコミュニケーションが苦手だと思う。

18 役目

1 これは全体の約60%を役目としてプログラムを作成してください。
2 残念なことに、彼は自分の役目を素直に認めて謝ろうとしなかった。
3 これが君の役目なんだから、きちんとやってもらわないと困るわ。
4 主権者である国民は、国政およびその他の情報を知る役目がある。

19 破れる

1 釘（くぎ）にひっかかってシャツが破れてしまった。
2 この水道は破れたのか、全然水が出てこない。
3 天気予報によると、明日は朝から天気が破れるそうだ。
4 先週買ったばかりのスマホなのに、落として液晶画面が破れてしまった。

20 最寄り

1 長女は出産を最寄りに控えている。
2 通勤電車の中で、最寄りの人に足を踏まれてしまった。
3 我が家から最寄りの駅までは、歩いて1時間もかかる。
4 今回の調査では、沖縄（おきなわ）が夏の観光地として最寄り人気が高かった。

확인 문제 4 • 정답 및 해석(용법)

16 **頂上** 정상 | **정답 2**

해석 1 실업률이 5개월간 연속으로 계속 증가하고 있다. (頂上ちょうじょう ➜ 増加ぞうか)
2 낙석 탓에 정상까지의 등산로는 봉쇄되어 있었다.
3 비행기 창문으로 밖을 내려다보니 평소에는 절대 볼 수 없는 경치가 펼쳐져 있었다. (頂上ちょうじょう ➜ 窓まど)
4 일본의 주택은 천장 높이는 2.5m 전후가 평균치라고 한다. (頂上ちょうじょう ➜ 天井てんじょう)

어휘 頂上(ちょうじょう) 정상 失業率(しつぎょうりつ) 실업률 連続(れんぞく) 연속 増加(ぞうか) 증가 동사의 ます형+続(つづ)ける 계속 ~하다 落石(らくせき) 낙석 명사+の+せいで ~탓에 登山道(とざんどう) 등산로 封鎖(ふうさ) 봉쇄 飛行機(ひこうき) 비행기 窓(まど) 창문 外(そと) 밖 見下(みお)ろす 내려다보다 普段(ふだん) 평소 絶対(ぜったい) 절대, 절대로 景色(けしき) 경치 広(ひろ)がる 펼쳐지다 住宅(じゅうたく) 주택 天井(てんじょう) 천장 高(たか)さ 높이 前後(ぜんご) 전후 平均値(へいきんち) 평균치

17 **いっせいに** 일제히 | **정답 1**

해석 1 선생님의 이야기를 들은 학생들은 일제히 웃었다.
2 그가 말한 방법이 반드시 성공으로 이어진다고는 할 수 없다. (いっせいに ➜ 必かならず)
3 현관 벨이 울렸기 때문에 일단 게임을 멈추고 현관으로 향했다. (いっせいに ➜ 一旦いったん)
4 일률적으로는 말할 수 없지만, 유토리 세대는 의사소통이 서툴다고 생각한다. (いっせいに ➜ 一概いちがいに)

어휘 いっせい(一斉)に 일제히 笑(わら)う 웃다 方法(ほうほう) 방법 必(かなら)ず 반드시, 꼭 成功(せいこう) 성공 繋(つな)がる 이어지다, 연결되다 ～とは限(かぎ)らない (반드시) ~하다고는 할 수 없다, ~하는 것은 아니다 玄関(げんかん)ベル 현관 벨 鳴(な)る 울리다 一旦(いったん) 일단 ゲーム 게임 止(と)める 멈추다 向(む)かう 향하다 一概(いちがい)に 일률적으로 ゆとり世代(せだい) 유토리 세대 *1987~2004년에 일본에서 태어나고 자란 세대 コミュニケーション 커뮤니케이션, 의사소통 苦手(にがて)だ 서투르다, 잘 못하다

18 **役目** 역할 | **정답 3**

해석 1 이것은 전체의 약 60%를 목표로 해서 프로그램을 작성해 주세요. (役目やくめ ➜ 目安めやす)
2 유감스럽게도 그는 자신의 잘못을 순순히 인정하고 사과하려고 하지 않았다. (役目やくめ ➜ 誤あやまり)
3 이게 네 역할이니까, 제대로 해 주지 않으면 곤란해.
4 주권자인 국민은 국정 및 그 외의 정보를 알 권리가 있다. (役目やくめ ➜ 権利けんり)

어휘 役目(やくめ) 역할 全体(ぜんたい) 전체 目安(めやす) 목표, 기준 プログラム 프로그램 作成(さくせい) 작성 残念(ざんねん)だ 아쉽다, 유감스럽다 ～ことに ~하게도 *감탄·놀람 誤(あやま)り 잘못 素直(すなお)だ 고분고분하다 認(みと)める 인정하다 謝(あやま)る 사과하다 きちんと 제대로 やる 하다 困(こま)る 곤란하다, 난처하다 主権者(しゅけんしゃ) 주권자 国民(こくみん) 국민 国政(こくせい) 국정 および 및 情報(じょうほう) 정보 知(し)る 알다 権利(けんり) 권리

19 **破れる** 찢어지다 | **정답 1**

해석 1 못에 걸려서 셔츠가 찢어져 버렸다.
2 이 수도는 고장 난 것인지 전혀 물이 나오지 않는다. (破やぶれた ➜ 壊こわれた)
3 일기예보에 의하면 내일은 아침부터 날씨가 나빠진다고 한다. (破やぶれる ➜ 崩くずれる)
4 지난주에 막 산 스마트폰인데 떨어뜨려서 액정 화면이 깨져 버렸다. (破やぶれて ➜ 割われて)

어휘 破(やぶ)れる 찢어지다 釘(くぎ) 못 ひっかかる 걸리다 シャツ 셔츠 水道(すいどう) 수도 壊(こわ)れる 고장 나다 全然(ぜんぜん) (부정어 수반) 전혀 水(みず) 물 出(で)る 나오다 天気予報(てんきよほう) 일기예보 ～によると ~에 의하면 天気(てんき)が崩(くず)れる 날씨가 나빠지다 품사의 보통형+そうだ ~라고 한다 *전문 동사의 た형+ばかり 막 ~한 참, ~한 지 얼마 안 됨 スマホ 스마트폰 *「スマートフォン」의 준말 落(お)とす 떨어뜨리다 液晶(えきしょう) 액정 画面(がめん) 화면 割(わ)れる 깨지다

20 **最寄り** 가장 가까움 | **정답 3**

해석 1 장녀는 출산을 가까이 앞두고 있다. (最寄もよりに ➜ 間近まぢかに)
2 통근 전철 안에서 옆 사람에게 발을 밟혀 버렸다. (最寄もより ➜ 隣となり)
3 우리 집에서 가장 가까운 역까지는 걸어서 1시간이나 걸린다.
4 이번 조사에서는 오키나와가 여름 관광지로 가장 인기가 높았다. (最寄もより ➜ 最もっとも)

어휘 最寄(もよ)り 가장 가까움 長女(ちょうじょ) 장녀 出産(しゅっさん) 출산 間近(まぢか)だ (시간이나 거리가) 아주 가깝다 控(ひか)える 앞두다 通勤(つうきん) 통근, 출퇴근 足(あし) 발 踏(ふ)む 밟다 *「踏(ふ)まれる」 - 밟히다 我(わ)が家(や) 우리 집 駅(えき) 역 歩(ある)く 걷다 かかる 걸리다 調査(ちょうさ) 조사 沖縄(おきなわ) 오키나와 *지명 夏(なつ) 여름 観光地(かんこうち) 관광지 ～として ~로서 最(もっと)も 가장, 제일 人気(にんき) 인기 高(たか)い 높다

확인 문제 5 • 용법

問題6 次の言葉の使い方として最もよいものを、1・2・3・4から一つ選びなさい。

21 用途

1 今、電車で家に帰る用途です。

2 機械を用途に合わせて設計するのは、そんなに容易ではない。

3 用途がありますので、今日はお先に失礼します。

4 今ちょっと忙しいので、用途は手短(てみじか)にお願いします。

22 いったん

1 じゃ、いったん家に戻って着替えてからまた来ます。

2 祖母は今までいったんも海外に行ったことがないそうだ。

3 私は少なくとも週にいったんは図書館へ行きます。

4 いったん見ただけでそれを全部覚えるとは、すごいね。

23 催促

1 もうすぐ会議が始まるので、催促して昼食を済ませた。

2 あなた！ もう12時だわ。2時出発の飛行機だから、催促しないと間に合わないよ。

3 このサービスを利用する場合の催促料金はいくらですか。

4 借金の返済が滞納(たいのう)してしまうと、業者から催促の電話がかかってくる。

24 きっぱり

1 彼女は私の申し出をきっぱり断った。

2 3月に入り、きっぱり春めいてまいりました。

3 この料理、見た目よりきっぱりした味で食べやすいね。

4 きっぱりしていて、今日が夫の誕生日であることを忘れていた。

25 覆う

1 この土地は、家畜(かちく)を覆うのに適(てき)している。

2 花粉症(かふんしょう)の時期は、いつもマスクで顔を覆っている。

3 我が社もその事件で多大な被害を覆った。

4 いつもはよく失敗したのに、今日のサーブは覆うほど決まった。

확인 문제 5 • 정답 및 해석(용법)

21 **用途** 용도 | **정답 2**

해석 1 지금 전철로 집에 돌아가는 도중입니다. (用途ようと → 途中とちゅう)
2 기계를 용도에 맞춰서 설계하는 것은 그렇게 쉽지 않다.
3 볼일이 있어서 오늘은 먼저 실례하겠습니다. (用途ようと → 用事ようじ)
4 지금 조금 바쁘니까, 용건은 간단히 부탁드립니다. (用途ようと → 用件ようけん)

어휘 用途(ようと) 용도 電車(でんしゃ) 전철 帰(かえ)る 돌아가다 途中(とちゅう) 도중 機械(きかい) 기계 合(あ)わせる 맞추다 設計(せっけい) 설계 容易(ようい)だ 용이하다, 쉽다 用事(ようじ) 볼일, 용무 お先(さき)に失礼(しつれい)します 먼저 실례하겠습니다[가 보겠습니다] 忙(いそが)しい 바쁘다 用件(ようけん) 용건 手短(てみじか)だ 간단하다, 간략하다

22 **いったん** 일단 | **정답 1**

해석 1 그럼, 일단 집에 되돌아가서 옷을 갈아입은 후에 다시 오겠습니다.
2 할머니는 지금까지 한 번도 해외에 간 적이 없다고 한다. (いったん → 一度いちど)
3 저는 적어도 일주일에 한 번은 도서관에 갑니다. (いったん → 一回いっかい)
4 한 번 본 것만으로 그걸 전부 외우다니, 굉장하네. (いったん → 一度いちど)

어휘 いったん(一旦) 일단 戻(もど)る 되돌아가다 着替(きが)える 옷을 갈아입다 祖母(そぼ) (자신의) 할머니 海外(かいがい) 해외 동사의 た형+ことがない ~한 적이 없다 품사의 보통형+そうだ ~라고 한다 *전문 少(すく)なくとも 적어도 週(しゅう) 일주일 図書館(としょかん) 도서관 ~だけで ~만으로 全部(ぜんぶ) 전부 覚(おぼ)える 외우다 ~とは ~하다니 すごい 굉장하다

23 **催促** 재촉 | **정답 4**

해석 1 이제 곧 회의가 시작되므로 서둘러 점심을 때웠다. (催促さいそくして → 急いそいで)
2 여보! 벌써 12시야. 2시 출발 비행기니까, 서두르지 않으면 시간에 못 맞춰. (催促さいそくしない → 急いそがない)
3 이 서비스를 이용할 경우의 추가 요금은 얼마인가요? (催促さいそく → 追加ついか)
4 빚 변제가 체납되어 버리면 업자로부터 재촉 전화가 걸려 온다.

어휘 催促(さいそく) 재촉 もうすぐ 이제 곧 会議(かいぎ) 회의 始(はじ)まる 시작되다 急(いそ)ぐ 서두르다 昼食(ちゅうしょく) 중식, 점심식사 済(す)ませる 때우다, 해결하다 あなた 여보 *부부 사이에서 아내가 남편을 부르는 말 もう 이미, 벌써 出発(しゅっぱつ) 출발 飛行機(ひこうき) 비행기 間(ま)に合(あ)う 시간에 맞게 대다, 늦지 않다 サービス 서비스 利用(りよう) 이용 場合(ばあい) 경우 追加(ついか) 추가 料金(りょうきん) 요금 いくら 얼마 借金(しゃっきん) 빚 返済(へんさい) 변제, (빚을) 갚음 滞納(たいのう) 체납 業者(ぎょうしゃ) 업자 電話(でんわ) 전화 かかる (전화가) 걸리다, 걸려 오다

24 **きっぱり** 딱 잘라, 단호히 | **정답 1**

해석 1 그녀는 내 제의를 딱 잘라 거절했다.
2 3월 들어 완전히 봄다워졌습니다. (きっぱり → すっかり)
3 이 요리, 겉보기보다 산뜻한 맛이어서 먹기 편하네. (きっぱり → さっぱり)
4 깜빡하고 오늘이 남편 생일인 것을 잊고 있었다. (きっぱり → うっかり)

어휘 きっぱり 딱 잘라, 단호히 申(もう)し出(で) 제의 断(ことわ)る 거절하다 入(はい)る (어느 시기에) 접어들다 すっかり 완전히 春(はる) 봄 명사+めく ~다워지다 ~てまいる ~해 오다 *「~てくる」의 겸양표현 料理(りょうり) 요리 見(み)た目(め) 겉보기 さっぱり 산뜻한 모양 味(あじ) 맛 동사의 ます형+やすい ~하기 쉽다 うっかり 무심코, 깜빡 夫(おっと) (자신의) 남편 誕生日(たんじょうび) 생일 忘(わす)れる 잊다

25 **覆う** 덮다, 가리다 | **정답 2**

해석 1 이 토지는 가축을 기르기에 적합하다. (覆おおう → 養やしなう)
2 꽃가루 알레르기 시기는 항상 마스크로 얼굴을 가리고 있다.
3 우리 회사도 그 사건으로 매우 많은 피해를 입었다. (覆おおった → 被こうむった)
4 평소에는 자주 실패했는데, 오늘 서브는 놀랄 만큼 먹혀들었다. (覆おおう → 驚おどろく)

어휘 覆(おお)う 덮다, 가리다 土地(とち) 토지 家畜(かちく) 가축 養(やしな)う 기르다, 양육하다 동사의 보통형+のに ~하는 데에, ~하기에 適(てき)する 적합하다 花粉症(かふんしょう) 화분증, 꽃가루 알레르기 時期(じき) 시기 マスク 마스크 顔(かお) 얼굴 我(わ)が社(しゃ) 우리 회사 事件(じけん) 사건 多大(ただい)だ 다대하다, 매우 많다 被害(ひがい) 피해 被(こうむ)る (피해 등을) 입다, 받다 よく 자주 失敗(しっぱい) 실패 サーブ 서브 驚(おどろ)く 놀라다 ~ほど ~만큼 決(き)まる (뜻대로) 먹혀들다, 성공하다

확인 문제 6 • 용법

問題6 次の言葉の使い方として最もよいものを、1・2・3・4から一つ選びなさい。

26 反省

1 彼が出した意見に賛成する人は一人もいなく、みんな反省した。

2 工事を反省する人が多くてその案は、結局、否決されてしまった。

3 言葉では深く反省すると言っているのに、表情は全然そうではない。

4 みんなに反省されても、彼は自分の意志を曲げようとしなかった。

27 作成

1 突然の事故で、建設現場の作成は滞(とどこお)っている。

2 幼馴染(おさななじ)みの鈴木君と一緒に新しい会社を作成することにした。

3 昨日おっしゃった内容をグラフで作成してみました。

4 小説などの作成活動は、簡単そうに見えても実際にやってみると、そんなに簡単ではない。

28 行方

1 警察は必死に犯人の行方を追っているが、まだこれといった手掛かりは見つかっていない。

2 一般的に台風は、進行行方に向かって右側ほど危険だという。

3 研修会をプログラム通りに行方していくのが、司会者に求められる最も大きな役割である。

4 このサイトを利用すれば、日本行方飛行機のチケットをリアルタイムで検索できる。

29 生じる

1 この大学からノーベル賞受賞者が何人も生じている。

2 新技術が生じたおかげで、生産量が画期的に増えた。

3 この野菜は、北海道のように寒い地域を中心に生じている。

4 海外で生活していると、文化や習慣の違いなどで誤解が生じる場合が多い。

30 受け入れる

1 去年、私の担任であった中村先生は、今年3年生を受け入れることになった。

2 難民は受け入れないという総理の発言は、世界中から非難を浴びている。

3 困難を受け入れるために、鈴木社長は銀行から融資(ゆうし)を受けることにした。

4 アメリカの景気が完全に受け入れるまで、少なくとも6か月はかかるだろう。

확인 문제 6 • 정답 및 해석(용법)

26 反省 반성 | **정답 3**

해석 1 그가 낸 의견에 찬성하는 사람은 한 사람도 없고 모두 반대했다. (反省はんせい ➔ 反対はんたい)
2 공사를 반대하는 사람이 많아서 그 안은 결국 부결되고 말았다. (反省はんせい ➔ 反対はんたい)
3 말로는 깊이 반성한다고 말하고 있는데 표정은 전혀 그렇지 않다.
4 모두가 반대해도 그는 자신의 의지를 굽히려고 하지 않았다. (反省はんせい ➔ 反対はんたい)

어휘 反省(はんせい) 반성 意見(いけん) 의견 賛成(さんせい) 찬성 反対(はんたい) 반대 工事(こうじ) 공사 多(おお)い 많다 案(あん) 안 結局(けっきょく) 결국 否決(ひけつ) 부결 言葉(ことば) 말 深(ふか)い 깊다 表情(ひょうじょう) 표정 全然(ぜんぜん) (부정어 수반) 전혀 意志(いし) 의지 曲(ま)げる 굽히다

27 作成 작성 | **정답 3**

해석 1 갑작스러운 사고로 건설 현장 작업은 정체되고 있다. (作成さくせい ➔ 作業さぎょう)
2 소꿉친구인 스즈키 군과 함께 새 회사를 창업하기로 했다. (作成さくせい ➔ 創業そうぎょう)
3 어제 말씀하신 내용을 그래프로 작성해 보았습니다.
4 소설 등의 창작 활동은 간단한 듯이 보여도 실제로 해 보면 그렇게 간단하지 않다. (作成さくせい ➔ 創作そうさく)

어휘 作成(さくせい) 작성 突然(とつぜん) 돌연, 갑자기 事故(じこ) 사고 建設(けんせつ) 건설 現場(げんば) 현장 作業(さぎょう) 작업 滞(とどこお)る 정체되다 幼馴染(おさななじ)み 소꿉친구 創業(そうぎょう) 창업 おっしゃる 말씀하시다 *「言(い)う」(말하다)의 존경어 内容(ないよう) 내용 グラフ 그래프 小説(しょうせつ) 소설 創作(そうさく) 창작 活動(かつどう) 활동 簡単(かんたん)だ 간단하다 な형용사의 어간+そうに ~한 듯이 実際(じっさい)に 실제로 そんなに 그렇게(나), 그렇게(까지)

28 行方 행방 | **정답 1**

해석 1 경찰은 필사적으로 범인의 행방을 쫓고 있지만, 아직 이렇다 할 단서는 발견되지 않았다.
2 일반적으로 태풍은 진행 방향을 향해 오른쪽일수록 위험하다고 한다. (行方ゆくえ ➔ 方向ほうこう)
3 연수회를 프로그램대로 진행해 나가는 것이 사회자에게 요구되는 가장 큰 역할이다. (行方ゆくえ ➔ 進行しんこう)
4 이 사이트를 이용하면 일본행 비행기 티켓을 리얼 타임으로 검색할 수 있다. (行方ゆくえ ➔ 行いき)

어휘 行方(ゆくえ) 행방 必死(ひっし)だ 필사적이다 犯人(はんにん) 범인 追(お)う 쫓다 これといった 이렇다 할 手掛(てが)かり 단서 見(み)つかる 발견되다, 찾게 되다 台風(たいふう) 태풍 進行(しんこう) 진행 方向(ほうこう) 방향 向(む)かう 향하다 右側(みぎがわ) 오른쪽 ~ほど ~일수록 危険(きけん) 위험 研修会(けんしゅうかい) 연수회 ~通(どお)り ~대로 司会者(しかいしゃ) 사회자 求(もと)める 요구하다 最(もっと)も 가장, 제일 役割(やくわり) 역할 サイト 사이트 利用(りよう) 이용 ~行(い)き ~행 チケット 티켓, 표 リアルタイム 리얼 타임, 실시간 처리 検索(けんさく) 검색

29 生じる 생기다, 발생하다 | **정답 4**

해석 1 이 대학에서 노벨상 수상자가 몇 사람이나 나왔다. (生しょうじて ➔ 出でて)
2 신기술이 개발된 덕분에 생산량이 획기적으로 늘었다. (生しょうじた ➔ 開発かいはつされた)
3 이 채소는 홋카이도처럼 추운 지역을 중심으로 재배되고 있다. (生しょうじて ➔ 栽培さいばいされて)
4 해외에서 생활하고 있으면 문화와 습관 차이 등으로 오해가 생기는 경우가 많다.

어휘 生(しょう)じる 생기다, 발생하다 ノーベル賞(しょう) 노벨상 受賞者(じゅしょうしゃ) 수상자 出(で)る 나오다 新技術(しんぎじゅつ) 신기술 開発(かいはつ) 개발 生産量(せいさんりょう) 생산량 画期的(かっきてき)だ 획기적이다 増(ふ)える 늘다, 늘어나다 野菜(やさい) 채소 地域(ちいき) 지역 ~を中心(ちゅうしん)に ~을 중심으로 栽培(さいばい) 재배 生活(せいかつ) 생활 文化(ぶんか) 문화 習慣(しゅうかん) 습관 誤解(ごかい) 오해

30 受け入れる 받아들이다, 수용하다 | **정답 2**

해석 1 작년에 내 담임이었던 나카무라 선생님은 올해 3학년을 맡게 되었다. (受うけ入いれる ➔ 受うけ持もつ)
2 난민은 받아들이지 않겠다는 총리의 발언은 전 세계로부터 비난을 받고 있다.
3 곤란을 극복하기 위해서 스즈키 사장은 은행으로부터 융자를 받기로 했다. (受うけ入いれる ➔ 乗のり切きる)
4 미국의 경기가 완전히 회복될 때까지 적어도 6개월은 걸릴 것이다. (受うけ入いれる ➔ 立たち直なおる)

어휘 受(う)け入(い)れる 받아들이다, 수용하다 去年(きょねん) 작년 担任(たんにん) 담임 受(う)け持(も)つ 맡다, 담당하다 難民(なんみん) 난민 総理(そうり) 총리 発言(はつげん) 발언 世界中(せかいじゅう) 전 세계 非難(ひなん)を浴(あ)びる 비난을 받다 困難(こんなん) 곤란 乗(の)り切(き)る 극복하다 融資(ゆうし) 융자 受(う)ける 받다 景気(けいき) 경기 完全(かんぜん)だ 완전하다 立(た)ち直(なお)る 회복되다 少(すく)なくとも 적어도 かかる (시간이) 걸리다

확인 문제 7 • 용법

問題6 次の言葉の使い方として最もよいものを、1・2・3・4から一つ選びなさい。

31 支持

1 施設内ではスタッフの支持に従ってください。
2 彼は現場監督に昇進し、人に支持を出す立場になった。
3 米大統領は、今も国民の過半数の支持を得ていることが、25日発表された。
4 スーツケースを閉める前に、忘れ物がないかちゃんと支持しておいてね。

32 論争

1 彼の主張は、論争があまりにも弱くて到底(とうてい)認められなかった。
2 彼の中東政策は、国内でも論争を呼んでいる。
3 新商品の開発のため、毎日論争や会議などが行われている。
4 私は卒業論争として、オリンピックが経済にもたらすインパクトの大きさについて研究している。

33 引退

1 負傷が長引いた彼は、結局、今年引退を宣言した。
2 昨日の試合で鈴木選手は、審判への暴力行為で引退されてしまった。
3 退院の日は、10時までに引退できるように手続きをしておいた方がいい。
4 赤字続きだったので、新規事業から引退せざるを得なかった。

34 大げさ

1 イギリスは、韓国からより日本から大げさに遠い。
2 うちの父は、いつも自分の釣った魚の大きさを大げさに話す。
3 高校時代は別に何事もなく、大げさな生活を送った。
4 助けたかっただけなのに、「大げさなお世話」と言われてしまった。

35 散らかす

1 桜が完全に散らかす前に、お花見にでも行きましょう。
2 弟ときたら、いつも部屋を散らかして母によく叱られる。
3 投資ではリスクを散らかすことがとても大切である。
4 残念ながら、友達は国内各地に散らかしていてなかなか会えない。

확인 문제 7 • 정답 및 해석(용법)

31 **支持** 지지 | **정답** 3

해석 1 시설 내에서는 스태프의 지시에 따라 주세요. (支持しじ ➔ 指示しじ)

2 그는 현장 감독으로 승진해서 다른 사람에게 지시를 하는 입장이 되었다. (支持しじ ➔ 指示しじ)

3 미국 대통령은 지금도 국민 과반수의 지지를 얻고 있음이 25일 발표되었다.

4 여행 가방을 닫기 전에 잊어버린 물건이 없는지 제대로 확인해 둬. (支持しじ ➔ 確認かくにん)

어휘 支持(しじ) 지지 施設内(しせつない) 시설 내 スタッフ 스태프 指示(しじ) 지시 従(したが)う (명령 등에) 따르다 現場(げんば) 현장 監督(かんとく) 감독 昇進(しょうしん) 승진 立場(たちば) 입장 米大統領(べいだいとうりょう) 미국 대통령 国民(こくみん) 국민 過半数(かはんすう) 과반수 得(え)る 얻다 発表(はっぴょう) 발표 閉(し)める 닫다 동사의 기본형+前(まえ)に ~하기 전에 忘(わす)れ物(もの) 잊어버린 물건 ちゃんと 제대로, 확실히 確認(かくにん) 확인

32 **論争** 논쟁 | **정답** 2

해석 1 그의 주장은 논거가 너무나도 약해서 도저히 인정할 수 없었다. (論争ろんそう ➔ 論拠ろんきょ)

2 그의 중동 정책은 국내에서도 논쟁을 부르고 있다.

3 신상품 개발을 위해 매일 논의와 회의 등이 열리고 있다. (論争ろんそう ➔ 議論ぎろん)

4 나는 졸업 논문으로 올림픽이 경제에 초래하는 임팩트의 크기에 대해 연구하고 있다. (論争ろんそう ➔ 論文ろんぶん)

어휘 論争(ろんそう) 논쟁 主張(しゅちょう) 주장 論拠(ろんきょ) 논거 あまりにも 너무나도 到底(とうてい) (부정어 수반) 도저히 認(みと)める 인정하다 中東(ちゅうとう) 중동 政策(せいさく) 정책 国内(こくない) 국내 呼(よ)ぶ 부르다 新商品(しんしょうひん) 신상품 開発(かいはつ) 개발 議論(ぎろん) 의논, 논의 会議(かいぎ) 회의 行(おこな)う 하다, 행하다, 실시하다 卒業(そつぎょう) 졸업 論文(ろんぶん) 논문 経済(けいざい) 경제 もたらす 가져오다, 초래하다 インパクト 임팩트, 충격, 영향 大(おお)きさ 크기 研究(けんきゅう) 연구

33 **引退** 은퇴 | **정답** 1

해석 1 부상이 길어진 그는 결국 올해 은퇴를 선언했다.

2 어제 시합에서 스즈키 선수는 심판에 대한 폭력 행위로 퇴장당하고 말았다. (引退いんたい ➔ 退場たいじょう)

3 퇴원하는 날은 10시까지 퇴원할 수 있도록 수속을 해 두는 편이 좋다. (引退いんたい ➔ 退院たいいん)

4 적자가 이어졌기 때문에 신규 사업에서 철수하지 않을 수 없었다. (引退いんたい ➔ 撤退てったい)

어휘 引退(いんたい) 은퇴 負傷(ふしょう) 부상 長引(ながび)く 길어지다 結局(けっきょく) 결국 宣言(せんげん) 선언 試合(しあい) 시합 選手(せんしゅ) 선수 審判(しんぱん) 심판 暴力(ぼうりょく) 폭력 行為(こうい) 행위 退場(たいじょう) 퇴장 退院(たいいん) 퇴원 手続(てつづ)き 수속, 절차 赤字続(あかじつづ)き 적자가 이어짐 新規(しんき) 신규 事業(じぎょう) 사업 撤退(てったい) 철수 동사의 ない형+ざるを得(え)ない ~하지 않을 수 없다 *「~する」의 경우에는 예외적으로 「~せざるを得(え)ない」가 됨

34 **大げさ** 과장됨 | **정답** 2

해석 1 영국은 한국에서보다 일본에서 훨씬 멀다. (大おおげさに ➔ 遥はるかに)

2 우리 아버지는 항상 자신이 잡은 물고기 크기를 과장되게 이야기한다.

3 고교시절은 특별히 아무 일도 없이 조용한 생활을 보냈다. (大おおげさ ➔ 静しずか)

4 돕고 싶었을 뿐인데, '쓸데없는 참견'이라는 말을 듣고 말았다. (大おおげさ ➔ 余計よけい)

어휘 大(おお)げさ 과장됨 *「大(おお)げさだ」– 과장되다 イギリス 영국 遥(はる)かに 훨씬 釣(つ)る (낚시·도구로) 잡다 魚(さかな) 물고기, 생선 高校(こうこう) 고교 *「高等学校(こうとうがっこう)」(고등학교)의 준말 時代(じだい) 시대, 시절 別(べつ)に 특별히 静(しず)かだ 조용하다 生活(せいかつ) 생활 送(おく)る 보내다 助(たす)ける 돕다 余計(よけい)だ 쓸데없다 *「余計(よけい)なお世話(せわ)」– 쓸데없는 참견

35 **散らかす** 어지르다 | **정답** 2

해석 1 벚꽃이 완전히 지기 전에 벚꽃 구경이라도 갑시다. (散ちらかす ➔ 散ちる)

2 남동생으로 말하자면 항상 방을 어질러서 어머니에게 자주 야단맞는다.

3 투자에서는 위험을 분산시키는 것이 매우 중요하다. (散ちらかす ➔ 分散ぶんさんさせる)

4 유감스럽게도 친구는 국내 각지에 흩어져 있어서 좀처럼 만날 수 없다. (散ちらかして ➔ 散ちらばって)

어휘 散(ち)らかす 어지르다 桜(さくら) 벚꽃 完全(かんぜん)だ 완전하다 散(ち)る (꽃이나 잎이) 지다 お花見(はなみ) 벚꽃 구경 동작성 명사+に ~하러 *동작의 목적 ~ときたら ~로 말하자면 部屋(へや) 방 叱(しか)る 꾸짖다, 야단치다 投資(とうし) 투자 リスク 리스크, 위험 分散(ぶんさん) 분산 大切(たいせつ)だ 중요하다 残念(ざんねん)ながら 유감스럽게도 各地(かくち) 각지 散(ち)らばる 흩어지다 なかなか (부정어 수반) 좀처럼 会(あ)う 만나다

확인 문제 8 • 용법

問題6 次の言葉の使い方として最もよいものを、1・2・3・4から一つ選びなさい。

36 演説

1 彼の熱のこもった演説に聴衆はみんな感動した。

2 誰がそこまで行くかで演説になった。

3 小説の演説が難しくて、何が言いたいのか、全然わからなかった。

4 相手の機嫌を損ねないように反論し、自分の演説を納得させるためにはコツが要る。

37 合図

1 その石垣(いしがき)には10年前の戦争の合図が残っていた。

2 定期点検につきましては、弊社(へいしゃ)から特別なご合図は差し上げておりません。

3 先生のスタートの合図を聞いて、みんな一斉に走り出した。

4 来週、大切な用事があるので、カレンダーに合図を付けておいた。

38 略する

1 販売商品は、全て配送料略して発送いたします。

2 日本語同様、英語でも長い単語を略することがある。

3 健康のため、炭水化物(たんすいかぶつ)や甘い物はなるべく略している。

4 この壁を略してもう少し広く使いたいが、費用がちょっと気になる。

39 心強い

1 彼女が応援に駆け付けてくれて、心強い限りである。

2 家に帰っても誰もいなくて、ちょっと心強かった。

3 私の長所と言えば、何をするにしてもすぐ決めないで心強い点です。

4 海外で外国人相手にプレゼンをすることは、心強い貴重な体験である。

40 甘やかす

1 今年の試験問題は、去年の問題より格段に甘やかして焦った。

2 煮物(にもの)に味付けした時に、砂糖(さとう)を入れすぎてすごく甘やかした。

3 まだ風邪が治っていないのに、仕事に戻って更に症状を甘やかしてしまった。

4 甘やかされて育った人は、わがままな性格になると言われている。

확인 문제 8 • 정답 및 해석(용법)

36 **演説** 연설 | **정답** 1

해석 1 그의 열의가 담긴 연설에 청중은 모두 감동했다.
2 누가 그곳까지 갈지로 언쟁이 벌어졌다. (演説えんぜつ ➔ 言いい争あらそい)
3 소설의 내용이 어려워서 무슨 말을 하고 싶은 것인지 전혀 알 수 없었다. (演説えんぜつ ➔ 内容ないよう)
4 상대방의 기분을 상하게 하지 않도록 반론하고 자신의 주장을 납득시키기 위해서는 요령이 필요하다. (演説えんぜつ ➔ 主張しゅちょう)

어휘 演説(えんぜつ) 연설 熱(ねつ) 열의 こもる (마음이) 담기다, 깃들다 聴衆(ちょうしゅう) 청중 感動(かんどう) 감동 言(い)い争(あらそ)い 언쟁, 말다툼 小説(しょうせつ) 소설 内容(ないよう) 내용 難(むずか)しい 어렵다 全然(ぜんぜん) (부정어 수반) 전혀 機嫌(きげん)を損(そこ)ねる 기분을 상하게 하다 ～ないように ~하지 않도록 反論(はんろん) 반론 主張(しゅちょう) 주장 納得(なっとく) 납득 コツ 요령 要(い)る 필요하다

37 **合図** (눈짓 · 몸짓 · 소리 등의) 신호 | **정답** 3

해석 1 그 돌담에는 10년 전 전쟁의 흔적이 남아 있었다. (合図あいず ➔ 痕跡こんせき)
2 정기 점검에 대해서는 폐사로부터 특별한 연락은 드리지 않습니다. (合図あいず ➔ 連絡れんらく)
3 선생님의 출발 신호를 듣고 모두 일제히 달리기 시작했다.
4 다음 주에 중요한 용건이 있어서 달력에 표시를 해 두었나. (合図あいず ➔ 印しるし)

어휘 合図(あいず) (눈짓 · 몸짓 · 소리 등의) 신호 石垣(いしがき) 돌담 戦争(せんそう) 전쟁 痕跡(こんせき) 흔적 残(のこ)る 남다 定期(ていき) 정기 点検(てんけん) 점검 ～につきましては ~에 대해서는 *「～については」의 공손한 표현 弊社(へいしゃ) 폐사 *자기 회사의 낮춤말 特別(とくべつ)だ 특별하다 連絡(れんらく) 연락 差(さ)し上(あ)げる 드리다 *「与(あた)える」(주다)의 겸양어 ～ておる ~하고 있다 *「～ている」의 겸양표현 スタート 스타트, 출발 一斉(いっせい)に 일제히 走(はし)る 달리다 동사의 ます형+出(だ)す ~하기 시작하다 大切(たいせつ)だ 중요하다 用事(ようじ) 볼일, 용무 カレンダー 캘린더, 달력 印(しるし)を付(つ)ける 표시를 하다

38 **略する** 생략하다, 줄이다 | **정답** 2

해석 1 판매 상품은 모두 배송료 무료로 발송합니다. (略りゃくして ➔ 無料むりょうで)
2 일본어와 마찬가지로 영어에서도 긴 단어를 줄이는 경우가 있다.
3 건강을 위해 탄수화물이나 단 음식은 되도록 삼가고 있다. (略りゃくして ➔ 控ひかえて)
4 이 벽을 없애고 좀 더 넓게 사용하고 싶지만, 비용이 조금 신경이 쓰인다. (略りゃくして ➔ 無なくして)

어휘 略(りゃく)する 생략하다, 줄이다 販売(はんばい) 판매 商品(しょうひん) 상품 全(すべ)て 모두, 전부 配送料(はいそうりょう) 송료, 배송료 無料(むりょう) 무료 発送(はっそう) 발송 いたす 하다 *「する」의 겸양어 ～同様(どうよう) ~와 마찬가지로 健康(けんこう) 건강 炭水化物(たんすいかぶつ) 탄수화물 甘(あま)い 달다 なるべく 되도록, 가능한 한 控(ひか)える 삼가다, 줄이다, 절제하다 壁(かべ) 벽 無(な)くす 없애다 使(つか)う 쓰다, 사용하다 費用(ひよう) 비용 気(き)になる 신경이 쓰이다, 걱정되다

39 **心強い** 마음 든든하다 | **정답** 1

해석 1 그녀가 응원하러 달려와 줘서 마음이 든든할 따름이다.
2 집에 돌아가도 아무도 없어서 조금 마음이 불안했다. (心強こころづよかった ➔ 心細こころぼそかった)
3 제 장점이라고 하면 무슨 일을 하더라도 바로 결정하지 않고 신중한 점입니다. (心強こころづよい ➔ 用心深ようじんぶかい)
4 해외에서 외국인 상대로 프레젠테이션을 하는 것은 얻기 힘든 귀중한 체험이다. (心強こころづよい ➔ 得難えがたい)

어휘 心強(こころづよ)い 마음 든든하다 応援(おうえん) 응원 駆(か)け付(つ)ける 달려오다 ～限(かぎ)りだ ~할 따름이다, 매우 ~하다 心細(こころぼそ)い 마음이 불안하다 長所(ちょうしょ) 장점 用心深(ようじんぶか)い 신중하다 点(てん) 점 プレゼン 프레젠테이션 *「プレゼンテーション」의 준말 得難(えがた)い 얻기 힘들다 貴重(きちょう)だ 귀중하다 体験(たいけん) 체험

40 **甘やかす** 응석을 받아 주다 | **정답** 4

해석 1 올해 시험 문제는 작년 문제보다 현격하게 어려워서 조바심이 났다. (甘あまやかして ➔ 難むずかしくて)
2 끓인 음식에 간을 할 때 설탕을 너무 넣어서 굉장히 달았다. (甘あまやかした ➔ 甘あまかった)
3 아직 감기가 완전히 낫지 않았는데, 일에 복귀해서 더욱 증상을 악화시켜 버렸다. (甘あまやかして ➔ こじらせて)
4 응석을 부리며 자란 사람은 제멋대로인 성격이 된다고 한다.

어휘 甘(あま)やかす 응석을 받아 주다 去年(きょねん) 작년 格段(かくだん) 현격함, 각별함 焦(あせ)る 안달하다, 초조해하다 煮物(にもの) 끓인 음식 味付(あじつ)け (양념하여) 맛을 냄, 간을 함 砂糖(さとう) 설탕 入(い)れる 넣다 동사의 ます형+すぎる 너무 ~하다 風邪(かぜ) 감기 治(なお)る 낫다, 치료되다 戻(もど)る 되돌아가다 更(さら)に 게다가, 더욱더 症状(しょうじょう) 증상 こじらせる (병을) 더치게 하다, 악화시키다 育(そだ)つ 자라다, 성장하다 わがままだ 제멋대로다 性格(せいかく) 성격

확인 문제 9・용법

問題6 次の言葉の使い方として最もよいものを、1・2・3・4から一つ選びなさい。

41 注目

1 私は占いに全く注目がなく、有料で占いをしてもらったこともない。
2 多くの企業が、この制度の施行に大きな注目を持っている。
3 学校や図書館などと違って、家ではなかなか勉強に注目できない。
4 業績悪化で、最近我が社は世間から好ましくない注目を浴びている。

42 目上

1 中村君は私よりサッカーが目上だった。
2 ご不在のようでしたので、書類は机の目上に置いておきました。
3 毎日目上に働いても、貧乏から抜け出せない。
4 時には、気付かないうちに目上の人の気分を害してしまうことがある。

43 保つ

1 前職のA社では、海外事業を保っていました。
2 輸出の好調で、うちの会社の売り上げも保っている。
3 自然環境は、生態系が微妙な均衡を保つことによって成り立っている。
4 何度も約束したのに、それを保たない彼女にちょっとがっかりした。

44 とぼしい

1 まだ人数がとぼしく集まらなくて、始めようにも始められない。
2 とぼしい人は、どんな人にでも思いやりを持って接する。
3 彼は子供のようにとぼしくて身長が低いことをコンプレックスに思っていた。
4 日本では、語学力や海外経験にとぼしい若者は就職が難しくなってきている。

45 縮む

1 部屋が縮むから、大きい家具は置きたくない。
2 縮んだ鉛筆は、コンパスの鉛筆として使っている。
3 重い物を箱の上に置いたら、下にあった箱が全部縮んでいた。
4 この服、気に入ってよく着たのに、洗濯したら縮んでしまってもう着られない。

확인 문제 9 • 정답 및 해석(용법)

41 **注目** 주목 | **정답 4**

해석 1 나는 점에 전혀 흥미가 없어서 유료로 점을 친 적도 없다. (注目ちゅうもく ➔ 興味きょうみ)
2 많은 기업이 이 제도의 시행에 큰 관심을 가지고 있다. (注目ちゅうもく ➔ 関心かんしん)
3 학교나 도서관 등과 달리 집에서는 좀처럼 공부에 집중할 수 없다. (注目ちゅうもく ➔ 集中しゅうちゅう)
4 업적 악화로 최근 우리 회사는 세간으로부터 바람직하지 않은 주목을 받고 있다.

어휘 注目(ちゅうもく) 주목 占(うらな)い 점 全(まった)く (부정어 수반) 전혀 興味(きょうみ) 흥미
有料(ゆうりょう) 유료 企業(きぎょう) 기업 制度(せいど) 제도 施行(しこう) 시행 大(おお)きな 큰
関心(かんしん) 관심 図書館(としょかん) 도서관 違(ちが)う 다르다 なかなか (부정어 수반) 좀처럼
勉強(べんきょう) 공부 集中(しゅうちゅう) 집중 業績(ぎょうせき) 업적 悪化(あっか) 악화 我(わ)が社(しゃ) 우리 회사
世間(せけん) 세간, 세상 好(この)ましい 바람직하다 注目(ちゅうもく)を浴(あ)びる 주목을 받다

42 **目上** 윗사람, 연장자 | **정답 4**

해석 1 나카무라 군은 나보다 축구를 잘했다. (目上めうえ ➔ 上手じょうず)
2 부재중이신 것 같아서 서류는 책상 위에 놔뒀습니다. (目上めうえ ➔ 上うえ)
3 매일 성실하게 일해도 가난으로부터 벗어날 수 없다. (目上めうえ ➔ 真面目まじめ)
4 때로는 알아차리지 못한 사이에 윗사람의 기분을 상하게 해 버리는 일이 있다.

어휘 目上(めうえ) 윗사람, 연장자 サッカー 축구 上手(じょうず)だ 능숙하다, 잘하다 不在(ふざい) 부재
～ようだ ~인 것 같다 書類(しょるい) 서류 机(つくえ) 책상 上(うえ) 위 真面目(まじめ)だ 성실하다
働(はたら)く 일하다 貧乏(びんぼう) 빈곤, 가난 抜(ぬ)け出(だ)す 벗어나다 時(とき)には 때로는
気付(きづ)く 깨닫다, 알아차리다 ～うちに ~동안에, ~사이에 害(がい)する 상하게 하다

43 **保つ** 유지하다 | **정답 3**

해석 1 전 직장인 A사에서는 해외 사업을 담당했습니다. (保たもって ➔ 担当たんとうして)
2 수출 호조로 우리 회사의 매출도 늘고 있다. (保たもって ➔ 伸のびて)
3 자연환경은 생태계가 미묘한 균형을 유지함으로써 성립되고 있다.
4 몇 번이나 약속했는데도 그것을 지키지 않는 그녀에게 조금 실망했다. (保たもたない ➔ 守まもらない)

어휘 保(たも)つ 유지하다 前職(ぜんしょく) 전직, 전 직장 海外(かいがい) 해외 事業(じぎょう) 사업
担当(たんとう) 담당 輸出(ゆしゅつ) 수출 好調(こうちょう) 호조 うち 우리 会社(かいしゃ) 회사
売(う)り上(あ)げ 매상, 매출 伸(の)びる 늘다, 신장하다 自然(しぜん) 자연 環境(かんきょう) 환경
生態系(せいたいけい) 생태계 微妙(びみょう)だ 미묘하다 均衡(きんこう) 균형
～ことによって ~하는 것에 의해, ~함으로써 成(な)り立(た)つ 이루어지다, 성립하다 約束(やくそく) 약속
守(まも)る 지키다 がっかりする 실망하다

44 **とぼしい** 모자라다, 부족하다 | **정답 4**

해석 1 아직 인원수가 충분히 모이지 않아서 시작하려고 해도 시작할 수 없다. (とぼしく ➔ 十分じゅうぶんに)
2 다정한 사람은 어떤 사람에게나 배려를 가지고 접한다. (とぼしい ➔ 優やさしい)
3 그는 아이처럼 몸집이 작고 키가 작은 것을 콤플렉스로 생각했었다. (とぼしくて ➔ 小柄こがらで)
4 일본에서는 어학 능력이나 해외 경험이 부족한 젊은이들은 취직이 어려워지고 있다.

어휘 とぼ(乏)しい 모자라다, 부족하다 人数(にんずう) 인원수 十分(じゅうぶん)に 충분히 集(あつ)まる 모이다
始(はじ)める 시작하다 ～(よ)うにも～(でき)ない ~하려고 해도 ~할 수 없다 優(やさ)しい 상냥하다, 다정하다
思(おも)いやり 배려 接(せっ)する 접하다 ～ように ~처럼 小柄(こがら)だ 몸집이 작다
身長(しんちょう)が低(ひく)い 키가 작다 コンプレックス 콤플렉스 語学力(ごがくりょく) 어학 능력
海外(かいがい) 해외 経験(けいけん) 경험 若者(わかもの) 젊은이 就職(しゅうしょく) 취직 難(むずか)しい 어렵다

45 **縮む** 줄다, 작아지다 | **정답 4**

해석 1 방이 좁으니까, 큰 가구는 놓고 싶지 않다. (縮ちぢむ ➔ 狭せまい)
2 짧아진 연필은 컴퍼스 연필로서 쓰고 있다. (縮ちぢんだ ➔ 短みじかくなった)
3 무거운 물건을 상자 위에 놨더니 아래에 있던 상자가 전부 찌그러져 있었다. (縮ちぢんで ➔ 潰つぶれて)
4 이 옷은 마음에 들어서 자주 입었는데, 세탁했더니 줄어 버려서 이제 입을 수 없다.

어휘 縮(ちぢ)む 줄다, 작아지다 狭(せま)い 좁다 大(おお)きい 크다 家具(かぐ) 가구 置(お)く 놓다, 두다
短(みじか)い 짧다 鉛筆(えんぴつ) 연필 コンパス 컴퍼스 ～として ~로서 使(つか)う 쓰다, 사용하다
重(おも)い 무겁다 箱(はこ) 상자 全部(ぜんぶ) 전부 潰(つぶ)れる 찌그러지다 服(ふく) 옷
気(き)に入(い)る 마음에 들다 着(き)る (옷을) 입다 洗濯(せんたく) 세탁 もう 이제

확인 문제 10 • 용법

問題6 次の言葉の使い方として最もよいものを、1・2・3・4から一つ選びなさい。

46 限定

1 事前に限定された座席は、予告なく変更になる場合があります。
2 暖房の限定温度を間違えて電気代が高くなってしまった。
3 工事に伴う通行規制が長期間に及び(およ)、交通渋滞(じゅうたい)の発生が限定されます。
4 先着数量限定のため、景品がなくなり次第、終了となります。

47 順調

1 1時間以上も待ってようやく私の順調が回ってきた。
2 売り上げが順調に伸び、赤字から黒字に転換した。
3 彼は私の質問に嫌な顔一つせず順調に教えてくれた。
4 みなさんのおかげで、新しい職場にもすぐに順調できました。

48 温暖

1 温暖な性格の人は、誰とでも良好な関係を築き(きず)やすい。
2 料理が温暖なうちに召し上がってください。
3 岡山県(おかやま)は、温暖な気候や災害の少なさから非常に住みやすいと言われている。
4 この部屋は寒さ対策ができていないのか、温暖をつけてもなかなか暖まらない。

49 あわただしい

1 彼女は、静かであわただしい性格です。
2 気温差があわただしい環境下では、思っている以上に体に負担がかかる。
3 インドは、今後、あわただしい経済成長が見込まれる国の一つである。
4 引っ越し当日はあわただしいので、旧居と新居に分けて一日のプランを立てておこう。

50 振り向く

1 視線を感じてぱっと振り向いたら、誰かが私を見ていた。
2 娘は振り向いたまま、無言で悲しそうに首を横に振った。
3 空を振り向くと、鳥が一列になって飛んでいくのが見えた。
4 朝起きて庭に出てみると、振り向く限りの地面は雪で覆(おお)われていた。

확인 문제 10 • 정답 및 해석(용법)

46 **限定** 한정 | **정답 4**

해석 1 사전에 지정된 좌석은 예고 없이 변경되는 경우가 있습니다. (限定げんてい ➔ 指定してい)
2 난방 설정 온도를 잘못해서 전기요금이 비싸져 버렸다. (限定げんてい ➔ 設定せってい)
3 공사에 따른 통행 규제가 장기간에 이르러 교통 정체 발생이 예상됩니다. (限定げんてい ➔ 予想よそう)
4 선착 수량 한정이기 때문에 경품이 없어지는 대로 종료됩니다.

어휘 限定(げんてい) 한정 事前(じぜん)に 사전에 指定(してい) 지정 座席(ざせき) 좌석 予告(よこく) 예고 変更(へんこう) 변경 暖房(だんぼう) 난방 設定(せってい) 설정 温度(おんど) 온도 間違(まちが)える 잘못하다, 틀리게 하다 電気代(でんきだい) 전기요금 伴(ともな)う 동반하다, 따르다 通行(つうこう) 통행 規制(きせい) 규제 長期間(ちょうきかん) 장기간 及(およ)ぶ 이르다 渋滞(じゅうたい) 교통 정체 発生(はっせい) 발생 予想(よそう) 예상 先着(せんちゃく) 선착 数量(すうりょう) 수량 景品(けいひん) 경품 な(無)くなる 없어지다 동사의 ます형+次第(しだい) ~하는 대로 (즉시) 終了(しゅうりょう) 종료

47 **順調** 순조로움 | **정답 2**

해석 1 1시간 이상이나 기다려서 겨우 내 순번이 돌아왔다. (順調じゅんちょう ➔ 順番じゅんばん)
2 매출이 순조롭게 늘어서 적자에서 흑자로 전환되었다.
3 그는 내 질문에 싫은 얼굴 하나 하지 않고 상냥하게 가르쳐 주었다. (順調じゅんちょうに ➔ 優やさしく)
4 여러분 덕분에 새 직장에도 바로 적응할 수 있었습니다. (順調じゅんちょう ➔ 適応てきおう)

어휘 順調(じゅんちょう) 순조로움 *「順調(じゅんちょう)だ」– 순조롭다 ようやく 겨우, 간신히 順番(じゅんばん) 순번, 차례 回(まわ)る (차례가) 돌다, 돌아오다 売(う)り上(あ)げ 매상, 매출 伸(の)びる 늘다, 신장하다 赤字(あかじ) 적자 黒字(くろじ) 흑자 転換(てんかん) 전환 優(やさ)しい 상냥하다, 다정하다 教(おし)える 가르치다, 알려 주다 ~おかげで ~덕분에 職場(しょくば) 직장 適応(てきおう) 적응

48 **温暖** 온난함 | **정답 3**

해석 1 온후한 성격의 사람은 누구하고라도 양호한 관계를 쌓기 쉽다. (温暖おんだん ➔ 温厚おんこう)
2 요리가 따뜻할 때 드세요. (温暖おんだんな ➔ 温あたたかい)
3 오카야마현은 온난한 기후와 재해가 적어서 대단히 살기 편하다고들 한다.
4 이 방은 추위 대책이 안 되어 있는 것인지 난방을 켜도 좀처럼 따뜻해지지 않는다. (温暖おんだん ➔ 暖房だんぼう)

어휘 温暖(おんだん) 온난함 *「温暖(おんだん)だ」– 온난하다 温厚(おんこう)だ 온후하다 良好(りょうこう)だ 양호하다 築(きず)く 쌓다, 구축하다 温(あたた)かい 따뜻하다 ~うちに ~동안에, ~사이에 召(め)し上(あ)がる 드시다 *「食(た)べる」(먹다), 「飲(の)む」(마시다)의 존경어 気候(きこう) 기후 災害(さいがい) 재해 少(すく)なさ 적음 非常(ひじょう)に 대단히, 매우 住(す)む 살다, 거주하다 寒(さむ)さ 추위 対策(たいさく) 대책 できる 다 되다, 완성되다 暖房(だんぼう)をつける 난방을 켜다 暖(あたた)まる 따뜻해지다

49 **あわただしい** 분주하다, 어수선하다 | **정답 4**

해석 1 그녀는 조용하고 얌전한 성격입니다. (あわただしい ➔ 大人おとなしい)
2 기온 차가 심한 환경 하에서는 생각하는 이상으로 몸에 부담이 된다. (あわただしい ➔ 激はげしい)
3 인도는 앞으로 현저한 경제 성장이 예상되는 나라 중 하나다. (あわただしい ➔ 著いちじるしい)
4 이사 당일은 어수선할 테니까 옛집과 새집으로 나눠서 하루의 계획을 세워 두자.

어휘 あわ(慌)ただしい 분주하다, 어수선하다 静(しず)かだ 조용하다 大人(おとな)しい 얌전하다 気温差(きおんさ) 기온 차 激(はげ)しい 심하다, 격하다, 격렬하다 環境下(かんきょうか) 환경 하 負担(ふたん)がかかる 부담이 되다 今後(こんご) 금후, 앞으로 著(いちじる)しい 뚜렷하다, 현저하다 成長(せいちょう) 성장 見込(みこ)む 예상하다 国(くに) 나라 引(ひ)っ越(こ)し 이사 当日(とうじつ) 당일 旧居(きゅうきょ) 옛집 新居(しんきょ) 새집 分(わ)ける 나누다 プラン 플랜, 계획 立(た)てる 세우다

50 **振り向く** 뒤돌아보다 | **정답 1**

해석 1 시선을 느끼고 확 뒤돌아보니, 누군가가 나를 보고 있었다.
2 딸은 고개를 숙인 채 말없이 슬픈 듯이 고개를 가로저었다. (振ふり向むいた ➔ うつむいた)
3 하늘을 올려다보니 새가 일렬이 되어 날아가는 것이 보였다. (振ふり向むく ➔ 見上みあげる)
4 아침에 일어나서 정원에 나가 보니 보이는 모든 지면은 눈으로 뒤덮여 있었다. (振ふり向むく ➔ 見渡みわたす)

어휘 振(ふ)り向(む)く 뒤돌아보다 視線(しせん) 시선 ぱっと 확 うつむ(俯)く 고개를 숙이다 동사의 た형+まま ~한 채, ~상태로 無言(むごん) 무언, 말이 없음 首(くび)を横(よこ)に振(ふ)る 고개를 가로젓다 見上(みあ)げる 올려다보다 一列(いちれつ) 일렬 飛(と)ぶ 날다 見(み)える 보이다 起(お)きる 일어나다, 기상하다 見渡(みわた)す (멀리) 바라보다 ~限(かぎ)り ~(하는) 한 地面(じめん) 지면 雪(ゆき) 눈 覆(おお)う 뒤덮다

점수 UP! UP!
<용법>

□ 疑(うたが)う 의심하다
□ 立(た)ち直(なお)る 회복되다
□ 乗(の)り継(つ)ぐ 갈아타고 가다
□ 塞(ふさ)ぐ 막다, 가로막다
□ 隔(へだ)てる 사이를 두다
□ かばう 감싸다, 비호하다
□ 散(ち)らかる 흩어지다, 어질러지다
□ 畳(たた)む 개다, 접다
□ 会見(かいけん) 회견
□ 妥当(だとう) 타당
□ 補足(ほそく) 보족, 보충
□ 保存(ほぞん) 보존
□ 掲示(けいじ) 게시
□ 交代(こうたい) 교대
□ 分野(ぶんや) 분야
□ 合同(ごうどう) 합동
□ 矛盾(むじゅん) 모순

□ 利益(りえき) 이익
□ 範囲(はんい) 범위
□ 方針(ほうしん) 방침
□ 引用(いんよう) 인용
□ 違反(いはん) 위반
□ 続出(ぞくしゅつ) 속출
□ 取材(しゅざい) 취재
□ 普及(ふきゅう) 보급
□ 廃止(はいし) 폐지
□ 賃貸(ちんたい) 임대
□ 実施(じっし) 실시
□ 深刻(しんこく) 심각
□ 言(い)い訳(わけ) 변명
□ 感心(かんしん) 감탄
□ 外見(がいけん) 외견, 겉모습
□ 冷静(れいせい) 냉정
□ 質素(しっそ) 검소

□ ドライブ 드라이브
□ 快(こころよ)い 상쾌하다, 기분 좋다
□ 鈍(にぶ)い 둔하다
□ 物足(ものた)りない 약간 부족하다
□ 相応(ふさわ)しい 어울리다, 적합하다
□ 頑丈(がんじょう)だ 튼튼하다
□ 微妙(びみょう)だ 미묘하다
□ 手軽(てがる)だ 손쉽다, 간단하다
□ 微(かす)かだ 희미하다, 미약하다
□ 単(たん)なる 단순한
□ たまたま 우연히
□ くれぐれも 아무쪼록
□ それとも 그렇지 않으면
□ さっさと 서둘러, 빨리
□ あるいは 또는, 혹은
□ いきいき 생기가 넘치는 모양
□ こつこつ 꾸준히 하는 모양

SECTION 2

언어지식

(문법)

문제 7 문법 형식 판단

출제 유형

문제 7 문법 형식 판단은 (　　) 안에 들어갈 적절한 문법표현을 찾는 문제로, 12문항이 출제된다. 문법파트 중 가장 많은 비중을 차지하는데, 직접적인 문법표현뿐만 아니라 접속 형태를 묻는 문제도 출제되므로 각 표현별 접속도 정리해 둘 필요가 있다.

실제 시험 예시

問題7 次の文の(　　　)に入れるのに最もよいものを、1・2・3・4から一つ選びなさい。

1 その兵士は傷みの(　　　)、ついに失神してしまった。
　1 ほどに　　2 あまり　　3 ところ　　4 ですら

2 母は弟の帰りが遅くて、心配で(　　　)ようだ。
　1 ならない　　2 いかない　　3 しない　　4 こない

3 先生のピストルの合図(　　　)、生徒たちは一斉に走り出した。
　1 の上は　　2 に連れて　　3 を問わず　　4 と共に

|정답| 1 2　2 1　3 4

시험 대책

N2에 출제되는 문법은 대략 110개 전후의 표현으로 정리할 수 있는데, 최근에는 단순히 문법을 암기해서 정답을 찾는 문제 외에도 두 사람의 대화체 문장에서 괄호에 들어갈 알맞은 문법을 찾는 문제도 출제되고 있다. 따라서 이 부분에 대한 학습이 필요하다.

문제 8 문맥 배열

출제 유형

문제 8 문맥 배열은 네 개의 빈칸에 들어갈 말의 순서를 문장 내용에 맞게 배열하여 문장을 구성하는 문제로, 5문항이 출제된다. 주로 세 번째 칸에 들어가는 표현을 찾는 문제가 많이 출제되는데, 단순한 문법의 조합뿐만 아니라 문장 전체의 구성까지 잘 따져 보아야 실수가 없다.

실제 시험 예시

問題8 次の文の ＿★＿ に入る最もよいものを、1・2・3・4から一つ選びなさい。

1 ダイエットに ＿＿ ＿＿ ＿★＿ ＿＿ 効果はあまりなかった。

1 大金を　2 に　3 使った　4 しては

2 こんなにたくさんの ＿＿ ＿＿ ＿★＿ ＿＿。

1 一人では　2 食べ切れ　3 ご馳走を　4 まい

3 今まで彼が書いた全ての ＿＿ ＿＿ ＿★＿ ＿＿ いる。

1 事実に　2 書かれて　3 基づいて　4 小説は

|정답| 1 2　2 2　3 3

시험 대책

문맥 배열은 우선 네 개의 선택지에서 문법표현을 먼저 찾아내고 나머지 선택지와의 연결 관계를 체크하는 것이 정답을 찾기에 용이하다. 예를 들어 선택지에 「～挙げ句(あげく)」(~한 끝에)라는 문법표현이 있다고 하면, 이 표현은 동사의 た형에 접속하므로 나머지 선택지에 있는 た형이 순서상 무조건 앞에 와야 한다는 것을 알 수 있다. 이처럼 선택지에 있는 문법표현을 중심으로 접속부터 앞뒤의 내용 연결까지 생각하며 정답을 찾아야 실수가 없다.

문제 9 글의 흐름

출제 유형

문제 9 글의 흐름은 글의 흐름을 파악하는 문제로, 5문항이 출제된다. 제시된 장문 안의 [ ] 안에 들어갈 가장 적당한 선택지를 고르는 문제인데, 문법을 묻는 문제가 가장 많이 출제되고 그 외에 접속사나 부사, 어휘 등을 묻는 문제가 출제된다.

실제 시험 예시

問題9 次の文章を読んで、文章全体の内容を考えて、[1] から [5] の中に入る最もよいものを、1・2・3・4から一つ選びなさい。

新築 [1]、初めての床暖房(ゆかだんぼう)(注1)導入を検討しています。電気か、ガスか迷った [2]、できれば電気にしようと考えています。導入する [3] リビング、ダイニング [4] 6畳の母の寝室にも入れたいと思っています。問題は寝室ですが、ベッドやタンスなどは床暖房(ゆかだんぼう)の上に置いても本当に大丈夫なのか、ちょっと心配です。熱がこもったら、家具を傷(いた)めたり(注2)、床の空いている面積が小さくなるので、暖房効果も薄れてしまうのでしょうか。それに、電気代の請求額を見て、あまりの高さに驚き、その結果として [5] という友人からの話もちょっと気になります。確かに床暖房(ゆかだんぼう)は足元が暖かくて快適かもしれません。しかし、長い目で見ればメンテナンス(注3)に費用がかかるのも事実なのです。このように床暖房(ゆかだんぼう)にはメリットもデメリットもあるので、よく考えた上で、後悔しない選択をしたいと思っています。

(注1)床暖房(ゆかだんぼう): 床を暖める方式の暖房器具
(注2)傷(いた)める: 物を傷付ける
(注3)メンテナンス: 維持、管理

[1]

1 に当たり
2 に限らず
3 に応えて
4 に比べて

2

1 以来
2 挙げ句
3 際
4 反面

3

1 最中
2 ことに
3 きり
4 上は

4

1 からこそ
2 ことか
3 として
4 のみならず

5

1 いつも使っている
2 来客があった時にしか使っていない
3 使ったことがある
4 決して使わないことはない

|정답| **1** 1 **2** 2 **3** 4 **4** 4 **5** 2

시험 대책

글의 흐름은 단순한 문법표현을 묻는 문제가 아니라 문장의 흐름을 종합적으로 이해해야 정답을 찾을 수 있으므로 어느 정도의 독해력이 요구된다. 그러므로 평소에 꾸준히 문법표현과 어휘를 학습해 두어야 한다. 대책으로는 많이 출제되는 문법표현을 우선적으로 학습하여 앞뒤 문맥을 보고 적절한 접속사를 가려내는 연습을 해야 하고, 호응 관계를 중심으로 한 부사도 익혀 두어야 한다.

기출 문법표현 108
<001~012>

- □ 001 **～挙(あ)げ句(く)(に)** ～한 끝에
- □ 002 **～あまり** ～한 나머지
- □ 003 **～一方(いっぽう)(で)** ～하는 한편(으로)
- □ 004 **～上(うえ)に** ～인 데다가, ～일 뿐만 아니라
- □ 005 **～上(うえ)は** ～한[인] 이상은
- □ 006 동사의 **ます**형+**得(う･え)る** ～할 수 있다 / 동사의 **ます**형+**得(え)ない** ～할 수 없다
- □ 007 **～恐(おそ)れがある** ～할 우려가 있다
- □ 008 **～折(お)り(に)** ～할 때, ～하는 기회에
- □ 009 **～限(かぎ)り** ～(하는) 한 / **～ない限(かぎ)り** ～하지 않는 한
- □ 010 동사의 **ます**형+**かけの** ～하다 만
- □ 011 동사의 **ます**형+**がたい** ～하기 어렵다, ～할 수 없다
- □ 012 동사의 **ます**형･명사+**がちだ** (자칫) ～하기 쉽다, 자주 ～하다, ～하기 십상이다, ～하기 일쑤다

001 ～挙げ句(に) ~한 끝에

동사의 た형이나 「명사+の」에 접속하는데, 뒤에 아쉽거나 유감스러운 결과가 오는 특징이 있다. 앞에는 주로 「色々」(여러 가지), 「さんざん」(몹시) 등의 강조표현이 오고, 비슷한 의미의 표현으로 「～末(に)」(~한 끝에), 「～結果」(~한 결과)가 있다.

예 さんざん悩んだ挙げ句、彼との結婚を諦めることにした。
몹시 고민한 끝에 그와의 결혼을 단념하기로 했다.
その問題は議論の挙げ句、鈴木さんの案に従うことにした。
그 문제는 논의 끝에 스즈키 씨의 안에 따르기로 했다.

※ 考え抜いた末に、その仕事を引き受けることにした。
깊이 생각한 끝에 그 일을 맡기로 했다.
毎日ご飯の量を減らした結果、二か月で5キロ体重が減った。
매일 밥의 양을 줄인 결과, 2개월 만에 5kg 체중이 줄었다.

002 ～あまり ~한 나머지

주로 「驚く」(놀라다), 「嬉しい」(기쁘다) 등의 감정을 나타내는 동사나 い형용사에 접속해 정도가 너무 극단적이어서 일반적이지 않은 상태가 초래되었을 때 쓴다. い형용사의 경우에는 「기본형+あまり」와 「명사형+の+あまり」의 두 가지 형태로 쓴다.

예 驚いたあまり、声もろくに出なかった。 놀란 나머지 목소리도 제대로 나오지 않았다.
彼は合格の知らせを聞いて嬉しさのあまり、飛び上がった。 그는 합격 소식을 듣고 기쁜 나머지 펄쩍 뛰었다.

003 ～一方(で) ~하는 한편(으로)

두 가지 사항을 대비시키거나 어떤 일과 병행해서 다른 일이 일어남을 나타낸다. 비슷한 의미의 표현으로 「～かたわら」(~하는 한편, 주로 ~일을 하면서 그 한편으로)가 있는데, 「A一方(で)B」는 A와 B의 비율이 동등한 반면, 「AかたわらB」는 A를 중점적으로 하고 나머지 시간을 활용해 B를 한다는 뉘앙스다.

예 子供の教育においては叱る一方で、褒めることも忘れてはいけない。
아이 교육에 있어서는 야단치는 한편으로 칭찬하는 것도 잊어서는 안 된다.
彼女は仕事をする一方で、作家としても旺盛に活動している。
그녀는 일을 하는 한편으로 작가로서도 왕성하게 활동하고 있다.

※ 彼女は日本語学校に通うかたわら、アルバイトをしている。
그녀는 일본어학교에 다니는 한편, 아르바이트를 하고 있다.

어휘 さんざん 몹시 | 悩む 고민하다 | 結婚 결혼 | 諦める 체념하다, 단념하다 | 동사의 보통형+ことにする ~하기로 하다 | 問題 문제 | 議論 의논, 논의 | 案 안 | 従う (명령 등에) 따르다 | 考え抜く 깊이 생각하다 | 引き受ける (일 등을) 맡다, 떠맡다 | 減らす 줄이다 | 体重 체중 | 減る 줄다, 줄어들다 | 声 목소리 | ろくに (부정어 수반) 제대로 | 出る 나오다 | 合格 합격 | 知らせ 소식 | 嬉しさ 기쁨 | 飛び上がる 뛰어오르다, 펄쩍 뛰다 | 子供 아이 | 教育 교육 | ～において ~에 있어서, ~에서 | 叱る 꾸짖다, 야단치다 | 褒める 칭찬하다 | 忘れる 잊다 | ～てはいけない ~해서는 안 된다 | 仕事 일 | 作家 작가 | ～として ~로서 | 旺盛だ 왕성하다 | 活動 활동 | 通う 다니다 | アルバイト 아르바이트

---

004 ～上に ~인 데다가, ~일 뿐만 아니라

「A上にB」의 형태로, 동사나 형용사에 접속해 '게다가, 더욱이'라는 의미를 덧붙일 때 쓴다. A가 좋은 일이면 B에도 좋은 일이, A가 나쁜 일이면 B에도 나쁜 일이 온다. 뒤에는 상대방에게 어떤 행동을 요구하는 명령이나 금지 · 의뢰 · 권유 등의 표현이 오지 않는다는 특징이 있다.

예 この地域は物価が高い上に、交通の便も不便である。
이 지역은 물가가 비싼 데다가 교통편도 불편하다.

この機械は使い方がとても簡単な上に、小型で使いやすい。
이 기계는 사용법이 아주 간단할 뿐만 아니라 소형이어서 사용하기 편하다.

005 ～上は ~한[인] 이상은

말하는 사람의 판단이나 결의, 각오 등을 나타낼 때 쓴다. 뒤에는 책임이나 각오를 동반하는 말이 오며 「～べきだ」(~해야 한다), 「～つもりだ」(~할 생각[작정]이다), 「～てはいけない」(~해서는 안 된다) 등의 표현과 함께 쓴다. 비슷한 의미의 표현으로 「～からには」(~한 이상은), 「～以上(は)」(~한[인] 이상(은))가 있다.

예 こうなった上は、首も覚悟している。 이렇게 된 이상은 해고도 각오하고 있다.

契約書にサインした上は、規則を守ってください。 계약서에 사인한 이상은 규칙을 지켜 주세요.

※ やると約束したからには、ちゃんと守るべきだ。
하겠다고 약속한 이상은 제대로 지켜야 한다.

引き受けた以上は、最善を尽くします。
맡은 이상은 최선을 다하겠습니다.

006 동사의 ます형+得る ~할 수 있다 / 동사의 ます형+得ない ~할 수 없다

「～得る」는 동사의 ます형에 접속해 '~할 수 있다'라는 뜻의 다소 딱딱한 가능표현으로, 상황을 판단해 일어날 가능성이 있을 때만 쓴다. 그리고 부정형에서는 「～得ない」(~할 수 없다)로만 발음한다는 것도 주의하자.

예 このような事故は、いつでも起こり得る。
이와 같은 사고는 언제든지 일어날 수 있다.

これは松田さんなしには成し得ないプロジェクトである。
이것은 마쓰다 씨 없이는 성공할 수 없는 프로젝트다.

어휘 地域 지역 | 物価 물가 | 高い 비싸다 | 交通の便 교통편 | 不便だ 불편하다 | 機械 기계 | 使い方 사용법 | 簡単だ 간단하다 | 小型 소형 | 동사의 ます형+やすい ~하기 쉽다[편하다] | 首 해고 | 覚悟 각오 | 契約書 계약서 | サイン 사인, 서명 | 守る 지키다 | やる 하다 | 約束 약속 | ちゃんと 제대로, 확실히 | 동사의 기본형+べきだ (마땅히) ~해야 한다 | 引き受ける (일 등을) 맡다, 떠맡다 | 最善を尽くす 최선을 다하다 | 事故 사고 | いつでも 언제든지 | 起こる 일어나다, 발생하다 | ～なしには ~없이는 | 成す (뜻한 바를) 달성하다 | プロジェクト 프로젝트

---

007 ～恐れがある ~할 우려가 있다

어떤 일이 일어날 가능성이 있다는 의미로, 기본적으로 좋은 일에는 쓰지 않는다. 앞에 명사가 오면 「명사+の+恐れがある」의 형태로 쓰고, 부정형은 「～恐れはない」(~할 우려는 없다)가 된다.

예 こんな時間の外出は、犯罪に巻き込まれる恐れがあるから、止めてね。
이런 시간의 외출은 범죄에 말려들 우려가 있으니까, 관둬.
今日から明け方にかけて大雨の恐れがあるという。
오늘부터 새벽에 걸쳐서 큰비가 내릴 우려가 있다고 한다.

008 ～折り(に) ~할 때, ~하는 기회에

「～時(に)」(~할 때)보다 공손한 느낌의 표현으로, 동사에 접속하거나 「명사+の+折り(に)」의 형태로 쓴다. 좋은 기회라는 의미를 내포하고 있기 때문에 뒤에 부정적인 내용은 거의 오지 않으며, 명령 · 금지 · 의무처럼 강한 표현과는 함께 쓰지 않는다. 비슷한 의미의 표현으로 「～際(に)」(~할 때)가 있는데, 이것은 특별한 상황에 처하거나 그렇게 되었을 때를 나타내고 딱딱한 말투이기 때문에 공적인 장면에서 자주 쓴다.

예 先週故郷に帰った折りに、偶然同級生に会った。
지난주 고향에 돌아갔을 때 우연히 동창을 만났다.
この件は、次回の会議の折りにご説明します。
이 건은 다음 회의 때 설명드리겠습니다.
※ お困りの際、こちらのボタンを押してください。
곤란하실 때, 이쪽 버튼을 눌러 주세요.

009 ～限り ~(하는) 한 / ～ない限り ~하지 않는 한

「～限り」는 「A限りB」의 형태로, A라는 상태가 계속되는 동안은 B의 상태도 지속된다는 의미를 나타낸다. ない형에 접속해 「～ない限り」가 되면 '~하지 않는 한'이라는 의미가 된다.

예 できる限りのことはいたしますので、いつでもおっしゃってください。
할 수 있는 한의 것은 할 테니까, 언제든지 말씀해 주세요.
この病気はお酒を止めない限り、決して治らないだろう。
이 병은 술을 끊지 않는 한 결코 낫지 않을 것이다.

어휘 こんな 이런 | 外出 외출 | 犯罪 범죄 | 巻き込む 말려들게 하다 | 止める 그만두다, 관두다 | ～から～にかけて ~부터 ~에 걸쳐서 | 明け方 새벽 | 大雨 큰비 | 故郷 고향 | 偶然 우연히 | 同級生 동급생, 동창 | 件 건 | 次回 차회, 다음 번 | ご+한자명사+する ~하다, ~해 드리다 *겸양표현 | 説明 설명 | 困り 곤란, 난처 | ボタン 버튼 | 押す 누르다 | できる 할 수 있다, 가능하다 | いたす 하다 *「する」의 겸양어 | いつでも 언제든지 | おっしゃる 말씀하시다 *「言う」(말하다)의 존경어 | 病気 병 | お酒を止める 술을 끊다 | 決して (부정어 수반) 결코 | 治る 낫다, 치료되다

---

010 동사의 ます형+かけの ~하다 만

동사의 ます형에 접속해 어떤 동작이나 사건이 일어났지만 아직 도중이라는 의미를 나타낸다.

예 灰皿には吸いかけのタバコがあった。
재떨이에는 피우다 만 담배가 있었다.

テーブルの上には母の編みかけのセーターが置いてあった。
테이블 위에는 어머니가 짜다 만 스웨터가 놓여 있었다.

011 동사의 ます형+がたい ~하기 어렵다, ~할 수 없다

주로 「信じる」(믿다), 「許す」(용서하다), 「理解する」(이해하다)와 같은 사고(思考)에 관련된 동사의 ます형에 접속해 그렇게 하는 것이 어렵거나 불가능함을 나타낼 때 쓴다. 비슷한 의미의 표현으로 「동사의 ます형+にくい」(~하기 어렵다[힘들다])가 있는데, 이것은 하려고 하면 할 수는 있지만 그것이 어렵거나 힘들다는 의미를 나타낸다.

예 彼が癌にかかったなんて、信じがたい話ですね。
그가 암에 걸렸다니, 믿기 어려운 이야기네요.

子供をいじめるとは、許しがたい行為だ。
아이를 괴롭히다니, 용서할 수 없는 행위다.

※ この焼き魚は骨が多くて食べにくい。
이 생선구이는 가시가 많아서 먹기 힘들다.

012 동사의 ます형・명사+がちだ (자칫) ~하기 쉽다, 자주 ~하다, ~하기 십상이다, ~하기 일쑤다

동사의 ます형이나 명사에 접속해 어떤 상태가 되기 쉬운 경향이 있거나 그러한 비율 · 횟수가 많음을 나타낸다. 대체로 좋지 않은 일에 쓴다.

예 子供の時は体が弱くて、学校も休みがちだった。
어릴 때는 몸이 약해서 학교도 자주 쉬었다.

中村君は留守がちだから、電話しても出ないことが多い。
나카무라 군은 자주 집을 비워서 전화해도 안 받는 경우가 많다.

어휘 灰皿 재떨이 | 吸う (담배를) 피우다 | タバコ 담배 | テーブル 테이블 | 母 (자신의) 어머니 | 編む 짜다, 뜨다, 뜨개질하다 | セーター 스웨터 | 置く 놓다, 두다 | 타동사+てある ~해져 있다 *상태표현 | 癌 암 | かかる (병에) 걸리다 | ~なんて ~라니, ~하다니 | 信じる 믿다 | いじめる 괴롭히다 | ~とは ~하다니 | 許す 용서하다 | 行為 행위 | 焼き魚 생선구이 | 骨 뼈, 가시 | 体 몸, 신체 | 弱い 약하다 | 休む 쉬다 | 留守 부재중 | 電話 전화 | 出る (전화를) 받다

확인 문제 1(001~012) • 문법

問題7 次の文の(　　　)に入れるのに最も良いものを、1・2・3・4から一つ選びなさい。

1 試験を受けると決めた(　　　)、全力を尽くして頑張ります。
　1 上は　　2 ところ　　3 はず　　4 ほど

2 さんざん迷った(　　　)、義理チョコは500円の物にした。
　1 とたん　　2 挙げ句　　3 以上　　4 に反して

3 中村さんはサラリーマンをする(　　　)、作家活動もしている。
　1 からには　　2 間は　　3 末に　　4 一方

4 その話を聞いた母は悲しみの(　　　)、その場に倒れてしまった。
　1 共に　　2 反面　　3 あまり　　4 一方で

5 昨日は夕飯をご馳走になった(　　　)、旅行のお土産までもらった。
　1 うちに　　2 にしろ　　3 上に　　4 にしては

6 近くにおいでになった(　　　)には、是非お立ち寄りください。
　1 折り　　2 まで　　3 わけ　　4 だけ

7 テーブルの上には食べ(　　　)りんごが置いてあった。
　1 きれの　　2 かけの　　3 おえの　　4 しまいの

8 (会社で)
　鈴木「日本商事との交渉はどうなったの?」
　前田「現時点で(　　　)最善の方法で交渉に臨んだけど、駄目だったわ。」
　1 考えもしない　　2 考え得る　　3 考えたくない　　4 考えてはならない

9 今回の台風がこのまま北上すると、本州を直撃(　　　)。
　1 してはいけない　　2 しようとしない　　3 する恐れがある　　4 してもしょうがない

10 円高が続く(　　　)、景気の回復は望めないだろう。
　1 とは　　2 ですら　　3 あとに　　4 限り

11 子供と離れて暮らすことは、彼女には耐え（　　　）ことであろう。

1 がたい　　2 やさしい　　3 むずかしい　　4 おもい

12 最近、曇（くも）り（　　　）の天気が続いているが、今日は久しぶりによく晴れた。

1 ような　　2 らしい　　3 がち　　4 そうな

問題8 次の文の ＿★＿ に入る最もよいものを、1・2・3・4から一つ選びなさい。

13 この地域は、大雨が ＿＿ ＿＿ ＿★＿ ＿＿。

1 崖崩（がけくず）れが　　2 降ると　　3 恐れがある　　4 起きる

14 いくら ＿＿ ＿＿ ＿★＿ ＿＿。

1 新人でも　　2 あり得る　　3 レコード大賞を　　4 取ることは

15 一応 ＿＿ ＿＿ ＿★＿ ＿＿、全責任を負う覚悟である。

1 代表　　2 という　　3 職務を引き受けた　　4 上は

16 彼は ＿＿ ＿＿ ＿★＿ ＿＿、結局、会社も首になってしまった。

1 挙げ句に　　2 着せられた　　3 罪を　　4 横領（おうりょう）の

17 どんなに小さな会社であれ、＿＿ ＿＿ ＿★＿ ＿＿ 守らなければならない。

1 である　　2 限り　　3 規則　　4 それが

問題9 次の文章を読んで、文章全体の内容を考えて、18 から 22 の中に入る最もよいものを、1・2・3・4から一つ選びなさい。

エントリーシート(注)や面接で短所を伝える 18 、「伝えない方が評価を下げずに済むのでは?」、「できるだけ良く見えるような短所を伝えた方がいいのでは?」と悩む学生もいるでしょう。では、どのように考えればいいのでしょうか。

誰にでも長所があるように、 19 はいないものです。短所が見つからないと言ったり、書かなかったりした場合には、「 20 」と思われてしまうでしょう。また、短所を長所のように見せようとする学生もいて、「真面目すぎる」、「優しすぎる」など、長所を過剰(かじょう)にすることで自分を良く見せようとするケースもあります。これについても、「短所を取(と)り繕(つくろ)おうとしている」、「自分の問題点や弱点に向き合うことができていない」という印象を与える 21 。自分の短所をきちんと自覚した上で、エントリーシートでは、 22 という点にも触れておくことが大事です。面接では、その取り組みについてより深く聞かれるだろうと考えましょう。

(注)エントリーシート: 就職活動において学生が企業に提出する応募書類の一つ

18
1 ばかりか　2 際　3 あまり　4 挙げ句

19
1 短所のない人　2 長所のない人
3 好きな物のない人　4 嫌いな物のない人

20
1 優れている人材である　2 自己の客観視ができていない
3 非の打ち所がない　4 仕方がない

21
1 見当があります　2 見込みがあります　3 楽しみがあります　4 恐れがあります

22
1 その短所を克服するためにどう取り組んでいるのか
2 どうして短所を直さないのか
3 どうして長所は積極的に言わないのか
4 短所が役に立つことはあったのか

확인 문제 1(001~012) • 정답 및 해석(문법)

[1] 정답 1
해석 시험을 보겠다고 결정한 (이상은) 전력을 다해 열심히 하겠습니다.
어휘 試験(しけん)を受(う)ける 시험을 보다 決(き)める 정하다, 결정하다 ～上(うえ)は ~한[인] 이상은 全力(ぜんりょく)を尽(つ)くす 전력을 다하다 頑張(がんば)る (끝까지) 노력하다, 열심히 하다 동사의 た형+ところ ~했더니, ~한 결과 ～はず (당연히) ~할 것[터]임 ～ほど ~정도, ~만큼

[2] 정답 2
해석 몹시 망설인 (끝에) 의리 초콜릿은 500엔짜리 것으로 했다.
어휘 さんざん 몹시 迷(まよ)う 망설이다 동사의 た형+挙(あ)げ句(く) ~한 끝에 義理(ぎり)チョコ 의리 초콜릿 物(もの) 물건, 것 ～にする ~로 하다 동사의 た형+とたん(に) ~하자마자, ~한 순간(에) ～以上(いじょう) ~한[인] 이상 ～に反(はん)して ~에 반해서

[3] 정답 4
해석 나카무라 씨는 샐러리맨을 하는 (한편) 작가 활동도 하고 있다.
어휘 サラリーマン 샐러리맨 ～一方(いっぽう) ~하는 한편 作家(さっか) 작가 活動(かつどう) 활동 ～からには ~한 이상은 ～間(あいだ)は ~동안은 동사의 た형+末(すえ)に ~한 끝에

[4] 정답 3
해석 그 이야기를 들은 어머니는 슬픈 (나머지) 그 자리에 쓰러지고 말았다.
어휘 母(はは) (자신의) 어머니 悲(かな)しみ 슬픔 い형용사의 명사형+の+あまり ~한 나머지 場(ば) 자리, 장소 倒(たお)れる 쓰러지다

[5] 정답 3
해석 어제는 저녁을 대접받은 (데다가) 여행 선물까지 받았다.
어휘 昨日(きのう) 어제 夕飯(ゆうはん) 저녁식사 ご馳走(ちそう)になる 대접받다 ～上(うえ)に ~인 데다가, ~일 뿐만 아니라 旅行(りょこう) 여행 お土産(みやげ) 선물 もらう (남에게) 받다 ～うちに ~동안에, ~사이에 ～にしろ ~라고 해도, ~도, ~든 ～にしては ~치고는

[6] 정답 1
해석 근처에 오셨을 (때)는 꼭 들러 주세요.
어휘 近(ちか)く 근처 おいでになる 오시다 *「来(く)る」(오다)의 존경어 ～折(お)り(に) ~할 때, ~하는 기회에 是非(ぜひ) 꼭 お+동사의 ます형+ください ~해 주십시오 *존경표현 立(た)ち寄(よ)る 들르다 ～わけ ~인 셈 ～だけ ~만, ~뿐

[7] 정답 2
해석 테이블 위에는 먹(다 만) 사과가 놓여 있었다.
어휘 テーブル 테이블 동사의 ます형+かけの ~하다 만 りんご 사과 置(お)く 놓다, 두다 타동사+てある ~해져 있다 *상태표현 き(切)れ 조각

[8] 정답 2
해석 (회사에서)
스즈키 "니혼 상사와의 교섭은 어떻게 됐어?"
마에다 "현시점에서 (생각할 수 있는) 최선의 방법으로 교섭에 임했지만, 소용없었어."
어휘 商事(しょうじ) 상사 交渉(こうしょう) 교섭 現時点(げんじてん) 현시점 考(かんが)え得(う)る 생각할 수 있다 *「동사의 ます형+得(う・え)る」 – ~할 수 있다 最善(さいぜん) 최선 方法(ほうほう) 방법 臨(のぞ)む 임하다 駄目(だめ)だ 소용없다

[9] 정답 3
해석 이번 태풍이 이대로 북상하면 혼슈를 직격(할 우려가 있다).
어휘 台風(たいふう) 태풍 このまま 이대로 北上(ほくじょう) 북상 本州(ほんしゅう) 혼슈 *일본 열도 중 주가 되는 최대의 섬 直撃(ちょくげき) 직격 ～恐(おそ)れがある ~할 우려가 있다 ～てはいけない ~해서는 안 된다 ～(よ)うとしない ~하려고 하지 않다 ～てもしょうがない ~해도 어쩔 수 없다

10 정답 4

해석 엔고가 계속되(는 한) 경기 회복은 바랄 수 없을 것이다.

어휘 円高(えんだか) 엔고, 엔화 강세 続(つづ)く 이어지다, 계속되다 ～限(かぎ)り ～(하는) 한 景気(けいき) 경기 回復(かいふく) 회복 望(のぞ)む 바라다, 원하다, 기대하다 ～とは ～하다니 ～ですら ～조차 ～あと(後)に ～한 후에

11 정답 1

해석 아이와 떨어져서 생활하는 것은 그녀에게는 견디기 (힘든) 일일 것이다.

어휘 子供(こども) 아이 離(はな)れる 떨어지다 暮(く)らす 살다, 생활하다 耐(た)える 견디다 동사의 ます형+がたい ～하기 어렵다, ～할 수 없다 やさ(易)しい 쉽다 むずか(難)しい 어렵다 おも(重)い 무겁다

12 정답 3

해석 요즘 (자주) 흐린 날씨가 계속되고 있는데, 오늘은 오랜만에 활짝 갰다.

어휘 最近(さいきん) 최근, 요즘 曇(くも)る 흐리다 동사의 ます형+がちだ (자칫) ～하기 쉽다, 자주 ～하다, ～하기 십상이다, ～하기 일쑤다 天気(てんき) 날씨 続(つづ)く 이어지다, 계속되다 久(ひさ)しぶり 오랜만임 晴(は)れる 맑다, 개다 ～ような ～인 것 같은, ～인 듯한 ～らしい ～인 것 같다 ～そうな ～인 것 같은

13 降ると 崖崩(がけくず)れが 起きる★ 恐れがある | 정답 4

해석 이 지역은 큰비가 내리면 산사태가 일어날★ 우려가 있다.

어휘 地域(ちいき) 지역 大雨(おおあめ) 큰비 降(ふ)る (비·눈 등이) 내리다, 오다 崖崩(がけくず)れ 산사태 起(お)きる 일어나다, 발생하다 ～恐(おそ)れがある ～할 우려가 있다

14 新人でも レコード大賞を 取ることは★ あり得る | 정답 4

해석 아무리 신인이라도 레코드 대상을 받는 경우는★ 있을 수 있다.

어휘 いくら～ても[でも] 아무리 ～라도 新人(しんじん) 신인 レコード大賞(たいしょう) 레코드 대상 取(と)る 받다 あり得(う)る 있을 수 있다

15 代表 という 職務を引き受けた★ 上は | 정답 3

해석 일단 대표 라는 직무를 맡은★ 이상은 모든 책임을 질 각오다.

어휘 一応(いちおう) 일단 代表(だいひょう) 대표 職務(しょくむ) 직무 引(ひ)き受(う)ける (일 등을) 맡다, 떠맡다 ～上(うえ)は ～한[인] 이상은 全責任(ぜんせきにん) 모든 책임 負(お)う 지다 覚悟(かくご) 각오

16 横領(おうりょう)の 罪を 着せられた★ 挙げ句に | 정답 2

해석 그는 횡령 죄를 뒤집어쓴★ 끝에 결국 회사도 해고되고 말았다.

어휘 横領(おうりょう) 횡령 罪(つみ) 죄 着(き)せる (책임 등을) 뒤집어씌우다 동사의 た형+挙(あ)げ句(く)に ～한 끝에 結局(けっきょく) 결국 首(くび)になる 해고되다

17 それが 規則 である★ 限り | 정답 1

해석 아무리 작은 회사라고 해도 그것이 규칙 인★ 한 지키지 않으면 안 된다.

어휘 どんなに 아무리 小(ちい)さな 작은 ～であれ ～라고 해도 規則(きそく) 규칙 ～限(かぎ)り ～(하는) 한 守(まも)る 지키다 ～なければならない ～하지 않으면 안 된다, ～해야 한다

18~22

엔트리시트(주)나 면접에서 단점을 전할 **18 때** '전하지 않는 편이 평가를 떨어뜨리지 않고 끝나는 게 아닐까?', '가능한 한 좋게 보일 것 같은 단점을 전하는 편이 좋은 게 아닐까?'라고 고민하는 학생도 있겠지요. 그렇다면 어떤 식으로 생각하면 좋을까요?

누구에게나 장점이 있는 것처럼 **19 단점이 없는 사람**은 없는 법입니다. 단점이 발견되지 않는다고 하거나 쓰지 않거나 한 경우에는 '**20 자기 객관화가 되어 있지 않다**'라고 생각되어 버리겠지요. 또 단점을 장점처럼 보이려고 하는 학생도 있어서 '너무 성실하다', '너무 상냥하다' 등 장점을 과잉되게 드러냄으로써 자신을 좋게 보이려고 하는 경우도 있습니다. 이것에 대해서도 '단점을 얼버무려 넘기려 하고 있다', '자신의 문제점이나 약점을 마주보지 못하고 있다'라는 인상을 줄 **21 우려가 있습니다**. 자신의 단점을 제대로 자각한 후에 엔트리시트에서는 **22 그 단점을 극복하기 위해서 어떻게 대처하고 있는가**라는 점도 언급해 두는 것이 중요합니다. 면접에서는 그 대처에 대해서 보다 깊게 질문받을 것이라고 생각합시다.

(主)エントリーシート(엔트리시트): 취직 활동에서 학생이 기업에 제출하는 응모 서류 중 하나

어휘 エントリーシート 엔트리시트, 입사 지원서 面接(めんせつ) 면접 短所(たんしょ) 단점 伝(つた)える 전하다 評価(ひょうか) 평가 下(さ)げる (질·품위를) 떨어뜨리다 ～ずに ~하지 않고 済(す)む 끝나다 できるだけ 가능한 한, 되도록 見(み)える 보이다 悩(なや)む 고민하다 学生(がくせい) 학생, (특히) 대학생 長所(ちょうしょ) 장점 ～ものだ ~인 법[것]이다 *상식·진리·본성 見(み)つかる 발견되다, 찾게 되다 場合(ばあい) 경우 見(み)せる 보이다, 보여 주다 真面目(まじめ)だ 성실하다 형용사의 어간+すぎる 너무 ~하다 優(やさ)しい 상냥하다, 다정하다 過剰(かじょう)だ 과잉되다 ～ことで ~함으로써 ケース 케이스, 경우 取(と)り繕(つくろ)う (그 자리를) 얼버무려 넘기다 問題点(もんだいてん) 문제점 弱点(じゃくてん) 약점 向(む)き合(あ)う 마주보다 印象(いんしょう)を与(あた)える 인상을 주다 きちんと 제대로, 확실히 自覚(じかく) 자각 동사의 た형+上(うえ)で ~한 후에, ~한 다음에 触(ふ)れる 언급하다 大事(だいじ)だ 중요하다 取(と)り組(く)み 대처 深(ふか)い 깊다 就職(しゅうしょく) 취직 活動(かつどう) 활동 ～において ~에 있어서, ~에서 企業(きぎょう) 기업 提出(ていしゅつ) 제출 応募(おうぼ) 응모 書類(しょるい) 서류

18 해석 1 뿐만 아니라 2 때 3 나머지 4 끝에
어휘 ～ばかりか ~뿐만 아니라 ～際(さい) ~할 때 ～あまり ~한 나머지 동사의 た형+挙(あ)げ句(く) ~한 끝에

19 해석 1 단점이 없는 사람 2 장점이 없는 사람 3 좋아하는 것이 없는 사람 4 싫어하는 것이 없는 사람
어휘 好(す)きだ 좋아하다 嫌(きら)いだ 싫어하다

20 해석 1 뛰어난 인재이다 2 자기 객관화가 되어 있지 않다 3 나무랄 데 없다 4 어쩔 수 없다
어휘 優(すぐ)れる 뛰어나다, 우수하다 人材(じんざい) 인재 自己(じこ) 자기 客観視(きゃっかんし) 객관시, 객관화 できる 다 되다, 완성되다 非(ひ)の打(う)ち所(どころ)がない 나무랄 데 없다 仕方(しかた)がない 어쩔 수 없다

21 해석 1 예측이 있습니다 2 전망이 있습니다 3 즐거움이 있습니다 4 우려가 있습니다
어휘 見当(けんとう) 예상, 예측, 짐작 見込(みこ)み 전망 楽(たの)しみ 즐거움 ～恐(おそ)れがある ~할 우려가 있다

22 해석 1 그 단점을 극복하기 위해서 어떻게 대처하고 있는가 2 왜 단점을 고치지 않는가 3 왜 장점은 적극적으로 말하지 않는가 4 단점이 도움이 된 적은 있었는가
어휘 克服(こくふく) 극복 取(と)り組(く)む 대처하다 どうして 왜, 어째서 直(なお)す 고치다 積極的(せっきょくてき)だ 적극적이다 役(やく)に立(た)つ 도움이 되다

기출 문법표현 108
<013~024>

- □ 013 **~(か)と思(おも)うと** ~하는가 싶더니, ~했다고 생각한 순간
- □ 014 **~か~ないかのうちに** ~하자마자
- □ 015 동사의 **ます**형**+かねる** ~하기 어렵다 / 동사의 **ます**형**+かねない** ~할 수도 있다, ~할지도 모른다
- □ 016 **~かのようだ** ~인 것 같다
- □ 017 **~からいうと** ~로 보면 / **~からいって** ~로 봐서
- □ 018 **~からこそ** ~이니까, ~이기 때문에
- □ 019 **~からして** (우선) ~부터가
- □ 020 **~からすると** ~로 보면, ~로 판단컨대
- □ 021 **~からといって** ~라고 해서
- □ 022 **~からには** ~한 이상은
- □ 023 동사의 **ます**형·명사**+気味(ぎみ)** ~한 기색[느낌]
- □ 024 동사의 **た**형**+きり** ~한[인] 채

013 ～(か)と思うと ~하는가 싶더니, ~했다고 생각한 순간

어떤 일이 일어난 직후에 미처 예상하지 못한 다음 일이 일어났을 때 쓴다. 이 표현은 실제로 일어난 일에 대해 묘사하기 때문에 의지를 나타내는 문장에서는 쓰지 않고 뒤에 명령문이나 부정문도 올 수 없다. 또한 자신의 일에 대해서도 쓸 수 없다.

예 彼女は立ち上がったかと思うと、突然倒れた。
그녀는 일어서는가 싶더니 갑자기 쓰러졌다.
空で何かぴかっと光ったかと思うと、どーんという大きな音がした。
하늘에서 뭔가 번쩍 하며 빛나는가 싶더니 쿵 하는 큰 소리가 났다.

014 ～か～ないかのうちに ~하자마자

어떤 일이 일어난 직후에 바로 다음 일이 일어난 것을 나타내는데, 뒤에는 의지를 나타내는 문장이나 명령문, 부정문이 오는 경우는 드물다. 비슷한 의미의 표현으로 「동사의 ます형+次第」(~하는 대로 (즉시))가 있는데, 「～か～ないかのうちに」가 전후의 일이 시간차 없이 거의 동시임에 중점을 둔 데 빈해, 「동사의 ます형+次第」는 '앞의 일이 확실히 끝난 후에 곧비로'리는 의미를 나타낸다.

예 息子は「いただきます」と言ったか言わないかのうちに、もう食べ始めた。
아들은 "잘 먹겠습니다."라고 말하자마자 벌써 먹기 시작했다.
中村君は終了のベルが鳴ったか鳴らないかのうちに、教室を飛び出していった。
나카무라 군은 종료 벨이 울리자마자 교실을 뛰쳐나갔다.
※ 落とし物が見つかり次第、ご連絡いたします。
분실물이 발견되는 대로 연락드리겠습니다.

015 동사의 ます형+かねる ~하기 어렵다 / 동사의 ます형+かねない ~할 수도 있다, ~할지도 모른다

「～かねる」는 동사의 ます형에 접속해 저항감이 있거나 기분이 썩 내키지 않아 그렇게 하기 어렵다는 것을 나타낸다. 서비스업에서는 손님의 요구나 요청을 들어줄 수 없다는 완곡한 거절표현으로 사용되고 비즈니스 등의 공적인 장면에서도 자주 쓴다. 한편 부정형인 「～かねない」는 '~할 수도 있다, ~할지도 모른다'라는 뜻으로 부정적인 뉘앙스가 있다.

예 この件はこちらではわかりかねますので、あちらのカウンターでお聞きください。
이 건은 여기에서는 알기 어려우니, 저쪽 카운터에서 문의해 주세요.
無責任な彼のことだから、約束していても忘れかねないよ。
무책임한 그니까, 약속했어도 잊을지도 몰라.

어휘 立ち上がる 일어나다, 일어서다 | 突然 돌연, 갑자기 | 倒れる 쓰러지다 | 空 하늘 | ぴかっと 번쩍 | 光る 빛나다 | どーん 쿵 | 大きな 큰 | 音がする 소리가 나다 | 息子 (자신의) 아들 | いただきます 잘 먹겠습니다 | もう 이미, 벌써 | 동사의 ます형+始める ~하기 시작하다 | 終了 종료 | ベル 벨 | 鳴る 울리다 | 教室 교실 | 飛び出す 뛰쳐나가다 | 落とし物 분실물 | 見つかる 발견되다, 찾게 되다 | ご+한자명사+いたす ~하다, ~해 드리다 *겸양표현 | 連絡 연락 | 件 건 | わかる 알다, 이해하다 | カウンター 카운터 | お+동사의 ます형+ください ~해 주십시오 *존경표현 | 無責任だ 무책임하다 | 사람+の+ことだから ~이니까 | 約束 약속 | 忘れる 잊다

---

016 ～かのようだ ~인 것 같다

말하는 사람이 실제로는 그렇지 않지만 마치 그런 것 같다고 느낀다는 표현으로, '~인 것처럼'이라는 의미가 되려면 「～かのように」의 형태가 된다. 참고로 「～(の)ようだ」(~인 것 같다)에는 '확실히는 알 수 없지만~'이라는 추측의 의미도 있는데 「～かのようだ」에는 그런 의미가 없다. 따라서 「雨が降っているようだ」는 빗소리 등으로 추정컨대 비가 내리고 있다고 생각한다는 뜻이지만, 「雨が降っているかのようだ」는 사실은 비가 내리지 않지만 마치 내리고 있는 것처럼 느낀다는 뜻이다.

예 今日は朝からとても寒くて、まるで冬になったかのようだ。
오늘은 아침부터 너무 추워서 마치 겨울이 된 것 같다.
彼女はその事件を実際に見たかのように具体的に話した。
그녀는 그 사건을 실제로 본 것처럼 구체적으로 이야기했다.

017 ～からいうと ~로 보면 / ～からいって ~로 봐서

「～からいうと」는 어떤 기준에서 판단하거나 평가할 때 쓴다. 일상 회화에서는 주로 「～からいって」의 형태로 쓴다.

예 この店を拡張するのは、現状からいうと無理だと思う。
이 가게를 확장하는 것은 현재 상태로 보면 무리라고 생각한다.
彼女の性格からいって、この件について黙っているはずがない。
그녀의 성격으로 봐서 이 건에 대해서 잠자코 있을 리가 없다.

018 ～からこそ ~이니까, ~이기 때문에

원인이나 이유를 강조할 때 쓰고 주로 「～からこそ～のだ」(~이니까 ~인 것이다)의 형태로 쓴다.

예 彼は数学の成績がよかったからこそ、その大学に合格できたのだ。
그는 수학 성적이 좋았으니까, 그 대학에 합격할 수 있었던 것이다.
鈴木先生に手術していただいたからこそ、再び歩けるようになったのです。
스즈키 선생님이 수술해 주셨기 때문에 다시 걸을 수 있게 된 것입니다.

어휘 寒い 춥다 | まるで 마치 | 冬 겨울 | 事件 사건 | 実際に 실제로 | 具体的だ 구체적이다 | 店 가게 | 拡張 확장 | 現状 현상, 현재 상태 | 無理だ 무리다 | 性格 성격 | ～について ~에 대해서 *내용 | 黙る 잠자코 있다, 입을 다물다 | ～はずがない ~일 리가 없다 | 数学 수학 | 成績 성적 | 大学 대학 | 合格 합격 | 手術 수술 | ～ていただく (남에게) ~해 받다, (남이) ~해 주시다 *「～てもらう」((남에게) ~해 받다, (남이) ~해 주다)의 겸양표현 | 再び 재차, 다시 | 歩く 걷다 | ～ようになる ~하게(끔) 되다 *변화

---

019 ~からして (우선) ~부터가

한 가지 예를 들어 '그 예가 ~이니까 다른 것도 ~이다'라고 말하고 싶을 때 쓴다. 긍정문과 부정문 모두 쓸 수 있지만, 대체로 부정문에서 많이 쓴다.

예 あの人は目付きからして怪しい。
저 사람은 눈빛부터가 수상하다.
この会社は社長からして変わっている。
이 회사는 사장부터가 별나다.

020 ~からすると ~로 보면, ~로 판단컨대

'~로 판단하면'이라는 뜻으로, 뭔가를 보거나 듣거나 해서 판단한 것을 말할 때 쓴다. 비슷한 의미의 표현으로 「~から見ると」(~로 보면, ~(의 입장)에서 보면)가 있는데, 이것은 판단의 재료가 객관적인 근거일 때 주로 쓴다. 한편 「~からすると」는 객관적인 근거는 물론 주관적인 근거일 때도 쓸 수 있다.

예 我が国からすると、この協定は不公平であると言わざるを得ない。
우리나라로 보면 이 협정은 불공평하다고 말하지 않을 수 없다.
この匂いからすると、今日の晩ご飯はカレーだな。
이 냄새로 판단컨대 오늘 저녁은 카레군.
※ 子供から見ると、大人は宿題がなくて、楽そうに見えるだろう。
아이 입장에서 보면 어른은 숙제가 없어서 편한 것처럼 보일 것이다.

021 ~からといって ~라고 해서

'설령 ~라는 이유가 있더라도'라는 뜻으로, 뒤에는 「~とは限らない」((반드시) ~하다고는 할 수 없다, ~하는 것은 아니다), 「~わけではない」((전부) ~인 것은 아니다, (반드시) ~라고는 말할 수 없다), 「~とは言えない」(~라고는 할 수 없다) 등의 부분부정 표현이 오는 경우가 많다.

예 暑いからといって、窓を開けっ放しにして寝るのは健康によくない。
덥다고 해서 창문을 열어 놓은 채로 자는 것은 건강에 좋지 않다.
アメリカに住んでいたからといって、英語が上手だとは限らない。
미국에 살았다고 해서 영어를 잘하는 것은 아니다.

어휘 目付き 눈빛 | 怪しい 수상하다 | 社長 사장 | 変わる (보통과) 색다르다, 별나다 | 我が国 우리나라 | 協定 협정 | 不公平 불공평 | 동사의 ない형+ざるを得ない ~하지 않을 수 없다 | 匂い 냄새 | 晩ご飯 저녁식사 | カレー 카레 | 大人 어른 | 宿題 숙제 | 楽だ 편하다 | 見える 보이다 | 暑い 덥다 | 窓 창문 | 開けっ放し 열어 놓은 채로 둠 | 寝る 자다 | 健康 건강 | 住む 살다, 거주하다 | 英語 영어 | 上手だ 능숙하다, 잘하다

022 ～からには ~한 이상은

「AからにはB」의 형태로 쓴다. A라고 결심한 이상 B를 하는 것이 당연함을 나타내는데, B에는 각오나 말하는 사람의 개인적 감정을 나타내는 문장이 오는 것이 일반적이다. 비슷한 의미의 표현으로 「～以上は」(~한[인] 이상은), 「～上は」(~한[인] 이상은(p.230 참조))가 있다.

예 彼とチームになったからには、もう彼を信じるしかない。
그와 팀이 된 이상은 이제 그를 믿을 수밖에 없다.
一人でやると言ったからには、みんなに迷惑はかけない。
혼자서 한다고 말한 이상은 모두에게 폐는 끼치지 않겠다.

023 동사의 ます형・명사+気味 ~한 기색[느낌]

동사의 ます형이나 명사에 접속해 몸이나 마음으로 느끼고 있는 상태를 표현할 때 쓴다. 비슷한 의미의 표현으로는 「～がち」((자칫) ~하기 쉬움, 자주 ~함, ~하기 십상임, ~하기 일쑤임(p.232 참조))가 있는데, 「～気味」는 무의지적인 문장에 많이 쓰이므로 상태를 나타내는 경우가 많고, 「～がち」는 의지적인 문장에 주로 쓰여 동작을 나타내는 경우가 많다. 또한 「～気味」보다 빈도가 높을 때 쓴다.

예 最近、残業が続いたので少し疲れ気味です。
최근 야근이 이어져서 조금 피곤한 느낌입니다.
今日はちょっと風邪気味なので、早めに帰らせてください。
오늘은 조금 감기 기운이 있어서 일찍 돌아가게 해 주세요.

024 동사의 た형+きり ~한[인] 채

동사의 た형에 접속해 어떤 행위가 일어난 뒤 그 후로는 반복되지 않음을 나타낸다.

예 息子は朝、出かけたきり、夕方になっても帰って来ないので心配です。
아들은 아침에 나간 채 저녁때가 되어도 돌아오지 않아서 걱정입니다.
中村先生とは去年一度会ったきりです。
나카무라 선생님과는 작년에 한 번 만났을 뿐입니다.

어휘 チーム 팀 | もう 이제 | 信じる 믿다 | ～しかない ~할 수밖에 없다 | 一人で 혼자서 | やる 하다 | 迷惑 폐 | かける 끼치다 | 最近 최근, 요즘 | 残業 잔업, 야근 | 続く 이어지다, 계속되다 | 少し 조금 | 疲れる 지치다, 피로해지다 | 風邪 감기 | 早めに (정해진 시간보다) 조금 일찍 | 帰る 돌아가다 | 息子 (자신의) 아들 | 出かける 외출하다, 나가다 | 夕方 저녁때 | 心配だ 걱정이다, 걱정스럽다 | 去年 작년 | 会う 만나다

동영상 12

확인 문제 2(013~024) • 문법

問題7 次の文の(　　　)に入れるのに最もよいものを、1・2・3・4から一つ選びなさい。

1 彼女とは別れた(　　　)、一度も会っていない。
1 とは　2 きり　3 こそ　4 どころか

2 ご両親もあなたのためを(　　　)、そんなに厳しく言うのです。
1 思うだけ　2 思うことに　3 思うからこそ　4 思うまでに

3 弟はいつも私にいじめられた(　　　)母に告げ口(つぐち)をする。
1 にせよ　2 ものの　3 くせに　4 かのように

4 彼女は私の話が終わったか(　　　)、席を立った。
1 終わってからというもの　2 終わらないまでも
3 終わらないかのうちに　4 終わる一方で

5 あの人は、言葉遣い(　　　)きちんとなっていない。
1 からして　2 からきて　3 からもって　4 からやって

6 息子は学校から帰ってきた(　　　)、すぐに家を出ていった。
1 かと思うと　2 にかかわらず　3 挙げ句　4 にしろ

7 山田君の表情(　　　)、今年も大学に落ちたらしい。
1 からくると　2 からとると　3 からやると　4 からすると

8 彼の話はうますぎて、ちょっと信じ(　　　)なあ。
1 むずかしい　2 向きだ　3 かねる　4 やさしい

9 一度引き受けた(　　　)、どんなことがあってもやり抜くつもりだ。
1 からして　2 からといって　3 からすると　4 からには

10 (店で)
中村「どっちにするか、本当に迷っちゃうわ。」
渡辺「そうだね。でも、使いやすさ(　　　)、こっちの方がいいと思うよ。」
1 からくると　2 からいうと　3 からきくと　4 からよると

11 この頃、数学の成績がちょっと下がり（　　　）ですが、どうかしたんですか。

1 っぽい　2 気味　3 がたい　4 一方

12 喉(のど)が渇(かわ)いた（　　　）、冷たい物ばかり飲むとお腹を壊しちゃうよ。

1 からみて　2 からには　3 からといって　4 からこそ

問題8 次の文の ＿★＿ に入る最もよいものを、1・2・3・4から一つ選びなさい。

13 手を ＿＿ ＿＿ ＿★＿ ＿＿、タクシーが止まった。

1 か　2 挙げない　3 挙げる　4 かのうちに

14 去年まで大人気だった彼の人気も、＿＿ ＿＿ ＿★＿ ＿＿ ね。

1 では　2 気味だ　3 下がり　4 最近

15 ＿＿ ＿＿ ＿★＿ ＿＿、日本の法律に従わなければならない。

1 住んで　2 いる　3 日本に　4 からには

16 やっと赤ちゃんが ＿＿ ＿＿ ＿★＿ ＿＿、またすぐに泣き出した。

1 と　2 泣き止んだ　3 思うと　4 か

17 ＿＿ ＿＿ ＿★＿ ＿＿、それを表情に出すのは望ましくない。

1 話している人の　2 からといって　3 話が　4 面白くない

問題9 次の文章を読んで、文章全体の内容を考えて、[18] から [22] の中に入る最もよいものを、1・2・3・4から一つ選びなさい。

ダイエットが成功しにくい方に多いのが代謝が低いということです。生活習慣の乱れやストレス、慢性的な運動不足といったことで、人間の代謝は [18]。代謝の落ちた体は痩せにくく、食事制限や運動でダイエットに励んでも効果が出にくいのです。また、なかなか肥満が解消されない [19]、負担の大きいダイエットを繰り返すことも逆効果です。過酷な食事制限や運動は代謝の機能を妨げる(注1)ため、更に代謝が落ちるという悪循環を招いてしまいます。ダイエットの効果が感じられない、または太りやすいと感じたら、代謝を正常に保つためにも、まずは生活習慣を [20] ことが大切なのです。

太りやすい方が陥っている生活習慣としては、次のようなものが挙げられます。「間食が多い」、「食事が不規則」、「早食い」といった乱れた食習慣や食事の仕方は、肥満の原因になります。また、運動不足は、消費エネルギーの低下 [21]、体内に脂肪がどんどん貯蔵されてしまうことに繋がります。更に、女性に多い体の冷えも、不眠や頻尿などの症状だけでなく、むくみ(注2)も引き起こします。血流の停滞によって体が冷え、水分の代謝も落ちると体がむくみ [22]、より太りやすい体になってしまうのです。

(注1)妨げる: 邪魔をする、妨害する
(注2)むくみ: 何らかの原因によって、皮膚ないし皮膚の下に水分が溜まった状態

[18]

1 低下してしまいます　　2 増加してしまいます
3 変わらなくなってしまいます　　4 維持し続けます

[19]

1 からには　　2 からして　　3 からといって　　4 からいうと

[20]

1 打ち切る　　2 見直す　　3 受け入れる　　4 踏み切る

[21]

1 だけでなく　　2 に限って　　3 にとって　　4 にもまして

[22]

1 向けになり　　2 だらけになり　　3 にくくなり　　4 がちになり

확인 문제 2(013~024) • 정답 및 해석(문법)

1 정답 2
해석 그녀와는 헤어(진 채) 한 번도 만나지 않았다.
어휘 別(わか)れる 헤어지다 동사의 た형+きり ~한[인] 채 一度(いちど)も 한 번도 会(あ)う 만나다
~とは ~하다니, ~라고는 ~こそ ~야말로 ~どころか ~은커녕

2 정답 3
해석 부모님도 당신의 이익을 (생각하기 때문에) 그렇게 엄하게 말하는 것입니다.
어휘 ご両親(りょうしん) (남의) 부모 ため 이익이나 득이 되는 일 思(おも)う 생각하다
~からこそ ~이니까, ~이기 때문에 そんなに 그렇게 厳(きび)しい 엄하다, 엄격하다

3 정답 4
해석 남동생은 항상 나에게 괴롭힘을 당한 (것처럼) 어머니에게 고자질을 한다.
어휘 弟(おとうと) (자신의) 남동생 いじめる 괴롭히다 ~かのように ~인 것처럼 母(はは) (자신의) 어머니
告(つ)げ口(ぐち) 고자질 ~にせよ ~라고 해도, ~도, ~든 ~ものの ~이지만 ~くせに ~인 주제에, ~이면서도

4 정답 3
해석 그녀는 내 이야기가 끝나(자마자) 자리를 떴다.
어휘 終(お)わる 끝나다 ~か~ないかのうちに ~하자마자 席(せき)を立(た)つ 자리를 뜨다
~てからというもの ~한 후 (계속) ~ないまでも ~하지 않더라도 ~一方(いっぽう)で ~하는 한편으로

5 정답 1
해석 저 사람은 말투(부터가) 제대로 되어 있지 않다.
어휘 言葉遣(ことばづか)い 말투 ~からして (우선) ~부터가 きちんと 제대로, 확실히

6 정답 1
해석 아들은 학교에서 돌아왔는(가 싶더니) 바로 집을 나가 버렸다.
어휘 息子(むすこ) (자신의) 아들 帰(かえ)る 돌아오다 ~かと思(おも)うと ~하는가 싶더니, ~했다고 생각한 순간
すぐに 곧, 바로 家(いえ) 집 出(で)る 나가다 ~にかかわらず ~에 관계없이 동사의 た형+挙(あ)げ句(く) ~한 끝에
~にしろ ~라고 해도, ~도, ~든

7 정답 4
해석 야마다 군의 표정(으로 보면) 올해도 대학에 떨어진 것 같다.
어휘 表情(ひょうじょう) 표정 ~からすると ~로 보면, ~로 판단컨대 今年(ことし) 올해 大学(だいがく) 대학
落(お)ちる 떨어지다 ~らしい ~인 것 같다

8 정답 3
해석 그의 이야기는 너무 그럴싸해서 조금 믿(기 어렵)군.
어휘 うまい 좋다, 그럴싸하다 い형용사의 어간+すぎる 너무 ~하다 信(しん)じる 믿다 동사의 ます형+かねる ~하기 어렵다
むずか(難)しい 어렵다 向(む)きだ 적합하다 やさ(易)しい 쉽다

9 정답 4
해석 한 번 맡은 (이상은) 어떤 일이 있어도 끝까지 할 생각이다.
어휘 引(ひ)き受(う)ける (일 등을) 맡다, 떠맡다 ~からには ~한 이상은 やり抜(ぬ)く 끝까지 하다, 해내다
동사의 보통형+つもりだ ~할 생각[작정]이다 ~からして (우선) ~부터가 ~からといって ~라고 해서

10 정답 2
해석 (가게에서)
나카무라 "어느 쪽으로 할지 정말 망설여져."
와타나베 "그러게. 하지만 편리성(으로 보면) 이쪽이 좋다고 생각해."
어휘 店(みせ) 가게 迷(まよ)う 망설이다 でも 하지만 使(つか)いやすさ 쓰기 편함 ~からいうと ~로 보면

11 정답 2
해석 요즘 수학 성적이 조금 떨어지는 (느낌)인데, 무슨 일 있나요?
어휘 この頃(ごろ) 요즘 数学(すうがく) 수학 成績(せいせき) 성적 下(さ)がる (값·온도·지위·기능 등이) 떨어지다
동사의 ます형+気味(ぎみ) ~한 기색[느낌] ~っぽい 자주 ~하다, ~하기 쉽다
동사의 ます형+がたい ~하기 어렵다, ~할 수 없다 ~一方(いっぽう) ~하는 한편

12 정답 3
해석 목이 마르다(고 해서) 찬 것만 마시면 배탈 나고 말아.
어휘 喉(のど)が渇(かわ)く 목이 마르다 ~からといって ~라고 해서 冷(つめ)たい 차갑다
お腹(なか)を壊(こわ)す 배탈이 나다 ~からみて ~로 봐서 ~からには ~한 이상은 ~からこそ ~이니까, ~이기 때문에

13 挙げる か 挙げない★ かのうちに | 정답 2
해석 손을 들 자 마★ 자 택시가 섰다.
어휘 手(て)を挙(あ)げる 손을 들다 ~か~ないかのうちに ~하자마자 タクシー 택시 止(と)まる 멈추다, 서다

14 最近 では 下がり★ 気味だ | 정답 3
해석 작년까지 큰 인기였던 그의 인기도 최근 에는 떨어지는★ 느낌이네.
어휘 去年(きょねん) 작년 大人気(だいにんき) 대인기, 큰 인기 最近(さいきん) 최근, 요즘
동사의 ます형+気味(ぎみ) ~한 기색[느낌]

15 日本に 住んで いる★ からには | 정답 2
해석 일본에 살고 있는★ 이상은 일본 법률에 따르지 않으면 안 된다.
어휘 住(す)む 살다, 거주하다 ~からには ~한 이상은 法律(ほうりつ) 법률 従(したが)う (명령 등에) 따르다
~なければならない ~하지 않으면 안 된다, ~해야 한다

16 泣き止んだ か と★ 思うと | 정답 1
해석 겨우 아기가 울음을 그치 는 가★ 싶더니 또 바로 울기 시작했다.
어휘 やっと 겨우, 간신히, 가까스로 赤(あか)ちゃん 아기 泣(な)き止(や)む 울음을 그치다
~かと思(おも)うと ~하는가 싶더니, ~했다고 생각한 순간 すぐに 곧, 바로 泣(な)き出(だ)す 울기 시작하다

17 話している人の 話が 面白くない★ からといって | 정답 4
해석 이야기하고 있는 사람의 이야기가 재미없다★ 고 해서 그것을 표정에 드러내는 것은 바람직하지 않다.
어휘 面白(おもしろ)い 재미있다 ~からといって ~라고 해서 表情(ひょうじょう) 표정 出(だ)す 내다, 드러내다
望(のぞ)ましい 바람직하다

18~22

다이어트가 성공하기 힘든 분에게 많은 것이 대사가 낮다는 것입니다. 흐트러진 생활 습관이나 스트레스, 만성적인 운동 부족으로 인간의 대사는 **18 저하되어 버립니다**. 대사가 떨어진 몸은 살이 빠지기 힘들고 식사 제한이나 운동으로 다이어트에 힘써도 효과가 나기 힘든 것입니다. 또 좀처럼 비만이 해소되지 않는**19 다고 해서** 부담이 큰 다이어트를 되풀이하는 것도 역효과입니다. 가혹한 식사 제한이나 운동은 대사 기능을 방해하기(주1) 때문에 더욱 대사가 떨어진다는 악순환을 초래하고 맙니다. 다이어트 효과를 느낄 수 없다, 또는 살찌기 쉽다고 느낀다면 대사를 정상으로 유지하기 위해서라도 우선은 생활 습관을 **20 다시 살펴보는** 것이 중요한 것입니다.

살찌기 쉬운 분이 빠져 있는 생활 습관으로는 다음과 같은 것을 들 수 있습니다. '간식이 많다', '식사가 불규칙', '빨리 먹기'와 같은 흐트러진 식습관이나 식사 방식은 비만의 원인이 됩니다. 또 운동 부족은 소비 에너지 저하 **21 뿐만 아니라** 체내에 지방이 점점 저장되어 버리는 것으로 이어집니다. 나아가 여성에게 많은 몸의 냉증도, 불면이나 빈뇨 등의 증상뿐만 아니라 부종(주2)도 일으킵니다. 혈류 정체에 의해 몸이 냉해져 수분 대사도 떨어지면 몸이 붓기 **22 쉬워지고** 보다 살찌기 쉬운 몸이 되어 버리는 것입니다.

(주1)妨げる(방해하다): 훼방을 놓다, 방해하다
(주2)むくみ(부종): 어떠한 원인에 의해 피부 내지 피부 아래에 수분이 괸 상태

어휘 ダイエット 다이어트 成功(せいこう) 성공 동사의 ます형+にくい ~하기 어렵다[힘들다] 多(おお)い 많다 代謝(たいしゃ) 대사 低(ひく)い 낮다 生活(せいかつ) 생활 習慣(しゅうかん) 습관 乱(みだ)れ 흐트러짐 ストレス 스트레스 慢性的(まんせいてき)だ 만성적이다 運動不足(うんどうぶそく) 운동 부족 人間(にんげん) 인간 落(お)ちる 떨어지다 痩(や)せる 여위다, 마르다, 살이 빠지다 食事(しょくじ) 식사 制限(せいげん) 제한 励(はげ)む 힘쓰다 効果(こうか) 효과 なかなか (부정어 수반) 좀처럼 肥満(ひまん) 비만 解消(かいしょう) 해소 負担(ふたん) 부담 大(おお)きい 크다 繰(く)り返(かえ)す 되풀이하다, 반복하다 逆効果(ぎゃくこうか) 역효과 過酷(かこく)だ 가혹하다 機能(きのう) 기능 妨(さまた)げる 방해하다 更(さら)に 더욱, 나아가 悪循環(あくじゅんかん) 악순환 招(まね)く 초래하다 感(かん)じる 느끼다 太(ふと)る 살찌다 동사의 ます형+やすい ~하기 쉽다 正常(せいじょう)だ 정상이다 保(たも)つ 유지하다 まずは 우선은 大切(たいせつ)だ 중요하다 陥(おちい)る (나쁜 상태에) 빠지다 ~としては ~로서는 次(つぎ) 다음 挙(あ)げる (예로서) 들다 間食(かんしょく) 간식 不規則(ふきそく) 불규칙 早食(はやぐ)い 빨리 먹기 乱(みだ)れる 흐트러지다 食習慣(しょくしゅうかん) 식습관 仕方(しかた) 방식 原因(げんいん) 원인 消費(しょうひ) 소비 エネルギー 에너지 体内(たいない) 체내 脂肪(しぼう) 지방 どんどん 점점 貯蔵(ちょぞう) 저장 繋(つな)がる 이어지다, 연결되다 女性(じょせい) 여성 冷(ひ)え (몸이) 냉해짐, 또는 냉병 不眠(ふみん) 불면 頻尿(ひんにょう) 빈뇨 症状(しょうじょう) 증상 むくみ 부종 引(ひ)き起(お)こす 일으키다, 야기하다 血流(けつりゅう) 혈류 停滞(ていたい) 정체 ~によって ~에 의해 水分(すいぶん) 수분 より 보다 邪魔(じゃま)をする 훼방을 놓다 妨害(ぼうがい) 방해 何(なん)らか 어떠한 皮膚(ひふ) 피부 ないし 내지 溜(た)まる (한곳에) 모이다, 괴다

18 해석 1 저하되어 버립니다 2 증가해 버립니다 3 변하지 않게 되어 버립니다 4 계속 유지합니다
어휘 低下(ていか) 저하 増加(ぞうか) 증가 変(か)わる 바뀌다, 변하다 維持(いじ) 유지
동사의 ます형+続(つづ)ける 계속 ~하다

19 해석 1 이상은 2 것부터가 3 다고 해서 4 것으로 보면
어휘 ~からには ~한 이상은 ~からして (우선) ~부터가 ~からといって ~라고 해서 ~からいうと ~로 보면

20 해석 1 중지하는 2 다시 살펴보는 3 받아들이는 4 단행하는
어휘 打(う)ち切(き)る 중지하다 見直(みなお)す 다시 살펴보다, 재검토하다 受(う)け入(い)れる 받아들이다, 수용하다
踏(ふ)み切(き)る 단행하다

21 해석 1 뿐만 아니라 2 에 한해서 3 에 있어서 4 보다 더
어휘 ~だけで(は)なく ~뿐만 아니라 ~に限(かぎ)って ~에 한해서 ~にとって ~에(게) 있어서
~にもまして ~보다 더

22 해석 1 용이 되고 2 투성이가 되고 3 힘들어지고 4 쉬워지고
어휘 ~向(む)け ~용 ~だらけ ~투성이
동사의 ます형+がちだ (자칫) ~하기 쉽다, 자주 ~하다, ~하기 십상이다, ~하기 일쑤다

기출 문법표현 108
<025~036>

- □ 025 동사의 ます형+切(き)る 완전히[다] ~하다 / 동사의 ます형+切(き)れる 완전히[다] ~할 수 있다 / 동사의 ます형+切(き)れない 완전히[다] ~할 수 없다
- □ 026 형용사의 어간+げ ~인 듯함
- □ 027 ~ことか ~이던가, ~인지 *탄식 · 감탄
- □ 028 사람+の+ことだから ~이니까
- □ 029 동사의 기본형+ことなく ~하는 일 없이, ~하지 않고
- □ 030 ~ことに ~하게도 *감탄 · 놀람
- □ 031 ~際(さい)(に) ~할 때
- □ 032 ~最中(さいちゅう)(に) 한창 ~중(에)
- □ 033 ~(で)さえ ~조차
- □ 034 동사의 ない형+ざるを得(え)ない ~하지 않을 수 없다
- □ 035 명사+次第(しだい)で(は) ~에 따라서(는) / 명사+次第(しだい)だ ~에 달려 있다, ~에 의해 좌우되다
- □ 036 ~末(すえ)(に) ~한 끝에

025 동사의 ます형+切る 완전히[다] ~하다 / 동사의 ます형+切れる 완전히[다] ~할 수 있다 / 동사의 ます형+切れない 완전히[다] ~할 수 없다

「~切る」는 동사의 ます형에 접속해 '완전히[다] ~하다'라는 의미를 나타낸다. 한편 가능형인 「~切れる」는 '완전히[다] ~할 수 있다'라는 의미를, 가능부정형인 「~切れない」는 '완전히[다] ~할 수 없다'라는 의미를 나타낸다.

예 全力を出し切ることができたから、後悔はしません。
전력을 다쏟을 수 있었으니까, 후회는 하지 않습니다.

小遣いをもらうまでまだ十日も残っているのに、使い切ってしまった。
용돈을 받을 때까지 아직 열흘이나 남았는데, 다 써 버렸다.

これを一人で食べ切れますか。 이걸 혼자서 다 먹을 수 있어요?

こんなにたくさん、一人では食べ切れません。 이렇게 많이 혼자서는 다 먹을 수 없습니다.

026 형용사의 어간+げ ~인 듯함

감정을 나타내는 형용사의 어간에 접속해 '정말 ~인 듯함'이라는 의미를 나타내고 な형용사처럼 활용한다. 「懐かしげに」(그리운 듯이), 「誇らしげに」(자랑스러운 듯이), 「自慢げに」(자랑하듯이), 「満足げに」(만족스러운 듯이), 「悲しげな顔」(슬픈 듯한 얼굴)처럼 쓴다.

예 彼女は卒業写真を懐かしげに見ている。
그녀는 졸업 사진을 그리운 듯이 보고 있다.

彼は自慢げに大事にしている大型バイクを見せてくれた。
그는 자랑하듯이 소중히 여기고 있는 대형 오토바이를 보여 주었다.

その子供は悲しげな顔をして下を向いていた。
그 아이는 슬픈 듯한 표정을 지으며 고개를 숙이고 있었다.

027 ~ことか ~이던가, ~인지 *탄식 · 감탄

「どんなに」(얼마나) 등의 정도나 빈도를 나타내는 의문사와 함께 쓰여 주로 탄식이나 감탄과 같은 감정을 나타낸다.

예 彼女はダイエットのために、一体いくら払ったことか。
그녀는 다이어트를 위해서 도대체 얼마나 지불했던가.

やっとN2に合格することができた。この日をどんなに待っていたことか。
가까스로 N2에 합격할 수 있었다. 이날을 얼마나 기다렸던가.

어휘 全力 전력 | 出す 힘 · 마음을 쏟다 | 後悔 후회 | 小遣い 용돈 | もらう (남에게) 받다 | 十日 열흘, 10일 | 残る 남다 | 使う 쓰다, 사용하다 | 一人で 혼자서 | こんなに 이렇게 | 卒業 졸업 | 懐かしい 그립다 | 自慢だ 자랑하다 | 大事だ 소중하다 | 大型 대형 | バイク 오토바이 | 見せる 보이다, 보여 주다 | 悲しい 슬프다 | 顔 얼굴 | 下を向く 아래를 향하다, 고개를 숙이다 | ダイエット 다이어트 | 一体 도대체, 대관절 | いくら 얼마나, 얼만큼 | 払う (돈을) 내다, 지불하다 | やっと 겨우, 간신히, 가까스로 | 合格 합격 | どんなに 얼마나 | 待つ 기다리다

028 사람+の+ことだから ~이니까

사람을 나타내는 명사에 접속한다. 말하는 사람과 듣는 사람 모두가 잘 알고 있는 인물에 대해서 그 사람의 성격이나 행동 패턴에 기초해 어떤 판단을 내리는 경우에 쓴다. 「~のことだから」 앞에는 나름대로의 판단 근거가 오고 뒤에는 그 근거에 기초한 판단이 온다.

예 真面目な君のことだから、大丈夫だと思うよ。
성실한 너니까, 괜찮을 거라고 생각해.
朝寝坊の彼女のことだから、きっとまだ寝ているだろう。
늦잠꾸러기인 그녀니까, 틀림없이 아직 자고 있을 것이다.

029 동사의 기본형+ことなく ~하는 일 없이, ~하지 않고

동사의 기본형에 접속해 어떤 일을 하지 않거나, 하는 경우가 없음을 나타낸다. 딱딱한 표현이기 때문에 일상 회화에서는 「~ないで」(~하지 않고)를 자주 쓴다.

예 二人は親に話すことなく、婚姻届を出してしまった。
두 사람은 부모님께 이야기하지 않고 혼인 신고서를 내 버렸다.
彼は生計のため、休日も休むことなく働いた。
그는 생계를 위해 휴일도 쉬지 않고 일했다.
※ 今日は外出しないで、インターネットで一日過ごすことにした。
오늘은 외출하지 않고 인터넷으로 하루를 보내기로 했다.

030 ~ことに ~하게도 *감탄 · 놀람

주로 감정을 나타내는 동사나 형용사에 접속해 실제로 일어난 어떤 상황에 대해서 말하는 사람이 어떻게 느꼈는지를 강조하는 표현이다. 약간 딱딱한 느낌의 말투로, 뒤에 말하는 사람의 의지를 나타내는 문장은 오지 않는다.

예 驚いたことに、彼女の結婚相手は10歳も年上の人だった。
놀랍게도 그녀의 결혼 상대는 열 살이나 연상인 사람이었다.
嬉しいことに、明日10年ぶりに旧友に会える。
기쁘게도 내일, 10년 만에 옛 친구를 만날 수 있다.

어휘 真面目だ 성실하다 | 大丈夫だ 괜찮다 | 朝寝坊 늦잠꾸러기, 늦잠을 잠 | きっと 분명히, 틀림없이 | 寝る 자다 | 親 부모 | 話す 말하다, 이야기하다 | 婚姻届 혼인 신고서 | 出す 내다, 제출하다 | 生計 생계 | 休日 휴일 | 休む 쉬다 | 働く 일하다 | 外出 외출 | インターネット 인터넷 | 一日 하루 | 過ごす (시간을) 보내다, 지내다 | 동사의 보통형+ことにする ~하기로 하다 | 驚く 놀라다 | 結婚 결혼 | 相手 상대 | 年上 연상 | 嬉しい 기쁘다 | ~ぶりに ~만에 | 旧友 옛 친구 | 会う 만나다

---

031 ～際(に) ～할 때

'～할 때'라는 뜻으로, 과거에 일어난 일이나 앞으로 일어날지도 모르는 미래의 일을 나타낼 때 쓴다. 동사에 접속하거나 「명사+の+際(に)」의 형태로 쓰는데, 「～時(に)」(～할 때)와 의미는 같지만 좀 더 정중한 느낌의 표현이다.

예 彼女とは日本に滞在している際に、知り合った。
그녀와는 일본에 체류하고 있을 때 서로 알게 됐다.

お降りの際には、足元にお気を付けください。
내리실 때는 발밑에 주의하세요.

※ 毎朝、家を出る時に、鏡を見て服装を整えます。
매일 아침 집을 나올 때 거울을 보고 복장을 가다듬습니다.

032 ～最中(に) 한창 ～중(에)

「～ている」나 「명사+の」에 접속해 '한창 ～하는 도중에'라는 의미를 나타내는데, 특정 시간을 강조할 때 사용한다. 다만 의미상 제약이 있기 때문에 「家にいる最中に」(한창 집에 있는 중에), 「結婚している最中に」(한창 결혼한 중에)처럼 상태동사나 순간동사에는 쓸 수 없다.

예 その件については、今検討している最中です。
그 건에 대해서는 지금 한창 검토하고 있는 중입니다.

食事の最中に停電になった。
한창 식사 중에 정전이 되었다.

033 ～(で)さえ ～조차

'～도 그러니까 다른 것도 당연히 그렇다'라는 뜻으로, 말하는 사람의 놀람이나 질린 기분이 포함된다. 부정적인 뜻으로 쓰는 경우가 많고, 주격에 붙는 경우에는 조사 「で」가 앞에 와서 「～でさえ」의 형태로 쓴다.

예 水が苦手な彼は、子供用のプールでさえ泳げない。
물을 싫어하는 그는 어린이용 수영장에서조차 헤엄칠 수 없다.

小学生でさえ解ける問題だから、田中さんは簡単に解けるだろう。
초등학생조차 풀 수 있는 문제니까, 다나카 씨는 간단히 풀 수 있을 것이다.

어휘 滞在 체재, 체류 | 知り合う 서로 알다, 서로 알게 되다 | 降り (탈것에서) 내림, 하차 | 足元 발밑 | お+동사의 ます형+ください ～해 주십시오 *존경표현 | 気を付ける 조심하다, 주의하다 | 毎朝 매일 아침 | 出る 나오다 | 鏡 거울 | 服装 복장 | 整える 정돈하다, 가다듬다 | 件 건 | ～については ～에 대해서는 *내용 | 検討 검토 | 食事 식사 | 停電 정전 | 水 물 | 苦手だ 거북스럽다, 질색이다 | 子供用 어린이용 | プール 풀, 수영장 | 泳ぐ 헤엄치다, 수영하다 | 小学生 초등학생 | 解く (의문·문제를) 풀다 | 簡単だ 간단하다

---

034 동사의 ない형+ざるを得ない ~하지 않을 수 없다

그 일을 하고 싶지는 않지만 어쩔 수 없는 상황으로 인해 할 수 없이 해야만 함을 나타낸다. 이 표현은 동사의 ない형에 접속하는데, 「する」(하다)의 경우에는 「し」가 아니라 「せ」에 접속하므로 주의해야 한다. 비슷한 의미의 표현으로 「~ないわけにはいかない」(~하지 않을 수 없다, 매우 ~할 필요가 있다)가 있는데, 이것보다 「~ざるを得ない」가 '어쩔 수 없이, 부득이하게'라는 느낌이 더 강하다.

예 会社が倒産したのは、彼に責任があると言わざるを得ない。
회사가 도산한 것은 그에게 책임이 있다고 말하지 않을 수 없다.
経費節約のためには国内旅行にせざるを得ない。
경비 절약을 위해서는 국내 여행으로 하지 않을 수 없다.
※ 親しい友達の結婚式だから、行かないわけにはいかない。 친한 친구의 결혼식이기 때문에 가지 않을 수 없다.

035 명사+次第で(は) ~에 따라서(는) / 명사+次第だ ~에 달려 있다, ~에 의해 좌우되다

「~次第で(は)」는 명사에 접속해 결정 요소인 그 명사 여하에 따라 상황이 바뀔 때 쓰고, 문장 끝에 오는 「명사+次第だ」는 '~에 달려 있다, ~에 의해 좌우되다'라는 뜻이다. 비슷한 의미의 표현으로 「~いかんでは」(~여하에 따라서는)가 있는데, 이 것은 「~次第で(は)」보다는 좀 더 격식을 차린 딱딱한 느낌의 표현이다.

예 旅は相手次第で楽しくもつまらなくもなる。
여행은 상대에 따라서 즐겁게도 재미없게도 된다.
テストの結果次第では、昇進できなくなるかもしれない。
시험 결과에 따라서는 승진할 수 없게 될지도 모른다.
明日のハイキングは天気次第だ。 내일 하이킹은 날씨에 달려 있다.
※ 診察の結果いかんでは退院できるかもしれない。
진찰 결과 여하에 따라서는 퇴원할 수 있을지도 모른다.

036 ~末(に) ~한 끝에

동사의 た형이나 「명사+の」에 접속해 다양한 방법으로 어떤 일을 한 끝에 어떤 결과가 되었다고 말할 때 쓴다. 비슷한 의미의 표현으로 「~挙げ句(に)」(~한 끝에(p.229 참조))가 있는데, 「~末(に)」가 긍정문과 부정문 모두에 쓸 수 있는 반면, 「~挙げ句(に)」는 주로 뒤에 유감스러운 결과가 올 때 쓴다.

예 息子は三年浪人した末に、東京大学に合格できた。
아들은 3년 재수한 끝에 도쿄대학에 합격할 수 있었다.
試合は激しい戦いの末、惜しくもうちのチームが負けてしまった。
시합은 격렬한 싸움 끝에 아깝게도 우리 팀이 패하고 말았다.

어휘 倒産 도산 | 責任 책임 | 経費 경비 | 節約 절약 | 親しい 친하다 | 旅 여행 | 相手 상대 | 楽しい 즐겁다 | つまらない 재미없다 | テスト 테스트, 시험 | 結果 결과 | 昇進 승진 | ~かもしれない ~일지도 모른다 | 天気 날씨 | 診察 진찰 | 退院 퇴원 | 浪人する 재수하다 | 合格 합격 | 試合 시합 | 激しい 격렬하다 | 戦い 싸움 | 惜しくも 아깝게도 | チーム 팀 | 負ける 지다, 패하다

확인 문제 3(025~036) • 문법

問題7 次の文の(　　　)に入れるのに最も よいものを、1・2・3・4から一つ選びなさい。

1 掛(か)け替(が)えのない一人息子を失った彼女は、生きる希望(　　　)無くしてしまった。
1 さえ　　2 ばかり　　3 だけ　　4 きり

2 試合の(　　　)突然雨が降り出した。
1 間　　2 時で　　3 最中に　　4 ところに

3 彼は相次(あいつ)ぐ失敗にも落ち込む(　　　)、研究を続けた。
1 ものなく　　2 ことなく　　3 ところなく　　4 ほどなく

4 割引制度の導入は、役員たちが色々検討した(　　　)出した結論です。
1 きり　　2 末　　3 ばかり　　4 ところ

5 外国に留学したいと言っても、それは君のやる気(　　　)だね。
1 ばかり　　2 どころ　　3 次第　　4 気味

6 渡辺先生とは鈴木君の結婚式に出席した(　　　)、お目にかかりました。
1 間に　　2 際に　　3 までに　　4 上に

7 一人暮らしがどんなに厳しい(　　　)、君にはわかっていない。
1 ものか　　2 わけか　　3 ことか　　4 はずか

8 不思議(ふしぎ)な(　　　)、何年も実(み)が生(な)らなかった木に今年はたくさんの実(み)が生(な)った。
1 ものに　　2 ほどに　　3 ことに　　4 ばかりに

9 ここまで病状が悪化していたら、もう入院(　　　)だろう。
1 してはいけない　　2 せざるを得ない　　3 する一方　　4 したところ

10 池田「さっきの杉原さんの話、信じてもいいのかな。」
内田「さあ、よく嘘(うそ)をつく杉原さんの(　　　)、僕は信用できないよ。」
1 ところだから　　2 わけだから　　3 ものだから　　4 ことだから

11 彼女は頼もしい息子の姿にとても（　　　）。

1 満足げだった　　2 満足したくなかった

3 満足してもしょうがなかった　　4 満足しようがなかった

12 前田君は、36巻（かん）まである長い小説を冬休み中に読み（　　　）。

1 切った　　2 巻いた　　3 尽きた　　4 絶った

問題8 次の文の ＿★＿ に入る最もよいものを、1・2・3・4から一つ選びなさい。

13 彼は ＿＿ ＿＿ ＿★＿ ＿＿、会社を辞めてしまった。

1 にも　　2 相談する　　3 同期　　4 ことなく

14 ＿＿ ＿＿ ＿★＿ ＿＿、両国は最終的な合意に達した。

1 3時間に　　2 末に　　3 議論の　　4 及ぶ

15 試験に落ちてしまったから、もう ＿＿ ＿＿ ＿★＿ ＿＿。

1 諦め　　2 入学は　　3 ざるを　　4 得ない

16 ＿＿ ＿＿ ＿★＿ ＿＿ 集中して問題を解くことができなかった。

1 試験の　　2 外が　　3 最中に　　4 うるさくて

17 息子はいくら言っても聞かないので、＿＿ ＿＿ ＿★＿ ＿＿。

1 何回　　2 一日に　　3 ことか　　4 注意した

問題9 次の文章を読んで、文章全体の内容を考えて、[18] から [22] の中に入る最もよいものを、1・2・3・4から一つ選びなさい。

人間は意識して努力しない [18]、本能的にはマイナス思考が70～80%を占めるそうです。なぜなら、生命の危険を察知(さっち)(注1)するには、プラス思考よりマイナス思考の方が有利であるからです。でも、これは意識して変える余地がある [19]、人間は可能性があると言えるのかもしれません。[20] もう何も努力する必要はないという人は、[21] ということになります。まだまだ変える余地があるからこそ、人間は成長していくことができるのです。勿論、簡単ではありませんが、変えられることがわかれば、それを意図的にコントロールし、変えることができるようになり、人生も変わっていきます。

いい時もあれば、悪い時もあるのが人生です。それをそのまま受け入れ、より良い意味付けをすることで楽になれます。事実は変えられませんが、全ては私たちの解釈(かいしゃく)(注2) [22] どうにでもなっていくようです。毎日感謝の気持ちを持ち、出来事や自分、人の良い点を発見する習慣を身に付けていくことで、良い人生になっていくのです。

(注1)察知(さっち): 見聞きしたことから相手の様子や出方(でかた)を推(お)し量(はか)って知ること
(注2)解釈(かいしゃく): 文章や物事の意味を受け手の側から理解すること

[18]

1 おかげで　　2 限り　　3 ばかりか　　4 とは

[19]

1 ばかりに　　2 にしては　　3 からこそ　　4 上は

[20]

1 それで　　2 それに　　3 そこで　　4 逆に

[21]

1 もう成長する可能性がない　　2 成長することもある
3 いつ成長してもおかしくない　　4 成長せざるを得ない

[22]

1 次第で　　2 に応えて　　3 にもまして　　4 どころか

확인 문제 3(025~036) • 정답 및 해석(문법)

1 정답 1
해석 둘도 없는 외아들을 잃은 그녀는 살아갈 희망(조차) 잃어버렸다.
어휘 掛(か)け替(が)えのない 둘도 없는, 매우 소중한 一人息子(ひとりむすこ) 외아들 失(うしな)う 잃다, 여의다
生(い)きる 살다, 살아가다 希望(きぼう) 희망 ～さえ ~조차 無(な)くす 잃다 ～ばかり ~만, ~뿐 ～だけ ~만, ~뿐
～きり ~한[인] 채

2 정답 3
해석 (한창) 시합 (중에) 갑자기 비가 내리기 시작했다.
어휘 試合(しあい) 시합 명사+の+最中(さいちゅう)に 한창 ~중에 突然(とつぜん) 돌연, 갑자기
雨(あめ) 비 降(ふ)り出(だ)す (비·눈 등이) 내리기 시작하다
～間(あいだ) ~동안에, ~사이에 *한정된 시간을 나타내는 표현으로 말하는 기간 동안에 동작이나 상태가 계속됨

3 정답 2
해석 그는 잇따른 실패에도 침울해(지지 않고) 연구를 계속했다.
어휘 相次(あいつ)ぐ 잇따르다 失敗(しっぱい) 실패 落(お)ち込(こ)む (기분이) 침울해지다
동사의 기본형+ことなく ~하는 일 없이, ~하지 않고 研究(けんきゅう) 연구 続(つづ)ける 계속하다

4 정답 2
해석 할인 제도 도입은 임원들이 여러모로 검토한 (끝에) 낸 결론입니다.
어휘 割引(わりびき) 할인 制度(せいど) 제도 導入(どうにゅう) 도입 役員(やくいん) 임원 検討(けんとう) 검토
～末(すえ) ~한 끝에 出(だ)す 내다 結論(けつろん) 결론

5 정답 3
해석 외국에 유학하고 싶다고 해도 그것은 너의 의욕(에 달려 있)어.
어휘 外国(がいこく) 외국 留学(りゅうがく) 유학 やる気(き) 할 마음, 의욕
명사+次第(しだい)だ ~에 달려 있다, ~에 의해 좌우되다 명사+気味(ぎみ) ~한 기색[느낌]

6 정답 2
해석 와타나베 선생님과는 스즈키 군의 결혼식에 참석했을 (때) 만나 뵈었습니다.
어휘 結婚式(けっこんしき) 결혼식 出席(しゅっせき) 출석, 참석 ～際(さい)に ~할 때
お目(め)にかかる 만나 뵙다 *「会(あ)う」(만나다)의 겸양어
～間(あいだ)に ~동안에, ~사이에 *한정된 시간을 나타내는 표현으로 말하는 기간 동안에 계속이 아닌 어느 한 지점을 나타냄
～までに ~까지 *최종기한 ～上(うえ)に ~인 데다가, ~일 뿐만 아니라

7 정답 3
해석 혼자서 사는 것이 얼마나 힘든(지) 너는 알지 못한다.
어휘 一人暮(ひとりぐ)らし 혼자서 삶 どんなに 얼마나 厳(きび)しい 힘들다 ～ことか ~이던가, ~인지
わかる 알다, 이해하다 ～ものか ~할까 보냐 *강한 반대나 부정

8 정답 3
해석 불가사의(하게도) 몇 년이나 열매가 열리지 않던 나무에 올해는 많은 열매가 열렸다.
어휘 不思議(ふしぎ)だ 불가사의하다, 이상하다 ～ことに ~하게도 *감탄·놀람 実(み) 열매 生(な)る (열매가) 열리다
～ばかりに ~탓에

9 정답 2
해석 이 정도까지 병세가 악화되었으면 이제 입원하(지 않을 수 없)을 것이다.
어휘 病状(びょうじょう) 병세 悪化(あっか) 악화 もう 이제 入院(にゅういん) 입원
동사의 ない형+ざるを得(え)ない ~하지 않을 수 없다 *「する」(하다)의 경우는 「し」가 아니라 「せ」에 접속함
～てはいけない ~해서는 안 된다 동사의 기본형+一方(いっぽう)だ ~하기만 하다, 더더욱 ~하다
동사의 た형+ところだ 막 ~한 참이다

10 정답 4
해석 이케다 "조금 전 스기하라 씨 이야기, 믿어도 될까?"
우치다 "글쎄, 자주 거짓말을 하는 스기하라 씨(니까), 나는 신용할 수 없어."
어휘 さっき 아까, 조금 전 信(しん)じる 믿다 さあ 글쎄 *확실한 대답을 피할 때의 소리 よく 잘, 자주
嘘(うそ)をつく 거짓말을 하다 사람+の+ことだから ~이니까 信用(しんよう) 신용
~ものだから ~이니까, ~이기 때문에 *변명조

11 정답 1
해석 그녀는 믿음직스러운 아들의 모습에 매우 (만족스러운 듯했다).
어휘 頼(たの)もしい 믿음직스럽다 息子(むすこ) (자신의) 아들 姿(すがた) 모습 満足(まんぞく)だ 만족스럽다
な형용사의 어간+げ ~인 듯함 ~てもしょうがない ~해도 어쩔 수 없다
동사의 ます형+ようがない ~할 방법이[도리가] 없다

12 정답 1
해석 마에다 군은 36권까지 있는 긴 소설을 겨울 방학 중에 (다) 읽었(다).
어휘 ~巻(かん) ~권 長(なが)い 길다 小説(しょうせつ) 소설 冬休(ふゆやす)み 겨울 방학
동사의 ます형+切(き)る 완전히[다] ~하다 巻(ま)く 감다 尽(つ)きる 다하다, 떨어지다 絶(た)つ 끊다

13 **同期 にも 相談する★ ことなく** | 정답 2
해석 그는 동기 에게도 의논하★ 지 않고 회사를 그만둬 버렸다.
어휘 同期(どうき) 동기 相談(そうだん) 상담, 의논 동사의 기본형+ことなく ~하는 일 없이, ~하지 않고
辞(や)める (일자리를) 그만두다

14 **3時間に 及ぶ 議論の★ 末に** | 정답 3
해석 3시간에 이르는 논의★ 끝에 양국은 최종적인 합의에 도달했다.
어휘 及(およ)ぶ 이르다 議論(ぎろん) 의논, 논의 명사+の+末(すえ)に ~한 끝에 両国(りょうこく) 양국
最終的(さいしゅうてき)だ 최종적이다 合意(ごうい) 합의 達(たっ)する 이르다, 도달하다, 달하다

15 **入学は 諦め ざるを★ 得ない** | 정답 3
해석 시험에 떨어지고 말았으니, 이제 입학은 단념 하지 않을★ 수 없다.
어휘 試験(しけん) 시험 落(お)ちる 떨어지다 もう 이제 入学(にゅうがく) 입학 諦(あきら)める 체념하다, 단념하다
동사의 ない형+ざるを得(え)ない ~하지 않을 수 없다

16 **試験の 最中に 外が★ うるさくて** | 정답 2
해석 한창 시험 중에 밖이★ 시끄러워서 집중해서 문제를 풀 수 없었다.
어휘 試験(しけん) 시험 명사+の+最中(さいちゅう)に 한창 ~중에 外(そと) 밖 うるさい 시끄럽다
集中(しゅうちゅう) 집중 問題(もんだい) 문제 解(と)く (의문·문제를) 풀다

17 **一日に 何回 注意した★ ことか** | 정답 4
해석 아들은 아무리 말해도 듣지 않아서 하루에 몇 번 주의를 줬★ 던가.
어휘 息子(むすこ) (자신의) 아들 いくら~ても 아무리 ~해도 聞(き)く 듣다 何回(なんかい) 몇 번
注意(ちゅうい)する 주의를 주다 ~ことか ~이던가, ~인지 *탄식·감탄

18~22

인간은 의식해서 노력하지 않는 18 한 본능적으로는 마이너스 사고가 70~80%를 차지한다고 합니다. 왜냐하면 생명의 위험을 알아차리(주1)려면 플러스 사고보다 마이너스 사고 쪽이 유리하기 때문입니다. 하지만 이것은 의식해서 바꿀 여지가 있 19 기 때문에 인간은 가능성이 있다고 말할 수 있는 것일지도 모릅니다. 20 반대로 이제 아무것도 노력할 필요는 없다는 사람은 21 이제 성장할 가능성이 없다는 말이 됩니다. 아직 바꿀 여지가 있기 때문에 인간은 성장해 갈 수 있는 것입니다. 물론 간단하지는 않지만, 바꿀 수 있다는 것을 알면 그것을 의도적으로 통제해 바꿀 수 있게 되고 인생도 바뀌어 갑니다.

좋을 때도 있고 나쁠 때도 있는 것이 인생입니다. 그것을 그대로 받아들이고 보다 좋은 의미를 부여함으로써 편안해질 수 있습니다. 사실은 바꿀 수 없지만, 모든 것은 우리의 해석(주2) 22 에 따라서 어떻게든 되어 가는 것 같습니다. 매일 감사하는 마음을 가지고 일어난 일이나 자신, 다른 사람의 좋은 점을 발견하는 습관을 몸에 익혀 감으로써 좋은 인생이 되어 가는 것입니다.

(주1)察知(찰지): 보고 들은 것에서 상대의 모습이나 태도를 헤아려 아는 것
(주2)解釈(해석): 글이나 사물의 의미를 받는 사람 쪽에서 이해하는 것

어휘 人間(にんげん) 인간 意識(いしき) 의식 努力(どりょく) 노력 本能的(ほんのうてき)だ 본능적이다 マイナス 마이너스 思考(しこう) 사고 占(し)める 점하다, 차지하다 なぜなら 왜냐하면 生命(せいめい) 생명 危険(きけん) 위험 察知(さっち) 찰지, 헤아려 앎 プラス 플러스 有利(ゆうり)だ 유리하다 でも 하지만 変(か)える 바꾸다 余地(よち) 여지 可能性(かのうせい) 가능성 ~かもしれない ~일지도 모른다 もう 이제 何(なに)も (부정어 수반) 아무것도 勿論(もちろん) 물론 簡単(かんたん)だ 간단하다 意図的(いとてき)だ 의도적이다 コントロール 컨트롤, 통제 ~ようになる ~하게(끔) 되다 *변화 人生(じんせい) 인생 変(か)わる 바뀌다 ~も~ば~も ~도 ~하고[하거니와] ~도 そのまま 그대로 受(う)け入(い)れる 받아들이다, 수용하다 意味付(いみづ)け 의미 부여 楽(らく)だ 편안하다 事実(じじつ) 사실 全(すべ)て 모든 것 解釈(かいしゃく) 해석 명사+次第(しだい)で ~에 따라, ~나름으로 感謝(かんしゃ) 감사 出来事(できごと) 일어난 일 発見(はっけん) 발견 習慣(しゅうかん) 습관 身(み)に付(つ)ける 몸에 익히다 見聞(みき)き 보고 들음 相手(あいて) 상대 様子(ようす) 모습 出方(でかた) 태도 推(お)し量(はか)る 헤아리다, 짐작하다 知(し)る 알다 文章(ぶんしょう) 문장, 글 物事(ものごと) 물건과 일, (일체의) 사물 意味(いみ) 의미 受(う)け手(て) 받는 사람 理解(りかい) 이해

18 해석 1 덕분에 2 한 3 뿐만 아니라 4 하다니
어휘 ~おかげで ~덕분에 ~限(かぎ)り ~(하는) 한 ~ばかりか ~뿐만 아니라 ~とは ~하다니

19 해석 1 탓에 2 치고는 3 기 때문에 4 한 이상은
어휘 ~ばかりに ~탓에 ~にしては ~치고는 ~からこそ ~이니까, ~이기 때문에 ~上(うえ)は ~한[인] 이상은

20 해석 1 그래서 2 게다가 3 그래서 4 반대로
어휘 それで 그래서 それに 게다가 そこで 그래서 逆(ぎゃく)に 반대로

21 해석 1 이제 성장할 가능성이 없다 2 성장하는 경우도 있다
3 언제 성장해도 이상하지 않다 4 성장하지 않을 수 없다
어휘 成長(せいちょう) 성장 いつ 언제 おかしい 이상하다 동사의 ない형+ざるを得(え)ない ~하지 않을 수 없다

22 해석 1 에 따라서 2 에 부응해서 3 보다 더 4 은커녕
어휘 ~に応(こた)えて ~에 부응해서 ~にもまして ~보다 더 ~どころか ~은커녕

기출 문법표현 108 〈037~048〉

- □ 037 **~だけあって** ~인 만큼
- □ 038 동사의 **た**형+**ところ** ~했더니, ~한 결과
- □ 039 명사+**だらけ** ~투성이
- □ 040 동사의 **ます**형+**っこない** ~일 리가 없다
- □ 041 동사의 **ます**형+**つつ** ~하면서 / 동사의 **ます**형+**つつ(も)** ~하면서도 / 동사의 **ます**형+**つつある** ~하고 있다
- □ 042 동사의 **ます**형+**っぽい** 자주 ~하다, ~하기 쉽다 / **い**형용사의 어간 · 명사+**っぽい** ~처럼 느끼다[보이다]
- □ 043 **~て以来(いらい)** ~한 이래
- □ 044 **~てからでないと** ~하고 나서가 아니면, ~한 후가 아니면
- □ 045 **~てたまらない** ~해서 견딜 수 없다, 너무 ~하다
- □ 046 **~てならない** 매우 ~하다
- □ 047 **~ても差(さ)し支(つか)えない** ~해도 지장이 없다, ~해도 상관없다
- □ 048 **~というと / ~といえば** ~라고 하면

037 ～だけあって ～인 만큼

재능이나 노력, 지위, 가치, 경험 등에 어울리는 것을 감탄하거나 칭찬할 때 쓴다. 뒤에는 주로 결과나 능력, 특징 등을 나타내는 표현이 오고, 문장 끝에서는 「～だけのことはある」(～한 만큼의 것은 있다, ～한 가치가 있다)의 형태가 된다. 비슷한 의미의 표현으로 「～だけに」(～인 만큼)가 있는데, 「AだけあってB」는 B에 중점이 있고 주로 긍정적인 내용일 때 쓰고, 「AだけにB」는 A에 중점이 있고 긍정적인 내용과 부정적인 내용 모두에 쓴다.

예 さすが優勝者だけあって、期待通りの見事な演奏を見せてくれた。
과연 우승자인 만큼 기대한 대로의 멋진 연주를 보여 주었다.

彼女は東京に10年も住んでいただけあって、東京のことは何でもよく知っている。
그녀는 도쿄에 10년이나 살았던 만큼 도쿄에 관해서는 뭐든지 잘 알고 있다.

※ 彼は音楽大学を出ただけに、ピアノが上手だ。
그는 음악대학을 나온 만큼 피아노를 잘 친다.

038 동사의 た형+ところ ～했더니, ～한 결과

동사의 た형에 접속해 'A를 했더니 결과 B가 되었다'고 설명할 때 쓴다. 우연히 생긴 결과이므로, 뒤에는 말하는 사람의 의지를 나타내는 문장은 오지 않는다.

예 昔住んでいた町に行ってみたところ、町はからりと変わっていた。
예전에 살았던 마을에 가 봤더니, 마을은 모조리 바뀌어 있었다.

アメリカ留学について両親に話してみたところ、喜んで賛成してくれた。
미국 유학에 대해서 부모님께 이야기해 봤더니, 흔쾌히 찬성해 주었다.

039 명사+だらけ ～투성이

명사에 접속해 그것이 많이 있다는 뜻을 나타내고 그것 때문에 더러워지거나 온통 퍼진 모습을 나타내기도 한다. 비슷한 의미의 표현으로 「명사+まみれ」(～투성이)가 있는데, 이것은 부착에 중점을 둔 표현으로 전체에 그것이 붙어 있는 모습을 나타낸다.

예 息子は公園で泥だらけになって遊んでいた。
아들은 공원에서 흙투성이가 되어서 놀고 있었다.

山田君の答案は、あっちこっち間違いだらけだった。
야마다 군의 답안은 여기저기 틀린 곳투성이였다.

※ 工場にはエアコンがなく、社員は毎日汗まみれになりながら、働いている。
공장에는 에어컨이 없어서 사원은 매일 땀투성이가 되면서 일하고 있다.

어휘 さすが 과연 | 優勝者 우승자 | 期待 기대 | 명사+通り ～대로 | 見事だ 멋지다, 훌륭하다 | 演奏 연주 | 見せる 보이다, 보여 주다 | ～てくれる (남이 나에게) ～해 주다 | 住む 살다, 거주하다 | 知る 알다 | 音楽 음악 | 出る 나오다, 졸업하다 | 上手だ 능숙하다, 잘하다 | 昔 옛날, 예전 | 町 마을 | からりと 모조리, 몽땅 | 変わる 바뀌다, 변하다 | 留学 유학 | 両親 양친, 부모 | 喜んで 흔쾌히, 기꺼이 | 賛成 찬성 | 息子 (자신의) 아들 | 公園 공원 | 泥 진흙 | 遊ぶ 놀다 | 答案 답안 | あっちこっち 여기저기 | 間違い 틀린 곳 | 工場 공장 | エアコン 에어컨 | 働く 일하다

---

040 동사의 ます형+っこない ~일 리가 없다

동사의 ます형에 접속해 절대로 불가능하다고 강하게 부정할 때 쓴다. 앞에는 가능동사가 주로 오고 말하는 사람의 판단을 나타낸다. 비슷한 의미의 표현으로 「~わけがない」(~일 리가 없다), 「~はずがない」(~일 리가 없다)가 있는데, 친한 사이에서의 대화나 일상 회화에서는 「~っこない」를 좀 더 많이 쓴다.

예 朝5時に起きるなんて、私にできっこないよ。 아침 5시에 일어나다니, 내가 할 수 있을 리가 없어.

私がいくら頑張っても、この試験で100点は取れっこないよ。
내가 아무리 열심히 해도 이 시험에서 100점은 받을 수 있을 리가 없어.

※ そんなことが私にできるわけがないでしょう? 그런 일을 내가 할 수 있을 리가 없잖아요?

明日までに、これらの漢字を全部覚えられるはずがない。 내일까지 이 한자들을 전부 외울 수 있을 리가 없다.

041 동사의 ます형+つつ ~하면서 / 동사의 ます형+つつ(も) ~하면서도 / 동사의 ます형+つつある ~하고 있다

「~つつ」는 동사의 ます형에 접속해 '~하면서'라는 두 가지 일을 동시에 진행한다는 의미를, 「~つつ(も)」는 '~하면서도'라는 역설적인 의미를 나타낼 때 쓴다. 한편 「~つつある」(~하고 있다)의 형태가 되면 어떤 사건이나 사안이 어떤 방향으로 진행 중이라는 것을 명확하게 나타내는 표현이 된다.

예 友達と酒を飲みつつ、昔話をした。 친구와 술을 마시면서 옛날이야기를 했다.

タバコは体に悪いと思いつつ(も)、つい吸ってしまう。 담배는 몸에 나쁘다고 생각하면서도 그만 피우고 만다.

日本の人口は、毎年減少しつつある。 일본의 인구는 매년 감소하고 있다.

042 동사의 ます형+っぽい 자주 ~하다, ~하기 쉽다 / い형용사의 어간・명사+っぽい ~처럼 느끼다[보이다]

「~っぽい」는 주로 사물의 성질에 대해서 말할 때 쓰는데, 동사의 ます형이나 い형용사의 어간・명사에 접속한다. 「동사의 ます형+っぽい」는 '자주 ~하다, ~하기 쉽다'라는 뜻으로, 어떤 상태가 되는 횟수가 많음을 나타낸다. 「飽きっぽい/怒りっぽい/忘れっぽい」(싫증을 잘 내다/화를 잘 내다/자주 깜빡하다)처럼 쓴다. 한편 「い형용사의 어간・명사+っぽい」는 '~처럼 느끼다[보이다]'라는 뜻으로, 「安っぽい/白っぽい/水っぽい/大人っぽい」(싸구려 같다/희게 보이다/(수분이 많아서) 싱겁다/어른스럽다)처럼 쓴다.

예 彼ときたら、飽きっぽくて何をやっても長続きしない。
그로 말하자면 싫증을 잘 내서 뭘 해도 오래가지 않는다.

それが10万円ですか。何だか安っぽく見えますね。 그게 10만 엔이에요? 왠지 싸구려 같이 보이네요.

このミルクは水っぽくてまずい。 이 우유는 싱거워서 맛없다.

어휘 起きる 일어나다, 기상하다 | いくら~ても 아무리 ~해도 | 頑張る (끝까지) 노력하다, 열심히 하다 | 試験 시험 | 取る (점수를) 따다, 받다 | ~までに ~까지 *최종기한 | これら 이들, 이것들 | 覚える 외우다 | 酒を飲む 술을 마시다 | 昔話 옛날이야기 | つい 그만 | 吸う (담배를) 피우다 | 人口 인구 | 毎年 매년 | 減少 감소 | ~ときたら ~로 말하자면 | 飽きる 싫증나다 | 長続き 오래 계속됨, 오래감 | 何だか 왠일인지, 어쩐지 | 安い 싸다 | 見える 보이다 | ミルク 밀크, 우유 | 水 물 | まずい 맛없다

---

043 ～て以来 ~한 이래

동사의 て형에 접속해 어떤 행동을 한 후 그 상태가 지속되고 있음을 나타낸다. 한 번으로 끝나는 경우나 가까운 과거, 미래에 대해서는 쓸 수 없다.

예 彼女とは5年前に会って以来、会っていない。
그녀와는 5년 전에 만난 이래, 만나지 않았다.

この会社で働き始めて以来、まだ一度も休暇は取っていない。
이 회사에서 일하기 시작한 이래, 아직 한 번도 휴가는 받지 않았다.

044 ～てからでないと ~하고 나서가 아니면, ~한 후가 아니면

동사의 て형에 접속해 '어떤 일을 한 후가 아니면 할 수 없다'라는 의미를 나타낸다. 뒤에는 주로 곤란하거나 불가능하다는 뜻의 문장이 온다. 비슷한 의미의 표현으로 「～ないことには」(~하지 않고서는)가 있는데, 이것은 어떤 일을 하지 않으면 뒷일이 성립하지 않음을 나타내고 뒤에는 반드시 부정적인 판단이 온다.

예 手を洗ってからでないと、おやつはあげないよ。
손을 씻은 후가 아니면 간식은 안 줄 거야.

いい人かどうかは実際に会ってからでないと、判断できないよ。
좋은 사람인지 어떤지는 실제로 만난 후가 아니면 판단할 수 없어.

※ フォークレーンを使わないことには、これだけ大きな岩は持ち上げられないだろう。
포크레인을 사용하지 않고서는 이 정도로 큰 바위는 들어올릴 수 없을 것이다.

045 ～てたまらない ~해서 견딜 수 없다, 너무 ~하다

동사의 て형이나 「い형용사의 어간+くて」, 「な형용사의 어간+で」의 형태로 접속해 말하는 사람의 감정이나 감각, 욕구 등이 너무 강해서 억제할 수 없다는 의미를 나타낸다. 비슷한 의미의 표현으로 「～て仕方がない」(~해서 어쩔 수 없다, 너무 ~하다)가 있는데, 이것은 「お金がかかって仕方がない」(돈이 너무 든다)처럼 감정이 아닌 말에도 쓸 수 있다.

예 今日は朝ご飯を食べなくて、お腹が空いてたまらない。
오늘은 아침을 먹지 않아서 너무 배가 고프다.

さっき薬を飲んだせいで眠くてたまらない。
아까 약을 먹은 탓에 너무 졸린다.

テストの結果が心配でたまらない。
시험 결과가 걱정이 되어서 견딜 수 없다.

어휘 会う 만나다 | 働く 일하다 | 동사의 ます형+始める ~하기 시작하다 | 一度も 한 번도 | 休暇 휴가 | 取る 받다, 취하다 | 手を洗う 손을 씻다 | おやつ 간식 | あげる (남에게) 주다 | ～かどうか ~인지 어떤지 | 実際に 실제로 | 判断 판단 | フォークレーン 포크레인 | 使う 쓰다, 사용하다 | これだけ 이만큼, 이 정도(로) | 大きな 큰 | 岩 바위 | 持ち上げる 들어올리다 | 朝ご飯 아침식사 | お腹が空く 배가 고프다 | さっき 아까, 조금 전 | 薬を飲む 약을 먹다 | ～せいで ~탓에 | 眠い 졸리다 | テスト 테스트, 시험 | 心配だ 걱정이다, 걱정스럽다

---

046 ～てならない 매우 ~하다

동사의 て형이나 「い형용사의 어간+くて」, 「な형용사의 어간+で」의 형태로 접속해 어떤 감정을 참을 수 없음을 나타낸다. 「～てたまらない」(~해서 견딜 수 없다, 너무 ~하다)보다 딱딱한 표현이다.

예 検査の結果が気になってならない。
검사 결과가 매우 걱정된다.
試合で負けてしまい、悔しくてならない。
시합에서 지고 말아서 매우 분하다.
母は妹の帰りが遅くて、心配でならないようだ。
어머니는 여동생의 귀가가 늦어서 매우 걱정스러운 것 같다.

047 ～ても差し支えない ~해도 지장이 없다, ~해도 상관없다

동사의 て형이나 「い형용사의 어간+くても」의 형태로 접속해 소극적인 허용이나 허가, 양보 등을 나타낸다. 비교적 딱딱한 표현이기 때문에 공적인 자리에서 많이 쓴다. 비슷한 의미의 표현으로 「～てもかまわない」(~해도 상관없다)가 있는데, 「～ても差し支えない」보다 좀 더 부드러운 느낌이다.

예 連絡は明日になっても差し支えないでしょうか。
연락은 내일이 되어도 상관없을까요?
支払いは今すぐでなくても差し支えありませんので、ご安心ください。
지불은 지금 당장이 아니어도 상관없으니 안심하세요.
※ 高いレベルの問題なら解けなくてもかまわない。
높은 레벨의 문제라면 못 풀어도 상관없다.

048 ～というと / ～といえば ~라고 하면

어떤 내용이나 일을 화제로 하여 바로 떠오르는 이미지에 대해서 말할 때 쓴다. 「～というと」와 「～といえば」는 기본적으로 같은 의미지만, 「木村さんといえば、さっき帰りましたよ」(기무라 씨라면 조금 전에 돌아갔어요)처럼 사람에 대해서 말할 때는 「～といえば」만 쓸 수 있다.

예 日本料理というと、やはり寿司が一番有名です。
일본 요리라고 하면 역시 초밥이 가장 유명합니다.
世界的に有名な歌手といえば、クィーンを思い出す。
세계적으로 유명한 가수라고 하면 퀸을 떠올린다.

어휘 検査 검사 | 気になる 신경이 쓰이다, 걱정되다 | 試合 시합 | 負ける 지다, 패하다 | 悔しい 분하다 | 母 (자신의) 어머니 | 妹 (자신의) 여동생 | 帰り 귀가 | 遅い 늦다 | ～ようだ ~인 것 같다 | 連絡 연락 | 支払い 지불 | ご+한자명사+ください ~해 주십시오 *존경표현 | 安心 안심 | 高い (수준이) 높다 | レベル 레벨, 수준 | 解く (의문·문제를) 풀다 | 料理 요리 | やはり 역시 | 寿司 초밥 | 一番 가장, 제일 | 有名だ 유명하다 | 世界的だ 세계적이다 | 歌手 가수 | 思い出す 떠올리다, 생각해 내다

확인 문제 4(037~048)・문법

問題7 次の文の(　　　)に入れるのに最もよいものを、1・2・3・4から一つ選びなさい。

1 あの会社は相次ぐ新製品のヒットで、毎年業績を伸ばしつつ(　　　)という。
1 ある　2 なる　3 とる　4 する

2 これは鈴木さんならわかるだろうと思って聞いてみた(　　　)、彼にもわからないということだった。
1 ところ　2 こと　3 もの　4 わけ

3 地震が起きた時は、安全を確認(　　　)、絶対に外へ飛び出してはいけない。
1 するに連れて　2 してからでないと　3 するばかりか　4 する一方で

4 息子は(　　　)、すぐに新しいおもちゃを欲しがる。
1 飽きたからには　2 飽きる限り　3 飽きっぽくて　4 飽きる上に

5 彼はスポーツ選手(　　　)、体格がいい。
1 と共に　2 だけあって　3 ばかりか　4 に対して

6 私一人で、明日までにこれだけの仕事はでき(　　　)よ。
1 っぽい　2 やすい　3 一方だ　4 っこない

7 今月は休日(　　　)で、仕事が捗らなくて困る。
1 気味　2 はず　3 きり　4 だらけ

8 田中「すみませんが、この写真、見ても(　　　)ですか。」
木村「ええ、どうぞ。」
1 仕方がない　2 たえない　3 差し支えない　4 かたくない

9 今の日本の教育問題を考えると、子供たちの将来のことが気になって(　　　)。
1 ならない　2 いかない　3 しない　4 こない

10 社会人になって一人暮らしを始めて(　　　)、外食が続いている。
1 以前　2 最終　3 最後　4 以来

11 蚊に刺されたところが、かゆくて(　　　)。

1 いかない　　2 たまらない　　3 こない　　4 しない

12 日本で一番有名なアニメ(　　　)、やはり「ワンピース」だと思う。

1 となると　　2 とくると　　3 というと　　4 とすると

問題8 次の文の ＿★＿ に入る最もよいものを、1・2・3・4から一つ選びなさい。

13 彼女は今の収入でこれから生活していけるのか、＿＿ ＿＿ ＿★＿ ＿＿。

1 心配　　2 ならない　　3 で　　4 ようだ

14 ＿＿ ＿＿ ＿★＿ ＿＿、私はすっかり彼のファンになってしまった。

1 絵を　　2 以来　　3 彼の　　4 見て

15 ＿＿ ＿＿ ＿★＿ ＿＿、農薬が心配だ。

1 生の果物は　　2 でないと　　3 洗ってから　　4 よく

16 この国の ＿＿ ＿＿ ＿★＿ ＿＿ という。

1 生活水準は　　2 しつつ　　3 ある　　4 向上

17 いつも安全運転を心掛けているんだから、＿＿ ＿＿ ＿★＿ ＿＿ よ。

1 なんて　　2 起こし　　3 っこない　　4 事故

問題9 次の文章を読んで、文章全体の内容を考えて、18 から 22 の中に入る最もよいものを、1・2・3・4から一つ選びなさい。

私は大学時代に、中国語や中国文化 18 学んでおり、4か月の留学経験もあります。その経験を、いつか仕事で生かせたらいいなとずっと考えていたので、今回社内の語学研修制度に応募しました。現地でのカルチャーショックはたくさんありますが、まずは言葉ですね。中国では同じ漢字の言葉でも地方によって 19、苦労することが多いです。また、上海（シャンハイ）は国際都市という 20、色んな国の人が集まって生活しているというのも、最初は新鮮でした。

海外で生活するに当たって一番重要なことは、食べる、寝るという基本の部分が 21 できるかどうかということです。あとは、積極性を持って行動できるかどうかですね。言葉が話せるに越したことはないですが、少ししか話せない 22、諦める必要はありません。海外だからと特別な意識を持つより、海外で普通に暮らせることがもっと重要だと思います。

18

1 にとって　　2 に反して　　3 について　　4 によって

19

1 人口が全然違うので　　2 経済規模が全然違うので
3 個人の能力が全然違うので　　4 発音が全然違うので

20

1 あまり　　2 だけあって　　3 上で　　4 にしろ

21

1 しっかり　　2 すっかり　　3 がっくり　　4 のっぺり

22

1 からして　　2 からには　　3 からといって　　4 からこそ

확인 문제 4(037~048) • 정답 및 해석(문법)

1 정답 1
해석 그 회사는 잇따른 신제품의 성공으로 매년 실적을 늘리(고 있다)고 한다.
어휘 あの (서로 알고 있는) 그 相次(あいつ)ぐ 잇따르다 新製品(しんせいひん) 신제품 ヒット 히트, 성공
毎年(まいとし) 매년 業績(ぎょうせき) 업적, 실적 伸(の)ばす 늘리다 동사의 ます형+つつある ~하고 있다

2 정답 1
해석 이것은 스즈키 씨라면 알 수 있을 것이라고 생각해서 물어봤(더니), 그도 모른다고 했다.
어휘 わかる 알다, 이해하다 聞(き)く 묻다 동사의 た형+ところ ~했더니, ~한 결과
~ということだ ~라고 한다 *전문

3 정답 2
해석 지진이 일어났을 때는 안전을 확인(한 후가 아니면) 절대로 밖으로 뛰쳐나가서는 안 된다.
어휘 地震(じしん) 지진 起(お)きる 일어나다, 발생하다 安全(あんぜん) 안전 確認(かくにん) 확인
~てからでないと ~하고 나서가 아니면, ~한 후가 아니면 絶対(ぜったい)に 절대로 外(そと) 밖
飛(と)び出(だ)す 뛰쳐나가다 ~てはいけない ~해서는 안 된다 ~に連(つ)れて ~함에 따라서 ~ばかりか ~뿐만 아니라
~一方(いっぽう)で ~하는 한편으로

4 정답 3
해석 아들은 (싫증을 잘 내서) 바로 새 장난감을 갖고 싶어한다.
어휘 息子(むすこ) (자신의) 아들 飽(あ)きる 싫증나다
동사의 ます형+っぽい 자주 ~하다, ~하기 쉽다 *「飽(あ)きっぽい」 – 싫증을 잘 내다 すぐに 곧, 바로
新(あたら)しい 새롭다 おもちゃ 장난감 欲(ほ)しがる 갖고 싶어하다 ~からには ~한 이상은 ~限(かぎ)り ~(하는) 한
~上(うえ)に ~인 데다가, ~일 뿐만 아니라

5 정답 2
해석 그는 스포츠 선수(인 만큼) 체격이 좋다.
어휘 スポーツ 스포츠 選手(せんしゅ) 선수 ~だけあって ~인 만큼 体格(たいかく) 체격
~と共(とも)に ① ~와 함께 ② ~함과 함께, ~와 동시에 ~に対(たい)して ~에 대해서, ~에게 *대상

6 정답 4
해석 나 혼자서 내일까지 이만큼의 일은 할 수 있을 (리가 없어).
어휘 一人(ひとり)で 혼자서 ~までに ~까지 *최종기한 これだけ 이만큼 仕事(しごと) 일 できる 할 수 있다, 가능하다
동사의 ます형+っこない ~일 리가 없다 동사의 ます형+っぽい 자주 ~하다, ~하기 쉽다
동사의 ます형+やすい ~하기 쉽다 동사의 기본형+一方(いっぽう)だ ~하기만 하다, 더더욱 ~하다

7 정답 4
해석 이달은 휴일(투성이)라서 일이 진척되지 않아 곤란하다.
어휘 休日(きゅうじつ) 휴일 명사+だらけ ~투성이 捗(はかど)る 진척되다 困(こま)る 곤란하다, 난처하다
명사+気味(ぎみ) ~한 기색[느낌] ~はず (당연히) ~할 것[터]임 ~きり ~한[인] 채

8 정답 3
해석 다나카 "죄송한데요, 이 사진 봐도 (상관없나)요?"
기무라 "네, 보세요."
어휘 写真(しゃしん) 사진 ~ても差(さ)し支(つか)えない ~해도 지장이 없다, ~해도 상관없다
仕方(しかた)がない 어쩔 수 없다 た(堪)えない 참을 수 없다 かた(難)い 어렵다

9 정답 1
해석 지금의 일본 교육 문제를 생각하면 아이들의 장래가 (매우) 걱정된(다).
어휘 教育(きょういく) 교육 問題(もんだい) 문제 将来(しょうらい) 장래 気(き)になる 신경이 쓰이다, 걱정되다
~てならない 매우 ~하다

10 정답 4
해석 사회인이 되어서 혼자서 살기 시작한 (이래) 외식이 이어지고 있다.
어휘 社会人(しゃかいじん) 사회인 一人暮(ひとりぐ)らし 혼자서 삶 始(はじ)める 시작하다 ～て以来(いらい) ～한 이래 外食(がいしょく) 외식 続(つづ)く 이어지다, 계속되다 以前(いぜん) 이전 最終(さいしゅう) 최종 最後(さいご) 최후, 마지막

11 정답 2
해석 모기한테 물린 곳이 가려워서 (견딜 수 없다).
어휘 蚊(か) 모기 刺(さ)す (벌레가) 쏘다, 물다 かゆい 가렵다 ～てたまらない ~해서 견딜 수 없다, 너무 ~하다

12 정답 3
해석 일본에서 가장 유명한 애니메이션(이라고 하면) 역시 '원피스'라고 생각한다.
어휘 一番(いちばん) 가장, 제일 有名(ゆうめい)だ 유명하다 アニメ 애니메이션 *「アニメーション」의 준말 ～というと ~라고 하면 やはり 역시

13 心配 で ならない★ ようだ | 정답 2
해석 그녀는 지금의 수입으로 앞으로 생활해 갈 수 있을지 매우 걱정 스러운★ 것 같다.
어휘 収入(しゅうにゅう) 수입 これから 앞으로 生活(せいかつ) 생활 ～ていく ~해 가다 心配(しんぱい)だ 걱정이다, 걱정스럽다 な형용사의 어간+でならない 매우 ~하다 ～ようだ ~인 것 같다

14 彼の 絵を 見て★ 以来 | 정답 4
해석 그의 그림을 본★ 이래 나는 완전히 그의 팬이 되어 버렸다.
어휘 絵(え) 그림 ～て以来(いらい) ~한 이래 すっかり 완전히 ファン 팬

15 生の果物は よく 洗ってから★ でないと | 정답 3
해석 생과일은 잘 씻은 후★ 가 아니면 농약이 걱정이다.
어휘 生(なま) 날것 果物(くだもの) 과일 よく 잘 洗(あら)う 씻다 ～てからでないと ~하고 나서가 아니면, ~한 후가 아니면 農薬(のうやく) 농약

16 生活水準は 向上 しつつ★ ある | 정답 2
해석 이 나라의 생활 수준은 향상 되고★ 있다고 한다.
어휘 国(くに) 나라 生活水準(せいかつすいじゅん) 생활 수준 向上(こうじょう) 향상 동사의 ます형+つつある ~하고 있다

17 事故 なんて 起こし★ っこない | 정답 2
해석 항상 안전 운전을 유념하고 있으니까, 사고 따위 일으킬★ 리가 없어.
어휘 いつも 항상, 늘 安全(あんぜん) 안전 運転(うんてん) 운전 心掛(こころが)ける 유념하다, 명심하다 事故(じこ) 사고 ～なんて ~따위 起(お)こす 일으키다, 발생시키다 동사의 ます형+っこない ~일 리가 없다

18~22

저는 대학시절에 중국어와 중국 문화 18 에 대해서 배웠고 4개월의 유학 경험도 있습니다. 그 경험을 언젠가 일에서 살릴 수 있으면 좋겠다고 계속 생각했기 때문에 이번 사내 어학연수제도에 응모했습니다. 현지에서의 문화 충격은 많이 있습니다만, 우선은 언어죠. 중국에서는 같은 한자의 말이라도 지방에 따라 19 발음이 전혀 다르기 때문에 고생하는 경우가 많습니다. 또한 상하이는 국제 도시 20 인 만큼 다양한 나라의 사람이 모여서 생활하고 있다는 것도 처음에는 신선했습니다.

해외에서 생활할 때 가장 중요한 것은 먹고 잔다는 기본적인 부분을 21 제대로 할 수 있을지 어떨지 하는 점입니다. 다음은 적극성을 가지고 행동할 수 있을지 어떨지죠. 말을 할 수 있는 것이 최고지만, 조금밖에 말할 수 없다 22 고 해서 체념할 필요는 없습니다. 해외니까라고 특별한 의식을 가지기보다 해외에서 평범하게 생활할 수 있는 것이 더 중요하다고 생각합니다.

어휘 大学時代(だいがくじだい) 대학시절 中国語(ちゅうごくご) 중국어 文化(ぶんか) 문화 学(まな)ぶ 배우다, 익히다
〜ておる ~하고 있다 *「〜ている」의 겸양표현 留学(りゅうがく) 유학 経験(けいけん) 경험 いつか 언젠가 仕事(しごと) 일
生(い)かす 살리다, 발휘하다, 활용하다 ずっと 쭉, 계속 社内(しゃない) 사내 語学(ごがく) 어학 研修(けんしゅう) 연수
制度(せいど) 제도 応募(おうぼ) 응모 現地(げんち) 현지 カルチャーショック 컬쳐 쇼크, 문화 충격 たくさん 많이
まずは 우선은 言葉(ことば) 말, 언어 同(おな)じだ 같다 漢字(かんじ) 한자 地方(ちほう) 지방 〜によって ~에 따라
苦労(くろう) 고생 多(おお)い 많다 上海(シャンハイ) 상하이 国際(こくさい) 국제 都市(とし) 도시
色(いろ)んな 여러 가지, 다양한 国(くに) 나라 集(あつ)まる 모이다 生活(せいかつ) 생활 最初(さいしょ) 최초, 맨 처음
新鮮(しんせん)だ 신선하다 海外(かいがい) 해외 〜に当(あ)たって ~에 즈음해서, ~할 때 重要(じゅうよう)だ 중요하다
食(た)べる 먹다 寝(ね)る 자다 基本(きほん) 기본 部分(ぶぶん) 부분 〜かどうか ~일지 어떨지 あと 다음
積極性(せっきょくせい) 적극성 持(も)つ 가지다 行動(こうどう) 행동
〜に越(こ)したことはない ~보다 나은 것은 없다, ~이 최고다 少(すこ)し 조금 〜しか (부정어 수반) ~밖에
諦(あきら)める 체념하다, 단념하다 必要(ひつよう) 필요 特別(とくべつ)だ 특별하다 意識(いしき) 의식 普通(ふつう) 보통
暮(く)らす 살다, 생활하다 もっと 더, 더욱

18 해석 1 에게 있어서　2 에 반해서　3 에 대해서　4 에 따라
어휘 〜にとって ~에(게) 있어서 〜に反(はん)して ~에 반해서 〜について ~에 대해서 *내용

19 해석 1 인구가 전혀 다르기 때문에　2 경제 규모가 전혀 다르기 때문에
3 개인의 능력이 전혀 다르기 때문에　4 발음이 전혀 다르기 때문에
어휘 人口(じんこう) 인구 全然(ぜんぜん) (부정어 수반) 전혀 違(ちが)う 다르다 経済(けいざい) 경제 規模(きぼ) 규모
個人(こじん) 개인 能力(のうりょく) 능력 発音(はつおん) 발음

20 해석 1 인 나머지　2 인 만큼　3 한 후에　4 라고 해도
어휘 〜あまり ~인 나머지 〜だけあって ~인 만큼 〜上(うえ)で ~한 후에, ~한 다음에
〜にしろ ~라고 해도, ~도, ~든

21 해석 1 제대로　2 완전히　3 실망해서　4 밋밋하게
어휘 しっかり 제대로, 확실히 すっかり 완전히 がっくり 실망하는 모양 のっぺり 기복이 없이 밋밋한 모양

22 해석 1 부터가　2 한 이상은　3 고 해서　4 때문에
어휘 〜からして (우선) ~부터가 〜からには ~한 이상은 〜からといって ~라고 해서 〜からこそ ~이기 때문에

언어지식(문법) 기출 문법표현 〈037~048〉

기출 문법표현 108
<049~060>

- □ 049 **~ということだ** ① ~라고 한다 *전문 ② ~라는 것이다 *설명 · 결론
- □ 050 **~というものだ** ~라는 것이다
- □ 051 **~というより** ~라기보다
- □ 052 **~といっても** ~라고 해도 (실은)
- □ 053 **~どころか** ~은커녕
- □ 054 **~どころではない** ~할 여유가 없다, ~할 상황이 아니다
- □ 055 **~ところを** ~하는 때에, ~하는 상황에, ~인데도
- □ 056 **~として** ~로서
- □ 057 동사의 **た형+とたん(に)** ~하자마자, ~한 순간(에)
- □ 058 **~と共(とも)に** ① ~와 함께 ② ~함과 함께, ~와 동시에
- □ 059 **~ないことはない** ~하지 않는 것은 아니다
- □ 060 **~ないではいられない** ~하지 않고는 있을 수 없다, ~하지 않고는 못 배기다

049 ～ということだ ① ~라고 한다 *전문 ② ~라는 것이다 *설명 · 결론

「～ということだ」에는 두 가지 의미가 있다. 첫 번째는 '~라고 한다'라는 전문의 뜻으로, 「～そうだ」(~라고 한다)나 「～と言っている」(~라고 말하고 있다)보다 조금 딱딱한 느낌의 표현이다. 두 번째는 '~라는 이야기[내용]이다'라는 뜻으로, 어떤 내용을 설명하거나 결론을 말할 때 쓴다.

예 今晩からずいぶん寒くなるということだ。
오늘 밤부터 몹시 추워진다고 한다.
続いている日照りで、今年も水不足になる可能性が高いということだ。
계속되고 있는 가뭄으로 올해도 물 부족이 될 가능성이 높다고 한다.
「立入禁止」と書いてあることは、つまり、「入ってはいけない」ということだ。
'출입금지'라고 쓰여 있는 것은 즉, '들어가서는 안 된다'는 것이다.

050 ～というものだ ~라는 것이다

'정말 ~라고 생각한다', '일반적으로 생각하면 ~이다'라는 뜻의 표현이다. 어떤 사실에 대해 감상이나 비판을 단정적으로 말할 때 쓰는데, 항상 「～というものだ」의 형태를 취한다.

예 よく遅刻する山田君と給料が同じなのは不公平というものだ。
자주 지각하는 야마다 군과 급여가 같은 것은 불공평하다는 것이다.
貧しくても家族がみんな健康であれば、それが幸せというものだ。
가난해도 가족이 모두 건강하면 그것이 행복이라는 것이다.

051 ～というより ~라기보다

두 개의 판단이나 견해를 비교해 뒤의 판단이나 견해가 비교적 타당함을 나타내고 싶을 때 쓴다. 강조하고 싶을 때는 「むしろ」(오히려)라는 부사와 함께 쓰는 경우가 많다.

예 選挙での投票は、義務というよりむしろ権利であると思う。
선거에서의 투표는 의무라기보다 오히려 권리라고 생각한다.
夫は食べるのが早く、ラーメンなんか食べるというよりむしろ飲んでいるといった感じだ。
남편은 먹는 게 빨라서 라면 같은 건 먹는다기보다 오히려 마시고 있다는 느낌이다.

어휘 今晩 오늘 밤 | ずいぶん 꽤, 몹시, 퍽 | 寒い 춥다 | 続く 이어지다, 계속되다 | 日照り 가뭄 | 今年 올해 | 水不足 물 부족 | 可能性 가능성 | 高い 높다 | 立入禁止 출입금지 | 타동사+てある ~해져 있다 *상태표현 | つまり 즉 | 入る 들어가다 | ～てはいけない ~해서는 안 된다 | 遅刻 지각 | 給料 급여, 급료 | 不公平 불공평 | 貧しい 가난하다 | 家族 가족 | 健康だ 건강하다 | 幸せ 행복 | 選挙 선거 | 投票 투표 | 義務 의무 | むしろ 오히려 | 権利 권리 | 夫 (자신의) 남편 | ～なんか ~따위, ~같은 것 | 感じ 느낌

052 ～といっても ~라고 해도 (실은)

실제와 예상한 것이 다를 때 쓰는 표현으로, 뒤에는 부정하거나 설명을 추가하는 내용이 온다.

예 中国語が話せるといっても、挨拶ぐらいだ。
중국어를 할 수 있다고 해도 인사 정도다.

会社を作ったといっても、まだ社員が3人しかいない小さな会社だ。
회사를 만들었다고 해도 아직 사원이 세 명밖에 없는 작은 회사다.

053 ～どころか ~은커녕

어떤 사항을 들어 그것을 부정함으로써 뒤에 오는 사항을 대비적으로 강조하는 표현이다.

예 薬を飲んだのに、良くなるどころか、症状はひどくなる一方だ。
약을 먹었는데도 좋아지기는커녕 증상은 심해지기만 한다.

貯金どころか、生活が苦しい。
저금은커녕 생활이 어렵다.

054 ～どころではない ~할 여유가 없다, ~할 상황이 아니다

동사의 기본형이나 동작성 명사에 접속해 '~할 여유가 없다'라는 의미로 강하게 부정할 때 쓴다. 비슷한 의미의 표현으로 「동사의 ます형+ようがない」(~할 방법이[도리가] 없다, ~할 수가 없다)가 있는데, 이것은 '그렇게 하고 싶어도 그 수단이나 방법이 마땅히 없어 할 수 없다'라는 의미이고, 「～どころではない」는 시간적인 상황이 어렵다는 뜻이다.

예 最近、仕事に追われて、ゆっくり食事できるどころではない。
최근 일에 쫓겨서 느긋하게 식사할 수 있는 상황이 아니다.

ひどい風邪で高熱が出てしまい、旅行どころではない。
심한 감기로 고열이 나고 말아서 여행할 상황이 아니다.

※ こんなにひどく壊れていては、修理しようがない。
이렇게 심하게 고장 나서는 수리할 방법이 없다.

어휘 中国語 중국어 | 話す 말하다, 이야기하다 | 挨拶 인사 | 作る 만들다 | 社員 사원 | ～しか (부정어 수반) ~밖에 | 小さな 작은 | 薬を飲む 약을 먹다 | ～のに ~는데(도) | 良くなる 좋아지다 | 症状 증상 | ひどい 심하다 | 동사의 기본형+一方だ ~하기만 하다, 더더욱 ~하다 | 貯金 저금 | 苦しい 어렵다, 가난하다 | 追う (「～われる」의 꼴로) 쫓기다 | ゆっくり 천천히, 느긋하게 | 食事 식사 | 風邪 감기 | 高熱が出る 고열이 나다 | 旅行 여행 | 壊れる 고장 나다 | 修理 수리

---

055 ～ところを ~하는 때에, ~하는 상황에, ~인데도

상대에게 부탁이나 사죄, 인사 등을 하기 위한 서론으로 쓴다. 뒤에는 「申し訳ありません」(죄송합니다), 「ありがとうございます」(감사합니다), 「お願いいたします」(부탁드립니다) 등의 구체적인 요건을 나타내는 말이 온다.

예 お疲れのところを、わざわざおいでくださり、恐縮でございます。
피곤하신데도 일부러 와 주셔서 송구스럽습니다.
お忙しいところを、時間を割いていただいて、ありがとうございます。
바쁘신데도 시간을 내 주셔서 감사합니다.

056 ～として ~로서

명사에 접속해 입장이나 자격, 상태, 신분 등을 확실하게 제시할 때 쓴다. 「～として」 뒤에 조사 「は」나 「も」가 붙어 「～としては」(~로서는), 「～としても」(~로서도)의 형태로 쓰기도 하고, 바로 뒤에 오는 명사를 수식할 때는 「～としての+명사」(~로서의 ~)의 형태가 된다.

예 最近は女優として活躍する歌手も増えてきた。
최근에는 여배우로서 활약하는 가수도 늘어났다.
君の考えはアイデアとしてはいいが、コストや開発期間を考えると難しいと思う。
네 생각은 아이디어로서는 좋지만, 비용과 개발 기간을 고려하면 어려울 것 같다.
担当者としての責任は果たすべきだ。 담당자로서의 책임은 다해야 한다.

057 동사의 た형+とたん(に) ~하자마자, ~한 순간(에)

순간동사나 변화를 나타내는 동사의 た형에 접속해 '~하자마자, ~가 끝남과 거의 동시에'라는 의미를 나타낸다. 이 표현 뒤에는 부정적이거나 순간적인 변화를 나타내는 내용이 주로 오는데, 의지를 나타내는 문장에서는 쓸 수 없다. 비슷한 의미의 표현으로 「동사의 기본형+なり」(~하자마자)가 있는데, 「～とたん(に)」이 말하는 사람의 주관이 담겨 있어 실제로 바로 직후가 아니어도 쓸 수 있는 데 반해, 「～なり」는 바로 직후가 아니면 쓸 수 없다.

예 立ち上がったとたん、急に目眩がした。
일어나자마자 갑자기 현기증이 났다.
彼女に出会ったとたん、恋に落ちてしまった。
그녀를 만나자마자 사랑에 빠지고 말았다.
※ 夫は疲れていたのか、横になるなり、いびきをかき始めた。
남편은 피곤했는지 눕자마자 코를 골기 시작했다.

어휘 疲れ 피로 | わざわざ (특별한 노력이나 수단의) 일부러 | おいでくださる 와 주시다 | 恐縮 황송함, 죄송함 | 時間を割く 시간을 내다 | 女優 여배우 | 活躍 활약 | 増える 늘다, 늘어나다 | 考え 생각 | コスト 경비, 비용 | 果たす 완수하다, 다하다 | 동사의 기본형+べきだ (마땅히) ~해야 한다 *단, 「する」의 경우에는 「するべきだ」, 「すべきだ」 모두 쓸 수 있음 | 立ち上がる 일어서다, (자리에서) 일어나다 | 急に 갑자기 | 目眩がする 현기증이 나다 | 出会う 만나다, 마주치다 | 恋に落ちる 사랑에 빠지다 | 横になる 눕다 | いびきをかく 코를 골다 | 동사의 ます형+始める ~하기 시작하다

---

058 ～と共に ① ~와 함께 ② ~함과 함께, ~와 동시에

명사에 접속해 '~와 함께'라는 의미와 동사의 기본형이나 명사 등에 접속해 「Aと共にB」의 형태로, A가 일어남과 동시에 B가 일어남을 뜻하는 '~함과 함께, ~와 동시에'라는 의미를 나타낸다. 동시성을 나타내는 용법은 「Aに伴ってB」(A에 동반해 B, A에 따라서 B)와 비슷한데, 「Aと共にB」는 A와 B가 전혀 관계없는 사항이라도 연결할 수 있지만, 「Aに伴ってB」는 B가 A의 결과로 발생하는 사항이어야 한다는 제약이 있다.

예 今週の土曜日、友達と共に温泉に行く。
이번 주 토요일 친구와 함께 온천에 간다.

高層ビルの建設が進むと共に町の風景も変わってきた。
고층 빌딩의 건설이 진행됨과 함께 마을 풍경도 변했다.

ピストルの合図と共に、みんな一斉に走り出した。
피스톨 신호와 동시에 모두 일제히 달리기 시작했다.

※ 人口の増加に伴って渋滞や大気汚染が問題となっている。
인구 증가에 따라 교통 정체와 대기오염이 문제가 되고 있다.

059 ～ないことはない ~하지 않는 것은 아니다

어떤 가능성이 있음을 소극적으로 나타내는 표현으로, 단정을 피하고 싶을 때 쓴다. 「～ないこともない」(~하지 않는 것도 아니다)도 같은 뜻인데, 이것은 좀 더 가능성이 낮은 느낌이다.

예 毎日残業続きで疲れていないことはないが、頑張るしかない。
매일 야근이 계속돼 피곤하지 않은 것은 아니지만, 열심히 할 수밖에 없다.

そばが好きじゃないことはないが、今はうどんの方が食べたい。
메밀국수를 좋아하지 않는 것은 아니지만, 지금은 우동을 먹고 싶다.

060 ～ないではいられない ~하지 않고는 있을 수 없다, ~하지 않고는 못 배기다

어떤 대상에 대해 신체적으로 참을 수 없거나 어떤 일의 상황이나 사정을 보고 '~하고 싶다'라는 마음을 억제할 수 없어 자연스럽게 해 버릴 때 쓴다. 「～ずにはいられない」라고 해도 같은 뜻인데, 좀 더 딱딱한 표현이다.

예 こんなに面白い話は、みんなに話さないではいられないだろう。
이렇게 재미있는 이야기는 모두에게 이야기하지 않고는 있을 수 없을 것이다.

彼は酒が大好きで、酒を見ると飲まないではいられないそうだ。
그는 술을 아주 좋아해서 술을 보면 마시지 않고는 못 배긴다고 한다.

어휘 温泉 온천 | 高層ビル 고층 빌딩 | 建設 건설 | 進む 나아가다, 진행되다 | 町 마을 | 風景 풍경 | 変わる 바뀌다, 변하다 | ピストル 피스톨, 권총 | 合図 신호 | 一斉に 일제히 | 走る 달리다 | 동사의 ます형+出す ~하기 시작하다 | 渋滞 (교통) 정체 | 大気汚染 대기오염 | 残業 잔업, 야근 | 명사+続き ~이 계속됨 | 疲れる 지치다, 피로해지다 | 頑張る (끝까지) 노력하다, 열심히 하다 | ～しかない ~할 수밖에 없다 | そば 메밀국수 | うどん 우동 | 大好きだ 아주 좋아하다 | 품사의 보통형+そうだ ~라고 한다 *전문

확인 문제 5(049~060)・문법

問題7 次の文の(　　　)に入れるのに最もよいものを、1・2・3・4から一つ選びなさい。

1 彼は先週毎晩11時まで本を読んでいた(　　　)。
1 ものか　2 ということだ　3 一方だ　4 ところだ

2 今日は朝から涼しい(　　　)寒いくらいだ。
1 といったら　2 とはいえ　3 というより　4 といっても

3 困った時に助けるのが真の友情(　　　)。
1 に限る　2 である恐れがある　3 というものだ　4 であるわけではない

4 アメリカで生活したことがある(　　　)、たった6か月だけなので、英語は上手じゃない。
1 というより　2 といっても　3 というと　4 といえば

5 お休みの(　　　)大変申し訳ございませんが、この書類に目を通していただけませんか。
1 ものを　2 はずを　3 ことを　4 ところを

6 照明が暗くなる(　　　)、演奏(えんそう)が始まった。
1 ばかりに　2 と共に　3 代わりに　4 おかげで

7 村田「駅まで歩いて行くの?」
鈴木「うーん、(　　　)が、歩くと20分ぐらいはかかるので、バスで行こう。」
1 歩いてばかりいる　2 歩けないことはない
3 歩く一方だ　4 歩きたくてたまらない

8 仕事が大分(だいぶ)遅れているので、明日はゆっくり休んでいる(　　　)。
1 どころではない　2 に違いない　3 がたい　4 わけではない

9 彼女の話はとても面白くて、最後まで(　　　)。
1 あまり聞きたくなかった　2 聞こうにも聞けなかった
3 聞かないではいられなかった　4 聞いたり聞かなかったりした

10 これは地震の揺れを感じた(　　　)、作動する仕組みになっている。
1 とたん　2 次第　3 なり　4 かと思うと

11 2年前に引退した彼は、今は代表チームのコーチ（　　　）チームをサポートしている。

1 によって　　2 に応じて　　3 に伴って　　4 として

12 毎日勉強をしているのに、成績は良くなる（　　　）、悪くなる一方だ。

1 上は　　2 どころか　　3 と共に　　4 に従って

問題8 次の文の ＿★＿ に入る最もよいものを、1・2・3・4から一つ選びなさい。

13 料理が ＿＿ ＿＿ ＿★＿ ＿＿ ものしか作れない。

1 できる　　2 簡単な　　3 非常に　　4 といっても

14 1年も日本に住んでいるのに、＿＿ ＿＿ ＿★＿ ＿＿ とは。

1 書けない　　2 どころか　　3 カタカナも　　4 漢字

15 今日は朝から予定がぎっしり詰まっているので、＿＿ ＿＿ ＿★＿ ＿＿。

1 寝て　　2 いる　　3 どころではない　　4 ゆっくり

16 出かけようと ＿＿ ＿＿ ＿★＿ ＿＿、雨が降ってきた。

1 思って　　2 出た　　3 とたん　　4 家を

17 この ＿＿ ＿＿ ＿★＿ ＿＿ が、波が高いので、ちょっと危険だ。

1 泳げない　　2 ない　　3 ことは　　4 海は

問題9 次の文章を読んで、文章全体の内容を考えて、18 から 22 の中に入る最もよいものを、1・2・3・4から一つ選びなさい。

私たちは時間を惜しんで勉強や仕事に打ち込む(注1)ことが成果に繋がると思い 18 である。だが、本当にそうだろうか。休憩時間というのは何のためにあるのだろうか。「19」という言葉があるが、考えが煮詰まった(注2)時に、20 その場で考え込んでも新しい発想は浮かんでこない。そうなった時は気分を変えるために行動パターンや環境を変えてみることである。違う発想をしたいのならば、まずは違う環境に身を置くことである。

「気分転換」というのはその字のごとく、気分を転換することである。これは同じ環境で同じことを繰り返していてできるものだろうか。先にも書いたが、気分が滅入って(注3)勉強や仕事 21 時には、いくらその場で考え込んでも新しい発想は浮かんでこない。22 ことで生まれてくるものである。そのためには少しの間でも、いつもの行動パターンや環境を自ら変えてみることである。たった1時間の外出でも環境を変えることこそ大きな気分転換となり、仕事や勉強にも大きな効果を得ることができる。

(注1)打ち込む: 一つの物事に集中する
(注2)煮詰まる: それ以上発展や変化が望めない段階に至る
(注3)気分が滅入る: 考え込んでゆううつな気分になる。意気消沈する

18

1 ばかり　2 っこない　3 がち　4 気味

19

1 気分転換　2 一期一会　3 自業自得　4 馬耳東風

20

1 ほとんど　2 まさか　3 予め　4 いくら

21

1 に過ぎない　2 どころではない　3 げな　4 した上での

22

1 同じことを繰り返す
2 いつもと違うものを見たり体験したりする
3 完全に諦めてしまう
4 自分なりの確信を持って一生懸命する

확인 문제 5(049~060) • 정답 및 해석(문법)

1 정답 2
해석 그는 지난주에 매일 밤 11시까지 책을 읽었다(고 한다).
어휘 先週(せんしゅう) 지난주 毎晩(まいばん) 매일 밤 読(よ)む 읽다 ～ということだ ～라고 한다 *전문
～ものか ～할까 보냐 *강한 반대나 부정 동사의 기본형+一方(いっぽう)だ ～하기만 하다, 더더욱 ～하다
동사의 た형+ところだ 막 ～한 참이다

2 정답 3
해석 오늘은 아침부터 시원하다(기보다) 추울 정도다.
어휘 朝(あさ) 아침 涼(すず)しい 시원하다 ～というより ～라기보다 寒(さむ)い 춥다 ～くらい ～정도
～といったら ～라고 하면 ～とはいえ ～라고 해도 ～といっても ～라고 해도 (실은)

3 정답 3
해석 곤란할 때 돕는 것이 진정한 우정(이라는 것이다).
어휘 困(こま)る 곤란하다, 난처하다 助(たす)ける 돕다 真(しん) 진정, 참 友情(ゆうじょう) 우정
～というものだ ～라는 것이다 ～に限(かぎ)る ～이 제일이다[최고다] ～恐(おそ)れがある ～할 우려가 있다
～わけではない (전부) ～인 것은 아니다, (반드시) ～라고는 할 수 없다

4 정답 2
해석 미국에서 생활한 적이 있다(고 해도) 고작 6개월뿐이기 때문에 영어는 능숙하지 않다.
어휘 アメリカ 아메리카, 미국 生活(せいかつ) 생활 동사의 た형+ことがある ～한 적이 있다
～といっても ～라고 해도 (실은) 英語(えいご) 영어 上手(じょうず)だ 능숙하다, 잘하다 ～というより ～라기보다
～というと ～라고 하면 ～といえば ～라고 하면

5 정답 4
해석 쉬시는(데) 대단히 죄송하지만, 이 서류를 훑어봐 주실 수 없을까요?
어휘 休(やす)み 쉼 ～ところを ～하는 때에, ～하는 상황에, ～인데도 大変(たいへん) 대단히, 매우
申(もう)し訳(わけ)ございません 죄송합니다 *「申(もう)し訳(わけ)ありません」보다 정중한 표현
書類(しょるい) 서류 目(め)を通(とお)す 훑어보다
～ていただけませんか (남에게) ～해 받을 수 없습니까?, (남이) ～해 주실 수 없습니까? *「～てもらえませんか」((남에게) ～해 받을 수 없습니까?, (남이) ～해 줄 수 없습니까?))의 겸양표현 ～ものを ～인 것을 *유감

6 정답 2
해석 조명이 어두워짐(과 동시에) 연주가 시작되었다.
어휘 照明(しょうめい) 조명 暗(くら)い 어둡다 ～と共(とも)に ～함과 함께, ～와 동시에 演奏(えんそう) 연주
始(はじ)まる 시작되다 代(か)わりに 대신에 おかげで 덕분에

7 정답 2
해석 무라타 "역까지 걸어서 가?"
스즈키 "음~, (걸을 수 없는 건 아니지)만, 걸으면 20분 정도는 걸리니까 버스로 가자."
어휘 駅(えき) 역 歩(ある)く 걷다 ～ないことはない ～하지 않는 것은 아니다 かかる (시간이) 걸리다
～てばかりいる ～하고만 있다 ～てたまらない ～해서 견딜 수 없다, 너무 ～하다

8 정답 1
해석 일이 상당히 늦어지고 있어서 내일은 느긋하게 쉬고 있(을 상황이 아니다).
어휘 仕事(しごと) 일 大分(だいぶ) 꽤, 상당히 遅(おく)れる 늦어지다, (보통・예정보다) 더디다 ゆっくり 느긋하게
休(やす)む 쉬다 ～どころではない ～할 여유가 없다, ～할 상황이 아니다 ～に違(ちが)いない ～임에 틀림없다
동사의 ます형+がたい ～하기 힘들다, ～할 수 없다 ～わけではない (전부) ～인 것은 아니다, (반드시) ～라고는 할 수 없다

9 정답 3
해석 그녀의 이야기는 너무 재미있어서 끝까지 (듣지 않고는 있을 수 없었다).
어휘 面白(おもしろ)い 재미있다 最後(さいご) 최후, 마지막
～ないではいられない ～하지 않고는 있을 수 없다, ～하지 않고는 못 배기다
～(よ)うにも～(でき)ない ～하려고 해도 ～할 수 없다

10 정답 1
해석 이것은 지진의 흔들림을 느끼(자마자) 작동하는 구조로 되어 있다.
어휘 地震(じしん) 지진 揺(ゆ)れ 흔들림 感(かん)じる 느끼다 동사의 た형+とたん(に) ~하자마자, ~한 순간(에)
作動(さどう) 작동 仕組(しく)み 구조 동사의 ます형+次第(しだい) ~하는 대로 (즉시) 동사의 기본형+なり ~하자마자
~かと思(おも)うと ~하는가 싶더니, ~했다고 생각한 순간

11 정답 4
해석 2년 전에 은퇴한 그는 지금은 대표 팀의 코치(로서) 팀을 지원하고 있다.
어휘 引退(いんたい) 은퇴 代表(だいひょう)チーム 대표 팀 コーチ 코치 ~として ~로서 サポート 서포트, 지원
~によって ~에 의해, ~에 따라 ~に応(おう)じて ~에 따라서, ~에 맞게 ~に伴(ともな)って ~에 동반해서, ~에 따라서

12 정답 2
해석 매일 공부를 하고 있는데도 성적은 좋아지기(는커녕) 나빠지기만 한다.
어휘 勉強(べんきょう) 공부 ~のに ~는데(도) 成績(せいせき) 성적 ~どころか ~은커녕
동사의 기본형+一方(いっぽう)だ ~하기만 하다, 더더욱 ~하다 ~上(うえ)は ~한 이상은
~と共(とも)に ① ~와 함께 ② ~함과 함께, ~와 동시에 ~に従(したが)って ~함에 따라, ~하자 차차, ~에 따라서

13 できる といっても 非常に★ 簡単な | 정답 3
해석 요리를 할 수 있다 고 해도 아주★ 간단한 것밖에 만들 수 없다.
어휘 料理(りょうり) 요리 できる 할 수 있다, 가능하다 ~といっても ~라고 해도 (실은) 非常(ひじょう)に 대단히, 매우
簡単(かんたん)だ 간단하다 ~しか (부정어 수반) ~밖에 作(つく)る 만들다

14 漢字 どころか カタカナも★ 書けない | 정답 3
해석 1년이나 일본에 살고 있는데도 한자 는커녕 가타카나도★ 못 쓰다니.
어휘 住(す)む 살다, 생활하다 漢字(かんじ) 한자 ~どころか ~은커녕 ~とは ~하다니

15 ゆっくり 寝て いる★ どころではない | 정답 2
해석 오늘은 아침부터 예정이 꽉 차 있어서 느긋하게 자고 있을★ 상황이 아니다.
어휘 朝(あさ) 아침 予定(よてい) 예정 ぎっしり 가득, 꽉 詰(つ)まる 가득 차다 ゆっくり 느긋하게 寝(ね)る 자다
~どころではない ~할 여유가 없다, ~할 상황이 아니다

16 思って 家を 出た★ とたん | 정답 2
해석 외출하려고 생각해 집을 나오★ 자마자 비가 내렸다.
어휘 出(で)かける 나가다, 외출하다 家(いえ) 집 出(で)る 나오다 雨(あめ) 비 降(ふ)る (비·눈 등이) 내리다, 오다

17 海は 泳げない ことは★ ない | 정답 3
해석 이 바다는 헤엄칠 수 없는 것은★ 아니지만, 파도가 높아서 조금 위험하다.
어휘 海(うみ) 바다 泳(およ)ぐ 헤엄치다, 수영하다 ~ないことはない ~하지 않는 것은 아니다 波(なみ) 파도
高(たか)い 높다 危険(きけん)だ 위험하다

18~22

우리는 시간을 아끼며 공부나 일에 몰두하는(주1) 것이 성과로 이어진다고 생각하기 18 쉽 다. 하지만 정말 그럴까? 휴식 시간이라는 것은 무엇을 위해서 있는 것일까? '19 기분 전환'이라는 말이 있는데, 생각이 막혔을(주2) 때 20 아무리 그 자리에서 골똘히 생각해도 새로운 발상은 떠오르지 않는다. 그렇게 되었을 때는 기분을 바꾸기 위해서 행동 패턴이나 환경을 바꿔 봐야 한다. 다른 발상을 하고 싶다면 우선은 다른 환경에 몸을 두어야 한다.

'기분 전환'이라는 것은 그 글자처럼 기분을 전환하는 것이다. 이것은 같은 환경에서 같은 일을 반복해서 가능한 것일까? 앞에서도 썼지만, 기분이 우울해져서(주3) 공부나 일 21 할 상황이 아닐 때에는 아무리 그 자리에서 골똘히 생각해도 새로운 발상은 떠오르지 않는다. 22 평소와 다른 것을 보거나 체험하거나 하는 것으로 생겨나는 것이다. 그렇게 하기 위해서는 잠깐 동안이라도 평소의 행동 패턴이나 환경을 스스로 바꿔 봐야 한다. 단 1시간의 외출이라도 환경을 바꾸는 것이야말로 큰 기분 전환이 되며 일이나 공부에도 큰 효과를 얻을 수 있다.

(주1)打ち込む(몰두하다): 하나의 사물에 집중하다
(주2)煮詰まる(논의나 생각 등이 막히다): 그 이상 발전이나 변화를 기대할 수 없는 단계에 이르다
(주3)気分が滅入る(기분이 우울해지다): 생각에 잠겨 우울한 기분이 되다, 의기소침해지다

어휘 惜(お)しむ 아끼다 勉強(べんきょう) 공부 仕事(しごと) 일 打(う)ち込(こ)む 몰두하다 成果(せいか) 성과 繋(つな)がる 이어지다, 연결되다 休憩(きゅうけい) 휴게, 휴식 時間(じかん) 시간 言葉(ことば) 말 煮詰(につ)まる (논의나 생각 등이) 막히다 考(かんが)え込(こ)む 골똘히 생각하다, 생각에 잠기다 新(あたら)しい 새롭다 発想(はっそう) 발상 浮(う)かぶ (의식 속에) 떠오르다, 생각나다 変(か)える 바꾸다 行動(こうどう) 행동 パターン 패턴 環境(かんきょう) 환경 ~ことだ ~해야 한다 違(ちが)う 다르다 まずは 우선은 身(み) 몸 置(お)く 놓다, 두다 ~ごとく ~처럼 同(おな)じだ 같다 繰(く)り返(かえ)す 되풀이하다, 반복하다 滅入(めい)る 우울해지다 生(う)まれる 생겨나다 自(みずか)ら 스스로 たった 단 外出(がいしゅつ) 외출 ~こそ ~야말로 大(おお)きな 큰 効果(こうか) 효과 得(え)る 얻다 物事(ものごと) 물건과 일, (일체의) 사물 集中(しゅうちゅう) 집중 発展(はってん) 발전 変化(へんか) 변화 望(のぞ)む 바라다, 원하다, 기대하다 段階(だんかい) 단계 至(いた)る 이르다 ゆううつ(憂鬱)だ 우울하다 気分(きぶん) 기분 意気消沈(いきしょうちん) 의기소침

18 해석 1 뿐이 2 리가 없 3 쉽 4 기색이
어휘 ~ばかり ~뿐 동사의 ます형+っこない ~일 리가 없다
동사의 ます형+がちだ (자칫) ~하기 쉽다, 자주 ~하다, ~하기 십상이다, ~하기 일쑤다
동사의 ます형+気味(ぎみ)だ ~한 기색[느낌]이다

19 해석 1 기분 전환 2 일기일회 3 자업자득 4 마이동풍
어휘 気分転換(きぶんてんかん) 기분 전환 一期一会(いちごいちえ) 일기일회, 일생에 단 한 번뿐인 기회
自業自得(じごうじとく) 자업자득 馬耳東風(ばじとうふう) 마이동풍

20 해석 1 대부분 2 설마 3 미리 4 아무리
어휘 ほとんど 거의, 대부분 まさか 설마 予(あらかじ)め 미리, 사전에 いくら(~ても[でも]) 아무리 (~해도)

21 해석 1 에 지나지 않을 2 할 상황이 아닐 3 인 듯한 4 한 후의
어휘 ~に過(す)ぎない ~에 지나지 않다 ~どころではない ~할 여유가 없다, ~할 상황이 아니다 ~げ ~인 듯함
동사의 た형+上(うえ)で ~한 후에, ~한 다음에

22 해석 1 같은 것을 반복하는 2 평소와 다른 것을 보거나 체험하거나 하는
3 완전히 단념해 버리는 4 자기 나름대로 확신을 가지고 열심히 하는
어휘 いつも 평소 体験(たいけん) 체험 完全(かんぜん)だ 완전하다 諦(あきら)める 체념하다, 단념하다
~なり ~나름대로 確信(かくしん) 확신 持(も)つ 가지다 一生懸命(いっしょうけんめい) 열심히 함

기출 문법표현 108
<061~072>

- ☐ 061 **~に当(あ)たって / ~に当(あ)たり** ~에 즈음하여, ~할 때
- ☐ 062 **~において** ~에 있어서, ~에서
- ☐ 063 **~に応(おう)じて** ~에 따라서, ~에 맞게
- ☐ 064 **~にかかわらず** ~에 관계없이
- ☐ 065 **~に限(かぎ)らず** ~에 한정되지 않고, ~뿐만 아니라
- ☐ 066 **~に比(くら)べて** ~에 비해서
- ☐ 067 **~に加(くわ)えて** ~에 더해서, ~에다가
- ☐ 068 **~に応(こた)えて** ~에 부응해서
- ☐ 069 **~に際(さい)して** ~함에 있어서, ~할 때
- ☐ 070 **~にしては** ~치고는
- ☐ 071 **~にしろ / ~にせよ** ~라고 해도, ~도, ~든
- ☐ 072 **~に過(す)ぎない** ~에 지나지 않다, ~에 불과하다

061 ～に当たって / ～に当たり ～에 즈음하여, ～할 때

'～라는 특별한 때에'라는 뜻으로, 특별한 장면이나 중요한 상황에서 쓰는 격식 차린 표현이다.

예 鈴木さんは手術を受けるに当たって、医者に十分な説明を求めた。
스즈키 씨는 수술을 받을 때 의사에게 충분한 설명을 요구했다.

体育祭の開幕に当たり、校長先生にお言葉をいただきたいと思います。
체육대회 개막에 즈음해서 교장 선생님께 말씀을 듣겠습니다.

062 ～において ～에 있어서, ～에서

명사에 접속해 일이 일어나는 장소나 장면, 상황, 방면, 분야를 나타낸다. 장소를 나타낼 때는 「～で」(～에서)와 거의 같은 의미지만, 「～において」가 좀 더 정중한 표현이다.

예 成績においては、彼はクラスで一番です。
성적에 있어서는 그는 반에서 일등입니다.

今日の企画会議は、102号室において行われる。
오늘 기획 회의는 102호실에서 열린다.

063 ～に応じて ～에 따라서, ～에 맞게

「金額」(금액), 「状況」(상황), 「成績」(성적) 등 내용이 달라지는 말에 접속해 어떤 사항이 변하면 그것에 대응해 뒤의 내용도 변한다는 것을 나타낸다.

예 収入に応じて、納税額が決められる。
수입에 따라서 납세액이 정해진다.

症状に応じて薬を変える必要がある。
증상에 맞게 약을 바꿀 필요가 있다.

어휘 手術を受ける 수술을 받다 | 医者 의사 | 十分だ 충분하다 | 説明 설명 | 求める 요구하다, (요)청하다 | 体育祭 체육대회 | 開幕 개막 | 校長 교장 | 言葉 말 | いただく (남에게) 받다 *「もらう」의 겸양어 | 成績 성적 | クラス 클래스, 반 | 一番 첫째, 일등 | 企画 기획 | 会議 회의 | ～号室 ～호실 | 行う 하다, 행하다, 실시하다 | 収入 수입 | 納税額 납세액 | 決める 정하다, 결정하다 | 症状 증상 | 薬 약 | 変える 바꾸다

---

064 ～にかかわらず ～에 관계없이

앞에 오는 내용에 관계없이 뒤에 오는 내용은 성립한다는 의미를 나타낸다. 앞뒤에는 보통 대립 관계에 있는 말이 오는 경우가 많고, 조사「も」를 넣어「～にもかかわらず」가 되면 '～임에도 불구하고'라는 의미가 된다.

예 この店は、曜日にかかわらず、いつも込んでいる。
이 가게는 요일에 관계없이 항상 붐빈다.
この商品は使用・不使用にかかわらず、返品は不可能です。
이 상품은 사용 · 미사용에 관계없이 반품은 불가능합니다.
※ 悪天候にもかかわらず、ご来店いただきまして、ありがとうございます。
악천후임에도 불구하고 내점해 주셔서 감사합니다.

065 ～に限らず ～에 한정되지 않고, ～뿐만 아니라

명사에 접속해「Aに限らずB」의 형태로, A뿐만 아니라 더 넓은 범위의 B도 그러함을 나타낸다. 비슷한 의미의 표현으로「～のみならず」(～뿐만 아니라)가 있는데, 이것은 보통 앞뒤에 동등한 관계의 대상이 오지만,「～に限らず」는 뒤에 오는 내용이 앞에 오는 내용보다 넓은 범위여야 한다는 제약이 있다.

예 この映画は子供に限らず、大人も楽しめる。
이 영화는 아이뿐만 아니라 어른도 즐길 수 있다.
京都は休日に限らず、毎日観光客で賑わっているところである。
교토는 휴일뿐만 아니라 매일 관광객으로 붐비는 곳이다.
※ 彼女は英語のみならず、ドイツ語もぺらぺらだ。
그녀는 영어뿐만 아니라 독일어도 유창하다.

066 ～に比べて ～에 비해서

명사에 접속해 다른 것과 비교해서 어떤 내용을 서술할 때 쓰는 표현으로,「～に比べると」(～에 비하면)의 형태로 쓰기도 한다.

예 この本に比べて、あの本は絵が多い。
이 책에 비해서 저 책은 그림이 많다.
女性は男性に比べて平均寿命が長い。
여성은 남성에 비해 평균 수명이 길다.

어휘 店 가게 | 曜日 요일 | 込む 붐비다 | 商品 상품 | 使用 사용 | 不使用 미사용 | 返品 반품 | 不可能だ 불가능하다 | 悪天候 악천후 | ご+한자명사+いただく (남에게) ～해 받다, (남이) ～해 주시다 | 来店 내점, 가게에 옴 | 映画 영화 | 子供 아이 | 大人 어른 | 楽しむ 즐기다 | 京都 교토 *지명 | 休日 휴일 | 観光客 관광객 | 賑わう 떠들썩하다, 붐비다 | ドイツ語 독일어 | ぺらぺらだ 유창하다 | 本 책 | 絵 그림 | 多い 많다 | 女性 여성 | 男性 남성 | 平均寿命 평균 수명 | 長い 길다

---

067 ～に加えて ~에 더해서, ~에다가

명사에 접속해 지금까지 있었던 어떤 사항에 비슷한 다른 것이 추가된다는 것을 나타낸다.

예 今回の地震は、津波に加えて火事の被害も大きかった。
이번 지진은 쓰나미에 더해 화재 피해도 컸다.

中村さんは専門的な知識に加えて、経験も豊富な方です。
나카무라 씨는 전문적인 지식에다가 경험도 풍부한 분입니다.

068 ～に応えて ~에 부응해서

「期待」(기대), 「要望」(요망), 「声援」(성원) 등 한정된 명사에 접속해 '~에 부응해서'라는 의미를 나타낸다. 뒤에 오는 명사를 수식할 때는 「～に応える+명사」의 형태가 된다.

예 彼は両親の期待に応えて、努力を重ねて事業に成功した。
그는 부모의 기대에 부응해 노력을 거듭해서 사업에 성공했다.

消費者のニーズに応える商品開発に取り組んでいる。
소비자의 요구에 부응하는 상품 개발에 몰두하고 있다.

069 ～に際して ~함에 있어서, ~할 때

뭔가를 하기 전에 어떤 특별한 주의가 필요하다고 할 때 쓴다. 비슷한 의미의 표현으로 「～に当たって」(~에 즈음하여, ~할 때(p.284 참조))가 있는데, 「～に際して」가 「～に当たって」보다 직전이라는 의미가 강하다.

예 衛星の打ち上げに際して、重大な欠陥が見つかった。
위성을 발사할 때 중대한 결함이 발견되었다.

出発に際して、もう一度自分の荷物を確認してください。
출발할 때 한 번 더 자신의 짐을 확인해 주세요.

어휘 地震 지진 | 津波 쓰나미, 지진해일 | 火事 화재 | 被害 피해 | 大きい 크다 | 専門的だ 전문적이다 | 知識 지식 | 経験 경험 | 豊富だ 풍부하다 | 方 분 | 両親 양친, 부모 | 期待 기대 | 努力 노력 | 重ねる 거듭하다 | 事業 사업 | 成功 성공 | 消費者 소비자 | ニーズ 요구 | 商品 상품 | 開発 개발 | 取り組む 몰두하다 | 衛星 위성 | 打ち上げ 쏘아 올림, 발사 | 重大だ 중대하다 | 欠陥 결함 | 見つかる 발견되다, 찾게 되다 | 出発 출발 | もう一度 한 번 더 | 自分 자기, 자신, 나 | 荷物 짐 | 確認 확인

---

070 ～にしては ~치고는

지금까지 가지고 있던 평가나 기대한 모습과는 다르다는 것을 나타낸다. 주로 다른 사람을 비판하거나 평가할 때 쓰는 표현으로, 본인에 대해서는 거의 쓰지 않는다. 비슷한 의미의 표현으로 「～わりには」(~에 비해서는, ~치고는)가 있는데 대부분 서로 바꿔 쓸 수 있지만, 「～にしては」의 경우 앞에 い형용사가 올 수 없고, 「年齢」(연령, 나이)처럼 추상적인 명사에도 쓸 수 없다.

예 勉強したにしては、成績が悪い。
공부한 것치고는 성적이 나쁘다.
彼女は新入社員にしては、顧客の応対が上手だ。
그녀는 신입 사원치고는 고객 응대가 능숙하다.
※ 彼は年齢のわりにはとても若く見える。
그는 나이에 비해서는 매우 젊어 보인다.

071 ～にしろ / ～にせよ ~라고 해도, ~도, ~든

몇 가지인가 예를 든 후에 어느 것도 해당된다는 의미의 표현으로, 「いくら」(아무리), 「どんなに」(아무리), 「たとえ」(설령, 설사), 「仮に」(만약) 등의 표현과 주로 쓴다. 「～としても」(~라고 해도), 「～にしても」(~라고 해도)도 같은 의미인데, 이 두 표현은 주로 회화에서 쓴다.

예 いくら大好物にしろ、食べ過ぎると飽きてしまう。
아무리 아주 좋아하는 음식이라고 해도 과식하면 질려 버린다.
合格にせよ不合格にせよ、一生懸命やったのだから、後悔はない。
합격이든 불합격이든 열심히 했으니 후회는 없다.

072 ～に過ぎない ~에 지나지 않다, ~에 불과하다

'그 이상의 것은 아니다, 단지 그 정도의 것이다'라는 의미를 나타내는 표현으로, 정도가 낮음을 강조할 때 쓴다. 「ただ」(단지, 그저), 「ほんの」(그저) 등의 표현과 주로 쓴다.

예 この問題について正しく答えられた生徒は、40人中4人に過ぎなかった。
이 문제에 대해서 맞게 답할 수 있었던 학생은 40명 중 4명에 지나지 않았다.
中国語がわかるといっても、挨拶程度に過ぎない。
중국어를 안다고 해도 인사 정도에 불과하다.

어휘 勉強 공부 | 成績 성적 | 悪い 나쁘다 | 新入社員 신입 사원 | 顧客 고객 | 応対 응대 | 上手だ 능숙하다, 잘하다 | 若い 젊다 | 見える 보이다 | いくら 아무리 | 大好物 아주 좋아하는 음식 | 食べ過ぎる 과식하다 | 飽きる 질리다 | 合格 합격 | 不合格 불합격 | 後悔 후회 | 問題 문제 | ～について ~에 대해서 *내용 | 正しい 옳다, 맞다 | 答える (문제에) 답하다 | 生徒 (중·고교) 학생 | 中国語 중국어 | わかる 알다, 이해하다 | ～といっても ~라고 해도 (실은) | 挨拶 인사 | 程度 정도

동영상 16

확인 문제 6(061~072) • 문법

問題7 次の文の(　　　)に入れるのに最もよいものを、1・2・3・4から一つ選びなさい。

1 去年の冬(　　　)、今年はずいぶん寒い。
　1 に比べて　2 に際して　3 によって　4 に関して

2 前田「あの会社で起きた不祥事(ふしょうじ)、信じられないくらいだね。」
　鈴木「そうね。でも、今報道されているのも氷山(ひょうざん)の一角(いっかく)(　　　)と思うよ。」
　1 気味だ　2 とは限らない　3 に過ぎない　4 次第だ

3 病状(　　　)、薬を変えなければならない。
　1 と共に　2 からして　3 にせよ　4 に応じて

4 毎日新しい単語(　　　)、新しい文法も勉強するべきだ。
　1 に加えて　2 にもまして　3 にかけて　4 について

5 家を売る(　　　)、信頼できる不動産鑑定士に調査を依頼した。
　1 に連れ　2 に対し　3 に当たり　4 により

6 どんな理由がある(　　　)、遅刻したらこの試験は受けられません。
　1 からには　2 一方で　3 ばかりに　4 にしろ

7 最近は女性(　　　)、男性も育児に積極的に参加するようになった。
　1 にとって　2 に関して　3 に限らず　4 というと

8 衛生管理(　　　)は、厳しい基準を設けて徹底的に管理しております。
　1 に応じて　2 において　3 に従って　4 に伴って

9 今日は春(　　　)汗ばむくらいの陽気である。
　1 の上で　2 にしては　3 に限らず　4 にかかわらず

10 顧客の要望(　　　)、新しい機能を追加しました。
　1 に関して　2 に当たって　3 に加えて　4 に応えて

11 当サイトを利用する（　　　）、まず利用規約をご一読ください。
1 にもまして　　2 に従って　　3 に際して　　4 に対して

12 見る、見ない（　　　）、テレビ受信料は払わなければならない。
1 にかかわらず　　2 に沿って　　3 にしては　　4 わりには

問題8 次の文の ＿★＿ に入る最もよいものを、1・2・3・4から一つ選びなさい。

13 この映画は ＿＿ ＿＿ ＿★＿ ＿＿。
1 内容　　2 いる　　3 においては　　4 群(ぐん)を抜(ぬ)いて

14 ＿＿ ＿＿ ＿★＿ ＿＿、町の風景もかなり変わった。
1 10年前に　　2 に比べて　　3 来た　　4 頃

15 この ＿＿ ＿＿ ＿★＿ ＿＿、5%引きで販売している。
1 かかわらず　　2 店では　　3 種類に　　4 商品の

16 その歌手は ＿＿ ＿＿ ＿★＿ ＿＿、笑顔で手を振っていた。
1 観客の　　2 応えて　　3 に　　4 声援

17 ＿＿ ＿＿ ＿★＿ ＿＿ 大変なことはあるものです。
1 仕事を　　2 にしろ　　3 どんな　　4 する

問題9 次の文章を読んで、文章全体の内容を考えて、18 から 22 の中に入る最もよいものを、1・2・3・4から一つ選びなさい。

現代 18 、私たちはメディアを通して「他の世界」を理解しようとしている。しかし、これらの情報はあくまでも「疑似(ぎじ)(注1)現実」 19 と言える。また同じ情報により、多くの人々は同じ方向へと位置付けられてしまっている。現在、私たちは、安易に見たものや聞いたことを信じ込むが、この傾向は今後増していくのではないだろうか。

確かに、 20 ことは現代の大きな利点である。もし、明日突然、私達からメディアという情報媒介(ばいかい)(注2)を奪われてしまったら、きっと大変なことになるだろう。いつもなら瞬時(しゅんじ)に手に入る情報とも、まるで無縁になってしまう。だから、現代はとても便利な世の中なのである。しかし、情報とは 21 である。いくら速く多く、情報を得たところで、信頼できないデータは決して役に立たない。 22 、この情報化社会で私達に必要なことは、経験を積み、頼れる情報を見極める目を肥やしていくことなのではないだろうか。

(注1)疑似(ぎじ): 本物ではないが、見かけがよく似ていて区別が付けにくいこと
(注2)媒介(ばいかい): 二つのものの間にあって、両者の関係の仲立ちをすること

18

1 において　　2 によって　　3 に伴って　　4 に比べて

19

1 気味だ　　2 次第だ　　3 に過ぎない　　4 一方だ

20

1 休憩時間が長い　　2 即座に情報を得られる
3 収入が増える　　4 情報を統制できる

21

1 量でなく質　　2 質でなく量　　3 量でなく大きさ　　4 質でなく広さ

22

1 しかし　　2 それに　　3 ところで　　4 だから

확인 문제 6(061~072) • 정답 및 해석(문법)

1 정답 1
해석 작년 겨울(에 비해서) 올해는 몹시 춥다.
어휘 去年(きょねん) 작년 冬(ふゆ) 겨울 ~に比(くら)べて ~에 비해서 今年(ことし) 올해 ずいぶん 꽤, 몹시, 퍽
寒(さむ)い 춥다 ~に際(さい)して ~함에 있어서, ~할 때 ~によって ~에 의해, ~에 따라 ~に関(かん)して ~에 관해서

2 정답 3
해석 마에다 "그 회사에서 일어난 불상사, 믿을 수 없을 정도네."
스즈키 "그러게. 하지만 지금 보도되고 있는 것도 빙산의 일각(에 지나지 않는다)고 생각해."
어휘 あの (서로 알고 있는) 그 起(お)きる 일어나다, 발생하다 不祥事(ふしょうじ) 불상사 信(しん)じる 믿다 でも 하지만
報道(ほうどう) 보도 氷山(ひょうざん)の一角(いっかく) 빙산의 일각 ~に過(す)ぎない ~에 지나지 않다, ~에 불과하다
명사+気味(ぎみ)だ ~한 기색[느낌]이다 ~とは限(かぎ)らない (반드시) ~하다고는 할 수 없다, ~하는 것은 아니다
명사+次第(しだい)だ ~에 달려 있다, ~에 의해 좌우되다

3 정답 4
해석 병세(에 맞게) 약을 바꾸지 않으면 안 된다.
어휘 病状(びょうじょう) 병세 ~に応(おう)じて ~에 따라서, ~에 맞게 薬(くすり) 약
変(か)える 바꾸다 ~なければならない ~하지 않으면 안 된다, ~해야 한다
~と共(とも)に ① ~와 함께 ② ~함과 함께, ~와 동시에 ~からして (우선) ~부터가 ~にせよ ~라고 해도, ~도, ~든

4 정답 1
해석 매일 새로운 단어(에 더해서) 새로운 문법도 공부해야 한다.
어휘 新(あたら)しい 새롭다 単語(たんご) 단어 ~に加(くわ)えて ~에 더해서, ~에다가
文法(ぶんぽう) 문법 勉強(べんきょう) 공부
동사의 기본형+べきだ (마땅히) ~해야 한다 *단, 동사「する」의 경우에는「するべきだ」,「すべきだ」모두 쓸 수 있음
~にもまして ~보다 더 ~にかけて ~에 걸쳐서 ~について ~에 대해서 *내용

5 정답 3
해석 집을 팔 (때) 신뢰할 수 있는 부동산 감정 평가사에게 조사를 의뢰했다.
어휘 家(いえ) 집 売(う)る 팔다 ~に当(あ)たり ~에 즈음하여, ~할 때 信頼(しんらい) 신뢰
不動産鑑定士(ふどうさんかんていし) 부동산 감정 평가사 調査(ちょうさ) 조사 依頼(いらい) 의뢰
~に連(つ)れ ~함에 따라 ~に対(たい)し ~에 대해, ~에게 *대상

6 정답 4
해석 어떤 이유가 있다(고 해도) 지각하면 이 시험은 볼 수 없습니다.
어휘 理由(りゆう) 이유 ~にしろ ~라고 해도, ~도, ~든 遅刻(ちこく) 지각 試験(しけん) 시험
受(う)ける (시험을) 보다 ~からには ~한 이상은 ~一方(いっぽう)で ~하는 한편으로 ~ばかりに ~탓에

7 정답 3
해석 최근에는 여성(뿐만 아니라) 남성도 육아에 적극적으로 참가하게 되었다.
어휘 最近(さいきん) 최근 女性(じょせい) 여성 ~に限(かぎ)らず ~에 한정되지 않고, ~뿐만 아니라
男性(だんせい) 남성 育児(いくじ) 육아 積極的(せっきょくてき)だ 적극적이다 参加(さんか) 참가
~ようになる ~하게(끔) 되다 *변화 ~にとって ~에(게) 있어서 ~というと ~라고 하면

8 정답 2
해석 위생 관리(에 있어서)는 엄격한 기준을 만들어 철저하게 관리하고 있습니다.
어휘 衛生(えいせい) 위생 管理(かんり) 관리 ~において ~에 있어서, ~에서 厳(きび)しい 엄하다, 엄격하다
基準(きじゅん) 기준 設(もう)ける 만들다, 제정하다 徹底的(てっていてき)だ 철저하다
~ておる ~하고 있다 *「~ている」의 겸양표현 ~に従(したが)って ~함에 따라, ~하자 차차, ~에 따라서
~に伴(ともな)って ~에 동반해서, ~에 따라서

9 정답 2
해석 오늘은 봄(치고는) 땀이 날 정도의 날씨다.
어휘 春(はる) 봄 ~にしては ~치고는 汗(あせ)ばむ 땀이 나다 陽気(ようき) 날씨, 기후
명사+の+上(うえ)で ~한 후에, ~한 다음에 ~にかかわらず ~에 관계없이

10 정답 4
해석 고객의 요망(에 부응해서) 새 기능을 추가했습니다.
어휘 顧客(こきゃく) 고객 要望(ようぼう) 요망 ～に応(こた)えて ～에 부응해서 新(あたら)しい 새롭다
機能(きのう) 기능 追加(ついか) 추가 ～に関(かん)して ～에 관해서 ～に当(あ)たって ～에 즈음해서, ~할 때
～に加(くわ)えて ~에 더해서, ~에다가

11 정답 3
해석 이 사이트를 이용함(에 있어서) 우선 이용 규약을 한 번 읽어 주십시오.
어휘 当(とう)～ 당~, 이~ サイト 사이트 利用(りよう) 이용 ～に際(さい)して ~함에 있어서, ~할 때 まず 우선
規約(きやく) 규약 ご+한자명사+ください ~해 주십시오 *존경표현 一読(いちどく) 일독, 한 번 읽음
～にもまして ~보다 더 ～に従(したが)って ~함에 따라서, ~하자 차차, ~에 따라서
～に対(たい)して ~에 대해서, ~에게 *대상

12 정답 1
해석 보고 안 보고(에 관계없이) TV 수신료는 내지 않으면 안 된다.
어휘 ～にかかわらず ~에 관계없이 受信料(じゅしんりょう) 수신료 払(はら)う (돈을) 내다, 지불하다
～なければならない ~하지 않으면 안 된다, ~해야 한다 ～に沿(そ)って ~을[에] 따라서 ～にしては ~치고는
～わりには ~에 비해서는, ~치고는

13 内容 においては 群(ぐん)を抜(ぬ)いて★ いる | 정답 4
해석 이 영화는 내용 에 있어서는 뛰어나★ 다.
어휘 映画(えいが) 영화 内容(ないよう) 내용 ～においては ~에 있어서는, ~에서는
群(ぐん)を抜(ぬ)く 많은 것 중에서 유독 뛰어나다

14 10年前に 来た 頃★ に比べて | 정답 4
해석 10년 전에 왔을 때★ 에 비해서 마을 풍경도 상당히 변했다.
어휘 来(く)る 오다 頃(ころ) 때 ～に比(くら)べて ~에 비해서 町(まち) 마을 風景(ふうけい) 풍경 かなり 꽤, 상당히
変(か)わる 바뀌다, 변하다

15 店では 商品の 種類に★ かかわらず | 정답 3
해석 이 가게에서는 상품의 종류에★ 관계없이 5% 할인으로 판매하고 있다.
어휘 店(みせ) 가게 商品(しょうひん) 상품 種類(しゅるい) 종류 ～にかかわらず ~에 관계없이 ～引(び)き ~할인
販売(はんばい) 판매

16 観客の 声援 に★ 応えて | 정답 3
해석 그 가수는 관객의 성원 에★ 부응해 미소로 손을 흔들고 있었다.
어휘 歌手(かしゅ) 가수 観客(かんきゃく) 관객 声援(せいえん) 성원 ～に応(こた)えて ~에 부응해서
笑顔(えがお) 웃는 얼굴, 미소 手(て) 손 振(ふ)る 흔들다

17 どんな 仕事を する★ にしろ | 정답 4
해석 어떤 일을 한다★ 고 해도 힘든 일은 있는 법입니다.
어휘 どんな 어떤 仕事(しごと) 일 ～にしろ ~라고 해도, ~도, ~든 大変(たいへん)だ 힘들다
～ものだ ~인 법[것]이다 *상식 · 진리 · 본성

18~22

현대 18 에 있어서 우리는 미디어를 통해서 '다른 세계'를 이해하려고 하고 있다. 그러나 이 정보들은 어디까지나 '유사(주1) 현실' 19 에 불과하다 고 말할 수 있다. 또 같은 정보에 의해 많은 사람들은 같은 방향으로 자리매김되어 버렸다. 현재 우리는 안이하게 본 것이나 들은 것을 굳게 믿지만, 이 경향은 앞으로 더 늘어가지 않을까?

확실히 20 즉석에서 정보를 얻을 수 있는 것은 현대의 큰 이점이다. 만약 내일 갑자기 우리가 미디어라는 정보 매개(주2)를 빼앗겨 버린다면 틀림없이 큰일이 날 것이다. 평소라면 순식간에 손에 들어오는 정보와도 전혀 관계가 없어져 버린다. 그래서 현대는 아주 편리한 세상인 것이다. 그러나 정보라는 것은 21 양이 아니라 질 이다. 아무리 빨리 많이 정보를 얻어 봤자 신뢰할 수 없는 데이터는 결코 도움이 되지 않는다. 22 그러므로 이 정보화 사회에서 우리에게 필요한 것은 경험을 쌓고 의지할 수 있는 정보를 가려내는 안목을 길러 가는 일이 아닐까?

(주1)疑似(유사): 진짜가 아니지만, 겉모습이 많이 닮아 구별이 힘든 것
(주2)媒介(매개): 두 개의 대상 사이에서 양자의 관계를 중개하는 것

어휘 現代(げんだい) 현대 メディア 미디어 ～を通(とお)して ～을 통해서, ～을 수단으로 하여 他(ほか)の～ 다른～ 世界(せかい) 세계 理解(りかい) 이해 しかし 그러나 これら 이들, 이것들 情報(じょうほう) 정보 あくまでも 어디까지나 疑似(ぎじ) 유사 現実(げんじつ) 현실 同(おな)じだ 같다 ～により ～에 의해 多(おお)く 많음 人々(ひとびと) 사람들 方向(ほうこう) 방향 位置付(いちづ)ける 차지할 위치를 부여하다, 자리매김하다 現在(げんざい) 현재 安易(あんい)だ 안이하다 信(しん)じ込(こ)む 굳게 믿다 傾向(けいこう) 경향 今後(こんご) 금후, 앞으로 増(ま)す (수·양·정도가) 커지다, 많아지다, 늘다 確(たし)かに 확실히, 분명히 大(おお)きな 큰 利点(りてん) 이점 もし 만약 突然(とつぜん) 돌연, 갑자기 媒介(ばいかい) 매개 奪(うば)う 빼앗다 きっと 분명히, 틀림없이 大変(たいへん)だ 큰일이다 瞬時(しゅんじ)に 순식간에 手(て)に入(はい)る 손에 들어오다, 입수되다 まるで 전혀 無縁(むえん) 무연, 관계가 없음 便利(べんり)だ 편리하다 世(よ)の中(なか) 세상 ～とは ～라는 것은, ～란 *정의 いくら 아무리 得(え)る 얻다 ～ところで ～해 봤자, ～한들 信頼(しんらい) 신뢰 データ 데이터 決(けっ)して (부정어 수반) 결코 役(やく)に立(た)つ 도움이 되다 情報化(じょうほうか) 정보화 社会(しゃかい) 사회 必要(ひつよう)だ 필요하다 経験(けいけん) 경험 積(つ)む (경험 등을) 쌓다 頼(たよ)る 의지하다 見極(みきわ)める 판별하다, 가려내다 目(め)を肥(こ)やす 안목을 높이다[기르다] 本物(ほんもの) 진짜 見(み)かけ 겉모습 似(に)る 닮다 区別(くべつ) 구별 動사의 ます형+にくい ～하기 힘들다 両者(りょうしゃ) 양자 関係(かんけい) 관계 仲立(なかだ)ち 중개

18 해석 1 에 있어서 2 에 의해 3 에 동반해서 4 에 비해서
어휘 ～において ～에 있어서, ～에서 ～に伴(ともな)って ～에 동반해서, ～에 따라서 ～に比(くら)べて ～에 비해서

19 해석 1 기색이다 2 에 달려 있다 3 에 불과하다 4 하기만 한다
어휘 명사+気味(ぎみ)だ ～한 기색[느낌]이다 명사+次第(しだい)だ ～에 달려 있다, ～에 의해 좌우되다 ～に過(す)ぎない ～에 지나지 않다, ～에 불과하다 ～一方(いっぽう)だ ～하기만 하다, 더더욱 ～하다

20 해석 1 휴식 시간이 긴 2 즉석에서 정보를 얻을 수 있는 3 수입이 늘어나는 4 정보를 통제할 수 있는
어휘 休憩(きゅうけい) 휴게, 휴식 時間(じかん) 시간 即座(そくざ)に 즉석에서, 그 자리에서 得(え)る 얻다 収入(しゅうにゅう) 수입 増(ふ)える 늘다, 늘어나다 統制(とうせい) 통제

21 해석 1 양이 아니라 질 2 질이 아니라 양 3 양이 아니라 크기 4 질이 아니라 넓이
어휘 量(りょう) 양 質(しつ) 질 大(おお)きさ 크기 広(ひろ)さ 넓이

22 해석 1 그러나 2 게다가 3 그런데 4 그러므로
어휘 しかし 그러나 それに 게다가 ところで 그것은 그렇고, 그런데 だから 그러므로, 그래서

기출 문법표현 108
<073~084>

☐ 073 **~に沿って** ~에[을] 따라서

☐ 074 **~につき** ① ~때문에 ② ~당

☐ 075 **~につけ** ~할 때마다

☐ 076 **~に連れて** ~함에 따라서

☐ 077 **~に伴って / ~に伴い** ~에 동반해서, ~에 따라서

☐ 078 **~にほかならない** (다름 아닌) ~이다

☐ 079 **~に基づいて** ~에 근거[기초]해서

☐ 080 명사+**抜きで** ~없이, ~을 빼고

☐ 081 동사의 **ます**형+**抜く** 끝까지 ~하다

☐ 082 **~のみならず** ~뿐만 아니라

☐ 083 사람+**の**+**もとで** ~아래에서, ~밑에서, ~하에

☐ 084 **~ばかりでなく** ~뿐만 아니라

073 ～に沿って ～에[을] 따라서

규칙이나 방침, 자료, 매뉴얼 등 어떤 기준의 의미를 가진 명사에 접속해 '～에 따라서, ～대로, ～에 맞도록'이라는 뜻을 나타낸다. 비슷한 의미의 표현으로 「～に従って」(～에 따라서)가 있는데, 이것은 「～に沿って」보다 명령이나 기대대로 한다는 의미가 좀 더 강하다. 그리고 「～に沿って」에는 '～을 따라서, ～에서 떨어지지 않고'라는 의미도 있다.

예 会社の方針に沿って仕事をする。
회사 방침에 따라 일을 한다.
この大通りに沿って、若者向けの店が並んでいる。
이 대로를 따라서 젊은이 대상의 가게가 늘어서 있다.
※ 迂回の案内に従って右折して遠回りして行った。
우회 안내에 따라 우회전해서 멀리 돌아서 갔다.

074 ～につき ① ～때문에 ② ～당

명사에 접속해 알림이나 게시물, 간판, 벽보 등의 고지나 격식을 차린 편지글에서 이유를 말할 때 쓴다. 그리고 수 또는 단위를 나타내는 명사에 붙어 '～당'이라는 의미로도 쓰는데, 비슷한 의미의 표현으로 「～当たり」(～당)가 있다.

예 雨天につき、運動会は中止します。 우천 때문에 운동회는 중지하겠습니다.
利用料は1時間につき、500円いただきます。 이용료는 1시간당 500엔 받습니다.
※ 一人当たり2万円ぐらいはするだろう。 1인당 2만 엔 정도는 할 것이다.

075 ～につけ ～할 때마다

「見る」(보다), 「聞く」(듣다), 「読む」(읽다), 「何か」(뭔가) 등과 함께 쓰여 '～하면 언제나, ～하면 항상'이라는 의미를 나타낸다. 뒤에는 말하는 사람의 심정을 나타내는 문장이 오는데, 비슷한 의미의 표현인 「～度に」(～할 때마다)를 일상 회화에서 좀 더 많이 쓴다.

예 この手紙を読むにつけ、田舎の両親が思い出される。
이 편지를 읽을 때마다 고향에 계신 부모님이 생각난다.
何かにつけ、お世話になった。
여러모로[무슨 일이 있을 때마다] 신세를 졌다.
※ この靴は、歩く度に足の裏を刺激して、疲れが取れる。
이 신발은 걸을 때마다 발바닥을 자극해서 피로가 풀린다.

어휘 方針 방침 | 大通り 대로, 큰길 | 若者 젊은이 | ～向け ～용, ～대상 | 店 가게 | 並ぶ 늘어서다 | 迂回 우회 | 案内 안내 | 右折 우회전 | 遠回り 멀리 돌아서 감 | 雨天 우천 | 運動会 운동회 | 中止 중지 | 利用料 이용료 | いただく (남에게) 받다 *「もらう」의 겸양어 | 手紙 편지 | 田舎 시골, 고향 | 両親 양친, 부모 | 思い出す 떠올리다, 생각해 내다 *「思い出される」 – 생각이 나다(자발) | 何かにつけ 여러모로, 무슨 일이 있을 때마다 | お世話になる 신세를 지다 | 足の裏 발바닥 | 刺激 자극 | 疲れが取れる 피로가 풀리다

---

076 ～に連れて ～함에 따라서

앞뒤에 변화를 나타내는 말이 와서 앞의 내용이 변함에 따라 뒤의 내용도 변한다는 의미를 나타낸다. 비슷한 의미의 표현으로 「～に従って」(～함에 따라서, ～하자 차차)가 있는데, 두 표현 모두 한 번뿐인 변화에는 쓸 수 없고, 의향을 나타내는 「～つもり」(～할 생각[작정])나 권유를 나타내는 「～ませんか」(～하지 않겠습니까?) 등의 표현도 올 수 없다. 또한 「命令に従って行動する」(명령에 따라 행동하다)처럼 앞의 내용에 변화가 없는 경우에는 「～に連れて」를 쓸 수 없다.

예 日が経つに連れて、寂しい気持ちも薄れてきた。
날이 지남에 따라 쓸쓸한 마음도 희미해졌다.

調査が進むに連れて、地震の被害のひどさも明らかになってきた。
조사가 진행됨에 따라 지진 피해의 참혹함도 드러났다.

077 ～に伴って / ～に伴い ～에 동반해서, ～에 따라서

변화를 나타내는 말에 접속해 어떤 것이 변하면 그에 따라 다른 것도 변함을 나타낸다. 「～に伴って / ～に伴い」의 앞뒤에 오는 말은 보통 시간차가 있는 표현이 온다.

예 地球温暖化に伴って、世界中に色々な問題が起きている。
지구 온난화에 동반해 전 세계에 여러 문제가 일어나고 있다.

人口の増加に伴い、環境問題も深刻になってきた。
인구 증가에 따라 환경 문제도 심각해졌다.

078 ～にほかならない (다름 아닌) ～이다

명사에 접속해 다른 선택지는 없고 '바로 그것이다, ～이외의 것은 아니다'라는 단정이나 강조를 나타낸다.

예 彼女が公務員試験に合格できたのは、努力の結果にほかならない。
그녀가 공무원 시험에 합격할 수 있었던 것은 다름 아닌 노력의 결과다.

自分が最後までやると言ったのに、途中で止めてしまうのは無責任にほかならない。
자신이 끝까지 한다고 했는데 도중에 그만둬 버리는 것은 무책임하다.

어휘 日 날 | 経つ (시간이) 지나다, 경과하다 | 寂しい 쓸쓸하다, 외롭다 | 気持ち 기분, 마음 | 薄れる (정도가) 희미해지다, 약해지다 | 調査 조사 | 進む 나아가다, 진행되다 | 地震 지진 | 被害 피해 | ひどさ 심함, 참혹함 | 明らかになる 밝혀지다, 드러나다 | 地球温暖化 지구 온난화 | 世界中 전 세계 | 起きる 일어나다, 발생하다 | 人口 인구 | 増加 증가 | 環境 환경 | 深刻だ 심각하다 | 公務員 공무원 | 試験 시험 | 合格 합격 | 努力 노력 | 結果 결과 | 最後 최후, 마지막 | やる 하다 | ～のに ～는데(도) | 途中 도중 | 止める 그만두다, 관두다 | 無責任 무책임

---

079 ～に基づいて ～에 근거[기초]해서

명사에 접속해 어떤 내용을 근거나 기초로 해서 뭔가를 설명할 때 쓴다. 뒤에 명사가 올 때는 「～に基づく+명사」나 「～に基づいた+명사」의 형태가 된다. 비슷한 의미의 표현으로 「～を基にして」(～을 근거[기초]로 해서)가 있는데, 어떤 내용을 근거나 기초로 한다는 의미일 때는 서로 바꿔 쓸 수 있지만, 「基」라는 단어 자체에 '근본, 토대, 기초'라는 의미가 있기 때문에 「パンは主に小麦粉を基にして作られる」(빵은 주로 밀가루를 토대(재료)로 해서 만들어진다)와 같은 문장에서는 「～に基づいて」는 쓸 수 없다.

예 警察は、目撃者の証言に基づいて犯人を特定した。 경찰은 목격자의 증언에 근거해서 범인을 특정했다.
この小説は、事実に基づいて書かれている。 이 소설은 사실에 기초해서 쓰여졌다.
これは、事実に基づいた物語です。 이것은 사실에 근거한 이야기입니다.

080 명사+抜きで ～없이, ～을 빼고

명사에 접속해 '～을 고려하지 않고, ～을 제외하고'라는 뜻을 나타낸다. 포함될 수 있는 것이나 당연히 있어야 할 것이 없다는 의미로, 뒤에는 「できない」(할 수 없다)나 「難しい」(어렵다)처럼 부정적인 표현이 오는 것이 일반적이다. 참고로 조사 「は」나 「を」를 취해 「～は抜きにして」(～은 빼고, ～은 생략하고), 「～を抜きにして」(～을 빼고, ～을 생략하고(p.319 참조))의 형태로 쓰기도 한다.

예 子供の進路を本人抜きで親が勝手に決めるわけにはいかない。
자식의 진로를 본인 빼고 부모가 함부로 정할 수는 없다.
今日の飲み会は、仕事の話は抜きにして楽しくやりましょう。
오늘 회식은 일 얘기는 빼고 즐겁게 합시다.

081 동사의 ます형+抜く 끝까지 ～하다

동사의 ます형에 접속해 한 가지 일을 끝까지 노력해서 한다는 것을 나타낸다. 비슷한 의미의 표현으로 「동사의 ます형+切る」(완전히[다] ～하다)가 있는데, 「～抜く」에는 힘들거나 곤란한 일을 끝까지 열심히 했다는 뉘앙스가 있는 반면, 「～切る」는 「長編小説を読み切った」(장편소설을 다 읽었다)처럼 단순히 전부 했다는 뉘앙스다.

예 彼は足首を挫いたのに、マラソンコースを走り抜いた。
그는 발목을 삐었는데도 마라톤 코스를 완주했다.
うちのチームは、相手の猛攻を耐え抜いて勝利を収めた。
우리 팀은 상대의 맹공을 끝까지 견뎌 승리를 거두었다.

어휘 警察 경찰 | 目撃者 목격자 | 証言 증언 | 犯人 범인 | 特定 특정 | 小説 소설 | 事実 사실 | 物語 (허구의) 이야기, 소설 | 子供 자식 | 進路 진로 | 本人 본인 | 親 부모 | 勝手に 함부로, 제멋대로 | 決める 정하다, 결정하다 | ～わけにはいかない ～할 수는 없다 | 飲み会 회식 | 仕事 일 | 楽しい 즐겁다 | 足首を挫く 발목을 삐다 | 走り抜く 끝까지 달리다, 완주하다 | うち 우리 | チーム 팀 | 相手 상대 | 猛攻 맹공 | 耐える 참다, 견디다 | 勝利を収める 승리를 거두다

082 ～のみならず ～뿐만 아니라

앞에 말한 것에 더해 그 이상의 것을 추가해서 말할 때 쓰는 표현으로, 보통 앞뒤에 동등한 관계의 대상이 온다. 비슷한 의미의 표현으로 「～に限らず」(～뿐만 아니라)가 있는데, 이것은 보다 넓은 범위의 것이 뒤에 올 때 쓴다.

예 この企業は人材の面のみならず、資金の面でも競争力がある。
이 기업은 인재면뿐만 아니라 자금면에서도 경쟁력이 있다.

このスマホはデザインがいいのみならず、操作も非常に簡単だ。
이 스마트폰은 디자인이 좋을 뿐만 아니라 조작도 매우 간단하다.

※ 今は女性に限らず、男性も育児を積極的にするようになった。
지금은 여성뿐만 아니라 남성도 육아를 적극적으로 하게 되었다.

083 사람+の+もとで ～아래에서, ～밑에서, ～하에

사람을 나타내는 명사에 접속해 '～의 영향력 아래에서, ～의 영향을 받으면서'라는 의미를 나타낸다. 비슷한 의미의 표현으로 「～のもとに」(～아래에서, ～밑에서, ～하에)가 있는데, 「合意のもとに、書類にサインをする」(합의 하에 서류에 사인을 하다)처럼 특정 상황이나 조건에서 어떤 일을 하는 것을 나타낸다.

예 私は今、中村先生のもとで茶道を習っています。
저는 지금 나카무라 선생님 밑에서 다도를 배우고 있습니다.

卒業してからも先生のもとで研究を続けたいと考えております。
졸업한 후에도 선생님 밑에서 연구를 계속하고 싶다고 생각하고 있습니다.

084 ～ばかりでなく ～뿐만 아니라

어떤 범위가 그 외에도 널리 미침을 나타낸다. 비슷한 의미의 표현으로 「～ばかりか」(～뿐만 아니라)가 있는데, 이것은 놀람이나 감탄 등의 마음을 더 강하게 표현하고 싶을 때 쓰고 뒤에는 의지, 희망, 명령, 권유 등의 표현이 오기 힘들다.

예 鈴木君は昨日ばかりでなく、今日も遅刻した。
스즈키 군은 어제뿐만 아니라 오늘도 지각했다.

このレストランはサービスが悪いばかりでなく、料理も美味しくない。
이 레스토랑은 서비스가 나쁠 뿐만 아니라 요리도 맛없다.

※ 山田さんは美人ばかりか性格までいい。
야마다 씨는 미인일 뿐만 아니라 성격까지 좋다.

어휘 企業 기업 | 人材 인재 | 資金 자금 | 競争力 경쟁력 | スマホ 스마트폰 *「スマートフォン」의 준말 | デザイン 디자인 | 操作 조작 | 非常に 대단히, 매우 | 簡単だ 간단하다 | 育児 육아 | 積極的だ 적극적이다 | ～ようになる ～하게(끔) 되다 *변화 | 茶道 다도 | 習う 배우다 | 卒業 졸업 | 研究 연구 | 続ける 계속하다 | ～ておる ～하고 있다 *「～ている」의 겸양표현 | 昨日 어제 | 今日 오늘 | 遅刻 지각 | レストラン 레스토랑 | サービス 서비스 | 悪い 나쁘다 | 料理 요리 | 美味しい 맛있다 | 美人 미인 | 性格 성격

확인 문제 7(073~084) • 문법

問題7 次の文の(　　　)に入れるのに最もよいものを、1・2・3・4から一つ選びなさい。

1 考え(　　　)結果、私は留学生活を止めて国へ帰ることにした。
　1 取った　　2 抜いた　　3 巻いた　　4 打った

2 消防士の指導(　　　)、防災訓練が行われた。
　1 を問わず　　2 にかかわらず　　3 のもとで　　4 どころか

3 有給休暇は、1年(　　　)10日取れます。
　1 につき　　2 につけ　　3 にとって　　4 をおいて

4 今回のアンケート結果(　　　)、新商品の方向性を決めていくつもりです。
　1 にもまして　　2 抜きで　　3 に基づいて　　4 ばかりか

5 日本で生活していると、日本語(　　　)日本の文化や習慣なども自然に学べる。
　1 ばかりでなく　　2 に限って　　3 次第で　　4 によって

6 今日は先ほどお配りした資料の内容(　　　)発表いたします。
　1 に反して　　2 に沿って　　3 において　　4 の上に

7 言語というのは、コミュニケーションの手段(　　　)。
　1 にほかならない　　2 しかない　　3 次第だ　　4 とは限らない

8 大型台風の北上(　　　)、警戒区域も大幅に広がった。
　1 につき　　2 気味で　　3 に伴い　　4 がちで

9 一人暮らしは孤独(こどく)である(　　　)、経済的にも短所が多い。
　1 にしろ　　2 たびに　　3 のみならず　　4 上は

10 この歌を聞く(　　　)、学生時代を思い出す。
　1 とたん　　2 次第　　3 かたわら　　4 につけ

언어지식(문법) 기출 문법표현 〈073~084〉

11 正直なところ、解説（　　　）見るスポーツの試合は、あまり面白くない。

1 どころか　　2 抜きで　　3 に伴って　　4 に応えて

12 円高が進む（　　　）、海外旅行客の数も増加した。

1 に連れて　　2 にせよ　　3 一方で　　4 からといって

問題8 次の文の＿★＿に入る最もよいものを、1・2・3・4から一つ選びなさい。

13 ＿＿ ＿＿ ＿★＿ ＿＿ 怖くなる。

1 地震の　　2 聞く　　3 につけ　　4 ニュースを

14 科学技術や ＿＿ ＿＿ ＿★＿ ＿＿ 平均寿命も延びてきた。

1 に　　2 進歩　　3 医療技術の　　4 連れて

15 両親が共働きだったので、＿＿ ＿＿ ＿★＿ ＿＿ 暮らしていた。

1 頃は　　2 もとで　　3 小さい　　4 祖父母の

16 私がここまでやってこられたのも、＿＿ ＿＿ ＿★＿ ＿＿。

1 家族の　　2 支えがあったから　　3 ならない　　4 にほか

17 IT ＿＿ ＿＿ ＿★＿ ＿＿ 買い物をする人も増えてきた。

1 技術の　　2 伴って　　3 発達に　　4 ネットで

問題9 次の文章を読んで、文章全体の内容を考えて、[18] から [22] の中に入る最もよいものを、1・2・3・4から一つ選びなさい。

子供 [18] 遊びは、食べたり飲んだり眠ったりといった、人間の生命を維持する行為と同じように大切です。このような子供の遊びは、発達の段階 [19] 変化します。乳児期から幼児期、その先へと遊びの階段を上りながら、子供は自ら試練を乗り越え、また新たな遊びを見つけます。その過程で工夫を凝らし、試行錯誤をしながら学び、成長していきます。子供は大人が想像する以上に人生にとって大切なことを遊びながら自ら獲得していくのです。

「遊び」と聞くと、「勤勉」や「努力」の [20] にあるものと感じるかもしれません。「遊び」と似たようなニュアンスの言葉に、「娯楽」があります。どちらも何となく「楽しい」という共通点があるように思えますが、「遊び」は自発的なものであり、「娯楽」は [21] なものです。遊びは、子供の「やってみたい」という気持ちからスタートするものであって、決して「やりなさい」と命じられてするものではありません。[22]、娯楽はテレビゲームや電気仕掛けのおもちゃのように、スイッチを入れればあとは受動的に物事が進んでいくものです。遊びも娯楽も、人生を豊かにするものに違いはありませんが、子供にとっては、遊びの方がより重要だと私は考えています。

[18]

1 にわたって　　2 に関して　　3 によって　　4 にとって

[19]

1 に伴って　　2 にしては　　3 を問わず　　4 抜きで

[20]

1 賛成　　2 理解　　3 対極　　4 否定

[21]

1 受動的　　2 能動的　　3 感性的　　4 理性的

[22]

1 それに　　2 あるいは　　3 一方　　4 だから

확인 문제 7(073~084) • 정답 및 해석(문법)

1 **정답** 2
해석 (깊이) 생각(한) 결과, 나는 유학 생활을 그만두고 고국으로 돌아가기로 했다.
어휘 考(かんが)える 생각하다 동사의 ます형+抜(ぬ)く 끝까지 ~하다 *「考(かんが)え抜(ぬ)く」– 깊이 생각하다
結果(けっか) 결과 留学(りゅうがく) 유학 生活(せいかつ) 생활 止(や)める 그만두다, 관두다 国(くに) 고국
帰(かえ)る 돌아가다 동사의 보통형+ことにする ~하기로 하다

2 **정답** 3
해석 소방관의 지도 (하에) 방재 훈련이 실시되었다.
어휘 消防士(しょうぼうし) 소방관 指導(しどう) 지도 사람+の+もとで ~아래에서, ~밑에서, ~하에
防災(ぼうさい) 방재 訓練(くんれん) 훈련 行(おこな)う 하다, 행하다, 실시하다 ~を問(と)わず ~을 불문하고
~にかかわらず ~에 관계없이 ~どころか ~은커녕

3 **정답** 1
해석 유급 휴가는 1년(당) 10일 받을 수 있습니다.
어휘 有給休暇(ゆうきゅうきゅうか) 유급 휴가 ~につき ~당 取(と)れる 얻을 수 있다 ~につけ ~할 때마다
~にとって ~에(게) 있어서 ~をおいて ~을 제외하고

4 **정답** 3
해석 이번 앙케트 결과(에 근거해서) 신제품의 방향성을 정해 나갈 생각입니다.
어휘 アンケート 앙케트 結果(けっか) 결과 ~に基(もと)づいて ~에 근거[기초]해서
新商品(しんしょうひん) 신상품, 신제품 方向性(ほうこうせい) 방향성 決(き)める 정하다, 결정하다
~にもまして ~보다 더 명사+抜(ぬ)きで ~없이, ~을 빼고 ~ばかりか ~뿐만 아니라

5 **정답** 1
해석 일본에서 생활하고 있으면 일본어(뿐만 아니라) 일본 문화나 습관 등도 자연히 익힐 수 있다.
어휘 生活(せいかつ) 생활 ~ばかりでなく ~뿐만 아니라 文化(ぶんか) 문화 習慣(しゅうかん) 습관
自然(しぜん)に 자연히, 저절로 学(まな)ぶ 배우다, 익히다 ~に限(かぎ)って ~에 한해서
명사+次第(しだい)で ~에 따라, ~나름으로 ~によって ~에 의해, ~에 따라

6 **정답** 2
해석 오늘은 조금 전에 나눠 드린 자료 내용(에 따라서) 발표하겠습니다.
어휘 先(さき)ほど 아까, 조금 전 *「さっき」보다 공손한 표현 お+동사의 ます형+する ~하다, ~해 드리다 *겸양표현
配(くば)る 나누어 주다, 배포하다 資料(しりょう) 자료 内容(ないよう) 내용 ~に沿(そ)って ~에[을] 따라서
発表(はっぴょう) 발표 いたす 하다 *「する」의 겸양어 ~に反(はん)して ~에 반해서 ~において ~에 있어서, ~에서
~上(うえ)に ~인 데다가, ~일 뿐만 아니라

7 **정답** 1
해석 언어라는 것은 (다름 아닌) 의사소통의 수단(이다).
어휘 言語(げんご) 언어 コミュニケーション 커뮤니케이션, 의사소통 手段(しゅだん) 수단
~にほかならない (다름 아닌) ~이다 ~しかない ~할 수밖에 없다 명사+次第(しだい)だ ~에 달려 있다, ~에 의해 좌우되다
~とは限(かぎ)らない (반드시) ~하다고는 할 수 없다, ~하는 것은 아니다

8 **정답** 3
해석 대형 태풍의 북상(에 동반해) 경계 구역도 큰 폭으로 확대되었다.
어휘 大型(おおがた) 대형 台風(たいふう) 태풍 北上(ほくじょう) 북상 ~に伴(ともな)い ~에 동반해서, ~에 따라서
警戒(けいかい) 경계 区域(くいき) 구역 大幅(おおはば)に 대폭적으로, 큰 폭으로 広(ひろ)がる 확대되다
~につき ① ~때문에 ② ~당 명사+気味(ぎみ)だ ~한 기색[느낌]이다
명사+がちだ (자칫) ~하기 쉽다, 자주 ~하다, ~하기 십상이다, ~하기 일쑤다

9 정답 3
해석 혼자서 사는 것은 고독할 (뿐만 아니라) 경제적으로도 단점이 많다.
어휘 一人暮(ひとりぐ)らし 혼자서 삶 孤独(こどく) 고독 ～のみならず ～뿐만 아니라
経済的(けいざいてき)だ 경제적이다 短所(たんしょ) 단점 ～にしろ ～라고 해도, ～도, ～든 ～たび(度)に ～할 때마다
～上(うえ)は ～한[인] 이상은

10 정답 4
해석 이 노래를 들을 (때마다) 학창시절이 떠오른다.
어휘 歌(うた) 노래 聞(き)く 듣다 ～につけ ～할 때마다 学生時代(がくせいじだい) 학창시절
思(おも)い出(だ)す 떠올리다, 생각해 내다 동사의 た형+とたん(に) ～하자마자, ～하는 순간(에)
동사의 ます형+次第(しだい) ～하는 대로 (즉시) ～かたわら ～하는 한편, 주로 ～일을 하면서 그 한편으로

11 정답 2
해석 솔직히 말해서 해설 (없이) 보는 스포츠 시합은 별로 재미없다.
어휘 正直(しょうじき)だ 정직하다 *「正直(しょうじき)なところ」 – 정직하게[솔직히] 말해서 解説(かいせつ) 해설
명사+抜(ぬ)きで ～없이, ～을 빼고 スポーツ 스포츠 試合(しあい) 시합 あまり (부정어 수반) 그다지, 별로
面白(おもしろ)い 재미있다 ～どころか ～은커녕 ～に伴(ともな)って ～에 동반해서, ～에 따라서
～に応(こた)えて ～에 부응해서

12 정답 1
해석 엔고가 진행(됨에 따라) 해외 여행객 수도 증가했다.
어휘 円高(えんだか) 엔고, 엔화 강세 進(すす)む 나아가다, 진행되다 ～に連(つ)れて ～함에 따라서 海外(かいがい) 해외
旅行客(りょこうきゃく) 여행객 数(かず) 수 増加(ぞうか) 증가 ～にせよ ～라고 해도, ～도, ～든
～一方(いっぽう)で ～하는 한편으로 ～からといって ～라고 해서

13 地震の ニュースを 聞く★ につけ | 정답 2
해석 지진 뉴스를 들을★ 때마다 무서워진다.
어휘 地震(じしん) 지진 ニュース 뉴스 ～につけ ～할 때마다 怖(こわ)い 무섭다

14 医療技術の 進歩 に★ 連れて | 정답 1
해석 과학 기술과 의료 기술의 진보 에★ 따라 평균 수명도 길어졌다.
어휘 科学(かがく) 과학 技術(ぎじゅつ) 기술 医療(いりょう) 의료 進歩(しんぽ) 진보 ～に連(つ)れて ～함에 따라서
平均(へいきん) 평균 寿命(じゅみょう) 수명 延(の)びる 길어지다, 연장되다

15 小さい 頃は 祖父母の★ もとで | 정답 4
해석 부모님이 맞벌이였기 때문에 어릴 때는 조부모님★ 밑에서 살았다.
어휘 両親(りょうしん) 양친, 부모 共働(ともばたら)き 맞벌이 小(ちい)さい 어리다 頃(ころ) 때
祖父母(そふぼ) 조부모 사람+の+もとで ～아래에서, ～밑에서, ～하에 暮(く)らす 살다, 생활하다

16 家族の 支えがあったから にほか★ ならない | 정답 4
해석 내가 여기까지 해 올 수 있었던 것도 (다름 아닌) 가족의 지지가 있었기 때문 이★ 다.
어휘 家族(かぞく) 가족 支(ささ)え 지지, 지원 ～にほかならない (다름 아닌) ～이다

17 技術の 発達に 伴って★ ネットで | 정답 2
해석 IT 기술의 발달에 따라★ 인터넷으로 쇼핑을 하는 사람도 늘어났다.
어휘 技術(ぎじゅつ) 기술 発達(はったつ) 발달 ～に伴(ともな)って ～에 동반해서, ～에 따라서
ネット 인터넷 *「インターネット」의 준말 買(か)い物(もの) 쇼핑, 장을 봄 増(ふ)える 늘다, 늘어나다

18~22

아이 18 에게 있어 놀이는 먹거나 마시거나 자거나 하는 것처럼 인간의 생명을 유지하는 행위와 마찬가지로 중요합니다. 이와 같은 아이의 놀이는 발달 단계 19 에 따라 변화합니다. 젖먹이 때부터 유아기, 그다음으로 놀이 계단을 올라가면서 아이는 스스로 시련을 극복하고 또 새로운 놀이를 찾아냅니다. 그 과정에서 머리를 짜내 시행착오를 하면서 배우고 성장해 갑니다. 아이는 어른이 상상하는 것 이상으로 인생에 있어서 소중한 것을 놀면서 스스로 획득해 가는 것입니다.

'놀이'라고 들으면 '근면'과 '노력'의 20 대극 에 있는 것이라고 느낄지도 모릅니다. '놀이'와 비슷한 뉘앙스의 말에 '오락'이 있습니다. 둘 다 왠지 '즐겁다'는 공통점이 있는 것처럼 생각되지만, '놀이'는 자발적인 것이고 '오락'은 21 수동적 인 것입니다. 놀이는 아이의 '해 보고 싶다'는 마음에서 시작하는 것이지 결코 '해라'라고 명령을 받아서 하는 것이 아닙니다. 22 한편 오락은 TV 게임이나 전기 장치 장난감처럼 스위치를 켜면 다음은 수동적으로 사물이 진행되어 가는 것입니다. 놀이도 오락도 인생을 풍요롭게 하는 것임에 차이는 없지만, 아이에게 있어서는 놀이 쪽이 보다 중요하다고 저는 생각합니다.

어휘 子供(こども) 아이 遊(あそ)び 놀이 眠(ねむ)る 자다, 잠들다 ～といった ～라고 하는 人間(にんげん) 인간
生命(せいめい) 생명 維持(いじ) 유지 行為(こうい) 행위 ～と同(おな)じだ ～와 마찬가지다
大切(たいせつ)だ 중요하다, 소중하다 発達(はったつ) 발달 段階(だんかい) 단계 変化(へんか) 변화
乳児期(にゅうじき) 젖먹이 시기 幼児期(ようじき) 유아기 先(さき) 다음 階段(かいだん) 계단 上(のぼ)る 오르다, 올라가다
동사의 ます형+ながら ~하면서 *동시동작 自(みずか)ら 스스로 試練(しれん) 시련 乗(の)り越(こ)える 극복하다
新(あら)ただ 새롭다 見(み)つける 찾(아내)다, 발견하다 過程(かてい) 과정 工夫(くふう)を凝(こ)らす 머리를 짜내다
試行錯誤(しこうさくご) 시행착오 学(まな)ぶ 배우다, 익히다 成長(せいちょう) 성장 大人(おとな) 어른 想像(そうぞう) 상상
以上(いじょう) 이상 人生(じんせい) 인생 獲得(かくとく) 획득 勤勉(きんべん) 근면 努力(どりょく) 노력
感(かん)じる 느끼다 ～かもしれない ~일지도 모른다 似(に)る 닮다 ニュアンス 뉘앙스 言葉(ことば) 말
娯楽(ごらく) 오락 何(なん)となく 왜 그런지 모르게, 왠지 楽(たの)しい 즐겁다 共通点(きょうつうてん) 공통점
思(おも)える 생각되다 自発的(じはつてき)だ 자발적이다 スタート 스타트, 출발 決(けっ)して (부정어 수반) 결코
命(めい)じる 명령하다 テレビゲーム TV 게임 電気(でんき) 전기 仕掛(しか)け 장치 おもちゃ 장난감
スイッチを入(い)れる 스위치를 켜다 物事(ものごと) 물건과 일, (일체의) 사물 進(すす)む 나아가다, 진행되다
豊(ゆた)かだ 풍족하다, 풍요롭다 違(ちが)い 차이 より 보다 重要(じゅうよう)だ 중요하다

18 해석 1 에 걸쳐 2 에 관해 3 에 의해 4 에게 있어
어휘 ～にわたって ~에 걸쳐서 ～に関(かん)して ~에 관해서 ～によって ~에 의해, ~에 따라
～にとって ~에(게) 있어서

19 해석 1 에 따라 2 치고는 3 를 불문하고 4 없이
어휘 ～に伴(ともな)って ~에 동반해서, ~에 따라서 ～にしては ~치고는 ～を問(と)わず ~을 불문하고
명사+抜(ぬ)きで ~없이, ~을 빼고

20 해석 1 찬성 2 이해 3 대극 4 부정
어휘 賛成(さんせい) 찬성 理解(りかい) 이해 対極(たいきょく) 대극, 반대의 극 否定(ひてい) 부정

21 해석 1 수동적 2 능동적 3 감성적 4 이성적
어휘 受動的(じゅどうてき)だ 수동적이다 能動的(のうどうてき)だ 능동적이다 感性的(かんせいてき)だ 감성적이다
理性的(りせいてき)だ 이성적이다

22 해석 1 게다가 2 혹은 3 한편 4 그러므로
어휘 それに 게다가 あるいは 또는, 혹은 一方(いっぽう) 한편 だから 그러므로, 그래서

기출 문법표현 108
〈085~096〉

□ 085 **~ばかりに** ~탓에

□ 086 **~はさておき** ~은 제쳐 두고

□ 087 **~はともかく** ~은 어쨌든 간에, ~은 (우선) 제쳐 두고

□ 088 **~はもとより** ~은 물론이고

□ 089 **~反面(はんめん)** ~인 반면

□ 090 **~まい** ① ~하지 않을 것이다 *부정의 추측 ② ~하지 않겠다 *부정의 의지

□ 091 명사+**向(む)け** ~용, ~대상

□ 092 **~もかまわず** ~도 상관하지 않고

□ 093 **~ものか** ~할까 보냐 *강한 반대나 부정

□ 094 **~ものがある** ~인 것이 있다, 정말 ~하다

□ 095 **~ものだ** ~인 법[것]이다 *상식 · 진리 · 본성

□ 096 **~ものだから** ~이니까, ~이기 때문에 *변명조

085 ～ばかりに ～탓에

어떤 원인으로 인해 말하는 사람에게 나쁜 결과가 되었을 때 쓴다. 말하는 사람의 후회나 유감을 나타낼 때가 많다. 비슷한 의미의 표현으로 「～せいで」(～탓에)가 있다.

예 アイスクリームを食べたばかりに、お腹を壊してしまった。
아이스크림을 먹은 탓에 배탈이 나고 말았다.

ホラー映画を見たばかりに、怖くて夜、なかなか寝られなかった。
공포 영화를 본 탓에 무서워서 밤에 좀처럼 자지 못했다.

※ 雨が降ったせいで、今日は冷えますね。
비가 내린 탓에 오늘은 쌀쌀하네요.

086 ～はさておき ～은 제쳐 두고

명사에 접속해 어떤 일에 대해 지금은 잠시 잊거나 제쳐 둔다는 의미로, 접속사 「ところで」(그것은 그렇고, 그런데)처럼 화제를 바꿔 원래 주제로 돌아갈 때 쓴다.

예 冗談はさておき、本題に入りましょう。
농담은 제쳐 두고 본론으로 들어갑시다.

誰が割ったかはさておき、とりあえず割れたガラスから片付けましょう。
누가 깼는지는 제쳐 두고 우선 깨진 유리부터 치웁시다.

087 ～はともかく ～은 어쨌든 간에, ～은 (우선) 제쳐 두고

「Aはともかく B」의 형태로 두 가지 내용을 비교해 A라는 문제도 생각해야 하지만 지금은 그것보다도 B를 우선시한다는 의미를 나타낼 때 쓴다. 비슷한 의미의 표현으로 「～はさておき」가 있는데, 「～はともかく」가 두 가지 내용을 비교해 지금까지 화제로 삼았는지 여부에 관계없이 쓸 수 있는 데 반해, 「～はさておき」는 지금까지 화제로 삼은 내용이 아닌 경우에는 다소 위화감이 느껴지는 표현이다.

예 味はともかく、ビールが飲めるだけで嬉しいよ。
맛은 어쨌든 간에 맥주를 마실 수 있는 것만으로 기뻐.

このバッグ、デザインはともかく、使いやすい。
이 가방, 디자인은 우선 제쳐 두고 쓰기 편하다.

어휘 アイスクリーム 아이스크림 | お腹を壊す 배탈이 나다 | ホラー映画 호러 영화, 공포 영화 |
怖い 무섭다 | 夜 밤 | なかなか (부정어 수반) 좀처럼 | 寝る 자다 | 雨 비 | 降る (비·눈 등이) 내리다, 오다 |
冷える (날씨 등이) 차가워지다, 추워지다 | 冗談 농담 | 本題 주제, 본론 | 割る 깨다 | とりあえず 우선, 먼저 |
割れる 깨지다 | ガラス 유리 | 片付ける 치우다, 정리하다 | 味 맛 | ビール 맥주 | ～だけで ～만으로 |
嬉しい 기쁘다 | バッグ 백, 가방 | デザイン 디자인 | 使う 쓰다, 사용하다 |
동사의 ます형+やすい ～하기 쉽다[편하다]

088 ～はもとより ～은 물론이고

「Aはもとより B」의 형태로 'A는 물론이고 B도 ～이다'라는 의미를 나타낸다. B보다 A가 내용적으로 더 강하거나 심할 때 쓰는데, 비슷한 의미의 표현으로 「～もさることながら」(～도 물론이거니와), 「～はもちろん(のこと)」(～은 물론이고)이 있다.

예 このゲームは子供はもとより、大人も楽しめるので人気がある。
이 게임은 아이는 물론이고 어른도 즐길 수 있어서 인기가 있다.
最近、忙しすぎてデートする時間はもとより、ゆっくり寝る時間すらない。
요즘 너무 바빠서 데이트할 시간은 물론이고 느긋하게 잘 시간조차 없다.

※ ここの料理はそのボリュームもさることながら、視覚的な満足度も高い。
여기 요리는 그 양도 물론이거니와 시각적인 만족도도 높다.
日本語学校では日本語はもちろん、日本の文化や習慣についても教えている。
일본어학교에서는 일본어는 물론이고 일본 문화나 습관에 대해서도 가르친다.

089 ～反面 ～인 반면

어떤 내용에 대해 두 가지의 반대 경향이나 성질을 말할 때 쓴다.

예 娘の結婚は嬉しい反面、寂しさもある。
딸의 결혼은 기쁜 반면, 서운함도 있다.
彼女はいつもは明るい反面、寂しがり屋でもある。
그녀는 평소에는 밝은 반면, 외로움을 잘 타기도 한다.

090 ～まい ① ～하지 않을 것이다 *부정의 추측 ② ～하지 않겠다 *부정의 의지

말하는 사람이 어떤 사안에 대해 그렇게는 되지 않을 것이라고 부정적으로 추측하거나 '~하지 않겠다'라는 부정의 의지를 나타낼 때 쓴다.

예 昨日、注意したから、今日は遅れて来るまい。
어제 주의를 줬으니까, 오늘은 늦게 오지 않을 것이다. *부정의 추측
もう二度と彼に仕事を頼むまい。
이제 두 번 다시 그에게 일을 부탁하지 않겠다. *부정의 의지

어휘 ゲーム 게임 | 大人 어른 | 楽しむ 즐기다 | 人気 인기 | 最近 최근, 요즘 | 忙しい 바쁘다 | い형용사의 어간+すぎる 너무 ~하다 | デート 데이트 | 時間 시간 | ゆっくり 느긋하게 | 寝る 자다 | ～すら ~조차 | 料理 요리 | ボリューム 볼륨, 양 | 視覚的だ 시각적이다 | 満足度 만족도 | 文化 문화 | 習慣 습관 | 教える 가르치다, 알려 주다 | 嬉しい 기쁘다 | 寂しさ 쓸쓸함, 서운함 | いつも 여느 때, 평소 | 明るい 밝다 | 寂しがり屋 외로움을 잘 타는 사람 | 昨日 어제 | 注意する 주의를 주다 | 今日 오늘 | 遅れる 늦다, 늦어지다 | もう 이제 | 二度と 두 번 다시 | 仕事 일 | 頼む 부탁하다

---

091 명사+向け ~용, ~대상

명사에 접속해 '~을 대상으로 하여'라는 의미를 나타낸다. 사람을 나타내는 명사에 접속할 때는 「~向け」를 「~用」로 바꿔 쓸 수 있다.

예 これは幼児向けに書かれた本です。(=幼児用)
이것은 유아용으로 쓰여진 책입니다.

海外向けの商品は、国内向けとは性能が多少違う。
해외용 상품은 국내용과는 성능이 약간 다르다.

092 ~もかまわず ~도 상관하지 않고

평소라면 신경을 쓰는 내용이지만, 지금은 그것을 신경 쓰지 않고 뭔가를 한다는 의미를 나타낸다.

예 母親は娘が泣くのもかまわず、立ち去った。
어머니는 딸이 우는 것도 상관하지 않고 떠났다.

その女性は、人目もかまわず電車の中で化粧をしていた。
그 여성은 남의 눈도 상관하지 않고 전철 안에서 화장을 하고 있었다.

093 ~ものか ~할까 보냐 *강한 반대나 부정

말하는 사람의 강한 반대나 부정의 감정을 나타낼 때 쓴다. 허물없는 사이에서 주로 쓰고, 앞에는 「二度と」(두 번 다시)나 「絶対に」(절대로) 등의 부사가 자주 온다.

예 あんな失礼な人と二度と話をするものか。
저런 무례한 사람과 두 번 다시 이야기를 할까 보냐.

あと1点で合格できたのに…。この悔しさを忘れるものか。
앞으로 1점이면 합격할 수 있었는데…. 이 분함을 잊을까 보냐.

어휘 幼児 유아 | 海外 해외 | 商品 상품 | 国内 국내 | 性能 성능 | 多少 다소, 약간 | 違う 다르다 | 母親 모친, 어머니 | 娘 딸 | 泣く 울다 | 立ち去る 떠나다 | 女性 여성 | 人目 남의 눈 | 電車 전철 | 化粧 화장 | 失礼だ 실례다, 무례하다 | 二度と 두 번 다시 | ~点 ~점 *점수 | 合格 합격 | ~のに ~는데(도) | 悔しさ 분함 | 忘れる 잊다

---

094 ～ものがある ~인 것이 있다, 정말 ~하다

말하는 사람이 어떤 사실에서 느낀 점이나 사물의 특징을 감정을 담아 말할 때 쓴다. 현재형으로만 쓰고 명사에는 붙지 않는다.

예 彼(かれ)の作品(さくひん)には何(なに)か光(ひか)るものがある。
그의 작품에는 뭔가 빛나는 것이 있다.
彼女(かのじょ)の演奏(えんそう)にはすごいものがある。
그녀 연주에는 굉장한 것이 있다.

095 ～ものだ ~인 법[것]이다 *상식 · 진리 · 본성

도덕적, 사회적으로 그렇게 하는 것이 상식이라고 말할 때 쓰는 표현으로, 회화체에서는 주로 「～もんだ」의 형태가 된다.

예 人(ひと)は疲(つか)れたら、眠(ねむ)くなるものだ。
사람은 피곤하면 졸려지는 법이다.
初(はじ)めて地震(じしん)を経験(けいけん)すると、誰(だれ)でも慌(あわ)てるものだ。
처음 지진을 경험하면 누구나 당황하는 법이다.

096 ～ものだから ~이니까, ~이기 때문에 *변명조

이유를 말할 때 쓰는 표현으로 자신의 행동을 정당화하거나 변명할 때 자주 쓴다. 뒤에는 명령이나 의지를 나타내는 문장은 거의 오지 않고, 「～もので」(~이니까, ~이기 때문에)의 형태로도 쓴다.

예 事故(じこ)があったものだから、会社(かいしゃ)に遅(おく)れてしまった。
사고가 있었기 때문에 회사에 늦고 말았다.
あまりにも安(やす)かったものだから、たくさん買(か)ってしまった。
너무나도 쌌기 때문에 많이 사고 말았다.

어휘 作品(さくひん) 작품 | 光(ひか)る 빛나다 | 演奏(えんそう) 연주 | すごい 굉장하다 | 疲(つか)れる 지치다, 피로해지다 | 眠(ねむ)い 졸리다 | 初(はじ)めて 처음(으로) | 地震(じしん) 지진 | 経験(けいけん) 경험 | 誰(だれ)でも 누구든지 | 慌(あわ)てる 당황하다 | 事故(じこ) 사고 | 遅(おく)れる 늦다, 늦어지다 | あまりにも 너무나도 | 安(やす)い 싸다 | たくさん 많이 | 買(か)う 사다

확인 문제 8(085~096) • 문법

問題7 次の文の(　　　)に入れるのに最もよいものを、1・2・3・4から一つ選びなさい。

1 彼女の言葉を信じた(　　　)、ひどい目に遭(あ)った。
1 ばかりに　　2 ばかりか　　3 とばかりに　　4 ばかりで

2 一人暮らしは楽しい(　　　)、話す相手がいないので寂しい時もある。
1 ばかりでなく　　2 からといって　　3 たびに　　4 反面

3 最近、中高年(　　　)のパソコン教室も増えてきた。
1 気味　　2 ごと　　3 向け　　4 さえ

4 あの店は高いばかりで、全然美味しくない。二度と行く(　　　)。
1 ものがある　　2 ものか　　3 ものを　　4 ものの

5 会社生活においては、給料(　　　)、人間関係が大切だ。
1 によって　　2 をのぞいて　　3 において　　4 はともかく

6 インターネットさえあれば、都会(　　　)田舎でも仕事は十分にできる。
1 はもとより　　2 に反して　　3 からして　　4 の際

7 これほどのご馳走(ちそう)を、一人では(　　　)。
1 食べられる　　2 食べるようになった
3 食べ切れまい　　4 食べるところだ

8 ジムに通うかどうか(　　　)、運動する習慣は付けたい。
1 次第では　　2 はさておき　　3 ところで　　4 はもとより

9 彼の日本語の上達の速さには、驚くべき(　　　)。
1 ものがある　　2 ものを　　3 ものだから　　4 ものの

10 人前で発表する時は、誰でも緊張する(　　　)。
1 ところだ　　2 ものだ　　3 ほどだ　　4 一方だ

11 先生「どうして遅刻したんですか。」
学生「実は、朝寝坊をしてしまった（　　　）。」
1 ものですから　2 ことですから　3 ところですから　4 だけですから

12 周りの人たちに見られているの（　　　）、二人は抱き締めた。
1 に反して　2 かたわら　3 もかまわず　4 に基づいて

問題8 次の文の ★ に入る最もよいものを、1・2・3・4から一つ選びなさい。

13 ＿＿ ＿＿ ★ ＿＿、燃費も非常にいい。
1 この　2 もとより　3 車は　4 デザインは

14 ＿＿ ＿＿ ★ ＿＿、自然に囲まれて快適に過ごせるというよさもある。
1 田舎での　2 暮らしは　3 反面　4 不便な

15 二日酔いで朝から頭が痛い。もう ＿＿ ＿＿ ★ ＿＿。
1 飲む　2 酒は　3 誓った　4 まいと

16 この本は ＿＿ ＿＿ ★ ＿＿ ので、一般人にはちょっとわかりにくい。
1 向けの　2 用語が　3 専門家　4 多い

17 彼のスピーチには、何か ＿＿ ＿＿ ★ ＿＿。
1 響く　2 ある　3 心に　4 ものが

問題9 次の文章を読んで、文章全体の内容を考えて、18 から 22 の中に入る最もよいものを、1・2・3・4から一つ選びなさい。

昔から真に実力のある企業は不況の中にあっても市場シェア、そして業績を伸ばすことができると言うが、正にそれを立証するように、国内 18 営業を展開する各国 19 引き続き景気の先行きに不透明感が残る中、A社は3期連続で増収、増益を達成した。今年の売り上げは去年の870億ドルから11.5%増の970億ドルと、2桁台の増収を実現した。

価格競争力を強化するために戦略的に一部の商品の売価を下げたことにより、利益率は前期の10.7%から10.6%と0.1ポイント下がっている。20、会社を挙げて経費削減を最優先課題としていた今年は、人件費の削減による店舗オペレーションコストの低下 21、増収によるレバレッジ効果で売り上げに対する販管費率は前期の9.98%から0.17ポイント改善されて9.81%となった。同期はまた純利益を前年の14億6,000万ドルから17.1億ドルと17%伸ばし、過去最高益を上げ、A社の29年の歴史の中で記念すべき年となった。A社の店舗の単店の年商は業界でも抜群に高い。それは今期も変わらず、年商2億ドルを上回る店舗の数は前年の93店舗から134店舗に増え、そのうちの8店の年商は3億ドルを突破、その強力な 22 に驚かされる。

18

1 はもとより　2 に関して　3 の上で　4 をのぞいて

19

1 によって　2 に際して　3 において　4 として

20

1 しかし　2 一方　3 それで　4 だから

21

1 に加え　2 に反し　3 を問わず　4 気味で

22

1 購買力　2 推進力　3 創造力　4 販売力

확인 문제 8(085~096) • 정답 및 해석(문법)

1 정답 1
해석 그녀의 말을 믿었던 (탓에) 호되게 당했다.
어휘 言葉(ことば) 말 信(しん)じる 믿다 ～ばかりに ~탓에 ひどい目(め)に遭(あ)う 호되게 당하다
～ばかりか ~뿐만 아니라 ～とばかりに ~라는 듯이

2 정답 4
해석 혼자 사는 것은 즐거운 (반면), 이야기할 상대가 없어서 외로울 때도 있다.
어휘 一人暮(ひとりぐ)らし 혼자서 삶 楽(たの)しい 즐겁다 ～反面(はんめん) ~인 반면 話(はな)す 말하다, 이야기하다
相手(あいて) 상대 寂(さび)しい 쓸쓸하다, 외롭다 ～ばかりでなく ~뿐만 아니라 ～からといって ~라고 해서
～たび(度)に ~할 때마다

3 정답 3
해석 요즘 중노년 (대상)의 컴퓨터 교실도 늘어났다.
어휘 最近(さいきん) 최근, 요즘 中高年(ちゅうこうねん) 중년과 노년 ～向(む)け ~용, ~대상
パソコン (개인용) 컴퓨터 *「パーソナルコンピューター」의 준말 ～教室(きょうしつ) (기술 등을 가르치는) ~교실
増(ふ)える 늘다, 늘어나다 명사+気味(ぎみ) ~한 기색[느낌] ～ごと ~마다 ～さえ ~조차

4 정답 2
해석 저 가게는 비싸기만 하고 전혀 맛있지 않다. 두 번 다시 갈(까 보냐).
어휘 店(みせ) 가게 高(たか)い 비싸다 ～ばかりで ~하기만 하고, ~할 뿐이고 全然(ぜんぜん) (부정어 수반) 전혀
美味(おい)しい 맛있다 二度(にど)と 두 번 다시 ～ものか ~할까 보냐 *강한 반대나 부정
～ものがある ~인 것이 있다, 정말 ~하다 ～ものを ~인 것을 ～ものの ~이지만

5 정답 4
해석 회사 생활에 있어서는 급여(는 제쳐 두고) 인간관계가 중요하다.
어휘 会社(かいしゃ) 회사 生活(せいかつ) 생활 ～においては ~에 있어서는, ~에서는 給料(きゅうりょう) 급료, 급여
～はともかく ~은 어쨌든 간에, ~은 (우선) 제쳐 두고 人間関係(にんげんかんけい) 인간관계 大切(たいせつ)だ 중요하다
～によって ~에 의해, ~에 따라 ～をのぞ(除)いて ~을 제외하고 ～において ~에 있어서, ~에서

6 정답 1
해석 인터넷만 있으면 도시(는 물론이고) 시골에서도 일은 충분히 할 수 있다.
어휘 インターネット 인터넷 ～さえ ～ば ~만 ~하면 都会(とかい) 도회, 도시 ～はもとより ~은 물론이고
田舎(いなか) 시골 仕事(しごと) 일 十分(じゅうぶん)に 충분히 ～に反(はん)して ~에 반해서
～からして (우선) ~부터가 명사+の+際(さい) ~할 때

7 정답 3
해석 이 정도의 진수성찬을 혼자서는 (다 먹을 수 없을 것이다).
어휘 ご馳走(ちそう) 맛있는 음식, 진수성찬 食(た)べる 먹다 동사의 ます형+切(き)れない 완전히[다] ~할 수 없다
～まい ~하지 않을 것이다 *부정의 추측 ～ようになる ~하게(끔) 되다 *변화 동사의 기본형+ところだ ~하려던 참이다

8 정답 2
해석 체육관에 다닐지 어떨지(는 제쳐 두고) 운동하는 습관은 들이고 싶다.
어휘 ジム 체육관 通(かよ)う 다니다 ～かどうか ~일지 어떨지 ～はさておき ~은 제쳐 두고 運動(うんどう) 운동
習慣(しゅうかん)を付(つ)ける 습관을 들이다 명사+次第(しだい)では ~에 따라서는, ~나름으로는
～ところで ~해 봤자, ~한들 ～はもとより ~은 물론이고

9 정답 1
해석 그의 일본어가 향상되는 속도에는 놀랄 만(한 것이 있다).
어휘 上達(じょうたつ) 숙달, 향상 速(はや)さ 속도 驚(おどろ)く 놀라다 동사의 기본형+べき (마땅히) ~해야 할, ~할 만한
～ものがある ~인 것이 있다, 정말 ~하다 ～ものを ~인 것을 *유감 ～ものだから ~이니까, ~이기 때문에 *변명조
～ものの ~이지만

10 정답 2
해석 남 앞에서 발표할 때는 누구든지 긴장하(는 법이다).
어휘 人前(ひとまえ) 남의 앞 発表(はっぴょう) 발표 誰(だれ)でも 누구든지 緊張(きんちょう) 긴장
~ものだ ~인 법[것]이다 *상식 · 진리 · 본성 동사의 기본형+ところだ ~하려던 참이다
동사의 기본형+一方(いっぽう)だ ~하기만 하다, 더더욱 ~하다

11 정답 1
해석 선생님 "왜 지각한 거예요?"
학생 "실은 늦잠을 자 버려(서요)."
어휘 どうして 왜, 어째서 遅刻(ちこく) 지각 実(じつ)は 실은 朝寝坊(あさねぼう)をする 늦잠을 자다
~ものだから ~이니까, ~이기 때문에 *변명조

12 정답 3
해석 주위 사람들에게 보여지는 것(도 상관하지 않고) 두 사람은 꽉 껴안았다.
어휘 周(まわ)り 주위, 주변 ~もかまわず ~도 상관하지 않고 抱(だ)き締(し)める 꽉 껴안다
~に反(はん)して ~에 반해서 ~かたわら ~하는 한편, 주로 ~일을 하면서 그 한편으로
~に基(もと)づいて ~에 근거[기초]해서

13 この 車は デザインは★ もとより | 정답 4
해석 이 차는 디자인은★ 물론이고 연비도 대단히 좋다.
어휘 車(くるま) 자동차, 차 デザイン 디자인 ~はもとより ~은 물론이고 燃費(ねんぴ) 연비
非常(ひじょう)に 대단히, 매우

14 田舎での 暮らしは 不便な★ 反面 | 정답 4
해석 시골에서의 생활은 불편한★ 반면, 자연에 둘러싸여 쾌적하게 지낼 수 있다는 이점도 있다.
어휘 田舎(いなか) 시골 暮(く)らし 생활 不便(ふべん)だ 불편하다 ~反面(はんめん) ~인 반면 自然(しぜん) 자연
囲(かこ)む 둘러싸다 快適(かいてき)だ 쾌적하다 過(す)ごす (시간을) 보내다, 지내다 よさ 좋은 점, 이점

15 酒は 飲む まいと★ 誓った | 정답 4
해석 숙취로 아침부터 머리가 아프다. 이제 술은 마시지 않겠다고★ 맹세했다.
어휘 二日酔(ふつかよ)い 숙취 朝(あさ) 아침 頭(あたま) 머리 痛(いた)い 아프다 もう 이제
酒(さけ)を飲(の)む 술을 마시다 ~まい ~하지 않겠다 *부정의 의지 誓(ちか)う 맹세하다

16 専門家 向けの 用語が★ 多い | 정답 2
해석 이 책은 전문가 대상의 용어가★ 많기 때문에 일반인에게는 조금 이해하기 어렵다.
어휘 専門家(せんもんか) 전문가 ~向(む)け ~용, ~대상 用語(ようご) 용어 多(おお)い 많다
一般人(いっぱんじん) 일반인 동사의 ます형+にくい ~하기 어렵다[힘들다]

17 心に 響く ものが★ ある | 정답 4
해석 그의 연설에는 뭔가 마음에 와닿는 것이★ 있다.
어휘 スピーチ 스피치, 연설 心(こころ) 마음 響(ひび)く (강한 호소력으로) 가슴을 찌르다, (찡하게) 가슴에 와닿다
~ものがある ~인 것이 있다, 정말 ~하다

18~22

옛날부터 정말 실력이 있는 기업은 불황 속에서도 시장 점유율, 그리고 실적을 늘릴 수 있다고 하는데, 바로 그것을 입증하듯 이 국내 18 는 물론이고 영업을 펼치는 각국 19 에서 계속해서 경기 전망이 불투명한 와중에 A사는 3기 연속으로 증수, 증익을 달성했다. 올해 매출은 작년의 870억 달러에서 11.5% 증가한 970억 달러로 두 자릿수대의 증수를 실현했다.

가격 경쟁력을 강화하기 위해서 전략적으로 일부 상품의 판매 가격을 내림으로써 이익률은 전기의 10.7%에서 10.6%로 0.1포인트 떨어졌다. 20 한편 전사적(全社的)으로 경비 삭감을 최우선 과제로 해 왔던 올해는 인건비 삭감에 의한 점포 운영비 저하 21 에 더해 증수에 의한 레버리지 효과로 매출에 대한 판관비율은 전기의 9.98%에서 0.17포인트 개선되어 9.81%가 되었다. 동기(同期)는 또 순이익을 전년의 14억 6,000만 달러에서 17.1억 달러로 17% 늘려 과거 최고 이익을 올려서 A사의 29년 역사 중에서 기념할 만한 해가 되었다. A사 점포의 단일 점포 연간 매출액은 업계에서도 뛰어나게 높다. 그것은 당기(當期)도 변함없이 연간 매출액 2억 달러를 웃도는 점포 수는 전년도의 93개 점포에서 134개 점포로 늘어나, 그중 8개 점포의 연간 매출액은 3억 달러를 돌파해 그 강력한 22 판매력 에 놀라게 된다.

어휘 昔(むかし) 옛날 真(しん)に 참으로, 정말로 実力(じつりょく) 실력 企業(きぎょう) 기업 不況(ふきょう) 불황 市場(しじょう) 시장 シェア 셰어, (상품의) 점유율 業績(ぎょうせき) 업적, 실적 伸(の)ばす 늘리다, 신장시키다 正(まさ)に 바로, 틀림없이, 정말로 立証(りっしょう) 입증 ~ように ~하듯이 国内(こくない) 국내 営業(えいぎょう) 영업 展開(てんかい) 전개, 펼침 各国(かっこく) 각국 引(ひ)き続(つづ)き 계속해서 景気(けいき) 경기 先行(さきゆ)き 전망(=先行(さきい)き) 不透明感(ふとうめいかん) 불투명한 느낌 残(のこ)る 남다 ~期(き) ~기 連続(れんぞく) 연속 増収(ぞうしゅう) 증수, 수익 증대 増益(ぞうえき) 증익, 이익이 불어남 達成(たっせい) 달성 今年(ことし) 올해 売(う)り上(あ)げ 매상, 매출 去年(きょねん) 작년 ~増(ぞう) ~증, ~증가 億(おく) 억 ドル 달러 桁(けた) (숫자의) 자릿수 ~台(だい) ~대 実現(じつげん) 실현 価格(かかく) 가격 競争力(きょうそうりょく) 경쟁력 強化(きょうか) 강화 동사의 보통형+ために ~하기 위해서 戦略的(せんりゃくてき)だ 전략적이다 一部(いちぶ) 일부 商品(しょうひん) 상품 売価(ばいか) 매가, 판매 가격, 파는 값 下(さ)げる (물가를) 내리다 ~ことにより ~하는 것에 의해, ~함으로써 利益率(りえきりつ) 이익률 前期(ぜんき) 전기, 앞의 시기 ポイント 포인트 下(さ)がる (값·온도·지위·기능 등이) 떨어지다 挙(あ)げて 모두, 전부 経費(けいひ) 경비 削減(さくげん) 삭감 最優先(さいゆうせん) 최우선 課題(かだい) 과제 人件費(じんけんひ) 인건비 ~による ~에 의한 店舗(てんぽ) 점포 オペレーションコスト 운영비 *주로 물류비나 인건비를 말함 低下(ていか) 저하 レバレッジ効果(こうか) 레버리지 효과 *타인의 자본을 지렛대처럼 이용하여 자기 자본의 이익률을 높이는 효과 ~に対(たい)する ~에 대한 販管費率(はんかんひりつ) 판관비율 改善(かいぜん) 개선 同期(どうき) 동기, 같은 시기 純利益(じゅんりえき) 순이익 前年(ぜんねん) 전년 過去(かこ) 과거 最高益(さいこうえき) 최고 이익 上(あ)げる (성과·수익 등을) 올리다, 거두다 歴史(れきし) 역사 記念(きねん) 기념 동사의 기본형+べき (마땅히) ~해야 할, ~할 만한 年(とし) 해 単店(たんてん) 단일 점포 年商(ねんしょう) 연간 매출액 業界(ぎょうかい) 업계 抜群(ばつぐん) 발군, 뛰어남 高(たか)い 높다 今期(こんき) 금기, 당기(當期), 이번 시기 変(か)わる 바뀌다, 변하다 ~ず(に) ~하지 않고 上回(うわまわ)る 웃돌다, 상회하다 数(かず) 수 増(ふ)える 늘다, 늘어나다 そのうち 그중, 그 가운데 突破(とっぱ) 돌파 強力(きょうりょく)だ 강력하다 驚(おどろ)かす 놀라게 하다

18 **해석** 1 는 물론이고 2 에 관해서 3 한 후에 4 를 제외하고
어휘 ~はもとより ~은 물론이고 ~に関(かん)して ~에 관해서 명사+の+上(うえ)で ~한 후에, ~한 다음에 ~をのぞ(除)いて ~을 제외하고

19 **해석** 1 에 의해 2 함에 있어서 3 에서 4 로서
어휘 ~に際(さい)して ~함에 있어서, ~할 때 ~において ~에 있어서, ~에서 ~として ~로서

20 **해석** 1 그러나 2 한편 3 그래서 4 그러므로
어휘 しかし 그러나 一方(いっぽう) 한편 それで 그래서 だから 그러므로, 그래서

21 **해석** 1 에 더해 2 에 반해 3 를 불문하고 4 기색으로
어휘 ~に加(くわ)え ~에 더해, ~에다가 ~に反(はん)し ~에 반해 ~を問(と)わず ~을 불문하고 명사+気味(ぎみ)だ ~한 기색[느낌]이다

22 **해석** 1 구매력 2 추진력 3 창조력 4 판매력
어휘 購買力(こうばいりょく) 구매력 推進力(すいしんりょく) 추진력 創造力(そうぞうりょく) 창조력 販売力(はんばいりょく) 판매력

기출 문법표현 108
<097~108>

- ☐ 097 동사의 기본형+ものなら ~라면
- ☐ 098 ~ものの ~이지만
- ☐ 099 ~やら~やら ~이며 ~이며, ~하기도 하고 ~하기도 하고
- ☐ 100 ~ようでは ~여서는
- ☐ 101 ~わりに(は) ~에 비해서(는), ~치고(는)
- ☐ 102 ~を契機(けいき)に ~을 계기로
- ☐ 103 ~を~として ~을 ~로 해서, ~을 ~로서
- ☐ 104 ~を問(と)わず ~을 불문하고
- ☐ 105 ~を抜(ぬ)きにして ~을 빼고, ~을 제쳐 두고
- ☐ 106 ~を除(のぞ)いて / ~を除(のぞ)き ~을 제외하고
- ☐ 107 ~をはじめ ~을 비롯해
- ☐ 108 ~を巡(めぐ)って ~을 둘러싸고

097 동사의 기본형+**ものなら** ~라면

동사의 기본형에 접속해 실현이 어려운 일을 '만약 가능하다면'이라고 가정할 때 쓴다. 문장 끝에는 「～たい」(~하고 싶다), 「～てほしい」(~해 주었으면 하다, ~하길 바라다), 「～てみろ」(~해 봐라) 등 희망이나 명령을 나타내는 말이 온다.

예 やり直(なお)せるものなら、もう一度(いちど)人生(じんせい)をやり直(なお)したい。
다시 할 수 있다면 한 번 더 인생을 다시 시작하고 싶다.

逃(に)げられるものなら、逃(に)げてみろ。
도망칠 수 있다면 도망쳐 봐라.

098 **～ものの** ~이지만

어떤 내용에 대해 일단 사실로 인정하지만, 실제로는 그것과는 상반되거나 모순되는 일이 뒤에 전개됨을 나타낸다.

예 いい大学(だいがく)を卒業(そつぎょう)したものの、就職難(しゅうしょくなん)で仕事(しごと)が見(み)つからない。
좋은 대학을 졸업했지만, 취업난으로 일자리가 나타나지 않는다.

今(いま)通(かよ)っている会社(かいしゃ)は給料(きゅうりょう)は安(やす)いものの、人間関係(にんげんかんけい)がいいので満足(まんぞく)している。
지금 다니는 회사는 급여는 적지만, 인간관계가 좋아서 만족하고 있다.

099 **～やら～やら** ~이며 ~이며, ~하기도 하고 ~하기도 하고

말하는 것 이외에도 여러 가지가 있지만, 우선 대표적인 예를 한두 가지 들어 말할 때 쓴다. 뒤에는 힘들거나 불만을 나타내는 표현이 자주 온다.

예 最近(さいきん)、勉強(べんきょう)やらバイトやらで毎日(まいにち)忙(いそが)しい。
요즘 공부며 아르바이트며 매일 바쁘다.

お酒(さけ)の飲(の)み過(す)ぎで、頭(あたま)が痛(いた)いやら吐(は)き気(け)がするやらで大変(たいへん)だった。
과음으로 머리가 아프기도 하고 구역질이 나기도 하고 해서 힘들었다.

어휘 やり直(なお)す 다시 하다 | もう一度(いちど) 한 번 더 | 人生(じんせい) 인생 | 逃(に)げる 도망치다 | 大学(だいがく) 대학 | 卒業(そつぎょう) 졸업 | 就職難(しゅうしょくなん) 취업난 | 仕事(しごと) 직장 | 見(み)つかる 발견되다, 찾게 되다 | 通(かよ)う 다니다 | 会社(かいしゃ) 회사 | 給料(きゅうりょう) 급료, 급여 | 安(やす)い 싸다 | 人間関係(にんげんかんけい) 인간관계 | 満足(まんぞく) 만족 | 最近(さいきん) 최근, 요즘 | 勉強(べんきょう) 공부 | バイト 아르바이트 *「アルバイト」의 준말 | 毎日(まいにち) 매일 | 忙(いそが)しい 바쁘다 | お酒(さけ) 술 | 飲(の)み過(す)ぎ 과음, 지나치게 마심 | 頭(あたま) 머리 | 痛(いた)い 아프다 | 吐(は)き気(け)がする 구역질이 나다 | 大変(たいへん)だ 힘들다

---

100 ～ようでは ～여서는

그런 모습이나 상태로는 안 된다고 말할 때 쓰는 표현으로, 앞에서 말한 어떤 사항이 실현되면 결과는 기대대로 되지 않음을 나타낸다. 뒤에는 주로 「駄目だ」(안 된다), 「困る」(곤란하다), 「～ない」(～하지 않다) 등의 부정적인 내용이 온다.

예 小学校水準の漢字が読めないようでは駄目だね。

초등학교 수준의 한자를 못 읽어서는 안 되지.

まだ時間があるからといって、遊んでいるようでは試験には合格できない。

아직 시간이 있다고 해서 놀고 있어서는 시험에는 합격할 수 없다.

101 ～わりに(は) ～에 비해서(는), ～치고(는)

생각했던 기준이나 정도가 실제와 다를 때 쓰는 표현으로, 「値段」(가격), 「年齢」(연령, 나이), 「若い」(젊다), 「心配する」(걱정하다) 등의 말과 함께 쓴다.

예 彼女は年齢のわりには若く見える。

그녀는 나이에 비해서는 젊어 보인다.

交渉が難航したわりに、取引はうまくいった。

교섭이 난항했던 것에 비해서 거래는 순조롭게 진행되었다.

102 ～を契機に ～을 계기로

명사에 접속해 어떤 것을 좋은 기회라고 생각하고 그것을 새로운 행동의 발단으로 삼는 것을 나타낸다.

예 病気を契機に、酒を止めることにした。

병을 계기로 술을 끊기로 했다.

入院を契機に、これからは定期健診をきちんと受けようと思った。

입원을 계기로 앞으로는 정기 검진을 제대로 받아야겠다고 생각했다.

어휘 小学校 초등학교 | 水準 수준 | 漢字 한자 | 駄目だ 안 된다 | 時間 시간 | ～からといって ～라고 해서 | 遊ぶ 놀다 | 試験 시험 | 合格 합격 | 若い 젊다 | 見える 보이다 | 交渉 교섭 | 難航 난항 | 取引 거래 | うまくいく 잘되다, 순조롭게 진행되다 | 病気 병 | 止める 그만두다, 관두다 | 동사의 보통형+ことにする ～하기로 하다 | 入院 입원 | これから 앞으로, 이제부터 | 定期健診 정기 검진 | きちんと 제대로, 확실히 | 受ける (어떤 행위를) 받다

103 ～を～として ～을 ～로 해서, ～을 ～로서

'～의 입장에서, ～의 자격으로, ～명목으로'라는 뜻으로, 입장이나 자격 등을 확실히 나타낼 때 쓴다. 뒤에 명사가 올 때에는 「～を～とする+명사」의 형태가 된다.

예 社員旅行は、社員の交流を目的として行われる。
사원 여행은 사원의 교류를 목적으로 해서 실시된다.
この掃除機を引っ越し祝いとして両親にもらった。
이 청소기를 이사 축하 선물로서 부모님께 받았다.
※ 来週、鈴木先生を講師とする講演があります。
다음 주에 스즈키 선생님을 강사로 하는 강연이 있습니다.

104 ～を問わず ～을 불문하고

명사에 접속해 앞에 오는 내용과 상관없이 뒤의 내용이 성립함을 나타낸다.

예 これは男女を問わず、楽しめる運動です。
이것은 남녀를 불문하고 즐길 수 있는 운동입니다.
年齢、性別、職業を問わず、どなたでも参加できます。
연령, 성별, 직업을 불문하고 누구라도 참가하실 수 있습니다.

105 ～を抜きにして ～을 빼고, ～을 제쳐 두고

명사에 접속해 '～을 고려하지 않고, ～을 제외하고'라는 뜻을 나타낸다. 이 표현은 조사 「は」를 사용해 「～は抜きにして」(～은 빼고, ～은 생략하고)의 형태로 쓰기도 한다.

예 今回の優勝は、彼を抜きにしてはあり得なかった。
이번 우승은 그를 빼고는 있을 수 없었다.
鈴木さんの助けを抜きにして、このプロジェクトの成功は難しいだろう。
스즈키 씨의 도움을 빼고 이 프로젝트의 성공은 어려울 것이다.

어휘 社員旅行 사원 여행 | 交流 교류 | 目的 목적 | 行う 하다, 행하다, 실시하다 | 掃除機 청소기 | 引っ越し 이사 | 祝い 축하 선물 | 両親 양친, 부모 | もらう (남에게) 받다 | 講師 강사 | 講演 강연 | 男女 남녀 | 楽しむ 즐기다 | 運動 운동 | 性別 성별 | 職業 직업 | どなた 어느 분, 누구 *「誰」의 공손한 말씨 | 参加 참가 | 今回 이번 | 優勝 우승 | あり得ない 있을 수 없다 | 助け 도움 | プロジェクト 프로젝트 | 成功 성공 | 難しい 어렵다

---

106 ～を除いて / ～を除き ~을 제외하고

명사에 접속해 어떤 범위에서 일부 요소를 제외하는 것을 나타낸다.

예 その問題を除いて、大体解決した。
그 문제를 제외하고 대부분 해결했다.
館内は、一部を除いて撮影可能です。
관내는 일부를 제외하고 촬영이 가능합니다.

107 ～をはじめ ~을 비롯해

명사에 접속해 대표적인 것을 하나 예로 들고 그 밖에도 예가 더 있음을 나타낼 때 쓴다. 뒤에는 「みんな」(모두), 「たくさん」(많이), 「色々」(여러 가지) 등 다수를 뜻하는 말이 많이 온다.

예 ご両親をはじめ、家族の皆さんによろしくお伝えください。
부모님을 비롯해 가족분들께 안부 잘 전해 주세요.
昨年は中村先生をはじめ、たくさんの先生方にお世話になった。
작년에는 나카무라 선생님을 비롯해 많은 선생님께 신세를 졌다.

108 ～を巡って ~을 둘러싸고

명사에 접속해 어떤 사안에 대해 주위에서 다양한 논쟁이나 의견 대립 등이 일어나고 있을 때 쓴다. 뒤에 명사가 올 때는 「～を巡る+명사」의 형태가 된다.

예 彼の評価を巡って、激しい論争が起こった。
그의 평가를 둘러싸고 격렬한 논쟁이 일어났다.
新入社員の待遇を巡って、意見の対立がある。
신입 사원의 대우를 둘러싸고 의견 대립이 있다.

어휘 問題 문제 | 大体 대강, 대부분 | 解決 해결 | 館内 관내 | 一部 일부 | 撮影 촬영 | 可能 가능 | 家族 가족 | よろしくお伝えください 안부 잘 전해 주세요 *「お+동사의 ます형+ください」 – ~해 주십시오(존경표현) | 伝える 전하다 | 昨年 작년 | お世話になる 신세를 지다 | 評価 평가 | 激しい 격하다, 격렬하다 | 論争 논쟁 | 起こる 일어나다, 발생하다 | 新入社員 신입 사원 | 待遇 대우 | 意見 의견 | 対立 대립

확인 문제 9(097~108) • 문법

동영상 19

問題7 次の文の(　　　)に入れるのに最も よいものを、1・2・3・4から一つ選びなさい。

1 彼は引退を（　　　）、念願の牧場主（ぼくじょうぬし）となった。

1 問わず　　2 おいて　　3 契機に　　4 ものともせず

2 今回の講演は、渡辺先生を講師（　　　）お招きします。

1 において　　2 からして　　3 として　　4 によって

3 息子はお腹が痛いやら暑い（　　　）で泣いている。

1 ほど　　2 すら　　3 こそ　　4 やら

4 音楽はジャンル（　　　）、何でも聞いています。

1 に関して　　2 を問わず　　3 にもまして　　4 のもとで

5 この事件はテレビで盛んに報道される（　　　）、一般の関心は薄い。

1 一方で　　2 わりには　　3 わけにはいかず　　4 上は

6 ドーナツはアメリカ（　　　）、世界中で食べられるようになった食べ物である。

1 を除いて　　2 にせよ　　3 からすると　　4 をはじめ

7 頭ではわかっている（　　　）、実際に言葉で説明するのは容易ではない。

1 ものの　　2 からには　　3 かたわら　　4 とたん

8 上司「君、遅刻（　　　）困るよ。」
部下「大変申し訳ありません。」

1 してばかりいるようでは　　2 もかまわずに
3 どころか　　4 はもとより

9 明日は関東地方（　　　）、天気が崩れるでしょう。

1 とはいえ　　2 の反面　　3 次第では　　4 を除き

10 原子力発電所の建設（　　　）、様々な意見が飛び交っている。

1 を巡って　　2 にとって　　3 によって　　4 からして

언어지식(문법)　기출 문법표현　〈097~108〉

11 こんな高級住宅街に住める（　　　）、一度は住んでみたい。

1 からといって　　2 どころか　　3 にひきかえ　　4 ものなら

12 ジャズは黒人社会（　　　）は語れない。

1 に対して　　2 を抜きにして　　3 に当たって　　4 に即して

問題8 次の文の＿★＿に入る最もよいものを、1・2・3・4から一つ選びなさい。

13 当店では、今月末＿＿ ＿＿ ＿★＿ ＿＿半額でお買い求めいただけます。

1 一部　　2 除いて　　3 商品を　　4 まで

14 日本の伝統芸能＿＿ ＿＿ ＿★＿ ＿＿、茶道、生け花などが挙げられる。

1 としては　　2 はじめ　　3 を　　4 歌舞伎

15 ＿＿ ＿＿ ＿★＿ ＿＿、住民と建設会社が対立している。

1 マンションの　　2 建設を　　3 高層　　4 巡って

16 長年＿＿ ＿＿ ＿★＿ ＿＿、話す力がなかなか身に付かない。

1 学んで　　2 ものの　　3 英語を　　4 いる

17 ＿＿ ＿＿ ＿★＿ ＿＿、土地が大幅に値上がりした。

1 駅の　　2 開設を　　3 新しい　　4 契機に

問題9 次の文章を読んで、文章全体の内容を考えて、18 から 22 の中に入る最もよいものを、1・2・3・4から一つ選びなさい。

> 自社の知的財産全般の把握と知的財産の公開、出願権利化の戦略計画立案は、全社戦略や事業戦略と最も密接に関係するマネージメントの一つである。知的財産管理 18 、出願などの行為によって権利が発生する方式主義を取る知的財産権と、著作権やコンテンツなど、創作と同時に権利が発生する知的財産権とでは、管理の内容が大きく異なってくる。特に、前者 19 各国の法律に定められた手続きを正確に踏まないと、権利が発生しない 20 、緻密で正確なマネージメントが求められる。
>
> このカテゴリーの業務においては、先行技術調査や出願代理など 21 外部の調査機関や弁護士事務所との連携も必要になる。また、ライセンスなどの知的財産関連契約の計画と実行には、国内外の様々な組織と知的財産 22 関係性を樹立し、それを発展させていくプロセスを取っている。時としては企業だけでなく、政府機関や大学などの営利ではない組織目標を有する組織との関係を樹立、発展させることも行われる。

18
1 からして　　2 を除いては　　3 次第では　　4 に関しては

19
1 においては　　2 によっては　　3 を問わず　　4 の際

20
1 にせよ　　2 かたわら　　3 気味で　　4 ことから

21
1 はさておき　　2 はもとより　　3 に際して　　4 に伴って

22
1 を巡って　　2 に沿って　　3 に連れて　　4 にわたって

확인 문제 9(097~108) • 정답 및 해석(문법)

1 **정답** 3
해석 그는 은퇴를 (계기로) 염원하던 목장 주인이 되었다.
어휘 引退(いんたい) 은퇴 ~を契機(けいき)に ~을 계기로 念願(ねんがん) 염원 牧場主(ぼくじょうぬし) 목장 주인
~を問(と)わず ~을 불문하고 ~をおいて ~을 제외하고 ~をものともせず ~을 아랑곳하지 않고

2 **정답** 3
해석 이번 강연은 와타나베 선생님을 강사(로서) 초빙하겠습니다.
어휘 講演(こうえん) 강연 ~を~として ~을 ~로 해서, ~을 ~로서 講師(こうし) 강사
お+동사의 ます형+する ~하다, ~해 드리다 *겸양표현 招(まね)く 초빙하다 ~において ~에 있어서, ~에서
~からして (우선) ~부터가 ~によって ~에 의해, ~에 따라

3 **정답** 4
해석 아들은 배가 아프기도 하고 덥기(도 하고) 해서 울고 있다.
어휘 息子(むすこ) (자신의) 아들 お腹(なか) 배 痛(いた)い 아프다 ~やら~やら ~이며 ~이며, ~하기도 하고 ~하기도 하고
暑(あつ)い 덥다 泣(な)く 울다 ~ほど ~만큼 ~すら ~조차 ~こそ ~야말로

4 **정답** 2
해석 음악은 장르(를 불문하고) 뭐든지 듣고 있습니다.
어휘 音楽(おんがく) 음악 ジャンル 장르 ~を問(と)わず ~을 불문하고 聞(き)く 듣다 ~に関(かん)して ~에 관해서
~にもまして ~보다 더 사람+の+もとで ~아래에서, ~밑에서, ~하에

5 **정답** 2
해석 이 사건은 TV에서 한창 보도되는 것(에 비해서는) 일반의 관심은 적다.
어휘 事件(じけん) 사건 テレビ 텔레비전, TV *「テレビジョン」의 준말 盛(さか)んだ 한창이다 報道(ほうどう) 보도
~わりには ~에 비해서는, ~치고는 一般(いっぱん) 일반 関心(かんしん) 관심 薄(うす)い 적다
동사의 기본형+一方(いっぽう)だ ~하기만 하다, 더더욱 ~하다

6 **정답** 4
해석 도넛은 미국(을 비롯해) 전 세계에서 먹을 수 있게 된 음식이다.
어휘 ドーナツ 도넛 アメリカ 아메리카, 미국 ~をはじめ ~을 비롯해 世界中(せかいじゅう) 전 세계
~ようになる ~하게(끔) 되다 *변화 食(た)べ物(もの) 음식, 먹을 것 ~を除(のぞ)いて ~을 제외하고
~にせよ ~라고 해도, ~도, ~든 ~からすると ~로 보면, ~로 판단컨대

7 **정답** 1
해석 머리로는 알고 있(지만), 실제로 말로 설명하는 것은 쉽지 않다.
어휘 頭(あたま) 머리 わかる 알다, 이해하다 ~ものの ~이지만 実際(じっさい)に 실제로 言葉(ことば) 말
容易(ようい)だ 용이하다, 쉽다 ~からには ~한 이상은 ~かたわら ~하는 한편, 주로 ~일을 하면서 그 한편으로
동사의 た형+とたん(に) ~하자마자, ~하는 순간(에)

8 **정답** 1
해석 상사 "자네, 지각(만 하고 있어서는) 곤란해."
부하 "대단히 죄송합니다."
어휘 上司(じょうし) 상사 遅刻(ちこく) 지각 ~てばかりいる ~하고만 있다 ~ようでは ~여서는
困(こま)る 곤란하다, 난처하다 部下(ぶか) 부하 ~もかまわずに ~도 상관하지 않고 ~どころか ~은커녕
~はもとより ~은 물론이고

9 **정답** 4
해석 내일은 관동 지방(을 제외하고) 날씨가 나빠질 것입니다.
어휘 関東地方(かんとうちほう) 관동 지방 ~を除(のぞ)き ~을 제외하고 天気(てんき) 날씨
崩(くず)れる (날씨가) 나빠지다, 궂어지다 ~とはいえ ~라고 해도 명사+の+反面(はんめん) ~인 반면
명사+次第(しだい)では ~에 따라서는, ~나름으로는

10 정답 1
해석 원자력 발전소 건설(을 둘러싸고) 다양한 의견이 난무하고 있다.
어휘 原子力(げんしりょく) 원자력 発電所(はつでんしょ) 발전소 建設(けんせつ) 건설 ～を巡(めぐ)って ~을 둘러싸고 意見(いけん) 의견 飛(と)び交(か)う 난무하다 ～にとって ~에(게) 있어서 ～によって ~에 의해, ~에 따라 ～からして (우선) ~부터가

11 정답 4
해석 이런 고급 주택가에 살 수 있(다면) 한 번은 살아 보고 싶다.
어휘 高級(こうきゅう) 고급 住宅街(じゅうたくがい) 주택가 住(す)む 살다, 거주하다 동사의 기본형+ものなら ~라면 ～からといって ~라고 해서 ～どころか ~은커녕 ～にひ(引)きか(換)え ~와는 반대로

12 정답 2
해석 재즈는 흑인 사회(를 빼고)는 말할 수 없다.
어휘 ジャズ 재즈 黒人(こくじん) 흑인 社会(しゃかい) 사회 ～を抜(ぬ)きにして ~을 빼고, ~을 제쳐 두고 語(かた)る 말하다, 이야기하다 ～に対(たい)して ~에 대해서 , ~에게 *대상 ～に当(あ)たって ~에 즈음해서, ~할 때 ～に即(そく)して ~에 입각해서

13 まで 一部 商品を★ 除いて | 정답 3
해석 저희 가게에서는 이달 말까지 일부 상품을★ 제외하고 반값으로 구입하실 수 있습니다.
어휘 当店(とうてん) 당점, 저희 가게 今月末(こんげつまつ) 이달 말 ～まで ~까지 一部(いちぶ) 일부 商品(しょうひん) 상품 ～を除(のぞ)いて ~을 제외하고 半額(はんがく) 반값 お+동사의 ます형+いただく (남에게) ~해 받다, (남이) ~해 주시다 *겸양표현 買(か)い求(もと)める 사들이다, 구입하다

14 としては 歌舞伎 を★ はじめ | 정답 3
해석 일본의 전통 예능으로서는 가부키 를★ 비롯해 다도, 꽃꽂이 등을 들 수 있다.
어휘 伝統(でんとう) 전통 芸能(げいのう) 예능 ～として ~로서 歌舞伎(かぶき) 가부키 ～をはじめ ~을 비롯해 茶道(さどう) 다도 生(い)け花(ばな) 꽃꽂이 挙(あ)げる (예로서) 들다

15 高層 マンションの 建設を★ 巡って | 정답 2
해석 고층 아파트 건설을★ 둘러싸고 주민과 건설 회사가 대립하고 있다.
어휘 高層(こうそう) 고층 マンション 맨션, (중 · 고층) 아파트 建設(けんせつ) 건설 ～を巡(めぐ)って ~을 둘러싸고 住民(じゅうみん) 주민 建設会社(けんせつがいしゃ) 건설 회사 対立(たいりつ) 대립

16 英語を 学んで いる★ ものの | 정답 4
해석 오랫동안 영어를 배우고 있★ 지만, 말하는 능력이 좀처럼 몸에 배지 않는다.
어휘 長年(ながねん) 긴[오랜] 세월, 오랫동안 英語(えいご) 영어 学(まな)ぶ 배우다, 익히다 ～ものの ~이지만 力(ちから) 힘, 능력 なかなか (부정어 수반) 좀처럼 身(み)に付(つ)く (지식 · 기술 등이) 몸에 배다, 자신의 것이 되다

17 新しい 駅の 開設を★ 契機に | 정답 2
해석 새로운 역 개설을★ 계기로 토지가 큰 폭으로 값이 올랐다.
어휘 新(あたら)しい 새롭다 駅(えき) 역 開設(かいせつ) 개설 ～を契機(けいき)に ~을 계기로 土地(とち) 토지 大幅(おおはば)に 대폭적으로, 큰 폭으로 値上(ねあ)がり 값이 오름

18~22

자사의 지적 재산 전반에 대한 파악과 지적 재산의 공개, 출원 권리화의 전략 계획 입안은 전사 전략이나 사업 전략과 가장 밀접하게 관계되는 매니지먼트 중 하나다. 지적 재산 관리 18 에 관해서는 출원 등의 행위에 의해 권리가 발생하는 방식주의를 취하는 지적 재산권과 저작권이나 콘텐츠 등 창작과 동시에 권리가 발생하는 지적 재산권과는 관리 내용이 크게 달라진다. 특히 전자 19 에 있어서는 각국의 법률에 정해진 절차를 정확하게 밟지 않으면 권리가 발생하지 않기 20 때문에 치밀하고 정확한 매니지먼트가 요구된다.

이 카테고리의 업무에서는 선행 기술 조사나 출원 대리 등 21 을 할 때 외부 조사 기관이나 변호사 사무소와의 제휴도 필요해진다. 또 라이선스 등의 지적 재산 관련 계약의 계획과 실행에는 국내외의 여러 조직과 지적 재산 22 을 둘러싸고 관계성을 수립하고 그것을 발전시켜 나가는 과정을 취하고 있다. 때로는 기업뿐만 아니라 정부 기관이나 대학 등의 영리가 아닌 조직 목표를 가진 조직과의 관계를 수립, 발전시키는 것도 행해진다.

어휘 自社(じしゃ) 자사, 자기 회사 知的(ちてき) 지적 財産(ざいさん) 재산 全般(ぜんぱん) 전반 把握(はあく) 파악 公開(こうかい) 공개 出願(しゅつがん) 출원 権利化(けんりか) 권리화 戦略(せんりゃく) 전략 計画(けいかく) 계획 立案(りつあん) 입안 全社(ぜんしゃ) 전사, 그 회사 전체 事業(じぎょう) 사업 最(もっと)も 가장, 제일 密接(みっせつ)だ 밀접하다 関係(かんけい) 관계 マネージメント 매니지먼트, 경영, 관리 管理(かんり) 관리 行為(こうい) 행위 ~によって ~에 의해 発生(はっせい) 발생 方式主義(ほうしきしゅぎ) 방식주의 取(と)る 취하다 著作権(ちょさくけん) 저작권 コンテンツ 콘텐츠 創作(そうさく) 창작 ~と同時(どうじ)に ~와 동시에 内容(ないよう) 내용 異(こと)なる 다르다 特(とく)に 특히 前者(ぜんしゃ) 전자 各国(かっこく) 각국 法律(ほうりつ) 법률 定(さだ)める 정하다, 제정하다 手続(てつづ)き 수속, 절차 正確(せいかく)だ 정확하다 踏(ふ)む 밟다 緻密(ちみつ)だ 치밀하다 求(もと)める 요구하다, (요)청하다 カテゴリー 카테고리 業務(ぎょうむ) 업무 先行(せんこう) 선행 技術(ぎじゅつ) 기술 調査(ちょうさ) 조사 代理(だいり) 대리 外部(がいぶ) 외부 機関(きかん) 기관 弁護士(べんごし) 변호사 事務所(じむしょ) 사무소 連携(れんけい) 제휴 必要(ひつよう) 필요 ライセンス 라이선스 関連(かんれん) 관련 契約(けいやく) 계약 実行(じっこう) 실행 国内外(こくないがい) 국내외 組織(そしき) 조직 関係性(かんけいせい) 관계성 樹立(じゅりつ) 수립 発展(はってん) 발전 プロセス 프로세스, 과정 時(とき)としては 때로는 企業(きぎょう) 기업 ~だけで(は)なく ~뿐만 아니라 政府(せいふ) 정부 大学(だいがく) 대학 営利(えいり) 영리 目標(もくひょう) 목표 有(ゆう)する 가지다 行(おこな)う 하다, 행하다, 실시하다

18 **해석** 1 부터가 2 를 제외하고는 3 에 따라서는 4 에 관해서는
어휘 ~からして (우선) ~부터가 ~を除(のぞ)いて ~을 제외하고 명사+次第(しだい)では ~에 따라서는, ~나름으로는 ~に関(かん)しては ~에 관해서는

19 **해석** 1 에 있어서는 2 에 따라서는 3 를 불문하고 4 할 때
어휘 ~においては ~에 있어서는, ~에서는 ~によっては ~에 따라서는 ~を問(と)わず ~을 불문하고 명사+の+際(さい) ~할 때

20 **해석** 1 라고 해도 2 한편 3 기색으로 4 때문에
어휘 ~にせよ ~라고 해도, ~도, ~든 ~かたわら ~하는 한편, 주로 ~일을 하면서 그 한편으로 ~気味(ぎみ) ~한 기색[느낌] ~ことから ~(인 것) 때문에, ~(인 것으로) 인해

21 **해석** 1 은 제쳐 두고 2 은 물론이고 3 을 할 때 4 에 동반해서
어휘 ~はさておき ~은 제쳐 두고 ~はもとより ~은 물론이고 ~に際(さい)して ~함에 있어서, ~할 때 ~に伴(ともな)って ~에 동반해서, ~에 따라서

22 **해석** 1 을 둘러싸고 2 에 따라 3 함에 따라서 4 에 걸쳐서
어휘 ~を巡(めぐ)って ~을 둘러싸고 ~に沿(そ)って ~에[을] 따라서 ~に連(つ)れて ~함에 따라서 ~にわたって ~에 걸쳐서

확인 문제 10(001~108)・문법

問題7 次の文の(　　　)に入れるのに最もよいものを、1・2・3・4から一つえらびなさい。

1 この量は、一人では到底(　　　)。
1 食べ切れない　2 食べよう　3 食べることはない　4 食べるべからず

2 最近、食事の(　　　)にスマホをいじっている人が多いようです。
1 まで　2 ところ　3 最中　4 半分

3 この本、タイトル(　　　)面白そうですね。
1 ごとに　2 向きに　3 にとって　4 からして

4 公園で子供たちが(　　　)遊んでいます。
1 楽しくて　2 楽しげに　3 楽しかったり　4 楽しくても

5 この映画を見て(　　　)、親の愛について考えることが多くなった。
1 以前　2 以降　3 以後　4 以来

6 10年前に買ったこの車は、あちこち傷(　　　)だ。
1 次第　2 すら　3 気味　4 だらけ

7 今年の冬は、インフルエンザが流行する(　　　)という。
1 恐れがある　2 かねない　3 ものだ　4 べきだ

8 彼は数学(　　　)、暗算も得意だった。
1 はさておき　2 はもとより　3 を除いて　4 によって

9 一回の失敗で諦める(　　　)! 絶対成功してやる。
1 だけか　2 ものか　3 ところか　4 ばかりか

10 政治家がそんな差別的なことを言うなんて、信じ(　　　)ことだ。
1 やさしい　2 がたい　3 むずかしい　4 からい

11 宿題を全部（　　　　）、遊びに行けない。

1 してみたにしろ　2 するものを　3 したとたん　4 してからでないと

12 このレストランは値段が安い（　　　　）、料理もとても美味しい。

1 にせよ　2 としては　3 のみならず　4 かたわら

問題8 次の文の ＿★＿ に入る最もよいものを、1・2・3・4から一つ選びなさい。

13 彼女は ＿＿ ＿＿ ＿★＿ ＿＿、すぐ諦める人ではありません。

1 反対　2 された　3 みんなに　4 からといって

14 ＿＿ ＿＿ ＿★＿ ＿＿、やる気が出なくてごろごろしている。

1 やると　2 ものの　3 言った　4 宿題を

15 この ＿＿ ＿＿ ＿★＿ ＿＿ 送料は無料です。

1 購入金額　2 を　3 問わず　4 オンラインショップは

16 今回の試験は、＿＿ ＿＿ ＿★＿ ＿＿ 点が取れた。

1 勉強　2 いい　3 わりには　4 しなかった

17 次のキャプテンに ＿＿ ＿＿ ＿★＿ ＿＿ 部員の間で投票が行われた。

1 なる　2 かを　3 巡って　4 誰が

問題9 次の文章を読んで、文章全体の内容を考えて、18 から 22 の中に入る最もよいものを、1・2・3・4から一つ選びなさい。

一般に、消費者は品質の高い製品をできるだけ低い価格で購入したいと考える。こうしたニーズが存在することは、高品質と低価格を同時にアピールするブランドが多くの消費者に受容されていることからも容易に理解できる。また、インターネットで「 18 」をキーワードに検索すると、このアピールを用いている企業サイトが多数表示され、その有効性が多くの企業に認識されていることが分かる。それらの製品カテゴリーは、衣料品、化粧品、住宅など広範囲にわたっている。このアピールが消費者を惹き付ける(注1)ようになった背景には、低価格品の品質向上があると思われる。消費者は、1990年代に台頭した100円ショップなど 19 、それまで根付いていた「 20 」といった考えが必ずしも正しくはないという認識を持つようになった。実際、高価格品と低価格品の品質差異は小さくなり、1990年代後半にはパッケージ製品 21 、耐久財、サービス、生産財など様々な領域でコモディティ化(注2)が進行した。多くの市場は成熟化して画期的な新製品が少なくなり、類似した製品による企業間の価格競争が激化していった。こうして、消費者の品質に対する関心や不安は 22 、低価格品を購入することへの不安や抵抗感が小さくなっていったのである。

(注1)惹き付ける: 人の心や興味を向かせる

(注2)コモディティ化: 商品の市場価値が低下し、一般的な商品になること。日用品化

18

1 高品質低価格　　2 多用途商品　　3 当日配達　　4 宅配便サービス

19

1 にかかわらず　　2 のせいで　　3 ばかりか　　4 を通じて

20

1 安くても品質がいい商品は多い
2 商品の売れ行きと価格は何の関連もない
3 安い商品は品質がよくない
4 高い商品の方が安い商品よりよく売れる

21

1 に限って　　2 のみならず　　3 に伴って　　4 をものともせず

22

1 弱まり　　2 高まり　　3 深まり　　4 迫り

확인 문제 10(001~108) • 정답 및 해석(문법)

1 정답 1
해석 이 양은 혼자서는 도저히 (다 먹을 수 없다).
어휘 量(りょう) 양 一人(ひとり)では 혼자서는 到底(とうてい) (부정어 수반) 도저히 食(た)べる 먹다
동사의 ます형+切(き)れない 완전히[다] ~할 수 없다 ~ことはない ~할 것은[필요는] 없다
동사의 기본형+べからず ~해서는 안 된다

2 정답 3
해석 요즘 (한창) 식사 (중)에 스마트폰을 만지작거리고 있는 사람이 많은 것 같습니다.
어휘 最近(さいきん) 최근, 요즘 食事(しょくじ) 식사 ~最中(さいちゅう) 한창 ~중
スマホ 스마트폰 *「スマートフォン」의 준말 いじる 만지다, 만지작거리다 多(おお)い 많다 ~ようだ ~인 것 같다

3 정답 4
해석 이 책, 제목(부터가) 재미있을 것 같네요.
어휘 本(ほん) 책 タイトル 타이틀, 제목 ~からして (우선) ~부터가 面白(おもしろ)い 재미있다
い형용사의 어간+そうだ ~일[할] 것 같다, ~해 보이다 *양태 ~ごとに ~마다 ~向(む)き ~에 적합함
~にとって ~에(게) 있어서

4 정답 2
해석 공원에서 아이들이 (즐거운 듯이) 놀고 있습니다.
어휘 公園(こうえん) 공원 子供(こども) 아이 ~たち (사람이나 생물을 나타내는 말에 붙어) ~들 楽(たの)しい 즐겁다
형용사의 어간+げ ~인 듯함 遊(あそ)ぶ 놀다

5 정답 4
해석 이 영화를 본 (이래) 부모님의 사랑에 대해서 생각하는 일이 많아졌다.
어휘 映画(えいが) 영화 ~て以来(いらい) ~한 이래 親(おや) 부모 愛(あい) 사랑 ~について ~에 대해서 *내용
考(かんが)える 생각하다 多(おお)い 많다 以前(いぜん) 이전 以降(いこう) 이후 以後(いご) 이후

6 정답 4
해석 10년 전에 산 이 차는 여기저기 흠집(투성이)다.
어휘 車(くるま) 자동차, 차 あちこち 여기저기 傷(きず) 흠집 명사+だらけ ~투성이
동사의 ます형+次第(しだい) ~하는 대로 (즉시) ~すら ~조차 명사+気味(ぎみ) ~한 기색[느낌]

7 정답 1
해석 올겨울은 독감이 유행할 (우려가 있다)고 한다.
어휘 今年(ことし) 올해 冬(ふゆ) 겨울 インフルエンザ 인플루엔자, 독감 流行(りゅうこう) 유행
~恐(おそ)れがある ~할 우려가 있다 동사의 ます형+かねない ~할 수도 있다, ~할지도 모른다
~ものだ ~인 법[것]이다 *상식·진리·본성 동사의 기본형+べきだ (마땅히) ~해야 한다

8 정답 2
해석 그는 수학(은 물론이고) 암산도 잘했다.
어휘 数学(すうがく) 수학 ~はもとより ~은 물론이고 暗算(あんざん) 암산 得意(とくい)だ 잘하다, 자신있다
~はさておき ~은 제쳐 두고 ~を除(のぞ)いて ~을 제외하고 ~によって ~에 의해, ~에 따라

9 정답 2
해석 한 번의 실패로 단념할(까 보냐)! 반드시 성공해 주겠다.
어휘 失敗(しっぱい) 실패 諦(あきら)める 체념하다, 단념하다 ~ものか ~할까 보냐 *강한 반대나 부정
絶対(ぜったい) 절대로, 반드시 成功(せいこう) 성공 ~てやる (내가 남에게) ~해 주다 *대등한 관계나 손아랫사람일 경우에 씀
~ばかりか ~뿐만 아니라

10 정답 2
해석 정치가가 그런 차별적인 말을 하다니, 믿기 (힘든) 일이다.
어휘 政治家(せいじか) 정치가 差別的(さべつてき)だ 차별적이다 ~なんて ~라니, ~하다니 信(しん)じる 믿다
동사의 ます형+がたい ~하기 힘들다, ~할 수 없다 やさ(易)しい 쉽다 むずか(難)しい 어렵다 から(辛)い 맵다

11 정답 4
해석 숙제를 전부 (한 후가 아니면) 놀러 갈 수 없다.
어휘 宿題(しゅくだい) 숙제 全部(ぜんぶ) 전부 ～てからでないと ～하고 나서가 아니면, ～한 후가 아니면
遊(あそ)ぶ 놀다 동사의 ます형+に ～하러 *동작의 목적 ～にしろ ～라고 해도, ～도, ～든 ～ものを ～인 것을 *유감
동사의 た형+とたん(に) ～하자마자, ～하는 순간(에)

12 정답 3
해석 이 레스토랑은 가격이 쌀 (뿐만 아니라) 요리도 매우 맛있다.
어휘 レストラン 레스토랑 値段(ねだん) 가격 安(やす)い 싸다 ～のみならず ～뿐만 아니라 料理(りょうり) 요리
美味(おい)しい 맛있다 ～にせよ ～라고 해도, ～도, ～든 ～としては ～로서는
～かたわら ～하는 한편, 주로 ～일을 하면서 그 한편으로

13 みんなに 反対 された★ からといって | 정답 2
해석 그녀는 모두가 반대 했다★ 고 해서 바로 단념할 사람이 아닙니다.
어휘 みんな 모두 反対(はんたい) 반대 ～からといって ～라고 해서 すぐ 곧, 바로 諦(あきら)める 체념하다, 단념하다

14 宿題を やると 言った★ ものの | 정답 3
해석 숙제를 하겠다고 말했★ 지만 의욕이 생기지 않아서 빈둥거리고 있다.
어휘 宿題(しゅくだい) 숙제 ～ものの ～이지만 やる気(き)が出(で)る 할 마음[의욕]이 생기다 ごろごろ 빈둥빈둥

15 オンラインショップは 購入金額 を★ 問わず | 정답 2
해석 이 온라인 숍은 구입 금액 을★ 불문하고 배송료는 무료입니다.
어휘 オンラインショップ 온라인 숍 購入(こうにゅう) 구입 金額(きんがく) 금액 ～を問(と)わず ～을 불문하고
送料(そうりょう) 송료, 배송료 無料(むりょう) 무료

16 勉強 しなかった わりには★ いい | 정답 3
해석 이번 시험은 공부 하지 않았던 것 에 비해서는★ 좋은 점수를 받을 수 있었다.
어휘 試験(しけん) 시험 勉強(べんきょう) 공부 ～わりには ～에 비해서는, ～치고는 点(てん) 점수
取(と)る (점수를) 따다, 받다

17 誰が なる かを★ 巡って | 정답 2
해석 다음 주장으로 누가 될 지를★ 둘러싸고 부원 사이에서 투표가 실시되었다.
어휘 キャプテン 캡틴, 주장 ～を巡(めぐ)って ～을 둘러싸고 部員(ぶいん) 부원 間(あいだ) 사이
投票(とうひょう) 투표 行(おこな)う 하다, 행하다, 실시하다

18~22

일반적으로 소비자는 품질이 높은 제품을 되도록 낮은 가격으로 구입하고 싶다고 생각한다. 이러한 요구가 존재하는 것은 고품질과 저가격을 동시에 어필하는 브랜드가 많은 소비자에게 수용되고 있는 것에서도 쉽게 이해할 수 있다. 또 인터넷에서 '18 고품질 저가격'을 키워드로 검색하면 이 어필을 이용하고 있는 기업 사이트가 다수 표시되어 그 유효성이 많은 기업에게 인식되고 있다는 것을 알 수 있다. 그 제품 카테고리들은 의류, 화장품, 주택 등 광범위하게 걸쳐 있다. 이 어필이 소비자를 매혹하게(주1) 된 배경에는 저가품의 품질 향상이 있다고 생각된다. 소비자는 1990년대에 대두된 100엔 숍 등 19 을 통해서 그때까지 뿌리내리고 있던 '20 싼 상품은 품질이 좋지 않다'는 생각이 반드시 맞지는 않다는 인식을 가지게 되었다. 실제로 고가품과 저가품의 품질 차이는 줄어들어 1990년대 후반에는 패키지 제품 21 뿐만 아니라 내구재, 서비스, 생산재 등 다양한 영역에서 일용품화(주2)가 진행되었다. 대부분의 시장은 성숙해지고 획기적인 신제품이 적어져서 유사한 제품에 의한 기업 간의 가격 경쟁이 격화되어 갔다. 이렇게 해서 소비자의 품질에 대한 관심이나 불안은 22 수그러들어 저가품을 구입하는 것에 대한 불안이나 저항감이 적어져 갔던 것이다.

(주1)惹き付ける(매혹하다): 사람의 마음이나 흥미를 향하게 하다
(주2)コモディティ化(코모디티화): 상품의 시장 가치가 저하되어 일반적인 상품이 되는 것. 일용품화

어휘 一般(いっぱん)に 대체로, 일반적으로 消費者(しょうひしゃ) 소비자 品質(ひんしつ) 품질 高(たか)い 높다 製品(せいひん) 제품 できるだけ 가능한 한, 되도록 低(ひく)い 낮다 価格(かかく) 가격 購入(こうにゅう) 구입 ニーズ 요구 存在(そんざい) 존재 高品質(こうひんしつ) 고품질 低価格(ていかかく) 저가격 ~を同時(どうじ)に ~을 동시에 アピール 어필 ブランド 브랜드 受容(じゅよう) 수용 容易(ようい)だ 용이하다, 쉽다 理解(りかい) 이해 インターネット 인터넷 キーワード 키워드 検索(けんさく) 검색 用(もち)いる 사용하다, 이용하다 企業(きぎょう) 기업 サイト 사이트 多数(たすう) 다수 表示(ひょうじ) 표시 有効性(ゆうこうせい) 유효성 認識(にんしき) 인식 カテゴリー 카테고리, 범주 衣料品(いりょうひん) 의료품, 의류 化粧品(けしょうひん) 화장품 住宅(じゅうたく) 주택 広範囲(こうはんい) 광범위 わたる 걸치다 惹(ひ)き付(つ)ける (마음을) 끌다, 매혹하다 ~ようになる ~하게(끔) 되다 *변화 背景(はいけい) 배경 低価格品(ていかかくひん) 저가품 向上(こうじょう) 향상 台頭(たいとう) 대두 根付(ねづ)く 뿌리내리다 必(かなら)ずしも (부정어 수반) 반드시, 꼭 正(ただ)しい 옳다, 맞다 持(も)つ 가지다 実際(じっさい) 실제로 高価格品(こうかかくひん) 고가품 差異(さい) 차이 小(ちい)さい 적다 後半(こうはん) 후반 パッケージ製品(せいひん) 패키지 제품 耐久財(たいきゅうざい) 내구재 サービス 서비스 生産財(せいさんざい) 생산재 領域(りょういき) 영역 コモディティ化(か) 코모디티화, 일용품화 進行(しんこう) 진행 市場(しじょう) 시장 成熟化(せいじゅくか) 성숙화 画期的(かっきてき)だ 획기적이다 新製品(しんせいひん) 신제품 少(すく)ない 적다 類似(るいじ) 유사 ~による ~에 의한 競争(きょうそう) 경쟁 激化(げきか) 격화 ~に対(たい)する ~에 대한 関心(かんしん) 관심 不安(ふあん) 불안 抵抗感(ていこうかん) 저항감 心(こころ) 마음 興味(きょうみ) 흥미 向(む)く 향하다 価値(かち) 가치 低下(ていか) 저하 日用品化(にちようひんか) 일용품화

18 **해석** 1 고품질 저가격 2 다용도 상품 3 당일 배달 4 택배 서비스
어휘 多用途(たようと) 다용도 当日(とうじつ) 당일 配達(はいたつ) 배달 宅配便(たくはいびん) 택배

19 **해석** 1 에 관계없이 2 탓에 3 뿐만 아니라 4 을 통해서
어휘 ~にかかわらず ~에 관계없이 명사+の+せいで ~탓에 ~ばかりか ~뿐만 아니라 ~を通(つう)じて ~을 통해서

20 **해석** 1 싸도 품질이 좋은 상품은 많다 2 상품의 팔림새와 가격은 아무런 관련도 없다 3 싼 상품은 품질이 좋지 않다 4 비싼 상품이 싼 상품보다 잘 팔린다
어휘 安(やす)い 싸다 売(う)れ行(ゆ)き 팔림새 何(なん)の 아무런 関連(かんれん) 관련 売(う)れる (잘) 팔리다

21 **해석** 1 에 한해서 2 뿐만 아니라 3 에 동반해서 4 를 아랑곳하지 않고
어휘 ~に限(かぎ)って ~에 한해서 ~のみならず ~뿐만 아니라 ~に伴(ともな)って ~에 동반해서, ~에 따라서 ~をものともせず ~을 아랑곳하지 않고

22 **해석** 1 수그러들어 2 높아져 3 깊어져 4 다가와
어휘 弱(よわ)まる 약해지다, 수그러들다 高(たか)まる 높아지다 深(ふか)まる 깊어지다 迫(せま)る 다가오다

SECTION 3

독해

문제 10 내용 이해 1(단문)

출제 유형

문제 10 내용 이해 1(단문)에서는 일상생활, 지시, 업무 등 200자 내외의 비교적 짧은 글을 읽고 전체적인 주제나 내용, 필자가 하고 싶은 말 등을 찾는 문제가 출제된다. 5개의 지문이 제시되며 지문당 1문항씩 총 5문항이 출제된다. 지문이 짧으므로 3분 이내에 읽고 지문 전체의 키워드를 빨리 찾아내는 것이 포인트이다.

자주 나오는 질문 유형

□ ○○について筆者はどのように考えているか。
○○에 대해서 필자는 어떻게 생각하고 있는가?

□ この文章で筆者が最も言いたいことは何か。
이 글에서 필자가 가장 말하고 싶은 것은 무엇인가?

□ 筆者の考えに合っているのはどれか。
필자의 생각에 맞는 것은 어느 것인가?

□ 本文の○○というのはどういう意味か。
본문의 ○○라는 것은 어떠한 의미인가?

□ 本文の○○に合っているのはどれか。
본문의 ○○에 맞는 것은 어느 것인가?

실제 시험 예시

問題10 次の(1)から(5)の文章を読んで、後の問いに対する答えとして最もよいものを、1・2・3・4から一つ選びなさい。

(1)

最近、若い人の間で活字離れ(注)が深刻になっているという。実際、様々なデータで日本人が書籍に支払う金額が、毎年減っていることが報告されている。どうしてこのような事態になってしまったのだろうか。

私には携帯電話の普及が大きな原因のように思われる。以前、日本では電車やバスの車内で、漫画や小説などを読む人々をたくさん見かけたが、今ではこれが携帯電話に取って代われてしまった。要するに、本や雑誌を買うお金が携帯電話の料金に使われてしまっているのである。

(注)活字離れ: 本や雑誌など、印刷された文字を読まなくなること

1 筆者はどのように考えているか。

1 携帯電話を使うことは、文化の進歩なので良いことだと思っている。
2 漫画を読むよりも、小説を読む方が人生の役に立つと思っている。
3 漫画を読むよりも、携帯電話を使うことが良くないと思っている。
4 携帯電話や書籍などに、お金を使うことが良くないと思っている。

|정답| 1 3

시험 대책

내용 이해 1(단문)은 200자 내외의 짧은 글이 출제되기 때문에 문제를 미리 읽어 질문의 핵심 키워드를 파악한 후에 지문을 읽는 것이 좋다. 읽을 때는 문제와 관련된 내용이 어느 부분에 나와 있는지를 파악하면서 읽어야 한다. 특히 글의 전체적인 주제, 필자의 의견이나 주장 등을 묻는 문제는 일본어의 특성상 대체적으로 마지막 부분에 관련 내용이 나오는 경우가 많으니 요령으로 기억해 두자.

동영상 21

확인 문제 1 • 내용 이해 1(단문)

問題 10 次の(1)から(5)の文章を読んで、後の問いに対する答えとして最もよいものを、1・2・3・4から一つ選びなさい。

(1)

私は海外旅行に行く度に、楽しみにしていることがあります。それは、その国で放送されているテレビ放送を見ることです。なぜなら、テレビは他の国との文化の違いを明確に見せてくれる、最も身近(みぢか)な存在だからです。

特に私が気に入っているのは、テレビなどに流れる広告、すなわちCMです。CMは短い時間でメッセージを伝えなければならないため、色々な方法を使ってインパクトを与えようとしています。一般的に言うと、日本のCMよりも欧米のCMは比較広告などを使い、他社との違いを明確に伝え、強力なアピールをすることを好んでいるようです。

1 筆者はCMがテレビ番組と違うところは何だと言っているか。

1 比較広告をして、他社との違いを明らかにしなくてはならない点
2 文化の違いをもとに、他の国と差別しなくてはならない点
3 インパクトを与えるために、繰り返して同じ内容を放送しなくてはいけない点
4 短い時間の中で、はっきりとしたメッセージを伝えなくてはいけない点

(2)

私にはどうしても捨てられないものがある。それは今までの私の人生を記録したアルバムだ。人生は十人十色(注1)で、一つも同じものはない。人それぞれ育ってきた環境も違えば、歩んできた道も違う。私はそんな人生の節目(注2)で写真を撮り、その思い出を全部記録してきた。私がどんな人物なのかを自分の口で説明することはなかなか難しい。しかし、写真を見ればその時々に私が幸せだったのかどうかを、表情を通じて伝えることができる。私が生きてきたその証が、このアルバムなのだ。

(注1)十人十色: 人はそれぞれ考え方や好みが違っているということ
(注2)節目: 物事の区切りになる点、時期

2 筆者は写真をどのようなものだと思っているか。

1 自分が人生の節目で感じたことの記録
2 自分の思想や考えを発表するための手段
3 自分と他人との違いをはっきりさせる基準
4 自分と他人とのコミュニケーションに役立つ道具

(3)

落とし物をする人は後を絶たないが、駅にある遺失物管理所には毎日、莫大な量の落とし物が持ち込まれるという。その中にはウエディングドレスやガスマスクなど、どんな目的で持ち歩いているのかさっぱりわからないものもあるが、一般的に日本で最も多いものは傘だそうだ。しかし、これも国が変われば、落とし物の順位もかなり変わってくる。ちなみに、イギリスでは鞄が1位だそうだ。雨が多いにもかかわらず、イギリス人は傘を持ち歩くことが稀で、落とす人が少ないらしい。落とし物でその国の習慣もうかがい知ることができるようだ。

3 この文章で筆者が最も言いたいことは何か。

1 世界には様々なものを忘れる人がいる。
2 日本の落とし物は傘が多く、イギリスでは鞄だ。
3 落とし物から国の文化や習慣も察することができる。
4 人は思いがけないものを持ち歩いているものだ。

(4)

> 日本では昔から「能ある鷹(たか)は爪を隠す」という諺(ことわざ)があるが、これは本当に実力のある人物は、他人に自分の能力を誇示(こじ)したりすることはないという意味の諺(ことわざ)だ。本来の意味は、実力者は余裕があるから、敢えて優秀さを自慢する必要がないというものだが、現実的には能力をアピールすると他人に嫉妬(しっと)(注)されるので、自分の実力は大したことはないと謙遜(けんそん)した方が生きやすいからとも言える。現在もこの諺(ことわざ)が生きているのは、この状況が昔に比べてあまり変わっていないからだろう。
>
> (注)嫉妬(しっと): 自分より優れている人を羨ましく思うこと

4 筆者が現在の日本でも自分の能力を謙遜(けんそん)した方がいいと思っているのはなぜか。

1 他人から嫉妬(しっと)されるので、あまり目立たない方がいいから

2 実力者は余裕があるので、アピールする必要がないから

3 謙遜(けんそん)した方が格好良いと、他人から思われるから

4 謙遜(けんそん)して生きることが、日本の昔からの伝統だから

(5)

> みなさんは「人間開発指数(HDI)」という言葉を聞いたことがありますか。「人間開発指数」とは、各国の人間開発の度合いを測る新たな物差しで発表された包括的な経済社会指標で、各国の人々が人間としての尊厳(そんげん)(注1)を持って生活しているかどうかを指数化したものです。この指数が高ければ高いほど、基本的な人間の能力が環境に制限されないで発揮(はっき)できる社会であると考えられています。これは一人当たりの国内総生産(GDP)、平均寿命、識字率(しきじりつ)(注2)、就学率の四つ要素が基本になります。ちなみに、日本は高い数値を誇(ほこ)っていますが、それも世界一の長寿国のおかげなのかもしれません。
>
> (注1)尊厳(そんげん): 相手を尊敬して大切に思うこと
> (注2)識字率(しきじりつ): ある国の国民のうち、文字を読める割合

5 以下の例の中で、人間開発指数が高いと思われる国はどこか。

1 子供の自立が進んでいて、学校に通わず、仕事をしている子供が多い国

2 個人の所得は少ないが、人口が多いので国内総生産が高い国

3 移民をして来た人が多く、共通語の普及に努めている国

4 医療技術が進んでいて、乳幼児死亡率が低い国

확인 문제 1 • 정답 및 해석(내용 이해 1(단문))

(1)

저는 해외여행을 갈 때마다 기대하고 있는 것이 있습니다. 그것은 그 나라에서 방송되고 있는 TV 방송을 보는 것입니다. 왜냐하면 TV는 다른 나라와의 문화 차이를 명확하게 보여 주는 가장 친근한 존재이기 때문입니다.

특히 제가 마음에 들어 하는 것은 TV 등에 방송되는 광고, 즉 CM입니다. CM은 짧은 시간에 메시지를 전달해야 하기 때문에 다양한 방법을 써서 임팩트를 주려고 합니다. 일반적으로 말하면 일본의 CM보다도 유럽과 미국의 CM은 비교 광고 등을 사용해 타사와의 차이를 명확하게 전달해서 강력하게 어필하는 것을 선호하는 것 같습니다.

어휘 海外旅行(かいがいりょこう) 해외여행 동사의 보통형+度(たび)に ~할 때마다 楽(たの)しみにする 기대하다 放送(ほうそう) 방송 なぜなら 왜냐하면 他(ほか)の~ 다른~ 文化(ぶんか) 문화 違(ちが)い 차이 明確(めいかく)だ 명확하다 見(み)せる 보이다, 보여 주다 最(もっと)も 가장, 제일 身近(みぢか)だ 일상에서 익숙해져 있다 存在(そんざい) 존재 特(とく)に 특히 気(き)に入(い)る 마음에 들다 流(なが)れる 점차 널리 퍼지다, 유포되다, 전파하다 すなわち 즉, 바로 短(みじか)い 짧다 メッセージ 메시지 伝(つた)える 전하다, 전달하다 ~なければならない ~하지 않으면 안 된다, ~해야 한다 方法(ほうほう) 방법 インパクト 임팩트, 강한 영향이나 인상 与(あた)える (주의·영향 등을) 주다 一般的(いっぱんてき)だ 일반적이다 欧米(おうべい) 구미, 유럽과 미국 比較(ひかく) 비교 広告(こうこく) 광고 他社(たしゃ) 타사, 다른 회사 強力(きょうりょく)だ 강력하다 アピール 어필, 호소 好(この)む 좋아하다, 즐기다

1 필자는 CM이 TV 프로그램과 다른 점은 무엇이라고 말하고 있는가?
1 비교 광고를 해서 타사와의 차이를 명확하게 하지 않으면 안 되는 점
2 문화 차이를 바탕으로 다른 나라와 차별하지 않으면 안 되는 점
3 임팩트를 주기 위해 반복해서 같은 내용을 방송하지 않으면 안 되는 점
4 짧은 시간 안에 확실한 메시지를 전달하지 않으면 안 되는 점

어휘 明(あき)らかだ 명확하다 ~なくてはならない[いけない] ~하지 않으면 안 된다, ~해야 한다 ~をもとに ~을 바탕으로 差別(さべつ) 차별 동사의 보통형+ために ~하기 위해서 繰(く)り返(かえ)す 되풀이하다, 반복하다 はっきりとした 분명한, 확실한

(2)

나에게는 도저히 버릴 수 없는 것이 있다. 그것은 지금까지의 내 인생을 기록한 앨범이다. 인생은 십인십색(주1)으로, 하나도 같은 것은 없다. 사람은 각자 자라 온 환경도 다르거니와 걸어 온 길도 다르다. 나는 그런 인생의 고비(주2)에서 사진을 찍어 그 추억을 전부 기록해 왔다. 내가 어떤 인물인지를 내 입으로 설명하는 것은 상당히 어렵다. 그러나 사진을 보면 그때마다 내가 행복했는지 어떤지를 표정을 통해 전할 수 있다. 내가 살아 온 그 증거가 이 앨범인 것이다.

(주1)十人十色(십인십색): 사람은 제각기 사고방식이나 취향이 다르다고 하는 것
(주2)節目(고비): 일의 단락이 되는 점, 시기

어휘 どうしても (부정어 수반) 아무리 해도, 도저히 捨(す)てる 버리다 人生(じんせい) 인생 記録(きろく) 기록 アルバム 앨범 十人十色(じゅうにんといろ) 십인십색, 열 사람이면 열 사람의 성격이나 사람됨이 제각기 다름 同(おな)じだ 같다 それぞれ (제)각기, 각각, 각자 ~も~ば~も ~도 ~하고[하거니와] ~도 育(そだ)つ 자라다, 성장하다 違(ちが)う 다르다 歩(あゆ)む 걷다 道(みち) 길 そんな 그런 節目(ふしめ) 단락을 짓는 시점, 고비 写真(しゃしん) 사진 撮(と)る (사진을) 찍다 思(おも)い出(で) 추억 どんな 어떤 人物(じんぶつ) 인물 説明(せつめい) 설명 なかなか 상당히 難(むずか)しい 어렵다 しかし 그러나 その時々(ときどき) 그때그때, 그때마다 幸(しあわ)せだ 행복하다 表情(ひょうじょう) 표정 ~を通(つう)じて ~을 통해서 伝(つた)える 전하다, 전달하다 証(あかし) 증명, 증거 考(かんが)え方(かた) 사고방식 好(この)み 좋아함, 취향 物事(ものごと) 물건과 일, (일체의) 사물 区切(くぎ)り 단락 時期(じき) 시기

2 필자는 사진을 어떤 것이라고 생각하고 있는가?
1 자신이 인생의 고비에서 느낀 것의 기록
2 자신의 사상이나 생각을 발표하기 위한 수단
3 자신과 타인과의 차이를 확실하게 하는 기준
4 자신과 타인과의 커뮤니케이션에 유용한 도구

어휘 筆者(ひっしゃ) 필자 感(かん)じる 느끼다 思想(しそう) 사상 考(かんが)え 생각 発表(はっぴょう) 발표 동사의 보통형+ための ~하기 위한 手段(しゅだん) 수단 違(ちが)い 차이 はっきり 분명하게, 확실하게 基準(きじゅん) 기준 コミュニケーション 커뮤니케이션, 의사소통 役立(やくだ)つ 도움이 되다 道具(どうぐ) 도구

(3)

물건을 분실하는 사람은 끊이지 않는데, 역에 있는 유실물 관리소에는 매일 막대한 양의 분실물이 반입된다고 한다. 그중에는 웨딩드레스나 방독면 등 어떤 목적으로 가지고 다니는 것인지 전혀 알 수 없는 물건도 있지만, 일반적으로 일본에서 가장 많은 것은 우산이라고 한다. 그러나 이것도 나라가 달라지면 분실물 순위도 상당히 바뀐다. 덧붙여 말하면 영국에서는 가방이 1위라고 한다. 비가 많이 옴에도 불구하고 영국인은 우산을 가지고 다니는 경우가 드물어 분실하는 사람이 적은 듯하다. 분실물로 그 나라의 습관도 미루어 짐작할 수 있는 것 같다.

어휘 落(お)とし物(もの)をする 물건을 분실하다 後(あと)を絶(た)たない (어떤 일이) 끊이지 않다
遺失物管理所(いしつぶつかんりしょ) 유실물 관리소 莫大(ばくだい)だ 막대하다 量(りょう) 양 落(お)とし物(もの) 분실물
持(も)ち込(こ)む 가지고 들어오다, 반입하다 ～という ～라고 한다 ウエディングドレス 웨딩드레스 ガスマスク 방독면
目的(もくてき) 목적 持(も)ち歩(ある)く 가지고 다니다, 휴대하다 さっぱり (부정어 수반) 전혀 わかる 알다, 이해하다
一般的(いっぱんてき)だ 일반적이다 最(もっと)も 가장, 제일 傘(かさ) 우산 품사의 보통형+そうだ ～라고 한다 *전문
国(くに) 나라 変(か)わる 바뀌다, 변하다 順位(じゅんい) 순위 ちなみに 덧붙여서 말하면 イギリス 영국 鞄(かばん) 가방
～にもかかわらず ～임에도 불구하고 イギリス人(じん) 영국인 稀(まれ)だ 드물다 落(お)とす 잃어버리다 少(すく)ない 적다
～らしい ～인 것 같다, ～인 듯하다 習慣(しゅうかん) 습관 うかがい知(し)る 미루어 알다, 짐작하다
동사의 기본형+ことができる ～할 수 있다

3 이 글에서 필자가 가장 말하고 싶은 것은 무엇인가?
1 세계에는 다양한 것을 잊고 두고 오는 사람이 있다.
2 일본의 분실물은 우산이 많고, 영국에서는 가방이다.
3 분실물로 나라의 문화나 습관도 헤아릴 수 있다.
4 사람은 의외의 물건을 가지고 다니는 법이다.

어휘 言(い)う 말하다 동사의 ます형+たい ～하고 싶다 世界(せかい) 세계 様々(さまざま)だ 다양하다, 여러 가지다
忘(わす)れる (물건을) 잊고 두고 오다 察(さっ)する 헤아리다, 살피다 思(おも)いがけない 의외이다, 뜻밖이다
～ものだ ～인 법[것]이다 *상식 · 진리 · 본성

(4)

일본에는 옛날부터 '능력이 있는 매는 발톱을 숨긴다'는 속담이 있는데, 이것은 정말로 실력이 있는 사람은 타인에게 자신의 능력을 과시하거나 하지는 않는다는 의미의 속담이다. 본래 의미는 실력자는 여유가 있기 때문에 굳이 우수함을 자랑할 필요가 없다는 것이지만, 현실적으로는 능력을 어필하면 타인에게 질투(주)를 받기 때문에 자신의 실력은 대단하지는 않다고 겸손한 편이 살아가기 편하기 때문이라고도 할 수 있다. 현재도 이 속담이 살아 있는 것은 이 상황이 옛날에 비해서 그다지 바뀌지 않았기 때문일 것이다.

(주)嫉妬(질투): 자신보다 뛰어난 사람을 부럽게 생각하는 것

어휘 昔(むかし) 옛날 能(のう) 능력 鷹(たか) 매 爪(つめ) 발톱 隠(かく)す 숨기다 諺(ことわざ) 속담 本当(ほんとう)に 정말로
実力(じつりょく) 실력 人物(じんぶつ) 인물 他人(たにん) 타인, 남 自分(じぶん) 자기, 자신, 나 能力(のうりょく) 능력
誇示(こじ) 과시 意味(いみ) 의미 本来(ほんらい) 본래 実力者(じつりょくしゃ) 실력자 余裕(よゆう) 여유 敢(あ)えて 굳이
優秀(ゆうしゅう)さ 우수함 自慢(じまん) 자랑 必要(ひつよう) 필요 現実的(げんじつてき)だ 현실적이다 アピール 어필
嫉妬(しっと) 질투 大(たい)した (부정어 수반) 별, 큰, 대단한 謙遜(けんそん) 겸손 生(い)きる 살다, 살아가다
동사의 ます형+やすい ～하기 쉽다[편하다] 現在(げんざい) 현재 状況(じょうきょう) 상황 ～に比(くら)べて ～에 비해서
あまり (부정어 수반) 그다지, 별로 変(か)わる 바뀌다, 변하다 優(すぐ)れる 뛰어나다, 우수하다 羨(うらや)ましい 부럽다

4 필자가 현재의 일본에서도 자신의 능력을 겸손한 편이 좋다고 생각하는 것은 왜인가?
1 타인으로부터 질투를 받으므로 그다지 눈에 띄지 않는 편이 좋기 때문에
2 실력자는 여유가 있으므로 어필할 필요가 없기 때문에
3 겸손한 편이 멋지다고 타인이 여기기 때문에
4 겸손하게 살아가는 것이 일본의 옛날부터의 전통이기 때문에

어휘 目立(めだ)つ 눈에 띄다 格好良(かっこうよ)い 멋지다, 근사하다 伝統(でんとう) 전통

(5)

여러분은 '인간개발지수(HDI)'라는 말을 들은 적이 있습니까? '인간개발지수'란 각국의 인간개발 정도를 측정하는 새로운 기준으로 발표된 포괄적인 경제 사회 지표로, 각국의 사람들이 인간으로서의 존엄(주1)을 가지고 생활하고 있는지 어떤지를 지수화한 것입니다. 이 지수가 높으면 높을수록 기본적인 인간의 능력을 환경에 제한받지 않고 발휘할 수 있는 사회라고 간주됩니다. 이것은 1인당 국내 총생산(GDP), 평균 수명, 식자율(주2), 취학률의 네 가지 요소가 기본이 됩니다. 참고로 일본은 높은 수치를 자랑하고 있는데, 그것도 세계 제일의 장수국인 덕분인 것일지도 모릅니다.

(주1)尊厳(존엄): 상대를 존경하고 소중히 생각하는 것
(주2)識字率(식자율): 어느 나라의 국민 중 글자를 읽을 수 있는 비율

어휘 人間開発指数(にんげんかいはつしすう, HDI(Human Development Index)) 인간개발지수 *유엔개발계획이 매년 각국의 교육 수준, 국민 소득, 평균 수명 등을 주요 지표로 삼아 국가별 삶의 질 수준을 나타내는 지수 ～という ~라고 하는, ~라는 言葉(ことば) 말 동사의 た형+ことがある ~한 적이 있다 ～とは ~라고 하는 것은, ~란 *정의 各国(かっこく) 각국 人間(にんげん) 인간 度合(どあ)い 정도 測(はか)る 재다, 측정하다 新(あら)ただ 새롭다 物差(ものさ)し 자, 척도, 기준 発表(はっぴょう) 발표 包括的(ほうかつてき)だ 포괄적이다 経済(けいざい) 경제 社会(しゃかい) 사회 指標(しひょう) 지표 人々(ひとびと) 사람들 ～として ~로서 尊厳(そんげん) 존엄 持(も)つ 가지다 生活(せいかつ) 생활 ～かどうか ~인지 어떤지 指数化(しすうか) 지수화 ～ば～ほど ~하면 ~할수록 基本的(きほんてき)だ 기본적이다 能力(のうりょく) 능력 環境(かんきょう) 환경 制限(せいげん) 제한 発揮(はっき) 발휘 考(かんが)える 생각하다 ～当(あ)たり ~당 国内総生産(こくないそうせいさん, GDP(Gross Domestic Product)) 국내 총생산 *한 나라의 영역 내에서 가계, 기업, 정부 등 모든 경제 주체가 일정 기간 동안 생산한 재화 및 서비스의 부가가치를 시장 가격으로 평가하여 합산한 것 平均(へいきん) 평균 寿命(じゅみょう) 수명 識字率(しきじりつ) 식자율, 국민 중 글을 아는 사람들의 비율 就学率(しゅうがくりつ) 취학률 要素(ようそ) 요소 ちなみに 덧붙여 말하면, 참고로 数値(すうち) 수치 誇(ほこ)る 자랑하다 世界一(せかいいち) 세계 제일 長寿国(ちょうじゅこく) 장수국 おかげ 덕분 ～かもしれない ~일지도 모른다 相手(あいて) 상대 尊敬(そんけい) 존경 大切(たいせつ)だ 소중하다 ある 어느 国(くに) 나라 国民(こくみん) 국민 ～うち ~중, ~가운데 文字(もじ) 글자 割合(わりあい) 비율

5 다음 예 중에서 인간개발지수가 높다고 생각되는 나라는 어디인가?
1 아이의 자립이 진행되고 있어 학교에 다니지 않고 일을 하고 있는 아이가 많은 나라
2 개인 소득은 적지만 인구가 많아서 국내 총생산이 높은 나라
3 이민을 온 사람이 많아서 공통어 보급에 힘쓰고 있는 나라
4 의료기술이 발달해 있어 영유아 사망률이 낮은 나라

어휘 以下(いか) 이하 例(れい) 예 自立(じりつ) 자립 進(すす)む 나아가다, 진행되다 通(かよ)う 다니다 ～ず(に) ~하지 않고 個人(こじん) 개인 所得(しょとく) 소득 移民(いみん) 이민 共通語(きょうつうご) 공통어 努(つと)める 힘쓰다, 노력하다 医療(いりょう) 의료 技術(ぎじゅつ) 기술 乳幼児(にゅうようじ) 영유아, 젖먹이와 어린이 死亡率(しぼうりつ) 사망률 低(ひく)い 낮다

확인 문제 2・내용 이해 1(단문)

問題10 次の(1)から(5)の文章を読んで、後の問いに対する答えとして最もよいものを、1・2・3・4から一つ選びなさい。

(1)

完璧な人など、世の中に存在しないが、ミスをした時につべこべ言い訳をするのは感心しない(注1)。物事は順調に進んでいる時にはわからないが、何か問題が発生した時にどうしてもその人の性格が出やすくなる。特に自分がしたミスに長々と言い訳をすると、人間が小さく見えるし、責任を逃れようとする狡(ずる)さ(注2)まで感じてしまう。これまで私が会ってきた優秀だと言われる人達はみんな、ミスをした時にこそありのままを報告し、相談をして最善の方法を探そうとしていた。このような人が、本当の意味で優秀な人ではないだろうか。

(注1)感心する: 立派な行為や優れた技術に心を動かされる
(注2)狡(ずる)さ: 正しくないと思われる考えや行動

1 筆者が優秀だと思う人はどんな人か。

1 ミスをしても言い訳をしないで、できるだけ早く自分だけで解決しようとする人
2 ミスをしないように周りの人と相談し、慎重に仕事を進める人
3 初めから他人と協調し、チームワークを大切にする人
4 ミスを隠さず報告し、他人と協力して問題を解決しようとする人

(2)

最近、ボランティア活動をしている人が増えてきているという。日本では1995年の神戸(こうべ)大震災をきっかけとして、ボランティア活動の有効性が一般に広がってきた。それまではボランティア活動というと、金持ちの趣味とか、宗教活動の一種と見られることもあったが、地震で家を失った人達や、食べ物さえ手に入らない人達に、大学生を中心としたボランティア達が救援活動をしている姿を目にして、理解が一気に深まった。ただ、そのわりには家族ぐるみ(注)の活動は未だ少なく、若者中心の活動になっているのは、我々中高年としては恥ずかしい現状であると言わざるを得ない。

(注)～ぐるみ: すべて、全部の意味

2 筆者が恥ずかしいと言っているのはどんなことか。

1 神戸(こうべ)大震災の時に、筆者と同年代の中高年が何もしなかったこと
2 大人である自分達が何もせず、大学生に任せてしまっていること
3 ボランティアをしているのが若者ばかりなので、年を取った自分が参加するのは恥ずかしいこと
4 金持ちの趣味とか、宗教活動の一部として見られることに抵抗があること

(3)

私は何度か転職をしている。そして転職をする度(たび)に思うのだが、日本企業では自分から会社を辞める場合に、その会社の所定(しょてい)の書式で「退職願(たいしょくねがい)」を書いて提出し、会社がこれを認めるという手続きを要求することが多い。

しかし、もともと会社と私は対等の関係である。私は自分の能力と時間を会社に提供し、会社はそれに見合った報酬を私に支払っている。そのような関係であるはずなのに、会社に退職をお願いしなければならないというのはちょっとおかしい。

3 この文章の後に、筆者が続けて書くと思われる文はどれか。

1「退職願」ではなく、「退職通知」でいいのではないか。
2 好きな時に無断で辞めてもいいのではないか。
3 退職をしようとする時には、会社が止めるべきではないか。
4 できれば一つの会社に勤め続けるべきではないか。

(4)

1952年にDNAが遺伝物質であることが確認されて以来、遺伝子がどこまで人に影響を与えているのかという論争が続いています。DNAが発見される前から、子供の顔付きや体付き、声などは親からかなりの影響を受けていることは経験的に知られていましたが、能力や性格についてはだいぶ意見が分かれています。

しかし、一卵性双生児(いちらんせいそうせいじ)として生まれても、性格や能力に違いがあることから、個人的に遺伝子の影響は、世間で言われるほどではないと思っています。

4 筆者は遺伝子の影響に関してどう思っているか。

1 遺伝子の影響は大きく、その人の能力や性格を決定する上で大きな要因になっている。

2 遺伝子の影響は大きく、その人の能力を決定するが、性格は環境の影響である。

3 遺伝子の影響は小さく、その人の能力を決定しないが、性格を決定する上で大きな要因になっている。

4 遺伝子の影響は小さく、その人の能力や性格を決定する上で、最も大きな要因ではない。

(5)

1992年に出版された本、『ゾウの時間ネズミの時間』は、当時の日本でベストセラーになった。作者は東京工業大学教授の本川達生(もとかわたつお)氏。本川(もとかわ)教授によると、哺乳類(ほにゅうるい)(注)の時間感覚はその動物のサイズによって変わってくるという。例えば、体の大きいゾウの時間感覚は長く、小さいネズミは短いという。そしてこの法則は動物の寿命にも当てはまり、心拍間隔の長いゾウは長生きをし、ネズミは寿命が短い。そして、ほとんどの哺乳(ほにゅう)動物において、一生に心臓が拍動する回数は20億回で一定であるそうだ。

(注)哺乳類(ほにゅうるい): 子供を乳(ちち)で育てる動物の種類

5 本文の内容と合っていないのはどれか。

1 全ての動物の時間感覚はその動物のサイズによって変わってくる。

2 体の小さいネズミの心拍間隔は短く、寿命も短い。

3 体の大きいゾウの心拍間隔は長く、寿命も長い。

4 ほとんどの哺乳(ほにゅう)動物の心臓が拍動する回数は20億回程度である。

확인 문제 2 • 정답 및 해석(내용 이해 1(단문))

(1)

완벽한 사람 따위는 세상에 존재하지 않지만, 실수를 했을 때 이러쿵저러쿵 변명을 하는 것은 탐탁지 않다(주1). 매사는 순조롭게 진행되고 있을 때에는 모르지만, 뭔가 문제가 발생했을 때 아무래도 그 사람의 성격이 나오기 쉬워진다. 특히 자신이 저지른 실수에 장황하게 변명을 하면 사람이 작아 보이고 책임을 피하려는 교활함(주2)까지 느끼고 만다. 지금까지 내가 만나 온 우수하다는 말을 듣는 사람들은 모두 실수를 했을 때야말로 있는 그대로를 보고하고 의논을 해서 최선의 방법을 찾으려고 했었다. 이러한 사람이 진정한 의미에서 우수한 사람이지 않을까?

(주1)感心する(감탄하다): 훌륭한 행위나 뛰어난 기술에 마음이 움직이다
(주2)狡さ(교활함): 옳지 않다고 여겨지는 생각이나 행동

어휘 完璧(かんぺき)だ 완벽하다 世(よ)の中(なか) 세상 存在(そんざい) 존재 ミス 미스, 실수 つべこべ 이러쿵저러쿵
言(い)い訳(わけ) 변명 感心(かんしん)する 감탄하다 物事(ものごと) 물건과 일, (일체의) 사물 順調(じゅんちょう)だ 순조롭다
進(すす)む 나아가다, 진행되다 何(なに)か 무엇인가, 뭔가 発生(はっせい) 발생 どうしても 아무리 해도
性格(せいかく) 성격 出(で)る 나오다 동사의 ます형+やすい ~하기 쉽다 特(とく)に 특히 長々(ながなが) 오랫동안, 장황하게
人間(にんげん) 인간 小(ちい)さい 작다 見(み)える 보이다 責任(せきにん) 책임 逃(のが)れる 벗어나다, 피하다
狡(ずる)さ 교활함 感(かん)じる 느끼다 これまで 지금까지 会(あ)う 만나다 優秀(ゆうしゅう)だ 우수하다
~と言(い)われる ~라는 말을 듣다, ~라고 하다 人達(ひとたち) 사람들 ~こそ ~야말로 ありのまま 있는 그대로
報告(ほうこく) 보고 相談(そうだん) 상담, 의논 最善(さいぜん) 최선 方法(ほうほう) 방법 探(さが)す 찾다, 구하다
本当(ほんとう) 정말, 진정함 意味(いみ) 의미 立派(りっぱ)だ 훌륭하다 行為(こうい) 행위 優(すぐ)れる 뛰어나다, 우수하다
技術(ぎじゅつ) 기술 心(こころ) 마음 動(うご)かす 움직이게 하다

1 필자가 우수하다고 생각하는 사람은 어떤 사람인가?
1 실수를 해도 변명을 하지 않고 되도록 빨리 자기 혼자서 해결하려는 사람
2 실수를 하지 않도록 주위 사람과 의논하고 신중하게 일을 진행하는 사람
3 처음부터 타인과 협조하고 팀워크를 중요하게 여기는 사람
4 실수를 감추지 않고 보고하고 타인과 협력해서 문제를 해결하려는 사람

어휘 できるだけ 가능한 한, 되도록 解決(かいけつ) 해결 周(まわ)り 주위, 주변 慎重(しんちょう)だ 신중하다
進(すす)める 진행하다, 진척시키다 初(はじ)め (시간적으로) 처음, 최초 協調(きょうちょう) 협조 チームワーク 팀워크
大切(たいせつ)だ 중요하다 隠(かく)す 감추다, 숨기다 ~ず(に) ~하지 않고 協力(きょうりょく) 협력

(2)

요즘 봉사 활동을 하고 있는 사람이 늘고 있다고 한다. 일본에서는 1995년 고베 대지진을 계기로 해서 봉사 활동의 유효성이 일반에 확대되어 왔다. 그때까지는 봉사 활동이라고 하면 부자의 취미라든가 종교 활동의 일종으로 보이는 경우도 있었지만, 지진으로 집을 잃은 사람들이나 먹을 것조차 구할 수 없는 사람들에게 대학생을 중심으로 한 자원봉사자들이 구원 활동을 하고 있는 모습을 보고 이해가 단숨에 깊어졌다. 다만 그런 것치고는 가족 단위(주)의 활동은 아직 적고 젊은이 중심의 활동이 되고 있는 것은 우리 중노년으로서는 부끄러운 현상이라고 말하지 않을 수 없다.

(주)~ぐるみ(~까지 몽땅, ~까지 합쳐서): 모두, 전부의 의미

어휘 ボランティア活動(かつどう) 자원봉사 활동 増(ふ)える 늘다, 늘어나다 大震災(だいしんさい) 큰 지진에 의한 재해
~をきっかけとして ~을 계기로 해서 一般(いっぱん) 일반 広(ひろ)がる 확대되다 それまでは 그때까지는
金持(かねも)ち 부자 趣味(しゅみ) 취미 ~とか ~라든가 宗教(しゅうきょう) 종교 一種(いっしゅ) 일종 地震(じしん) 지진
失(うしな)う 잃다 食(た)べ物(もの) 음식, 먹을 것 ~さえ ~조차 手(て)に入(はい)る 손에 들어오다, 입수되다
~を中心(ちゅうしん)とした ~을 중심으로 한 救援(きゅうえん) 구원 姿(すがた) 모습 目(め)にする 보다 理解(りかい) 이해
一気(いっき)に 단숨에, 단번에 深(ふか)まる 깊어지다 ただ 다만 ~わりには ~에 비해서는, ~치고는 家族(かぞく) 가족
명사+ぐるみ ~까지 몽땅, ~까지 합쳐서 未(いま)だ 아직 若者(わかもの) 젊은이 我々(われわれ) 우리
中高年(ちゅうこうねん) 중년과 노년 恥(は)ずかしい 부끄럽다 現状(げんじょう) 현상, 현재 상태
동사의 ない형+ざるを得(え)ない ~하지 않을 수 없다 すべて 모두, 전부 全部(ぜんぶ) 전부

2 필자가 부끄럽다고 말하고 있는 것은 어떤 것인가?

1 고베 대지진 때 필자와 동년배의 중노년이 아무것도 하지 않았던 것

2 어른인 자신들이 아무것도 하지 않고 대학생에게 맡겨 버린 것

3 봉사를 하고 있는 것이 젊은이뿐이라서 나이를 먹은 자신이 참가하기는 부끄러운 것

4 부자의 취미라든가 종교 활동의 일부로 보이는 것에 저항이 있는 것

어휘 同年代(どうねんだい) 동년배, 같은 세대 何(なに)も (부정어 수반) 아무것도 大人(おとな) 어른 任(まか)せる 맡기다 ～ばかり ~만, ~뿐 年(とし)を取(と)る 나이를 먹다 参加(さんか) 참가 抵抗(ていこう) 저항

(3)

나는 몇 번인가 전직을 하고 있다. 그리고 전직을 할 때마다 생각하는 것이지만, 일본 기업에서는 스스로 회사를 그만두는 경우에 그 회사의 소정의 서식으로 '사직서'를 써서 제출하고 회사가 이것을 인정한다는 절차를 요구하는 경우가 많다.

그러나 원래 회사와 나는 대등한 관계다. 나는 내 능력과 시간을 회사에 제공하고, 회사는 그에 상응하는 보수를 나에게 지불하고 있다. 그와 같은 관계일 텐데 회사에 퇴직을 부탁하지 않으면 안 된다는 것은 조금 이상하다.

어휘 転職(てんしょく) 전직 동사의 기본형+度(たび)に ~할 때마다 企業(きぎょう) 기업 自分(じぶん) 자기, 자신, 나 辞(や)める (일자리를) 그만두다 場合(ばあい) 경우 所定(しょてい) 소정 書式(しょしき) 서식 退職願(たいしょくねがい) 사직서 提出(ていしゅつ) 제출 認(みと)める 인정하다 手続(てつづ)き 수속, 절차 要求(ようきゅう) 요구 もともと 원래 対等(たいとう) 대등 関係(かんけい) 관계 能力(のうりょく) 능력 提供(ていきょう) 제공 見合(みあ)う 상응하다, 걸맞다 報酬(ほうしゅう) 보수 支払(しはら)う (돈을) 내다, 지불하다 ～はずだ (당연히) ~할 것[터]이다 ～のに ~인데(도) ～なければならない ~하지 않으면 안 된다, ~해야 한다 おかしい 이상하다

3 이 글 뒤에 필자가 계속해서 쓸 것이라고 생각되는 문장은 어느 것인가?

1 '사직서'가 아니라 '사직 통지'면 되는 것이 아닌가?

2 좋을 때 무단으로 그만둬도 좋은 것이 아닌가?

3 퇴직을 하려고 할 때에는 회사가 말려야 하는 것이 아닌가?

4 가능하면 한 회사에 계속 근무해야 하는 것이 아닌가?

어휘 後(あと) 후, 뒤 続(つづ)ける 계속하다 通知(つうち) 통지 無断(むだん) 무단 止(と)める 못하게 하다, 말리다 동사의 기본형+べきだ (마땅히) ~해야 한다 勤(つと)める 근무하다 동사의 ます형+続(つづ)ける 계속 ~하다

(4)

1952년에 DNA가 유전 물질인 것이 확인된 이래, 유전자가 어디까지 사람에게 영향을 주고 있는 것인가라는 논쟁이 이어지고 있습니다. DNA가 발견되기 전부터 아이의 용모나 체격, 목소리 등이 부모로부터 상당한 영향을 받고 있다는 것은 경험적으로 알려져 있었지만, 능력이나 성격에 대해서는 상당히 의견이 나뉘고 있습니다.

그러나 일란성 쌍둥이로 태어나더라도 성격이나 능력에 차이가 있는 것으로 보아 개인적으로 유전자의 영향은 세상에서 말하는 만큼은 아니라고 생각합니다.

어휘 遺伝(いでん) 유전 物質(ぶっしつ) 물질 確認(かくにん) 확인 ～て以来(いらい) ~한 이래 遺伝子(いでんし) 유전자 影響(えいきょう) 영향 与(あた)える (주의·영향 등을) 주다 論争(ろんそう) 논쟁 続(つづ)く 이어지다, 계속되다 発見(はっけん) 발견 前(まえ) 전 顔付(かおつ)き 얼굴 생김새, 용모 体付(からだつ)き 몸매, 체격 声(こえ) 목소리 親(おや) 부모 かなり 꽤, 상당히 受(う)ける 받다 経験的(けいけんてき)だ 경험적이다 知(し)られる 알려지다 ～について ~에 대해서 *내용 だいぶ 꽤, 상당히 意見(いけん) 의견 分(わ)かれる 갈라지다, 나뉘다 一卵性双生児(いちらんせいそうせいじ) 일란성 쌍둥이 ～として ~로서 生(う)まれる 태어나다 違(ちが)い 차이 ～ことから ~(인 것) 때문에, ~(인 것)으로 인해 個人的(こじんてき)だ 개인적이다 世間(せけん) 세간, 세상 ～ほど ~정도, ~만큼

4 필자는 유전자의 영향에 관해서 어떻게 생각하고 있는가?

1 유전자의 영향은 커서 그 사람의 능력이나 성격을 결정하는 데 있어서 큰 요인이 되고 있다.

2 유전자의 영향은 커서 그 사람의 능력을 결정하지만, 성격은 환경의 영향이다.

3 유전자의 영향은 작아서 그 사람의 능력을 결정하지 않지만, 성격을 결정하는 데 있어서 큰 요인이 되고 있다.

4 유전자의 영향은 작아서 그 사람의 능력이나 성격을 결정하는 데 있어서 가장 큰 요인은 아니다.

어휘 ～に関(かん)して ~에 관해서 決定(けってい) 결정 동사의 기본형+上(うえ)で ~하는 데 있어서 大(おお)きな 큰 要因(よういん) 요인 最(もっと)も 가장, 제일

(5)

1992년에 출판된 책『코끼리의 시간 쥐의 시간』은 당시 일본에서 베스트셀러가 되었다. 작가는 도쿄공업대학 교수인 모토카와 다쓰오(本川達生) 씨. 모토카와 교수에 따르면 포유류(주)의 시간 감각은 그 동물의 크기에 따라 달라진다고 한다. 예를 들면 몸집이 큰 코끼리의 시간 감각은 길고, (몸집이) 작은 쥐는 짧다고 한다. 그리고 이 법칙은 동물의 수명에도 꼭 들어맞아, 심박 간격이 긴 코끼리는 장수를 하고 쥐는 수명이 짧다. 그리고 대부분의 포유동물에 있어 평생에 심장이 박동하는 횟수는 20억 회로 일정하다고 한다.

(주)哺乳類(포유류): 아이를 젖으로 키우는 동물의 종류

어휘 出版(しゅっぱん) 출판 ゾウ 코끼리 ネズミ 쥐 当時(とうじ) 당시 ベストセラー 베스트셀러 作者(さくしゃ) 작자, 작가 工業(こうぎょう) 공업 教授(きょうじゅ) 교수 ~によると ~에 의하면, ~에 따르면 哺乳類(ほにゅうるい) 포유류 感覚(かんかく) 감각 サイズ 사이즈, 크기 ~によって ~에 따라 変(か)わる 바뀌다, 변하다 例(たと)えば 예를 들면 体(からだ) 몸 長(なが)い 길다 短(みじか)い 짧다 法則(ほうそく) 법칙 寿命(じゅみょう) 수명 当(あ)てはまる 꼭 들어맞다, 적합하다 心拍(しんぱく) 심박, 심장의 박동 間隔(かんかく) 간격 長生(ながい)き 장수 ほとんど 거의, 대부분 ~において ~에 있어서, ~에서 一生(いっしょう) 평생 心臓(しんぞう) 심장 拍動(はくどう) 박동 回数(かいすう) 횟수 一定(いってい)だ 일정하다 품사의 보통형+そうだ ~라고 한다 *전문 乳(ちち) 젖 育(そだ)てる 키우다 種類(しゅるい) 종류

5 본문의 내용과 맞지 않는 것은 어느 것인가?

1 모든 동물의 시간 감각은 그 동물의 크기에 따라 달라진다.
2 몸집이 작은 쥐의 심박 간격은 짧아서 수명도 짧다.
3 몸집이 큰 코끼리의 심박 간격은 길어서 수명도 길다.
4 대부분 포유동물의 심장이 박동하는 횟수는 20억 회 정도다.

어휘 全(すべ)て 모두, 전부 程度(ていど) 정도

확인 문제 3・내용 이해 1(단문)

問題10 次の(1)から(5)の文章を読んで、後の問いに対する答えとして最もよいものを、1・2・3・4から一つ選びなさい。

(1)

テレビドラマなどでよく見る大家族、しかし現実にはこのような家族はほとんどなくなってしまった。最近の国勢調査(注)によると、日本の総世帯数は4,953万世帯で、平均世帯人数は2.58人となり、年々減少しているそうだ。これは一人っ子世帯が増えたことに加え、未婚の会社員や高齢者の一人暮らし世帯が増えたからである。祖父や祖母などと、3世帯以上が同居している家庭は本当にわずかで、従来とは家族の結び付きが変わってきていると言える。

(注)国勢調査: 政府によって行われる国民の調査

1 平均世帯人数が年々減ってきている理由として合っていないものはどれか。

1 少子化の影響で一人っ子の家庭が増えてきたから
2 3世帯以上同居している家庭が減ってきたから
3 若いうちに結婚して家を出る人が多いから
4 高齢者の一人暮らし世帯が増えたから

(2)

生まれ変わったら美女、美男子になりたい。こう考える人が多いだろう。そう言う私も、一度は美男子と呼ばれてみたいと思っているが、その機会が訪れることなく生きてきた。外見がよければ、異性に持てることはもちろんだが、社会生活をする上でも、外見は重要なポイントであろう。最近では、男性の化粧の仕方を紹介した本が売れたり、就職試験を受けるために成形手術を受ける人までいるそうだ。結局、内面を磨く時代というわりには、生理的な直感を重視する人が多いということだ。

2 筆者は、現代の人々が他人をどのように判断していると思っているか。

1 能力や性格などの内面を重視しているために、外見については関係ないと思っている。
2 女性と同じように男性も化粧をしたり、成形手術を受けるのが当たり前だと思っている。
3 顔やスタイルなど生理的な直感を重視して、性格や能力は見ない人が多いと思っている。
4 外見がよければ異性に持てることは確かだが、社会生活に役に立つかはわからないと思っている。

(3)

物理学の天才と言われるアインシュタインは、多くの名言を残している。その中にこんな言葉がある。「成功した人間になろうとするのは止めなさい。むしろ価値ある人間になろうとしなさい。」

言うのは簡単だが、実現するのは並大抵(なみたいてい)(注1)のことではない。私たちは普通、成功しようとしてあくせく(注2)努力を続ける。それは経済的な豊かさだったり、社会的な地位であったり、学問的な名誉であったりするだろう。しかし、彼が言う価値とはそのようなものではない。

(注1)並大抵(なみたいてい): 普通のこと、よくあること
(注2)あくせく: 小さいことを気にして、心に余裕がない様子

3 アインシュタインが言う価値ある人間とはどのような人間か。

1 自分の損得を考えず、他人のためになることができる人間
2 経済的な豊かさを求めず、学問的な名誉を求め、常に学び続ける人間
3 成功を諦め、無理をせず小さいことを気にしない人間
4 実現することが困難な問題を、並大抵(なみたいてい)ではない努力により克服する人間

(4)

仕事やプライベートでよくないことが起こると、何もかも運のせいにする人がいる。また他人に不幸があった時にも、運が悪かったと慰める人もいる。しかし、私はこの運というものを全然信じない。全ての出来事は、原因と結果の因果関係のもとに成り立っている。この事実から目(め)を背(そむ)けた(注1)瞬間に、我々は進歩と成長の機会を失ってしまうのではないだろうか。私はこのような敗北主義(はいぼくしゅぎ)(注2)を認めないし、未来の可能性を閉ざすような考えを否定したい。

(注1)目(め)を背(そむ)ける: わざと見ないようにする
(注2)敗北主義(はいぼくしゅぎ): 成功しようとしないで、はじめから諦(あきら)めてしまう考え方

4 筆者が立派だと認める人間とはどのような人物か。

1 失敗した場合、そこから学び成長しようとする人物
2 失敗した場合、あまり悩まず、すぐに切り替えができる人物
3 失敗を認めず、常に勝利を求めて努力し続ける人物
4 失敗した場合、原因を追及せず、くよくよしない人物

독해
내용 이해 1(단문)

(5)

人間の味覚は「甘い・酸っぱい・塩辛い・苦い」という四つで構成されている。そのうち、腐敗物(ふはいぶつ)(注1)を含む酸っぱい味や、毒物を含む苦い味に対して人間は危険を回避しようとする本能を持っているそうだ。子供が漢方薬や酢(す)の物(注2)が嫌いな理由は、実は本能的なものと言える。

そして、人は食べ物の「味・香り・見た目」などの五感を通じて得た感覚を記憶し、それに「美味しい・まずい」という自分の感情を結び付けて学習する。更にその時、「嫌なことがあった・悲しかった」などの状況も記憶され、好き嫌い(注3)を起こす原因になるそうだ。

(注1)腐敗物(ふはいぶつ): 腐ってしまったもの
(注2)酢(す)の物: 魚や貝、野菜、海草などと酢(す)を混ぜて作った食べ物
(注3)好き嫌い: 好きなことと嫌いなこと。特に食べ物に関して使う

5 成長する過程で食べ物の好き嫌いができる原因について、筆者はどう思っているか。

1 健康に悪い物を食べた時の身体の反応などが影響する。
2 体に悪い影響を与える酸っぱい味や、苦い味を避ける本能が影響する。
3 その食べ物を食べた時の感情や、状況などが影響する。
4 食べ物の味や香り、見た目などの感覚だけが影響する。

확인 문제 3 • 정답 및 해석(내용 이해 1(단문))

(1)

TV 드라마 등에서 자주 보는 대가족. 그러나 현실에는 이러한 가족은 거의 없어져 버렸다. 최근의 국세 조사(주)에 의하면 일본의 총 세대수는 4,953만 세대로, 평균 세대 인원수는 2.58명이 되어 해마다 감소하고 있다고 한다. 이것은 외동 세대가 증가한 데 더해 미혼인 회사원이나 고령자의 단독 세대가 늘었기 때문이다. 조부나 조모 등과 3대 이상이 함께 살고 있는 가정은 아주 적어서 종래와는 가족의 관계가 변하고 있다고 할 수 있다.

(주)国勢調査(국세 조사): 정부에 의해 실시되는 국민 조사

어휘 テレビドラマ TV 드라마 よく 잘, 자주 大家族(だいかぞく) 대가족 現実(げんじつ) 현실 ほとんど 거의, 대부분 な(無)くなる 없어지다 国勢調査(こくせいちょうさ) 국세 조사 *행정의 기초 자료를 얻기 위해 정부가 전국적으로 실시하는 인구 동태 및 그와 관련된 여러 조사 ～によると ～에 의하면 総世帯(そうせたい) 총 세대 平均(へいきん) 평균 人数(にんずう) 인원수 年々(ねんねん) 해마다 減少(げんしょう) 감소 품사의 보통형+そうだ ～라고 한다 *전문 一人(ひとり)っ子(こ) 외동 増(ふ)える 늘다, 늘어나다 ～に加(くわ)え ～에 더하여, ～에 덧붙여 未婚(みこん) 미혼 高齢者(こうれいしゃ) 고령자 一人暮(ひとりぐ)らし 혼자서 삶 祖父(そふ) 할아버지 祖母(そぼ) 할머니 以上(いじょう) 이상 同居(どうきょ) 동거, (가족이) 한집에서 같이 삶 わずか 조금, 약간 従来(じゅうらい) 종래 結(むす)び付(つ)き 관계, 결속 変(か)わる 바뀌다, 변하다 政府(せいふ) 정부 ～によって ～에 의해 行(おこな)う 하다, 행하다, 실시하다 国民(こくみん) 국민

1 평균 세대 인원수가 해마다 줄고 있는 이유로 맞지 않는 것은 어느 것인가?

1 저출산의 영향으로 외동인 가정이 늘어났기 때문에
2 3대 이상 함께 살고 있는 가정이 줄어들었기 때문에
3 젊었을 때 결혼해서 집을 나오는 사람이 많기 때문에
4 고령자 단독 세대가 늘었기 때문에

어휘 少子化(しょうしか) 저출산으로 인하여 아이 수가 적어지는 현상, 저출산화 影響(えいきょう) 영향 減(へ)る 줄다, 줄어들다 若(わか)い 젊다 ～うちに ～동안에, ～사이에 結婚(けっこん) 결혼 出(で)る 나가다, 나오다

(2)

다시 태어난다면 미녀, 미남이 되고 싶다. 이렇게 생각하는 사람이 많을 것이다. 그렇게 말하는 나도 한 번은 미남이라고 불려 보고 싶다고 생각하고 있지만 그런 기회가 찾아오는 일 없이 살아왔다. 외모가 좋으면 이성에게 인기 있는 것은 물론이지만, 사회생활을 하는 데 있어서도 외모는 중요한 포인트일 것이다. 최근에는 남성의 화장법을 소개한 책이 잘 팔리거나 취직 시험을 보기 위해 성형 수술을 받는 사람까지 있다고 한다. 결국 내면을 갈고 닦는 시대라는 것치고는 생리적인 직감을 중시하는 사람이 많다는 것이다.

어휘 生(う)まれ変(か)わる 다시 태어나다 美女(びじょ) 미녀 美男子(びだんし) 미남 一度(いちど) 한 번 呼(よ)ぶ 부르다 機会(きかい) 기회 訪(おとず)れる (계절 등이) 찾아오다 生(い)きる 살다, 살아가다 外見(がいけん) 외모, 겉모습 異性(いせい) 이성 持(も)てる 인기가 있다 もちろん 물론 동사의 기본형+上(うえ)でも ～하는 데 있어서도 重要(じゅうよう)だ 중요하다 化粧(けしょう) 화장 仕方(しかた) 하는 법 紹介(しょうかい) 소개 売(う)れる (잘) 팔리다 就職試験(しゅうしょくしけん)を受(う)ける 취직 시험을 보다 동사의 보통형+ために ～하기 위해서 成形手術(せいけいしゅじゅつ)を受(う)ける 성형 수술을 받다 품사의 보통형+そうだ ～라고 한다 *전문 結局(けっきょく) 결국 内面(ないめん) 내면 磨(みが)く 연마하다, 갈고 닦다 ～わりには ～에 비해서는, ～치고는 生理的(せいりてき)だ 생리적이다 直感(ちょっかん) 직감 重視(じゅうし) 중시 ～ということだ ～라는 것이다 *설명 · 결론

2 필자는 현대인들이 타인을 어떻게 판단하고 있다고 생각하고 있는가?

1 능력이나 성격 등의 내면을 중시하고 있기 때문에 외모에 대해서는 관계없다고 생각하고 있다.
2 여성과 마찬가지로 남성도 화장을 하거나 성형 수술을 받는 것이 당연하다고 생각하고 있다.
3 얼굴이나 스타일 등 생리적인 직감을 중시하고, 성격이나 능력은 보지 않는 사람이 많다고 생각하고 있다.
4 외모가 좋으면 이성에게 인기 있는 것은 확실하지만, 사회 생활에 도움이 되는지는 모르겠다고 생각하고 있다.

어휘 現代(げんだい) 현대 人々(ひとびと) 사람들 判断(はんだん) 판단 ～について ～에 대해서 *내용 当(あ)たり前(まえ)だ 당연하다 スタイル 스타일 確(たし)かだ 확실하다 役(やく)に立(た)つ 도움이 되다

(3)

물리학 천재라고 불리는 아인슈타인은 많은 명언을 남겼다. 그중에 이런 말이 있다. '성공한 인간이 되려는 것은 그만두시오. 오히려 가치 있는 인간이 되려고 하시오.'

말하는 것은 간단하지만 실현하는 것은 이만저만한(주1) 일이 아니다. 우리는 보통 성공하려고 아득바득(주2) 노력을 계속한다. 그것은 경제적인 풍요로움이거나 사회적인 지위이거나 학문적인 명예이거나 할 것이다. 그러나 그가 말하는 가치라는 것은 그러한 것이 아니다.

(주1)並大抵(이만저만함): 보통인 것, 자주 있는 것
(주2)あくせく(아득바득): 작은 것을 신경 써서 마음에 여유가 없는 모양

어휘 物理学(ぶつりがく) 물리학 天才(てんさい) 천재 ～と言(い)われる ~라는 말을 듣다, ~라고 하다 多(おお)く 많음
名言(めいげん) 명언 残(のこ)す 남기다 こんな 이런 言葉(ことば) 말 成功(せいこう) 성공 止(や)める 그만두다
むしろ 오히려 価値(かち) 가치 簡単(かんたん)だ 간단하다 実現(じつげん) 실현
並大抵(なみたいてい) (부정어 수반) 이만저만함, 보통임 普通(ふつう) 보통 あくせく 아득바득 努力(どりょく) 노력
続(つづ)ける 계속하다 経済的(けいざいてき)だ 경제적이다 豊(ゆた)かさ 풍족함, 풍요로움 地位(ちい) 지위
学問的(がくもんてき)だ 학문적이다 名誉(めいよ) 명예 ～とは ~라는 것은, ~란 *정의 気(き)にする 신경을 쓰다, 걱정하다
余裕(よゆう) 여유 様子(ようす) 모양, 모습

3 아인슈타인이 말하는 가치 있는 인간이란 어떤 인간인가?
1 자신의 손익을 생각하지 않고 타인을 위할 수 있는 인간
2 경제적인 풍요로움을 추구하지 않고 학문적인 명예를 추구하여 항상 계속 배우는 인간
3 성공을 포기해서 무리를 하지 않고 작은 일을 신경 쓰지 않는 인간
4 실현하는 것이 곤란한 문제를 엄청난 노력으로 극복하는 인간

어휘 損得(そんとく) 손해와 이득 명사+の+ために ~을 위해서 동사의 기본형+ことができる ~할 수 있다
求(もと)める 요구하다, (요)청하다 常(つね)に 항상, 늘 学(まな)ぶ 배우다, 익히다 동사의 ます형+続(つづ)ける 계속 ~하다
諦(あきら)める 체념하다, 단념하다 無理(むり) 무리 困難(こんなん)だ 곤란하다 克服(こくふく) 극복

(4)

일이나 사적으로 좋지 않은 일이 일어나면 뭐든지 운 탓으로 하는 사람이 있다. 또 타인에게 불행이 있었을 때에도 운이 나빴다고 위로하는 사람도 있다. 그러나 나는 이 운이라는 것을 전혀 믿지 않는다. 모든 일은 원인과 결과의 인과 관계 하에 성립한다. 이 사실에서 눈을 돌리는(주1) 순간에 우리는 진보와 성장의 기회를 잃어버리는 것은 아닐까? 나는 이러한 패배주의(주2)를 인정하지 않고 미래의 가능성을 막는 듯한 생각을 부정하고 싶다.

(주1)目を背ける(시선을 돌리다): 일부러 보지 않도록 하다
(주2)敗北主義(패배주의): 성공하려고 하지 않고 처음부터 단념해 버리는 사고방식

어휘 プライベート 개인적, 사적 起(お)こる 일어나다, 발생하다 何(なに)もかも 무엇이든지, 뭐든지 運(うん) 운 ～せい ~탓
不幸(ふこう) 불행 慰(なぐさ)める 위로하다 信(しん)じる 믿다 出来事(できごと) 일어난 일, 사건 原因(げんいん) 원인
結果(けっか) 결과 因果関係(いんがかんけい) 인과 관계 ～のもとに ~아래에서, ~밑에서, ~하에
成(な)り立(た)つ 이루어지다, 성립하다 事実(じじつ) 사실 目(め)を背(そむ)ける 시선을 돌리다, 외면하다
瞬間(しゅんかん) 순간 我々(われわれ) 우리 進歩(しんぽ) 진보 成長(せいちょう) 성장 機会(きかい) 기회
失(うしな)う 잃다 敗北主義(はいぼくしゅぎ) 패배주의 *처음부터 패배와 실패를 예측하며 일에 임하는 사고방식과 태도
認(みと)める 인정하다 ～し ~하고 未来(みらい) 미래 可能性(かのうせい) 가능성 閉(と)ざす 닫다, 막다 考(かんが)え 생각
否定(ひてい) 부정 わざと (고의적으로) 일부러 はじ(初)め 처음 考(かんが)え方(かた) 사고방식

4 필자가 훌륭하다고 인정하는 인간이란 어떤 인물인가?
1 실패했을 경우 거기에서 배워 성장하려는 인물
2 실패했을 경우 너무 고민하지 않고 바로 전환할 수 있는 인물
3 실패를 인정하지 않고 항상 승리를 추구해서 계속 노력하는 인물
4 실패했을 경우 원인을 추궁하지 않고 끙끙대지 않는 인물

어휘 立派(りっぱ)だ 훌륭하다 失敗(しっぱい) 실패 場合(ばあい) 경우 あまり 너무, 지나치게 悩(なや)む 고민하다
すぐに 곧, 바로 切(き)り替(か)え 전환, 변경 追及(ついきゅう) 추궁 くよくよ 끙끙 *사소한 일을 걱정하는 모양

(5)

인간의 미각은 '달다 · 시다 · 짜다 · 쓰다'라는 네 가지로 구성되어 있다. 그중 부패물(주1)을 포함한 신맛이나 독을 포함한 쓴맛에 대해 인간은 위험을 회피하려는 본능을 가지고 있다고 한다. 아이가 한약이나 초무침(주2)을 싫어하는 이유는 실은 본능적인 것이라고 할 수 있다.

그리고 사람은 음식의 '맛 · 향 · 모양' 등의 오감을 통해서 얻은 감각을 기억하고 그것에 '맛있다 · 맛없다'라는 자신의 감정을 결부해서 학습한다. 게다가 그때 '싫은 일이 있었다 · 슬펐다' 등의 상황도 기억되어 좋고 싫음(주3)을 일으키는 원인이 된다고 한다.

(주1)腐敗物(부패물): 썩어 버린 것
(주2)酢の物(초무침): 생선이나 조개, 채소, 해초 등과 식초를 섞어서 만든 음식
(주3)好き嫌い(좋고 싫음, 기호): 좋아하는 것과 싫어하는 것. 특히 음식에 관해서 쓴다

어휘 味覚(みかく) 미각 甘(あま)い 달다 酸(す)っぱい 시다 塩辛(しおから)い 짜다 苦(にが)い 쓰다 構成(こうせい) 구성 ~うち ~중 腐敗物(ふはいぶつ) 부패물 含(ふく)む 포함하다 毒物(どくぶつ) 독성이 있는 물질, 독 ~に対(たい)して ~에 대해서, ~에게 *대상 危険(きけん) 위험 回避(かいひ) 회피 本能(ほんのう) 본능 持(も)つ 가지다, 들다 품사의 보통형+そうだ ~라고 한다 *전문 漢方薬(かんぽうやく) 한방약, 한약 酢(す)の物(もの) 초무침 嫌(きら)いだ 싫어하다 理由(りゆう) 이유 実(じつ)は 실은 食(た)べ物(もの) 음식, 먹을 것 香(かお)り 향기 見(み)た目(め) 외관, 겉보기, 겉모습 五感(ごかん) 오감 ~を通(つう)じて ~을 통해서 得(え)る 얻다 感覚(かんかく) 감각 記憶(きおく) 기억 美味(おい)しい 맛있다 まずい 맛없다 感情(かんじょう) 감정 結(むす)び付(つ)ける 결부하다 学習(がくしゅう) 학습 更(さら)に 게다가, 더욱더 嫌(いや)だ 싫다 悲(かな)しい 슬프다 状況(じょうきょう) 상황 好(す)き嫌(きら)い 좋고 싫음, 기호 起(お)こす 일으키다, 발생시키다 原因(げんいん) 원인 腐(くさ)る 썩다 魚(さかな) 생선 貝(かい) 조개 野菜(やさい) 채소 海草(かいそう) 해초 混(ま)ぜる 섞다 作(つく)る 만들다 特(とく)に 특히 ~に関(かん)して ~에 관해서 使(つか)う 쓰다, 사용하다

5 성장하는 과정에서 음식의 기호가 생기는 원인에 대해서 필자는 어떻게 생각하고 있는가?

1 건강에 나쁜 것을 먹었을 때의 신체 반응 등이 영향을 준다.
2 몸에 나쁜 영향을 주는 신맛이나 쓴맛을 피하는 본능이 영향을 준다.
3 그 음식을 먹었을 때의 감정이나 상황 등이 영향을 준다.
4 음식의 맛이나 향, 모양 등의 감각만이 영향을 준다.

어휘 成長(せいちょう) 성장 過程(かてい) 과정 できる 생기다 健康(けんこう) 건강 身体(しんたい) 신체 反応(はんのう) 반응 影響(えいきょう)する 영향을 주다 与(あた)える (주의 · 영향 등을) 주다 避(さ)ける 피하다

문제 11 내용 이해 2(중문)

출제 유형

문제 11 내용 이해 2(중문)에서는 비교적 쉬운 평론, 어떤 주제나 내용에 대한 해설, 에세이 등 약 500자 내외의 지문을 읽고 핵심적인 키워드, 인과 관계, 이유나 원인, 필자의 생각 등을 고르는 문제가 출제된다. 최근 시험에서는 보통 3개의 지문에서 지문당 3문항씩 총 9문항이 출제되고 있다.

자주 나오는 질문 유형

- □ ○○の理由は何か。○○의 이유는 무엇인가?
- □ 本文に出ている○○とは何か。본문에 나와 있는 ○○란 무엇인가?
- □ ○○とはどのようなものか。○○란 어떠한 것인가?
- □ 内容と合っているのはどれか。내용과 맞는 것은 어느 것인가?
- □ 内容と合っていないのはどれか。내용과 맞지 않는 것은 어느 것인가?

실제 시험 예시

問題11 次の(1)から(3)の文章を読んで、後の問いに対する答えとして最もよいものを、1・2・3・4から一つ選びなさい。

(1)

ニート(NEET)とは、「Not in Education, Employment or Training」の略語で、「職業に就いておらず、学校などの教育機関に所属せず、就労に向けた活動をしていない15～34歳の未婚の者」を言う。厚生労働省は約62万人のニートが存在すると報告している。同省はニートを次の四つのタイプに分けている。

不良型…反社会的で享楽的(きょうらくてき)(注1)。「今が楽しければいい」というタイプ
ひきこもり(注2)型…いじめや病気などで社会との関係を作れず、ひきこもるタイプ
立ちすくみ(注3)型…就職を前に考え込んでしまい、社会に出られなくなるタイプ
つまずき型…一度就職したが、辞めてしまい、再就職をしないタイプ

不良型の人たちは自発的なニートであり、本人の意識の問題であろうが、ひきこもりや立ちすくみ型の人たちには、周囲の人の助けや国の支援が必要だろう。日本ではニートと言うと「働かない人」というイメージがあるが、実際には「働けない人」も数多くいる。この10年でニートと言われる人が20%も増加したそうだ。色々な理由があると思うが、不況のた

め競争が激しくなり、それについていけなくなったり、嫌気(いやけ)が差(さ)した(注4)人々がニートになったのではないかと考えられている。

(注1)享楽的(きょうらくてき): 楽しいことや気持ちがいいことばかりに夢中になる態度
(注2)ひきこもり: 長期間、自宅や自室に居続け、社会と接触をしない状態
(注3)立ちすくみ: 驚きや恐れ、緊張などで動けなくなること
(注4)嫌気(いやけ)が差(さ)す: 続けていたことが嫌になってしまうこと

1 以下のうち、<u>ニート</u>と呼ばれる人は誰か。

1 25歳の専業主婦
2 40歳で、会社を辞めた無職の人
3 30歳で、大学を卒業後就職をしていない人
4 18歳の高校生

2 筆者が本人の意識の問題であると考えているニートのタイプはどれか。

1 不良型のみ
2 ひきこもり型のみ
3 立ちすくみ型とつまずき型
4 ひきこもり型と立ちすくみ型

3 筆者が支援が必要だと考えているニートのタイプはどれか。

1 不良型とひきこもり型
2 ひきこもり型と立ちすくみ型
3 立ちすくみ型とつまずき型
4 ひきこもり型のみ

|정답| **1** 3 **2** 1 **3** 2

시험 대책

내용 이해 2(중문)는 내용 이해 1(단문)에 비해 지문 길이가 두 배 이상 늘어나서 좀 더 다양한 질문이 출제된다. 기본적으로는 내용을 파악하는 문제가 출제되지만, 지문에 등장한 어떤 내용의 이유를 묻는 문제나 밑줄 문제로 출제되는 경우도 있다. 이런 유형의 문제들은 앞뒤 문장만 잘 읽으면 빠르게 정답을 찾을 수 있으므로 먼저 푸는 게 좋다. 그리고 전체적인 요지 및 필자의 주장이나 생각 등은 일본어 문장 특성상 처음이나 마지막 부분에 위치하는 경우가 많으므로, 특히 처음과 끝부분을 신경 써서 꼼꼼히 읽어 두어야 한다.

동영상 22

확인 문제 1 • 내용 이해 2(중문)

問題11 次の(1)から(3)の文章を読んで、後の問いに対する答えとして最もよいものを、1・2・3・4から一つ選びなさい。

(1)

私は1年に数回、一人で旅に出る。別に友達がいないわけではない。こう見えてもけっこう社交的な方だし、社内の男性たちの間でも人気がある。いや、きっとあると信じている。そんな私が一人で旅に出る理由は、いつもの自分をリセットして、また新しいスタートを切るきっかけを作るためだ。普段、会社生活をしていると言いたいことも言えずに笑顔を作り、理不尽(りふじん)だ(注1)と思う上司の命令にも、文句を言わずに従わなくてはならない。こんな毎日が続くと、私の中にまるでワインの澱(おり)(注2)のように黒い気持ちが溜まっていく。その澱(おり)を旅先に捨てに行くのだ。そんな時に、そばに誰かがいる限り、捨てられるものも捨てられなくなってしまう。

行き先はどこでもいい。北でも南でも、暑くても寒くてもかまわない。ただ大切なことは、日常生活とは違う環境に自分を置くことと、人目を気にせず、自分らしくいられる時間を過ごすことだ。贅沢(ぜいたく)なんてしなくてもいい。コンビニのサンドイッチをくわえていても、私にはまるで最高級の宮廷料理のように感じられるのだから。さて、次の休みにはどこへ捨てに行こうか。

(注1)理不尽(りふじん)だ: 正しいと思えない
(注2)澱(おり): ワインを長時間保存するとできるもの、飲むことができない

1 筆者が旅に出る理由として最も適切なのはどれか。

1 一人でも、友人と一緒でも、旅行をするのが大好きだから
2 嫌なことがあって会社を辞めた後、旅行に出ることにしているから
3 普段の生活で溜まったストレスを発散したいから
4 旅行で今までとは違う新しい自分を発見したいから

2 筆者がこだわる旅行先の条件は何か。

1 暑くも寒くもなく、ちょうど良い気候の地域
2 コンビニのサンドイッチでさえ、美味しく作られるような地域
3 どんなものを捨てても、文句を言われない地域
4 人目を気にせず、自分らしくいられる地域

3 本文のタイトルとして、最も適当なのはどれか。

1 私が一人旅をする理由
2 ストレスの上手な発散方法
3 一人旅をする時の注意点
4 一人旅の長所と短所

(2)

現在、日本は「①大学全入時代」に突入したと言われています。これは子供の数が少なくなり、入学希望者より大学の定員数の方が多くなったからです。私たちのようなベビーブーム世代(注1)からすると、とても羨ましく見えるのですが、今の若者の立場からすると、そう良いことばかりではないようです。②その理由は、大学に入ること自体は難しくなくなったのでそれが人生の目的にはならず、本当に自分のやりたいことが何なのか探せなくて悩んでしまうとのことです。激しい受験戦争に勝ち抜くため、「四当五落(よんとうごらく)」(注2)を合言葉(あいことば)(注3)に、眠い目をこすりながら睡魔(すいま)と戦った私たちの努力が、何か虚(むな)しく感じられてしまいます。

私たちの世代と今の若者の世代では、大学に入ることの意味が変わってしまったような気がします。ただ、その一方で、受験戦争で全ての力を使い果たしてしまった私たちとは違い、若者の中には高校生の時から将来の自分の姿を十分に考え、計画を立てている意識の高い学生も増えています。自由な時間をどのように使うかが、将来の自分を決める大切な要素になるのでしょう。

(注1)ベビーブーム世代: 1947～1949年の間に生まれた世代
(注2)四当五落(よんとうごらく): 4時間しか寝ないで受験勉強をすれば合格できるが、5時間も寝てしまうと合格できないという受験勉強で使われる言葉
(注3)合言葉(あいことば): 目標としていつもそのように行動しようとする言葉、左右(ざゆう)の銘(めい)

1 ①大学全入時代とはどういう意味か。

1 大学を出なくても希望しているところに就職できる時代

2 大学の入学定員が徐々に減少している時代

3 大学の社会的な価値が上がり、人気が高まった時代

4 大学への入学希望者総数が大学定員総数を下回る時代

2 ②その理由は何を指しているか。

1 大学全入時代に突入したということ

2 大学全入時代が良いことばかりではないということ

3 子供の数が少なくなったということ

4 ベビーブーム世代ではなかったということ

3 筆者が考えている大学全入時代のメリットとは何か。

1 大学に入ることが人生の目的にならなくなったということ

2 受験勉強が易しくなり、学生に余裕ができたということ

3 将来の自分の夢や計画を立てる学生が増えてきたということ

4 自分のやりたいことが増え、選択の幅が広がったこと

(3)

音楽は昔から私の一番親しい友人だった。楽しい時、寂しい時、みんなと一緒に、あるいは恋人と二人で、色々な曲を聞いてきた。今でもその曲を聞くと、懐かしい時代が蘇る。貧しい学生時代にお金を貯めて買ったCDやレコードは、コンピューターでダウンロードしたのとは違う思い出が詰(つ)まっている。ところが、最近はCDが以前ほど売れなくなったようだ。インターネット上で無料で様々な音楽を聞けるサイトもあるし、携帯電話の料金を払うために音楽にお金を使う余裕がなくなったという理由もあるらしい。

音楽は生きるために必ずしも必要だとは言いがたいが、音楽のない生活は何か味気(あじけ)なく(注)感じてしまうのは私だけではないはずだ。しかし、最近流行りの音楽にはついていけない。ダンスミュージックはメロディーがなくリズムだけのように聞こえるし、ラップなどは歌詞の意味を何度聞いても理解することができない。昔が全て良かったなどというつもりは全くないが、だからといって新しいものが常に最高だとも言い切れないと思う。昔は老若男女(ろうにゃくなんにょ)、みんなが知っていた流行曲というものがあったが、今は若者の音楽と、年寄りの音楽は全く違ったものになってしまった。みんなが集まって歌える曲がないというのは、少し寂しい。

(注)味気(あじけ)ない: 面白みや魅力がなくつまらない

1 筆者が音楽を一番親しい友人だったと感じている理由は何か。

1 いつでもどこでも聞くことができるから

2 幼い時からあまり親しい友人がいなかったから

3 少ないお金で楽しめる唯一の趣味だったから

4 友人のように、何かある度に身近にあったから

2 筆者がCDが以前ほど売れなくなったと感じている理由として適切なのはどれか。

1 人それぞれに好みが多様化され、流行曲がなくなったから

2 年を取った人や男性が、音楽に対する興味をなくしてしまったから

3 携帯電話の料金を支払うために、CDを買うお金の余裕がなくなったから

4 ラップなどの新しい曲が、歌詞を大切にしなくなったから

3 音楽に対する筆者の感情として、合っていないのはどれか。

1 音楽のない生活など、生きる価値が全くないと感じている。

2 音楽を聞くと、今までの自分の人生を懐かしく振り返ることができると感じている。

3 最近流行しているラップに対して、その良さが理解できないと感じている。

4 世代間で共通した流行曲がなくなってしまって、寂しいと感じている。

확인 문제 1 • 정답 및 해석(내용 이해 2(중문))

(1)

나는 1년에 몇 번 혼자서 여행을 떠난다. 딱히 친구가 없는 것은 아니다. 이래 봬도 꽤 사교적인 편이고, 사내 남성들 사이에서도 인기가 있다. 아니, 틀림없이 있다고 믿고 있다. 그런 내가 혼자서 여행을 떠나는 이유는 평소의 나를 리셋하고 다시 새로운 스타트를 끊는 계기를 만들기 위해서다. 평소에 회사 생활을 하고 있으면 말하고 싶은 것도 말하지 못하고 웃는 얼굴을 만들고, 불합리하다(주1)고 생각하는 상사의 명령에도 불평하지 않고 따라야만 한다. 이런 매일이 계속되면 내 안에 마치 와인 침전물(주2)처럼 좋지 않은 기분이 쌓여 간다. 그 침전물을 여행지에 버리러 가는 것이다. 그럴 때 옆에 누군가가 있는 한 버릴 수 있는 것도 버릴 수 없게 되고 만다.

행선지는 어디라도 좋다. 북쪽이든 남쪽이든, 더워도 추워도 상관없다. 다만 중요한 것은 일상생활과는 다른 환경에 자신을 두는 것과 남의 눈을 신경 쓰지 않고 나답게 있을 수 있는 시간을 보내는 일이다. 사치 따위 부리지 않아도 된다. 편의점 샌드위치를 입에 물고 있어도 나에게는 마치 최고급 궁중 요리처럼 느껴지니까. 그런데 다음 휴가 때는 어디로 버리러 갈까?

(주1)理不尽だ(불합리하다): 옳다고 생각되지 않는다

(주2)澱(침전물): 와인을 장시간 보존하면 생기는 것, 마실 수 없다

어휘 旅(たび)に出(で)る 여행을 떠나다 別(べつ)に (부정어 수반) 별로, 특별히, 딱히
～わけではない (전부) ～인 것은 아니다, (반드시) ～라고는 말할 수 없다 けっこう 꽤, 상당히 社交的(しゃこうてき)だ 사교적이다
社内(しゃない) 사내, 회사 안 男性(だんせい) 남성 人気(にんき) 인기 きっと 꼭, 틀림없이 信(しん)じる 믿다
理由(りゆう) 이유 リセット 리셋, 초기화 新(あたら)しい 새롭다 スタートを切(き)る 스타트를 끊다 きっかけ 계기
作(つく)る 만들다 普段(ふだん) 평소 笑顔(えがお) 웃는 얼굴 理不尽(りふじん)だ 이치에 맞지 않다, 불합리하다
上司(じょうし) 상사 命令(めいれい) 명령 文句(もんく) 불평, 불만 従(したが)う (명령 등에) 따르다 まるで 마치 ワイン 와인
澱(おり) 앙금, 침전물 黒(くろ)い 검다, 좋지 않다 溜(た)まる 쌓이다 旅先(たびさき) 여행지 捨(す)てる 버리다
行(い)き先(さき) 행선지 北(きた) 북쪽 南(みなみ) 남쪽 暑(あつ)い 덥다 寒(さむ)い 춥다 大切(たいせつ)だ 중요하다
日常生活(にちじょうせいかつ) 일상생활 違(ちが)う 다르다 環境(かんきょう) 환경 置(お)く 두다, 놓다
人目(ひとめ) 남의 눈 気(き)にする 신경을 쓰다, 걱정하다 명사+らしい ～답다 時間(じかん) 시간
過(す)ごす (시간을) 보내다, 지내다 贅沢(ぜいたく) 사치 コンビニ 편의점 *「コンビニエンスストア」의 준말
サンドイッチ 샌드위치 くわえる 입에 물다 最高級(さいこうきゅう) 최고급 宮廷料理(きゅうていりょうり) 궁중 요리
さて 그런데 次(つぎ) 다음 休(やす)み 휴가 正(ただ)しい 옳다 保存(ほぞん) 보존

1 필자가 여행을 떠나는 이유로 가장 적절한 것은 어느 것인가?
1 혼자서든 친구와 함께든 여행을 하는 것을 매우 좋아하기 때문에
2 싫은 일이 있어서 회사를 그만둔 뒤, 여행을 떠나기로 하고 있기 때문에
3 평소 생활에서 쌓인 스트레스를 발산하고 싶기 때문에
4 여행에서 지금까지와는 다른 새로운 자신을 발견하고 싶기 때문에

어휘 ~として ~로서 最(もっと)も 가장, 제일 適切(てきせつ)だ 적절하다 大好(だいす)きだ 매우 좋아하다 嫌(いや)だ 싫다 辞(や)める (일자리를) 그만두다 発散(はっさん) 발산 発見(はっけん) 발견

2 필자가 고집하는 여행지의 조건은 무엇인가?
1 덥지도 춥지도 않아서 딱 좋은 기후인 지역
2 편의점 샌드위치조차 맛있게 만들어질 것 같은 지역
3 어떤 것을 버려도 불평을 듣지 않는 지역
4 남의 눈을 신경 쓰지 않고 자신답게 있을 수 있는 지역

어휘 こだわる 구애되다, 얽매이다 旅行先(りょこうさき) 여행지 条件(じょうけん) 조건 ちょうど 마침, 알맞게 気候(きこう) 기후 地域(ちいき) 지역

3 본문의 타이틀로 가장 적당한 것은 어느 것인가?
1 내가 혼자 여행을 하는 이유
2 능숙한 스트레스 발산 방법
3 혼자 여행을 할 때의 주의점
4 혼자 하는 여행의 장점과 단점

어휘 タイトル 타이틀, 제목 一人旅(ひとりたび) 혼자 여행함 ストレス 스트레스 上手(じょうず)だ 능숙하다 方法(ほうほう) 방법 注意点(ちゅういてん) 주의점 長所(ちょうしょ) 장점 短所(たんしょ) 단점

(2)

현재 일본은 '①대학 전원 입학 시대'에 돌입했다고 합니다. 이것은 아이 수가 적어져서 입학 희망자보다 대학의 정원 수가 많아졌기 때문입니다. 우리 같은 베이비붐 세대(주1) 입장에서 보면 아주 부러워 보이지만, 지금의 젊은이 입장에서 보면 그렇게 좋은 것만은 아닌 것 같습니다. ②그 이유는 대학에 들어가는 것 자체는 어렵지 않아졌기 때문에 그것이 인생의 목적은 되지 않고, 정말로 자신이 하고 싶은 일이 무엇인지 찾을 수 없어 고민해 버린다고 합니다. 치열한 입시 전쟁에 이기기 위해서 '4당 5락'(주2)을 슬로건(주3)으로 졸린 눈을 비비며 졸음과 싸웠던 우리의 노력이 왠지 허무하게 느껴져 버립니다.

우리 세대와 지금의 젊은이 세대에서는 대학에 들어가는 것의 의미가 변해 버린 것 같은 생각이 듭니다. 다만, 그 한편으로 입시 전쟁에서 모든 힘을 다 써 버렸던 우리와는 달리, 젊은이 중에는 고등학생 때부터 장래 자신의 모습을 충분히 생각하고 계획을 세우고 있는 의식이 높은 학생도 늘고 있습니다. 자유로운 시간을 어떻게 쓸지가 장래의 자신을 결정하는 중요한 요소가 될 것입니다.

(주1)ベビーブーム世代(베이비붐 세대): 1947~1949년 사이에 태어난 세대
(주2)四当五落(4당 5락): 4시간밖에 자지 않고 입시 공부를 하면 합격할 수 있지만, 5시간이나 자 버리면 합격할 수 없다는 입시 공부에서 쓰이는 말
(주3)合言葉(슬로건): 목표로서 항상 그렇게 행동하고자 하는 말, 좌우명

어휘 現在(げんざい) 현재 大学全入時代(だいがくぜんにゅうじだい) 대학 전원 입학 시대 突入(とつにゅう) 돌입
少(すく)ない (수량 등이) 적다 入学(にゅうがく) 입학 希望者(きぼうしゃ) 희망자 定員数(ていいんすう) 정원 수
ベビーブーム 베이비붐 世代(せだい) 세대 ～からすると ～로 보면, ～로 판단컨대 羨(うらや)ましい 부럽다
若者(わかもの) 젊은이 立場(たちば) 입장 ～ばかり ～만, ～뿐 自体(じたい) 자체 難(むずか)しい 어렵다
目的(もくてき) 목적 探(さが)す 찾다 悩(なや)む 괴로워하다 激(はげ)しい 심하다, 격하다, 격렬하다
受験戦争(じゅけんせんそう) 수험 전쟁, 입시 전쟁 勝(か)ち抜(ぬ)く 이겨 내다 合言葉(あいことば) 모토, 슬로건
眠(ねむ)い 졸리다 こする 문지르다, 비비다 睡魔(すいま) 심한 졸음 戦(たたか)う 싸우다 努力(どりょく) 노력
虚(むな)しい 허무하다 変(か)わる 바뀌다, 변하다 気(き)がする 느낌[생각]이 들다 全(すべ)て 모두, 전부
使(つか)い果(は)たす 다 써 버리다 将来(しょうらい) 장래 姿(すがた) 모습 計画(けいかく) 계획 立(た)てる 세우다
意識(いしき) 의식 増(ふ)える 늘다, 늘어나다 自由(じゆう)だ 자유롭다 決(き)める 정하다, 결정하다 要素(ようそ) 요소
生(う)まれる 태어나다 ～しか (부정어 수반) ～밖에 目標(もくひょう) 목표 行動(こうどう) 행동
座右(ざゆう)の銘(めい) 좌우명

1 ①대학 전원 입학 시대란 어떤 의미인가?
1 대학을 나오지 않아도 희망하는 곳에 취직할 수 있는 시대
2 대학 입학 정원이 서서히 감소하고 있는 시대
3 대학의 사회적 가치가 올라 인기가 높아진 시대
4 대학 입학 희망자 총수가 대학 정원 총수를 밑도는 시대

어휘 希望(きぼう) 희망 就職(しゅうしょく) 취직 徐々(じょじょ)に 서서히 減少(げんしょう) 감소 社会的(しゃかいてき)だ 사회적이다 価値(かち) 가치 上(あ)がる 올라가다 人気(にんき) 인기 高(たか)まる 높아지다 総数(そうすう) 총수, 전체의 수량이나 분량을 나타낸 수 下回(したまわ)る 하회하다, 밑돌다

2 ②그 이유는 무엇을 가리키고 있는가?
1 대학 전원 입학 시대에 돌입했다는 것
2 대학 전원 입학 시대가 좋은 것만은 아니라는 것
3 아이 수가 적어졌다는 것
4 베이비붐 세대는 아니었다는 것

어휘 指(さ)す 가리키다

3 필자가 생각하고 있는 대학 전원 입학 시대의 장점이란 무엇인가?
1 대학에 들어가는 것이 인생의 목적이 되지 않게 되었다는 것
2 입시 공부가 쉬워져서 학생에게 여유가 생겼다는 것
3 장래 자신의 꿈이나 계획을 세우는 학생이 늘어났다는 것
4 자신이 하고 싶은 일이 늘어나서 선택의 폭이 넓어진 것

어휘 メリット 장점 易(やさ)しい 쉽다 余裕(よゆう) 여유 できる 생기다 夢(ゆめ) 꿈 選択(せんたく) 선택 幅(はば) 폭 広(ひろ)がる 넓어지다

(3)

음악은 옛날부터 나의 가장 친한 친구였다. 즐거울 때 외로울 때 모두와 함께 혹은 애인과 둘이서 다양한 곡을 들어 왔다. 지금도 그 곡을 들으면 그리운 시절이 되살아난다. 가난한 학창시절에 돈을 모아서 산 CD와 레코드에는 컴퓨터로 다운로드한 것과는 다른 추억이 가득 들어 있다. 그런데 요즘은 CD가 이전만큼 팔리지 않게 된 것 같다. 인터넷상에서 무료로 다양한 음악을 들을 수 있는 사이트도 있고, 휴대 전화 요금을 내기 위해서 음악에 돈을 쓸 여유가 없어졌다는 이유도 있는 것 같다.

음악은 살아가기 위해서 반드시 필요하다고는 말하기 힘들지만, 음악이 없는 생활은 어쩐지 무미건조하게(주) 느끼고 마는 것은 나만은 아닐 것이다. 그러나 요즘 유행하는 음악은 따라갈 수가 없다. 댄스 음악은 멜로디가 없이 리듬만 있는 것처럼 들리고, 랩 등은 가사의 의미를 몇 번을 들어도 이해할 수가 없다. 옛날이 전부 좋았다고 말할 생각은 전혀 없지만, 그렇다고 해서 새로운 것이 항상 최고라고도 단언할 수 없다고 생각한다. 옛날에는 남녀노소 모두가 알고 있던 유행곡이라는 것이 있었지만, 지금은 젊은이의 음악과 노인의 음악은 완전히 다른 것이 되어 버렸다. 모두가 모여서 노래 부를 수 있는 곡이 없다는 것은 조금 쓸쓸하다.

(주)味気ない(무미건조하다): 재미와 매력이 없어서 시시하다

어휘 音楽(おんがく) 음악 昔(むかし) 옛날 親(した)しい 친하다 友人(ゆうじん) 친구 楽(たの)しい 즐겁다 寂(さび)しい 쓸쓸하다, 외롭다 あるいは 또는, 혹은 恋人(こいびと) 애인 曲(きょく) 곡 聞(き)く 듣다 懐(なつ)かしい 그립다 時代(じだい) 시대, 시절 蘇(よみがえ)る 되살아나다 貧(まず)しい 가난하다 お金(かね) 돈 貯(た)める (돈을) 모으다 レコード 레코드, 음반 コンピューター 컴퓨터 ダウンロード 다운로드 思(おも)い出(で) 추억 詰(つ)まる 가득 차다 以前(いぜん) 이전 売(う)れる (잘) 팔리다 無料(むりょう) 무료 携帯電話(けいたいでんわ) 휴대 전화 料金(りょうきん) 요금 払(はら)う (돈을) 내다, 지불하다 余裕(よゆう) 여유 理由(りゆう) 이유 生(い)きる 살다, 살아가다 必(かなら)ずしも (부정어 수반) 반드시, 꼭 동사의 ます형+がたい ~하기 힘들다, ~할 수 없다 味気(あじけ)ない 재미없다, 무미건조하다 流行(はや)り 유행 ついていく 따라 가다 ダンス 댄스 ミュージック 뮤직, 음악 メロディー 멜로디 リズム 리듬 聞(き)こえる 들리다 ラップ 랩 歌詞(かし) 가사 意味(いみ) 의미 何度(なんど) 몇 번 理解(りかい) 이해 全(すべ)て 전부, 모두 全(まった)く (부정어 수반) 전혀 だからといって 그렇다고 해서 新(あたら)しい 새롭다 常(つね)に 늘, 항상 最高(さいこう) 최고 言(い)い切(き)る 단언하다 老若男女(ろうにゃくなんにょ) 남녀노소 流行曲(りゅうこうきょく) 유행곡 年寄(としよ)り 노인 集(あつ)まる 모이다 歌(うた)う (노래를) 부르다 面白(おもしろ)み 재미 魅力(みりょく) 매력 つまらない 시시하다, 재미없다

1 필자가 음악을 가장 친한 친구였다고 느끼고 있는 이유는 무엇인가?

1 언제 어디서나 들을 수 있기 때문에
2 어릴 때부터 별로 친한 친구가 없었기 때문에
3 적은 돈으로 즐길 수 있는 유일한 취미였기 때문에
4 친구처럼 무슨 일인가 있을 때마다 가까이에 있었기 때문에

어휘 いつでもどこでも 언제 어디서나 幼(おさな)い 어리다 あまり (부정어 수반) 그다지, 별로 少(すく)ない 적다 楽(たの)しむ 즐기다 唯一(ゆいいつ) 유일 趣味(しゅみ) 취미 何(なに)かある度(たび)に 무슨 일인가 있을 때마다 身近(みぢか) 자기 몸 가까운 곳, 신변

2 필자가 CD가 이전만큼 팔리지 않게 되었다고 느끼고 있는 이유로 적절한 것은 어느 것인가?

1 사람마다 취향이 다양해져 유행곡이 없어졌기 때문에
2 나이를 먹은 사람과 남성이 음악에 대한 흥미를 잃어버렸기 때문에
3 휴대 전화 요금을 내기 위해 CD를 살 돈의 여유가 없어졌기 때문에
4 랩 등의 새로운 곡이 가사를 중요하게 여기지 않게 되었기 때문에

어휘 それぞれ 각각 好(この)み 좋아함, 취향 多様化(たようか) 다양화 年(とし)を取(と)る 나이를 먹다 ~に対(たい)する ~에 대한 興味(きょうみ) 흥미 な(無)くす 없애다, 잃다 支払(しはら)う (돈을) 내다, 지불하다 大切(たいせつ)にする 소중히 하다

3 음악에 대한 필자의 감정으로 맞지 않는 것은 어느 것인가?

1 음악이 없는 생활 따위 살아갈 가치가 전혀 없다고 느끼고 있다.
2 음악을 들으면 지금까지의 자기 인생을 그립게 되돌아볼 수 있다고 느끼고 있다.
3 요즘 유행하고 있는 랩에 대해서 그 좋은 점을 이해할 수 없다고 느끼고 있다.
4 세대 간에 공통된 유행곡이 없어져 버려서 쓸쓸하다고 느끼고 있다.

어휘 価値(かち) 가치 人生(じんせい) 인생 振(ふ)り返(かえ)る 뒤돌아보다, 회고하다 流行(りゅうこう) 유행 良(よ)さ 좋음, 좋은 점 世代間(せだいかん) 세대 간 共通(きょうつう)する 공통되다

확인 문제 2 · 내용 이해 2(중문)

問題11 次の(1)から(3)の文章を読んで、後の問いに対する答えとして最もよいものを、1・2・3・4から一つ選びなさい。

(1)

みなさんにとってお金持ちとはどんな人のことを言うのでしょうか。人それぞれその基準は違うと思いますが、世界的には、貯金や株式などの現金資産で100万ドルを持っている人をお金持ちと言うそうです。現金資産ですから、不動産や保険は含まれません。100万ドルと言えば日本円で約1億円。世間には、5億円の宝くじが当たった人とか、株の取引で1日に10億円を稼いだ人などの話をよく聞きますが、私にとって1億円とは、非現実的な金額です。しかし、それほど非現実的でもないと思っている人が多いようです。

政府の調査によると、現在の日本で1億円を現金資産として持っている人は、全国で約141万人もいるそうで、これは日本の人口の約1.3%に当たる数値です。男女別の傾向としては、若年層の男性は、金融に関する関心が相対的に高いものの、投資の目的が比較的短期である一方、女性は関心はあるものの、自分の金融知識の水準に自信が持てず、他人から入手した情報を重視するといった傾向が見られました。ただし、ちょっと気になるのは、昔は貧しい人たちの中から、自分の能力でこのお金持ちの仲間に入る人たちも多かったのですが、最近では、親の資産を継いだ人の割合(注)がどんどん増えていっているということです。これは新たな階級社会の誕生と考えてもいいでしょう。戦後の日本は、世界で稀(まれ)に見る平等社会と言われてきました。しかし、今の日本を見ると、格差社会の流れは確実に進んでいるようです。

(注)割合: 全体に対してある部分が占める比率

1 次のうち、お金持ちに当てはまる人は誰か。

1 5億円の宝くじが当たって、そのお金で5億円の家を買った人
2 毎年、100万円をかけて海外旅行に行く人
3 今すぐにでも、1億円のマンションを借金なしで買える人
4 1億円を非現実的な金額とは思っていない人

2 政府の調査についての説明の中で、正しくないのはどれか。

1 男性は金融への関心が相対的に高く、投資の目的が比較的短期であった。
2 1億円を現金資産として持っている人は、全国に約141万人いる。
3 最近、親の資産を継いだ人の割合は減少傾向にある。
4 1億円を現金資産として持っている人の割合は、総人口の約1.3%に当たる。

3 筆者は現代の日本をどう思っているか。

1 能力のある人はお金持ちになり、能力のない人はたとえお金持ちでも貧乏になる競争社会
2 中流階級という新たな階級が誕生し、日本人のほとんどがそれに当てはまる平等社会
3 お金持ちと貧乏な人がはっきり分かれている、世界で稀に見る階級社会
4 お金持ちと貧乏な人がだんだん固定化されてきた格差社会

(2)

昔から人類と酒は切っても切れない関係にあった。日本では米から日本酒を作り、中国では老酒(ラオチュウ)を作る。フランスやイタリアでは葡萄(ぶどう)からワインを、ドイツでは大麦(おおむぎ)からビールを作る。このように穀物が採れない所でも、人間は何とか酒を飲もうとして努力する。世界の民族の中で文化的に酒を飲まない民族は、アラスカに住むエスキモーしかいないという。しかし、酒とうまく付き合うことはなかなか難しい。酒の失敗で人生を棒に振った(注1)人は少なくない。飲み過ぎて翌日ひどい二日酔い(注2)に苦しみ、もう二度と酒を飲まないと誓っても週末になればまた友人に誘われて街に出てしまう人もいるだろう。こんなに人を酔わせるアルコールなら、麻酔(ますい)(注3)の代わりに使えば気持ちよく眠れるのにと思いがちだが、アルコールは麻酔薬(ますいやく)に比べて遥かに危険で、ちょっと量を間違えただけで致死量を超えてしまうそうだ。そのため、薬としては使えない。

では、「酒は百害あって一利無しなのか」というと、そうではないらしい。日本の厚生労働省の調査によると、月2、3回程度、ビール1本ほどの適量を飲む人は、病気の発生率が酒を飲まない人と変わらず、更に自殺の危険性が半分になるそうだ。専門家は、酒がストレス解消の要因になっているのかもしれないと考察している。

(注1)棒に振る: それまでの努力や結果を無にしてしまう
(注2)二日酔い: 飲み過ぎてしまって、次の日も頭痛がしたり、気分が悪いこと
(注3)麻酔(ますい): 感覚や意識を一時的に失わせること

1 酒とうまく付き合うことはなかなか難しいの理由として正しいのはどれか。

1 酒を飲み過ぎて体を壊してしまったり、失敗をしてしまったりするから

2 いろいろなお酒を飲んで、その違いを知らなければならないから

3 酒に強くなるよう、体を丈夫にしなくてはならないから

4 酒を飲む度に、友人と付き合って飲まなければならないから

2 本文の内容からみて、酒を薬として使えない理由は何か。

1 続けて飲みたくなるという脱却できない副作用があるから

2 医学用の薬に比べて価格的なメリットがないから

3 量の調節を間違えただけで、致死量を超えてしまいかねないから

4 体質などの理由で、薬として使えない人が存在するから

3 本文の内容と合っていないのはどれか。

1 植物以外でも、酒を作ろうと思えば作ることができる。

2 厚生労働省のデータによると、酒は快眠に効果的という報告がある。

3 アルコールは薬としては危険なので、麻酔薬(ますいやく)として使うことはできない。

4 適度な飲酒は、病気の発生率に影響せず、ストレスの発散に役立つ。

(3)

水道は蛇口(じゃぐち)を少ししか開(あ)けなければ、水は少ししか出ません。でも、①ホースの先をつぶすと、水は勢(いきお)いよく出ます。どうして違うのでしょうか。ホースの中には、常に一定量の水が送り込まれて流れています。ホースの先を指でつぶしたくらいでは止まりません。流れる水の量が変わらないから、出口断面を小さくすれば、その分だけ水の勢(いきお)いは大きくなります。

水道の場合はホースと違って②蛇口(じゃぐち)の内側の水は一定の速さで流れてはいません。一定の圧力の水が、静止している状態になっているのです。水道の栓(せん)は、閉めた状態ではしっかり固定され、栓(せん)の先と水道管の下部のゴムがしっかり密着して水が漏れないようになっています。蛇口(じゃぐち)を回して少しずつ開(ひら)いていくと、開(ひら)いた断面積に比例して水が出てきます。実際には、蛇口(じゃぐち)を捻(ひね)って(注)栓(せん)を大きく開(あ)けると、水の速度もやや速くなります。また、栓(せん)をわずかに開(あ)けると、水がぽたぽた垂(た)れますが、これは水の量が少ないので、水が栓(せん)から出口に行くまでに摩擦で速度がぐっと落ちてしまうからです。

(注)捻(ひね)る: 指先で物をつまみ、その部分を回す

1 ①ホースの先をつぶすと、水は勢いよく出ますの理由として、正しいのはどれか。

1 ホースの中に流れる水の量が変わらないから
2 ホースの中の圧力が変わらないから
3 ホースの外と中の温度に変化が起きるから
4 ホース自体が小さい面積を持っているから

2 ②蛇口の内側の水についての説明の中で、正しくないのはどれか。

1 一定の圧力を維持している。
2 いつも一定量の水が流れるようになっている。
3 栓を開いた断面積に比例して水が出てくる。
4 普通は静止している状態になっている。

3 水道の栓をわずかに開けると、水がぽたぽた垂れる理由は何か。

1 開いた栓の断面積が大きくなるから
2 水が流れる速さが速くなってしまうから
3 栓の先と水道管の下部のゴムがしっかり密着しているから
4 水が栓から出口に行くまでに摩擦で速度が急激に落ちてしまうから

확인 문제 2 • 정답 및 해석(내용 이해 2(중문))

(1)

여러분에게 있어서 부자란 어떤 사람을 말하는 것일까요? 사람마다 그 기준은 다르다고 생각하지만, 세계적으로는 저금이며 주식 등의 현금 자산으로 100만 달러를 가지고 있는 사람을 부자라고 한답니다. 현금 자산이므로 부동산과 보험은 포함되지 않습니다. 100만 달러라고 하면 일본 엔으로 약 1억 엔. 세간에서는 5억 엔짜리 복권이 당첨된 사람이라든가 주식 거래로 하루에 10억 엔을 번 사람 등의 이야기를 자주 듣는데, 저에게 있어서 1억 엔이라는 것은 비현실적인 금액입니다. 그러나 그렇게 비현실적이지도 않다고 생각하는 사람이 많은 것 같습니다.

정부 조사에 따르면 현재 일본에서 1억 엔을 현금 자산으로 가지고 있는 사람은 전국에서 약 141만 명이나 된다고 하는데, 이것은 일본 인구의 약 1.3%에 해당하는 수치입니다. 남녀별 경향으로는 젊은층 남성은 금융에 관한 관심이 상대적으로 높지만 투자 목적이 비교적 단기인 한편, 여성은 관심은 있으나 자신의 금융 지식 수준에 자신이 없어 타인으로부터 입수한 정보를 중시한다는 경향이 보였습니다. 다만 조금 신경이 쓰이는 것은 옛날에는 가난한 사람들 중에서 자신의 능력으로 이 부자 그룹에 들어가는 사람들도 많았지만, 요즘은 부모의 자산을 물려받은 사람의 비율(주)이 점점 늘고 있다는 점입니다. 이것은 새로운 계급 사회의 탄생이라고 생각해도 좋을 것입니다. 전후의 일본은 세계에서 드물게 보는 평등 사회라고 일컬어져 왔습니다. 그러나 지금의 일본을 보면 격차 사회의 흐름은 확실하게 진행되고 있는 것 같습니다.

(주)割合(비율): 전체에 대해 어떤 부분이 차지하는 비율

어휘 ~にとって ~에(게) 있어서 お金持(かねも)ち 부자 それぞれ 제각각 基準(きじゅん) 기준 貯金(ちょきん) 저금
株式(かぶしき) 주식 現金(げんきん) 현금 資産(しさん) 자산 不動産(ふどうさん) 부동산 保険(ほけん) 보험
含(ふく)まれる 포함되다 世間(せけん) 세간, 세상 宝(たから)くじ 복권 当(あ)たる (제비 등에) 당첨되다, 해당하다 株(かぶ) 주식
取引(とりひき) 거래 稼(かせ)ぐ 돈을 벌다 非現実的(ひげんじつてき)だ 비현실적이다 金額(きんがく) 금액
政府(せいふ) 정부 調査(ちょうさ) 조사 全国(ぜんこく) 전국 人口(じんこう) 인구 数値(すうち) 수치
男女別(だんじょべつ) 남녀별 傾向(けいこう) 경향 ~として ~로서 若年層(じゃくねんそう) 젊은층 男性(だんせい) 남성
金融(きんゆう) 금융 ~に関(かん)する ~에 관한 関心(かんしん) 관심 相対的(そうたいてき)だ 상대적이다
~ものの ~이지만 投資(とうし) 투자 目的(もくてき) 목적 比較的(ひかくてき)だ 비교적이다 短期(たんき) 단기
知識(ちしき) 지식 水準(すいじゅん) 수준 自信(じしん) 자신, 자신감 他人(たにん) 타인, 남 入手(にゅうしゅ) 입수
情報(じょうほう) 정보 重視(じゅうし) 중시 ただし 다만 気(き)になる 신경이 쓰이다, 걱정되다 貧(まず)しい 가난하다
能力(のうりょく) 능력 仲間(なかま) 동료, 친구 最近(さいきん) 최근, 요즘 継(つ)ぐ 계승하다, 물려받다 割合(わりあい) 비율
どんどん 점점 増(ふ)える 늘다, 늘어나다 新(あら)ただ 새롭다 階級(かいきゅう) 계급 社会(しゃかい) 사회
誕生(たんじょう) 탄생 戦後(せんご) 전후 稀(まれ)だ 드물다 平等(びょうどう) 평등
格差社会(かくさしゃかい) 격차 사회, (특히 소득 · 자산 면에서 중산층이 붕괴되고) 부유층과 빈곤층으로 양극화된 사회
流(なが)れ 흐름 確実(かくじつ)だ 확실하다 進(すす)む 나아가다, 진행되다 占(し)める 점하다, 차지하다
比率(ひりつ) 비율

1 다음 중 부자에 적합한 사람은 누구인가?

1 5억 엔짜리 복권이 당첨되어 그 돈으로 5억 엔짜리 집을 산 사람
2 매년 100만 엔을 들여 해외여행을 가는 사람
3 지금 당장이라도 1억 엔짜리 아파트를 빚 없이 살 수 있는 사람
4 1억 엔을 비현실적인 금액이라고는 생각하지 않는 사람

어휘 当(あ)てはまる 꼭 들어맞다, 적합하다 かける (시간·비용을) 들이다 マンション 맨션, (중·고층) 아파트
借金(しゃっきん) 빚

2 정부 조사에 대한 설명 중에서 옳지 않은 것은 어느 것인가?

1 남성은 금융에 대한 관심이 상대적으로 높고 투자 목적이 비교적 단기였다.
2 1억 엔을 현금 자산으로 가지고 있는 사람은 전국에 약 141만 명 있다.
3 최근 부모의 자산을 물려받은 사람의 비율은 감소 경향에 있다.
4 1억 엔을 현금 자산으로 가지고 있는 사람의 비율은 총인구의 약 1.3%에 해당한다.

어휘 減少(げんしょう) 감소 総人口(そうじんこう) 총인구

3 필자는 현대의 일본을 어떻게 생각하고 있는가?

1 능력이 있는 사람은 부자가 되고 능력이 없는 사람은 설령 부자라도 가난해지는 경쟁 사회
2 중류 계급이라는 새로운 계급이 탄생해서 일본인의 대부분이 거기에 해당하는 평등 사회
3 부자와 가난한 사람이 확실하게 나뉘어져 있는 세계에서 드물게 보는 계급 사회
4 부자와 가난한 사람이 점점 고정화된 격차 사회

어휘 たとえ~でも 설령[설사] ~라도 貧乏(びんぼう)だ 가난하다 競争(きょうそう) 경쟁 中流(ちゅうりゅう) 중류
ほとんど 거의, 대부분 はっきり 분명하게, 확실하게 分(わ)かれる 나뉘다, 갈라지다 だんだん 점점 固定化(こていか) 고정화
~てくる ~하게 되다, ~해지다 *과거에서 현재로의 변화

(2)

옛날부터 인류와 술은 끊을래야 끊을 수 없는 관계에 있었다. 일본에서는 쌀로 청주를 만들고, 중국에서는 라오츄를 만든다. 프랑스와 이탈리아에서는 포도로 와인을, 독일에서는 보리로 맥주를 만든다. 이처럼 곡물이 나지 않는 곳에서도 인간은 어떻게든 술을 마시려고 노력한다. 세계의 민족 중에서 문화적으로 술을 마시지 않는 민족은 알래스카에 사는 에스키모밖에 없다고 한다. 그러나 술과 잘 어울리기란 상당히 어렵다. 술김에 저지른 실수 때문에 인생을 망친(주1) 사람은 적지 않다. 과음해서 이튿날 심한 숙취(주2)에 괴로워하고 이제 두 번 다시 술을 마시지 않겠다고 맹세해도 주말이 되면 또 친구의 꼠에 거리로 나가고 마는 사람도 있을 것이다. 이렇게 사람을 황홀하게 하는 알코올이라면 마취(주3) 대신에 사용하면 기분 좋게 잘 수 있을 텐데라고 생각하기 쉽지만, 알코올은 마취약에 비해 훨씬 위험해서 조금 양을 실수하기만 해도 치사량을 넘어 버린다고 한다. 그래서 약으로는 사용할 수 없다.

그럼 '술은 백해무익한가?'라고 하면 그렇지는 않은 것 같다. 일본 후생노동성의 조사에 의하면, 한 달에 두세 번 정도 맥주 한 병 정도의 적당량을 마시는 사람은 발병률이 술을 마시지 않는 사람과 같고, 게다가 자살 위험성이 절반이 된다고 한다. 전문가는 술이 스트레스 해소의 요인이 되고 있는 것일지도 모른다고 고찰하고 있다.

(주1)棒に振る(망치다): 그때까지의 노력과 결과를 헛되게 해 버리다
(주2)二日酔い(숙취): 과음해서 다음 날에도 두통이 있거나 속이 안 좋은 것
(주3)麻酔(마취): 감각과 의식을 일시적으로 상실시키는 것

어휘 人類(じんるい) 인류 切(き)る (관계 등을) 끊다 関係(かんけい) 관계 米(こめ) 쌀 葡萄(ぶどう) 포도 大麦(おおむぎ) 보리 穀物(こくもつ) 곡물 採(と)る 수확하다 人間(にんげん) 인간 何(なん)とか 어떻게든 努力(どりょく) 노력 民族(みんぞく) 민족 文化的(ぶんかてき)だ 문화적이다 アラスカ 알래스카 住(す)む 살다, 거주하다 エスキモー 에스키모 ～しか (부정어 수반) ～밖에 ～という ～라고 한다 うまく 잘, 능숙하게 付(つ)き合(あ)う 사귀다, 교제하다 失敗(しっぱい) 실패, 실수 人生(じんせい) 인생 棒(ぼう)に振(ふ)る 망치다 少(すく)ない 적다 飲(の)み過(す)ぎる 과음하다, 지나치게 마시다 翌日(よくじつ) 다음 날, 이튿날 ひどい 심하다 二日酔(ふつかよ)い 숙취 苦(くる)しむ 괴로워하다 もう 이제 二度(にど)と 두 번 다시 誓(ちか)う 맹세하다 週末(しゅうまつ) 주말 誘(さそ)う 권하다, 권유하다 街(まち) 거리 酔(よ)う 취하다, 황홀해지다 アルコール 알코올 麻酔(ますい) 마취 명사+の+代(か)わりに ～대신에 眠(ねむ)る 자다, 잠들다 동사의 ます형+がちだ ～하기 십상이다, ～하기 일쑤다 ～に比(くら)べて ～에 비해서 遥(はる)かに 훨씬 危険(きけん)だ 위험하다 間違(まちが)える 실수하다, 잘못 알다 致死量(ちしりょう) 치사량 超(こ)える (정도를) 넘다 百害(ひゃくがい)あって一利無(いちりな)し 백해무익 調査(ちょうさ) 조사 程度(ていど) 정도 ビール 맥주 適量(てきりょう) 적량, 적당량 発生率(はっせいりつ) 발생률 変(か)わる 바뀌다, 변하다 更(さら)に 게다가, 더욱더 自殺(じさつ) 자살 危険性(きけんせい) 위험성 半分(はんぶん) 절반 専門家(せんもんか) 전문가 解消(かいしょう) 해소 要因(よういん) 요인 考察(こうさつ) 고찰 無(む)にする 헛되게 하다 頭痛(ずつう) 두통 気分(きぶん)が悪(わる)い 속이 안 좋다 感覚(かんかく) 감각 意識(いしき) 의식 失(うしな)う 잃다

1 술과 잘 어울리기란 상당히 어렵다의 이유로 옳은 것은 어느 것인가?

1 술을 지나치게 마셔서 건강을 해치거나 실수를 해 버리기 때문에
2 다양한 술을 마셔서 그 차이를 알아야 하기 때문에
3 술에 세지도록 몸을 튼튼히 해야 하기 때문에
4 술을 마실 때마다 친구와 어울려서 마셔야 하기 때문에

어휘 体(からだ)を壊(こわ)す 건강을 해치다 違(ちが)い 차이 知(し)る 알다
~なければならない ~하지 않으면 안 된다, ~해야 한다 丈夫(じょうぶ)だ 튼튼하다
~なくてはならない ~하지 않으면 안 된다, ~해야 한다

2 본문의 내용으로 보아 술을 약으로 사용할 수 없는 이유는 무엇인가?

1 계속해서 먹고 싶어진다는 벗어날 수 없는 부작용이 있기 때문에
2 의학용 약에 비해서 가격적인 이점이 없기 때문에
3 양 조절을 실수하기만 해도 치사량을 넘어 버릴지도 모르기 때문에
4 체질 등의 이유로 약으로 사용할 수 없는 사람이 존재하기 때문에

어휘 続(つづ)ける 계속하다 脱却(だっきゃく) 탈각, 벗어남 副作用(ふくさよう) 부작용 医学用(いがくよう) 의학용
価格的(かかくてき)だ 가격적이다 メリット 장점, 이점 調節(ちょうせつ) 조절
동사의 ます형+かねない ~할 수도 있다, ~할지도 모른다 体質(たいしつ) 체질 理由(りゆう) 이유 存在(そんざい) 존재

3 본문의 내용과 맞지 않는 것은 어느 것인가?

1 식물 이외로도 술을 만들려고 생각하면 만들 수 있다.
2 후생노동성 데이터에 따르면 술은 쾌면에 효과적이라는 보고가 있다.
3 알코올은 약으로는 위험해서 마취약으로 사용할 수는 없다.
4 적당한 음주는 발병률에 영향을 주지 않고 스트레스 발산에 도움이 된다.

어휘 植物(しょくぶつ) 식물 以外(いがい) 이외 快眠(かいみん) 쾌면, 기분 좋게 잠을 잠 効果的(こうかてき)だ 효과적이다
報告(ほうこく) 보고 適度(てきど)だ 적당하다 飲酒(いんしゅ) 음주 影響(えいきょう) 영향 発散(はっさん) 발산
役立(やくだ)つ 쓸모 있다, 도움이 되다

(3)

수도는 수도꼭지를 조금밖에 틀지 않으면 물은 조금밖에 나오지 않습니다. 하지만 ①호스 끝을 찌부러뜨리면 물은 기세 좋게 나옵니다. 왜 다른 걸까요? 호스 안에는 항상 일정량의 물이 보내져 흐르고 있습니다. 호스 끝을 손가락으로 찌부러뜨린 정도로는 멈추지 않습니다. 흐르는 물의 양이 변하지 않기 때문에 출구 단면을 작게 하면 그 양만큼 물의 기세는 커집니다.

수도의 경우는 호스와 달리 ②수도꼭지 안쪽의 물은 일정한 속도로 흐르고 있지는 않습니다. 일정한 압력의 물이 정지한 상태가 되어 있는 것입니다. 수도꼭지는 잠근 상태에서는 단단히 고정되어 있고 수도꼭지 끝과 수도관 하부의 고무가 꼭 밀착되어 물이 새지 않게끔 되어 있습니다. 수도꼭지를 돌려 조금씩 틀어 가면 튼 단면적에 비례해서 물이 나옵니다. 실제로는 수도꼭지를 비틀어(注) 꼭지를 크게 틀면 물의 속도도 다소 빨라집니다. 또 수도꼭지를 조금 틀면 물이 똑똑 떨어지는데, 이것은 물의 양이 적기 때문에 물이 꼭지에서 출구로 가기까지 마찰로 속도가 확 떨어져 버리기 때문입니다.

(注)捻る(비틀다): 손가락 끝으로 물건을 잡아 그 부분을 돌리다

어휘 水道(すいどう) 수도 蛇口(じゃぐち) 수도꼭지 ～しか (부정어 수반) ~밖에 開(あ)ける (수도를) 열다, 틀다 水(みず) 물 ホース 호스 先(さき) 끝 つぶす 찌부러뜨리다 勢(いきお)いよく 기세 좋게 どうして 왜, 어째서 違(ちが)う 다르다 常(つね)に 늘, 항상 一定量(いっていりょう) 일정량 送(おく)り込(こ)む 보내다 流(なが)れる 흐르다 指(ゆび) 손가락 止(と)まる 멈추다 変(か)わる 바뀌다, 변하다 出口(でぐち) 출구 断面(だんめん) 단면 小(ちい)さい 작다 大(おお)きい 크다 場合(ばあい) 경우 内側(うちがわ) 안쪽 一定(いってい) 일정 速(はや)さ 속도 圧力(あつりょく) 압력 静止(せいし) 정지 状態(じょうたい) 상태 栓(せん) 마개, 개폐 장치 閉(し)める 닫다 しっかり 단단히, 꼭 固定(こてい) 고정 水道管(すいどうかん) 수도관 下部(かぶ) 하부 ゴム 고무 密着(みっちゃく) 밀착 漏(も)れる 새다 回(まわ)す 돌리다 ～ずつ ~씩 開(ひら)く (닫혀 있던 것을) 열다, 풀다 断面積(だんめんせき) 단면적 比例(ひれい) 비례 実際(じっさい)には 실제로는 捻(ひね)る 비틀다, 틀다 速度(そくど) 속도 やや 다소 速(はや)い 빠르다 わずかに 조금, 약간 ぽたぽた (액체가) 똑똑 垂(た)れる (물방울이) 떨어지다 摩擦(まさつ) 마찰 ぐっと 확 落(お)ちる 떨어지다 指先(ゆびさき) 손끝 つまむ 잡다 部分(ぶぶん) 부분

1 ①호스 끝을 찌부러뜨리면 물은 기세 좋게 나옵니다의 이유로 옳은 것은 어느 것인가?

1 호스 안에 흐르는 물의 양이 변하지 않기 때문에
2 호스 안의 압력이 변하지 않기 때문에
3 호스 밖과 안의 온도에 변화가 일어나기 때문에
4 호스 자체가 작은 면적을 가지고 있기 때문에

어휘 外(そと) 밖 温度(おんど) 온도 変化(へんか) 변화 起(お)きる 일어나다, 발생하다 自体(じたい) 자체 面積(めんせき) 면적

2 ②수도꼭지 안쪽의 물에 대한 설명 중에서 옳지 않은 것은 어느 것인가?

1 일정한 압력을 유지하고 있다.
2 항상 일정량의 물이 흐르도록 되어 있다.
3 수도꼭지를 튼 단면적에 비례해서 물이 나온다.
4 보통은 정지해 있는 상태가 되어 있다.

어휘 維持(いじ) 유지 いつも 항상, 늘 普通(ふつう) 보통

3 수도꼭지를 조금 틀면 물이 똑똑 떨어지는 이유는 무엇인가?

1 튼 꼭지의 단면적이 커지기 때문에
2 물이 흐르는 속도가 빨라져 버리기 때문에
3 꼭지 끝과 수도관 하부의 고무가 꼭 밀착되어 있기 때문에
4 물이 꼭지에서 출구로 가기까지 마찰로 속도가 급격하게 떨어져 버리기 때문에

어휘 急激(きゅうげき)だ 급격하다 落(お)ちる 떨어지다

확인 문제 3 • 내용 이해 2(중문)

問題11 次の(1)から(3)の文章を読んで、後の問いに対する答えとして最もよいものを、1・2・3・4から一つ選びなさい。

(1)

　今の子供たちには夢がないという話をよく聞きます。最近の子供たちに将来なりたいものを聞くと「会社員」と答えるそうです。しかし、よく耳にするこの話、果たして本当なのでしょうか。毎年、ある生命保険会社が1,000人の子供たちに「大人になったらなりたいもの」というテーマで①アンケートをしていますが、その結果を見ると、噂とはだいぶ異なっているようです。このアンケートは主に小学生を対象としているのですが、男の子がなりたいものは野球やサッカーなどのスポーツ選手、女の子は食べ物屋さんが1位という結果が出ました。これは20年前の結果とほとんど変わらないそうです。

　大人達はいつの時代でも自分より若い世代に対して、夢がない、活力が足りないという偏見を持っているようです。「今の若い奴(やつ)は駄目だ。俺達が若かった頃はもっとちゃんとしていた」と。いつの時代でも若者にこう説教をする年寄りは後を絶ちません。しかし、②そのような年配の人も自分が若かった頃は、その親の世代の人達に「若い奴(やつ)は駄目だ」と言われていたに違いありません。つまり、大人は若者のことをよく知らず、イメージだけで捉えているのではないでしょうか。エジプトのピラミッドの壁の一つで約6,000年前に書かれた落書きが見つかったそうです。その内容はこうでした。「最近の若い奴(やつ)は全く駄目だ」と。どうやら人間の中身はそれほど進化していないようです。

1 ①アンケートについての説明の中で、正しくないのはどれか。

1 20年前の結果とはだいぶ異なる結果が出た。

2 男の子はスポーツ選手になりたがっていた。

3 女の子は食べ物屋さんが1位という結果が出た。

4 ある生命保険会社が主に小学生を対象に実施している。

2 ②そのような年配の人とはどんな人か。

1 若者の夢は会社員だと思っているような人

2 若い頃は大きな夢を持っているような人

3 若者達に活力がないと説教をするような人

4 若い頃から両親に期待されて育った人

3 筆者が年配者に対して持っている意見はどれか。

1 年配者は若者に、会社員になりたいというような小さい夢を持たせるべきではない。

2 年配者は自分も夢や活力がなかったことを思い出し、意見を言わずに静かにするべきだ。

3 年配者は若者のことをよく知らないくせに、勝手なイメージで文句を言うべきではない。

4 年配者は野球選手や食べ物屋さんなど、子供達の夢を育てるようにするべきだ。

(2)

全世界を石油危機が襲った1973年、一つの小説が日本中を騒然(注1)とさせた。その物語の内容は、激しい地殻変動(注2)の結果、日本列島が大地震と火山活動によって、海の底に沈んでしまうというものだった。その小説のタイトルは『日本沈没』である。

当時、高度経済成長を終え、先進国の仲間入りをした日本人たちは自分たちのアイデンティティーを見失っていた。第2次世界大戦に敗れ、食べる物も着る物も満足になく、飢えと寒さに苦しんでいた日本人は、生きるため再び立ち上がり、働き始めた。そして死に物狂い(注3)で働いた結果、世界第2位の経済大国になった。しかし、日本人を待っていたのは、思い描いていたほどの豊かな生活でもなく、明るい将来も見えないぼんやりとした不安だけだった。そんな時に、この小説が登場した。この物語では沈没によって日本列島というゆりかご(注4)を失った日本人たちが国土を失い、先祖が築いた文化を失い、多くの命と財産を失って世界中に難民として散らばる。そして、彼らは日本とは、日本人とは一体何だったのかを考えるようになるものだ。小説では国家や国民が個人にとってどんな意味があるのかを問いかける。では、国民の意識とは何だろう。それは共感というものではないだろうか。論理的ではないが、より感覚的な、言わば皮膚感覚とでも表現すべき人と人との一体感なのだと思う。

(注1)騒然: 騒がしくなること。うるさくなること
(注2)地殻変動: 地球内のエネルギーによって陸地が動くこと
(注3)死に物狂い: 必死の覚悟で頑張る
(注4)ゆりかご: 赤ちゃんや幼児を入れて揺らすベッドのようなもの

1 なぜ高度経済成長期を終えた日本人はぼんやりとした不安を感じたのか。

1 思い通り経済的に豊かになったが、そのお金を何に使えばいいかわからなかったから

2 目標に向けて一生懸命働いてきたが、目標を達成してしまって次、何をすればいいかわからなくなったから

3『日本沈没』という小説の内容が現実化したらどうしていいのかわからなかったから

4 世界中に難民として移民する日本人が増え、どのように暮らしていけばいいか心配になったから

2 本文の内容からみて、『日本沈没』という小説のテーマは何か。

1 日本が経済大国になって得られたものは何か。

2 個人にとって国家や国民はどんな意味があるのか。

3 高度経済成長がもたらした負の側面は何か。

4 日本の国民は思い描いていた豊かな生活で満足し切れるのか。

3 筆者が考える国民の定義として、正しいのはどれか。

1 自分達の領土を持ち、そこで一緒に生きる集団のこと

2 先祖が築いてきた文化を守り続け、それを次の世代に伝える集団のこと

3 論理的ではなく、感覚的な一体感を持つ集団のこと

4 国土や財産などを失った時に助け合う集団のこと

(3)

オーストラリアのある町で、全長100キロもの細長い家が発見された。「アルゼンチンアリ」の巣(注1)だ。聖書の時代から「働き者」の代名詞とされているアリだが、あの小さな体でよく作ったものだ。しかし、そんなアリも観察の結果、「働きアリ」の中に「怠け者アリ」が存在することがわかった。

最近の研究によると、アリの中には「餌を取りに行く」、「女王アリの世話をする」といった「働きアリの仕事」をほとんどせず、動かないか、自分の体を舐めているだけのアリがどの群れ(注2)にも約2割いるらしい。更に、よく働くアリを数匹取り除いた状態で様子を見ると、仕事熱心なアリの労働量が増えただけで、怠け者はやはり怠けたままだそうだ。ところが、逆に怠け者アリを取り除いてみると、よく働くアリだけになったはずなのに、その中に怠け始めたアリが出てきたという。「優秀な個体だけでは、集団の生産性は最大にならない。働かないアリにも何か役割があるかもしれない」と、観察をした研究チームは報告した。

このアリが作る組織は、人間が作る組織にも同じことが適用される。大抵の企業において、よく働く人間と普通に働く人間、そして怠ける人間の割合が、「2:6:2」になることが多いそうだ。性格、能力、年齢など、この割合となる要因は様々だが、共通なのはバランスが取れているということ。あなたはこの研究結果をどう思うだろうか。

(注1)巣: 動物や昆虫が住んでいる所
(注2)群れ: たくさんの生き物が集まっている状態

1 本文によると、よく働くアリを数匹取り除いた後、アリの群(む)れはどうなったか。

1 働き者のアリの仕事量が増えた。
2 突然、怠け始めるアリが登場した。
3 女王アリの世話をするアリが急激に増えた。
4 すべてのアリの動作が徐々に鈍くなった。

2 本文によると、怠けているアリを取り除いた後、アリの群(む)れはどうなったか。

1 働き者のアリの仕事量が増えた。
2 怠け始めるアリが増え出した。
3 今まで通り、アリは同じように仕事を続けた。
4 体を舐(な)めてばかりいるアリが急激に増えた。

3 次のうち、集団の生産性が最大になると思われるグループはどれか。

1 集団の中から怠け者を取り除いた集団
2 働き者だけで構成された集団
3 働き者と怠け者が半々の集団
4 働き者と普通の人と怠け者のバランスが取れている集団

확인 문제 3 • 정답 및 해석(내용 이해 2(중문))

(1)

지금 아이들에게는 꿈이 없다는 이야기를 자주 듣습니다. 요즘 아이들에게 장래에 되고 싶은 것을 물으면 '회사원'이라고 대답한다고 합니다. 그러나 자주 듣는 이 이야기, 과연 사실일까요? 매년 어떤 생명보험회사가 천 명의 아이들에게 '어른이 되면 되고 싶은 것'이라는 주제로 ①앙케트를 하고 있는데, 그 결과를 보면 소문과는 상당히 다른 것 같습니다. 이 앙케트는 주로 초등학생을 대상으로 하고 있는데, 남자아이가 되고 싶은 것은 야구나 축구 등의 스포츠 선수, 여자아이는 음식점 주인이 1위라는 결과가 나왔습니다. 이것은 20년 전의 결과와 거의 변한 것이 없다고 합니다.

어른들은 어느 시대나 자신보다 젊은 세대에 대해 꿈이 없다, 활력이 부족하다는 편견을 가지고 있는 것 같습니다. '지금의 젊은 녀석은 안 돼. 우리가 젊었을 때는 좀 더 야무졌어'라고, 어느 시대나 젊은이에게 이렇게 설교를 하는 노인은 끊이질 않습니다. 그러나 ②그러한 연배의 사람도 자신이 젊었을 때는 그 부모 세대의 사람들에게 '젊은 녀석은 안 돼'라는 말을 들었음에 틀림없습니다. 다시 말해 어른은 젊은이를 잘 모르고 이미지만으로 파악하고 있는 것은 아닐까요? 이집트의 피라미드 벽 하나에서 약 6천 년 전에 쓰여진 낙서가 발견되었다고 합니다. 그 내용은 이러했습니다. '요즘 젊은 녀석은 정말이지 안 돼'라고. 아무래도 인간의 내면은 그렇게 진화하지 않는 것 같습니다.

어휘 夢(ゆめ) 꿈 将来(しょうらい) 장래 答(こた)える 대답하다 耳(みみ)にする 듣다 果(は)たして 과연
生命保険会社(せいめいほけんがいしゃ) 생명보험회사 テーマ 테마, 주제 アンケート 앙케트 結果(けっか) 결과
噂(うわさ) 소문 だいぶ 꽤, 상당히 異(こと)なる 다르다 主(おも)に 주로 対象(たいしょう) 대상 野球(やきゅう) 야구
サッカー 축구 スポーツ 스포츠 選手(せんしゅ) 선수 食(た)べ物屋(ものや)さん 음식점 주인
ほとんど 거의, 대부분 変(か)わる 변하다, 바뀌다 若(わか)い 젊다 世代(せだい) 세대
〜に対(たい)して 〜에 대해서, 〜에게 *대상 活力(かつりょく) 활력 足(た)りない 모자라다, 부족하다 偏見(へんけん) 편견
駄目(だめ)だ 안 된다 ちゃんと 제대로, 확실히 説教(せっきょう) 설교 年寄(としよ)り 노인
後(あと)を絶(た)たない 끊이지 않다 年配(ねんぱい) 연배 〜に違(ちが)いない 〜임에 틀림없다 イメージ 이미지, 인상
捉(とら)える 파악하다 エジプト 이집트 ピラミッド 피라미드 壁(かべ) 벽 落書(らくが)き 낙서
見(み)つかる 발견되다, 찾게 되다 内容(ないよう) 내용 全(まった)く 정말, 참으로, 실로 どうやら 아무래도
中身(なかみ) 내용물 進化(しんか) 진화

1 ①앙케트에 대한 설명 중에서 옳지 않은 것은 어느 것인가?
1 20년 전의 결과와는 상당히 다른 결과가 나왔다.
2 남자아이는 스포츠 선수가 되고 싶어했다.
3 여자아이는 음식점 주인이 1위라는 결과가 나왔다.
4 어떤 생명보험회사가 주로 초등학생을 대상으로 실시하고 있다.

어휘 実施(じっし) 실시

2 ②그러한 연배의 사람이란 어떤 사람인가?
1 젊은이의 꿈은 회사원이라고 생각하는 듯한 사람
2 젊었을 때는 큰 꿈을 갖고 있었을 것 같은 사람
3 젊은이들에게 활력이 없다고 설교를 할 것 같은 사람
4 젊었을 때부터 부모에게 기대를 받고 자란 사람

어휘 両親(りょうしん) 양친, 부모 期待(きたい) 기대 育(そだ)つ 자라다, 성장하다

3 필자가 연배가 있는 사람에 대해 가지고 있는 의견은 어느 것인가?
1 연배가 있는 사람은 젊은이에게 회사원이 되고 싶다는 듯한 작은 꿈을 갖게 해서는 안 된다.
2 연배가 있는 사람은 자신도 꿈이나 활력이 없었던 것을 떠올려 의견을 말하지 말고 조용히 해야 한다.
3 연배가 있는 사람은 젊은이를 잘 모르면서 제멋대로의 이미지로 불평을 해서는 안 된다.
4 연배가 있는 사람은 야구 선수나 음식점 주인 등, 아이들의 꿈을 키우도록 해야 한다.

어휘 年輩者(ねんぱいしゃ) 분수를 아는 지긋한 나이의 사람, 중년 意見(いけん) 의견 持(も)たせる 갖게 하다 동사의 기본형+べきではない (마땅히) ~해서는 안 된다 思(おも)い出(だ)す 떠올리다, 생각해 내다 静(しず)かだ 조용하다 ~くせに ~인 주제에, ~이면서도 勝手(かって)だ 제멋대로다 文句(もんく) 불평, 불만 育(そだ)てる 키우다

(2)

전 세계를 석유 위기가 엄습했던 1973년, 하나의 소설이 일본 전역을 떠들썩(주1)하게 만들었다. 그 소설의 내용은 심한 지각 변동(주2)의 결과, 일본 열도가 대지진과 화산 활동에 의해 바다 밑으로 가라앉아 버린다는 것이었다. 그 소설의 제목은 『일본 침몰』이다.

당시 고도 경제 성장을 끝내고 선진국 대열에 진입한 일본인들은 자신들의 정체성을 잃고 있었다. 제2차 세계대전에 패해 먹을 것도 입을 것도 충분하지 않고, 굶주림과 추위로 고생했던 일본인들은 살기 위해 다시 일어나 일하기 시작했다. 그리고 필사적(주3)으로 일한 결과, 세계 제2위의 경제 대국이 되었다. 그러나 일본인을 기다리고 있던 것은 상상했던 만큼의 풍족한 생활도 아니었고, 밝은 장래도 보이지 않는 희미한 불안뿐이었다. 그럴 때 이 소설이 등장했다. 이 소설에서는 침몰에 의해 일본 열도라는 요람(주4)을 잃은 일본인들이 국토를 잃고, 조상이 쌓아 올린 문화를 잃고, 많은 목숨과 재산을 잃고 전 세계에 난민으로 흩어진다. 그리고 그들은 일본이란, 일본인이란 도대체 무엇이었는지를 생각하게 되는 것이다. 소설에서는 국가와 국민이 개인에게 있어 어떤 의미가 있는지를 묻는다. 그럼, 국민 의식이라는 것은 무엇일까? 그것은 공감이라는 것은 아닐까? 논리적이지는 않지만 보다 감각적인, 이를테면 피부 감각이라고도 표현해야 할 사람과 사람과의 일체감이라고 생각한다.

(주1)騒然(떠들썩함): 소란스러워지는 것, 시끄러워지는 것
(주2)地殻変動(지각 변동): 지구 내의 에너지에 의해 육지가 움직이는 것
(주3)死に物狂い(필사적임): 필사의 각오로 노력하다
(주4)ゆりかご(요람): 아기나 유아를 넣어 흔드는 침대 같은 것

어휘 全世界(ぜんせかい) 전 세계 石油(せきゆ) 석유 危機(きき) 위기 襲(おそ)う 습격하다, 덮치다 小説(しょうせつ) 소설 日本中(にほんじゅう) 일본 전체 騒然(そうぜん) 떠들썩함, 어수선함 物語(ものがたり) 이야기, 소설 内容(ないよう) 내용 激(はげ)しい 심하다, 격하다, 격렬하다 地殻変動(ちかくへんどう) 지각 변동 列島(れっとう) 열도 大地震(だいじしん) 대지진 火山(かざん) 화산 活動(かつどう) 활동 海(うみ) 바다 底(そこ) 바닥 沈(しず)む 가라앉다 沈没(ちんぼつ) 침몰 当時(とうじ) 당시 高度(こうど) 고도 成長(せいちょう) 성장 終(お)える 끝내다 先進国(せんしんこく) 선진국 仲間入(なかまい)り 한 무리에 들어감 見失(みうしな)う (보던 것·모습 등을) 놓치다, 잃다 敗(やぶ)れる 지다, 패하다 満足(まんぞく) 만족 飢(う)え 기아, 굶주림 苦(くる)しむ 괴로워하다, 고생하다 生(い)きる 살다, 살아가다 再(ふたた)び 재차, 다시 立(た)ち上(あ)がる (기운을 찾아) 일어서다 働(はたら)く 일하다 동사의 ます형+始(はじ)める ~하기 시작하다 死(し)に物狂(ものぐる)い 죽어도 상관없다는 자세로 열심히 일에 임함, 필사적임 大国(たいこく) 대국 思(おも)い描(えが)く 상상하다, 마음속에 그리다 豊(ゆた)かだ 풍부하다, 풍족하다 将来(しょうらい) 장래 ぼんやり 어렴풋이, 아련히 不安(ふあん)だ 불안하다 登場(とうじょう) 등장 ゆりかご 요람 失(うしな)う 잃다 国土(こくど) 국토 先祖(せんぞ) 선조, 조상 築(きず)く 쌓다, 구축하다 命(いのち) 목숨, 생명 財産(ざいさん) 재산 世界中(せかいじゅう) 전 세계 難民(なんみん) 난민 散(ち)らばる 흩어지다 一体(いったい) 도대체, 대관절 国家(こっか) 국가 国民(こくみん) 국민 問(と)いかける 묻다, 질문을 던지다 共感(きょうかん) 공감 論理的(ろんりてき)だ 논리적이다 感覚的(かんかくてき)だ 감각적이다 言(い)わば 말하자면, 이를테면 皮膚(ひふ) 피부 表現(ひょうげん) 표현 一体感(いったいかん) 일체감 騒(さわ)がしい 시끄럽다, 떠들썩하다 エネルギー 에너지 陸地(りくち) 육지 動(うご)く 움직이다 必死(ひっし)だ 필사적이다 覚悟(かくご) 각오 頑張(がんば)る (끝까지) 노력하다, 열심히 하다 赤(あか)ちゃん 아기 幼児(ようじ) 유아 揺(ゆ)らす 흔들다 ベッド 침대

1 왜 고도 경제 성장기를 끝낸 일본인은 희미한 불안을 느낀 것인가?

1 생각대로 경제적으로 풍족해졌지만, 그 돈을 무엇에 쓰면 좋을지 몰랐기 때문에

2 목표를 향해서 열심히 일해 왔는데, 목표를 달성해 버려서 다음에 무엇을 하면 좋을지 모르게 되었기 때문에

3 『일본 침몰』이라는 소설의 내용이 현실화되면 왜 좋은 것인지 몰랐기 때문에

4 전 세계에 난민으로 이민하는 일본인이 늘어서 어떻게 살아가면 좋을지 걱정이 되었기 때문에

어휘 思(おも)い通(どお)り 생각대로 目標(もくひょう) 목표 向(む)ける 향하(게 하)다 一生懸命(いっしょうけんめい) 열심히 達成(たっせい) 달성 現実化(げんじつか) 현실화 移民(いみん) 이민 増(ふ)える 늘다, 늘어나다 暮(く)らす 살다, 생활하다

2 본문의 내용으로 보아 『일본 침몰』이라는 소설의 주제는 무엇인가?

1 일본이 경제 대국이 되어 얻을 수 있었던 것은 무엇인가?

2 개인에게 있어서 국가와 국민은 어떤 의미가 있는 것인가?

3 고도 경제 성장이 초래한 부정적인 측면은 무엇인가?

4 일본 국민은 상상했던 풍족한 생활로 완전히 만족할 수 있는 것인가?

어휘 得(え)る 얻다 もたらす 초래하다 負(ふ)の側面(そくめん) 부정적인 측면 동사의 ます형+切(き)れる 완전히[다] ~할 수 있다

3 필자가 생각하는 국민의 정의로 옳은 것은 어느 것인가?

1 자신들의 영토를 가지고 거기서 함께 사는 집단

2 조상이 쌓아 온 문화를 계속 지켜서 그것을 다음 세대에 전하는 집단

3 논리적이 아니라 감각적인 일체감을 갖는 집단

4 국토와 재산 등을 잃었을 때 서로 돕는 집단

어휘 定義(ていぎ) 정의 領土(りょうど) 영토 集団(しゅうだん) 집단 守(まも)る 지키다 동사의 ます형+続(つづ)ける 계속 ~하다 世代(せだい) 세대 伝(つた)える 전하다 助(たす)け合(あ)う 서로 돕다

(3)

호주의 어떤 마을에서 전체 길이가 100km나 되는 가늘고 긴 집이 발견되었다. '아르헨티나 개미'의 집(주1)이다. 성서 시대부터 '일꾼'의 대명사로 간주되는 개미지만, 그 작은 몸으로 용케도 만든 것이다. 그러나 그런 개미도 관찰 결과, '일하는 개미' 속에 '게으름뱅이 개미'가 존재한다는 것을 알 수 있었다.

최근 연구에 의하면 개미 중에는 '먹이를 찾으러 간다', '여왕개미를 돌본다'와 같은 '일개미의 일'을 거의 하지 않고, 움직이지 않거나 자신의 몸을 핥고 있을 뿐인 개미가 어느 무리(주2)에나 약 20% 정도 있다고 한다. 게다가 열심히 일하는 개미를 몇 마리 없앤 상태로 상황을 지켜보니 일을 열심히 하는 개미의 노동량이 늘었을 뿐으로, 게으름뱅이 개미는 역시 게으름 피우는 그대로였다고 한다. 그런데 반대로 게으름뱅이 개미를 없애 보니 열심히 일하는 개미만이 있게 되었을 텐데 그중에 게으름을 피우기 시작한 개미가 생겨났다고 한다. '우수한 개체만으로는 집단의 생산성은 최대가 되지 않는다. 일하지 않는 개미에게도 뭔가 역할이 있을지도 모른다'고 관찰을 한 연구팀은 보고했다.

이 개미가 만드는 조직은 인간이 만드는 조직에도 같은 것이 적용된다. 대부분의 기업에서 열심히 일하는 사람과 평범하게 일하는 사람, 그리고 태만한 사람의 비율이 '2:6:2'가 되는 경우가 많다고 한다. 성격, 능력, 연령 등 이 비율이 되는 요인은 여러 가지지만, 공통된 것은 균형이 잡혀 있다는 것. 당신은 이 연구 결과를 어떻게 생각할까?

(주1)巣(집): 동물이나 곤충이 살고 있는 곳
(주2)群れ(무리): 많은 생물이 모여 있는 상태

어휘 町(まち) 마을 全長(ぜんちょう) 전체 길이 キロ 킬로미터, km 細長(ほそなが)い 가늘고 길다 発見(はっけん) 발견 巣(す) 집, 둥지 聖書(せいしょ) 성서 働(はたら)き者(もの) 부지런한 사람, 유능한 일꾼 代名詞(だいめいし) 대명사 アリ 개미 小(ちい)さな 작은 体(からだ) 몸, 신체 よく 용케 観察(かんさつ) 관찰 怠(なま)け者(もの) 게으름뱅이 存在(そんざい) 존재 研究(けんきゅう) 연구 餌(えさ) 먹이 取(と)る 취하다 동사의 ます형+に ~하러 *동작의 목적 女王(じょおう) 여왕 世話(せわ)をする 돌보다 ほとんど 거의, 대부분 動(うご)く 움직이다 舐(な)める 핥다 群(む)れ 무리 更(さら)に 게다가, 더욱이 取(と)り除(のぞ)く 없애다, 제거하다 状態(じょうたい) 상태 様子(ようす) 모습, 상황 熱心(ねっしん)だ 열심이다 労働量(ろうどうりょう) 노동량 増(ふ)える 늘다, 늘어나다 怠(なま)ける 게으름 피우다 ところが 그런데, 그러나 逆(ぎゃく)に 반대로 ~はずだ (당연히) ~할 것[터]이다 동사의 ます형+始(はじ)める ~하기 시작하다 優秀(ゆうしゅう)だ 우수하다 個体(こたい) 개체 集団(しゅうだん) 집단 生産性(せいさんせい) 생산성 最大(さいだい) 최대 役割(やくわり) 역할 観察(かんさつ) 관찰 報告(ほうこく) 보고 組織(そしき) 조직 適用(てきよう) 적용 大抵(たいてい) 대개, 대부분 企業(きぎょう) 기업 ~において ~에 있어서, ~에서 普通(ふつう) 보통 割合(わりあい) 비율 性格(せいかく) 성격 能力(のうりょく) 능력 年齢(ねんれい) 연령, 나이 要因(よういん) 요인 共通(きょうつう)だ 공통되다 バランス 밸런스, 균형 取(と)れる 잡히다 昆虫(こんちゅう) 곤충 住(す)む 살다, 거주하다 生(い)き物(もの) 생물, 살아 있는 것 集(あつ)まる 모이다

1 본문에 의하면 열심히 일하는 개미를 몇 마리 없앤 후, 개미의 무리는 어떻게 되었는가?

1 일하는 개미의 작업량이 늘었다.
2 갑자기 게으름 피우기 시작하는 개미가 등장했다.
3 여왕개미를 돌보는 개미가 급격히 늘었다.
4 모든 개미의 동작이 서서히 둔해졌다.

어휘 仕事量(しごとりょう) 작업량 突然(とつぜん) 돌연, 갑자기 登場(とうじょう) 등장 急激(きゅうげき)だ 급격하다 すべて 모두, 전부 動作(どうさ) 동작 徐々(じょじょ)に 서서히 鈍(にぶ)い 둔하다

2 본문에 의하면 게으름 피우고 있는 개미를 없앤 후, 개미의 무리는 어떻게 되었는가?

1 일하는 개미의 작업량이 늘었다.
2 게으름 피우기 시작한 개미가 늘기 시작했다.
3 지금까지대로 개미는 마찬가지로 일을 계속했다.
4 몸을 핥고만 있는 개미가 급격히 늘었다.

어휘 동사의 ます형+出(だ)す ~하기 시작하다 今(いま)まで通(どお)り 지금까지대로 ~てばかりいる ~하고만 있다

3 다음 중 집단의 생산성이 최대가 될 것으로 여겨지는 그룹은 어느 것인가?

1 집단 안에서 태만한 사람을 제거한 집단
2 부지런한 사람만으로 구성된 집단
3 부지런한 사람과 태만한 사람이 반반인 집단
4 부지런한 사람과 보통인 사람과 태만한 사람의 균형이 잡혀 있는 집단

어휘 グループ 그룹 構成(こうせい) 구성 半々(はんはん) 반반

문제 12 통합 이해

출제 유형

문제 12 통합 이해는 600자 내외의 비교적 쉬운 두 개의 지문을 읽고 비교 및 통합을 통해 문제의 정답을 찾는 유형으로, 2문항이 출제된다. 이 유형에서는 어떤 주제에 대해 의견이나 생각을 묻는 문제가 주로 출제되므로, 읽을 때는 두 지문의 공통점이나 차이점에 주목해야 한다.

실제 시험 예시

問題12 次のAとBの文章を読んで、後の問いに対する答えとして最もよいものを、1・2・3・4から一つ選びなさい。

A

思春期の子供が言うことを聞かなくて困っているという親が多いようです。小学生の頃はあんなに素直な子供だったのに、どうして今は親の言うことも聞かず、悪くなってしまったのかと嘆(なげ)く親もいます。ですが、心配する必要はありません。子供は今、親に対して反抗しているのではなく、自分の状況を苦しんでいるだけなのです。したいことはあるのに、まだ子供でできない…。そのような不満が親への反抗という形で出ているだけです。是非、余計(よけい)な干渉をせず、そっと見守ってあげてください。

B

思春期の子供が自分の部屋に籠(こも)ることが多くなったり、親の言うことを聞かなかったりするのは、その子供が発しているサインなのです。思春期の子供は、不安な時期にいます。親の言うことに反抗したり、社会のルールを破ったりするのも、自分の存在をわかってほしいという感情がそうさせるのです。ですから、親はそのような子供の行動を正面から受け止めてあげなければなりません。最近は放任主義が一種の優しさのように言われることもありますが、それは子供の立場から見ると、愛されていないと感じてしまう恐れがあります。親は、たとえうるさがられても、子供に接し続けることが大切だと思います。

1 AとBは思春期の子供が反抗的な態度を取っているのはなぜだと思っているか。

1 誰もはっきりした理由はわからないと考えている。

2 AとBは、子供が親のことが嫌いだからだと考えている。

3 Aは、子供が学校で何か問題があるからだと考えている。

4 Bは、子供が自分の存在を周りにわかってほしいと思っているからだと考えている。

2 AとBの意見として、正しいのはどれか。

1 AもBも、思春期の子供の反応だから、放(ほう)っておいて良いと言っている。

2 AもBも、親が子供にもっと干渉するようにアドバイスしている。

3 強いて言えば、Aは放任主義、Bは干渉主義の教育方法である。

4 Aは親の気持ちがわかっているが、Bは親の気持ちがわかっていない。

|정답| 1 4 2 3

독해 통합 이해

시험 대책

통합 이해는 두 개의 지문을 읽고 문제의 정답을 찾는 유형이므로, 질문을 먼저 읽고 지문을 읽는 게 절대적으로 유리하다. 앞서 언급했던 것처럼 통합 이해를 풀 때는 두 지문의 공통점이나 차이점에 주목해서 읽어야 하는데, 최근 시험에서는 특히 서로 상반된 의견의 지문이 나오는 경우가 많으므로, 두 지문이 어떤 부분에서 의견 차이를 보이는지 잘 찾아내야 한다.

확인 문제 1 • 통합 이해

問題12 次のAとBの文章を読んで、後の問いに対する答えとして最もよいものを、1・2・3・4から一つ選びなさい。

A

近頃、凶悪な犯罪が増えているという記事が目立っているようです。テレビのニュースでも連日、残酷(ざんこく)な(注1)犯罪や、今までには考えられなかったような巧妙(こうみょう)な(注2)犯罪が報道されています。果たしてそれは正しいのでしょうか。驚いたことに、実は最近の10年間を見ると、殺人などの凶悪犯罪のケースは減っているのです。同じように少年犯罪も減っています。しかし、マスメディアの過剰な報道により、その真実が見えなくなっているだけなのです。私は刑の重さについては、今のままで良いと思います。犯罪防止のために厳罰化することは、あまり役に立たないのです。

(注1)残酷(ざんこく)だ: 人や動物に対して思いやりがなく、平気で苦しめる
(注2)巧妙(こうみょう)だ: 非常にうまく、やり方が優れている

B

近年、凶悪な犯罪事件に関する記事やニュースをよく目にします。そのような犯罪を犯した犯人に対して、最近の裁判の結果は甘いのではないかという話もあります。しかし、罰というものは、加害者を罰(ばっ)するためだけにあるのではありません。その加害者によって傷付けられた被害者や、被害者の家族の気持ちを考えて罰を下すものだと考えます。罰を与える最大の理由は公平です。被害者は加害者により相当な被害を受けたのに、加害者がそれに見合うだけの罰を受けなければ不公平になります。ですから、不幸にも子供を殺害されたご両親にとって、その加害者に極刑(きょっけい)を求めるのは当然の結果だと思います。

1 その真実とは、どのようなことか。

1 殺人などの凶悪犯罪の件数が減っているということ

2 犯罪防止のために、厳罰化が役に立たないということ

3 残酷な犯罪や巧妙な犯罪が増えているということ

4 凶悪な犯罪がよく報道されるということ

2 AとBの考えとして、正しいのはどれか。

1 AもBも、記事やニュースの意見に反対である。

2 Aは記事やニュースの意見に反対であるが、Bは賛成である。

3 Aは記事やニュースの意見に反対をし、BはAの意見をまとめて解説している。

4 Aは記事やニュースの意見に反対をし、BはそのAの意見を分析している。

확인 문제 1 • 정답 및 해석(통합 이해)

A

최근 흉악 범죄가 늘고 있다는 기사가 눈에 띄고 있는 것 같습니다. TV 뉴스에서도 연일 잔혹한(주1) 범죄나 지금까지는 생각할 수 없었던 교묘한(주2) 범죄가 보도되고 있습니다. 과연 그것은 맞는 것일까요? 놀랍게도 실은 최근 10년간을 보면 살인 등의 흉악 범죄 사례는 줄고 있는 것입니다. 마찬가지로 소년 범죄도 줄고 있습니다. 그러나 언론의 과잉된 보도에 의해 그 진실이 보이지 않게 되고 있을 뿐입니다. 저는 형벌의 무게에 대해서는 지금 이대로 좋다고 생각합니다. 범죄 방지를 위해서 엄벌하는 것은 별로 도움이 되지 않습니다.

(주1)残酷だ(잔혹하다): 사람이나 동물에 대해 배려가 없고 아무렇지 않게 괴롭히다
(주2)巧妙だ(교묘하다): 매우 능숙해 하는 방식이 뛰어나다

어휘 近頃(ちかごろ) 요즘, 최근 凶悪(きょうあく)だ 흉악하다 犯罪(はんざい) 범죄 増(ふ)える 늘다, 늘어나다
記事(きじ) 기사 目立(めだ)つ 눈에 띄다 ニュース 뉴스 連日(れんじつ) 연일 残酷(ざんこく)だ 잔혹하다
巧妙(こうみょう)だ 교묘하다 報道(ほうどう) 보도 果(は)たして 과연 正(ただ)しい 옳다 驚(おどろ)く 놀라다
~ことに ~하게도 *감탄 · 놀림 実(じつ)は 실은 最近(さいきん) 최근, 요즘 殺人(さつじん) 살인 ケース 경우, 사례
減(へ)る 줄다, 줄어들다 同(おな)じだ 같다 少年(しょうねん) 소년 しかし 그러나 マスメディア 매스미디어, 대중 매체
過剰(かじょう)だ 과잉되다 ~により ~에 의해 真実(しんじつ) 진실 見(み)える 보이다 刑(けい) 형벌 重(おも)さ 무게
~について ~에 대해서 *내용 防止(ぼうし) 방지 厳罰化(げんばつか) 엄벌화 役(やく)に立(た)つ 도움이 되다
~に対(たい)して ~에 대해서, ~에게 *대상 思(おも)いやり 동정심, 배려 平気(へいき)だ 태연하다, 아무렇지도 않다
苦(くる)しめる 괴롭히다 うまい 잘하다, 능숙하다 やり方(かた) (하는) 방식, 방법 優(すぐ)れる 뛰어나다, 우수하다

B

요즘 흉악 범죄 사건에 관한 기사나 뉴스를 자주 봅니다. 그러한 범죄를 저지른 범인에 대해 최근의 재판 결과는 무른 것이 아니냐는 이야기도 있습니다. 그러나 벌이라는 것은 가해자를 벌주기 위해서만 있는 것은 아닙니다. 그 가해자에 의해 다친 피해자와 피해자 가족의 마음을 생각해서 벌을 내리는 것이라고 생각합니다. 벌을 주는 가장 큰 이유는 공평함입니다. 피해자는 가해자에 의해 상당한 피해를 입었는데도 가해자가 그에 걸맞은 만큼의 벌을 받지 않는다면 불공평해집니다. 그러므로 불행히도 아이를 살해당한 부모에게 있어 그 가해자에게 극형을 요구하는 것은 당연한 결과라고 생각합니다.

어휘 近年(きんねん) 근래, 요즘 事件(じけん) 사건 ~に関(かん)する ~에 관한 よく 잘, 자주 目(め)にする 보다
犯(おか)す 저지르다, 범하다 犯人(はんにん) 범인 裁判(さいばん) 재판 結果(けっか) 결과
甘(あま)い (태도가) 너그럽다, 무르다, 후하다 しかし 그러나 罰(ばつ) 벌 加害者(かがいしゃ) 가해자
罰(ばっ)する 벌하다, 벌을 주다 傷付(きずつ)ける 상처를 입히다, 다치게 하다 被害者(ひがいしゃ) 피해자 家族(かぞく) 가족
気持(きも)ち 기분, 마음 罰(ばつ)を下(くだ)す 벌을 내리다 与(あた)える (주의 · 영향 등을) 주다 最大(さいだい) 최대, 가장 큰
理由(りゆう) 이유 公平(こうへい)だ 공평하다 相当(そうとう)だ 상당하다 被害(ひがい)を受(う)ける 피해를 입다
見合(みあ)う 걸맞다 不公平(ふこうへい)だ 불공평하다 不幸(ふこう)だ 불행하다 殺害(さつがい) 살해
両親(りょうしん) 양친, 부모 ~にとって ~에(게) 있어서 極刑(きょっけい) 극형 求(もと)める 요구하다, (요)청하다
当然(とうぜん)だ 당연하다

1 그 진실이란 어떤 것인가?
1 살인 등의 흉악 범죄 건수가 줄고 있다는 것
2 범죄 방지를 위해서 엄벌화가 도움이 되지 않는다는 것
3 잔혹한 범죄나 교묘한 범죄가 늘고 있다는 것
4 흉악 범죄가 자주 보도된다는 것

어휘 件数(けんすう) 건수

2 A와 B의 생각으로 옳은 것은 어느 것인가?
1 A도 B도 기사나 뉴스의 의견에 반대이다.
2 A는 기사나 뉴스의 의견에 반대지만, B는 찬성이다.
3 A는 기사나 뉴스의 의견에 반대를 하고, B는 A의 의견을 정리해서 해설하고 있다.
4 A는 기사나 뉴스의 의견에 반대를 하고, B는 그 A의 의견을 분석하고 있다.

어휘 反対(はんたい) 반대 賛成(さんせい) 찬성 まとめる 모으다, 정리하다 解説(かいせつ) 해설 分析(ぶんせき) 분석

확인 문제 2 • 통합 이해

問題12 次のAとBの文章を読んで、後の問いに対する答えとして最もよいものを、1・2・3・4から一つ選びなさい。

A

中国の諺(ことわざ)に「巧遅(こうち)は拙速(せっそく)に如(し)かず」という言葉がある。仕事の出来がよくて遅いよりも、たとえ出来は悪くても早くできた方がいいという意味である。どんなに素晴らしいものでも、未完成であっては意味がない。それよりはむしろ多少いい加減であったとしても、仕上げた方が結局は役に立つという意味で使われている。

仕事は完成することが前提だ。完成しなくては契約を破ったことになる。世の中には納期を遅らせても、自分の納得がいくまで製品を作り直し続ける人もいるが、これは責任を持って仕事を受け持った人の態度としては失格だろう。作ったとしても未完成品では価値がない。まずは一旦完成させた後で、足りない部分を補足(ほそく)(注)していくべきである。

(注)補足(ほそく): 足りないところを補うこと

B

ビジネスにおいては「拙速(せっそく)は巧遅(こうち)に如(し)かず」という言葉自体に意味がない。なぜなら、仕事は常に完璧に終わらせなければならず、そして常に最速で仕上げなければならないからだ。つまり、早く巧(たく)みに(注1)完成させなければならないということだ。文芸作品では未完の大作という言葉もあるが、ビジネスにおいてそんなものに価値はない。また、手抜き(注2)をして作られたものに顧客はお金を支払わない。現代のような競争社会に生き残るためには、より高いレベルが求められている。芸術作品のように完成度が高く、期日を完璧に守るビジネス精神がなければ、他の企業との競争に打ち勝つことはできないだろう。現代は正に<u>生き馬の目を抜く時代</u>なのだ。

(注1)巧(たく)みだ: 上手にする。うまくする

(注2)手抜き: しなければならない過程や手順をしないで、楽をすること

1 AとBの意見の違いについて述べているものの中で、正しいのはどれか。

1 Aは、Bの考えをより具体的に表現したのである。
2 Bは、Aの考えよりも一段と厳しい意見を持っている。
3 Bは、Aの考えをよりわかりやすく解説したものである。
4 AとBの仕事に対する考え方は全く一致する。

2 生き馬の目を抜く時代とはどのような意味か。

1 たとえ欠点があったとしても、期日までには絶対完成させなければいけない時代
2 たとえ時間がかかっても、常に最高の完成度が求められる時代
3 完成度が劣(おと)っていたり、期日に間に合わないと誰かに仕事を取られてしまう時代
4 どんなに一生懸命しても、仕事には終わりがない時代

확인 문제 2 • 정답 및 해석(통합 이해)

A

중국 속담에 '교지는 졸속만 못하다(잘하면서 더디기보다는 못해도 빠른 편이 낫다)'라는 말이 있다. 일의 완성도가 좋아서 늦는 것보다도 설령 완성도는 나빠도 빨리 완성하는 편이 낫다는 의미다. 아무리 훌륭한 것이라도 미완성이어서는 의미가 없다. 그것보다는 오히려 다소 엉성하더라도 완성하는 편이 결국에는 도움이 된다는 의미로 사용되고 있다.

일은 완성하는 것이 전제다. 완성하지 않고서는 계약을 깬 것이 된다. 세상에는 납기를 늦춰서라도 자신이 납득할 때까지 제품을 계속 다시 만드는 사람도 있는데, 이것은 책임을 지고 일을 맡은 사람의 태도로는 실격일 것이다. 만들었다고 해도 미완성품으로는 가치가 없다. 우선은 일단 완성시킨 후에 부족한 부분을 보충(주)해 가야 한다.

(주)補足(보충): 부족한 부분을 보충하는 것

어휘 中国(ちゅうごく) 중국 諺(ことわざ) 속담 巧遅(こうち) 교지, 잘하기는 하지만 속도가 느림 拙速(せっそく) 졸속
如(し)かず ~와 같지 않다, ~하는 것이 상책이다 言葉(ことば) 말 仕事(しごと) 일 出来(でき) 완성된 상태, 결과 遅(おそ)い 늦다
たとえ 설령, 설사 できる 다 되다, 완성되다 意味(いみ) 의미 どんなに 아무리 素晴(すば)らしい 훌륭하다
未完成(みかんせい) 미완성 むしろ 오히려 多少(たしょう) 다소, 약간 いい加減(かげん)だ 엉성하다 仕上(しあ)げる 완성하다
結局(けっきょく) 결국 役(やく)に立(た)つ 도움이 되다 使(つか)う 쓰다, 사용하다 完成(かんせい) 완성 前提(ぜんてい) 전제
契約(けいやく) 계약 破(やぶ)る (약속 등을) 깨다, 어기다 世(よ)の中(なか) 세상 納期(のうき) 납기 遅(おく)らせる 늦추다
納得(なっとく)がいく 납득이 가다 製品(せいひん) 제품 作(つく)り直(なお)す 다시 만들다
동사의 ます형+続(つづ)ける 계속 ~하다 責任(せきにん) 책임 受(う)け持(も)つ 담당하다 態度(たいど) 태도
失格(しっかく) 실격 価値(かち) 가치 まずは 우선은 一旦(いったん) 일단 足(た)りない 모자라다, 부족하다
補足(ほそく) 보족, 보충 동사의 기본형+べきだ (마땅히) ~해야 한다 補(おぎな)う 보충하다, 보완하다

B

비즈니스에서는 '졸속은 교지만 못하다(못해도 빠른 것보다 잘하면서 더딘 편이 낫다)'라는 말 자체에 의미가 없다. 왜냐하면 일은 항상 완벽하게 끝내지 않으면 안 되고, 그리고 항상 가장 빨리 완성하지 않으면 안 되기 때문이다. 즉, 빠르고 능란하게(주1) 완성시키지 않으면 안 된다는 것이다. 문예 작품에서는 미완의 대작이라는 말도 있지만, 비즈니스에서 그런 것에 가치는 없다. 또 날림(주2)으로 만들어진 것에 고객은 돈을 지불하지 않는다. 현대와 같은 경쟁 사회에 살아남기 위해서는 보다 높은 수준이 요구되고 있다. 예술 작품처럼 완성도가 높고 기일을 완벽하게 지키는 비즈니스 정신이 없으면 다른 기업과의 경쟁에 이길 수는 없을 것이다. 현대는 정말로 눈 감으면 코 베어 가는 시대인 것이다.

(주1)巧みだ(능란하다): 솜씨 좋게 하다, 잘하다
(주2)手抜き(날림): 해야 할 과정이나 순서를 밟지 않고 편안하게 지내는 것

어휘 ビジネス 비즈니스 自体(じたい) 자체 なぜなら 왜냐하면 常(つね)に 늘, 항상 完璧(かんぺき)だ 완벽하다
終(お)わらせる 끝내다 そして 그리고 最速(さいそく) 가장 빠름 仕上(しあ)げる 완성하다 つまり 즉
巧(たく)みだ 능란하다, 솜씨가 좋다 文芸(ぶんげい) 문예 作品(さくひん) 작품 未完(みかん) 미완 大作(たいさく) 대작
~において ~에 있어서, ~에서 価値(かち) 가치 手抜(てぬ)き 날림, 부실 顧客(こきゃく) 고객
支払(しはら)う (돈을) 내다, 지불하다 現代(げんだい) 현대 競争(きょうそう) 경쟁 社会(しゃかい) 사회
生(い)き残(のこ)る 살아남다 レベル 레벨, 수준 求(もと)める 요구하다 完成度(かんせいど) 완성도 期日(きじつ) 기일
守(まも)る 지키다 精神(せいしん) 정신 企業(きぎょう) 기업 打(う)ち勝(か)つ 이기다, 극복하다 正(まさ)に 정말로
生(い)き馬(うま)の目(め)を抜(ぬ)く 눈 감으면 코 베어 간다 時代(じだい) 시대 過程(かてい) 과정 手順(てじゅん) 순서, 절차
楽(らく)をする 편안하게 지내다

1 A와 B의 의견 차이에 대해 서술하고 있는 것 중에서 옳은 것은 어느 것인가?

1 A는 B의 생각을 보다 구체적으로 표현한 것이다.
2 B는 A의 생각보다도 한층 엄격한 의견을 가지고 있다.
3 B는 A의 생각을 보다 알기 쉽게 해설한 것이다.
4 A와 B의 일에 대한 사고방식은 완전히 일치한다.

어휘 意見(いけん) 의견 違(ちが)い 차이 ～について ～에 대해서 *내용 述(の)べる 서술하다, 말하다
具体的(ぐたいてき)だ 구체적이다 表現(ひょうげん) 표현 一段(いちだん)と 한층, 더욱 厳(きび)しい 엄하다, 엄격하다
동사의 ます형+やすい ～하기 쉽다 解説(かいせつ) 해설 ～に対(たい)する ～에 대한 考(かんが)え方(かた) 사고방식
全(まった)く 완전히, 아주 一致(いっち) 일치

2 눈 감으면 코 베어 가는 시대란 어떤 의미인가?

1 설령 결점이 있다고 해도 기일까지는 절대 완성시키지 않으면 안되는 시대
2 설령 시간이 걸리더라도 항상 최고의 완성도가 요구되는 시대
3 완성도가 떨어지거나 기일에 댈 수 없다면 누군가에게 일을 빼앗겨 버리는 시대
4 아무리 열심히 해도 일에는 끝이 없는 시대

어휘 たとえ～ても 설사[설령] ～라도 欠点(けってん) 결점 絶対(ぜったい) 절대
～なければいけない ～하지 않으면 안 된다, ～해야 한다 時間(じかん) 시간 かかる (시간이) 걸리다 最高(さいこう) 최고
劣(おと)る 뒤떨어지다 間(ま)に合(あ)う 시간에 대다, 시간에 맞추다 取(と)られる 빼앗기다
一生懸命(いっしょうけんめい) 열심히 終(お)わり 끝

확인 문제 3・통합 이해

問題12 次のAとBの文章を読んで、後の問いに対する答えとして最もよいものを、1・2・3・4から一つ選びなさい。

A

大学受験は人生の大きな選択の一つです。ですから、今の気持ちだけでなく、将来のことを考えて決断しなければなりません。世の中には小さい頃から本が好きで、将来は小説家になりたい人はたくさんいますが、実際に小説家として成功している人は、ほんの一握り(ひとにぎり)(注)の人しかいません。また、文学部を卒業した人だけが小説家になるわけでもありません。ですから、相談者がどうしても文学部に行きたいと思うのならば、もう少し視野を広げて文学部ではどんな勉強をするのか、卒業生がどんな仕事をしているのかを調べてみましょう。その上で、ご両親を説得するのがいいと思います。

(注)一握り(ひとにぎり): 手で握ることができるぐらいのほんの少しの量、数

B

いくらあなたが大学で一生懸命勉強したとしても、それは社会に出てあまり役には立たないでしょう。なぜなら、大学で教わることは基礎的なことか、専門的なことであったとしても範囲が非常に狭くて、仕事と関連することはほとんどないからです。そのため、小説家になるために絶対文学部に行く必要があるのだとこだわりすぎない方がいいでしょう。まずはご両親が薦める経済学部や経営学部を受験してみてはいかがですか。

1 Aはどのように相談者がご両親を説得すればいいと言っているか。

1 小説家になるためには、文学部に行くことが必ず必要だと説得する。

2 経済学部や経営学部を卒業しても、小説家になれると説得する。

3 文学部に行っても、将来のためになると説得する。

4 文学部に行っても、経済や経営を学ぶことができると説得する。

2 AとBの意見として、正しいのはどれか。

1 AもBも、相談者が文学部に行くことに反対である。

2 AもBも、相談者が小説家になれないと考えている。

3 Aは両親の言う通り、相談者が他の学部に行った方がいいと思っている。

4 Bは両親の言う通り、相談者が他の学部に行った方がいいと思っている。

확인 문제 3 • 정답 및 해석(통합 이해)

A

대학 입시는 인생의 커다란 선택 중 하나입니다. 따라서 지금의 기분만이 아니라 장래를 생각하고 결단해야 합니다. 세상에는 어릴 때부터 책을 좋아해서 장래에는 소설가가 되고 싶은 사람은 많이 있지만, 실제로 소설가로 성공한 사람은 극소수(주)의 사람밖에 없습니다. 또 문학부를 졸업한 사람만이 소설가가 되는 것도 아닙니다. 따라서 상담자가 꼭 문학부에 가고 싶다고 생각한다면 좀 더 시야를 넓혀 문학부에서는 어떤 공부를 하는 것인지, 졸업생이 어떤 일을 하고 있는 것인지를 조사해 봅시다. 그 후에 부모님을 설득하는 것이 좋다고 생각합니다.

(주)一握り(한 줌, 극소수): 손으로 쥘 수 있을 정도의 아주 적은 양, 수

어휘 大学(だいがく) 대학 受験(じゅけん) 수험, 입시, 시험을 봄 人生(じんせい) 인생 大(おお)きな 큰 選択(せんたく) 선택 ～だけで(は)なく ～뿐만 아니라 将来(しょうらい) 장래 決断(けつだん) 결단 世(よ)の中(なか) 세상 小(ちい)さい 작다, 어리다 好(す)きだ 좋아하다 小説家(しょうせつか) 소설가 たくさん 많이 実際(じっさい)に 실제로 ～として ～로서 成功(せいこう) 성공 ほんの 아주, 정말 一握(ひとにぎ)り 한 줌, 극소수 ～しか ～밖에 文学部(ぶんがくぶ) 문학부 卒業(そつぎょう) 졸업 ～わけでもない ～인 것도 아니다 相談者(そうだんしゃ) 상담자 どうしても 무슨 일이 있어도, 꼭 ～ならば ～하다면 もう少(すこ)し 조금 더 視野(しや) 시야 広(ひろ)げる 넓히다 勉強(べんきょう) 공부 卒業生(そつぎょうせい) 졸업생 調(しら)べる 조사하다 両親(りょうしん) 양친, 부모 説得(せっとく) 설득 握(にぎ)る 쥐다, 잡다 量(りょう) 양

B

아무리 당신이 대학에서 열심히 공부했다고 해도 그것은 사회에 나가 그다지 도움이 되지는 않을 것입니다. 왜냐하면 대학에서 배우는 것은 기초적인 것이나 전문적인 것이라고 해도 범위가 대단히 좁아서 일과 관련된 것은 거의 없기 때문입니다. 그렇기 때문에 소설가가 되기 위해서 꼭 문학부에 갈 필요가 있는 것이라고 너무 구애받지 않는 편이 좋을 것입니다. 우선은 부모님이 추천하는 경제학부나 경영학부 시험을 보는 것은 어떠세요?

어휘 いくら～ても 아무리 ～해도 一生懸命(いっしょうけんめい) 열심히 あまり (부정어 수반) 그다지, 별로 役(やく)に立(た)つ 도움이 되다 なぜなら 왜냐하면 教(おそ)わる 배우다 基礎的(きそてき)だ 기초적이다 専門的(せんもんてき)だ 전문적이다 範囲(はんい) 범위 非常(ひじょう)に 대단히, 매우 狭(せま)い 좁다 関連(かんれん) 관련 ほとんど 거의, 대부분 絶対(ぜったい) 절대, 절대로 必要(ひつよう) 필요 こだわる 구애받다, 얽매이다 동사의 ます형+すぎる 너무 ～하다 まずは 우선은 薦(すす)める 추천하다 経済学部(けいざいがくぶ) 경제학부 経営学部(けいえいがくぶ) 경영학부 いかがですか 어떠십니까? *「どうですか」(어떻습니까?)의 공손한 표현

1 A는 어떻게 상담자가 부모님을 설득하면 된다고 말하고 있는가?

1 소설가가 되기 위해서는 문학부에 가는 것이 반드시 필요하다고 설득한다.

2 경제학부나 경영학부를 졸업해도 소설가가 될 수 있다고 설득한다.

3 문학부에 가도 장래에 도움이 된다고 설득한다.

4 문학부에 가도 경제나 경영을 배울 수 있다고 설득한다.

어휘 必(かなら)ず 반드시, 꼭 ためになる 도움이 되다 経済(けいざい) 경제 経営(けいえい) 경영 学(まな)ぶ 배우다, 익히다

2 A와 B의 의견으로 옳은 것은 어느 것인가?

1 A도 B도 상담자가 문학부에 가는 것에 반대다.

2 A도 B도 상담자가 소설가가 될 수 없다고 생각하고 있다.

3 A는 부모님 말대로 상담자가 다른 학부에 가는 편이 좋다고 생각하고 있다.

4 B는 부모님 말대로 상담자가 다른 학부에 가는 편이 좋다고 생각하고 있다.

어휘 反対(はんたい) 반대 ～通(とお)り ～대로 他(ほか)の～ 다른～

문제 13 주장 이해(장문)

출제 유형

문제 13 주장 이해(장문)는 900자 내외의 논리 전개가 비교적 명쾌한 평론이나 사설 등의 지문을 읽고 전체적으로 전하려는 주장이나 의견을 묻는 문제로, 하나의 긴 지문에 3문항이 출제된다. 주로 필자의 의도나 주장을 묻는 문제가 출제되므로, 이 파트에서는 문장 전체의 의미를 정확하게 파악하는 게 무엇보다도 중요하다.

실제 시험 예시

問題13 次の文章を読んで、後の問いに対する答えとして最もよいものを、1・2・3・4から一つ選びなさい。

ある日、私は中学生の息子に「人生で一番大切なものは何だと思う?」と質問した。この質問に彼は迷うことなく、「仕事」と答えた。①私はとっさに言葉が出なかった。子供たちが小さい頃から仕事優先の生活で、家族をみることもなく会社のために働いてきた私は、決していい父親とは言えなかった。もちろん、「働いているのは家族のためだ」という意識は常にあったが、休日も取引先との接待のため、家にいることなどほとんどなく、家族の行事などは後回しにしても特に気にもしなかった。しかし、40代の半(なか)ばを過ぎ、営業の一線から離れ、家族と一緒に過ごせる時間の余裕ができた私が気付いたことは、家族の中に②私の居場所がまるでないという事実だった。

妻は私が休みの日にも、家事を済ませると、さっさと自分の趣味の集まりや近所の奥さん達とのボランティア活動に出てしまう。そして夕飯の支度に間に合うぎりぎりの時間まで家に帰ってこず、食事が終わっても仲良しの友達と長電話で、私との会話は全くない。高校生の娘は家に帰るなり、部屋に閉じこもり、食事の時にしか顔を合わさない。高校受験を控える息子は夜遅くまで塾に通い、たまに話す機会があったとしても、年寄りのようにため息をつき、覇気(はき)(注1)がない。私が息子に先ほどのような質問をしたのは、親子の会話を面倒くさがる息子との会話を盛り上げようとしたからだった。もちろん、息子の口から「家族」などという言葉は期待してはいなかったのだが、「仕事」と答えたのにはちょっと驚いた。息子は言う。「お父さんは僕が小さい頃から、何よりもまず、仕事を優先してきたじゃないか。だから、僕は仕事ほど世の中に大切なことはないと思ってきたんだよ」と。

私は家族のためになると思ってしてきたことが、いつからか、自分が犠牲になって家族を支えているという傲慢(ごうまん)な(注2)自己満足に変わってしまったことをその時、知った。それをこのような形で知らされるとは、何か自分の信念に裏切られたような気持ちでいっぱいになった。それで、私は③今までとは違う人間として生きようと決心したのだ。

(注1)覇気(はき): 物事を積極的にしようとする気持ち
(注2)傲慢(ごうまん)だ: 偉そうな態度で人を下に見る

1 ①私はとっさに言葉が出なかったとあるがなぜか。
1 あまりにも早く答えが出たので驚いたから
2 自分と考えが似ていてうれしかったから
3 予想外の答えが出て対応ができなかったから
4 間違った答えが出て失望したから

2 ②私の居場所がまるでないが意味しているのは何か。
1 家の中に自分の部屋がなくて、どこに行けばいいのかわからないということ
2 家族の中で自分が必要とされていない存在であったということ
3 家族が自分のことを邪魔な存在だと見て、冷たくしているということ
4 会社が「私」を必要としているので、家の中にいるべきではないということ

3 ③今までとは違う人間として生きようと決心したと書かれているが、どのような生活か。
1 これまで以上に仕事を頑張り、家庭も同じように大切にする生活
2 仕事優先ではなく、家庭のことをもっと大切にする生活
3 仕事だけではなく、趣味やボランティアにも積極的に参加する生活
4 子供に尊敬されるように、より一層仕事に励む生活

|정답| 1 3 2 2 3 2

시험 대책

주장 이해(장문)는 독해 전체 21문항 중 3문항으로 문항 수는 적지만, 난이도가 높은 문제로 구성되어 있다. 글 자체가 다소 길기 때문에 전체의 요지나 필자가 강조하고 있는 바를 정확하게 파악하지 않으면 정답을 고르기 쉽지 않다. 따라서 글을 읽을 때는 글의 키워드를 정확하게 찾아서 읽어야 하며, 어떤 식으로 논리가 전개되고 있는지도 잘 확인하면서 읽어 나가야 한다. 필자의 주장이나 의견을 묻는 문제는 주로 후반부에 나오는 경우가 많으므로, 특히 이런 유형의 문제는 후반부 내용에 주목해서 읽도록 하자.

동영상 24

확인 문제 1 • 주장 이해(장문)

問題13 次の文章を読んで、後の問いに対する答えとして最もよいものを、1・2・3・4から一つ選びなさい。

昔と比べ、家族の絆(注1)は強まっているのだろうか。それとも弱まっているのだろうか。ある社会問題研究所が①家族関係についての調査を行った。それによると、家族の絆を強めることへの意識は、1988年当時は夫婦共に36%～37%だったが、その後、夫は10年ごとに10%ずつ上昇し、56%になった。一方、妻も1988年から1998年までは3.4ポイントの伸びだったが、1998年から2008年の10年間で10ポイントほど増え、48.5%まで上昇した。結果的に見ると、夫婦共に家族を維持しようとする意識が高まっていることが明らかになった(注2)。

また、家族の都合よりも自分の都合を優先させる方がいいという夫は28.3%(1988年)から16.8%(2008年)と11.5ポイントも減少し、妻も1998年まではわずかに伸びていたが、2008年には10.3%から6.3%と4ポイントダウンした。そして家族に迷惑でも個人が納得する生き方をする方がいいという夫は、1998年に若干伸びたものの、2008年には21.3%から18.0%となり、再び1988年レベルに戻った。一方、妻は18.1%(1988年)から12.8%(2008年)になるなど、夫婦共に自分よりも家族を優先しようとしている意識が見られた。

これらの結果から見えるものは、家族維持意識の高まりである。以前は、結婚をし、子供が生まれ、生活を共にすることだけで家族としての関係が成り立っていた。家庭内において、親や夫という地位が相対的に高く、彼らを尊敬することで家族が一つになって機能していたのだ。しかし、このような尊敬される人がいなくなり、維持されてきた②家族間の秩序が失われてきたため、現在は以前に比べ、各個人が意識的に家族としての関係を構築していかなくては家族が成り立たなくなっている。その結果、子供の誕生日や結婚記念日、父の日や母の日などの行事やイベントを行っている家庭も増えてきているのだろう。つまり、家庭という落ち着ける場所を守るために、努力は欠かせないものとなっているのだ。従って、これからの企業経営には、社員がこのような意識を持っていることに対する配慮も必要であろう。

(注1)絆: 家族や友人などの関係を繋げているもの。離れがたい結び付き
(注2)明らかになる: はっきりとする。判明する

1 ①家族関係についての調査の結果として、合っていないのはどれか。

1 この調査は10年ごとにデータを集めている。
2 家族の絆(きずな)を強くしようと思っている割合は、女性よりも男性の方が多い。
3 自分の都合よりも、家族の都合を優先すると答えた回答が、10年前よりも減っている。
4 家族に迷惑でも、個人が納得する生き方をした方がいいという回答は、男性よりも女性の方が少ない。

2 筆者が思っている②家族間の秩序とは何か。

1 誕生日や結婚記念日にイベントをするという家族間の秩序
2 親や夫の地位が高く、彼らを尊敬するという家族間の秩序
3 自分の都合よりも家族の都合を優先するという家族間の秩序
4 家庭を安息の場にしなければならないという家族間の秩序

3 近年、筆者が家族維持(いじ)意識が高まってきたと思う理由はどれか。

1 以前よりも社会の問題が増え、家族の存在が重要と考えられるようになってきたから
2 以前よりも社会に誕生日や記念日を大切にする雰囲気が高まってきたから
3 従来の家族関係の秩序が失われたため、意識しなければ家族としての関係を維持(いじ)できなくなってきたから
4 従来、仕事を中心に考えてきた企業が、家族の大切さに理解を示すようになったから

확인 문제 1 • 정답 및 해석(주장 이해(장문))

옛날에 비해 가족의 유대(주1)는 강해지고 있는 것일까? 아니면 약해지고 있는 것일까? 어떤 사회 문제 연구소가 ①가족 관계에 대한 조사를 실시했다. 그에 따르면 가족의 유대를 강화하는 것에 대한 의식은 1988년 당시에는 부부 모두 36%~37%였지만, 그 후 남편은 10년마다 10%씩 상승해 56%가 되었다. 한편 아내도 1988년부터 1998년까지는 3.4포인트 늘었지만, 1998년부터 2008년의 10년 동안에 10포인트 정도 늘어서 48.5%까지 상승했다. 결과적으로 보면 부부 모두 가족을 유지하려는 의식이 높아지고 있다는 것이 밝혀졌다(주2).

또 가족의 사정보다도 자신의 형편을 우선하는 편이 좋다는 남편은 28.3%(1988년)에서 16.8%(2008년)로 11.5포인트나 감소했고, 아내도 1998년까지는 조금 늘었지만, 2008년에는 10.3%에서 6.3%로 4포인트 하락했다. 그리고 가족에게 폐가 되더라도 개인이 납득하는 삶을 사는 편이 좋다는 남편은 1998년에 약간 늘었지만, 2008년에는 21.3%에서 18.0%가 되어 다시 1988년 수준으로 돌아갔다. 한편 아내는 18.1%(1988년)에서 12.8%(2008년)가 되는 등 부부 모두 자신보다도 가족을 우선하려는 의식이 보였다.

이들 결과에서 보이는 것은 가족 유지 의식이 높아졌다는 것이다. 이전에는 결혼을 하고 아이가 태어나서 생활을 함께하는 것만으로 가족으로서의 관계가 성립했었다. 가정 내에서 부모와 남편이라는 지위가 상대적으로 높았고, 그들을 존경함으로써 가족이 하나가 되어 기능했던 것이다. 그러나 이와 같은 존경받는 사람이 없어져서 유지되어 왔던 ②가족 간의 질서가 사라졌기 때문에 현재는 이전에 비해 각 개인이 의식적으로 가족으로서의 관계를 구축해 가지 않아서는 가족이 성립되지 않게 되었다. 그 결과, 아이의 생일이나 결혼기념일, 아버지의 날이나 어머니의 날 등의 행사나 이벤트를 하는 가정도 늘고 있는 것일 것이다. 즉, 가정이라는 안주할 수 있는 장소를 지키기 위해서 노력은 빠뜨릴 수 없는 것이 되고 있는 것이다. 따라서 앞으로의 기업 경영에는 사원이 이러한 의식을 가지고 있는 것에 대한 배려도 필요할 것이다.

(주1)絆(유대): 가족이나 친구 등의 관계를 연결하고 있는 것. 떨어지기 힘든 관계
(주2)明らかになる(밝혀지다): 확실해지다. 판명되다

어휘 昔(むかし) 옛날 比(くら)べる 비교하다 家族(かぞく) 가족 絆(きずな) (끊기 어려운) 정, 인연, 유대 強(つよ)まる 강해지다
それとも 그렇지 않으면 弱(よわ)まる 약해지다 社会問題(しゃかいもんだい) 사회 문제 研究所(けんきゅうじょ) 연구소
関係(かんけい) 관계 ～についての ～에 대한 *내용 調査(ちょうさ) 조사 行(おこな)う 하다, 행하다, 실시하다
～によると ～에 의하면 強(つよ)める 강하게 하다 意識(いしき) 의식 当時(とうじ) 당시 夫婦(ふうふ) 부부
共(とも)に 모두, 다 夫(おっと) 남편 ～ごとに ～마다 ～ずつ ～씩 上昇(じょうしょう) 상승 一方(いっぽう) 한편
妻(つま) 아내 ポイント 포인트 伸(の)びる 늘다, 신장하다 増(ふ)える 늘다, 늘어나다 結果的(けっかてき)だ 결과적이다
維持(いじ) 유지 明(あき)らかになる 밝혀지다 都合(つごう) 사정, 형편 優先(ゆうせん) 우선 減少(げんしょう) 감소
わずか 조금, 약간 ダウン 다운, 내려감 そして 그리고 迷惑(めいわく) 폐 個人(こじん) 개인 納得(なっとく) 납득
生(い)き方(かた) 삶의 방식 若干(じゃっかん) 약간 ～ものの ～이지만 再(ふたた)び 재차, 다시 戻(もど)る 되돌아가다
見(み)える 보이다 高(たか)まり 고조, 증가 以前(いぜん) 이전 結婚(けっこん) 결혼 生(う)まれる 태어나다 生活(せいかつ) 생활
～として ～로서 成(な)り立(た)つ 성립하다 家庭(かてい) 가정 ～において ～에 있어서, ～에서 親(おや) 부모 地位(ちい) 지위
相対的(そうたいてき)だ 상대적이다 ～ら ～들 *복수 尊敬(そんけい) 존경 機能(きのう) 기능 しかし 그러나
秩序(ちつじょ) 질서 失(うしな)う 잃다 現在(げんざい) 현재 各(かく)～ 각～ 個人(こじん) 개인
意識的(いしきてき)だ 의식적이다 構築(こうちく) 구축 誕生日(たんじょうび) 생일 記念日(きねんび) 기념일
父(ちち)の日(ひ) 아버지의 날 母(はは)の日(ひ) 어머니의 날 行事(ぎょうじ) 행사 イベント 이벤트
つまり 즉 落(お)ち着(つ)く 안정되다, 침착해지다 場所(ばしょ) 장소 守(まも)る 지키다 努力(どりょく) 노력
欠(か)かせない 빠뜨릴 수 없는, 없어서는 안 될 従(したが)って 따라서 企業(きぎょう) 기업 経営(けいえい) 경영
社員(しゃいん) 사원 ～に対(たい)する ～에 대한 配慮(はいりょ) 배려 必要(ひつよう)だ 필요하다 友人(ゆうじん) 친구
繋(つな)げる 잇다, 연결하다 離(はな)れる 떨어지다, 떠나다 동사의 ます형+がたい ～하기 어렵다, ～할 수 없다
結(むす)び付(つ)き 관계, 결합 はっきり 분명하게, 확실하게 判明(はんめい) 판명

1 ①가족 관계에 대한 조사의 결과로 맞지 않는 것은 어느 것인가?

1 이 조사는 10년마다 데이터를 수집하고 있다.
2 가족의 유대를 강하게 하고자 하는 비율은 여성보다도 남성 쪽이 많다.
3 자신의 형편보다도 가족의 사정을 우선한다고 답한 대답이 10년 전보다도 줄었다.
4 가족에 폐가 되더라도 개인이 납득하는 삶을 사는 편이 좋다는 대답은 남성보다도 여성 쪽이 적다.

어휘 データ 데이터 集(あつ)める 모으다, 수집하다 割合(わりあい) 비율 答(こた)える 대답하다 回答(かいとう) 대답 減(へ)る 줄다, 감소하다 少(すく)ない 적다

2 필자가 생각하고 있는 ②가족 간의 질서란 무엇인가?

1 생일이나 결혼기념일에 이벤트를 한다는 가족 간의 질서
2 부모와 남편의 지위가 높고 그들을 존경한다는 가족 간의 질서
3 자신의 형편보다도 가족의 사정을 우선한다는 가족 간의 질서
4 가정을 안식의 장으로 만들지 않으면 안 된다는 가족 간의 질서

어휘 安息(あんそく) 안식 場(ば) 장, 장소 ～なければならない ~하지 않으면 안 된다

3 근래 필자가 가족 유지 의식이 높아졌다고 생각하는 이유는 어느 것인가?

1 이전보다도 사회 문제가 증가해서 가족의 존재가 중요하게 여겨지게 되었기 때문에
2 이전보다도 사회에 생일이나 기념일을 소중히 하는 분위기가 높아졌기 때문에
3 종래의 가족 관계의 질서가 사라졌기 때문에 의식하지 않으면 가족으로서의 관계를 유지할 수 없게 되었기 때문에
4 종래에 일을 중심으로 생각해 왔던 기업이 가족의 중요성에 이해를 보이게 되었기 때문에

어휘 存在(そんざい) 존재 重要(じゅうよう)だ 중요하다 大切(たいせつ)にする 소중히 하다 雰囲気(ふんいき) 분위기 従来(じゅうらい) 종래 失(うしな)う 잃다 ～を中心(ちゅうしん)に ~을 중심으로 理解(りかい) 이해 示(しめ)す 보이다, 나타내다

확인 문제 2 • 주장 이해(장문)

問題13 次の文章を読んで、後の問いに対する答えとして最もよいものを、1・2・3・4から一つ選びなさい。

現在、世界には大小様々な約200の国家があるという。そこにはアメリカのような大国もあれば、ヨーロッパにある豊かな小国ルクセンブルグのような国もある。また、急成長を遂げている中国やインドなどの新興工業国と呼ばれる国もある。そして景気が低迷している昨今、GDP(国内総生産)では世界161位というヒマラヤの小国ブータンの思想に、注目が集まっている。それはGDPやGNP(国民総生産)など、経済的な生産量を示す「Product」ではなく「幸福(Happiness)」を基準とした①「GNH(国民総幸福量 Gross National Happincss)」という指標を高めることを目標に掲(かか)げて(注1)いるからだ。

ところで、幸せな国というのはどのような国なのだろうか。抽象的な概念である「幸福」の量を、一体どうやって算出するのだろうか。そもそも、そんなことが可能なのだろうか。このGNHという概念は、1976年にブータンのジグミ・シンゲ・ワンチュク前国王の「GNPよりGNHの方が大切だ」という言葉から始まった。幸福の感じ方は個人の価値観によって異なるが、ブータンでは、経済成長と開発、文化の保護と振興、環境の保全と持続可能な利用、いい統治の四つをGNHを支える柱(注2)と規定し、国全体でその数値化に取り組んで(注3)いる。

もちろん、個人の幸せには国の経済的な豊かさも必要だとは思うが、②GDPの数値は、災害の復興で需要が増えたり、治安対策のために防犯グッズが売れた場合でも上がってしまう。よくない理由であったとしても、とにかく物を作ったり、消費をしてしまえばGDPは増えるのだ。更に、貧富の差が広がって貧しい人々が増加したとしても、GDPの数値には直接反映しない。経済的な成長と人の幸福は、必ずしもそのまま比例しないとの考えがGNHという概念の基本にある。

彼らの試みを、理想主義として切り捨ててしまうのは簡単だ。しかし、経済偏重の現代で、こうして幸せを真剣に考えてみようとするのも、有意義な実験ではないだろうか。ちなみに、冗談のようだが、ブータンで行われる国勢調査には「あなたは幸せですか」という質問があるそうだ。しかも、それに「NO」と答えたブータン国民は、人口のわずか3%しかいなかったそうだ。我々は、同じ質問に何と答えるだろうか。

(注1)掲(かか)げる: 人々に広く知らせる
(注2)柱: 木材や鉄などで作られ、建物を支える物。中心になる人物、考え方
(注3)取り組む: 熱心に何かを解決しようと努力する

1 ①GNH(国民総幸福量 Gross National Happiness)の基礎になることとして、合っていないのはどれか。

1 国家が経済的に成長し、開発を続けていること
2 その国の文化の保護と振興をしていること
3 国民の間に良好なコミュニケーションが実現していること
4 自然環境を守りながらも発展を続けること

2 次のうち、②GDPの数値が上がらない場合はどれか。

1 突然雨が降り出したので、店で傘を購入した。
2 恵まれない子供たちへの募金活動に参加し、1万円を募金した。
3 家族の健康のため、健康食品を家族の人数分購入した。
4 地震に備えて、非常食糧を購入し、友人や知人にも配った。

3 この文章で筆者が一番言いたいことは何か。

1 ブータンのように、他国もすぐにGNHの指数を導入するべきだ。
2 GNHはGDPなどの生産量の指数よりも優れており、これからの指数はGNHを基準にするべきだ。
3 国家的に国民の幸福というものを考え、より良い社会の建設に努力するべきだ。
4 貧富の差や貧しい人の数を反映させた新たな経済指標を作るべきだ。

확인 문제 2 • 정답 및 해석(주장 이해(장문))

현재 세계에는 크고 작은 다양한 약 200개의 국가가 있다고 한다. 그중에는 미국과 같은 대국도 있고 유럽에 있는 풍요로운 소국 룩셈부르크와 같은 나라도 있다. 또 급성장을 이룬 중국이나 인도 등의 신흥 공업국이라 불리는 나라도 있다. 그리고 경기가 침체된 요즘 GDP(국내 총생산)로는 세계 161위라는 히말라야의 소국 부탄의 사상에 관심이 쏠리고 있다. 그것은 GDP나 GNP(국민 총생산) 등 경제적인 생산량을 나타내는 'Product'가 아니라 '행복(Happiness)'을 기준으로 한 ①'GNH(국민 총행복량 Gross National Happiness)'라는 지표를 높이는 것을 목표로 내걸고(주1) 있기 때문이다.

그런데 행복한 나라라는 것은 어떤 나라인 것일까? 추상적 개념인 '행복'의 양을 도대체 어떻게 산출하는 것일까? 애초에 그런 것이 가능한 것일까? 이 GNH라는 개념은 1976년에 부탄의 지그메 싱기에 왕추크 전 국왕의 'GNP보다 GNH가 더 중요하다'라는 말에서 시작되었다. 행복을 느끼는 방법은 개인의 가치관에 따라 다르지만, 부탄에서는 경제 성장과 개발, 문화 보호와 진흥, 환경 보전과 지속 가능한 이용, 좋은 통치 이 네 가지를 GNH를 지탱하는 기둥(주2) 으로 규정하고 나라 전체에서 그 수치화에 몰두하고(주3) 있다.

물론 개인의 행복에는 나라의 경제적인 풍족함도 필요하다고는 생각하지만, ②GDP 수치는 재해 부흥으로 수요가 늘거나 치안 대책을 위해서 방범 용품이 팔린 경우에도 올라가 버린다. 좋지 않은 이유였다고 해도 어쨌든 물건을 만들거나 소비를 해 버리면 GDP는 늘어나는 것이다. 게다가 빈부 격차가 확대되어 가난한 사람들이 증가했다고 해도 GDP 수치에는 직접 반영되지 않는다. 경제적인 성장과 사람의 행복은 반드시 그대로 비례하지 않는다는 생각이 GNH라는 개념의 기본에 있다.

그들의 시도를 이상주의로 치부해 버리는 것은 간단하다. 그러나 경제 편중의 현대에서 이렇게 행복을 진지하게 생각해 보고자 하는 것도 의미 있는 실험은 아닐까? 덧붙여 말하면 농담 같지만, 부탄에서 실시되는 국세 조사에는 '당신은 행복합니까?'라는 질문이 있다고 한다. 게다가 그것에 '아니요'라고 대답한 부탄 국민은 인구의 불과 3%밖에 없었다고 한다. 우리는 같은 질문에 뭐라고 대답할까?

(주1)掲げる(내걸다): 사람들에게 널리 알리다
(주2)柱(기둥): 목재나 철 등으로 만들어져, 건물을 떠받치는 물건. 중심이 되는 인물, 사고방식
(주3)取り組む(몰두하다): 열심히 뭔가를 해결하려고 노력하다

어휘 現在(げんざい) 현재 世界(せかい) 세계 大小(だいしょう) 대소 国家(こっか) 국가 大国(たいこく) 대국 ～も～ば～も ～도 ～하고[하거니와] ～도 ヨーロッパ 유럽 豊(ゆた)かだ 풍부하다, 풍족하다, 풍요롭다 小国(しょうこく) 소국 ルクセンブルグ 룩셈부르크 急成長(きゅうせいちょう) 급성장 遂(と)げる 이루다, 완수하다 中国(ちゅうごく) 중국 インド 인도 新興工業国(しんこうこうぎょうこく) 신흥 공업국 呼(よ)ぶ 부르다 そして 그리고 景気(けいき) 경기 低迷(ていめい) 침체 昨今(さっこん) 작금, 요즘 国内(こくない) 국내 総生産(そうせいさん) 총생산 ヒマラヤ 히말라야 ブータン 부탄 思想(しそう) 사상 注目(ちゅうもく) 주목 集(あつ)まる 모이다 国民(こくみん) 국민 経済的(けいざいてき)だ 경제적이다 生産量(せいさんりょう) 생산량 示(しめ)す 보이다, 나타내다 幸福(こうふく) 행복 基準(きじゅん) 기준 指標(しひょう) 지표 高(たか)める 높이다 目標(もくひょう) 목표 掲(かか)げる 내걸다 ところで 그것은 그렇고, 그런데 幸(しあわ)せだ 행복하다 抽象的(ちゅうしょうてき)だ 추상적이다 概念(がいねん) 개념 一体(いったい) 도대체, 대관절 算出(さんしゅつ) 산출 そもそも 애초에 可能(かのう)だ 가능하다 国王(こくおう) 국왕 大切(たいせつ)だ 중요하다 言葉(ことば) 말 始(はじ)まる 시작되다 感(かん)じ方(かた) 느끼는 방법 個人(こじん) 개인 価値観(かちかん) 가치관 ～によって ～에 따라 異(こと)なる 다르다 成長(せいちょう) 성장 開発(かいはつ) 개발 文化(ぶんか) 문화 保護(ほご) 보호 振興(しんこう) 진흥 環境(かんきょう) 환경 保全(ほぜん) 보전 持続(じぞく) 지속 利用(りよう) 이용 統治(とうち) 통치 支(ささ)える 떠받치다, 지탱하다 柱(はしら) 기둥 規定(きてい) 규정 全体(ぜんたい) 전체 数値化(すうちか) 수치화 取(と)り組(く)む 몰두하다 もちろん 물론 必要(ひつよう)だ 필요하다 災害(さいがい) 재해 復興(ふっこう) 부흥 需要(じゅよう) 수요 増(ふ)える 늘다, 늘어나다 治安(ちあん) 치안 対策(たいさく) 대책 防犯(ぼうはん) 방범 グッズ 상품, 용품 売(う)れる (잘) 팔리다 場合(ばあい) 경우 上(あ)がる 오르다, 올라가다 理由(りゆう) 이유 とにかく 어쨌든 消費(しょうひ) 소비 更(さら)に 게다가, 더욱더 貧富(ひんぷ) 빈부 差(さ) 차, 차이 広(ひろ)がる 확대되다 貧(まず)しい 가난하다 増加(ぞうか) 증가 反映(はんえい) 반영 必(かなら)ずしも (부정어 수반) 반드시, 꼭 そのまま 그대로 比例(ひれい) 비례 基本(きほん) 기본 試(こころ)み 시도 理想主義(りそうしゅぎ) 이상주의 切(き)り捨(す)てる 잘라 버리다, 치부하다 簡単(かんたん)だ 간단하다 偏重(へんちょう) 편중 現代(げんだい) 현대 真剣(しんけん)だ 진지하다 有意義(ゆういぎ)だ 유의미하다 実験(じっけん) 실험 ちなみに 덧붙여서 冗談(じょうだん) 농담 国勢調査(こくせいちょうさ) 국세 조사 *행정의 기초 자료를 얻기 위해 정부가 전국적으로 실시하는 인구 동태 및 그와 관련되는 여러 가지 조사 質問(しつもん) 질문 しかも 게다가 答(こた)える 대답하다 人口(じんこう) 인구 わずか 불과 ～しか (부정어 수반) ～밖에 我々(われわれ) 우리 同(おな)じだ 같다 広(ひろ)い 넓다 知(し)らせる 알려 주다 木材(もくざい) 목재 鉄(てつ) 철 建物(たてもの) 건물 中心(ちゅうしん) 중심 人物(じんぶつ) 인물 考(かんが)え方(かた) 사고방식 熱心(ねっしん)だ 열심이다 解決(かいけつ) 해결 努力(どりょく) 노력

1 ①GNH(국민 총행복량 Gross National Happiness)의 기초가 되는 것으로 맞지 않는 것은 어느 것인가?

1 국가가 경제적으로 성장해서 개발을 계속하고 있는 것
2 그 나라의 문화 보호와 진흥을 하고 있는 것
3 국민 간에 양호한 커뮤니케이션이 실현되고 있는 것
4 자연환경을 지키면서도 발전을 계속하는 것

어휘 基礎(きそ) 기초 続(つづ)ける 계속하다 良好(りょうこう)だ 양호하다 コミュニケーション 커뮤니케이션, 의사소통 実現(じつげん) 실현 自然環境(しぜんかんきょう) 자연환경 守(まも)る 지키다 동사의 ます형+ながらも ~하면서도 発展(はってん) 발전

2 다음 중 ②GDP 수치가 올라가지 않는 경우는 어느 것인가?

1 갑자기 비가 내리기 시작해서 가게에서 우산을 구입했다.
2 풍족하지 않은 아이들을 위한 모금 활동에 참가해서 만 엔을 모금했다.
3 가족의 건강을 위해 건강식품을 가족 인원수만큼 구입했다.
4 지진에 대비해 비상식량을 구입해서 친구와 지인에게도 나눠 주었다.

어휘 突然(とつぜん) 돌연, 갑자기 降(ふ)り出(だ)す (비·눈 등이) 내리기 시작하다 傘(かさ) 우산 購入(こうにゅう) 구입 恵(めぐ)まれる 풍족하다, 혜택을 받다 募金(ぼきん) 모금 活動(かつどう) 활동 参加(さんか) 참가 健康(けんこう) 건강 食品(しょくひん) 식품 人数(にんずう) 인원수 分(ぶん) 분, 몫 地震(じしん) 지진 備(そな)える 대비하다, 준비하다 非常食糧(ひじょうしょくりょう) 비상식량 友人(ゆうじん) 친구 知人(ちじん) 지인 配(くば)る 나누어 주다

3 이 글에서 필자가 가장 말하고 싶은 것은 무엇인가?

1 부탄처럼 다른 나라도 당장 GNH 지수를 도입해야 한다.
2 GNH는 GDP 등의 생산량 지수보다도 뛰어나 앞으로의 지수는 GNH를 기준으로 해야 한다.
3 국가적으로 국민의 행복이라는 것을 생각하고, 보다 나은 사회 건설에 노력해야 한다.
4 빈부 격차나 가난한 사람 수를 반영시킨 새로운 경제 지표를 만들어야 한다.

어휘 他国(たこく) 타국, 다른 나라 すぐに 바로, 당장 指数(しすう) 지수 導入(どうにゅう) 도입 동사의 기본형+べきだ (마땅히) ~해야 한다 優(すぐ)れる 뛰어나다, 우수하다 建設(けんせつ) 건설 新(あら)ただ 새롭다

확인 문제 3 • 주장 이해(장문)

問題13 次の文章を読んで、後の問いに対する答えとして最もよいものを、1・2・3・4から一つ選びなさい。

もし、あなたが受験生だったとして、同じ点数を取っていたのにあなたは不合格だったが、あなたの隣の席の人が合格していたら、どう感じるだろうか。これは実際に起こり得る現実だ。しかし、これは合格者が面接官に賄賂(わいろ)(注1)を渡したり、有力者のコネ(注2)を利用したわけではない。社会的、経済的立場の弱い人々に有利な条件を与える①アファーマティブ・アクションという考え方のせいだ。

多民族が集まって暮らすアメリカでは、1960年代頃からこの考え方が広まってきた。特に黒人やヒスパニックと言われる少数民族の人たちは、当時社会か学校で差別を受けたり、不利な状況で生活することが多かった。それを是正するために生まれたのがアファーマティブ・アクションだ。具体的に言えば、大学の入学試験や、国や地方の公務員を採用する場合に、合格者の一定割合を少数民族に振(ふ)り分(わ)ける(注3)ことが行われている。少数民族の他、女性や低所得者などもアファーマティブ・アクションの対象となる場合がある。しかし、このアファーマティブ・アクションの本家であるアメリカでは、最近批判の声も高い。多数派を占める白人たちから、逆差別ではないかという主張がされているのだ。これを受けて、政府も行き過ぎた優遇措置(ゆうぐうそち)を改める動きが出ている。

一方、我が国を見ると、違った現状が見えてくる。日本はアメリカとは異なり、大和(やまと)民族と呼ばれる人種が人口の98%を占める。そして残りの2%がアイヌと呼ばれる北海道の少数民族や外国籍の人々である。数が少ないため、日本では彼らのようなマイノリティーが注目されず、不利益を被(こうむ)ることも多い。圧倒的多数の大和(やまと)民族である日本人は、彼らが受ける差別や不利益に関して②鈍感(どんかん)だ。特に明治時代に入ってから最近まで、アイヌの人々は日本人と同化するべきだという考えから、法的にも、社会的にも様々な差別を受けてきた。ようやく1997年にアイヌ文化振興法という法律が作られ、彼らの文化が尊重されるべきものと認められた。しかし、現実的に見ると、社会における少数民族の立場はまだまだ弱いものと言わざるを得ない。日本での少数者への配慮はまだ始まったばかりである。日本のような国にこそ、アファーマティブ・アクションが必要だと思う。

(注1)賄賂(わいろ): 自分の利益のため、不正な目的で贈るお金や物
(注2)コネ: 物事がうまくいくようにするために役に立つ親しい関係
(注3)振(ふ)り分(わ)ける: 配分する

1 ①アファーマティブ・アクションとはどのようなことを言うか。

1 少数民族の人数が少ないので、積極的に人口を増やすような政策を採ること
2 失業したために、経済的に困難になった人々の求職を助けるような政策を採ること
3 子供の権利を守るために、親が学校の授業時間を減らすような政策を採ること
4 女性の社会進出を勧めるため、政府が女性管理職を増やすような政策を採ること

2 筆者はなぜ日本人は差別に対して②鈍感(どんかん)だと言っているか。

1 差別やいじめというものに対して、日本人が慣れてしまったから
2 多数派が圧倒的に多いので、少数派のことを意識しないでいられるから
3 日本には目立った差別や不平等が少ないから
4 アイヌの人々は法律のおかげで、平等を手に入れることができたから

3 この文章で筆者が一番言いたいことはどれか。

1 日本のように差別に鈍感(どんかん)な国にこそ、アファーマティブ・アクションが必要だ。
2 アメリカではアファーマティブ・アクションという考え方が流行している。
3 少数民族が差別に勝つためには、まず人数を増やさなければならない。
4 アファーマティブ・アクションによって、逆差別を受けている人も数多くいる。

확인 문제 3 • 정답 및 해석(주장 이해(장문))

만약 당신이 수험생이었다고 치고 같은 점수를 받았는데 당신은 불합격했지만 당신 옆자리에 있던 사람이 합격했다면 어떻게 느낄까? 이것은 실제로 일어날 수 있는 현실이다. 그러나 이것은 합격자가 면접관에게 뇌물(주1)을 건넸거나 유력자의 연줄(주2)을 이용한 것은 아니다. 사회적, 경제적 입장이 약한 사람들에게 유리한 조건을 주는 ①적극적 차별 시정 조치라는 사고방식 탓이다.

다민족이 모여서 생활하는 미국에서는 1960년대 무렵부터 이 사고방식이 확대되었다. 특히 흑인이나 히스패닉이라고 일컬어지는 소수 민족의 사람들은 당시 사회나 학교에서 차별을 받거나 불리한 상황에서 생활하는 경우가 많았다. 그것을 시정하기 위해서 생겨난 것이 적극적 차별 시정 조치이다. 구체적으로 말하면 대학 입시나 국가 및 지방의 공무원을 채용할 경우에 합격자의 일정 비율을 소수 민족에게 할당하는(주3) 것이 시행되고 있다. 소수 민족 외에 여성과 저소득자 등도 적극적 차별 시정 조치의 대상이 되는 경우가 있다. 그러나 이 적극적 차별 시정 조치의 본가인 미국에서는 최근 비판의 목소리도 높다. 다수파를 차지하는 백인들로부터 역차별이 아니냐는 주장이 나오고 있는 것이다. 이것을 받아들여 정부도 과도한 우대 조치를 고치는 움직임이 나타나고 있다.

한편 우리나라를 보면 다른 현상이 보인다. 일본은 미국과는 달리 야마토 민족이라 불리는 인종이 인구의 98%를 차지한다. 그리고 나머지 2%가 아이누라 불리는 홋카이도의 소수 민족과 외국 국적의 사람들이다. 숫자가 적기 때문에 일본에서는 그들과 같은 소수파가 주목받지 못하고 불이익을 당하는 경우도 많다. 압도적 다수의 야마토 민족인 일본인은 그들이 받는 차별이나 불이익에 대해서 ②둔감하다. 특히 메이지 시대에 들어서고 나서 최근까지 아이누 사람들은 일본인과 동화해야 한다는 생각에서 법적으로도, 사회적으로도 온갖 차별을 받아 왔다. 간신히 1997년에 아이누문화진흥법이라는 법률이 만들어져서 그들의 문화가 존중받아야 하는 것으로 인정되었다. 그러나 현실적으로 보면 사회에 있어서의 소수 민족의 입장은 아직 약한 것이라고 하지 않을 수 없다. 일본에서의 소수자에 대한 배려는 겨우 막 시작되었을 뿐이다. 일본과 같은 나라에야말로 적극적 차별 시정 조치가 필요하다고 생각한다.

(주1)賄賂(뇌물): 자신의 이익을 위해 부정한 목적으로 주는 돈이나 물건
(주2)コネ(연줄): 일이 잘되도록 하기 위해 도움이 되는 친한 관계
(주3)振り分ける(할당하다): 배분하다

어휘 もし 만약 受験生(じゅけんせい) 수험생 同(おな)じだ 같다 点数(てんすう) 점수 取(と)る (점수를) 따다, 받다
不合格(ふごうかく) 불합격 隣(となり) 옆, 이웃 席(せき) (앉는) 자리, 좌석 合格(ごうかく) 합격 感(かん)じる 느끼다
実際(じっさい)に 실제로 起(お)こる 일어나다, 발생하다 동사의 ます형+得(う・え)る ~할 수 있다 現実(げんじつ) 현실
しかし 그러나 合格者(ごうかくしゃ) 합격자 面接官(めんせつかん) 면접관 賄賂(わいろ) 뇌물 渡(わた)す 건네다, 건네주다
有力者(ゆうりょくしゃ) 유력자 コネ 연줄 *「コネクション」의 준말 利用(りよう) 이용
~わけではない (전부) ~인 것은 아니다, (반드시) ~라고는 말할 수 없다 社会的(しゃかいてき)だ 사회적이다
経済的(けいざいてき)だ 경제적이다 立場(たちば) 입장 弱(よわ)い 약하다 有利(ゆうり)だ 유리하다 条件(じょうけん) 조건
与(あた)える (주의・영향 등을) 주다 アファーマティブ・アクション 적극적 차별 시정 조치 *인종이나 경제적 신분 간 갈등을 해소하고 과거의 잘못을 시정하기 위해 특혜를 주는 사회 정책 考(かんが)え方(かた) 사고방식 ~せい ~탓 多民族(たみんぞく) 다민족
集(あつ)まる 모이다 暮(く)らす 살다, 생활하다 アメリカ 아메리카, 미국 広(ひろ)まる 퍼지다 特(とく)に 특히
黒人(こくじん) 흑인 ヒスパニック 히스패닉 少数(しょうすう) 소수 民族(みんぞく) 민족 当時(とうじ) 당시
差別(さべつ) 차별 受(う)ける 받다 不利(ふり)だ 불리하다 状況(じょうきょう) 상황 生活(せいかつ) 생활 多(おお)い 많다
是正(ぜせい) 시정 生(う)まれる 생겨나다 具体的(ぐたいてき)だ 구체적이다 大学(だいがく) 대학 入学(にゅうがく) 입학
試験(しけん) 시험 国(くに) 나라 地方(ちほう) 지방 公務員(こうむいん) 공무원 採用(さいよう) 채용 場合(ばあい) 경우
一定(いってい) 일정 割合(わりあい) 비율 振(ふ)り分(わ)ける 배분하다, 할당하다 行(おこな)う 하다, 행하다, 실시하다
女性(じょせい) 여성 低所得者(ていしょとくしゃ) 저소득자 対象(たいしょう) 대상 本家(ほんけ) 본가, 원조
最近(さいきん) 최근, 요즘 批判(ひはん) 비판 声(こえ) 목소리 高(たか)い 높다 多数派(たすうは) 다수파
占(し)める 점하다, 차지하다 白人(はくじん) 백인 逆差別(ぎゃくさべつ) 역차별 主張(しゅちょう) 주장 政府(せいふ) 정부
行(い)き過(す)ぎる 과도하다, 지나치다 優遇措置(ゆうぐうそち) 우대 조치 改(あらた)める 고치다, 개정하다 動(うご)き 움직임
一方(いっぽう) 한편 我(わ)が国(くに) 우리나라 違(ちが)う 다르다 現状(げんじょう) 현상, 현재 상태 見(み)える 보이다
異(こと)なる 다르다 呼(よ)ぶ 부르다 人種(じんしゅ) 인종 人口(じんこう) 인구 そして 그리고 残(のこ)り 나머지
アイヌ 아이누 北海道(ほっかいどう) 홋카이도 *지명 外国籍(がいこくせき) 외국 국적 数(かず) 숫자 少(すく)ない 적다
マイノリティー 소수파 注目(ちゅうもく) 주목 不利益(ふりえき) 불이익 被(こうむ)る (피해 등을) 입다, 받다
圧倒的(あっとうてき)だ 압도적이다 ~に関(かん)して ~에 관해서 鈍感(どんかん)だ 둔감하다
明治時代(めいじじだい) 메이지 시대 同化(どうか) 동화 동사의 기본형+べきだ (마땅히) ~해야 한다 法的(ほうてき) 법적
ようやく 겨우, 간신히 振興法(しんこうほう) 진흥법 法律(ほうりつ) 법률 作(つく)る 만들다 尊重(そんちょう) 존중

認(みと)める 인정하다 現実的(げんじつてき)だ 현실적이다 ～における ～에 있어서의, ～에서의 まだまだ 아직
弱(よわ)い 약하다 동사의 ない형+ざるを得(え)ない ～하지 않을 수 없다 少数者(しょうすうしゃ) 소수자 配慮(はいりょ) 배려
始(はじ)まる 시작되다 동사의 た형+ばかりだ 막 ～한 참이다, ～한 지 얼마 안 되다 ～こそ ～야말로 利益(りえき) 이익
不正(ふせい)だ 부정하다 目的(もくてき) 목적 贈(おく)る 주다, 선사하다 物事(ものごと) 물건과 일, (일체의) 사물
うまくいく 잘되다, 순조롭게 진행되다 役(やく)に立(た)つ 도움이 되다 親(した)しい 친하다 関係(かんけい) 관계
配分(はいぶん) 배분

1 ①적극적 차별 시정 조치란 어떤 것을 말하는가?

1 소수 민족의 인원수가 적기 때문에 적극적으로 인구를 늘리는 정책을 채택하는 것
2 실직했기 때문에 경제적으로 곤란해진 사람들의 구직을 돕는 정책을 채택하는 것
3 아이의 권리를 지키기 위해 부모가 학교의 수업 시간을 줄이는 정책을 채택하는 것
4 여성의 사회 진출을 권장하기 위해 정부가 여성 관리직을 늘리는 정책을 채택하는 것

어휘 人数(にんずう) 인원수 積極的(せっきょくてき)だ 적극적이다 増(ふ)やす 늘리다 政策(せいさく) 정책 採(と)る 채택하다
失業(しつぎょう) 실업, 실직 困難(こんなん)だ 곤란하다 求職(きゅうしょく) 구직 助(たす)ける 돕다 権利(けんり) 권리
守(まも)る 지키다 親(おや) 부모 授業(じゅぎょう) 수업 減(へ)らす 줄이다 進出(しんしゅつ) 진출
勧(すす)める 권하다, 권장하다 管理職(かんりしょく) 관리직

2 필자는 왜 일본인은 차별에 대해서 ②둔감하다고 말하고 있는가?

1 차별이나 괴롭힘이라는 것에 대해서 일본인이 익숙해져 버렸기 때문에
2 다수파가 압도적으로 많아서 소수파를 의식하지 않고 있을 수 있기 때문에
3 일본에는 눈에 띄는 차별이나 불평등이 적기 때문에
4 아이누 사람들은 법률 덕분에 평등을 손에 넣을 수 있었기 때문에

어휘 いじめ 괴롭힘 ～に対(たい)して ～에 대해서, ～에게 *대상 慣(な)れる 익숙해지다 少数派(しょうすうは) 소수파
意識(いしき) 의식 目立(めだ)つ 눈에 띄다, 두드러지다 不平等(ふびょうどう) 불평등 おかげだ 덕분이다
平等(びょうどう) 평등 手(て)に入(い)れる 손에 넣다, 입수하다

3 이 글에서 필자가 가장 말하고 싶은 것은 어느 것인가?

1 일본처럼 차별에 둔감한 나라에야말로 적극적 차별 시정 조치가 필요하다.
2 미국에서는 적극적 차별 시정 조치라는 사고방식이 유행하고 있다.
3 소수 민족이 차별을 극복하기 위해서는 우선 사람 수를 늘리지 않으면 안 된다.
4 적극적 차별 시정 조치에 의해 역차별을 받고 있는 사람도 많이 있다.

어휘 流行(りゅうこう) 유행 勝(か)つ 이기다, 극복하다 数多(かずおお)い 수많다

문제 14 정보 검색

출제 유형

문제 14 정보 검색은 700자 내외의 광고, 팸플릿, 정보지, 비즈니스 문서 등에서 필요한 정보를 찾아낼 수 있는지를 묻는 문제로, 2문항이 출제된다. 이 문제는 질문에서 요구하는 정보만 잘 찾아내면 되므로, 지문 전체를 꼼꼼히 읽기보다 질문과 관련 있는 부분만 빨리 찾아 읽는 연습을 해 두는 것이 중요하다.

실제 시험 예시

問題14 右のページは、株式会社さくら企画の求人募集の案内である。下の問いに対する答えとして最もよいものを、1・2・3・4から一つ選びなさい。

1 次のうち、採用条件に合っている人は誰か。

1 コンピューター製造会社で、組立作業を5年間していた元会社員

2 Webデザインを大学で4年間専攻してきたコンピューター学科の学生

3 ホームページ製作だけで、ショッピングサイトの製作経験がない3年の経歴を持つ35歳のWebデザイナー

4 Webデザイナーとして10年の経歴を持つ40歳のWebデザイナー

2 求人募集の内容と合っているのはどれか。

1 初任給は25万円が約束されている。

2 募集している人数が何人かはっきりわからない。

3 デッサンができないと就職できない。

4 応募するフォームは、各自が用意してメールで採用担当に送付する。

【求人募集のご案内】

株式会社：さくら企画
応募職種：Webデザイナー
業務内容：企業・個人のホームページ製作/サイト運用全般の補助業務

弊社は2000年の創業以来、「常にお客様の視点に立って考える」をモットーに活動してまいりました。お客様の満足度を最大にし、その利益に貢献することが会社の発展の基礎と考え、その信念の下、次世代の人々にとって価値ある企業となることを願っています。

詳しい募集要項

■ 募集人員：若干名
■ 雇用形態：正社員
■ 勤務地域：東京都
■ 勤務時間：9:00～18:00
■ 応募資格：1. 企業のHP製作経験者(ショッピングサイト製作経験があれば優待)
2. Webデザイン業務において実務経験が3年以上ある方
3. 社内外にかかわらず口頭提案、説明できるコミュニケーション能力のある方
4. 25歳～35歳ぐらいまでの方
■ 給与：月給25万円～(経験・能力を考慮し、面談の上で決定)
試用期間3か月(試用期間中の給与は19万円)
■ 休日・休暇：土曜・日曜、GW・夏季・年末年始長期休暇、有給休暇
■ あると望ましい能力：専門機関でデッサンを学んだ方、自分でデッサンができる方
■ 待遇・福利厚生：昇給年1回、賞与年2回、社会保険完備
■ 応募方法：弊社ホームページに掲載している応募用紙に記入した上で、人事課採用担当の田中までメールでご応募ください。

住所：東京都練馬区東大泉 1−22−3　　**ホームページ**：https://www.abcd.co.jp

|정답| 1 3 2 2

시험 대책

정보 검색은 두 페이지에 걸쳐 출제되는데, 왼쪽 페이지에 인쇄되어 있는 질문을 꼼꼼히 읽어야 한다. 질문에서 요구하는 정보를 확실하게 이해했다면 오른쪽 지문에서 필요한 정보를 찾아, 선택지와 비교하면서 정답을 찾으면 된다. 따라서 이 문제에서는 지문을 먼저 꼼꼼히 읽어가는 게 아니라, 질문을 먼저 읽고 요구하는 정보를 정확하게 파악한 후, 지문과 선택지를 비교하면서 정답을 찾는 연습이 필요하다.

확인 문제 1 • 정보 검색

問題14 右のページは、けやき市アリーナの利用案内である。下の問いに対する答えとして最もよいものを、1・2・3・4から一つ選びなさい。

[1] けやき市アリーナの利用規則に合っていないのはどれか。

1 午後9時ぎりぎりの時間に電話で予約をする。

2 日曜日の朝9時に電話をする。

3 担当者にメールで予約をする。

4 小学生は保護者の同伴でないと、利用できない。

[2] 12月25日に参加者20人の卓球大会を行うことにした。夕方の5時から2時間、卓球台を6台借りた場合、料金はいくらになるか。

1 5,000円

2 6,180円

3 7,000円

4 10,680円

けやき市アリーナのご利用案内

利用案内

◆**開館時間**：9:00～21:00(夜間利用扱いは18時より。冬季(12月～2月)は17時より)

◆**休館日**：12月29日～1月3日(設備点検などにより臨時に休館する場合もあります。)

◆**受付時間**：9:00～21:00

◆**問い合わせ先**：〒185－0003 東京都けやき市 4－8－6
TEL 042－323－**** FAX 042－323－****

◆**受付方法**：窓口に直接来ていただくか、電話にて申し込み。メールでの予約は不可。

利用料金

◆**フロア1時間当たりのご利用例**

〈昼間利用時〉照明2灯計算

利用種目	基本料金	料金内訳	
		フロア代	照明代
バレーボール	1,280円	530円	750円
バスケットボール	1,540円	790円	750円
テニス	1,540円	790円	750円
バドミントン	545円	170円	375円
卓球	515円	140円	375円

〈夜間利用時〉照明3灯計算

利用種目	基本料金	料金内訳	
		フロア代	照明代
バレーボール	1,655円	530円	1,125円
バスケットボール	1,915円	790円	1,125円
テニス	1,915円	790円	1,125円
バドミントン	920円	170円	750円
卓球	890円	140円	750円

下記の種目を2面以上ご利用の場合は、「専用利用」扱いとなります。

・バレーボール　・バスケットボール　・テニス

上記種目の以外、バドミントンは5面以上、卓球は5台以上ご利用の場合で「専用利用」扱いとなります。

※専用利用の場合、2時間で5,000円(夜間の場合7,000円)になりますので、ご注意ください。
※予約、並びにお聞きになりたい件がございましたら、けやき市アリーナまで直接お電話ください。
※小学生以下のお客様は、保護者の方の同伴でご利用ください。

독해
정보 검색

확인 문제 1 • 정답 및 해석(정보 검색)

문제 14 오른쪽 페이지는 게야키시 아레나의 이용 안내이다. 아래 질문에 대한 답으로 가장 적당한 것을 1 · 2 · 3 · 4에서 하나 고르시오.

게야키시 아레나 이용 안내

이용 안내

◆**개관 시간**: 9:00~21:00(야간 이용 취급은 18시부터. 동계(12월~2월)는 17시부터)
◆**휴관일**: 12월 29일~1월 3일(설비 점검 등에 의해 임시로 휴관하는 경우도 있습니다.)
◆**접수 시간**: 9:00~21:00
◆**문의처**: 〒185-0003 도쿄도 게야키시 4-8-6
TEL 042-323-**** FAX 042-323-****
◆**접수 방법**: 창구에 직접 오시거나 전화로 신청, 메일로의 예약은 불가.

이용 요금

◆**플로어 1시간당 이용 예**

〈주간 이용 시〉 조명 2개 계산

이용 종목	기본요금	요금 내역	
		플로어 요금	조명비
배구	1,280엔	530엔	750엔
농구	1,540엔	790엔	750엔
테니스	1,540엔	790엔	750엔
배드민턴	545엔	170엔	375엔
탁구	515엔	140엔	375엔

〈야간 이용 시〉 조명 3개 계산

이용 종목	기본요금	요금 내역	
		플로어 요금	조명비
배구	1,655엔	530엔	1,125엔
농구	1,915엔	790엔	1,125엔
테니스	1,915엔	790엔	1,125엔
배드민턴	920엔	170엔	750엔
탁구	890엔	140엔	750엔

하기 종목을 2면 이상 이용하실 경우에는 '전용 이용' 취급이 됩니다.

• 배구 • 농구 • 테니스

상기 종목 이외 배드민턴은 5면 이상, 탁구는 5대 이상 이용하실 경우에 '전용 이용' 취급이 됩니다.

※전용 이용의 경우, 2시간에 5,000엔(야간의 경우 7,000엔)이 되니 주의하십시오.
※예약 및 묻고 싶으신 건이 있으시면 게야키시 아레나로 직접 전화 주십시오.
※초등학생 이하의 손님은 보호자분 동반으로 이용해 주십시오.

어휘 アリーナ 아레나, 관람석이 있는 경기장·공연장 利用(りよう) 이용 案内(あんない) 안내 開館(かいかん) 개관 時間(じかん) 시간 夜間(やかん) 야간 扱(あつか)い 취급 ～より ～부터 冬季(とうき) 동계 休館日(きゅうかんび) 휴관일 設備(せつび) 설비 点検(てんけん) 점검 ～により ～에 의해 臨時(りんじ) 임시 場合(ばあい) 경우 受付(うけつけ) 접수 問(と)い合(あ)わせ先(さき) 문의처 方法(ほうほう) 방법 窓口(まどぐち) 창구 直接(ちょくせつ) 직접 ～ていただく (남에게) ～해 받다, (남이) ～해 주시다 *「～てもらう」((남에게) ～해 받다, (남이) ～해 주다)의 겸양표현 電話(でんわ) 전화 ～にて ～로 申(もう)し込(こ)み 신청 メール 메일 予約(よやく) 예약 不可(ふか) 불가 料金(りょうきん) 요금 フロア 플로어, 마루 ～当(あ)たり ～당 昼間(ちゅうかん) 주간 照明(しょうめい) 조명 ～灯(とう) ～등 *등불을 세는 말 計算(けいさん) 계산 種目(しゅもく) 종목 バレーボール 배구 バスケットボール 농구 テニス 테니스 バドミントン 배드민턴 卓球(たっきゅう) 탁구 基本(きほん) 기본 内訳(うちわけ) 내역 ～代(だい) ～대, ～요금 下記(かき) 하기, 어떤 사실을 알리기 위하여 본문 아래에 적는 일, 또는 그런 기록 以上(いじょう) 이상 専用(せんよう) 전용 上記(じょうき) 상기, 어떤 사실을 알리기 위하여 본문 위나 앞쪽에 적는 일, 또는 그런 기록 以外(いがい) 이외 ご+한자명사+ください ～해 주십시오 *존경표현 注意(ちゅうい) 주의 ～並(なら)びに ～및 お+동사의 ます형+になる ～하시다 *존경표현 小学生(しょうがくせい) 초등학생 以下(いか) 이하 お客様(きゃくさま) 손님 保護者(ほごしゃ) 보호자 同伴(どうはん) 동반

1 게야키시 아레나의 이용 규칙에 맞지 않는 것은 어느 것인가?

1 오후 9시 직전 시간에 전화로 예약을 한다.
2 일요일 아침 9시에 전화를 한다.
3 담당자한테 메일로 예약을 한다.
4 초등학생은 보호자 동반이 아니면 이용할 수 없다.

어휘 ぎりぎり 빠듯한 모양 担当者(たんとうしゃ) 담당자

2 12월 25일에 참가자 20명인 탁구 대회를 하기로 했다. 저녁 5시부터 2시간, 탁구대를 6대 빌렸을 경우, 요금은 얼마가 되는가?

1 5,000엔
2 6,180엔
3 7,000엔
4 10,680엔

어휘 大会(たいかい) 대회 行(おこな)う 하다, 행하다, 실시하다 夕方(ゆうがた) 저녁때 借(か)りる 빌리다 いくら 얼마

확인 문제 2・정보 검색

問題14 右のページは、新製品販売に関する会議の議事録である。下の問いに対する答えとして最もよいものを、1・2・3・4から一つ選びなさい。

1 次のうち、会議で用意されていない資料はどれか。

1 他社製品との性能比較表
2 新製品販売のためのサービス品の配布計画予定表
3 新製品の初年度の売り上げ目標
4 新製品に関するアンケート結果

2 会議の内容と合っているのはどれか。

1 会議の出席者は7名である。
2 会議の司会者は秋山リーダーである。
3 新製品の販売結果は一週間ごとに報告する。
4 次回の会議は来月の第1月曜日の午後である。

令和〇〇年〇月〇日

新製品販売促進会議議事録

日時: 令和〇〇年〇月〇日 9:00～12:00

場所: 本社会議室

出席者: 田中営業本部長、柴崎営業第1課長、金田営業第2課長、杉山リーダー、
金子リーダー他営業部員7名

議題: 新製品携帯型空気清浄機「リラックルDX」の販売促進計画について

資料

1-1. 市場の推移(全国、東京地区)

1-2. 市場における主力品の売り上げ推移(当社リラックル1及び他社品上位3機種)

1-3. 市場の今後3年間の需要予測

2-1. 新製品に関するアンケート結果

2-2. 新製品に関する他社の開発状況

3-1. 「リラックルDX」の初年度売り上げ目標と販売6か月後の月間販売目標

3-2. 販売促進用予算の支給額と販売促進用サービス品の配布計画予定表

議事

来年度から当社の主力品として新発売される携帯型空気清浄機「リラックルDX」の販売方法、及び販売計画、販売管理方法について、営業本部の方針を討議した。

1. 秋山リーダーによる空気清浄機市場に関する現状説明
2. 秋山リーダーによる携帯型空気清浄機の需要説明
3. 金子リーダーによる「リラックルDX」の製品特徴とアピールポイントの紹介
4. 田中本部長による全社売り上げ目標の紹介など、当営業部の売り上げ目標に関する説明
5. 田中本部長を司会とした、販売促進方法の具体案の検討と、課別販売計画、販売管理方法を討議

決定事項

1. 営業1課、2課における販売目標、経費分担は添付資料1の通りに決定
2. 販売管理は売り上げ管理システムを用いり、営業本部で一括管理。
   販売結果は一週間ごとに報告
3. 次回の販売促進会議開催日は来月〇月〇日とし、毎月第1月曜日の午前中とする。

文責

第1営業部　小宮山

확인 문제 2 • 정답 및 해석(정보 검색)

문제 14 오른쪽 페이지는 신제품 판매에 관한 회의 의사록이다. 아래 질문에 대한 답으로 가장 적당한 것을 1 · 2 · 3 · 4에서 하나 고르시오.

레이와 OO년 O월 O일

신제품 판매 촉진 회의 의사록

일시: 레이와 OO년 O월 O일 9:00~12:00
장소: 본사 회의실
참석자: 다나카 영업 본부장, 시바사키 영업 제1과장, 가네다 영업 제2과장, 스기야마 리더, 가네코 리더 외 영업부원 7명
의제: 신제품 휴대형 공기 청정기 '리라클 DX'의 판매 촉진 계획에 대해서

자료
1-1. 시장의 추이(전국, 도쿄지구)
1-2. 시장에서의 주력 상품의 매출 추이(당사 리라클 1 및 타사 제품 상위 3기종)
1-3. 시장의 금후 3년간의 수요 예측
2-1. 신제품에 관한 앙케트 결과
2-2. 신제품에 관한 타사의 개발 상황
3-1. '리라클 DX'의 초년도 매출 목표와 판매 6개월 후의 월간 판매 목표
3-2. 판매 촉진용 예산 지급액과 판매 촉진용 서비스 상품 배포 계획 예정표

의사
내년도부터 당사의 주력 상품으로 새로 발매될 휴대형 공기 청정기 '리라클 DX'의 판매 방법 및 판매 계획, 판매 관리 방법에 대해서 영업 본부의 방침을 토의했다.
1. 아키야마 리더에 의한 공기 청정기 시장에 관한 현재 상태 설명
2. 아키야마 리더에 의한 휴대형 공기 청정기 수요 설명
3. 가네코 리더에 의한 '리라클 DX'의 제품 특징과 어필 포인트 소개
4. 다나카 본부장에 의한 전사 매출 목표 소개 등, 당 영업부의 매출 목표에 관한 설명
5. 다나카 본부장을 사회로 한 판매 촉진 방법의 구체안 검토와 과별 판매 계획, 판매 관리 방법을 토의

결정사항
1. 영업 1과, 2과에 있어서의 판매 목표, 경비 분담은 첨부 자료 1과 같이 결정
2. 판매 관리는 매출 관리 시스템을 이용해 영업 본부에서 일괄 관리, 판매 결과는 일주일마다 보고
3. 다음 판매 촉진 회의 개최일은 다음 달 O월 O일로 하고, 매월 첫째 주 월요일 오전 중으로 한다.

문책
제1영업부 고미야마

어휘 令和(れいわ) 레이와 *일본의 연호 新製品(しんせいひん) 신제품 販売(はんばい) 판매 促進(そくしん) 촉진 議事録(ぎじろく) 의사록 日時(にちじ) 일시 場所(ばしょ) 장소 本社(ほんしゃ) 본사 会議室(かいぎしつ) 회의실 出席者(しゅっせきしゃ) 참석자 営業(えいぎょう) 영업 本部長(ほんぶちょう) 본부장 課長(かちょう) 과장 リーダー 리더 部員(ぶいん) 부원 議題(ぎだい) 의제 携帯型(けいたいがた) 휴대형 空気清浄機(くうきせいじょうき) 공기 청정기 計画(けいかく) 계획 ～について ～에 대해서 *내용 資料(しりょう) 자료 市場(しじょう) 시장 推移(すいい) 추이 地区(ちく) 지구 ～における ～에 있어서의, ～에서의 主力品(しゅりょくひん) 주력 상품 売(う)り上(あ)げ 매상, 매출 当社(とうしゃ) 당사 ～及(およ)び ～및 他社(たしゃ) 타사 上位(じょうい) 상위 機種(きしゅ) 기종 今後(こんご) 금후, 앞으로 需要(じゅよう) 수요 予測(よそく) 예측 ～に関(かん)する ～에 관한 アンケート 앙케트 結果(けっか) 결과 開発(かいはつ) 개발 状況(じょうきょう) 상황 初年度(しょねんど) 초년도, 첫해 目標(もくひょう) 목표 月間(げっかん) 월간 予算(よさん) 예산 支給額(しきゅうがく) 지급액 サービス品(ひん) 서비스 상품 配布(はいふ) 배포 予定表(よていひょう) 예정표 来年度(らいねんど) 내년도 ～として ～로서 管理(かんり) 관리 方針(ほうしん) 방침 討議(とうぎ) 토의 現状(げんじょう) 현상, 현재 상태 説明(せつめい) 설명 特徴(とくちょう) 특징 アピールポイント 어필 포인트 紹介(しょうかい) 소개 全社(ぜんしゃ) 회사 전체 司会(しかい) 사회 具体案(ぐたいあん) 구체안 検討(けんとう) 검토 課別(かべつ) 과별 決定(けってい) 결정 事項(じこう) 사항 経費(けいひ) 경비 分担(ぶんたん) 분담 添付(てんぷ) 첨부 ～通(とお)り ～대로 用(もち)いる 사용하다, 이용하다 一括(いっかつ) 일괄 ～ごとに ～마다 報告(ほうこく) 보고 次回(じかい) 다음 번 開催日(かいさいび) 개최일 毎月(まいつき) 매월, 매달 月曜日(げつようび) 월요일 午前中(ごぜんちゅう) 오전 중 文責(ぶんせき) 문책, 글에 관한 책임

1 다음 중 회의에서 준비되지 않은 자료는 어느 것인가?
1 타사 제품과의 성능 비교표
2 신제품 판매를 위한 서비스 상품 배포 계획 예정표
3 신제품의 초년도 매출 목표
4 신제품에 관한 앙케트 결과

어휘 性能(せいのう) 성능 比較(ひかく) 비교

2 회의 내용과 맞는 것은 어느 것인가?
1 회의 참석자는 7명이다.
2 회의의 사회자는 아키야마 리더다.
3 신제품의 판매 결과는 일주일마다 보고한다.
4 다음 회의는 다음 달 첫째 주 월요일 오후다.

어휘 司会者(しかいしゃ) 사회자 午後(ごご) 오후

확인 문제 3・정보 검색

問題14 右のページは、あすなろ教育基金の奨学資金貸付制度の概要である。下の問いに対する答えとして最もよいものを、1・2・3・4から一つ選びなさい。

[1] 奨学資金を借りるためには何が必要か。

1 高校の担任教師の推薦書

2 本人名義の金融機関の口座

3 海外大学の在学証明書

4 大学での研究計画書

[2] 次のうち、奨学資金を借りられない人は誰か。

1 高校3年間の成績の平均値が3.3であったが、学校長から上位40%の成績であると認められた者

2 世帯収入が900万円を超えているが、学業が極めて優秀で資質が非常に優れている者

3 一人暮らしをしながら国立大学へ進学しており、月々5万円の支給を希望している者

4 自宅から私立大学に通学している4年生であるが、4年生になってから5万円の支給を希望している者

令和OO年O月O日

あすなろ教育基金 奨学資金貸付制度の概要

【奨学生資格】

奨学生は次の条件を満たすことが必要となります。

1. 日本国内の大学に在学している者及び来年度の進学が決まっている大学入学予定者
2. 学力及び資質が優れていると認められる者
3. 経済的理由により就学が困難である者

- **学力基準**

  高等学校過程の1年生から申し込み時までの成績の平均値が3.5以上の者
  あるいは主体的に学ぼうとする意欲があり、本人の成績が上位1/2以上と学校長が認めた者

- **人物基準**

  学習活動、その他生活全般を通じて態度及び行動が学生らしく、将来社会人として活動できる見込みがある者

- **家計基準**

  本人の父母、またはこれに代わって家計を支える人の収入金額の合計が次の範囲内であること
  ★4人世帯基準800万円　★5人世帯基準900万円

【貸付金額】

	国・公立大学	私立大学
自宅通学者	40,000円	50,000円
自宅外通学者	50,000円	60,000円

【貸付期間】

奨学生として採用された月(通常は4月)から学校を卒業する月まで

【貸付方法】

奨学生本人名義の金融機関の口座へ、原則として毎月10日に振り込みする。

【貸付休止・停止】

- 休学・退学した時
- 同一の学年をもう一度履修する時(留年)
- 長期にわたって学習を中断した時
- 奨学資金を学資以外の用途に使用した時

【利息及び返還例】

無利子で貸付を行う。奨学資金の返還に関しては、大学卒業後一定金額を月賦で返還する。
※返還の詳細に関しては別表に記載

【連絡先】

あすなろ教育基金奨学資金貸付係 TEL 042-OOO-XXXX　FAX 042-OOO-XXXO

독해

정보 검색

확인 문제 3 • 정답 및 해석(정보 검색)

문제 14 오른쪽 페이지는 아스나로 교육기금의 장학자금 대부 제도의 개요이다. 아래 질문에 대한 답으로 가장 적당한 것을 1 · 2 · 3 · 4에서 하나 고르시오.

레이와 OO년 O월 O일

아스나로 교육기금 장학자금 대부 제도 개요

【장학생 자격】

장학생은 다음 조건을 충족시킬 필요가 있습니다.

1. 일본 국내 대학에 재학 중인 자 및 내년도 진학이 결정된 대학 입학 예정자
2. 학력 및 자질이 우수하다고 인정되는 자
3. 경제적 이유에 의해 취학이 곤란한 자

- **학력 기준**
  고등학교 과정의 1학년부터 신청 시까지의 성적 평균치가 3.5 이상인 자
  혹은 주체적으로 배우려는 의욕이 있고 본인 성적이 상위 1/2 이상이라고 학교장이 인정한 자
- **인물 기준**
  학습 활동, 그 외 생활 전반을 통해서 태도 및 행동이 학생답고, 장래에 사회인으로서 활동할 수 있는 전망이 있는 자
- **가계 기준**
  본인의 부모, 또는 이를 대신하여 가계를 지탱하는 사람의 수입 금액 합계가 다음의 범위 안일 것
  ★4인 세대 기준 800만 엔　★5인 세대 기준 900만 엔

【대부 금액】

	국 · 공립대학	사립대학
자택 통학자	40,000엔	50,000엔
자택 외 통학자	50,000엔	60,000엔

【대부 기간】

장학생으로 채용된 달(통상은 4월)부터 학교를 졸업하는 달까지

【대부 방법】

장학생 본인 명의의 금융 기관 계좌로 원칙적으로 매달 10일에 입금한다.

【대부 중지 · 정지】

- 휴학 · 퇴학했을 때
- 동일 학년을 한 번 더 이수할 때(유급)
- 장기에 걸쳐 학습을 중단했을 때
- 장학자금을 학비 이외의 용도로 사용했을 때

【이자 및 반환 예】

무이자로 대부를 실시한다. 장학자금 반환에 관해서는 대학 졸업 후 일정 금액을 월부로 반환한다.
※반환에 대해 상세한 것은 별표에 기재

【연락처】

아스나로 교육기금 장학자금 대부 담당자 TEL 042-OOO-XXXX　FAX 042-OOO-XXXO

어휘 教育(きょういく) 교육 基金(ききん) 기금 奨学資金(しょうがくしきん) 장학자금 貸付(かしつけ) 대부 制度(せいど) 제도 概要(がいよう) 개요 奨学生(しょうがくせい) 장학생 資格(しかく) 자격 次(つぎ) 다음 条件(じょうけん) 조건 満(み)たす 채우다, 충족시키다 必要(ひつよう) 필요 国内(こくない) 국내 大学(だいがく) 대학 在学(ざいがく) 재학 ~及(およ)び ~및 来年度(らいねんど) 내년도 進学(しんがく) 진학 決(き)まる 결정되다 入学(にゅうがく) 입학 予定者(よていしゃ) 예정자 学力(がくりょく) 학력 資質(ししつ) 자질 優(すぐ)れる 뛰어나다, 우수하다 認(みと)める 인정하다 経済的(けいざいてき)だ 경제적이다 理由(りゆう) 이유 ~により ~에 의해 就学(しゅうがく) 취학 困難(こんなん)だ 곤란하다 基準(きじゅん) 기준 高等学校(こうとうがっこう) 고등학교 過程(かてい) 과정 申(もう)し込(こ)み時(じ) 신청 시 成績(せいせき) 성적 平均値(へいきんち) 평균치 以上(いじょう) 이상 あるいは 또는, 혹은 主体的(しゅたいてき)だ 주체적이다 学(まな)ぶ 배우다, 익히다 意欲(いよく) 의욕 本人(ほんにん) 본인 上位(じょうい) 상위 学校長(がっこうちょう) 학교장, 교장 人物(じんぶつ) 인물 学習(がくしゅう) 학습 活動(かつどう) 활동 生活(せいかつ) 생활 全般(ぜんぱん) 전반 ~を通(つう)じて ~을 통해서 態度(たいど) 태도 行動(こうどう) 행동 学生(がくせい) 학생 ~らしい ~답다 将来(しょうらい) 장래, 장차 社会人(しゃかいじん) 사회인 ~として ~로서 見込(みこ)み 전망, 장래성 家計(かけい) 가계 父母(ふぼ) 부모 代(か)わる 대신하다 支(ささ)える 떠받치다, 지탱하다 収入(しゅうにゅう) 수입 金額(きんがく) 금액 合計(ごうけい) 합계 範囲内(はんいない) 범위 내 世帯(せたい) 세대 国立(こくりつ) 국립 公立(こうりつ) 공립 私立(しりつ) 사립 自宅(じたく) 자택 通学者(つうがくしゃ) 통학자 採用(さいよう) 채용 通常(つうじょう) 통상 卒業(そつぎょう) 졸업 名義(めいぎ) 명의 金融機関(きんゆうきかん) 금융 기관 口座(こうざ) 계좌 原則(げんそく) 원칙 振(ふ)り込(こ)み 입금 休止(きゅうし) 휴지, 중지 停止(ていし) 정지 休学(きゅうがく) 휴학 退学(たいがく) 퇴학 長期(ちょうき) 장기 ~にわたって ~에 걸쳐서 中断(ちゅうだん) 중단 同一(どういつ) 동일 学年(がくねん) 학년 もう一度(いちど) 한 번 더 履修(りしゅう) 이수 留年(りゅうねん) 유급, 낙제 学資(がくし) 학자, 학비 以外(いがい) 이외 用途(ようと) 용도 使用(しよう) 사용 利息(りそく) 이자 返還(へんかん) 반환 例(れい) 예 無利子(むりし) 무이자 行(おこな)う 하다, 행하다, 실시하다 ~に関(かん)して ~에 관해서 一定(いってい) 일정 月賦(げっぷ) 월부 詳細(しょうさい) 상세 別表(べっぴょう) 별표 記載(きさい) 기재 連絡先(れんらくさき) 연락처 ~係(がかり) ~담당(자)

1 장학자금을 빌리기 위해서는 무엇이 필요한가?

1 고등학교 담임 교사의 추천서
2 본인 명의의 금융 기관 계좌
3 해외 대학의 재학 증명서
4 대학에서의 연구 계획서

어휘 高校(こうこう) 고교 *「高等学校(こうとうがっこう)」(고등학교)의 준말 担任(たんにん) 담임 教師(きょうし) 교사 推薦書(すいせんしょ) 추천서 海外(かいがい) 해외 証明書(しょうめいしょ) 증명서 研究(けんきゅう) 연구 計画書(けいかくしょ) 계획서

2 다음 중 장학자금을 빌릴 수 없는 사람은 누구인가?

1 고등학교 3년간의 성적 평균치가 3.3이었지만, 학교장으로부터 상위 40%의 성적이라고 인정된 자
2 세대 수입이 900만 엔을 넘지만, 학업이 극히 우수하고 자질이 매우 뛰어난 자
3 혼자 살면서 국립대학에 진학했으며, 매달 5만 엔 지급을 희망하고 있는 자
4 자택에서 사립대학에 통학하고 있는 4학년이지만, 4학년이 되고 나서 5만 엔 지급을 희망하고 있는 자

어휘 借(か)りる 빌리다 超(こ)える (정도를) 넘다 学業(がくぎょう) 학업 極(きわ)めて 극히, 지극히 非常(ひじょう)に 대단히, 매우 一人暮(ひとりぐ)らし 혼자서 삶 月々(つきづき) 매달, 다달이 支給(しきゅう) 지급 希望(きぼう) 희망 通学(つうがく) 통학

SECTION 4

청해

문제 1 과제 이해

출제 유형

문제 1 과제 이해는 두 사람의 대화를 통해 과제 해결에 필요한 정보를 듣고 문제지에 있는 선택지에서 가장 적절한 행동을 찾는 문제로, 5문항이 출제된다. 이 유형은 대화가 나오기 전에 질문이 먼저 제시되므로, 과제를 해결할 대상의 성별과 무엇을 하라는 것인지를 주의해서 들어야 한다.

실제 시험 예시

問題1

問題1では、まず質問を聞いてください。それから話を聞いて、問題用紙の1から4の中から、最もよいものを一つ選んでください。

例

1 毎月3,000円ずつ払う
2 3か月分を先に払う
3 6か月分を先に払う
4 ただで6か月間見てから毎月3,000円ずつ払う

[예제 스크립트]

例

男の人と女の人が話しています。 男の人は雑誌の購読料をどうしますか。

① 상황 설명 　　질문

② 이야기

男 すみませんが、この雑誌の講読料はいくらですか。
女 1か月3,000円ですが、3か月、6か月の長期前払いですと、割引があります。
男 そうですか。3か月前払いはいくらですか。
女 3か月の場合は、10%の割引があります。
男 じゃ、6か月の場合はいくらですか。
女 6か月ですと、20%の割引で提供しています。
男 ずいぶんと安くなりますね。じゃ、6か月でお願いします。
女 ありがとうございます。こちらの欄にご住所とお名前をお願いします。
男 はい、わかりました。

男の人は雑誌の購読料をどうしますか。

③ 질문 반복

④ 문제 풀이 시간(약 12초)

|정답| 3

시험 대책

과제 이해는 '① 상황 설명과 질문 듣기 → ② 이야기 듣기 → ③ 다시 한 번 질문 듣기 → ④ 문제 풀이(약 12초)'의 순서로 진행된다. 따라서 이야기가 나오기 전에 제시되는 상황 설명과 질문을 잘 들어야 실수가 없다. 이후 나오는 이야기를 들으며 정답과 관련된 내용을 메모하고 다시 한 번 들려주는 질문을 듣고 문제 풀이 시간에 정답을 고르면 된다. 질문 형식은 보통 성별이 제시되고 '[남자는 / 여자는 / 두 사람은] 이제부터 어떻게 합니까?', '[남자는 / 여자는 / 두 사람은] 처음에 무엇을 합니까?', '[남자는 / 여자는 / 두 사람은] 무엇을 해야 합니까?' 등의 형태로 출제되므로, 질문 부분의 성별에 유의하면서 들어야 한다. 그리고 시간이나 가격 등 숫자와 관련된 문제는 숫자 부분을 잘 메모해서 실수가 없도록 하자.

확인 문제 1 • 과제 이해

問題 1

동영상 26

음원

問題1では、まず質問を聞いてください。それから話を聞いて、問題用紙の1から4の中から、最もよいものを一つ選んでください。

1番

1 白のシャツ

2 赤のシャツ

3 青のシャツ

4 青と赤のシャツ

2番

1 プラスチックだけ

2 古新聞

3 生ごみ

4 空き缶

3番

1 家で過ごす

2 温泉に行く

3 遊園地に行く

4 博物館に行く

4番

1 明日の夕方までに
2 明日の午後の会議中に
3 明日の朝までに
4 今日の夕方までに

5番

1 全体的にパーマをかける
2 全体的にパーマをかけ、前髪のみ短く切る
3 パーマをかけずに、全体的に短く切る
4 パーマをかけずに、横と後ろのみ短く切る

확인 문제 1 • 스크립트 및 해석(과제 이해)

1番 服屋で妻と夫が話しています。夫はどんなシャツを買いますか。
옷가게에서 아내와 남편이 이야기하고 있습니다. 남편은 어떤 셔츠를 삽니까?

女 もうすぐ夏だから、半ズボンはどう?
男 うーん、半ズボンか…。あまりはいたことないから、止めとくよ。
女 そう? じゃ、シャツにする?
男 うん、そうしよう。
女 何色がいいかしら? あ、この白のシャツ、デザインもいいし、あなたによく似合うと思うわ。
男 そうだけど、白は多いからちょっとなあ…。
女 そうね。
男 今日は他の色にしようか。
女 そう? じゃ、こちらの青と赤、どちらかを選んだら?
男 そうだなあ。青はデザインがあまり気に入らないし、赤はデザインはいいけど、値段がちょっと高いなあ。
女 私の目には両方ともいいけど。じゃ、値段は気にせず、赤にしたら?
男 赤か…。派手な色は僕にはちょっと似合わないような気がするから、やっぱり今まで通りの色にする。
女 わかったわ。あなたが着るんだから、好きな色にして。

여 이제 곧 여름이니까, 반바지는 어때?
남 음…, 반바지라…, 별로 입은 적 없어서 관둘래.
여 그래? 그럼, 셔츠로 할래?
남 응, 그렇게 하자.
여 무슨 색이 좋을까? 아, 이 흰색 셔츠, 디자인도 좋고 당신한테 잘 어울릴 것 같아.
남 그렇기는 한데, 흰색은 많으니까 좀….
여 그러네.
남 오늘은 다른 색으로 할까?
여 그래? 그럼, 이쪽의 파란색과 빨간색, 어느 쪽인가를 고르는 게 어때?
남 글쎄. 파란색은 디자인이 별로 마음에 안 들고, 빨간색은 디자인은 좋은데 가격이 조금 비싸네.
여 내 눈에는 둘 다 좋은데. 그럼, 가격은 신경 쓰지 말고 빨간색으로 하는 게 어때?
남 빨간색이라…. 화려한 색은 나한테는 좀 안 어울릴 것 같은 생각이 들어서, 역시 지금까지대로의 색으로 할래.
여 알았어. 당신이 입을 거니까, 좋아하는 색으로 해.

夫はどんなシャツを買いますか。
1 白のシャツ
2 赤のシャツ
3 青のシャツ
4 青と赤のシャツ

남편은 어떤 셔츠를 삽니까?
1 흰색 셔츠
2 빨간색 셔츠
3 파란색 셔츠
4 파란색과 빨간색 셔츠

어휘 服屋(ふくや) 옷가게 妻(つま) 아내 夫(おっと) 남편 話(はな)す 말하다, 이야기하다 どんな 어떤 シャツ 셔츠 買(か)う 사다 もうすぐ 이제 곧 夏(なつ) 여름 半(はん)ズボン 반바지 あまり (부정어 수반) 그다지, 별로 はく (하의를) 입다 동사의 た형+こと(が)ない ~한 적(이) 없다 止(や)める 그만두다, 관두다 ~とく ~해 놓다[두다] *「~ておく」의 회화체 표현 ~にする ~로 하다 何色(なにいろ) 무슨 색 ~かしら ~할까? *의문의 뜻을 나타냄 白(しろ) 흰색 デザイン 디자인 あなた 당신 *부부 사이에서 아내가 남편을 부르는 말 よく 잘 似合(にあ)う 어울리다 多(おお)い 많다 他(ほか)の~ 다른~ 色(いろ) 색 青(あお) 파랑 赤(あか) 빨강 どちら 어느 쪽 *둘 중 하나를 선택할 때 씀 選(えら)ぶ 고르다, 선택하다 ~たら[だら](どう?) ~하는 게 어때? *권유 気(き)に入(い)る 마음에 들다 ~し ~하고 値段(ねだん) 가격 高(たか)い 비싸다 目(め) 눈 両方(りょうほう) 양쪽 ~とも (다른 명사 뒤에 붙어서) 모두 気(き)にする 신경을 쓰다, 걱정하다 ~ず(に) ~하지 않고, ~하지 말고 *「する」(하다)의 경우 「しず(に)」가 아니라 「せず(に)」가 된다는 점에 주의 派手(はで)だ 화려하다 気(き)がする 느낌[생각]이 들다 やっぱり 역시 *「やはり」의 회화체 표현 今(いま)まで通(どお)り 지금까지대로 わかる 알다, 이해하다 着(き)る (옷을) 입다 好(す)きだ 좋아하다

2番 男の人と女の人がごみのことで話しています。男の人は今日どんなごみを捨てますか。

남자와 여자가 쓰레기에 관해서 이야기하고 있습니다. 남자는 오늘 어떤 쓰레기를 버립니까?

男 一昨日引っ越してきた鈴木と申します。どうぞよろしくお願いします。

女 あ、中村です。こちらこそ、どうぞよろしく。

男 あの、失礼ですが、この町では月水が燃えるごみを出す日ですよね?

女 ええ、そうですよ。でも今日は祝日なので、その中でも限られたごみだけ出せますよ。

男 じゃ、プラスチックは限られたごみに含まれていますか。

女 いいえ、含まれていません。

男 あ、そうですか。じゃ、プラスチックは水曜日に出せばいいですね。

女 それが…、プラスチックの方は、この町では月曜日しか出せません。

男 あ、そうなんですか。それは知らなかったな…。じゃ、この生ごみと古新聞も今日は駄目なんですか。

女 紙類は大丈夫ですが、生ごみは祝日は回収しませんよ。

男 そうですか。じゃ、今日捨てられるのはこれだけですね。どうもありがとうございます。

女 いいえ、どういたしまして。

남 그저께 이사 온 스즈키라고 합니다. 아무쪼록 잘 부탁드립니다.

여 아, 나카무라예요. 저야말로 잘 부탁드려요.

남 저, 실례지만, 이 동네에서는 월요일과 수요일이 타는 쓰레기를 내놓는 날이죠?

여 네, 맞아요. 하지만 오늘은 경축일이라서 그중에서도 제한된 쓰레기만 내놓을 수 있어요.

남 그럼, 플라스틱은 제한된 쓰레기에 포함되어 있나요?

여 아니요, 포함되어 있지 않아요.

남 아, 그래요? 그럼, 플라스틱은 수요일에 내놓으면 되겠네요.

여 그게…, 플라스틱은 이 동네에서는 월요일밖에 못 내놔요.

남 아, 그래요? 그건 몰랐네…. 그럼, 이 음식물 쓰레기와 헌 신문도 오늘은 안 되나요?

여 종이류는 괜찮지만, 음식물 쓰레기는 경축일에는 회수하지 않아요.

남 그래요? 그럼, 오늘 버릴 수 있는 건 이것뿐이네요. 정말 고맙습니다.

여 아니요, 천만에요.

男の人は今日どんなごみを捨てますか。

1 プラスチックだけ
2 古新聞
3 生ごみ
4 空き缶

남자는 오늘 어떤 쓰레기를 버립니까?

1 플라스틱만
2 헌 신문
3 음식물 쓰레기
4 빈 캔

어휘 ごみ 쓰레기 捨(す)てる 버리다 一昨日(おととい) 그저께 引(ひ)っ越(こ)す 이사하다 ～と申(もう)す ~라고 하다 *「～と言(い)う」의 겸양표현 こちらこそ 저야말로 失礼(しつれい)だ 실례다 町(まち) 마을, 동네 月水(げっすい) 월요일과 수요일 燃(も)える (불에) 타다 出(だ)す 내놓다 日(ひ) 날 祝日(しゅくじつ) 경축일 限(かぎ)る 제한하다, 한정하다 ～だけ ~만, ~뿐 プラスチック 플라스틱 含(ふく)まれる 포함되다 水曜日(すいようび) 수요일 月曜日(げつようび) 월요일 ～しか (부정어 수반) ~밖에 知(し)る 알다 生(なま)ごみ 음식물 쓰레기 古新聞(ふるしんぶん) 헌 신문 駄目(だめ)だ 안 된다 紙類(かみるい) 종이류 大丈夫(だいじょうぶ)だ 괜찮다 回収(かいしゅう) 회수 どういたしまして 천만에요 空(あ)き缶(かん) 빈 캔

3番 女の人と男の人が連休について話しています。男の人は連休に何をしますか。
여자와 남자가 연휴에 대해서 이야기하고 있습니다. 남자는 연휴에 무엇을 합니까?

女 明日から待ちに待ったゴールデンウィークですね。
男 ええ、そうですね。
女 渡辺さんはどこかへ行きますか。もしかして家族水入らずで旅行でも?
男 そうならいいんですが、うちはみんな出不精なんで…。
女 あ、そうだ。渡辺さんのご家族ってみんな予定を入れずにのんびり過ごす派だったんですね。でも、せっかくの連休なのに、勿体無いじゃないですか。私は家族と一緒に温泉にでも行こうと思っています。
男 うーん、温泉はみんな好きじゃないし…。でも、確かに一週間以上もずっと家にいるのはちょっと退屈でしょうね。
女 そうですよ。温泉が嫌なら、息子さんと近くの遊園地にでも行ったらどうですか。
男 遊園地か…。でも、うちの子、賑やかな所が好きじゃないから、遊園地は行きたがらないと思いますね。
女 じゃ、家の近くの博物館か美術館はどうですか。
男 歴史はみんな好きだから…。決めました。そうします。

여 내일부터 기다리고 기다리던 황금연휴네요.
남 네, 그러네요.
여 와타나베 씨는 어딘가에 가나요? 혹시 가족끼리 여행이라도?
남 그러면 좋겠지만, 우리 집은 다들 외출을 싫어해서요….
여 아, 맞다. 와타나베 씨 가족분들은 모두 계획 없이 느긋하게 지내는 파였죠? 하지만 모처럼의 연휴인데 아깝잖아요? 저는 가족과 함께 온천에라도 가려고 생각하고 있어요.
남 음…, 온천은 모두 안 좋아하고…. 하지만 확실히 일주일 이상이나 쭉 집에 있는 건 좀 지루하겠죠.
여 맞아요. 온천이 싫다면 아드님과 근처 놀이공원에라도 가는 게 어때요?
남 놀이공원이라…. 하지만 우리 애는 북적대는 곳을 좋아하지 않아서 놀이공원에는 가고 싶어하지 않을 거예요.
여 그럼, 집 근처의 박물관이나 미술관은 어때요?
남 역사는 다 좋아하니까…. 결정했어요. 그렇게 할게요.

男の人は連休に何をしますか。
1 家で過ごす
2 温泉に行く
3 遊園地に行く
4 博物館に行く

남자는 연휴에 무엇을 합니까?
1 집에서 지낸다
2 온천에 간다
3 놀이공원에 간다
4 박물관에 간다

어휘 連休(れんきゅう) 연휴 待(ま)ちに待(ま)った 기다리고 기다리던
ゴールデンウィーク 골든위크, 황금연휴 *4월 말에서 5월 초의 휴일이 많은 주 もしかして 혹시
家族(かぞく) 가족 水入(みずい)らず (남이 끼지 않은) 집안 식구끼리 旅行(りょこう) 여행 うち 우리, 우리 집
出不精(でぶしょう)だ 외출을 싫어하다 予定(よてい)예정 入(い)れる 넣다 ～ずに ~하지 않고 のんびり 느긋하게
過(す)ごす (시간을) 보내다, 지내다 ～派(は) ~파 せっかく 모처럼 ～のに ~인데(도) 勿体無(もったいな)い 아깝다
一緒(いっしょ)に 함께, 같이 温泉(おんせん) 온천 好(す)きだ 좋아하다 確(たし)かに 확실히, 분명히 以上(いじょう) 이상
ずっと 쭉, 계속 退屈(たいくつ)だ 지루하다 嫌(いや)だ 싫다 息子(むすこ)さん (남의) 아들 近(ちか)く 근처
遊園地(ゆうえんち) 유원지, 놀이공원 賑(にぎ)やかだ 떠들썩하다 所(ところ) 곳, 장소
동사의 ます형+たがる (제삼자가) ~하고 싶어하다 博物館(はくぶつかん) 박물관 美術館(びじゅつかん) 미술관
歴史(れきし) 역사 決(き)める 정하다, 결정하다

4番 会社で男の人と女の人が話しています。女の人はいつまでに資料をプリントすればいいですか。
회사에서 남자와 여자가 이야기하고 있습니다. 여자는 언제까지 자료를 프린트하면 됩니까?

男 中村さん、仕事中悪いんだけど、明日の午後の会議に使う資料はできた?
女 はい、先ほど完成して間違いがないか検討しているところです。
男 そう? お疲れさん。明日は社長もご出席になるそうだから、間違いがないようにしっかりと検討しといて。
女 はい、かしこまりました。
男 ところで、明日の会議には何人参加するんだっけ?
女 社長と私の部署の3人と営業部の3人、合わせて7人出席する予定です。
男 そう? じゃ、会議室の椅子などもチェックしといて。
女 はい、かしこまりました。
男 そして、悪いけど、資料の検討が終わったら1部プリントしてもらえるかな。
女 はい、いつまでにすればよろしいでしょうか。
男 そうだな。今日家に帰って目を通したいから、夕方までにできるかな。
女 はい、承知しました。それでは、検討が終り次第プリントして持って参ります。
男 ありがとう。

남 나카무라 씨, 업무 중에 미안한데, 내일 오후 회의에 쓸 자료는 다 됐어?
여 예, 조금 전에 완성해서 오류가 없는지 검토하는 중입니다.
남 그래? 수고했어. 내일은 사장님도 참석하신다고 하니까, 오류가 없도록 확실히 검토해 둬.
여 예, 알겠습니다.
남 그런데 내일 회의에는 몇 명 참석하더라?
여 사장님과 저희 부서 3명과 영업부 3명, 합쳐서 7명 참석할 예정입니다.
남 그래? 그럼, 회의실 의자 등도 체크해 둬.
여 예, 알겠습니다.
남 그리고 미안하지만, 자료 검토가 끝나면 1부 프린트해 줄 수 있을까?
여 예, 언제까지 하면 될까요?
남 글쎄. 오늘 집에 돌아가서 훑어보고 싶으니까. 저녁때까지 가능할까?
여 예, 알겠습니다. 그럼, 검토가 끝나는 대로 프린트해서 가져가겠습니다.
남 고마워.

女の人はいつまでに資料をプリントすればいいですか。
1 明日の夕方までに
2 明日の午後の会議中に
3 明日の朝までに
4 今日の夕方までに

여자는 언제까지 자료를 프린트하면 됩니까?
1 내일 저녁때까지
2 내일 오후 회의 중에
3 내일 아침까지
4 오늘 저녁때까지

어휘 会社(かいしゃ) 회사 いつ 언제 ~までに ~까지 *최종기한 資料(しりょう) 자료 プリント 프린트 仕事(しごと) 일, 업무 ~中(ちゅう) ~중 悪(わる)い 미안하다 午後(ごご) 오후 使(つか)う 쓰다, 사용하다 できる 다 되다, 완성되다 先(さき)ほど 아까, 조금 전 *「さっき」보다 공손한 말씨 完成(かんせい) 완성 間違(まちが)い 잘못, 틀림 検討(けんとう) 검토 동사의 진행형+ところだ ~하고 있는 중이다 お疲(つか)れさん 수고했어 *손윗사람이 손아랫사람에게 씀 社長(しゃちょう) 사장 ご+한자명사+になる ~하시다 *존경표현 出席(しゅっせき) 출석 품사의 보통형+そうだ ~라고 한다 *전문 ~ように ~하도록 しっかりと 단단히, 확실히 ~とく ~해 놓다[두다] *「~ておく」의 회화체 표현 かしこまりました 알겠습니다 *「わかりました」의 격식 차린 말 ところで 그것은 그렇고, 그런데 参加(さんか) 참가 ~っけ ~던가?, ~였더라? *잊었던 일이나 불확실한 일을 상대방에게 질문하거나 확인할 때 씀 部署(ぶしょ) 부서 営業部(えいぎょうぶ) 영업부 合(あ)わせる 합치다 予定(よてい) 예정 椅子(いす) 의자 チェック 체크 そして 그리고 終(お)わる 끝나다 ~部(ぶ) ~부 ~てもらう (남에게) ~해 받다, (남이) ~해 주다 よろしい 좋다, 괜찮다 *「いい·良(よ)い」의 공손한 표현 帰(かえ)る 돌아가다 目(め)を通(とお)す 훑어보다 동사의 ます형+たい ~하고 싶다 夕方(ゆうがた) 저녁때 承知(しょうち) 알아 들음 それでは 그럼 동사의 ます형+次第(しだい) ~하는 대로 (즉시) 持(も)つ 가지다, 들다 参(まい)る 가다 *「行(い)く」의 겸양어 朝(あさ) 아침

5番 美容院で美容師と男の人が話しています。男の人は髪型をどうしますか。
미용실에서 미용사와 남자가 이야기하고 있습니다. 남자는 머리 스타일을 어떻게 합니까?

女 いらっしゃいませ。
男 こんにちは。3時に予約した鈴木ですが。
女 毎度ありがとうございます。こちらの席にどうぞ。髪はどうなさいますか。この前の髪型のようにパーマをおかけになりますか。それとも、ただのカットになさいますか。
男 うーん、友達に勧められてパーマをかけてみたんですが、あまり似合わないような気がして…。
女 そうですか。じゃ、今日は今のパーマを落としてただ全体的に短くいたしましょうか。
男 そうですね。前髪はあまり長くないから今のままにして、横と後ろだけ短くお願いします。
女 はい、かしこまりました。じゃ、シャンプーはどういたしましょうか。
男 シャンプーもお願いします。
女 はい、少々お待ちください。

여 어서 오세요.
남 안녕하세요. 3시에 예약한 스즈키인데요.
여 매번 감사합니다. 이쪽 자리에 앉으세요. 머리는 어떻게 하시겠어요? 지난번 머리 스타일처럼 파마를 하시겠어요? 아니면 그냥 커트로 하시겠어요?
남 음…, 친구가 권해서 파마를 해 봤는데, 별로 안 어울리는 것 같아서요.
여 그렇군요. 그럼, 오늘은 지금의 파마를 풀고 그냥 전체적으로 짧게 해 드릴까요?
남 글쎄요. 앞머리는 별로 길지 않으니까 지금 그대로 두고, 옆과 뒤만 짧게 부탁드려요.
여 예, 알겠습니다. 그럼, 샴푸는 어떻게 할까요?
남 샴푸도 부탁드려요.
여 예, 잠시 기다려 주세요.

男の人は髪型をどうしますか。
1 全体的にパーマをかける
2 全体的にパーマをかけ、前髪のみ短く切る
3 パーマをかけずに、全体的に短く切る
4 パーマをかけずに、横と後ろのみ短く切る

남자는 머리 스타일을 어떻게 합니까?
1 전체적으로 파마를 한다
2 전체적으로 파마를 하고 앞머리만 짧게 자른다
3 파마를 하지 않고 전체적으로 짧게 자른다
4 파마를 하지 않고 옆과 뒤만 짧게 자른다

어휘 美容院(びよういん) 미용실 美容師(びようし) 미용사 髪型(かみがた) 머리 스타일 いらっしゃいませ 어서 오세요 予約(よやく) 예약 毎度(まいど) 매번, 항상 席(せき) (앉는) 자리, 좌석 髪(かみ) 머리(카락) なさる 하시다 *「する」(하다)의 존경어 この前(まえ) 요전, 지난번 ～ように ～처럼 パーマをかける 파마를 하다 お+동사의 ます형+になる ～하시다 *존경표현 それとも 그렇지 않으면, 아니면 ただ 그냥 カット 커트 勧(すす)める 권하다, 권유하다 あまり (부정어 수반) 그다지, 별로 似合(にあ)う 어울리다 気(き)がする 느낌[생각]이 들다 今(いま) 지금 パーマを落(お)とす 파마를 풀다 全体的(ぜんたいてき)だ 전체적이다 短(みじか)い 짧다 いたす 하다 *「する」의 겸양어 前髪(まえがみ) 앞머리 長(なが)い 길다 ～まま (그 상태) 그대로 横(よこ) 옆 後(うし)ろ 뒤 ～だけ ～만, ～뿐 かしこまりました 알겠습니다 *「わかりました」의 격식 차린 말 シャンプー 샴푸, 머리를 감음 少々(しょうしょう) 잠시, 잠깐 お+동사의 ます형+ください ～해 주십시오 *존경표현 待(ま)つ 기다리다 ～のみ ～만, ～뿐 *격식 차린 말 切(き)る 자르다 ～ずに ～하지 않고

확인 문제 2・과제 이해

問題1

問題1では、まず質問を聞いてください。それから話を聞いて、問題用紙の1から4の中から、最もよいものを一つ選んでください。

1番

1 友達と京都に行く
2 子供二人と沖縄に行く
3 家族7人で旅行に行く
4 どこへも行かず、ずっと家で過ごす

2番

1 今すぐ家に帰って休む
2 今すぐ病院に行ってみる
3 病院に寄ってから家に帰る
4 講義室に残ってレポートを書き続ける

3番

1 今すぐ報告書を持って社長の決裁を受けに行く
2 今すぐ予算案を作成して部長の決裁を受けに行く
3 退社するまでに会議の事前準備をしておく
4 退社するまでに報告書をコピーしておく

4番

1 また電話をする
2 女の人に伝言を残す
3 佐藤部長からの電話を待つ
4 佐藤部長との約束をキャンセルする

5番

1 使ってから、中村さんに返す
2 使ってから、女の人に返す
3 使ってから、受付に返す
4 使ってから、そのまま持っている

확인 문제 2 • 스크립트 및 해석(과제 이해)

1番 道で女の人と男の人が話しています。男の人は今度の連休に何をしますか。
길에서 여자와 남자가 이야기하고 있습니다. 남자는 이번 연휴에 무엇을 합니까?

女 明後日から連休が始まりますね。
男 ええ、そうですね。
女 池田さんは今度の連休、どうしますか。何か計画でも立てましたか。
男 僕は沖縄に行きます。海と静かな所が好きなので。
女 へえ、沖縄ですか。いいですね。沖縄には行ったことがないので、私も機会があったら行ってみたいですね。
男 そうですか。何も考えないでのんびり過ごすには持って来いの所だと思いますよ。ぜひ行ってみてください。吉村さんは連休の時、どこかへ行きますか。
女 私は久しぶりに昔の趣を感じたくて友達と京都に行くつもりです。
男 そう言えば、吉村さん、学生時代から歴史が好きだったと言いましたね?
女 はい、そうです。ところで、沖縄にはご家族と行くんですか。
男 ええ、今度は妻と娘二人、甥一人、そして両親も一緒に行きます。
女 そうですか。たぶん楽しいでしょうね。
男 ええ、みんな楽しみにしています。

여 모레부터 연휴가 시작되네요.
남 네, 그러네요.
여 이케다 씨는 이번 연휴, 어떻게 해요? 뭔가 계획이라도 세웠어요?
남 저는 오키나와에 가요. 바다와 조용한 곳을 좋아해서요.
여 허, 오키나와요? 좋겠네요. 오키나와에는 간 적이 없어서 저도 기회가 있으면 가 보고 싶네요.
남 그렇군요. 아무것도 생각하지 않고 느긋하게 지내기에는 최적의 장소라고 생각해요. 꼭 가 보세요. 요시무라 씨는 연휴 때 어딘가에 가나요?
여 저는 오랜만에 옛날 정취를 느끼고 싶어서 친구와 교토에 갈 생각이에요.
남 그러고 보니 요시무라 씨, 학창시절부터 역사를 좋아했다고 했죠?
여 예, 맞아요. 그런데 오키나와에는 가족분들과 가나요?
남 네, 이번에는 아내와 딸 둘, 남자 조카 한 명, 그리고 부모님도 같이 가요.
여 그래요? 아마 즐거울 거예요.
남 네, 모두 기대하고 있어요.

男の人は今度の連休に何をしますか。
1 友達と京都に行く
2 子供二人と沖縄に行く
3 家族7人で旅行に行く
4 どこへも行かず、ずっと家で過ごす

남자는 이번 연휴에 무엇을 합니까?
1 친구와 교토에 간다
2 아이 둘과 오키나와에 간다
3 가족 7명이서 여행을 간다
4 아무 데도 가지 않고 쭉 집에서 지낸다

어휘 道(みち) 길 今度(こんど) 이번 連休(れんきゅう) 연휴 明後日(あさって) 모레 始(はじ)まる 시작되다 計画(けいかく) 계획 立(た)てる 세우다 沖縄(おきなわ) 오키나와 *지명 海(うみ) 바다 静(しず)かだ 조용하다 所(ところ) 곳, 장소 好(す)きだ 좋아하다 へえ 허 *감탄하거나 놀랐을 때 내는 소리 동사의 た형+ことがない ~한 적이 없다 機会(きかい) 기회 何(なに)も (부정어 수반) 아무것도 考(かんが)える 생각하다 ~ないで ~하지 않고(=~ず(に)) のんびり 느긋하게 過(す)ごす (시간을) 보내다, 지내다 持(も)って来(こ)い 꼭 알맞음, 안성맞춤 ぜひ 꼭 昔(むかし) 옛날 趣(おもむき) 정취 感(かん)じる 느끼다 京都(きょうと) 교토 *지명 동사의 보통형+つもりだ ~할 생각[작정]이다 そう言(い)えば 그러고 보니 学生時代(がくせいじだい) 학창시절 歴史(れきし) 역사 ところで 그것은 그렇고, 그런데 家族(かぞく) 가족 妻(つま) (자신의) 아내 娘(むすめ) (자신의) 딸 甥(おい) (자신의) 남자 조카 そして 그리고 両親(りょうしん) 양친, 부모 一緒(いっしょ)に 함께, 같이 たぶん 아마 楽(たの)しい 즐겁다 楽(たの)しみにする 기대하다 旅行(りょこう) 여행 ~ず(に) ~하지 않고 ずっと 쭉, 계속

2番 大学の講義室で女の学生と男の学生が話しています。男の学生はこれからどうしますか。
대학 강의실에서 여학생과 남학생이 이야기하고 있습니다. 남학생은 이제부터 어떻게 합니까?

女 こんにちは。
男 こんにちは。
女 あれ? 渡辺君、どうしたの? 顔色も悪いし、汗までかいてるよ。
男 ああ、実は今日ちょっと体調がよくないんだ。
女 風邪じゃない?
男 そうかな。さっきから寒気もするなあ。
女 絶対風邪よ。
男 さあ、昨夜ぐっすり眠れて朝までは何の問題もなかったけどなあ。
女 でも、今週の水曜日まではずっと徹夜したじゃない。きっとそのせいよ。とにかくひどくなる前に、病院にでも行ってみた方がいいんじゃない?
男 僕もそうしたいけど、明日までに提出するレポートがあるから、ちょっと時間が空かなくてね。まあ、一応薬は飲んだし。
女 それはよかった。勉強もいいけど、健康管理も大切よ。お大事に。
男 うん、ありがとう。

여 안녕.
남 안녕.
여 어? 와타나베 군, 무슨 일 있어? 안색도 안 좋고 땀까지 흘리고 있어.
남 아~, 실은 오늘 좀 몸이 안 좋아.
여 감기 아니야?
남 그런가. 아까부터 오한도 나.
여 틀림없이 감기야.
남 글쎄, 어젯밤 푹 자서 아침까지는 아무런 문제도 없었는데.
여 하지만 이번 주 수요일까지는 쭉 밤샘했잖아. 틀림없이 그 탓이야. 어쨌든 심해지기 전에 병원에라도 가 보는 편이 좋지 않아?
남 나도 그러고 싶은데, 내일까지 제출할 리포트가 있어서 좀 시간이 나지 않아서 말이야. 뭐, 일단 약은 먹었고.
여 그거 다행이네. 공부도 좋지만, 건강 관리도 중요해. 몸조리 잘해.
남 응, 고마워.

男の学生はこれからどうしますか。
1 今すぐ家に帰って休む
2 今すぐ病院に行ってみる
3 病院に寄ってから家に帰る
4 講義室に残ってレポートを書き続ける

남학생은 이제부터 어떻게 합니까?
1 지금 바로 집에 돌아가서 쉰다
2 지금 바로 병원에 가 본다
3 병원에 들른 후에 집에 돌아간다
4 강의실에 남아서 리포트를 계속 쓴다

어휘 大学(だいがく) 대학 講義室(こうぎしつ) 강의실 学生(がくせい) 학생, (특히) 대학생 これから 이제부터 顔色(かおいろ) 안색 汗(あせ)をかく 땀을 흘리다 実(じつ)は 실은 体調(たいちょう) 몸 상태, 컨디션 風邪(かぜ) 감기 さっき 아까, 조금 전 寒気(さむけ)がする 오한이 나다 絶対(ぜったい) 절대, 틀림없음 さあ 글쎄 *확실한 대답을 피할 때의 소리 昨夜(ゆうべ) 어젯밤 ぐっすり 푹 *깊이 잠든 모양 眠(ねむ)る 자다, 잠들다 朝(あさ) 아침 何(なん)の 아무런 問題(もんだい) 문제 今週(こんしゅう) 이번 주 水曜日(すいようび) 수요일 ずっと 쭉, 계속 徹夜(てつや) 철야, 밤샘 きっと 분명히, 틀림없이 ~せい ~탓 とにかく 어쨌든 ひどい 심하다 동사의 기본형+前(まえ)に ~하기 전에 病院(びょういん) 병원 동사의 た형+方(ほう)がいい ~하는 편[쪽]이 좋다 提出(ていしゅつ) 제출 レポート 리포트, 보고서 時間(じかん)が空(あ)く 시간이 나다 一応(いちおう) 일단 薬(くすり) 약 飲(の)む (약을) 먹다 ~し ~하고 勉強(べんきょう) 공부 健康管理(けんこうかんり) 건강 관리 大切(たいせつ)だ 중요하다 お大事(だいじ)に 몸조리 잘하세요 休(やす)む 쉬다 寄(よ)る 들르다 ~てから ~하고 나서, ~한 후에 残(のこ)る 남다 書(か)く (글씨·글을) 쓰다 동사의 ます형+続(つづ)ける 계속 ~하다

3番 会社で男の人と女の人が話しています。女の人は今日中に何をしなければなりませんか。

회사에서 남자와 여자가 이야기하고 있습니다. 여자는 오늘 중으로 무엇을 해야 합니까?

男 中村君、ちょっといいかな。
女 はい、何でしょうか。
男 明日の午前、社長との会議に使うこの報告書、10部ずつコピーしてくれないか。
女 申し訳ありません。今ちょっと手が離せないんですが、お急ぎでしょうか。
男 いや、明日使うんだから、今すぐじゃなく今日中にしとけばいいんだ。
女 そうですか。それでは、退社するまでにしておきます。
男 うん、頼むよ。そして、昨日頼んだ予算案の決裁はどうなった?
女 あ、それが今日部長がずっと外回りで、まだなんです。部長がお戻りになりましたら、すぐ決裁を受けて持って参ります。
男 うん、それも頼むな。

남 나카무라 군, 잠깐 괜찮아?
여 예, 무슨 일이세요?
남 내일 오전 사장님과의 회의에 사용할 이 보고서, 10부씩 복사해 주겠어?
여 죄송해요. 지금 좀 손을 놓을 수 없는데, 급하신가요?
남 아니, 내일 쓸 거니까, 지금 당장은 아니고 오늘 중으로 해 두면 돼.
여 그래요? 그럼, 퇴근할 때까지 해 두겠습니다.
남 응, 부탁해. 그리고 어제 부탁한 예산안 결재는 어떻게 됐어?
여 아, 그게 오늘 부장님이 계속 외근이라서 아직인데요. 부장님이 돌아오시면 바로 결재를 받아서 가져가겠습니다.
남 응, 그것도 부탁할게.

女の人は今日中に何をしなければなりませんか。
1 今すぐ報告書を持って社長の決裁を受けに行く
2 今すぐ予算案を作成して部長の決裁を受けに行く
3 退社するまでに会議の事前準備をしておく
4 退社するまでに報告書をコピーしておく

여자는 오늘 중으로 무엇을 해야 합니까?
1 지금 바로 보고서를 가지고 사장의 결재를 받으러 간다
2 지금 바로 예산안을 작성해서 부장의 결재를 받으러 간다
3 퇴근할 때까지 회의의 사전 준비를 해 둔다
4 퇴근할 때까지 보고서를 복사해 둔다

어휘 会社(かいしゃ) 회사 今日中(きょうじゅう) 오늘 중 ～なければならない ～하지 않으면 안 된다, ～해야 한다 午前(ごぜん) 오전 社長(しゃちょう) 사장 会議(かいぎ) 회의 使(つか)う 쓰다, 사용하다 報告書(ほうこくしょ) 보고서 ～部(ぶ) ～부 ～ずつ ～씩 コピー 복사 ～てくれる (남이 나에게) ～해 주다 申(もう)し訳(わけ)ありません 죄송합니다 *「すみません」보다 정중한 표현 今(いま) 지금 手(て)が離(はな)せない 손을 놓을 수 없다, 하고 있는 일이 있어서 다른 일을 할 수가 없다 お+동사의 ます형+です ～하시다 *존경표현 急(いそ)ぐ 서두르다 いや 아니 ～とく ～해 놓다[두다] *「～ておく」의 회화체 표현 それでは 그렇다면, 그럼 退社(たいしゃ) 퇴근 ～までに ～까지 *최종기한 頼(たの)む 부탁하다 そして 그리고 予算案(よさんあん) 예산안 決裁(けっさい) 결재 部長(ぶちょう) 부장 ずっと 쭉, 계속 外回(そとまわ)り 외근 まだ 아직 お+동사의 ます형+になる ～하시다 *존경표현 戻(もど)る 되돌아오다 受(う)ける 받다 持(も)つ 가지다, 들다 参(まい)る 가다 *「行(い)く」의 겸양어 동사의 ます형+に ～하러 *동작의 목적 作成(さくせい) 작성 事前(じぜん) 사전 準備(じゅんび) 준비

4番 電話で女の人と男の人が話しています。男の人はこれからどうしますか。
전화로 여자와 남자가 이야기하고 있습니다. 남자는 이제부터 어떻게 합니까?

女 はい、日本商事でございます。
男 もしもし、中村商事の鈴木と申します。いつもお世話になっております。
女 営業部の三上と申します。こちらこそいつもお世話になっております。
男 あの、佐藤部長はいらっしゃいますか。
女 佐藤ですね、少々お待ちいただけますでしょうか。
男 はい、お願いします。
女 大変申し訳ありませんが、佐藤はただ今外出しておりまして、2時頃には戻る予定でございますが…。
男 そうですか。ちょっと急ぎの用件なんですが、 困りましたね。
女 でしたら、私でよろしければご伝言を承りますが、いかがいたしましょうか。
男 実は、納期の件で至急ご相談したいことがあるのですが、仕方がありませんね。それでは、こちらからまたお電話いたします。
女 かしこまりました。お手数ですが、よろしくお願いいたします。

여 예, 니혼 상사입니다.
남 여보세요, 나카무라 상사의 스즈키라고 합니다. 항상 신세 지고 있습니다.
여 영업부의 미카미라고 합니다. 저야말로 항상 신세 지고 있습니다.
남 저, 사토 부장님은 계십니까?
여 사토 말씀이시군요. 잠시 기다려 주시겠어요?
남 예, 부탁드립니다.
여 대단히 죄송합니다만, 사토는 지금 외출 중이고 2시경에는 돌아올 예정입니다만.
남 그래요? 좀 급한 용건인데 난처하네요.
여 그러시면 저로 괜찮으시면 전언을 듣겠습니다만, 어떻게 할까요?
남 실은 납기 건으로 급히 상담하고 싶은 게 있는데, 어쩔 수 없네요. 그럼, 이쪽에서 다시 전화드리겠습니다.
여 알겠습니다. 수고스럽겠지만, 잘 부탁드립니다.

男の人はこれからどうしますか。
1 また電話をする
2 女の人に伝言を残す
3 佐藤部長からの電話を待つ
4 佐藤部長との約束をキャンセルする

남자는 이제부터 어떻게 합니까?
1 다시 전화를 한다
2 여자에게 전언을 남긴다
3 사토 부장으로부터의 전화를 기다린다
4 사토 부장과의 약속을 취소한다

어휘 電話(でんわ) 전화 商事(しょうじ) 상사 ～でございます ～입니다 *「～です」의 정중한 표현 もしもし 여보세요 ～と申(もう)す ～라고 하다 *「～と言(い)う」의 겸양표현 お世話(せわ)になる 신세를 지다 ～ておる ～하고 있다 *「～ている」의 겸양표현 こちらこそ 저야말로 あの 저, 저어 *상대에게 말을 붙일 때 하는 말 いらっしゃる 계시다 *「いる」((사람이) 있다)의 존경어 少々(しょうしょう) 잠시, 잠깐 お+동사의 ます형+いただく (남에게) ～해 받다, (남이) ～해 주시다 *겸양표현 待(ま)つ 기다리다 大変(たいへん) 대단히, 매우 申(もう)し訳(わけ)ありません 죄송합니다 *「すみません」보다 정중한 표현 ただ今(いま) 지금, 현재 外出(がいしゅつ) 외출 戻(もど)る 되돌아오다 予定(よてい) 예정 急(いそ)ぎ 급함 用件(ようけん) 용건 困(こま)る 곤란하다, 난처하다 よろしい 좋다, 괜찮다 *「いい・良(よ)い」의 공손한 표현 伝言(でんごん) 전언 承(うけたまわ)る 듣다 *「聞(き)く」의 겸양어 いかが 어떻게 いたす 하다 *「する」의 겸양어 実(じつ)は 실은 納期(のうき) 납기 件(けん) 건 至急(しきゅう) 지급, 시급, 급히 ご+한자명사+する ～하다, ～해 드리다 *겸양표현 相談(そうだん) 상담, 의논 仕方(しかた)がない 어쩔 수 없다 それでは 그렇다면, 그럼 こちら (자신의) 이쪽, 나 かしこまりました 알겠습니다 *「わかりました」의 격식 차린 말 手数(てすう) 수고 残(のこ)す 남기다 約束(やくそく) 약속 キャンセル 취소

5番 会社で男の人と女の人が話しています。男の人は会議室の鍵をどうしますか。

회사에서 남자와 여자가 이야기하고 있습니다. 남자는 회의실 열쇠를 어떻게 합니까?

男 あれ? さっきまでここにあったのに、どこにあるのかな。
女 何かお探しですか。
男 部長に報告する書類と会議室の鍵が見つかりませんね。
女 あ、書類は部長が今すぐ読みたいとおっしゃいましたので、私がお渡しいたしました。
男 そうですか。ありがとうございます。ところで、会議室の鍵は見ませんでしたか。今からちょっと会議室を使おうと思ったんですが、鍵がかかっていて…。
女 会議室と言いますと、小会議室ですか。それとも、大会議室ですか。
男 小会議室です。
女 小会議室の鍵なら、私が持っていますよ。中村さんが午後使うと言ってたから、ちょうど今返しに行くところですが。
男 あ、僕が返します。
女 そうですか。じゃ、使った後はぜひ中村さんに返してくださいね。
男 はい、わかりました。

남 어? 조금 전까지 여기에 있었는데, 어디에 있는 거지?
여 뭔가 찾으세요?
남 부장님께 보고할 서류와 회의실 열쇠가 안 보이네요.
여 아, 서류는 부장님이 지금 바로 읽고 싶다고 말씀하셔서 제가 건네 드렸어요.
남 그래요? 감사합니다. 그런데 회의실 열쇠는 못 봤나요? 지금부터 잠시 회의실을 쓰려고 생각했는데, 열쇠가 채워져 있어서….
여 회의실이라고 하면 소회의실인가요? 아니면 대회의실인가요?
남 소회의실이요.
여 소회의실 열쇠라면 제가 가지고 있어요. 나카무라 씨가 오후에 쓴다고 해서 마침 지금 돌려주러 갈 참인데요.
남 아, 내가 돌려줄게요.
여 그래요? 그럼, 사용한 후에는 꼭 나카무라 씨에게 돌려주세요.
남 예, 알겠어요.

男の人は会議室の鍵をどうしますか。

1 使ってから、中村さんに返す
2 使ってから、女の人に返す
3 使ってから、受付に返す
4 使ってから、そのまま持っている

남자는 회의실 열쇠를 어떻게 합니까?

1 사용한 후에 나카무라 씨에게 돌려준다
2 사용한 후에 여자에게 돌려준다
3 사용한 후에 접수처에 돌려준다
4 사용한 후에 그대로 가지고 있는다

어휘 会議室(かいぎしつ) 회의실 鍵(かぎ) 열쇠 あれ 어, 아니 *놀라거나 의외로 여길 때 내는 소리 さっき 아까, 조금 전 何(なに)か 뭔가 お+동사의 ます형+です ~하시다 *존경표현 探(さが)す 찾다 報告(ほうこく) 보고 書類(しょるい) 서류 見(み)つかる 발견되다, 찾게 되다 おっしゃる 말씀하시다 *「言(い)う」(말하다)의 존경어 お+동사의 ます형+いたす ~하다, ~해 드리다 *겸양표현 渡(わた)す 건네다, 건네주다 ところで 그것은 그렇고, 그런데 使(つか)う 쓰다, 사용하다 かかる (열쇠 등이) 채워지다 ~と言(い)うと ~라고 하면 小会議室(しょうかいぎしつ) 소회의실 それとも 그렇지 않으면, 아니면 大会議室(だいかいぎしつ) 대회의실 ~なら ~라면 持(も)つ 가지다, 들다 ちょうど 마침 返(かえ)す 돌려주다 동사의 ます형+に ~하러 *동작의 목적 동사의 기본형+ところだ ~하려던 참이다 동사의 た형+後(あと) ~한 후 ぜひ 꼭 ~てから ~하고 나서, ~한 후에 受付(うけつけ) 접수처 そのまま 그대로

확인 문제 3 • 과제 이해

問題 1

問題1では、まず質問を聞いてください。それから話を聞いて、問題用紙の1から4の中から、最もよいものを一つ選んでください。

1番

1 徒歩で行く

2 タクシーに乗って行く

3 女の人の車で送ってもらう

4 女の人のお父さんの車で女の人に送ってもらう

2番

1 いつもの店ですることにした

2 日本料理専門店ですることにした

3 マイケルさんに聞いてみてから決めることにした

4 ステーキを食べてから日本料理を食べることにした

3番

1 ここで高橋会計士を待つ

2 階段で3階に行く

3 エレベーターの1号機に乗って3階に行く

4 エレベーターの2号機に乗って3階に行く

4番

1 歩きと断食

2 ジョギングと炭水化物の控え

3 歩きと甘い物の控え

4 ジョギングとサプリメントの摂取

5番

1 社員食堂で食事をする

2 コンビニのお弁当を買って来て食事をする

3 駅前のレストランで食事をする

4 会社の裏にある店で食事をする

음원

확인 문제 3 • 스크립트 및 해석(과제 이해)

1番 男の人と女の人が歩きながら話しています。男の人は駅までどうやって行きますか。

남자와 여자가 걸으면서 이야기하고 있습니다. 남자는 역까지 어떻게 갑니까?

男 駅から離れると、かなり静かだね。
女 うん、住宅街だからね。静かな反面、商店が少なくて不便なところも多いわ。
男 そう? でも、商店が多くて賑やかな所よりは増しだろう? 将来、僕もこんな所で住みたいなあ。
女 うん、老後を過ごすにはいいかもよ。
男 ところで、地図で見た時は近いと思ったのに、上り下りも多いし、ちょっと遠いなあ。
女 暑いのに、ごめんね。もうすぐだから、頑張って。
男 うん、わかった。
女 後もう少し。あの郵便局の角を曲がったら、家よ。
男 駅からずいぶん歩くんだね。みんな集まって食事したらちょっと遅くなると思うから、帰りはタクシーにしようかな。
女 この近くはなかなかタクシーが捕まらないから、帰る時は私が車で駅まで送るわ。父の車だけどね。
男 そう? ありがとう。

남 역에서 멀어지니 꽤 조용하네.
여 응, 주택가니까. 조용한 반면, 상점이 적어서 불편한 점도 많아.
남 그래? 하지만 상점이 많아서 떠들썩한 곳보다는 낫잖아. 장래에 나도 이런 곳에서 살고 싶네.
여 응, 노후를 보내기에는 좋을지도.
남 그런데 지도에서 봤을 때는 가깝다고 생각했는데, 오르내림도 많고 좀 머네.
여 더운데 미안해. 이제 금방이니까, 힘내.
남 응, 알겠어.
여 앞으로 조금 더. 저 우체국 모퉁이를 돌면 우리 집이야.
남 역에서 꽤 걷네. 모두 모여서 식사하면 좀 늦어질 것 같으니까, 돌아갈 때는 택시로 할까?
여 이 근처는 좀처럼 택시가 안 잡히니까, 돌아갈 때는 내가 차로 역까지 바래다줄게. 아버지 차지만.
남 그래? 고마워.

男の人は駅までどうやって行きますか。
1 徒歩で行く
2 タクシーに乗って行く
3 女の人の車で送ってもらう
4 女の人のお父さんの車で女の人に送ってもらう

남자는 역까지 어떻게 갑니까?
1 도보로 간다
2 택시를 타고 간다
3 여자의 차로 배웅을 받는다
4 여자 아버지의 차로 여자가 배웅해 준다

어휘 歩(ある)く 걷다 동사의 ます형+ながら ~하면서 *동시동작 駅(えき) 역 どうやって 어떻게 (해서)
離(はな)れる 거리가 멀어지다 かなり 꽤, 상당히 静(しず)かだ 조용하다 住宅街(じゅうたくがい) 주택가 反面(はんめん) 반면
商店(しょうてん) 상점 少(すく)ない 적다 不便(ふべん)だ 불편하다 ところ 부분, 데, 점 多(おお)い 많다 でも 하지만
賑(にぎ)やかだ 번화하다, 떠들썩하다 所(ところ) 곳, 장소 ～より ~보다 増(ま)しだ 낫다, 더 좋다 将来(しょうらい) 장래
住(す)む 살다, 거주하다 老後(ろうご) 노후 過(す)ごす (시간을) 보내다, 지내다 ～には ~하기에는 ～かも ~일지도
ところで 그것은 그렇고, 그런데 地図(ちず) 지도 近(ちか)い 가깝다 ～のに ~는데(도)
上(のぼ)り下(くだ)り 오르고 내림, 오르내림 遠(とお)い 멀다 暑(あつ)い 덥다 ごめん 미안 もうすぐ 이제 곧
頑張(がんば)る (끝까지) 노력하다, 열심히 하다 後(あと) 앞으로 もう少(すこ)し 조금 더 郵便局(ゆうびんきょく) 우체국
角(かど) 모퉁이 曲(ま)がる (방향을) 돌다 家(うち) (우리) 집 ずいぶん 꽤, 몹시, 퍽 みんな 모두 集(あつ)まる 모이다
食事(しょくじ) 식사 遅(おそ)い 늦다 帰(かえ)り 돌아감 タクシー 택시 近(ちか)く 근처 なかなか (부정어 수반) 좀처럼
タクシーが捕(つか)まらない 택시가 잡히지 않다 帰(かえ)る 돌아가다 車(くるま) 자동차, 차
送(おく)る 데려다주다, 바래다주다, 배웅하다 父(ちち) (자신의) 아버지 徒歩(とほ) 도보 乗(の)る (탈것에) 타다
～てもらう (남에게) ~해 받다, (남이) ~해 주다

2番 会社で男の人と女の人が話しています。男の人はマイケルさんとの食事会をどうすることにしましたか。 회사에서 남자와 여자가 이야기하고 있습니다. 남자는 마이클 씨와의 식사 모임을 어떻게 하기로 했습니까?

男 昨日頼んだ書類の作成は全部済んだの?
女 はい、先ほど終わりました。
男 そう? お疲れさん。えーと、今週のスケジュールはどうなっているの?
女 工場の視察、営業部との企画会議、そしてアメリカの本社からお越しになるマイケル様との食事会が予定されております。
男 マイケルさんとの食事会は明日だったっけ?
女 はい、そうです。
男 どこがいいかな。彼、肉が好きだから、いつものステーキ屋さんに案内しようかな…。
女 ステーキ屋さんもいいですが、日本に来た時には日本料理を食べたがるのではないでしょうか。
男 うーん。何回も日本に来ている人だから、美味しくてゆっくり話せる店の方がいいかもしれないなあ。
女 でしたら、いつもの店で安心でしょうね。
男 うん、僕もそう思う。

남 어제 부탁한 서류 작성은 다 끝났어?
여 예, 조금 전에 끝났습니다.
남 그래? 수고했어. 어디 보자, 이번 주 스케줄은 어떻게 되어 있지?
여 공장 시찰, 영업부와의 기획 회의, 그리고 미국 본사에서 오시는 마이클 님과의 식사 모임이 예정되어 있습니다.
남 마이클 씨와의 식사 모임은 내일이었던가?
여 예, 그렇습니다.
남 어디가 좋으려나? 그 사람 고기를 좋아하니까, 늘 가던 스테이크 가게로 안내할까….
여 스테이크 가게도 좋지만, 일본에 왔을 때는 일본 요리를 먹고 싶어하지 않을까요?
남 음…. 여러 번 일본에 온 사람이니까, 맛있고 느긋하게 이야기할 수 있는 가게 쪽이 좋을지도 모르지.
여 그렇다면 늘 가던 가게면 안심이겠네요.
남 응, 나도 그렇게 생각해.

男の人はマイケルさんとの食事会をどうすることにしましたか。
1 いつもの店ですることにした
2 日本料理専門店ですることにした
3 マイケルさんに聞いてみてから決めることにした
4 ステーキを食べてから日本料理を食べることにした

남자는 마이클 씨와의 식사 모임을 어떻게 하기로 했습니까?
1 늘 가던 가게에서 하기로 했다
2 일본 요리 전문점에서 하기로 했다
3 마이클 씨에게 물어본 후에 결정하기로 했다
4 스테이크를 먹은 후에 일본 요리를 먹기로 했다

어휘 食事会(しょくじかい) 식사 모임 동사의 보통형+ことにする ~하기로 하다 頼(たの)む 부탁하다 書類(しょるい) 서류 作成(さくせい) 작성 全部(ぜんぶ) 전부 済(す)む 끝나다, 해결되다 先(さき)ほど 아까, 조금 전 *「さっき」보다 공손한 말씨 終(お)わる 끝나다 お疲(つか)れさん 수고했어 *손윗사람이 손아랫사람에게 씀 えーと 말이나 생각이 미처 나지 않아 생각할 때 내는 소리 今週(こんしゅう) 이번 주 スケジュール 스케줄 工場(こうじょう) 공장 視察(しさつ) 시찰 営業(えいぎょうぶ) 영업부 企画会議(きかくかいぎ) 기획 회의 アメリカ 아메리카, 미국 本社(ほんしゃ) 본사 お越(こ)しになる 오시다 *「来(く)る」(오다)의 존경어 予定(よてい) 예정 ~ておる ~하고 있다 *「~ている」의 겸양표현 ~っけ ~던가?, ~였더라? 肉(にく) 고기 好(す)きだ 좋아하다 ステーキ屋(や)さん 스테이크 가게 案内(あんない) 안내 料理(りょうり) 요리 동사의 ます형+たがる (제삼자가) ~하고 싶어하다 何回(なんかい)も 몇 번이나, 여러 번 美味(おい)しい 맛있다 ゆっくり 느긋하게 店(みせ) 가게 ~かもしれない ~일지도 모른다 でしたら 그렇다면 安心(あんしん) 안심 専門店(せんもんてん) 전문점 聞(き)く 묻다 ~てから ~하고 나서, ~한 후에 決(き)める 정하다, 결정하다

청해 과제 이해

3番 案内デスクで女の人と男の人が話しています。男の人はこれからどうしますか。
안내데스크에서 여자와 남자가 이야기하고 있습니다. 남자는 이제부터 어떻게 합니까?

女 いらっしゃいませ。
男 すみません。高橋会計士の事務室は何階ですか。
女 高橋会計士の事務室ですね。すみませんが、ご予約はなさいましたか。
男 はい、今日の午後1時に会うことになっています。
女 そうですか。直ちに確認いたしますので、少々お待ちください。
男 はい、わかりました。
女 お待たせいたしました。事務室は3階でございます。階段はあちらにございます。
男 あの、荷物があるので、エスカレーターかエレベーターを利用したいんですが、どこにありますか。
女 あいにくエスカレーターは本日故障しているので、ご利用になれません。そして、エレベーターはあちらの電話の後ろにございますが、1号機は奇数階、2号機は偶数階に止まります。
男 そうですか。ありがとうございます。

여 어서 오세요.
남 실례합니다. 다카하시 회계사 사무실은 몇 층인가요?
여 다카하시 회계사 사무실 말씀이시군요. 실례지만, 예약은 하셨어요?
남 예, 오늘 오후 1시에 만나기로 되어 있어요.
여 그렇군요. 바로 확인할 테니 잠시 기다려 주세요.
남 예, 알겠어요.
여 오래 기다리셨습니다. 사무실은 3층입니다. 계단은 저쪽에 있습니다.
남 저, 짐이 있어서 에스컬레이터나 엘리베이터를 이용하고 싶은데, 어디에 있나요?
여 공교롭게도 에스컬레이터는 오늘 고장이 나서 이용하실 수 없습니다. 그리고 엘리베이터는 저쪽 전화 뒤에 있는데요, 1호기는 홀수층, 2호기는 짝수층에 섭니다.
남 그렇군요. 감사합니다.

男の人はこれからどうしますか。

1 ここで高橋会計士を待つ
2 階段で3階に行く
3 エレベーターの1号機に乗って3階に行く
4 エレベーターの2号機に乗って3階に行く

남자는 이제부터 어떻게 합니까?

1 여기에서 다카하시 회계사를 기다린다
2 계단으로 3층에 간다
3 엘리베이터 1호기를 타고 3층에 간다
4 엘리베이터 2호기를 타고 3층에 간다

어휘 案内(あんない)デスク 안내데스크 いらっしゃいませ 어서 오세요 会計士(かいけいし) 회계사 事務室(じむしつ) 사무실 何階(なんがい) 몇 층 *「~階(かい)」- ~층 予約(よやく) 예약 なさる 하시다 *「する」(하다)의 존경어 午後(ごご) 오후 会(あ)う 만나다 동사의 보통형+ことになっている ~하게[하기로] 되어 있다 直(ただ)ちに 바로, 곧 確認(かくにん) 확인 いたす 하다 *「する」의 겸양어 少々(しょうしょう) 잠시, 잠깐 お+동사의 ます형+ください ~해 주십시오 *존경표현 待(ま)つ 기다리다 わかる 알다, 이해하다 お待(ま)たせいたしました 오래 기다리셨습니다 ~でございます ~입니다 *「~です」의 정중한 표현 階段(かいだん) 계단 あちら 저쪽 ござる 있다 *「ある」의 정중어 あの 저, 저어 *상대에게 말을 붙일 때 하는 말 荷物(にもつ) 짐 エスカレーター 에스컬레이터 エレベーター 엘리베이터 利用(りよう) 이용 あいにく 공교롭게도 本日(ほんじつ) 금일, 오늘 *「今日(きょう)」의 격식 차린 말 故障(こしょう) 고장 ご+한자명사+になる ~하시다 *존경표현 そして 그리고 電話(でんわ) 전화 後(うし)ろ 뒤 ~号機(ごうき) ~호기 奇数階(きすうかい) 홀수층 偶数階(ぐうすうかい) 짝수층 止(と)まる 멈추다, 서다 乗(の)る (탈것에) 타다

4番 カフェで女の人と男の人が話しています。女の人はダイエットのために何をしますか。

카페에서 여자와 남자가 이야기하고 있습니다. 여자는 다이어트를 위해서 무엇을 합니까?

男 食べないの? このケーキ、好きだったんだろう?

女 そうなんだけと、ダイエットを始めようと思ってるから、ちょっと…。

男 じゃ、今日だけは思う存分食べて明日から始めればいいんじゃない? 早く食べてよ。

女 うーん、やっぱり止めとくわ。

男 そう? 僕は今のままでもいいと思うけど。ところで、突然、ダイエットしようと思ったきっかけでもあるの?

女 実は最近、お腹回りにぜい肉が付いてね。

男 そう? それでダイエットはどんな風にするつもり?

女 えーと、ジョギングは嫌だから、まず毎日30分でも規則的に歩こうと思ってる。また、甘い物はなるべく控える食事制限と、サプリメントでダイエットサポートもしなきゃ。

男 いいね。まあ、とにかく「体型が変わると、人生が変わる」と言うじゃない? 頑張ってよ。

女 うん、ありがとう。頑張るわ。

남 안 먹어? 이 케이크 좋아했잖아?

여 그렇긴 한데 다이어트를 시작하려고 생각하고 있어서 좀….

남 그럼, 오늘만은 실컷 먹고 내일부터 시작하면 되잖아. 빨리 먹어.

여 음…, 역시 관둘래.

남 그래? 나는 지금 그대로도 좋다고 생각하는데. 그런데 갑자기 다이어트하려고 생각한 계기라도 있어?

여 실은 요즘 배 주위에 군살이 붙어서 말이야.

남 그래? 그래서 다이어트는 어떤 식으로 할 생각인데?

여 으-음, 조깅은 싫으니까, 우선 매일 30분이라도 규칙적으로 걸을까 해. 또 단 음식은 가급적 절제하는 식이 제한과 건강 보조 식품으로 다이어트 서포트도 해야지.

남 좋네. 뭐 어쨌든 '체형이 변하면 인생이 변한다'고 하잖아. 열심히 해.

여 응, 고마워. 열심히 할게.

女の人はダイエットのために何をしますか。

1 歩きと断食

2 ジョギングと炭水化物の控え

3 歩きと甘い物の控え

4 ジョギングとサプリメントの摂取

여자는 다이어트를 위해서 무엇을 합니까?

1 걷기와 단식

2 조깅과 탄수화물 절제

3 걷기와 단 음식 절제

4 조깅과 건강 보조 식품 섭취

어휘 カフェ 카페 ダイエット 다이어트 명사+の+ために ~을 위해서 食(た)べる 먹다 ケーキ 케이크 好(す)きだ 좋아하다 始(はじ)める 시작하다 思(おも)う存分(ぞんぶん) 마음껏, 실컷 早(はや)く 빨리 やっぱり 역시 *「やはり」의 회화체 표현 止(や)める 그만두다, 관두다 ~とく ~해 놓다[두다] *「~ておく」의 회화체 표현 ところで 그것은 그렇고, 그런데 突然(とつぜん) 돌연, 갑자기 きっかけ 계기 実(じつ)は 실은 最近(さいきん) 최근, 요즘 お腹(なか) 배 回(まわ)り 주위 ぜい肉(にく) 군살 付(つ)く 붙다 風(ふう) 식, 방법 동사의 보통형+つもりだ ~할 생각[작정]이다 ジョギング 조깅 嫌(いや)だ 싫다 まず 우선 毎日(まいにち) 매일 規則的(きそくてき)だ 규칙적이다 歩(ある)く 걷다 甘(あま)い 달다 なるべく 되도록, 가능한 한 控(ひか)える 삼가다, 줄이다, 절제하다 食事(しょくじ) 식사 制限(せいげん) 제한 サプリメント 건강 보조 식품 サポート 서포트 ~なきゃ(ならない・いけない) ~하지 않으면 (안 된다), ~해야 (한다) *「~なきゃ」는 「~なければ」의 회화체 표현 とにかく 어쨌든 体型(たいけい) 체형 変(か)わる 바뀌다, 변하다 人生(じんせい) 인생 頑張(がんば)る (끝까지) 노력하다, 열심히 하다 歩(ある)き 걷기 断食(だんじき) 단식 炭水化物(たんすいかぶつ) 탄수화물 控(ひか)え 삼감, 줄임, 절제 摂取(せっしゅ) 섭취

5番 会社で女の人と男の人が話しています。二人はこれからどうしますか。

회사에서 여자와 남자가 이야기하고 있습니다. 두 사람은 이제부터 어떻게 합니까?

女 あ～あ、社員食堂ももう飽きたわ。
男 うん、健康にはいいかもしれないけど、同じメニューがよく出るからなあ。
女 でしょ? 今日は天気もいいし、久しぶりに外食しない?
男 外食か…、まあ、いいよ。どこか行きたい所はあるの?
女 うーん、特にないわ。
男 じゃ、駅前にイタリアンレストランができたそうだけど、そこに行ってみようか。
女 ああ、あそこ。一昨日前田君と行ってみたんだけど、脂っこい食べ物が多くて私の口にはちょっと合わなかったわ。今日はレストランの料理よりあっさりした和食が食べたいね。会社の裏にある店はどう?
男 え? どこ?
女 ほら、この間鈴木君と一緒に食べた所!
男 ああ、コンビニの隣にある店だね。いいよ、行こう。
女 うん、財布持って来るから、ここでちょっと待ってて。

여 아~아, 사원 식당도 이제 질렸어.
남 응, 건강에는 좋을지도 모르지만, 같은 메뉴가 자주 나오니까 말이야.
여 그렇지? 오늘은 날씨도 좋고 오랜만에 외식하지 않을래?
남 외식이라…, 뭐 좋아. 어딘가 가고 싶은 곳은 있어?
여 음…, 특별히 없어.
남 그럼, 역 앞에 이탈리안 레스토랑이 생겼다고 하던데, 거기에 가 볼까?
여 아~, 거기. 그저께 마에다 군이랑 가 봤는데, 느끼한 음식이 많아서 내 입에는 좀 안 맞았어. 오늘은 레스토랑 요리보다 담백한 일식이 먹고 싶네. 회사 뒤에 있는 가게는 어때?
남 어? 어디?
여 거기 있잖아, 지난번에 스즈키 군이랑 같이 먹었던 데!
남 아~, 편의점 옆에 있는 가게 말이군. 좋아, 가자.
여 응, 지갑 가지고 올 테니까, 여기에서 잠깐 기다리고 있어.

二人はこれからどうしますか。

1 社員食堂で食事をする
2 コンビニのお弁当を買って来て食事をする
3 駅前のレストランで食事をする
4 会社の裏にある店で食事をする

두 사람은 이제부터 어떻게 합니까?

1 사원 식당에서 식사를 한다
2 편의점 도시락을 사 와서 식사를 한다
3 역 앞의 레스토랑에서 식사를 한다
4 회사 뒤에 있는 가게에서 식사를 한다

어휘 社員食堂(しゃいんしょくどう) 사원 식당 もう 이제 飽(あ)きる 질리다 健康(けんこう) 건강 ～かもしれない ~일지도 모른다 同(おな)じだ 같다 メニュー 메뉴 よく 자주 出(で)る 나오다 天気(てんき) 날씨 ～し ~하고 久(ひさ)しぶり 오랜만임 外食(がいしょく) 외식 まあ *자기 또는 상대방의 말을 가볍게 제지하거나 무엇을 권하거나 할 때 쓰는 말 所(ところ) 곳, 장소 特(とく)に (부정어 수반) 별로, 특별히 駅前(えきまえ) 역 앞 イタリアンレストラン 이탈리안 레스토랑 できる 생기다 품사의 보통형+そうだ ~라고 한다 *전문 そこ 거기 あそこ (서로 알고 있는) 거기 一昨日(おととい) 그저께 脂(あぶら)っこい 기름지다, 느끼하다 食(た)べ物(もの) 음식, 먹을 것 多(おお)い 많다 口(くち)に合(あ)う 입(맛)에 맞다 料理(りょうり) 요리 ～より ~보다 あっさり 담백한 모양 和食(わしょく) 일식 裏(うら) 뒤, 뒤쪽 店(みせ) 가게 ほら 급히 주의를 환기할 때 내는 소리 この間(あいだ) 요전, 지난번 一緒(いっしょ)に 함께, 같이 コンビニ 편의점 *「コンビニエンスストア」의 준말 隣(となり) 옆 財布(さいふ) 지갑 持(も)つ 가지다, 들다 待(ま)つ 기다리다 食事(しょくじ) 식사 お弁当(べんとう) 도시락 買(か)う 사다

주요 동사 경어표

존경어	보통어	겸양어
なさる	する 하다	致す
ご覧になる	見る 보다	拝見する
くださる	くれる (남이 나에게) 주다	*
*	あげる・与える (남에게) 주다	さしあげる
お受け取りになる	もらう (남에게) 받다	いただく・頂戴する
お借りになる	借りる 빌리다	お借りする・拝借する
おぼしめす	思う 생각하다	存じる
ご存じだ	知る 알다	存じる
おっしゃる	言う 말하다	申す・申し上げる
お聞きになる	聞く 듣다, 묻다	承る・伺う
召し上がる	食べる 먹다・飲む 마시다	いただく・頂戴する
お会いになる	会う 만나다	お会いする・お目にかかる
*	訪れる 방문하다	伺う
おられる いらっしゃる おいでになる	いる (사람이) 있다	おる
いらっしゃる おいでになる お見えになる お越しになる	行く 가다・来る 오다	参る
お示しになる お見せになる	見せる 보이다, 보여 주다	ご覧に入れる・お目にかける
召す お召しになる	着る (옷을) 입다	着させていただく

문제 2 포인트 이해

출제 유형

문제 2 포인트 이해는 결론이 있는 이야기를 듣고, 사전에 제시되는 질문에 근거해 이야기에서 포인트를 파악할 수 있는지 묻는다. 6문항이 출제되는데, 문제지에 있는 선택지는 모두 텍스트로만 제시된다. 따라서 이야기가 나오기 전에 제시되는 질문을 잘 기억하면서 듣는 것이 중요하다.

실제 시험 예시

問題(もんだい) 2

問題(もんだい)2では、まず質問(しつもん)を聞(き)いてください。そのあと、問題用紙(もんだいようし)のせんたくしを読(よ)んでください。読(よ)む時間(じかん)があります。それから話(はなし)を聞(き)いて、問題用紙(もんだいようし)の1から4の中(なか)から、最(もっと)もよいものを一(ひと)つ選(えら)んでください。

例(れい)

1 まだ山田(やまだ)さんには及(およ)ばないと思(おも)っている
2 山田(やまだ)さんよりちょっと上手(じょうず)になったと思(おも)っている
3 山田(やまだ)さんと肩(かた)を並(なら)べられるようになったと思(おも)っている
4 自分(じぶん)も1年間練習(ねんかんれんしゅう)すれば、山田(やまだ)さんより上手(じょうず)になれると思(おも)っている

[예제 스크립트]

例

ダンス教室で男の人と女の人が話しています。女の人は自分のダンスをどう思っていますか。

① 상황 설명 질문

② 문제지에 있는 선택지를 읽는 시간(약 20초)

③ 이야기

男 いや～、ダンス、とても上手になりましたね。
女 いいえ、そんなことありません。まだうまくいかないところが多いですよ。
男 でも、たった1か月でこんなに上手になるなんて、びっくりしました。何か秘訣でもあるんですか。
女 そうですね。授業が終わった後、個人的に1時間ぐらい練習したおかげでしょうか。それに最近、踊るのが面白くなって暇な時間には動画を見ながら家で練習しています。
男 やっぱり「上達の近道は興味を持つこと」でしょうか。でも、山本さんは他の人に比べて上達するのが本当に速いですよ。私はここまで来るのに1年もかかりましたから。
女 買い被りです。私はまだ山田さんとは比べ物になりませんよ。
男 とにかくお互いに頑張りましょう。
女 ええ、頑張りましょう。

女の人は自分のダンスをどう思っていますか。

④ 질문 반복

⑤ 문제 풀이 시간(약 12초)

|정답| 1

시험 대책

포인트 이해는 '① 상황 설명과 질문 듣기 → ② 문제지에 있는 선택지 읽기(약 20초) → ③ 이야기 듣기 → ④ 다시 한 번 질문 듣기 → ⑤ 문제 풀이(약 12초)'의 순서로 진행된다. 과제 이해와 다른 점은 문제지에 있는 선택지를 읽을 수 있는 별도의 시간이 주어진다는 점이다. 따라서 이야기가 나오기 전에 제시되는 질문을 잘 기억하는 것이 무엇보다도 중요하다. 또한 문제지를 읽을 시간이 별도로 주어지므로 선택지의 내용을 기억하면서 이야기를 들으면 좀 더 쉽게 정답을 찾을 수 있다. 이야기를 들을 때는 동작이나 행위 등의 주체가 누구인지 잘 구분하면서 들어야 하고, 핵심 내용은 메모를 하면서 들어야 실수가 없다.

확인 문제 1 • 포인트 이해

問題 2

問題2では、まず質問を聞いてください。そのあと、問題用紙のせんたくしを読んでください。読む時間があります。それから話を聞いて、問題用紙の1から4の中から、最もよいものを一つ選んでください。

1番

1 春と秋にしか食べられない
2 夏にしか食べられない
3 冬にしか食べられない
4 季節にかかわらず、いつでも食べられる

2番

1 もう仕事に慣れて何の問題もない
2 仕事が大変で元の会社に戻りたい
3 まだ仕事は大変だが、人間関係がいい
4 仕事には慣れたが、人間関係がよくない

3番

1 通勤に時間がかかってしまうこと
2 新しい家に引っ越せなくなってしまったこと
3 最近、残業が増えてしまったこと
4 住宅ローンが返せなくなってしまったこと

4番

1 買った品物の代金の一部で
2 開発途上国に行って子供たちを教えることで
3 ボランティア団体に直接お金を送ることで
4 世界の色々な国でのボランティア活動で

5番

1 背が高いし、ちょっと太っている
2 背が低いし、眼鏡をかけている
3 痩せていて眼鏡をかけている
4 痩せていてコンタクトレンズをしている

6番

1 自由に自分の好きな仕事ができるのが羨ましい
2 安定的な収入が保障される
3 若者だけの問題であるとは限らない
4 長期間の人生設計ができる

확인 문제 1 • 스크립트 및 해석(포인트 이해)

1番 女の人の家で男の人と女の人が食事をしています。男の人が食べた魚についての説明の中で正しいのはどれですか。 여자의 집에서 남자와 여자가 식사를 하고 있습니다. 남자가 먹은 생선에 대한 설명 중에서 옳은 것은 어느 것입니까?

女 そろそろ食事にしましょうか。こちらへどうぞ。
男 失礼します。
女 何もありませんが、遠慮しないで、召し上がってください。
男 では、いただきます。
女 いかがですか。お口に合いますか。
男 はい、全部美味しいです。特にこの魚、初めて食べました。
女 あ、そうですか。この魚は小骨が少なく味も淡白で私の大好物です。しかし、こんな風に手が凍えるほど寒くならないと、釣れない魚なので、食べられる機会が少ないのがとても残念ですね。
男 あ、今の季節にしか食べられない珍しい魚ですか。その話を聞くと、もっと美味しく感じられますね。
女 よかったですね。どんどん召し上がってください。

여 이제 슬슬 식사를 할까요? 이쪽으로 앉으세요.
남 실례하겠습니다.
여 아무것도 없지만, 사양하지 말고 드세요.
남 그럼, 잘 먹겠습니다.
여 어떠세요? 입맛에 맞으세요?
남 예, 다 맛있습니다. 특히 이 생선, 처음 먹었어요.
여 아, 그래요? 이 생선은 잔가시가 적고 맛도 담백해서 제가 제일 좋아하는 거예요. 그러나 이렇게 손이 얼 만큼 추워지지 않으면 잡을 수 없는 생선이라서 먹을 수 있는 기회가 적은 것이 너무 아쉬워요.
남 아, 지금 계절에밖에 먹을 수 없는 귀한 생선이에요? 그 얘기를 들으니 더 맛있게 느껴지네요.
여 다행이네요. 많이 드세요.

男の人が食べた魚についての説明の中で正しいのはどれですか。
1 春と秋にしか食べられない
2 夏にしか食べられない
3 冬にしか食べられない
4 季節にかかわらず、いつでも食べられる

남자가 먹은 생선에 대한 설명 중에서 옳은 것은 어느 것입니까?
1 봄과 가을에밖에 먹을 수 없다
2 여름에밖에 먹을 수 없다
3 겨울에밖에 먹을 수 없다
4 계절에 관계없이 언제든지 먹을 수 있다

어휘 食事(しょくじ) 식사 食(た)べる 먹다 魚(さかな) 물고기, 생선 ～についての ～에 대한 *내용 説明(せつめい) 설명 正(ただ)しい 옳다 そろそろ 이제 슬슬 こちら 이쪽 どうぞ 무언가를 허락하거나 권할 때 쓰는 말 失礼(しつれい) 실례 何(なに)も (부정어 수반) 아무것도 遠慮(えんりょ) 사양 ～ないで ～하지 말고 召(め)し上(あ)がる 드시다 *「食(た)べる」(먹다), 「飲(の)む」(마시다)의 존경어 いただきます 잘 먹겠습니다 *식사할 때의 말 いかがですか 어떠십니까? *「どうですか」(어떻습니까?)의 공손한 표현 口(くち)に合(あ)う 입(맛)에 맞다 全部(ぜんぶ) 전부 美味(おい)しい 맛있다 特(とく)に 특히 初(はじ)めて 처음(으로) 小骨(こぼね) 잔뼈, 잔가시 少(すく)ない 적다 味(あじ) 맛 淡白(たんぱく)だ 담백하다 大好物(だいこうぶつ) 매우 좋아하는 음식, 가장 좋아하는 것 しかし 그러나 こんな風(ふう)に 이런 식으로, 이렇게 手(て) 손 凍(こご)える 얼다, (손·발 따위가) 추위로 곱아지다 ～ほど ～정도, ～만큼 寒(さむ)い 춥다 釣(つ)る (낚시·도구로) 잡다 機会(きかい) 기회 残念(ざんねん)だ 아쉽다, 유감스럽다 季節(きせつ) 계절 ～しか (부정어 수반) ～밖에 珍(めずら)しい 드물다, 진귀하다 話(はなし) 이야기 聞(き)く 듣다 もっと 더, 더욱 感(かん)じる 느끼다 よかった 잘됐다, 다행이다 どんどん 척척, 자주 春(はる) 봄 秋(あき) 가을 夏(なつ) 여름 冬(ふゆ) 겨울 ～にかかわらず ～에 관계없이 いつでも 언제든지

2番 道で男の人と女の人が話しています。女の人の会社生活についての説明の中で正しいのはどれですか。 길에서 남자와 여자가 이야기하고 있습니다. 여자의 회사 생활에 대한 설명 중에서 옳은 것은 어느 것입니까?

男 あれ? 中村さん?
女 あら、鈴木さん! お久しぶり。
男 いや～、髪型も変わったし、やる気満々のOLのように見えるなあ。
女 そう? まだ足りないところが多いけど、自分なりには頑張ってるわ。
男 転職してもう3か月か…。
女 もうそんなに経ったの? 本当に速いね。
男 みんな中村さんがどう過ごしているか気になるようだから、一度遊びに来てよ。
女 うん、わかった。
男 で、新しい仕事はどう? 働きやすい?
女 転職してまだ3か月しか経っていないから、今は与えられた仕事をただ一生懸命やってるだけ。
男 そのうち慣れるよ。
女 うん、仕事はまだ大変だけど、周りの人はみんないい人よ。
男 それはよかったね。頑張ってね。
女 うん、ありがとう。

남 어? 나카무라 씨?
여 어머, 스즈키 씨! 오랜만이네.
남 야~, 머리 스타일도 바뀌었고, 의욕 넘치는 직장 여성처럼 보이는군.
여 그래? 아직 부족한 점이 많지만, 나 나름대로는 노력하고 있어.
남 전직한 지 이제 3개월인가….
여 벌써 그렇게 지났어? 정말 빠르네.
남 다들 나카무라 씨가 어떻게 지내고 있는지 궁금한 것 같으니까, 한 번 놀러 와.
여 응, 알겠어.
남 그래서 새 일은 어때? 일하기 편해?
여 전직한 지 아직 3개월밖에 안 지났으니까, 지금은 주어진 일을 그저 열심히 하고 있을 뿐이야.
남 곧 익숙해질 거야.
여 응, 일은 아직 힘들지만, 주변 사람들은 다 좋은 사람들이야.
남 그거 잘됐네. 열심히 해.
여 응, 고마워.

女の人の会社生活についての説明の中で正しいのはどれですか。
1 もう仕事に慣れて何の問題もない
2 仕事が大変で元の会社に戻りたい
3 まだ仕事は大変だが、人間関係がいい
4 仕事には慣れたが、人間関係がよくない

여자의 회사 생활에 대한 설명 중에서 옳은 것은 어느 것입니까?
1 이제 일에 익숙해져서 아무런 문제도 없다
2 일이 힘들어서 이전 회사로 되돌아가고 싶다
3 아직 일은 힘들지만, 인간관계가 좋다
4 일에는 익숙해졌지만, 인간관계가 좋지 않다

어휘 道(みち) 길 会社(かいしゃ) 회사 生活(せいかつ) 생활 ～についての ～에 대한 *내용 説明(せつめい) 설명 正(ただ)しい 옳다 あれ 어, 아니 *놀라거나 의외로 여길 때 내는 소리 あら 어머, 어머나 *여성이 놀랐을 때 내는 소리 久(ひさ)しぶり 오랜만임 髪型(かみがた) 머리 스타일 変(か)わる 바뀌다, 변하다 やる気満々(きまんまん) 의욕이 넘침 OL(オーエル) 직장 여성 *「オフィスレディー(office+lady)」의 약어로, 일본식 조어 ～ように ～처럼 見(み)える 보이다 足(た)りない 모자라다, 부족하다 ところ 부분, 데, 점 多(おお)い 많다 自分(じぶん) 자기, 자신, 나 명사+なり ～나름 頑張(がんば)る (끝까지) 노력하다, 열심히 하다 転職(てんしょく) 전직 もう 이미, 벌써 そんなに 그렇게 経(た)つ (시간이) 지나다, 경과하다 本当(ほんとう)に 정말로 速(はや)い (속도가) 빠르다 みんな 모두 過(す)ごす (시간을) 보내다, 지내다 気(き)になる 신경이 쓰이다, 걱정되다 ～ようだ ～인 것 같다 一度(いちど) 한 번 遊(あそ)ぶ 놀다 동사의 ます형+に ～하러 *동작의 목적 新(あたら)しい 새롭다 仕事(しごと) 일 働(はたら)く 일하다 동사의 ます형+やすい ～하기 쉽다[편하다] ～しか (부정어 수반) ～밖에 与(あた)える 주다, 부여하다 ただ 그냥, 그저 一生懸命(いっしょうけんめい) 열심히 そのうち 곧, 머지않아 慣(な)れる 익숙해지다 大変(たいへん)だ 힘들다 周(まわ)り 주위, 주변 何(なん)の 아무런 元(もと) 전, 이전 戻(もど)る 되돌아가다 人間関係(にんげんかんけい) 인간관계

3番 家で妻と夫が話しています。妻は何が問題ですか。

집에서 아내와 남편이 이야기하고 있습니다. 아내는 무엇이 문제입니까?

女 ただいま。
男 お帰り。どうしたの? 疲れているように見えるけど、何かあった?
女 実はね、うちの会社、突然来月引っ越すことになったの。
男 え? 去年今のビルに引っ越しただろう? で、どこに引っ越すの?
女 練馬区。
男 品川区から練馬区か…。交通の便もちょっと不便だし、家からも結構遠いなあ。
女 うん、少なくとも通勤に2時間以上かかっちゃう。
男 毎日大変そうだなあ。でも、この家、ローンもあるし、買ったばかりなんだから、すぐには引っ越せないよ。
女 うん、わかってるわ。仕方ないから、もう少し早く家を出て電車を2回乗り換えて通うしかないわ。
男 色々と大変そうだけど、現状ではそうするしかないね。元気出してよ。
女 うん、ありがとう。

여 다녀왔어.
남 어서 와. 왜 그래? 피곤해 보이는데, 무슨 일 있었어?
여 실은 말이야, 우리 회사 갑자기 다음 달에 이사하게 됐어.
남 뭐? 작년에 지금 빌딩으로 이사했잖아? 그래서 어디로 이사하는데?
여 네리마구.
남 시나가와구에서 네리마구라…. 교통편도 좀 불편하고 집에서도 꽤 머네.
여 응, 적어도 출퇴근에 2시간 이상 걸려.
남 매일 힘들겠네. 하지만 이 집 대출도 있고 산 지 얼마 안 돼서 당장은 이사할 수 없어.
여 응, 알고 있어. 어쩔 수 없으니까, 조금 더 일찍 집을 나서서 전철을 두 번 갈아타고 다닐 수밖에 없지.
남 여러모로 힘들겠지만, 현재 상태로는 그렇게 할 수밖에 없네. 힘내.
여 응, 고마워.

妻は何が問題ですか。

1 通勤に時間がかかってしまうこと
2 新しい家に引っ越せなくなってしまったこと
3 最近、残業が増えてしまったこと
4 住宅ローンが返せなくなってしまったこと

아내는 무엇이 문제입니까?

1 출퇴근에 시간이 걸려 버리는 것
2 새집으로 이사할 수 없게 되어 버린 것
3 요즘 야근이 늘어나 버린 것
4 주택 대출금을 갚을 수 없게 되어 버린 것

어휘 妻(つま) 아내 夫(おっと) 남편 問題(もんだい) 문제 ただいま 다녀왔습니다 *귀가했을 때의 인사말 お帰(かえ)り 어서 와 *외출에서 돌아오는 사람에게 하는 인사말 疲(つか)れる 지치다, 피로해지다 ～ように ~처럼 見(み)える 보이다 実(じつ)は 실은 うち 우리 突然(とつぜん) 돌연, 갑자기 来月(らいげつ) 다음 달 引(ひ)っ越(こ)す 이사하다 동사의 보통형+ことになる ~하게 되다 去年(きょねん) 작년 ビル 빌딩 *「ビルディング」의 준말 練馬区(ねりまく) 네리마구 *지명 品川区(しながわく) 시나가와구 *지명 交通(こうつう)の便(べん) 교통편 不便(ふべん)だ 불편하다 ～し ~하고 結構(けっこう) 꽤, 상당히 遠(とお)い 멀다 少(すく)なくとも 적어도 通勤(つうきん) 통근, 출퇴근 以上(いじょう) 이상 かかる (시간이) 걸리다 大変(たいへん)だ 힘들다 な형용사의 어간+そうだ ~일[할] 것 같다 *양태 ローン 융자, 대출(금) 買(か)う 사다 동사의 た형+ばかりだ 막 ~한 참이다, ~한 지 얼마 안 되다 すぐ 곧, 바로 仕方(しかた)ない 어쩔 수 없다 もう少(すこ)し 조금 더 早(はや)く 일찍, 빨리 家(いえ)を出(で)る 집을 나서다 電車(でんしゃ) 전철 乗(の)り換(か)える 갈아타다 通(かよ)う 다니다 ～しかない ~할 수밖에 없다 色々(いろいろ)と 여러 가지로 現状(げんじょう) 현상, 현재 상태 元気(げんき)を出(だ)す 힘을 내다 新(あたら)しい 새롭다 最近(さいきん) 최근, 요즘 残業(ざんぎょう) 잔업, 야근 増(ふ)える 늘다, 늘어나다 住宅(じゅうたく) 주택 返(かえ)す (빚 등을) 갚다

4番 寮で男の学生と女の学生が話しています。女の学生はどうやって国際協力に貢献していますか。

기숙사에서 남학생과 여학생이 이야기하고 있습니다. 여학생은 어떻게 국제 협력에 공헌하고 있습니까?

男 君の部屋っていつも整理整頓されてるなあ。
女 毎日ちゃんと掃除をしてるからね。
男 僕の部屋なんか物が多くて何かを探す時は本当に大変。とにかく、僕も見習わなきゃ。うん? あれ、何?
女 ああ、あれ? 昨日かわいくて買っちゃった。
男 へえ、珍しい形の飾りだなあ。いくらだった?
女 ちょうど1,000円。
男 そう? 1,000円の物にしてはきれいだなあ。
女 でしょ? これを買って国際協力にも貢献したわ。
男 えっ? どういうこと? ああ、聞いたことあるなあ。国際ボランティア団体が作った物だろう?
女 ううん、ある中小企業の製品だけど、品物の代金の10%が開発途上国の子供たちの教育費になるの。
男 そうか。じゃ、僕も一つ買って国際協力に貢献してみようか。
女 あら、けちな君が国際協力なんて、どういう風の吹き回しかね。
男 ひどいなあ。僕もたまにはね。
女 はいはい、わかったわかった。

남 네 방은 항상 정리정돈이 되어 있구나.
여 매일 제대로 청소를 하고 있으니까.
남 내 방 같은 건 물건이 많아서 뭔가를 찾을 때는 진짜 힘들어. 어쨌든 나도 본받아야지. 응? 저거 뭐야?
여 아–, 저거? 어제 귀여워서 사 버렸어.
남 허, 신기한 모양의 장식이군. 얼마였어?
여 딱 천 엔.
남 그래? 천 엔짜리 물건치고는 예쁘네.
여 그렇지? 이걸 사서 국제 협력에도 공헌했어.
남 뭐? 무슨 말이야? 아–, 들은 적 있네. 국제 봉사 단체가 만든 물건이지?
여 아니, 어느 중소기업의 제품인데, 상품 대금의 10%가 개발도상국 아이들의 교육비가 되거든.
남 그래? 그럼, 나도 하나 사서 국제 협력에 공헌해 볼까?
여 어머, 인색한 네가 국제 협력이라니, 무슨 바람이 분 걸까?
남 너무하군. 나도 가끔은 말이야.
여 예예, 알겠어 알겠어.

女の学生はどうやって国際協力に貢献していますか。
1 買った品物の代金の一部で
2 開発途上国に行って子供たちを教えることで
3 ボランティア団体に直接お金を送ることで
4 世界の色々な国でのボランティア活動で

여학생은 어떻게 국제 협력에 공헌하고 있습니까?
1 구입한 물건 값의 일부로
2 개발도상국에 가서 아이들을 가르치는 것으로
3 봉사 단체에 직접 돈을 보내는 것으로
4 세계 여러 나라에서의 봉사 활동으로

어휘 寮(りょう) 기숙사 どうやって 어떻게 (해서) 国際(こくさい) 국제 協力(きょうりょく) 협력 貢献(こうけん) 공헌 君(きみ) 너, 자네 部屋(へや) 방 整理整頓(せいりせいとん) 정리정돈 毎日(まいにち) 매일 ちゃんと 제대로, 확실히 掃除(そうじ) 청소 ～なんか ~따위, ~같은 것 物(もの) 물건 多(おお)い 많다 何(なに)か 무엇인가, 뭔가 探(さが)す 찾다 本当(ほんとう)に 정말로 大変(たいへん)だ 힘들다 とにかく 어쨌든 見習(みなら)う 본받다 ～なきゃ(ならない·いけない) ~하지 않으면 (안 된다), ~해야 (한다) *「～なきゃ」는 「～なければ」의 회화체 표현 かわいい 귀엽다 買(か)う 사다 へえ 허 *감탄하거나 놀랐을 때 내는 소리 珍(めずら)しい 드물다, 진귀하다 形(かたち) 모양, 형태 飾(かざ)り 장식 いくら 얼마 ちょうど 정확히 ～にしては ~치고는 きれいだ 예쁘다 聞(き)く 듣다 동사의 た형+こと(が)ある ~한 적(이) 있다 ボランティア 자원봉사 団体(だんたい) 단체 作(つく)る 만들다 ううん 아니 *부정의 뜻을 나타내는 말 ある 어느 中小企業(ちゅうしょうきぎょう) 중소기업 製品(せいひん) 제품 品物(しなもの) 물품, 상품 代金(だいきん) 대금, 값 開発途上国(かいはつとじょうこく) 개발도상국 教育費(きょういくひ) 교육비 あら 어머, 어머나 *여성이 놀랐을 때 내는 소리 けちだ 인색하다 ～なんて ~라니, ~하다니 どういう風(かぜ)の吹(ふ)き回(まわ)しか 어찌된 영문인지, 무슨 바람이 불었는지 ひどい 심하다 たまに 가끔 一部(いちぶ) 일부 教(おし)える 가르치다, 알려 주다 直接(ちょくせつ) 직접 送(おく)る 보내다 世界(せかい) 세계 色々(いろいろ)だ 여러 가지다, 다양하다 国(くに) 나라 活動(かつどう) 활동

5番 女の人と男の人が写真を見ながら話しています。今の男の人についての説明の中で正しいのはどれですか。 여자와 남자가 사진을 보면서 이야기하고 있습니다. 지금의 남자에 대한 설명 중에서 옳은 것은 어느 것입니까?

女 あら、これ、中学の修学旅行の集合写真ですか。
男 はい、そうです。
女 ああ、懐かしいですね。あの人は誰ですか。
男 誰ですか。半袖のシャツを着ている背の高い人ですか。それとも、痩せてて背の低い人ですか。
女 いいえ、痩せてて背の低い人の隣に立っている人です。
男 ああ、この人ですか。15年前の私ですよ。
女 えっ? 本当ですか。今とは全然似ていませんね。
男 そうですか。
女 そうですよ。今とは違って昔は背も低かったし、ちょっと太っていましたね。それに、眼鏡もかけてるし。
男 そう言えば、前は顔も丸かったですね。
女 ええ、今は痩せてるし、コンタクトレンズもしてて、まるで別人みたいですよ。
男 言われてみれば、私もだいぶ変わりましたね。
女 そうですね。

여 어머, 이거 중학교 수학여행의 단체 사진이에요?
남 예, 맞아요.
여 아~, 그립네요. 저 사람은 누구예요?
남 누구요? 반팔 셔츠를 입고 있는 키가 큰 사람이요? 아니면 마르고 키가 작은 사람이요?
여 아니요, 마르고 키가 작은 사람 옆에 서 있는 사람이요.
남 아~, 이 사람이요? 15년 전의 저예요.
여 네? 정말요? 지금과는 전혀 안 닮았네요.
남 그런가요?
여 그래요. 지금과는 달리 옛날에는 키도 작았고 조금 살쪘네요. 게다가 안경도 쓰고 있고.
남 그러고 보니 전에는 얼굴도 둥글었네요.
여 네, 지금은 마른 데다 콘택트렌즈도 끼고 있어서 마치 딴사람 같아요.
남 듣고 보니 저도 꽤 변했네요.
여 그러게요.

今の男の人についての説明の中で正しいのはどれですか。
1 背が高いし、ちょっと太っている
2 背が低いし、眼鏡をかけている
3 痩せていて眼鏡をかけている
4 痩せていてコンタクトレンズをしている

지금의 남자에 대한 설명 중에서 옳은 것은 어느 것입니까?
1 키가 크고 조금 살쪘다
2 키가 작고 안경을 쓰고 있다
3 마르고 안경을 쓰고 있다
4 마르고 콘택트렌즈를 끼고 있다

어휘 写真(しゃしん) 사진 동사의 ます형+ながら ~하면서 *동시동작 あら 어머, 어머나 *여성이 놀랐을 때 내는 소리 中学(ちゅうがく) 중학교 *「中学校(ちゅうがっこう)」의 준말 修学旅行(しゅうがくりょこう) 수학여행 集合写真(しゅうごうしゃしん) 단체 사진 懐(なつ)かしい 그립다 誰(だれ) 누구 半袖(はんそで) 반팔 シャツ 셔츠 着(き)る (옷을) 입다 背(せ)が高(たか)い 키가 크다 それとも 그렇지 않으면, 아니면 痩(や)せる 여위다, 마르다, 살이 빠지다 背(せ)が低(ひく)い 키가 작다 隣(となり) 옆 立(た)つ 서다 前(まえ) 전, 이전 本当(ほんとう)だ 정말이다 全然(ぜんぜん) (부정어 수반) 전혀 似(に)る 닮다 違(ちが)う 다르다 昔(むかし) 옛날 ~し ~하고, ~한 데다 太(ふと)る 살찌다 それに 게다가 眼鏡(めがね)をかける 안경을 쓰다 そう言(い)えば 그러고 보니 顔(かお) 얼굴 丸(まる)い 둥글다 コンタクトレンズをする 콘택트렌즈를 끼다 まるで 마치 別人(べつじん) 딴사람 ~みたいだ ~인 것 같다 だいぶ 꽤, 상당히 変(か)わる 바뀌다, 변하다

6番 女の人と男の人がフリーターについて話しています。女の人はフリーターについて何と言っていますか。 여자와 남자가 프리터에 대해서 이야기하고 있습니다. 여자는 프리터에 대해서 뭐라고 말하고 있습니까?

女 いよいよ東京都がフリーター対策に乗り出したそうですね。

男 あ、そのニュース、僕もテレビで見ましたが、「フリーター」ってどんな人を指す言葉ですか。

女 「フリーター」というのは、定職に就かずに、アルバイトで生活している若者を指す言葉ですよ。

男 ああ、そうですか。

女 「フリーター」と言うと、自由に自分の好きな仕事をするというイメージがありますが、実際には色々大変そうですよ。フリーターがする仕事って単純労働がほとんどで、安定的な収入が保障されないため、長期間の人生設計も難しいし、給料も安いでしょうね。それで、東京都が若者の安易なフリーター志向に警鐘を鳴らすために対策に乗り出したと思います。

男 なるほど。

女 でも、これは若者だけの問題であるとは限らないので、社会全体が力を合わせて解決していかなければならないと思いますよ。

男 ええ、そうですね。

여 드디어 도쿄도가 프리터 대책에 착수했다고 하네요.

남 아, 그 뉴스, 저도 TV에서 봤는데요, '프리터'는 어떤 사람을 가리키는 말인가요?

여 '프리터'라는 건 일정한 직업에 종사하지 않고 아르바이트로 생활하고 있는 젊은이를 가리키는 말이에요.

남 아~, 그렇군요.

여 '프리터'라고 하면 자유롭게 자신이 좋아하는 일을 한다는 이미지가 있지만, 실제로는 여러모로 힘들 것 같아요. 프리터가 하는 일이라는 게 단순 노동이 대부분이라 안정적인 수입이 보장되지 않기 때문에 장기간의 인생 설계도 어렵고 급여도 적겠죠. 그래서 도쿄도가 젊은이의 안이한 프리터 지향에 경종을 울리기 위해서 대책에 착수했다고 생각해요.

남 과연.

여 하지만 이건 젊은이만의 문제라고는 할 수 없으니까, 사회 전체가 힘을 합쳐서 해결해 가야 한다고 생각해요.

남 네, 그렇겠네요.

女の人はフリーターについて何と言っていますか。

1 自由に自分の好きな仕事ができるのが羨ましい
2 安定的な収入が保障される
3 若者だけの問題であるとは限らない
4 長期間の人生設計ができる

여자는 프리터에 대해서 뭐라고 말하고 있습니까?

1 자유롭게 자신이 좋아하는 일을 할 수 있는 점이 부럽다
2 안정적인 수입이 보장된다
3 젊은이만의 문제라고는 할 수 없다
4 장기간의 인생 설계를 할 수 있다

어휘 フリーター 프리터 *「フリーアルバイター」의 준말로, 일정한 직업 없이 아르바이트 등을 계속해서 생계를 꾸리는 사람을 말함 いよいよ 마침내, 드디어 東京都(とうきょうと) 도쿄도 *지명 対策(たいさく) 대책 乗(の)り出(だ)す 착수하다 품사의 보통형+そうだ ~라고 한다 *전문 ニュース 뉴스 どんな 어떤 指(さ)す 가리키다 言葉(ことば) 말 ~という ~라는 定職(ていしょく) 정직, 일정한 직업 就(つ)く 종사하다 ~ずに ~하지 않고 アルバイト 아르바이트 生活(せいかつ) 생활 若者(わかもの) 젊은이 ~と言(い)うと ~라고 하면 自由(じゆう)だ 자유롭다 自分(じぶん) 자기, 자신, 나 好(す)きだ 좋아하다 仕事(しごと) 일 イメージ 이미지 実際(じっさい)には 실제로는 色々(いろいろ) 여러 가지 大変(たいへん)だ 힘들다 な형용사의 어간+そうだ ~일[할] 것 같다 *양태 単純(たんじゅん) 단순 労働(ろうどう) 노동 ほとんど 거의, 대부분 安定的(あんていてき)だ 안정적이다 収入(しゅうにゅう) 수입 保障(ほしょう) 보장 ~ため ~때문(에) 長期間(ちょうきかん) 장기간 人生(じんせい) 인생 設計(せっけい) 설계 難(むずか)しい 어렵다 ~し ~하고 給料(きゅうりょう) 급료, 급여 安(やす)い 싸다 それで 그래서 安易(あんい)だ 안이하다 志向(しこう) 지향 警鐘(けいしょう)を鳴(な)らす 경종을 울리다 なるほど 과연 ~だけ ~만, ~뿐 問題(もんだい) 문제 ~とは限(かぎ)らない (반드시) ~하다고는 할 수 없다, ~하는 것은 아니다 社会(しゃかい) 사회 全体(ぜんたい) 전체 力(ちから)を合(あ)わせる 힘을 합치다 解決(かいけつ) 해결 ~なければならない ~하지 않으면 안 된다, ~해야 한다 できる 할 수 있다, 가능하다 羨(うらや)ましい 부럽다

확인 문제 2 • 포인트 이해

問題2

問題2では、まず質問を聞いてください。そのあと、問題用紙のせんたくしを読んでください。読む時間があります。それから話を聞いて、問題用紙の1から4の中から、最もよいものを一つ選んでください。

1番

1 明日の夜
2 明日の午後
3 明後日の午前中
4 明後日の夜

2番

1 Aチームの作戦が全部失敗したから
2 AチームよりBチームの方の体力がいいから
3 Bチームに優れている選手が多いから
4 Bチームの選手たちが監督の指示によく従っているから

3番

1 ストレスを減らす必要がある
2 ダイエットをする必要がある
3 運動をする必要がある
4 食べ物を見直す必要がある

4番

1 人並みの日本語能力だと思っている
2 とても上手で申し分ないと思っている
3 業務上ある水準まではできると思っている
4 まだ足りないところが多いと思っている

5番

1 抗菌商品はまだ定着していない
2 私たちの周りには意外と細菌が少ない
3 他人が触った物との接触を嫌がる人も多い
4 抗菌商品が定着したのは細菌の数が急に増えたからだ

6番

1「窓際族」はいつも上司から期待されている
2 普通の社員より「窓際族」の方が出世に執着している
3「窓際族」も残業や休日出勤の必要はある
4 自ら「窓際族」になって左遷やリストラされても、それは仕方がない

음원

확인 문제 2 • 스크립트 및 해석(포인트 이해)

1番 郵便局で職員と女の人が話しています。二人が話している荷物はいつ届く予定ですか。
우체국에서 직원과 여자가 이야기하고 있습니다. 두 사람이 이야기하고 있는 짐은 언제 도착할 예정입니까?

女 あの、これを送りたいんですが、明日中に届くでしょうか。
男 少々お待ちください。お客様、申し訳ありませんが、明日中にはちょっと難しそうですね。
女 あ、そうですか。これ、食べ物なんですけど…。仕方がありませんね。
男 申し訳ありません。あの、時間の指定はどうされますか。最も早いのが明後日の午前中ですけど。
女 早ければ早いほどいいので、それでお願いします。
男 はい、午前中ですね。
女 あ、すみません。ひょっとしたら留守にしているかもしれないから、やっぱり午後9時以降でお願いします。
男 はい、かしこまりました。この書類の作成をお願いします。
女 はい。

여 저, 이걸 보내고 싶은데요, 내일 중으로 도착할까요?
남 잠시 기다려 주세요. 고객님, 죄송합니다만, 내일 중으로는 조금 어려울 것 같네요.
여 아, 그래요? 이거 음식인데…. 어쩔 수 없죠.
남 죄송합니다. 저, 시간 지정은 어떻게 하시겠어요? 가장 빠른 게 모레 오전 중인데요.
여 빠르면 빠를수록 좋으니까, 그걸로 부탁드려요.
남 예, 오전 중이죠?
여 아, 죄송해요. 어쩌면 집을 비웠을지도 모르니까, 역시 오후 9시 이후로 부탁드려요.
남 예, 알겠습니다. 이 서류 작성을 부탁드려요.
여 예.

二人が話している荷物はいつ届く予定ですか。
1 明日の夜
2 明日の午後
3 明後日の午前中
4 明後日の夜

두 사람이 이야기하고 있는 짐은 언제 도착할 예정입니까?
1 내일 밤
2 내일 오후
3 모레 오전 중
4 모레 밤

어휘 郵便局(ゆうびんきょく) 우체국 職員(しょくいん) 직원 荷物(にもつ) 짐 届(とど)く (보낸 물건이) 도착하다 予定(よてい) 예정 あの 저, 저어 *상대에게 말을 붙일 때 하는 말 送(おく)る 보내다 明日中(あしたじゅう) 내일 중 少々(しょうしょう) 잠시, 잠깐 お+동사의 ます형+ください ~해 주십시오 *존경표현 待(ま)つ 기다리다 お客様(きゃくさま) 손님, 고객 申(もう)し訳(わけ)ありません 죄송합니다 *「すみません」보다 정중한 표현 難(むずか)しい 어렵다 い형용사의 어간+そうだ ~일[할] 것 같다 *양태 食(た)べ物(もの) 음식, 먹을 것 仕方(しかた)がない 어쩔 수 없다 時間(じかん) 시간 指定(してい) 지정 最(もっと)も 가장, 제일 早(はや)い 이르다, 빠르다 明後日(あさって) 모레 午前中(ごぜんちゅう) 오전 중 ~ば~ほど ~하면 ~할수록 すみません 죄송합니다 ひょっとしたら 어쩌면 留守(るす) 부재중, 집을 비움 ~かもしれない ~일지도 모른다 やっぱり 역시 *「やはり」의 회화체 표현 午後(ごご) 오후 以降(いこう) 이후 かしこまりました 알겠습니다 *「わかりました」의 격식 차린 말 書類(しょるい) 서류 作成(さくせい) 작성 夜(よる) 밤

2番 サッカー競技場で女の人と男の人が試合を見ながら話しています。男の人は今Bチームが勝っている理由が何だと言っていますか。 축구 경기장에서 여자와 남자가 시합을 보면서 이야기하고 있습니다. 남자는 지금 B팀이 이기고 있는 이유가 무엇이라고 말하고 있습니까?

女 今日の試合、本当に予想外の展開だね。どっちが勝つと思う?

男 試合が始まる前にはAチームに技術的に優れている選手が多いから、絶対勝つと思ったんだけど、こんなに呆気なくBチームに負けているとはなあ。やっぱり体力の差かな。

女 そう? Aチームは試合の途中に監督が頻繁に作戦の指示を出してたけど、全く通じなかったのかしら?

男 そうだなあ。いくら監督がいい指示を出しても、100パーセント指示通りにするには難しいからなあ。

女 それはそうね。

男 そして、両チームともこんなに蒸し暑い日に延長戦まで行くと、やっぱり体力が全てを決めると思うよ。Bチームは体力強化の訓練をした甲斐があったな。

女 ということは、Bチームがこのまま勝つということだね。

男 まだ10分ほど残ってるんだけど、たぶんAチームが勝つのは難しいだろうなあ。

여 오늘 시합, 진짜 예상외의 전개네. 어느 쪽이 이길 것 같아?

남 시합이 시작되기 전에는 A팀에 기술적으로 뛰어난 선수가 많아서 절대적으로 이길 거라고 생각했는데, 이렇게 싱겁게 B팀에 지고 있을 거라고는 말이지. 역시 체력의 차이인가.

여 그래? A팀은 시합 도중에 감독이 빈번하게 작전 지시를 내렸는데, 전혀 안 통했던 걸까?

남 글쎄. 아무리 감독이 좋은 지시를 내려도 100% 지시대로 하기에는 어려우니까.

여 그야 그렇지.

남 그리고 양팀 모두 이렇게 무더운 날에 연장전까지 가면 역시 체력이 모든 걸 결정한다고 생각해. B팀은 체력 강화 훈련을 한 보람이 있었네.

여 그렇다는 건 B팀이 이대로 이긴다는 거네.

남 아직 10분 정도 남아 있지만, 아마 A팀이 이기는 건 어렵겠지.

男の人は今Bチームが勝っている理由が何だと言っていますか。

1 Aチームの作戦が全部失敗したから
2 AチームよりBチームの方の体力がいいから
3 Bチームに優れている選手が多いから
4 Bチームの選手たちが監督の指示によく従っているから

남자는 지금 B팀이 이기고 있는 이유가 무엇이라고 말하고 있습니까?

1 A팀의 작전이 전부 실패했기 때문에
2 A팀보다 B팀 쪽의 체력이 좋기 때문에
3 B팀에 뛰어난 선수가 많기 때문에
4 B팀 선수들이 감독 지시에 잘 따르고 있기 때문에

어휘 サッカー 축구 競技場(きょうぎじょう) 경기장 試合(しあい) 시합 동사의 ます형+ながら ~하면서 *동시동작 チーム 팀 勝(か)つ 이기다 理由(りゆう) 이유 本当(ほんとう)に 정말로, 진짜로 予想外(よそうがい) 예상외 展開(てんかい) 전개 どっち 어느 쪽 始(はじ)まる 시작되다 동사의 기본형+前(まえ)には ~하기 전에는 技術的(ぎじゅつてき)だ 기술적이다 優(すぐ)れる 뛰어나다, 우수하다 選手(せんしゅ) 선수 多(おお)い 많다 絶対(ぜったい) 절대로, 반드시 こんなに 이렇게 呆気(あっけ)ない (기대에 못 미쳐) 싱겁다, 맥없다 負(ま)ける 지다, 패하다 ~とは ~라고는 やっぱり 역시 *「やはり」의 회화체 표현 体力(たいりょく) 체력 差(さ) 차이 途中(とちゅう) 도중 監督(かんとく) 감독 頻繁(ひんぱん)だ 빈번하다 作戦(さくせん) 작전 指示(しじ)を出(だ)す 지시를 내리다 全(まった)く (부정어 수반) 전혀 通(つう)じる 통하다 いくら~ても 아무리 ~해도 명사+通(どお)り ~대로 ~には ~하기에는 難(むずか)しい 어렵다 ~とも (다른 명사 뒤에 붙어서) 모두 蒸(む)し暑(あつ)い 무덥다 延長戦(えんちょうせん) 연장선 全(すべ)て 모두, 전부 決(き)める 정하다, 결정하다 強化(きょうか) 강화 訓練(くんれん) 훈련 甲斐(かい) 보람 このまま 이대로 ~ということだ ~라는 것이다 *설명 · 결론 ~ほど ~정도, ~만큼 残(のこ)る 남다 たぶん 아마 全部(ぜんぶ) 전부 失敗(しっぱい) 실패 従(したが)う (명령 등에) 따르다

3番 家で夫と妻が話しています。夫は妻について何と言っていますか。
집에서 남편과 아내가 이야기하고 있습니다. 남편은 아내에 대해서 뭐라고 말하고 있습니까?

男 はい、これ。高橋病院からの郵便だけど、この間受けた健康診断の結果の通知じゃない?
女 うん、たぶんそう。ありがとう。早速開けてみよう。あら? 見て、この健康診断の結果。
男 何か問題でもあるの?
女 他のところは別に問題ないけど、ここの数値が異常なほど高いの。
男 どれどれ? ふーん、本当だ。どうしてだろう? 運動不足やストレス過多などの生活習慣が血糖値増加の原因になると言われてるけど、君は全然太ってないし、ストレスだって最近あまりないんだろう?
女 うん、それなのに、この表を見たらかなり高いね。もしかして甘い物の取り過ぎかしら?
男 うーん、運動は今も毎日人一倍してるし、原因はそれしかないんじゃない?
女 やっぱりそうかしら?
男 絶対そうだよ。

남 자, 이거. 다카하시 병원에서 온 우편물인데, 지난번에 받은 건강 검진 결과 통지 아니야?
여 응, 아마 그럴 거야. 고마워. 당장 열어 봐야지. 어? 봐, 이 건강 검진 결과.
남 무슨 문제라도 있어?
여 다른 데는 특별히 문제없는데, 여기 수치가 이상할 만큼 높아.
남 어디? 흠…. 정말이네. 왜지? 운동 부족이나 스트레스 과다 등의 생활 습관이 혈당치 증가의 원인이 된다던데, 당신은 전혀 살찌지 않았고 스트레스도 요즘에는 별로 없잖아?
여 응, 그런데도 이 표를 보면 상당히 높네. 혹시 단 음식 과다 섭취일까?
남 음…. 운동은 지금도 매일 남보다 배나 하고 있고, 원인은 그것밖에 없지 않아?
여 역시 그럴까?
남 틀림없이 그래.

夫は妻について何と言っていますか。
1 ストレスを減らす必要がある
2 ダイエットをする必要がある
3 運動をする必要がある
4 食べ物を見直す必要がある

남편은 아내에 대해서 뭐라고 말하고 있습니까?
1 스트레스를 줄일 필요가 있다
2 다이어트를 할 필요가 있다
3 운동을 할 필요가 있다
4 음식을 다시 살펴볼 필요가 있다

어휘 夫(おっと) 남편 妻(つま) 아내 病院(びょういん) 병원 郵便(ゆうびん) 우편(물) この間(あいだ) 요전, 지난번 受(う)ける 받다 健康(けんこう) 건강 診断(しんだん) 진단 結果(けっか) 결과 通知(つうち) 통지 たぶん 아마 早速(さっそく) 당장, 즉시 開(あ)ける 열다 あら 어머, 어머나 *여성이 놀랐을 때 내는 소리 何(なに)か 무엇인가, 뭔가 問題(もんだい) 문제 他(ほか)の~ 다른~ ところ 부분, 데, 점 別(べつ)に (부정어 수반) 별로, 특별히 数値(すうち) 수치 異常(いじょう)だ 이상하다 ~ほど ~정도, ~만큼 高(たか)い 높다 どれどれ 어디 *「どれ」의 겹친 말 本当(ほんとう)だ 정말이다 どうして 왜, 어째서 運動不足(うんどうぶそく) 운동 부족 ストレス 스트레스 過多(かた) 과다 生活(せいかつ) 생활 習慣(しゅうかん) 습관 血糖値(けっとうち) 혈당치 増加(ぞうか) 증가 原因(げんいん) 원인 ~と言(い)われる ~라는 말을 듣다, ~라고 하다 全然(ぜんぜん) (부정어 수반) 전혀 太(ふと)る 살찌다 ~し ~하고 ~だって ~도 最近(さいきん) 최근, 요즘 あまり (부정어 수반) 그다지, 별로 それなのに 그런데도 表(ひょう) 표 かなり 꽤, 상당히 もしかして 혹시 甘(あま)い 달다 取(と)り過(す)ぎ 과다 섭취 人一倍(ひといちばい) 남보다 배나 ~しか (부정어 수반) ~밖에 やっぱり 역시 *「やはり」의 회화체 표현 絶対(ぜったい) 절대, 틀림없이 減(へ)らす 줄이다 必要(ひつよう) 필요 ダイエット 다이어트 見直(みなお)す 다시 살펴보다, 재검토하다

4番 男の人と女の人が話しています。女の人は男の人の日本語能力についてどう思っていますか。
남자와 여자가 이야기하고 있습니다. 여자는 남자의 일본어 능력에 대해서 어떻게 생각하고 있습니까?

男 何見てるの?
女 ああ、これ? 日本語に関するクイズ番組。毎週見てるけど、結構面白いのよ。
男 そう? 最近、こういう番組が多くなったような気がするなあ。どうしてだろう。
女 さあ、よくわからないけど、それだけ日本人の日本語能力が落ちてきているということじゃない?
男 そうかな。
女 そうよ。パソコンやスマホなどの情報通信技術の発達で生活は便利になったかもしれないけど、何かを書く機会はぐっと減ったからね。
男 ふーん、それに読書量の不足も原因の一つだろうなあ。話はちょっと逸れるけど、自分の日本語能力がどの程度なのか知りたくて先週日本語能力テストを受けて来たんだ。とにかく受けたからにはいい点数取りたいなあ。
女 君なら、いい点数が出ると思うよ。仕事が仕事だから。
男 そうだといいけどな。
女 大丈夫だって。

남 뭐 보고 있어?
여 아-, 이거? 일본어에 관한 퀴즈 프로그램. 매주 보고 있는데, 꽤 재미있어.
남 그래? 요즘 이런 프로그램이 많아진 것 같네. 왜지?
여 글쎄, 잘 모르겠지만, 그만큼 일본인의 일본어 능력이 떨어지고 있다는 거 아니야?
남 그런가?
여 맞아. 컴퓨터나 스마트폰 등의 정보 통신 기술의 발달로 생활은 편리해졌을지도 모르지만, 뭔가를 쓸 기회는 확 줄었으니까.
남 흠…, 게다가 독서량 부족도 원인의 하나겠지. 이야기는 좀 벗어나지만, 내 일본어 능력이 어느 정도인지 알고 싶어서 지난주에 일본어 능력시험을 보고 왔어. 어쨌든 본 이상은 좋은 점수 받고 싶네.
여 너라면 좋은 점수가 나올 거라 생각해. 직업이 직업이니까.
남 그렇다면 좋겠지만.
여 괜찮다니까.

女の人は男の人の日本語能力についてどう思っていますか。
1 人並みの日本語能力だと思っている
2 とても上手で申し分ないと思っている
3 業務上ある水準まではできると思っている
4 まだ足りないところが多いと思っている

여자는 남자의 일본어 능력에 대해서 어떻게 생각하고 있습니까?
1 보통 정도의 일본어 능력이라고 생각하고 있다
2 매우 능숙해서 나무랄 데 없다고 생각하고 있다
3 업무상 어느 수준까지는 할 수 있다고 생각하고 있다
4 아직 부족한 부분이 많다고 생각하고 있다

어휘 日本語(にほんご) 일본어 能力(のうりょく) 능력 ～について ～에 대해서 *내용 ～に関(かん)する ～에 관한 クイズ 퀴즈 番組(ばんぐみ) (방송·연예 등의) 프로그램 毎週(まいしゅう) 매주 結構(けっこう) 꽤, 상당히 面白(おもしろ)い 재미있다 最近(さいきん) 최근, 요즘 こういう 이러한 多(おお)い 많다 気(き)がする 느낌[생각]이 들다 どうして 왜, 어째서 さあ 글쎄 *확실한 대답을 회피할 때의 소리 わかる 알다, 이해하다 それだけ 그만큼 落(お)ちる 떨어지다 パソコン (개인용) 컴퓨터 *「パーソナルコンピューター」의 준말 スマホ 스마트폰 *「スマートフォン」의 준말 情報(じょうほう) 정보 通信(つうしん) 통신 技術(ぎじゅつ) 기술 発達(はったつ) 발달 生活(せいかつ) 생활 便利(べんり)だ 편리하다 ～かもしれない ～일지도 모른다 書(か)く (글씨·글을) 쓰다 機会(きかい) 기회 ぐっと 확, 한층, 훨씬 減(へ)る 줄다, 줄어들다 それに 게다가 読書量(どくしょりょう) 독서량 不足(ふそく) 부족 原因(げんいん) 원인 逸(そ)れる 벗어나다 自分(じぶん) 자기, 자신, 나 どの 어느 程度(ていど) 정도 知(し)る 알다 先週(せんしゅう) 지난주 テストを受(う)ける 시험을 보다 とにかく 어쨌든 ～からには ～한 이상은 点数(てんすう) 점수 取(と)る (점수를) 따다, 받다 君(きみ) 너, 자네 ～なら ～라면 出(で)る 나오다 仕事(しごと) 일, 직업 大丈夫(だいじょうぶ)だ 괜찮다 人並(ひとな)み 보통 정도, 남과 같음 とても 아주, 매우 上手(じょうず)だ 능숙하다, 잘하다 申(もう)し分(ぶん)ない 나무랄 데 없다 業務上(ぎょうむじょう) 업무상 ある 어느 水準(すいじゅん) 수준 できる 할 수 있다, 가능하다 足(た)りない 모자라다, 부족하다 ところ 부분, 데, 점

5番 妻と夫が話しています。夫は何と言っていますか。

아내와 남편이 이야기하고 있습니다. 남편은 뭐라고 말하고 있습니까?

女 ねえ、この間行ったレストラン覚えてる?

男 うん、覚えてるよ。

女 あそこあちこちに細菌の増殖を抑えられる抗菌商品が置いてあって驚いたわ。前は主に病院やお年寄りのためだったんだけど、変わったね。

男 抗菌商品って場所や年に関係なくみんなに必要なんだから、自然に定着したんだろうなあ。

女 そうね。私たちの周りにはいつも細菌がうようよしてるからね。

男 うん、それに他人が触ったものに触るのを嫌がる人も多くなってるそうだなあ。

女 私も他人が触ったものには抵抗があるわ。で、うちにも健康のために、抗菌商品を置いておくのはどう?

男 うん、そうしよう。早速買いに行こうか。

女 うん、行こう。

여 있잖아. 지난번에 갔던 레스토랑 기억해?

남 응, 기억하지.

여 거기 여기저기에 세균 증식을 억제할 수 있는 항균 상품이 놓여 있어서 놀랐어. 전에는 주로 병원이나 노인을 위한 거였는데, 변했네.

남 항균 상품은 장소나 나이에 관계없이 모두에게 필요하니까, 자연히 정착했겠지.

여 맞아. 우리 주위에는 항상 세균이 득실대고 있으니까 말이야.

남 응, 게다가 다른 사람이 만진 물건에 손대는 걸 싫어하는 사람도 많아지고 있다더군.

여 나도 다른 사람이 만진 것에는 저항감이 있어. 그래서 우리 집에도 건강을 위해서 항균 상품을 놓아 두는 건 어때?

남 응, 그러자. 당장 사러 갈까?

여 응, 가자.

夫は何と言っていますか。

1 抗菌商品はまだ定着していない
2 私たちの周りには意外と細菌が少ない
3 他人が触った物との接触を嫌がる人も多い
4 抗菌商品が定着したのは細菌の数が急に増えたからだ

남편은 뭐라고 말하고 있습니까?

1 항균 상품은 아직 정착되지 않았다
2 우리 주위에는 의외로 세균이 적다
3 타인이 만진 물건과의 접촉을 싫어하는 사람도 많다
4 항균 상품이 정착한 것은 세균 수가 갑자기 늘어났기 때문이다

어휘 妻(つま) 아내 夫(おっと) 남편 この間(あいだ) 요전, 지난번 レストラン 레스토랑 覚(おぼ)える 기억하다 あそこ (서로 알고 있는) 거기 あちこち 여기저기 細菌(さいきん) 세균 増殖(ぞうしょく) 증식 抑(おさ)える 억제하다 抗菌(こうきん) 항균 商品(しょうひん) 상품 置(お)く 놓다, 두다 타동사+てある ~해져 있다 *상태표현 驚(おどろ)く 놀라다 前(まえ) 전, 이전 主(おも)に 주로 病院(びょういん) 병원 お年寄(としよ)り 노인 명사+の+ため(に) ~을 위해(서) 変(か)わる 바뀌다, 변하다 場所(ばしょ) 장소 年(とし) 나이 関係(かんけい)なく 관계없이 必要(ひつよう)だ 필요하다 自然(しぜん)に 자연히, 저절로 定着(ていちゃく) 정착 周(まわ)り 주위, 주변 うようよ 우글우글, 득실득실 それに 게다가 他人(たにん) 타인, 남 触(さわ)る 만지다, 손을 대다 嫌(いや)がる 싫어하다 多(おお)い 많다 품사의 보통형+そうだ ~라고 한다 *전문 抵抗(ていこう) 저항 うち 우리, 우리 집 健康(けんこう) 건강 ~ておく ~해 놓다[두다] 早速(さっそく) 당장, 즉시 買(か)う 사다 동사의 ます형+に ~하러 *동작의 목적 意外(いがい)と 의외로 少(すく)ない 적다 接触(せっしょく) 접촉 数(かず) 수 急(きゅう)に 갑자기 増(ふ)える 늘다, 늘어나다

6番 女の人と男の人が「窓際族」について話しています。男の人の考えとして正しいのはどれですか。
여자와 남자가 '창가족'에 대해서 이야기하고 있습니다. 남자의 생각으로 옳은 것은 어느 것입니까?

女 中村君、「窓際族」という言葉、聞いたことある?
男 うん、あるよ。
女 どういう意味?
男 「窓際族」とは、出世ラインから外れて閑職に就く中高年サラリーマンを揶揄する言葉だよ。
女 へえ、そういう意味だったんだ。ところで、最近の若者の中には、「窓際族」になりたがってる若者も増えてるって。
男 たぶん上司から期待はされないけど、給料だけもらえれば、出世できなくても大丈夫だと考える人たちなんだろう?
女 そうそう。出世を諦めてるため、残業や休日出勤の必要もないって。
男 周りから見れば、責任がなく気楽であるように見えるんだろうなあ。でも、そういう人たちは上司からよく思われていないため、左遷やリストラの可能性も大いにあるよ。
女 でも、それは本人が目指した働き方なんだから、しょうがないと思うわ。
男 まあ、それはそうだなあ。

여 나카무라 군, '창가족'이라는 말 들은 적 있어?
남 응, 있어.
여 무슨 뜻이야?
남 '창가족'이란 출세 라인에서 벗어나 한직에 종사하는 중노년 샐러리맨을 조롱하는 말이야.
여 허, 그런 뜻이었구나. 그런데 요즘 젊은이 중에는 '창가족'이 되고 싶어하는 젊은이도 늘고 있대.
남 아마 상사한테 기대는 받지 않지만 급여만 받을 수 있으면 출세하지 못해도 괜찮다고 생각하는 사람들 말이지?
여 맞아맞아. 출세를 단념했기 때문에 야근이나 휴일에 출근할 필요도 없대.
남 주위에서 보면 책임이 없고 마음 편한 것처럼 보이겠지. 하지만 그런 사람들은 상사가 좋게 생각하지 않기 때문에 좌천이나 구조 조정의 가능성도 크게 있어.
여 하지만 그건 본인이 지향한 업무 방식이니까, 어쩔 수 없을 것 같아.
남 하긴 그건 그렇지.

男の人の考えとして正しいのはどれですか。
1「窓際族」はいつも上司から期待されている
2 普通の社員より「窓際族」の方が出世に執着している
3「窓際族」も残業や休日出勤の必要はある
4 自ら「窓際族」になって左遷やリストラされても、それは仕方がない

남자의 생각으로 옳은 것은 어느 것입니까?
1 '창가족'은 항상 상사한테 기대받고 있다
2 일반 사원보다 '창가족' 쪽이 출세에 집착하고 있다
3 '창가족'도 야근이나 휴일 출근을 할 필요는 있다
4 스스로 '창가족'이 되어서 좌천이나 구조 조정을 당해도 그것은 어쩔 수 없다

어휘 窓際族(まどぎわぞく) 창가족 *회사 등에서 사무실 창가에 자리를 배치받고, 주요 업무로부터 배제된 중년과 노년층 샐러리맨을 비유한 말 考(かんが)え 생각 言葉(ことば) 말 聞(き)く 듣다 동사의 た형+こと(が)ある ~한 적(이) 있다 どういう 어떠한, 어떤 意味(いみ) 의미, 뜻 ~とは ~라는 것은, ~란 *정의 出世(しゅっせ) 출세 ライン 라인 外(はず)れる 벗어나다 閑職(かんしょく) 한직 就(つ)く 종사하다 中高年(ちゅうこうねん) 중년과 노년 サラリーマン 샐러리맨 揶揄(やゆ) 야유, 조롱 へえ 허 *감탄하거나 놀랐을 때 내는 소리 そういう 그런, 그러한 ところで 그것은 그렇고, 그런데 最近(さいきん) 최근, 요즘 若者(わかもの) 젊은이 ~中(なか) ~중 동사의 ます형+たがる (제삼자가) ~하고 싶어하다 増(ふ)える 늘다, 늘어나다 ~って ~대, ~래 たぶん 아마 上司(じょうし) 상사 期待(きたい) 기대 給料(きゅうりょう) 급료, 급여 ~だけ ~만, ~뿐 もらう 받다 大丈夫(だいじょうぶ)だ 괜찮다 考(かんが)える 생각하다 諦(あきら)める 체념하다, 단념하다 ~ため ~때문(에) 残業(ざんぎょう) 잔업, 야근 休日(きゅうじつ) 휴일 出勤(しゅっきん) 출근 必要(ひつよう) 필요 周(まわ)り 주위, 주변 責任(せきにん) 책임 気楽(きらく)だ 마음 편하다 ~ように ~처럼 見(み)える 보이다 左遷(させん) 좌천 リストラ 구조 조정 *「リストラクチャリング」의 준말 可能性(かのうせい) 가능성 大(おお)いに 크게 本人(ほんにん) 본인 目指(めざ)す 목표로 하다, 지향하다 働(はたら)き方(かた) 일하는 모양[방식] しょうがない 어쩔 수 없다 まあ 자기 또는 상대방의 말을 가볍게 제지하거나 무엇을 권하거나 할 때 쓰는 말 普通(ふつう) 보통 社員(しゃいん) 사원 執着(しゅうちゃく) 집착 自(みずか)ら 스스로 仕方(しかた)がない 어쩔 수 없다

問題 2

問題2では、まず質問を聞いてください。そのあと、問題用紙のせんたくしを読んでください。読む時間があります。それから話を聞いて、問題用紙の1から4の中から、最もよいものを一つ選んでください。

1番

1 デパートのサービスセンター
2 3階の婦人服売り場
3 デパートの近くにあるベンチ
4 デパートの近くにある交番

2番

1 船便で送る
2 航空便で送る
3 国際スピード郵便で送る
4 今度自分が直接持って行く

3番

1 他の人から予約が入っているから
2 図書の返却日を過ぎてしまったから
3 他の図書館から取り寄せた図書だから
4 貸出期限の延長が2回を超えたから

4番

1 昼休みを有効に使いたいから
2 社員食堂に飽きたから
3 栄養のバランスが取れた食事がしたいから
4 毎朝娘がお弁当を作ってくれるから

5番

1 交通の便がとてもいい家
2 近くに店はないが、安い家
3 建てたばかりの新しい家
4 自然環境に恵まれている家

6番

1 ビルの工事で騒音がひどくなること
2 ビルの工事で通行の妨げになること
3 ビルの工事現場に表示板が少ないこと
4 ビルの工事で住んでいるマンションの日当たりが悪くなること

음원

확인 문제 3 • 스크립트 및 해석(포인트 이해)

1番 女の人と男の人が話しています。女の人が無くした手袋はどこにありましたか。
여자와 남자가 이야기하고 있습니다. 여자가 잃어버린 장갑은 어디에 있었습니까?

女 この間デパートに行った時、誕生日のプレゼントとして田舎の母からもらった手袋を無くしたって言ったじゃん?
男 ああ、覚えてるよ。たぶんその時デパートのサービスセンターに聞いてみたけど、見つからなかったんだろう?
女 うん、もうしょうがないと思って諦めてたんだけど、世の中には親切な人が多いわね。見つかったの。
男 え? 拾った人がわざわざデパートのサービスセンターまで持って来てくれたの?
女 うん、ありがたいわね。
男 へえ、僕も財布なんか何回も無くしたことあるけど、一度も戻って来たことないよ。で、どこにあったの?
女 私たちは買い物してた3階の婦人服売り場の周りばかり探してたんだよね。ところが、それ、デパートの近くにあるベンチに置いてあったんだって。
男 ああ、そうだったんだ。そう言えば、一休みするつもりでちょっと座っていたなあ。
女 そうそう。とにかく、見つかってよかったわ。

여 요전에 백화점에 갔을 때 생일 선물로 고향에 계신 어머니한테 받은 장갑을 잃어버렸다고 했잖아?
남 아-, 기억해. 아마 그때 백화점 서비스 센터에 물어봤는데, 못 찾았었지?
여 응, 이제 어쩔 수 없다고 생각해서 체념하고 있었는데, 세상에는 친절한 사람이 많네. 찾았어.
남 뭐? 주운 사람이 일부러 백화점 서비스 센터까지 가져와 준 거야?
여 응, 고맙지.
남 허, 나도 지갑 같은 거 여러 번 잃어버린 적 있는데, 한 번도 되돌아온 적이 없어. 그래서 어디에 있었던 거야?
여 우리는 쇼핑했던 3층 여성복 매장 주위만 찾았었잖아? 그런데 그게 백화점 근처에 있는 벤치에 놓여 있었대.
남 아-, 그랬구나. 그러고 보니 잠깐 쉴 생각으로 잠시 앉아 있었지.
여 맞아맞아. 어쨌든 찾아서 다행이야.

女の人が無くした手袋はどこにありましたか。
1 デパートのサービスセンター
2 3階の婦人服売り場
3 デパートの近くにあるベンチ
4 デパートの近くにある交番

여자가 잃어버린 장갑은 어디에 있었습니까?
1 백화점 서비스 센터
2 3층 부인복 매장
3 백화점 근처에 있는 벤치
4 백화점 근처에 있는 파출소

어휘 無(な)くす 잃어버리다, 분실하다 手袋(てぶくろ) 장갑 この間(あいだ) 요전, 지난번
デパート 백화점 *「デパートメントストア」의 준말 誕生日(たんじょうび) 생일 プレゼント 선물
田舎(いなか) 시골, 고향 母(はは) (자신의) 어머니 もらう (남에게) 받다 ～って ～라고
～じゃん ～잖아 *자신의 의견을 강조하거나 힘주어 말할 때 사용하는 표현 覚(おぼ)える 기억하다 たぶん 아마
サービスセンター 서비스 센터 見(み)つかる 발견되다, 찾게 되다 もう 이제 しょうがない 어쩔 수 없다
諦(あきら)める 체념하다, 단념하다 世(よ)の中(なか) 세상 親切(しんせつ)だ 친절하다 多(おお)い 많다 拾(ひろ)う 줍다
わざわざ (특별한 노력이나 수단의) 일부러 持(も)つ 가지다, 들다 ～てくれる (남이 나에게) ～해 주다 ありがたい 고맙다
へえ 허 *감탄하거나 놀랐을 때 내는 소리 財布(さいふ) 지갑 何回(なんかい)も 몇 번이나, 여러 번
동사의 た형+こと(が)ある ～한 적(이) 있다 一度(いちど)も 한 번도 戻(もど)る 되돌아오다 買(か)い物(もの) 쇼핑, 장을 봄
3階(さんがい) 3층 *「～階(かい)」－～층 婦人服(ふじんふく) 부인복, 여성복 売(う)り場(ば) 매장 周(まわ)り 주위, 주변
～ばかり ～만, ～뿐 探(さが)す 찾다 ところが 그런데, 그러나 近(ちか)く 근처 ベンチ 벤치 置(お)く 놓다, 두다
타동사+てある ～해져 있다 *상태표현 ～って ～대, ～래 そう言(い)えば 그러고 보니 一休(ひとやす)み 잠깐 쉼
동사의 보통형+つもりだ ～할 생각[작정]이다 座(すわ)る 앉다 とにかく 어쨌든 ～てよかった ～해서 다행이다[잘됐다]
交番(こうばん) 파출소

2番 郵便局で職員と男の人が話しています。男の人は小包をどうしますか。
우체국에서 직원과 남자가 이야기하고 있습니다. 남자는 소포를 어떻게 합니까?

男 あの、この小包をソウルに送りたいんですけど。
女 はい、どのようにお送りしましょうか。
男 うーん、国際スピード郵便だと、どのくらいでソウルに届きますか。
女 少々お待ちください。ソウルですと、本日発送になれば、2日後に届きますね。
男 そうですか。では、料金はどのくらいですか。
女 お客様の小包は5キロを超えていませんので、料金は6,300円ですね。
男 そうですか。思ったよりは高いですね。では、もう少し安い送り方はありませんか。
女 航空便は4,850円で5日、船便でしたら2,800円で届くまで2週間ぐらいかかります。
男 そうですか。別に急ぎの小包ではないですが、船便は時間がかかりすぎるから、国際スピード郵便より安いこっちにします。
女 はい、かしこまりました。では、こちらの書類の作成をお願いします。

남 저, 이 소포를 서울에 보내고 싶은데요.
여 예, 어떻게 보내 드릴까요?
남 음…, 국제특급우편이라면 얼마만에 서울에 도착하나요?
여 잠시 기다려 주세요. 서울이면 오늘 발송이 되면 이틀 후에 도착하네요.
남 그렇군요. 그럼, 요금은 어느 정도인가요?
여 고객님 소포는 5kg을 넘지 않기 때문에 요금은 6,300엔이네요.
남 그래요? 생각했던 것보다는 비싸군요. 그럼, 좀 더 싼 우송 방법은 없나요?
여 항공편은 4,850엔으로 닷새, 배편으로 하면 2,800엔으로 도착하기까지 2주일 정도 걸립니다.
남 그렇군요. 특별히 급한 소포는 아니지만, 배편은 시간이 너무 걸리니까, 국제특급우편보다 싼 이쪽으로 할게요.
여 예, 알겠습니다. 그럼, 이쪽에 있는 서류를 작성해 주세요.

男の人は小包をどうしますか。
1 船便で送る
2 航空便で送る
3 国際スピード郵便で送る
4 今度自分が直接持って行く

남자는 소포를 어떻게 합니까?
1 배편으로 보낸다
2 항공편으로 보낸다
3 국제특급우편으로 보낸다
4 다음에 자신이 직접 들고 간다

어휘 郵便局(ゆうびんきょく) 우체국 職員(しょくいん) 직원 小包(こづつみ) 소포 あの 저, 저어 *상대에게 말을 붙일 때 하는 말 ソウル 서울 *지명 送(おく)る 보내다 동사의 ます형+たい ~하고 싶다 どのように 어떻게 お+동사의 ます형+する ~하다, ~해 드리다 *겸양표현 国際(こくさい)スピード郵便(ゆうびん) 국제특급우편 どのくらい 어느 정도 届(とど)く (보낸 물건이) 도착하다 少々(しょうしょう) 잠시, 잠깐 お+동사의 ます형+ください ~해 주십시오 *존경표현 待(ま)つ 기다리다 本日(ほんじつ) 금일, 오늘 *「今日(きょう)」의 격식 차린 말 発送(はっそう) 발송 2日(ふつか) 2일, 이틀 料金(りょうきん) 요금 お客様(きゃくさま) 손님, 고객 キロ 킬로그램, kg 超(こ)える (정도를) 넘다 思(おも)ったより 생각했던 것보다 高(たか)い 비싸다 もう少(すこ)し 조금 더 安(やす)い 싸다 동사의 ます형+方(かた) ~하는 방법[방식] 航空便(こうくうびん) 항공편 5日(いつか) 5일, 닷새 船便(ふなびん) 배편 ~週間(しゅうかん) ~주간, ~주일 かかる (시간이) 걸리다 別(べつ)に (부정어 수반) 별로, 특별히 急(いそ)ぎ 급함 동사의 ます형+すぎる 너무 ~하다 ~より ~보다 かしこまりました 알겠습니다 *「わかりました」의 격식 차린 말 書類(しょるい) 서류 作成(さくせい) 작성 今度(こんど) 다음 번 自分(じぶん) 자기, 자신, 나 直接(ちょくせつ) 직접 持(も)つ 가지다, 들다

3番 司書と男の人が電話で話しています。男の人の貸出延長ができない理由は何ですか。
사서와 남자가 전화로 이야기하고 있습니다. 남자의 대출 연장이 불가능한 이유는 무엇입니까?

女 はい、森山図書館です。
男 あ、もしもし。あの、今借りている図書の返却期限の延長は可能ですか。
女 はい、お借りになった図書の返却日を過ぎていなければ、貸出期間中に一度だけ図書館のカウンターかインターネット上で延長可能です。
男 それはよかった。じゃ、期限の延長お願いします。
女 では、お借りになった図書の表紙にある固有ナンバーをお願いします。
男 え〜と、21365です。
女 ありがとうございます。少々お待ちください。あ、大変申し訳ありません。この図書は他の方からの予約が入っているため、延長はちょっと…。
男 そうですか。仕方がありませんね。ありがとうございます。
女 申し訳ありません。

여 예, 모리야마 도서관입니다.
남 아, 여보세요? 저, 지금 대출 중인 도서의 반납 기한 연장은 가능한가요?
여 예, 빌리신 도서의 반납일을 지나지 않았으면 대출 기간 중에 한 번만 도서관 카운터나 인터넷상에서 연장이 가능합니다.
남 그거 다행이다. 그럼, 기한 연장 부탁드려요.
여 그럼, 빌리신 도서의 표지에 있는 고유 넘버를 부탁드려요.
남 어디 보자, 21365예요.
여 감사합니다. 잠시 기다려 주세요. 아, 대단히 죄송합니다. 이 도서는 다른 분의 예약이 들어와 있어서 연장은 좀….
남 그래요? 어쩔 수 없죠. 고맙습니다.
여 죄송합니다.

男の人の貸出延長ができない理由は何ですか。
1 他の人から予約が入っているから
2 図書の返却日を過ぎてしまったから
3 他の図書館から取り寄せた図書だから
4 貸出期限の延長が2回を超えたから

남자의 대출 연장이 불가능한 이유는 무엇입니까?
1 다른 사람으로부터 예약이 들어와 있어서
2 도서 반납일을 지나 버려서
3 다른 도서관에서 가져온 도서라서
4 대출 기한 연장이 2회를 넘겨서

어휘 司書(ししょ) 사서 電話(でんわ) 전화 貸出(かしだし) 대출 延長(えんちょう) 연장 できる 할 수 있다, 가능하다 理由(りゆう) 이유 図書館(としょかん) 도서관 もしもし 여보세요 借(か)りる 빌리다 図書(としょ) 도서, 책 返却(へんきゃく) 반납 期限(きげん) 기한 可能(かのう)だ 가능하다 お+동사의 ます형+になる ~하시다 *존경표현 返却日(へんきゃくび) 반납일 過(す)ぎる (정해진 기한·기간이) 넘다, 지나다 期間(きかん) 기간 一度(いちど) 한 번 ~だけ ~만, ~뿐 カウンター 카운터 インターネット上(じょう) 인터넷상 表紙(ひょうし) 표지 固有(こゆう) 고유 ナンバー 넘버, 번호 え〜と 말이나 생각이 미처 나지 않아 생각할 때 내는 소리 大変(たいへん) 대단히, 매우 申(もう)し訳(わけ)ありません 죄송합니다 *「すみません」보다 정중한 표현 他(ほか)の〜 다른〜 方(かた) 분 予約(よやく)が入(はい)る 예약이 들어오다 〜ため ~때문(에) 仕方(しかた)がない 어쩔 수 없다 取(と)り寄(よ)せる 주문해서 가져오게 하다 超(こ)える (어떤 시기가) 지나다, 넘기다

4番 会社の昼休みに男の人と女の人が話しています。女の人がお弁当を持って来ている理由は何ですか。 회사 점심시간에 남자와 여자가 이야기하고 있습니다. 여자가 도시락을 가져오고 있는 이유는 무엇입니까?

男 高橋さん、最近お昼社員食堂で食べないね。何か理由でもあるの?
女 あ、お弁当を作って持って来てるから。
男 でも、前はお弁当を作るのって大変だと言ってなかった?
女 ああ、それは私のお弁当じゃなくて子供たちのお弁当だったわ。息子と娘は好物が違うし、いつも栄養のバランスにも気を使わなければならないからね。でも、自分のだけならさっさとね。
男 ああ、そうだったのか。
女 それにうちの会社、休憩時間が50分で短い方なのに、昼休みに外に出て食べると時間がかかっちゃうじゃない。その時間を節約してゆっくり休んだり本を読んだりしたいわ。もちろん、食費の節約にもなるしね。
男 なるほど。じゃ、僕も妻に頼んでお弁当を持って来ようかな。
女 うん、明日から一緒に食べよう。
男 わかった。妻に頼んでみるよ。

남 다카하시 씨, 요즘 점심 사원 식당에서 안 먹네. 무슨 이유라도 있어?
여 아, 도시락을 싸 오거든.
남 하지만 전에는 도시락을 싸는 거 힘들다고 하지 않았어?
여 아~, 그건 내 도시락이 아니라 애들 도시락이었어. 아들과 딸은 좋아하는 게 다르고, 항상 영양 균형에도 신경을 써야 하니까 말이야. 하지만 내 것만이면 뚝딱이지.
남 아~, 그랬던 거구나.
여 게다가 우리 회사 휴식 시간이 50분으로 짧은 편인데, 점심시간에 밖에 나가서 먹으면 시간이 걸려 버리잖아. 그 시간을 절약해서 느긋하게 쉬거나 책을 읽거나 하고 싶어. 물론 식비 절약도 되고 말이지.
남 과연. 그럼, 나도 아내에게 부탁해서 도시락을 가져올까?
여 응, 내일부터 같이 먹자.
남 알겠어. 아내에게 부탁해 볼게.

女の人がお弁当を持って来ている理由は何ですか。

1 昼休みを有効に使いたいから
2 社員食堂に飽きたから
3 栄養のバランスが取れた食事がしたいから
4 毎朝娘がお弁当を作ってくれるから

여자가 도시락을 가져오고 있는 이유는 무엇입니까?

1 점심시간을 효과적으로 쓰고 싶어서
2 사원 식당에 질려서
3 영양 균형이 잡힌 식사를 하고 싶어서
4 매일 아침 딸이 도시락을 싸 줘서

어휘 昼休(ひるやす)み 점심시간 お弁当(べんとう) 도시락 持(も)つ 가지다, 들다 理由(りゆう) 이유 最近(さいきん) 최근, 요즘 お昼(ひる) 점심(식사) 社員食堂(しゃいんしょくどう) 사원 식당 食(た)べる 먹다 何(なに)か 무엇인가, 뭔가 作(つく)る 만들다 前(まえ) 전, 이전 大変(たいへん)だ 힘들다 子供(こども) 아이, 자식 ~たち (사람이나 생물을 나타내는 말에 붙어) ~들 息子(むすこ) (자신의) 아들 娘(むすめ) (자신의) 딸 好物(こうぶつ) 좋아하는 음식 違(ちが)う 다르다 ~し ~하고 栄養(えいよう) 영양 バランス 밸런스, 균형 気(き)を使(つか)う 신경을 쓰다 ~なければならない ~하지 않으면 안 된다, ~해야 한다 自分(じぶん) 자기, 자신, 나 さっさと 냉큼, 후딱 それに 게다가 うち 우리 休憩(きゅうけい) 휴게, 휴식 短(みじか)い 짧다 ~のに ~는데(도) 外(そと) 밖 出(で)る 나가다 かかる (시간이) 걸리다 節約(せつやく) 절약 ゆっくり 느긋하게 休(やす)む 쉬다 本(ほん) 책 読(よ)む 읽다 동사의 ます형+たい ~하고 싶다 もちろん 물론 食費(しょくひ) 식비 なるほど 과연 妻(つま) (자신의) 아내 頼(たの)む 부탁하다 一緒(いっしょ)に 함께, 같이 有効(ゆうこう)だ 유효하다 使(つか)う 쓰다, 사용하다 飽(あ)きる 질리다 取(と)れる 잡히다, (어떤 상태가) 유지되다 食事(しょくじ) 식사 毎朝(まいあさ) 매일 아침 ~てくれる (남이 나에게) ~해 주다

5番 妻と夫が家について話しています。二人が話している2番目の家はどんな家ですか。

아내와 남편이 집에 대해서 이야기하고 있습니다. 두 사람이 이야기하고 있는 두 번째 집은 어떤 집입니까?

女 どう思う?

男 うーん、両方とも長所と短所があるんだなあ。

女 うーん、本当に迷っちゃう。あなたはどっちが気に入ったの?

男 うーん、2番目の家は交通がちょっと不便だけど、1番目の駅の近くの家に比べてとても安くていい家だね。

女 でしょ? 一応うちは車があるから、別に問題ないんじゃない? ローンの問題もあるから、安い方がいいかも。交通よりはお金よ。

男 ふーん、でも、安いのはいいけど、買い物はどうする? 近くに店もないよ。

女 それは気にしなくてもいいわ。食べ物や日用品などは会社の帰りに駅の近くにあるスーパーに寄って買って来ればいいんだし、それに今は届けてくれる店もたくさんあるから、大丈夫よ。

男 そうか。じゃ、決まりだね。

女 うん、もう一度不動産屋に行ってみよう。

여 어떻게 생각해?

남 음…, 양쪽 모두 장점과 단점이 있네.

여 음…, 진짜 망설여져. 당신은 어느 쪽이 마음에 들었어?

남 음…, 두 번째 집은 교통이 조금 불편하지만, 첫 번째 역 근처의 집에 비해서 아주 싸고 좋은 집이지.

여 그렇지? 일단 우리는 차가 있으니까, 특별히 문제없는 거 아니야? 대출 문제도 있으니까, 싼 쪽이 좋을지도. 교통보다는 돈이야.

남 흠…, 하지만 싼 건 좋은데, 장보기는 어떻게 할래? 근처에 가게도 없어.

여 그건 신경 쓰지 않아도 돼. 음식이나 일용품 등은 퇴근길에 역 근처에 있는 슈퍼에 들러서 사 오면 되고, 게다가 지금은 배달해 주는 가게도 많이 있으니까, 괜찮아.

남 그런가? 그럼, 정해졌네.

여 응, 한 번 더 부동산 중개소에 가 보자.

二人が話している2番目の家はどんな家ですか。

1 交通の便がとてもいい家

2 近くに店はないが、安い家

3 建てたばかりの新しい家

4 自然環境に恵まれている家

두 사람이 이야기하고 있는 두 번째 집은 어떤 집입니까?

1 교통편이 매우 좋은 집

2 근처에 가게는 없지만, 싼 집

3 지은 지 얼마 되지 않은 새집

4 자연환경이 좋은 집

어휘 妻(つま) 아내 夫(おっと) 남편 ～番目(ばんめ) ~번째 両方(りょうほう) 양쪽 ～とも (다른 명사 뒤에 붙어서) 모두 長所(ちょうしょ) 장점 短所(たんしょ) 단점 本当(ほんとう)に 정말로 迷(まよ)う 망설이다 気(き)に入(い)る 마음에 들다 交通(こうつう) 교통 不便(ふべん)だ 불편하다 駅(えき) 역 近(ちか)く 근처 ～に比(くら)べて ~에 비해서 安(やす)い 싸다 一応(いちおう) 일단 うち 우리 車(くるま) 자동차, 차 別(べつ)に (부정어 수반) 별로, 특별히 問題(もんだい) 문제 ローン 융자, 대출(금) ～よりは ~보다는 買(か)い物(もの) 쇼핑, 장을 봄 店(みせ) 가게 気(き)にする 신경을 쓰다, 걱정하다 食(た)べ物(もの) 음식, 먹을 것 日用品(にちようひん) 일용품 帰(かえ)り 돌아옴, 귀가 スーパー 슈퍼(마켓) *「スーパーマーケット」의 준말 寄(よ)る 들르다 買(か)う 사다 ～し ~하고 それに 게다가 届(とど)ける (물건을) 가지고 가다, 배달하다 ～てくれる (남이 나에게) ~해 주다 たくさん 많이 大丈夫(だいじょうぶ)だ 괜찮다 決(き)まり 정해짐, 결정됨 もう一度(いちど) 한 번 더 不動産屋(ふどうさんや) 부동산 중개소 交通(こうつう)の便(べん) 교통편 建(た)てる (집을) 짓다, 세우다 동사의 た형+ばかり 막 ~한 참임, ~한 지 얼마 안 됨 新(あたら)しい 새롭다 自然(しぜん) 자연 環境(かんきょう) 환경 恵(めぐ)まれる 혜택받다, 풍족하다, 좋은 상태가 부여되다

6番 建設会社の説明会で男の人と女の人が話しています。女の人は何を一番心配していますか。
건설 회사 설명회에서 남자와 여자가 이야기하고 있습니다. 여자는 무엇을 가장 걱정하고 있습니까?

男 以上がこの近くに建設する複合商業ビルについての説明でした。何かご質問はございますか。
女 詳しいご説明、ありがとうございます。早速質問ですが、生活に便利な店舗が多くできるのはいいと思いますが、私たちのマンションの日当たりが悪くなることはありませんよね。それが一番心配なんですが。
男 はい、周囲の空間は十分に取ってありますので、そのような問題は気になさらなくてもよろしいです。
女 そうですか。もう一つお聞きしたいことがありますが、工事時間の変更は可能ですか。
男 何か問題でもございますか。
女 工事が夕方以降まで続くとゆっくり休むことができません。もう少し早く終わらせてほしいんですが。
男 はい、わかりました。現場の担当者にしっかりと伝えておきます。
女 最後に工事現場の表示板が少ないような気がします。マンションには子供も多いので、安全のためにもっと増やしてください。
男 はい、それも担当者に伝えておきます。

남 이상이 이 근처에 건설하는 복합 상업 빌딩에 대한 설명이었습니다. 뭔가 질문은 있으십니까?
여 자세한 설명 감사합니다. 바로 질문인데요, 생활에 편리한 점포가 많이 생기는 건 좋다고 생각하지만, 우리 아파트의 채광이 나빠지는 일은 없겠죠? 그게 가장 걱정인데요.
남 예, 주위 공간은 충분히 확보해 두었으니 그러한 문제는 걱정하지 않으셔도 됩니다.
여 그래요? 또 하나 여쭙고 싶은 게 있는데요, 공사 시간 변경은 가능한가요?
남 뭔가 문제라도 있으신가요?
여 공사가 저녁때 이후까지 계속되면 느긋하게 쉴 수가 없어요. 조금 더 일찍 끝내 주었으면 하는데요.
남 예, 알겠습니다. 현장 담당자에게 확실히 전해 두겠습니다.
여 마지막으로 공사 현장 표시판이 적은 것 같은 생각이 들어요. 아파트에는 아이들도 많으니, 안전을 위해서 더 늘려 주세요.
남 예, 그것도 담당자에게 전해 두겠습니다.

女の人は何を一番心配していますか。
1 ビルの工事で騒音がひどくなること
2 ビルの工事で通行の妨げになること
3 ビルの工事現場に表示板が少ないこと
4 ビルの工事で住んでいるマンションの日当たりが悪くなること

여자는 무엇을 가장 걱정하고 있습니까?
1 빌딩 공사로 소음이 심해지는 것
2 빌딩 공사로 통행에 방해가 되는 것
3 빌딩 공사 현장에 표시판이 적은 것
4 빌딩 공사로 살고 있는 아파트의 채광이 나빠지는 것

어휘 建設会社(けんせつがいしゃ) 건설 회사 説明会(せつめいかい) 설명회 一番(いちばん) 가장, 제일 心配(しんぱい) 걱정
以上(いじょう) 이상 近(ちか)く 근처 複合(ふくごう) 복합 商業(しょうぎょう) 상업 ビル 빌딩 *「ビルディング」의 준말
何(なに)か 무엇인가, 뭔가 質問(しつもん) 질문 ござる 있다 *「ある」의 정중어 詳(くわ)しい 상세하다
早速(さっそく) 당장, 즉시, 바로 生活(せいかつ) 생활 便利(べんり)だ 편리하다 店舗(てんぽ) 점포 多(おお)い 많다
できる 생기다 マンション 맨션, (중·고층) 아파트 日当(ひあ)たりが悪(わる)い 볕이 잘 들지 않다, 채광이 나쁘다
周囲(しゅうい) 주위 空間(くうかん) 공간 十分(じゅうぶん)に 충분히 取(と)る 잡다, 취하다
타동사+てある ~해져 있다 *상태표현 気(き)にする 신경을 쓰다, 걱정하다 お+동사의 ます형+する ~하다, ~해 드리다 *겸양표현
工事(こうじ) 공사 時間(じかん) 시간 変更(へんこう) 변경 可能(かのう)だ 가능하다 夕方(ゆうがた) 저녁때
以降(いこう) 이후 続(つづ)く 이어지다, 계속되다 ゆっくり 느긋하게 休(やす)む 쉬다 もう少(すこ)し 조금 더
早(はや)く 일찍, 빨리 終(お)わらせる 끝내다 ~てほしい ~해 주었으면 하다, ~하길 바라다 わかる 알다, 이해하다
現場(げんば) 현장 担当者(たんとうしゃ) 담당자 しっかりと 제대로, 확실히 伝(つた)える 전하다 ~ておく ~해 놓다[두다]
最後(さいご) 최후, 마지막 表示板(ひょうじばん) 표시판 少(すく)ない 적다 気(き)がする 느낌[생각]이 들다
安全(あんぜん) 안전 명사+の+ために ~을 위해서 もっと 더, 더욱 増(ふ)やす 늘리다 騒音(そうおん) 소음 ひどい 심하다
通行(つうこう) 통행 妨(さまた)げ 방해, 지장 住(す)む 살다, 거주하다

청해 포인트 이해

문제 3 개요 이해

출제 유형

문제 3 개요 이해는 이야기를 듣고 말하는 사람의 의도나 주장, 감정 상태 등을 이해했는지 묻는 문제로, 5문항이 출제된다. 먼저 이야기의 배경과 상황을 설명해 주는 문장이 제시되고, 질문은 이야기가 끝나면 한 번만 들려준다. 또한 선택지도 문제지에 인쇄되어 있지 않고 질문이 끝나면 음성으로만 들려주기 때문에 무엇보다도 메모를 잘해야 한다.

실제 시험 예시

問題 3

問題3では、問題用紙に何もいんさつされていません。この問題は、全体としてどんな内容かを聞く問題です。話の前に質問はありません。まず話を聞いてください。それから、質問とせんたくしを聞いて、1から4の中から、最もよいものを一つ選んでください。

— メモ —

[예제 스크립트]

例(れい)

<u>オンライン説明会(せつめいかい)で男(おとこ)の人(ひと)が話(はな)しています。</u>

① 이야기의 배경과 상황 설명

② 이야기

男 今回(こんかい)のオンラインイベントにはどなたでもご参加(さんか)いただけます。それでは、パソコンからの参加(さんか)方法(ほうほう)をご説明(せつめい)いたします。まず、ABC(エービーシー)社(しゃ)の公式(こうしき)ページより「ミーティング用(よう)ABC(エービーシー)クライアント」をダウンロードしてください。ダウンロードされたファイルをクリックすると、自動的(じどうてき)にインストールされます。インストール後(ご)に「ABC(エービーシー)ミーティングを開(ひら)きますか」とABC(エービーシー)アプリを開(ひら)く許可(きょか)を求(もと)められたら、「ABC(エービーシー)ミーティングを開(ひら)く」をクリックしてください。その後(あと)、「コンピューターでオーディオに参加(さんか)」をクリックし、「ビデオ付(つ)き通話(つうわ)」を選(えら)んでください。ミーティング画面(がめん)が立(た)ち上(あ)がり、ご自身(じしん)の顔(かお)が映(うつ)っていれば、準備完了(じゅんびかんりょう)です。

<u>男(おとこ)の人(ひと)は何(なに)について話(はな)していますか。</u>

③ 질문

1 オンラインイベントの現状(げんじょう)
2 オンラインイベントへの参加方法(さんかほうほう)
3 オンラインイベントの結果報告(けっかほうこく)
4 オンラインイベントの開催理由(かいさいりゆう)

④ 네 개의 선택지(음성으로만 제시)

| 정답 | 2

시험 대책

개요 이해는 '① 이야기의 배경과 상황 설명 듣기 → ② 이야기 듣기 → ③ 질문 듣기 → ④ 선택지 듣기'의 순서로 진행된다. 과제 이해나 포인트 이해와 달리 선택지가 문제지에 인쇄되어 있지 않고 음성으로만 나오므로, 선택지 내용을 재빨리 메모하면서 들어야 정답을 찾을 수 있다. 이야기를 들을 때는 단어 하나하나의 의미보다는 전체적으로 핵심 주제를 파악하는 것이 중요하며, 핵심 단어나 표현은 메모해 두는 것이 좋다. 개요 이해에서는 대부분 이야기 후반부에 핵심적인 주제나 결론이 나오므로, 후반부 내용에 특히 주의하면서 듣도록 하자.

확인 문제 1 • 개요 이해

問題 3

동영상 28

음원

問題3では、問題用紙に何もいんさつされていません。この問題は、全体としてどんな内容かを聞く問題です。話の前に質問はありません。まず話を聞いてください。それから、質問とせんたくしを聞いて、1から4の中から、最もよいものを一つ選んでください。

ー メモ ー

확인 문제 1 • 스크립트 및 해석(개요 이해)

1番 テレビで男の人が話しています。
TV에서 남자가 이야기하고 있습니다.

男 初めて行く場所にうまく行けないとか何度も行った所なのに道が覚えられないなど、よく道に迷ってしまう人がいます。そのような人でも、頭の中に地図を描くことにより、大体の方向がわかるようになるそうです。よく道に迷ってしまうという方はまず、出かける前によく地図を眺めて自分が通る道を頭の中で描いてみるのはどうでしょう。また、道の途中にある大きな建物やビルなど、目印になるものに注意を払うことも一つの方法だと思います。ちなみに、最近では道案内の機能の付いたスマホも出ているようですから、それを利用してみるのもいいでしょう。

남 처음 가는 장소에 잘 갈 수 없다든지 여러 번 간 곳인데도 길을 기억하지 못하는 등 자주 길을 헤매고 마는 사람이 있습니다. 그러한 사람이라도 머릿속에 지도를 그림으로써 대강의 방향을 알 수 있게 된다고 합니다. 자주 길을 헤매고 만다는 분은 우선 외출하기 전에 지도를 잘 보고 자신이 지나갈 길을 머릿속에서 그려 보는 것은 어떨까요? 또 길 도중에 있는 큰 건물이나 빌딩 등 표시가 되는 것에 주의를 기울이는 것도 하나의 방법이라고 생각합니다. 덧붙여 최근에는 길 안내 기능이 딸린 스마트폰도 나와 있는 것 같으니까, 그것을 이용해 보는 것도 좋겠지요.

男の人は何について話していますか。
1 道に迷わない方法
2 うまく地図を描く方法
3 道に迷ってしまう原因
4 道案内の機能の付いたスマホ

남자는 무엇에 대해서 이야기하고 있습니까?
1 길을 헤매지 않는 방법
2 지도를 잘 그리는 방법
3 길을 헤매고 마는 원인
4 길 안내 기능이 딸린 스마트폰

어휘 テレビ 텔레비전, TV *「テレビジョン」의 준말 初(はじ)めて 처음(으로) 場所(ばしょ) 장소, 곳 うまく 잘, 능숙하게 ~とか ~든지 何度(なんど)も 몇 번이나, 여러 번 所(ところ) 곳, 장소 ~のに ~인데(도) 道(みち) 길 覚(おぼ)える 외우다, 기억하다 迷(まよ)う 헤매다 頭(あたま) 머리 地図(ちず) 지도 描(えが)く (그림을) 그리다(=描(か)く) ~ことにより ~하는 것에 의해, ~함으로써 大体(だいたい) 대강 方向(ほうこう) 방향 わかる 알다, 이해하다 ~ようになる ~하게(끔) 되다 *변화 품사의 보통형+そうだ ~라고 한다 *전문 方(かた) 분 まず 우선 出(で)かける 나가다, 외출하다 동사의 기본형+前(まえ)に ~하기 전에 眺(なが)める 바라보다, 응시하다 自分(じぶん) 자기, 자신, 나 通(とお)る 통과하다, 지나가다 途中(とちゅう) 도중 大(おお)きな 큰 建物(たてもの) 건물 ビル 빌딩 *「ビルディング」의 준말 目印(めじるし) (기억하기 위한) 표시 注意(ちゅうい)を払(はら)う 주의를 기울이다 方法(ほうほう) 방법 ちなみに 덧붙여서 最近(さいきん) 최근, 요즘 案内(あんない) 안내 機能(きのう) 기능 付(つ)く 갖추어지다, 딸리다 スマホ 스마트폰 *「スマートフォン」의 준말 出(で)る 나오다 ~ようだ ~인 것 같다 利用(りよう) 이용

2番 カフェで女の人と男の人が話しています。

카페에서 여자와 남자가 이야기하고 있습니다.

女 新しい仕事はどう? もう慣れた?

男 うん、だいぶ慣れたけど、最近とても忙しい。前の会社とは違って会議や出張、それに外回りも多くてね。

女 へえ、それは大変ね。

男 ところが、不思議なことに、毎日時間に追われて不規則な生活を送っているのに、全然疲れてないのよ。たぶん前からやりたい仕事だったからだと思うよ。

女 それはよかったね。そう言えば、前の会社にいた時は、やりたい仕事をするために転職すべきかどうかでずいぶん悩んでたじゃない。

男 うん、散々悩んで決めた仕事だから、悔いが残らないように頑張ってみるよ。

女 前よりいきいきしてるから、問題ないと思うわ。

男 うん、やり甲斐もあるんだから、頑張るよ。

여 새 일은 어때? 이제 익숙해졌어?

남 응, 꽤 익숙해졌는데, 요즘 아주 바빠. 이전 회사와는 달리 회의랑 출장, 게다가 외근도 많아서 말이야.

여 허, 그거 힘들겠네.

남 그런데 이상하게도 매일 시간에 쫓겨서 불규칙한 생활을 보내고 있는데도 전혀 피곤하지 않아. 아마 전부터 하고 싶은 일이었기 때문인 것 같아.

여 그거 다행이네. 그러고 보니 이전 회사에 있었을 때는 하고 싶은 일을 하기 위해서 전직을 해야 할지 어떨지로 몹시 고민했었잖아.

남 응, 엄청 고민해서 결정한 일이니까, 후회가 남지 않도록 노력해 볼게.

여 전보다 생기 있어 보이니까, 문제없을 것 같아.

남 응, 보람도 있으니까, 열심히 할 거야.

男の人は新しい仕事についてどう思っていますか。

1 毎日忙しいから、疲れる

2 あまりやりたくない仕事だが、頑張るしかない

3 忙しいが、毎日が充実している

4 やりたくない仕事だから、今すぐにでも転職したい

남자는 새 일에 대해서 어떻게 생각하고 있습니까?

1 매일 바빠서 피곤하다

2 별로 하고 싶지 않은 일이지만, 열심히 할 수밖에 없다

3 바쁘지만, 매일이 충실하다

4 하고 싶지 않은 일이라서 지금 당장이라도 전직하고 싶다

어휘 カフェ 카페 新(あたら)しい 새롭다 仕事(しごと) 일 もう 이제 慣(な)れる 익숙해지다 だいぶ 꽤, 상당히 忙(いそが)しい 바쁘다 前(まえ) 전, 이전 違(ちが)う 다르다 会議(かいぎ) 회의 出張(しゅっちょう) 출장 それに 게다가 外回(そとまわ)り 외근 多(おお)い 많다 へえ 허 *감탄하거나 놀랐을 때 내는 소리 大変(たいへん)だ 힘들다 ところが 그런데, 그러나 不思議(ふしぎ)だ 불가사의하다, 이상하다 ～ことに ～하게도 *감탄·놀람 追(お)う 쫓다 *「追(お)われる」 - 쫓기다 不規則(ふきそく)だ 불규칙하다 生活(せいかつ) 생활 送(おく)る (시간을) 보내다, 지내다 全然(ぜんぜん) (부정어 수반) 전혀 疲(つか)れる 지치다, 피로해지다 たぶん 아마 やる 하다 동사의 ます형+たい ～하고 싶다 そう言(い)えば 그러고 보니 동사의 보통형+ために ～하기 위해서 転職(てんしょく) 전직 동사의 기본형+べき (마땅히) ～해야 할, ～할 만한 *단, 동사 「する」(하다)의 경우에는 「するべき」와 「すべき」 모두 쓸 수 있음 ～かどうか ～일지 어떨지 ずいぶん 꽤, 몹시, 퍽 悩(なや)む 고민하다 散々(さんざん) 몹시 심한 모양 決(き)める 정하다, 결정하다 悔(く)い 후회 残(のこ)る 남다 頑張(がんば)る (끝까지) 노력하다, 열심히 하다 ～より ～보다 いきいき 생기가 넘치는 모양 やり甲斐(がい) 보람 ～しかない ～할 수밖에 없다 充実(じゅうじつ) 충실

3番 テレビで男の人が話しています。

TV에서 남자가 이야기하고 있습니다.

男 小学生の夏休みは計画を立て、効率よく学習する練習をするいい機会になります。何日に何をやるという計画の立て方では、なかなか計画通りに進まず、却って勉強のやる気を無くしてしまうことになりがちです。ですから、最初に夏休みに何をどのくらいやるかを決めてから計画を立てるようにしてください。例えば、絶対やらなければならないこと、やっておきたいこと、できればやりたいことに分けて考えてみるのもいいでしょう。

남 초등학생의 여름 방학은 계획을 세워서 효율 좋게 학습하는 연습을 할 좋은 기회가 됩니다. 며칠에 무엇을 하겠다는 계획을 세우는 방법으로는 좀처럼 계획대로 진행되지 않고, 도리어 공부할 마음을 없애 버리게 되기 십상입니다. 그러므로 맨 처음에 여름 방학에 무엇을 어느 정도 할지를 정한 후에 계획을 세우도록 해 주세요. 예를 들면 반드시 해야 하는 일, 해 두고 싶은 일, 가능하면 하고 싶은 일로 나눠서 생각해 보는 것도 좋겠지요.

男の人は何について話していますか。

1 夏休みの思い出
2 夏休みの宿題
3 夏休みの期間
4 夏休みの計画の立て方

남자는 무엇에 대해서 이야기하고 있습니까?

1 여름 방학의 추억
2 여름 방학 숙제
3 여름 방학 기간
4 여름 방학 계획을 세우는 법

어휘 小学生(しょうがくせい) 초등학생 夏休(なつやす)み 여름 방학 計画(けいかく) 계획 立(た)てる 세우다 効率(こうりつ) 효율 学習(がくしゅう) 학습 練習(れんしゅう) 연습 機会(きかい) 기회 何日(なんにち) 며칠 やる 하다 동사의 ます형+方(かた) ~하는 방법[방식] なかなか (부정어 수반) 좀처럼 명사+通(どお)りに ~대로 進(すす)む 나아가다, 진행되다 ~ず(に) ~하지 않고 却(かえ)って 도리어, 오히려 勉強(べんきょう) 공부 やる気(き) 할 마음, 의욕 無(な)くす 없애다 동사의 보통형+ことになる ~하게 되다 동사의 ます형+がちだ (자칫) ~하기 쉽다, ~하기 십상이다, ~하기 일쑤다 ですから 그러므로, 그래서 *「だから」의 정중한 표현 最初(さいしょ) 최초, 맨 처음 決(き)める 정하다, 결정하다 ~てから ~하고 나서, ~한 후에 例(たと)えば 예를 들면 絶対(ぜったい) 절대로, 무조건, 반드시 ~なければならない ~하지 않으면 안 된다, ~해야 한다 ~ておく ~해 놓다[두다] できれば 가능하면, 될 수 있으면 分(わ)ける 나누다, 구분하다 思(おも)い出(で) 추억 宿題(しゅくだい) 숙제 期間(きかん) 기간

4番 ラジオで女の人が話しています。
라디오에서 여자가 이야기하고 있습니다.

女 どんな材質の布でも、濡らすと色が濃くなります。どうしてでしょう。色は、反射する量が少ないほど黒っぽくなります。一方、光を全部反射すると真っ白に、全部吸収して反射する光がないと真っ黒に見えます。要するに色が濃くなるというのは、反射する光の強さが減ったということです。洋服が水に濡れると、繊維に乱反射がなくなり、反射しにくい水が染み込んで光の反射が弱まるので、洋服の色は濃く見えるようになるのです。

여 어떤 재질의 천이라도 적시면 색이 짙어집니다. 왜 그럴까요? 색은 반사하는 양이 적을수록 거무스름하게 됩니다. 한편, 빛을 전부 반사하면 새하얗게, 전부 흡수해서 반사할 빛이 없으면 새까맣게 보입니다. 요컨대 색이 짙어진다는 것은 반사할 빛의 강도가 줄었다는 것입니다. 옷이 물에 젖으면 섬유에 난반사가 없어지고, 반사하기 힘든 물이 스며들어 빛의 반사가 약해지므로 옷의 색은 짙어 보이게 되는 것입니다.

女の人は何について話していますか。
1 光の反射を強める方法
2 濡れた洋服の色が濃くなる理由
3 濡れた洋服を早く乾かす方法
4 梅雨の時期の洋服の保管方法

여자는 무엇에 대해서 이야기하고 있습니까?
1 빛의 반사를 강하게 하는 방법
2 젖은 옷의 색이 짙어지는 이유
3 젖은 옷을 빨리 말리는 방법
4 장마 시기의 옷 보관 방법

어휘 ラジオ 라디오 材質(ざいしつ) 재질 布(ぬの) 천 濡(ぬ)らす 적시다 色(いろ) 색 濃(こ)い (색이) 짙다 どうして 왜, 어째서 反射(はんしゃ) 반사 量(りょう) 양 少(すく)ない 적다 ~ほど ~일수록 黒(くろ)っぽい 거무스름하다 一方(いっぽう) 한편 光(ひかり) 빛 全部(ぜんぶ) 전부 真(ま)っ白(しろ)だ 새하얗다 吸収(きゅうしゅう) 흡수 真(ま)っ黒(くろ)だ 새까맣다 見(み)える 보이다 要(よう)するに 요컨대 強(つよ)さ 강함, 강도 減(へ)る 줄다, 줄어들다 洋服(ようふく) 옷 水(みず) 물 濡(ぬ)れる 젖다 繊維(せんい) 섬유 乱反射(らんはんしゃ) 난반사, 울퉁불퉁한 바깥 면에 빛이 부딪쳐서 사방팔방으로 흩어지는 현상 な(無)くなる 없어지다 동사의 ます형+にくい ~하기 어렵다[힘들다] 染(し)み込(こ)む (액체가) 스며들다 弱(よわ)まる 약해지다 強(つよ)める 강하게 하다 方法(ほうほう) 방법 理由(りゆう) 이유 早(はや)く 빨리 乾(かわ)かす 말리다 梅雨(つゆ) 장마 時期(じき) 시기 保管(ほかん) 보관

5番 テレビで男の人が話しています。

TV에서 남자가 이야기하고 있습니다.

男 次に主な飲酒場所についてお話しします。主な飲酒場所について尋ねたところ、「自宅」と答えた人が54.9%で、「飲食店」は45.1%でした。独身者・既婚者では、独身者の7割強が「飲食店」と答えているのに対し、既婚者は7割弱が自宅と回答し、全く逆の傾向になりました。この結果から、既婚者は家飲み派、独身者は外飲み派が多いようです。

남 다음으로 주요 음주 장소에 대해서 말씀드리겠습니다. 주요 음주 장소에 대해서 물어봤더니, '자택'이라고 대답한 사람이 54.9%이고, '음식점'은 45.1%였습니다. 독신자 · 기혼자에서는 독신자의 70%를 조금 넘는 사람이 '음식점'이라고 대답한 것과는 대조적으로 기혼자는 약 70%가 자택이라고 회답해 완전히 반대의 경향이 되었습니다. 이 결과로 기혼자는 집에서 마시는 파, 독신자는 밖에서 마시는 파가 많은 것 같습니다.

男の人は主に何について話していますか。

1 男女別の飲酒頻度
2 主な飲酒場所
3 飲酒頻度の増減
4 よく飲むお酒の種類

남자는 주로 무엇에 대해서 이야기하고 있습니까?

1 남녀별 음주 빈도
2 주요 음주 장소
3 음주 빈도의 증감
4 자주 마시는 술 종류

어휘 話(はな)す 말하다, 이야기하다 次(つぎ)に 다음으로 主(おも)だ 주되다 飲酒(いんしゅ) 음주 場所(ばしょ) 장소
お+동사의 ます형+する ~하다, ~해 드리다 *겸양표현 尋(たず)ねる 묻다 동사의 た형+ところ ~했더니, ~한 결과
自宅(じたく) 자택 答(こた)える 대답하다 飲食店(いんしょくてん) 음식점 独身者(どくしんしゃ) 독신자
既婚者(きこんしゃ) 기혼자 ~割(わり) ~할, 십 분의 일의 비율 ~強(きょう) ~강, ~남짓 *어떤 수의 우수리를 버릴 때 쓰는 말
~に対(たい)し ~에 대해, ~와는 대조적으로 *대조 · 대비 ~弱(じゃく) ~약, 실제로는 그 수치보다도 약간 적은 것
回答(かいとう) 회답 全(まった)く 완전히, 아주 逆(ぎゃく) 반대, 거꾸로 됨 傾向(けいこう) 경향 結果(けっか) 결과
家飲(いえの)み 집에서 술을 마심 ~派(は) ~파 外飲(そとの)み 밖에 나가서 술을 마심 多(おお)い 많다 ~ようだ ~인 것 같다
主(おも)に 주로 男女(だんじょ) 남녀 ~別(べつ) ~별 頻度(ひんど) 빈도 増減(ぞうげん) 증감 よく 잘, 자주
お酒(さけ) 술 種類(しゅるい) 종류

확인 문제 2 • 개요 이해

問題 3

問題 3では、問題用紙に何もいんさつされていません。この問題は、全体としてどんな内容かを聞く問題です。話の前に質問はありません。まず話を聞いてください。それから、質問とせんたくしを聞いて、1から4の中から、最もよいものを一つ選んでください。

― メモ ―

확인 문제 2・스크립트 및 해석(개요 이해)

1番 テレビで女の人が話しています。
TV에서 여자가 이야기하고 있습니다.

女 じめじめしているこの季節、外出する機会が減り、体を動かすことが少なくなっていませんか。体を動かす機会が少なくなると、身体機能が低下するだけではなく、知らないうちにストレスもため込んでしまいます。特に女性の場合、あまり体を動かさずに過ごしていると、血流が滞って冷えや肩凝り、むくみなどを引き起こしやすくなります。そこでお勧めなのが、隙間時間にできる自律神経を整えるストレッチです。身体機能の調節や制御を担う自律神経のバランスは、心身の調子を整えるためにも非常に重要です。

여 눅눅한 이 계절, 외출할 기회가 줄어서 몸을 움직일 일이 적어지지 않았습니까? 몸을 움직일 기회가 적어지면 신체 기능이 저하될 뿐만 아니라, 모르는 사이에 스트레스도 많이 쌓고 맙니다. 특히 여성의 경우 별로 몸을 움직이지 않고 지내면 혈류가 정체되어 냉증이나 어깨 결림, 부종 등을 일으키기 쉬워집니다. 그래서 추천드리는 것이 여유 시간에 할 수 있는 자율 신경을 조절하는 스트레칭입니다. 신체 기능 조절과 제어를 담당하는 자율 신경의 밸런스는 심신의 상태를 조절하기 위해서도 대단히 중요합니다.

女の人は何について話していますか。

1 ストレスの解消法
2 室内でできる有酸素運動
3 ストレッチの効果
4 身体機能と筋力の関係

여자는 무엇에 대해서 이야기하고 있습니까?

1 스트레스 해소법
2 실내에서 할 수 있는 유산소 운동
3 스트레칭의 효과
4 신체 기능과 근력의 관계

어휘 テレビ 텔레비전, TV *「テレビジョン」의 준말 じめじめ 습기가 많은 모양 季節(きせつ) 계절 外出(がいしゅつ) 외출 機会(きかい) 기회 減(へ)る 줄다, 줄어들다 体(からだ) 몸, 신체 動(うご)かす 움직이다 少(すく)ない 적다 身体(しんたい) 신체 機能(きのう) 기능 低下(ていか) 저하 ～だけではなく ～뿐만 아니라 知(し)る 알다 ～うちに ～동안에, ～사이에 ストレス 스트레스 ため込(こ)む 많이 모으다 特(とく)に 특히 女性(じょせい) 여성 場合(ばあい) 경우 あまり (부정어 수반) 그다지, 별로 ～ずに ～하지 않고 過(す)ごす (시간을) 보내다, 지내다 血流(けつりゅう) 혈류 滞(とどこお)る 정체되다 冷(ひ)え 냉증 肩凝(かたこ)り 어깨 결림 むくみ 부종 引(ひ)き起(お)こす 일으키다, 야기하다 동사의 ます형+やすい ～하기 쉽다 そこで 그래서 勧(すす)め 추천 隙間(すきま) 짬 自律神経(じりつしんけい) 자율 신경 整(ととの)える 조절하다 ストレッチ 스트레칭(=ストレッチング) 調節(ちょうせつ) 조절 制御(せいぎょ) 제어 担(にな)う (책임 따위를) 떠맡다, 지다 バランス 밸런스, 균형 心身(しんしん) 심신 調子(ちょうし) 상태, 컨디션 동사의 보통형+ためにも ～하기 위해서도 非常(ひじょう)に 대단히, 매우 重要(じゅうよう)だ 중요하다 ～について ～에 대해서 *내용 解消法(かいしょうほう) 해소법 室内(しつない) 실내 有酸素(ゆうさんそ) 유산소 運動(うんどう) 운동 効果(こうか) 효과 筋力(きんりょく) 근력 関係(かんけい) 관계

2番 テレビで男の人が話しています。
TV에서 남자가 이야기하고 있습니다.

男 私も65歳を過ぎて定年を迎え、年金をいただく年になりました。昔は定年退職したら大好きな趣味である釣りを思う存分楽しみたいと思っていました。ところが、ある日、暇ができて仕事で忙しい妻のために夕飯を作ったら、思った以上に喜んでもらえました。このことがきっかけになって、その後色々作るようになりました。今は妻に代わって料理だけではなく、掃除や洗濯もしていますが、その度にちょっとした気付きや発見もあってやり甲斐を感じています。

남 저도 65세를 넘어서 정년을 맞아 연금을 받을 나이가 되었습니다. 옛날에는 정년퇴직하면 아주 좋아하는 취미인 낚시를 실컷 즐기고 싶다고 생각했었습니다. 그런데 어느 날 시간이 생겨서 일 때문에 바쁜 아내를 위해서 저녁식사를 만들었더니 생각했던 것 이상으로 기뻐해 주었습니다. 이 일이 계기가 되어 그 후로 다양하게 만들게 되었습니다. 지금은 아내를 대신해서 요리뿐만 아니라 청소와 빨래도 하고 있는데, 그때마다 약간의 깨달음과 발견도 있어서 보람을 느끼고 있습니다.

男の人は主に何について話していますか。
1 定年退職後の寂しさ
2 家事をすることの楽しさ
3 好きな趣味を楽しめる喜び
4 妻への感謝の気持ち

남자는 주로 무엇에 대해서 이야기하고 있습니까?
1 정년퇴직 후의 쓸쓸함
2 집안일을 하는 것의 즐거움
3 좋아하는 취미를 즐길 수 있는 기쁨
4 아내에 대한 감사의 마음

어휘 過(す)ぎる (수량이 일정 수준을) 넘다, 지나다 定年(ていねん) 정년 迎(むか)える (사람・때를) 맞다, 맞이하다 年金(ねんきん) 연금 いただく (남에게) 받다 *「もらう」의 겸양어 年(とし) 나이 昔(むかし) 옛날 退職(たいしょく) 퇴직 大好(だいす)きだ 아주 좋아하다 趣味(しゅみ) 취미 釣(つ)り 낚시 思(おも)う存分(ぞんぶん) 마음껏, 실컷 楽(たの)しむ 즐기다 ところが 그런데, 그러나 ある 어느 日(ひ) 날 暇(ひま) (한가한) 짬, 시간 できる 생기다 仕事(しごと) 일 忙(いそが)しい 바쁘다 妻(つま) (자신의) 아내 명사+の+ために ~을 위해서 夕飯(ゆうはん) 저녁식사 作(つく)る 만들다 ~以上(いじょう) ~한[인] 이상 喜(よろこ)ぶ 기뻐하다 ~て[で]もらう (남에게) ~해 받다, (남이) ~해 주다 きっかけ 계기 色々(いろいろ) 여러 가지로, 다양하게 ~ようになる ~하게(끔) 되다 *변화 ~に代(か)わって ~을 대신해서 料理(りょうり) 요리 ~だけではなく ~뿐만 아니라 掃除(そうじ) 청소 洗濯(せんたく) 세탁, 빨래 その度(たび)に 그때마다 ちょっとした 약간의 気付(きづ)き 깨달음, 알아차림 発見(はっけん) 발견 やり甲斐(がい) 하는 보람, 할 만한 가치 感(かん)じる 느끼다 主(おも)に 주로 寂(さび)しさ 쓸쓸함 家事(かじ) 가사, 집안일 楽(たの)しさ 즐거움 喜(よろこ)び 기쁨 感謝(かんしゃ) 감사 気持(きも)ち 마음, 기분

3番 教育放送で植物学者が話しています。

교육 방송에서 식물학자가 이야기하고 있습니다.

女 春に咲き乱れている花は、ただ見ているだけで何となく癒されます。ところで、花はどんな過程を経て咲くのでしょうか。ほとんどの植物は、葉で季節を感知して植物ホルモンであるフロリゲンを生成します。こうして作られたフロリゲンが茎の先端まで届くと、花芽が作られます。そして気温が10度以下に冷えてから20度前後まで上がるなど、一定の条件が揃うと、花を咲かせるのです。

여 봄에 만발해 있는 꽃은 그저 보고만 있어도 왠지 모르게 위로를 받습니다. 그런데 꽃은 어떤 과정을 거쳐서 피는 걸까요? 대부분의 식물은 잎으로 계절을 감지해서 식물 호르몬인 플로리겐을 생성합니다. 이렇게 해서 만들어진 플로리겐이 줄기 끝까지 도달하면 꽃눈이 만들어집니다. 그리고 기온이 10도 이하로 추워진 후에 20도 전후까지 올라가는 등 일정 조건이 갖추어지면 꽃을 피우는 것입니다.

この話のテーマは何ですか。

1 花の植え方
2 花が咲く原理
3 花が好きな理由
4 花の色が違う理由

이 이야기의 주제는 무엇입니까?

1 꽃 심는 법
2 꽃이 피는 원리
3 꽃을 좋아하는 이유
4 꽃의 색이 다른 이유

어휘 教育放送(きょういくほうそう) 교육 방송 植物学者(しょくぶつがくしゃ) 식물학자 春(はる) 봄 咲(さ)き乱(みだ)れる (꽃이) 어우러져 피다, 만발하다 花(はな) 꽃 ただ 그냥, 그저 ～だけで ～만으로 何(なん)となく 왜 그런지 모르게, 왠지 癒(いや)す 치유하다, 달래다 ところで 그것은 그렇고, 그런데 過程(かてい) 과정 経(へ)る (과정을) 거치다 咲(さ)く (꽃이) 피다 ほとんど 거의, 대부분 植物(しょくぶつ) 식물 葉(は) 잎 季節(きせつ) 계절 感知(かんち) 감지 ホルモン 호르몬 フロリゲン 플로리겐 *꽃을 피우기 위한 호르몬의 일종 生成(せいせい) 생성 作(つく)る 만들다 茎(くき) 줄기 先端(せんたん) 선단, (물건의) 끝 届(とど)く (보낸 것·뻗친 것이) 닿다, (도)달하다 花芽(はなめ) 꽃눈 そして 그리고 気温(きおん) 기온 以下(いか) 이하 冷(ひ)える (날씨 등이) 차가워지다, 추워지다 ～てから ～하고 나서, ～한 후에 前後(ぜんご) 전후 上(あ)がる 오르다, 올라가다 一定(いってい) 일정 条件(じょうけん) 조건 揃(そろ)う 갖추어지다 咲(さ)かせる 꽃피우다 テーマ 테마, 주제 植(う)える 심다 동사의 ます형+方(かた) ～하는 방법[방식] 原理(げんり) 원리 好(す)きだ 좋아하다 理由(りゆう) 이유 色(いろ) 색, 색깔 違(ちが)う 다르다

4番 テレビでアナウンサーが画家と話しています。

TV에서 아나운서가 화가와 이야기하고 있습니다.

女 今日は画家の鈴木一宏さんにお話を伺います。

男 よろしくお願いします。

女 鈴木さんはお父さんも画家でいらっしゃいますが、やはりその影響で、子供の時から画家を目指されたんでしょうか。

男 いいえ、家で父と絵の話はしたことがほとんどありませんね。

女 そうですか。

男 ええ。子供の頃から美術館には父に連れて行ってもらったんですが、何と言うか、絵を鑑賞する方よりむしろ絵を描く方にだんだん興味が移ってきたんです。

女 そうなんですか。

男 そんな時に同じクラスの友達に自分が描いた絵を見せたら、「いや〜、上手だね。君、才能あるよ」と言われて本格的にやってみようと思ったんです。

女 あ、そうですか。

여 오늘은 화가인 스즈키 가즈히로 씨에게 말씀을 듣겠습니다.

남 잘 부탁드립니다.

여 스즈키 씨는 아버님도 화가신데요, 역시 그 영향으로 어릴 때부터 화가를 목표로 하신 건가요?

남 아니요, 집에서 아버지와 그림 이야기는 한 적이 거의 없네요.

여 그래요?

남 네. 어릴 때부터 미술관에는 아버지가 데려가 주셨는데요, 뭐랄까 그림을 감상하는 쪽보다 오히려 그림을 그리는 쪽으로 점점 흥미가 바뀌었어요.

여 그렇군요.

남 그런 때 같은 반 친구에게 제가 그린 그림을 보여줬더니 "야~, 잘 그렸네. 너, 재능 있어"라고 해서 본격적으로 해 보려고 생각했어요.

여 아, 그렇군요.

二人は何について話していますか。

1 父親が描いた絵

2 学生時代の思い出

3 絵を描くことの面白さ

4 画家になったきっかけ

두 사람은 무엇에 대해서 이야기하고 있습니까?

1 아버지가 그린 그림

2 학창시절의 추억

3 그림을 그리는 것의 재미

4 화가가 된 계기

어휘 アナウンサー 아나운서 画家(がか) 화가 話(はなし) 이야기 伺(うかが)う 듣다 *「聞(き)く」의 겸양어 お父(とう)さん (남의) 아버지 ～でいらっしゃる ～이시다 *「～である」(～이다)의 존경표현 やはり 역시 影響(えいきょう) 영향 目指(めざ)す 목표로 하다, 지향하다 父(ちち) (자신의) 아버지 絵(え) 그림 ほとんど 거의, 대부분 美術館(びじゅつかん) 미술관 連(つ)れる 데리고 가다 ～てもらう (남에게) ～해 받다, (남이) ～해 주다 何(なん)と言(い)う 뭐라고 하는, 뭐라는 鑑賞(かんしょう) 감상, 예술 작품을 이해하고 음미하는 것 ～より ～보다 むしろ 오히려 描(か)く (그림을) 그리다(＝描(えが)く) だんだん 점점 興味(きょうみ) 흥미 移(うつ)る (마음이) 옮아가다, 바뀌다 同(おな)じだ 같다 クラス 클래스, 반 友達(ともだち) 친구 自分(じぶん) 자기, 자신, 나 見(み)せる 보이다, 보여 주다 上手(じょうず)だ 잘하다, 능숙하다 才能(さいのう) 재능 ～と言(い)われる ～라는 말을 듣다, ～라고 하다 本格的(ほんかくてき)だ 본격적이다 父親(ちちおや) 부친, 아버지 学生時代(がくせいじだい) 학창시절 思(おも)い出(で) 추억 面白(おもしろ)さ 재미 きっかけ 계기

5番 議会で議員が話しています。

의회에서 의원이 이야기하고 있습니다.

男 3年後に我が市川市で国際水泳大会を開催することになっていますが、そのために新しい競技場の建設や選手の宿泊施設の拡充などを主張する意見があります。もちろん、そのような主張の趣旨には私自身も従いますが、市内には古くなってきた道路や橋が多くあり、以前から危険性が指摘されてきました。このような施設はいつでも事故を招く恐れがあり、一刻も早い整備が必要だと思います。大会で使う競技場は今の施設でも十分に対応できるはずですし、足りない宿泊施設は周辺の自治体に協力を要請するなど、他の手段はいくらでもあります。今の段階では、何かを作るより市民の安全を最優先すべきではないでしょうか。

남 3년 후에 우리 이치카와시에서 국제 수영 대회를 개최하기로 되어 있는데요, 그 때문에 새로운 경기장 건설이나 선수의 숙박시설 확충 등을 주장하는 의견이 있습니다. 물론 그러한 주장의 취지에는 저 자신도 따르겠지만, 시내에는 오래된 도로와 다리가 많이 있어서 이전부터 위험성이 지적되어 왔습니다. 이러한 시설은 언제든지 사고를 초래할 우려가 있어서 한시라도 빠른 정비가 필요하다고 생각합니다. 대회에서 사용할 경기장은 지금 시설로도 충분히 대응할 수 있을 테고, 부족한 숙박 시설은 주변 자치 단체에 협력을 요청하는 등 다른 수단은 얼마든지 있습니다. 지금 단계에서는 뭔가를 짓기보다 시민의 안전을 최우선해야 하지 않을까요?

議員が言いたいことは何ですか。

1 早く新しい競技場を建てるべきだ

2 早く新しい選手の宿泊施設を作るべきだ

3 早く古い道路や橋を整備すべきだ

4 国際水泳大会は別の自治体で行うべきだ

의원이 말하고 싶은 것은 무엇입니까?

1 빨리 새 경기장을 지어야 한다

2 빨리 새로운 선수의 숙박시설을 지어야 한다

3 빨리 오래된 도로와 다리를 정비해야 한다

4 국제 수영 대회는 다른 자치 단체에서 해야 한다

어휘 議会(ぎかい) 의회 議員(ぎいん) 의원 我(わ)が 나의, 우리의 国際(こくさい) 국제 水泳(すいえい) 수영 大会(たいかい) 대회 開催(かいさい) 개최 동사의 보통형+ことになっている ~하게[하기로] 되어 있다 そのために 그 때문에 新(あたら)しい 새롭다 競技場(きょうぎじょう) 경기장 建設(けんせつ) 건설 選手(せんしゅ) 선수 宿泊(しゅくはく) 숙박 施設(しせつ) 시설 拡充(かくじゅう) 확충 主張(しゅちょう) 주장 意見(いけん) 의견 もちろん 물론 趣旨(しゅし) 취지 自身(じしん) 자신 *체언에 접속하여 그 말을 강조함 従(したが)う (명령 등에) 따르다 市内(しない) 시내 古(ふる)い 오래되다 道路(どうろ) 도로 橋(はし) 다리 以前(いぜん) 이전 危険性(きけんせい) 위험성 指摘(してき) 지적 いつでも 언제든지 事故(じこ) 사고 招(まね)く 초래하다 ～恐(おそ)れがある ~할 우려가 있다 一刻(いっこく)も早(はや)い 한시라도 빠른 整備(せいび) 정비 必要(ひつよう)だ 필요하다 使(つか)う 쓰다, 사용하다 十分(じゅうぶん)に 충분히 対応(たいおう) 대응 ～はずだ (당연히) ~할 것[터]이다 足(た)りない 모자라다, 부족하다 周辺(しゅうへん) 주변 自治体(じちたい) 자치 단체 協力(きょうりょく) 협력 要請(ようせい) 요청 他(ほか)の～ 다른~ 手段(しゅだん) 수단 いくらでも 얼마든지 段階(だんかい) 단계 作(つく)る 만들다, 짓다 ～より ~보다 市民(しみん) 시민 安全(あんぜん) 안전 最優先(さいゆうせん) 최우선 동사의 기본형+べきだ (마땅히) ~해야 한다 *단, 동사 「する」의 경우에는 「するべきだ」와 「すべきだ」 모두 쓸 수 있음 建(た)てる (집을) 짓다, 세우다 別(べつ)の～ 다른~ 行(おこな)う 하다, 행하다, 실시하다

확인 문제 3 • 개요 이해

もんだい
問題 3

問題(もんだい) 3では、問題用紙(もんだいようし)に何(なに)もいんさつされていません。この問題(もんだい)は、全体(ぜんたい)としてどんな内容(ないよう)かを聞(き)く問題(もんだい)です。話(はなし)の前(まえ)に質問(しつもん)はありません。まず話(はなし)を聞(き)いてください。それから、質問(しつもん)とせんたくしを聞(き)いて、1から4の中(なか)から、最(もっと)もよいものを一(ひと)つ選(えら)んでください。

— メモ —

확인 문제 3 • 스크립트 및 해석(개요 이해)

1番 テレビで女の人が話しています。
TV에서 여자가 이야기하고 있습니다.

女 私は10年ほど前から日本家庭での食生活の実態について調査を行ってきているんですが、調査を正確に行い、成功させるために次のようなポイントに主眼を置いて調査を行いました。まず、参加者の方にはぜひ食事の写真を撮ってほしいと要請しています。なぜなら、アンケートやインタビューだけでは実態を把握しにくいので、協力を得て目に見える形で記録を取ってもらっています。次に、買い物のレシートも一緒に提出してもらうことです。そのレシートを見て参加者が自分で料理をしたのか、それともただできたものを買って来て食べたのかを確認しています。

여 저는 10년쯤 전부터 일본 가정에서의 식생활 실태에 대해서 조사를 해 오고 있는데요, 조사를 정확하게 실시하고 성공시키기 위해서 다음과 같은 포인트에 주안점을 두고 조사를 했습니다. 우선 참가자분께는 꼭 식사 사진을 찍어 주었으면 좋겠다고 요청하고 있습니다. 왜냐하면 앙케트나 인터뷰만으로는 실태를 파악하기 힘들기 때문에 협력을 얻어서 눈에 보이는 형태로 기록을 남기게 하고 있습니다. 다음으로 장을 본 영수증도 함께 제출해 받는 것입니다. 그 영수증을 보고 참가자가 직접 요리를 한 것인지, 아니면 단지 완성품을 사 와서 먹은 것인지를 확인하고 있습니다.

女の人は何について話していますか。
1 日本人の食生活の変化
2 家庭での食費の記録方法
3 日本人の食生活を調査する理由
4 日本人の食生活の調査方法

여자는 무엇에 대해서 이야기하고 있습니까?
1 일본인의 식생활 변화
2 가정에서의 식비 기록 방법
3 일본인의 식생활을 조사하는 이유
4 일본인의 식생활 조사 방법

어휘 テレビ 텔레비전, TV *「テレビジョン」의 준말 ～ほど ～정도 前(まえ) 전, 이전 家庭(かてい) 가정 食生活(しょくせいかつ) 식생활 実態(じったい) 실태 ～について ～에 대해서 *내용 調査(ちょうさ) 조사 行(おこな)う 하다, 행하다, 실시하다 正確(せいかく)だ 정확하다 成功(せいこう) 성공 동사의 보통형+ために ～하기 위해서 次(つぎ) 다음 ポイント 포인트 主眼(しゅがん) 주안(점) 置(お)く 놓다, 두다 まず 우선 参加者(さんかしゃ) 참가자 方(かた) 분 ぜひ 꼭 食事(しょくじ) 식사 写真(しゃしん) 사진 撮(と)る (사진을) 찍다 ～てほしい ～해 주었으면 하다, ～하길 바라다 要請(ようせい) 요청 なぜなら 왜냐하면 アンケート 앙케트 インタビュー 인터뷰 ～だけでは ～만으로는 把握(はあく) 파악 동사의 ます형+にくい ～하기 어렵다[힘들다] 協力(きょうりょく) 협력 得(え)る 얻다 目(め) 눈 見(み)える 보이다 形(かたち) 형태 記録(きろく)を取(と)る 기록을 남기다 ～てもらう (남에게) ～해 받다, (남이) ～해 주다 買(か)い物(もの) 쇼핑, 장을 봄 レシート 영수증 一緒(いっしょ)に 함께, 같이 提出(ていしゅつ) 제출 自分(じぶん)で 직접, 스스로 料理(りょうり) 요리 それとも 그렇지 않으면, 아니면 ただ 단지 できる 다 되다, 완성되다 確認(かくにん) 확인 変化(へんか) 변화 方法(ほうほう) 방법 理由(りゆう) 이유

2番 テレビの番組で参加者の伝統舞踊を見た後、司会者が男の人に感想を聞いています。
TV 프로그램에서 참가자의 전통 무용을 본 후, 사회자가 남자에게 감상을 묻고 있습니다.

女 ありがとうございました。では、中村先生、感想をお願いします。

男 はい。一応、舞踊自体には慣れてるみたいですね。でも、うーん、何と言うか、テレビの番組を見てそれを真似している感じというか、それ以上じゃないんですよね。見る人の胸に響く舞踊っていうのは、やっぱり印象に残る何か強いものが感じられるんですよね。伝統舞踊がうまい人はいくらでもいるんだが、うまいってだけじゃちょっと…。

여 감사합니다. 그럼, 나카무라 선생님, 감상을 부탁드립니다.

남 예. 일단 무용 자체에는 익숙한 것 같네요. 하지만 음…, 뭐랄까, TV 프로그램을 보고 그것을 흉내 내고 있는 느낌이랄까, 그 이상은 아니죠. 보는 사람의 심금을 울리는 무용이라는 것은 역시 인상에 남는 뭔가 강한 것이 느껴지는 거죠. 전통 무용을 잘하는 사람은 얼마든지 있지만, 잘한다는 것만으로는 좀….

男の人は参加者についてどのように思っていますか。
1 舞踊が上手で印象に残る
2 舞踊が下手で印象が薄い
3 舞踊は上手だが、印象は薄い
4 舞踊はまあまあだが、印象が強くていい

남자는 참가자에 대해서 어떻게 생각하고 있습니까?
1 무용을 잘해서 인상에 남는다
2 무용을 잘 못해서 인상이 약하다
3 무용은 잘하지만, 인상은 약하다
4 무용은 그저 그렇지만, 인상이 강해서 좋다

어휘 番組(ばんぐみ) (방송 · 연예 등의) 프로그램 参加者(さんかしゃ) 참가자 伝統(でんとう) 전통 舞踊(ぶよう) 무용 동사의 た형+後(あと) ~한 후 司会者(しかいしゃ) 사회자 感想(かんそう) 감상, 마음속에서 일어나는 느낌이나 생각 聞(き)く 묻다 一応(いちおう) 일단 自体(じたい) 자체 慣(な)れる 익숙해지다 ~みたいだ ~인 것 같다 でも 하지만 何(なん)と言(い)う 뭐라고 하는, 뭐라는 真似(まね)する 흉내 내다 感(かん)じ 느낌 ~というか ~라고 할까 *사람이나 어떤 사건에 대해 그 인상이나 판단 등을 할 때 씀 以上(いじょう) 이상 胸(むね)に響(ひび)く 심금을 울리다 やっぱり 역시 *「やはり」의 회화체 표현 印象(いんしょう) 인상 残(のこ)る 남다 強(つよ)い 강하다 うまい 잘하다, 능숙하다 いくらでも 얼마든지 上手(じょうず)だ 능숙하다, 잘하다 下手(へた)だ 잘 못하다, 서투르다 薄(うす)い 적다, 박하다 まあまあ 그저 그런 정도 *불충분하지만, 그 정도로 만족할 수 있음을 나타냄

3番 ラジオで女の人が話しています。

라디오에서 여자가 이야기하고 있습니다.

女 以前日本の代表的なペットと言えば、犬と猫でしたが、最近発表されたペットに関する調査結果によると、そのような動物を飼う人の数がだいぶ減ってきているそうです。それには色々な理由があると思いますが、主に家庭環境の変化や経済的な事情などが関わっているそうです。共働きの家庭の増加でペットを散歩に連れていく時間がなかなか取れないとか、医療費などお金がかかることから、飼いたくても飼えないという人が増えているんだそうです。実は私自身もかわいい子犬や猫を飼いたいと思うこともありますが、海外出張が多い仕事をしているから、なかなか決心が付きません。

여 이전에 일본의 대표적인 반려동물이라고 하면 개와 고양이였지만, 최근 발표된 반려동물에 관한 조사 결과에 따르면 그러한 동물을 기르는 사람의 수가 상당히 줄어들고 있다고 합니다. 거기에는 여러 가지 이유가 있겠지만, 주로 가정 환경의 변화나 경제적인 사정 등이 관계되어 있다고 합니다. 맞벌이 가정의 증가로 반려동물을 산책하러 데려갈 시간을 좀처럼 낼 수 없다든가, 의료비 등 돈이 들기 때문에 기르고 싶어도 기를 수 없다는 사람이 늘고 있는 것이라고 합니다. 실은 제 자신도 귀여운 강아지나 고양이를 기르고 싶다고 생각할 때도 있지만, 해외 출장이 많은 일을 하고 있기 때문에 좀처럼 결심이 서질 않습니다.

女の人は何について話していますか。

1 人気があるペットの種類
2 ペットの健康の維持
3 共働きの人が飼いやすいペット
4 ペットを飼っている人が減っている理由

여자는 무엇에 대해서 이야기하고 있습니까?

1 인기가 있는 반려동물의 종류
2 반려동물의 건강 유지
3 맞벌이인 사람이 기르기 쉬운 반려동물
4 반려동물을 기르고 있는 사람이 줄고 있는 이유

어휘 ラジオ 라디오 以前(いぜん) 이전 代表的(だいひょうてき)だ 대표적이다 ペット 펫, 애완동물, 반려동물 ~と言(い)えば ~라고 하면 犬(いぬ) 개 猫(ねこ) 고양이 最近(さいきん) 최근, 요즘 発表(はっぴょう) 발표 ~に関(かん)する ~에 관한 調査(ちょうさ) 조사 結果(けっか) 결과 ~によると ~에 의하면, ~에 따르면 動物(どうぶつ) 동물 飼(か)う (동물을) 기르다, 사육하다 数(かず) 수 だいぶ 꽤, 상당히 減(へ)る 줄다, 줄어들다 품사의 보통형+そうだ ~라고 한다 *전문 色々(いろいろ)だ 여러 가지다, 다양하다 理由(りゆう) 이유 主(おも)に 주로 家庭(かてい) 가정 環境(かんきょう) 환경 変化(へんか) 변화 経済的(けいざいてき)だ 경제적이다 事情(じじょう) 사정 関(かか)わる 관계되다 共働(ともばたら)き 맞벌이 増加(ぞうか) 증가 散歩(さんぽ) 산책 連(つ)れる 데리고 가다 時間(じかん) 시간 なかなか (부정어 수반) 좀처럼 取(と)る 취하다, 내다 医療費(いりょうひ) 의료비 かかる (비용이) 들다 ~ことから ~(인 것) 때문에, ~(인 것)으로 인해 동사의 ます형+たい ~하고 싶다 増(ふ)える 늘다, 늘어나다 実(じつ)は 실은 自身(じしん) 자신 *체언에 접속하여 그 말을 강조함 かわいい 귀엽다 子犬(こいぬ) 강아지 海外(かいがい) 해외 出張(しゅっちょう) 출장 多(おお)い 많다 仕事(しごと) 일 決心(けっしん)が付(つ)く 결심이 서다 人気(にんき) 인기 種類(しゅるい) 종류 健康(けんこう) 건강 維持(いじ) 유지 동사의 ます형+やすい ~하기 쉽다[편하다]

4番 教室で先生が話しています。

교실에서 선생님이 이야기하고 있습니다.

男 一般的に人間は油で揚げた天ぷらや脂肪が多く含まれたケーキなどを美味しいと感じます。油自体には味も匂いもないのに、どうしてなんでしょう。実は油を多く含んだカロリーの高い食べ物は、口の中を刺激し、その刺激が脳に伝わって美味しいと感じているのです。脳は食べ物の情報を受け取ると、それを食べてよいか悪いか即座に判断し、食べてよいとなれば、美味しいと感じ、食欲を湧かせて必要な栄養素を摂取しようとしているのです。

남 일반적으로 인간은 기름으로 튀긴 튀김이나 지방이 많이 함유된 케이크 등을 맛있다고 느낍니다. 기름 자체에는 맛도 냄새도 없는데, 왜 그런 걸까요? 실은 기름을 많이 함유한 칼로리가 높은 음식은 입안을 자극하고 그 자극이 뇌에 전달되어 맛있다고 느끼는 것입니다. 뇌는 음식 정보를 받으면 그것을 먹어도 좋은지 나쁜지 즉석에서 판단하여, 먹어도 좋다고 판단되면 맛있다고 느껴 식욕을 돋게 해서 필요한 영양소를 섭취하려고 하는 것입니다.

先生は何について話していますか。

1 油を美味しく感じる理由
2 色々な油を使った料理の調理方法
3 油に味と匂いがない理由
4 カロリーの高い食べ物の例

선생님은 무엇에 대해서 이야기하고 있습니까?

1 기름을 맛있게 느끼는 이유
2 다양한 기름을 사용한 요리의 조리 방법
3 기름에 맛과 냄새가 없는 이유
4 칼로리가 높은 음식의 예

어휘 教室(きょうしつ) 교실 一般的(いっぱんてき)だ 일반적이다 人間(にんげん) 인간 油(あぶら) 기름 揚(あ)げる 튀기다 天(てん)ぷら 튀김 脂肪(しぼう) 지방 含(ふく)まれる 포함되다, 함유되다 ケーキ 케이크 美味(おい)しい 맛있다 感(かん)じる 느끼다 自体(じたい) 자체 味(あじ) 맛 匂(にお)い 냄새 ～のに ~는데(도) どうして 왜, 어째서 実(じつ)は 실은 含(ふく)む 포함하다, 함유하다 カロリー 칼로리 高(たか)い 높다 食(た)べ物(もの) 음식, 먹을 것 口(くち) 입 中(なか) 안, 속 刺激(しげき) 자극 脳(のう) 뇌 伝(つた)わる 전해지다, 전달되다 情報(じょうほう) 정보 受(う)け取(と)る 받다, 수취하다 即座(そくざ)に 즉석에서, 그 자리에서 判断(はんだん) 판단 食欲(しょくよく) 식욕 湧(わ)く (비유적으로) 솟다, 생기다 必要(ひつよう)だ 필요하다 栄養素(えいようそ) 영양소 摂取(せっしゅ) 섭취 理由(りゆう) 이유 色々(いろいろ)だ 여러 가지다, 다양하다 使(つか)う 쓰다, 사용하다 料理(りょうり) 요리 調理(ちょうり) 조리 方法(ほうほう) 방법 例(れい) 예

5番 テレビで科学者が話しています。

TV에서 과학자가 이야기하고 있습니다.

男 原子力発電では、ウランやプルトニウムの核が分裂し、その時に出る熱エネルギーを電気エネルギーに変えています。核分裂を起こすと、ウランやプルトニウムそのものがエネルギーに変わってしまいます。つまり、物質が無くなり、熱に変わってしまうのです。これは、自然界の基本原理「質量保存の法則」に反することです。石油を密閉容器の中で燃やすと、熱エネルギーが出ても、燃焼の前と後では容器全体の重さは変わっていません。ところが、ウランを密閉容器で燃やすと、燃えた後の方が軽くなります。なぜなら、一部のウランが熱エネルギーに変わってしまったからです。

남 원자력 발전에서는 우라늄이나 플루토늄의 핵이 분열해 그때 나오는 열에너지를 전기 에너지로 바꿉니다. 핵분열을 일으키면 우라늄이나 플루토늄 그 자체가 에너지로 변해 버립니다. 즉, 물질이 없어지고 열로 변해 버리는 것입니다. 이것은 자연계의 기본 원리 '질량 보존의 법칙'에 반하는 것입니다. 석유를 밀폐 용기 안에서 태우면 열에너지가 나와도 연소 전과 후에는 용기 전체의 무게는 변하지 않습니다. 그런데 우라늄을 밀폐 용기에서 태우면 탄 후 쪽이 가벼워집니다. 왜냐하면 일부 우라늄이 열에너지로 변해 버렸기 때문입니다.

科学者は何について話していますか。

1 原子力発電の危険性
2 質量保存の法則の定義
3 原子力で電気が作られる仕組み
4 物質が燃焼する過程

과학자는 무엇에 대해서 이야기하고 있습니까?

1 원자력 발전의 위험성
2 질량 보존의 법칙의 정의
3 원자력으로 전기가 만들어지는 구조
4 물질이 연소하는 과정

어휘 科学者(かがくしゃ) 과학자 原子力(げんしりょく) 원자력 発電(はつでん) 발전 ウラン 우라늄 プルトニウム 플루토늄 核(かく) 핵 分裂(ぶんれつ) 분열 出(で)る 나오다 熱(ねつ)エネルギー 열에너지 電気(でんき) 전기 変(か)える 바꾸다 核分裂(かくぶんれつ) 핵분열 起(お)こす 일으키다, 발생시키다 変(か)わる 바뀌다, 변하다 つまり 즉 物質(ぶっしつ) 물질 無(な)くなる 없어지다 自然界(しぜんかい) 자연계 基本(きほん) 기본 原理(げんり) 원리 質量(しつりょう) 질량 保存(ほぞん) 보존 法則(ほうそく) 법칙 反(はん)する 반하다, 위배되다 石油(せきゆ) 석유 密閉(みっぺい) 밀폐 容器(ようき) 용기, 그릇 燃(も)やす (불에) 태우다 燃焼(ねんしょう) 연소 前(まえ) 앞, 전 後(あと) 뒤, 후 全体(ぜんたい) 전체 重(おも)さ 무게 ところが 그런데, 그러나 燃(も)える (불에) 타다 동사의 た형+後(あと) ~한 후 軽(かる)い 가볍다 なぜなら 왜냐하면 一部(いちぶ) 일부 危険性(きけんせい) 위험성 定義(ていぎ) 정의 作(つく)る 만들다 仕組(しく)み 구조 過程(かてい) 과정

문제 4 즉시 응답

출제 유형

문제 4 즉시 응답은 질문 등의 짧은 발화를 듣고 즉시 적당한 응답을 찾는 문제로, 12문항이 출제된다. 아무런 상황 설명 없이 바로 발화가 시작되고 선택지도 바로 이어서 음성으로만 제시되기 때문에 재빠른 판단력과 순발력이 요구된다. 문제는 의문문으로 제시될 수도 있지만 그렇지 않은 경우도 있기 때문에 평소에 일상생활에서 자주 등장하는 대화와 문형을 많이 접해 두어야 당황하지 않고 답을 찾을 수 있다.

실제 시험 예시

問題 4

問題4では、問題用紙に何もいんさつされていません。まず文を聞いてください。それから、それに対する返事を聞いて、1から3の中から、最もよいものを一つ選んでください。

― メモ ―

[예제 스크립트]

例1

男 お父さんの病気はどうですか。

① 의문문 형태의 발화

女 1 お蔭様で、だんだんよくなっています。
2 大変ですね。薬は飲みましたか。
3 そうですか。お見舞いに行かなくちゃ。

② 세 개의 선택지(음성으로만 제시)

例2

女 すぐそこで事故があったみたいですよ。

① 평서문 형태의 발화

男 1 ええ、規則ずくめですからね。
2 さっきの音は車がぶつかる音だったんですね。
3 家のすぐ近くに踏み切りがあるから、仕方ありませんよ。

② 세 개의 선택지(음성으로만 제시)

|정답| 1 1 2 2

청해 즉시 응답

시험 대책

즉시 응답은 문제지에 아무것도 인쇄되어 있지 않고 오직 음성만 듣고 문제를 풀어야 하기 때문에 어떤 상황인지, 말하는 사람의 의도가 무엇인지를 파악하면서 핵심표현을 메모해 두어야 한다. 인사말, 권유, 거절, 허가나 승낙, 금지, 과거의 경험, 몸 상태 등을 묻는 문제가 잘 나오는데, 특히 응답 중에서 거절과 관련된 표현들은 일본어에서는 말끝을 흐리는 경우가 많고 에둘러 말하기도 하므로 정답을 고를 때 주의해야 한다.

확인 문제 1 • 즉시 응답

問題 4

동영상 29

음원

問題4では、問題用紙に何もいんさつされていません。まず文を聞いてください。それから、それに対する返事を聞いて、1から3の中から、最もよいものを一つ選んでください。

― メモ ―

확인 문제 1 • 스크립트 및 해석(즉시 응답)

1番

女 どうしたの? 電話に出ないから、心配したわ。	여 무슨 일 있어? 전화를 안 받아서 걱정했어.
男 1 ごめん、疲れて寝ちゃった。 2 言ってくれたら、手伝ってあげたのに。 3 正直言うと、僕も少し心細いなあ。	남 1 미안해, 피곤해서 자 버렸어. 2 말해 줬으면 도와줬을 텐데. 3 솔직히 말하면 나도 조금 불안해.

어휘 電話(でんわ)に出(で)る 전화를 받다 心配(しんぱい) 걱정 疲(つか)れる 지치다, 피로해지다 寝(ね)る 자다 ～てくれる (남이 나에게) ~해 주다 手伝(てつだ)う 돕다 ～てあげる (내가 남에게) ~해 주다 ～のに ~텐데, ~련만 正直(しょうじき)だ 정직하다 *「正直(しょうじき)に言(い)うと」 - 정직하게[솔직히] 말하면 心細(こころぼそ)い 불안하다, 어쩐지 마음이 안 놓이다

2番

男 この書類、難しい言葉が多すぎると思いませんか。	남 이 서류, 어려운 말이 너무 많은 것 같지 않아요?
女 1 3枚半ぐらいだから、そんなに長くないですよ。 2 すみません。実は私も数学は苦手なんです。 3 そう言えば、そうですね。書き直した方がいいでしょうか。	여 1 3장 반 정도니까, 그렇게 길지 않아요. 2 죄송해요. 실은 저도 수학은 잘 못하거든요. 3 그러고 보니 그러네요. 다시 쓰는 편이 좋을까요?

어휘 書類(しょるい) 서류 難(むずか)しい 어렵다 言葉(ことば) 말, 단어 多(おお)い 많다 い형용사의 어간+すぎる 너무 ~하다 ～枚(まい) ~장 半(はん) 반 そんなに 그렇게 長(なが)い 길다 実(じつ)は 실은 数学(すうがく) 수학 苦手(にがて)だ 서투르다, 잘 못하다 そう言(い)えば 그러고 보니 書(か)き直(なお)す 고쳐[다시] 쓰다 동사의 た형+方(ほう)がいい ~하는 편[쪽]이 좋다

3番

男 今日の夕飯は外で済ませて来るからね。	남 오늘 저녁은 밖에서 해결하고 올 테니까.
女 1 誰かと約束でもあるの? 2 お弁当でも買って来ようか。ついでに飲み物も。 3 うん、ところでどこで待ち合わせしようか。	여 1 누군가와 약속이라도 있어? 2 도시락이라도 사 올까? 사는 김에 마실 것도. 3 응, 그런데 어디에서 만날까?

어휘 夕飯(ゆうはん) 저녁식사 外(そと) 밖 済(す)ませる 해결하다, 때우다 約束(やくそく) 약속 お弁当(べんとう) 도시락 ついでに 하는 김에 飲(の)み物(もの) 음료, 마실 것 ところで 그것은 그렇고, 그런데 待(ま)ち合(あ)わせ (약속하여) 만나기로 함

4番

女 この店、いつも人気があって、2時間ぐらい待たなきゃ入れないらしいね。	여 이 가게, 늘 인기가 있어서 2시간 정도 기다리지 않으면 들어갈 수 없는 모양이야.
男 1 そんなに焦らずに、もうちょっと待ってみてよ。 2 あれ、でも、今日は不思議なことに席が空いているね。 3 うん、前以てチケットを買うべきだったね。	남 1 그렇게 안달하지 말고 조금 더 기다려 봐. 2 어, 하지만 오늘은 이상하게도 자리가 비어 있네. 3 응, 미리 티켓을 샀어야 했네.

어휘 店(みせ) 가게 人気(にんき) 인기 待(ま)つ 기다리다 ～なきゃ ~하지 않으면 *「～なければ」의 회화체 표현 入(はい)る 들어가다 ～らしい ~인 것 같다 そんなに 그렇게 焦(あせ)る 안달하다, 초조해하다 ～ずに ~하지 말고 あれ 어, 아니 *놀라거나 의외로 여길 때 내는 소리 不思議(ふしぎ)だ 불가사의하다, 이상하다 ～ことに ~하게도 *감탄 · 놀람 席(せき) (앉는) 자리, 좌석 空(あ)く (자리 · 방 따위가) 나다, 비다 前以(まえもっ)て 미리, 사전에 チケット 티켓, 표 買(か)う 사다 동사의 기본형+べきだ (마땅히) ~해야 한다

5番

女 あのテーブル、価格以外は気に入ってるんだけど…。
男 1 そうだな。ずいぶん高いのを買ったんだなあ。
2 そうだな。もうちょっと安ければ申し分ないよなあ。
3 そうだな。デザインがちょっと古い感じだなあ。

여 저 테이블, 가격 이외에는 마음에 드는데….
남 1 그러게. 꽤 비싼 걸 샀네.
2 그러게. 조금 더 싸면 더할 나위 없겠는데 말이야.
3 그러게. 디자인이 좀 옛날 느낌이네.

어휘 テーブル 테이블 価格(かかく) 가격 以外(いがい) 이외 気(き)に入(い)る 마음에 들다 ずいぶん 꽤, 몹시, 퍽 高(たか)い 비싸다 買(か)う 사다 安(やす)い 싸다 申(もう)し分(ぶん)ない 나무랄 데 없다, 더할 나위 없다 デザイン 디자인 古(ふる)い 구식이다, 낡다 感(かん)じ 느낌

6番

女 駅前の大型スーパーで酒を大安売りしていたわよ。
男 1 うん、うちも家計が火の車だよ。
2 あんな味じゃ、そのうち潰れちゃうよ。
3 へえ、じゃ、ワインでもまとめて買っておこうか。

여 역 앞에 있는 대형 슈퍼에서 술을 대염가 판매하고 있었어.
남 1 응, 우리 집도 살림살이가 몹시 쪼들려.
2 그런 맛으로는 곧 망해 버릴 거야.
3 허, 그럼, 와인이라도 일괄 구입해 둘까?

어휘 駅前(えきまえ) 역 앞 大型(おおがた) 대형 スーパー 슈퍼(마켓) *「スーパーマーケット」의 준말 大安売(おおやすう)り 대염가 판매 うち 우리, 우리 집 家計(かけい) 가계, 생계 火(ひ)の車(くるま) 몹시 쪼들림, 몹시 궁함 あんな (서로 알고 있는) 그런 味(あじ) 맛 そのうち 가까운 시일 안에, 곧 潰(つぶ)れる 망하다, 파산하다 ワイン 와인 まとめる 한데 모으다, 합치다

7番

男 朝からどんよりした空ですね。
女 1 ええ、一雨来そうですね。
2 この雨じゃ全部中止になると思いますけど。
3 ええ、雲一つ見えませんね。

남 아침부터 잔뜩 흐린 하늘이네요.
여 1 네, 한바탕 비가 올 것 같네요.
2 이 비면 전부 중지가 될 것 같은데요.
3 네, 구름 한 점 안 보이네요.

어휘 朝(あさ) 아침 どんより 날씨가 잔뜩 흐린 모양 空(そら) 하늘 一雨(ひとあめ) 한차례의 비 *「一雨来(ひとあめく)る」 – 한차례[한바탕] 비가 오다 동사의 ます형+そうだ ~일[할] 것 같다 *양태 雨(あめ) 비 ～じゃ ~이면(=～では) 全部(ぜんぶ) 전부 中止(ちゅうし) 중지 雲(くも) 구름 見(み)える 보이다

8番

女 休暇の間は何をしていらっしゃいましたか。
男 1 我慢できなくなって何回か吸ったことがあります。
2 キャンプに行って釣りをして楽しんでましたよ。
3 まだなんです。でも、今日中には出そうと思っています。

여 휴가 동안에는 뭘 하고 계셨어요?
남 1 참을 수 없게 되어서 몇 번인가 피운 적이 있어요.
2 캠핑하러 가서 낚시를 하며 즐겼어요.
3 아직이요. 하지만 오늘 중으로는 제출하려고 생각하고 있어요.

어휘 休暇(きゅうか) 휴가 間(あいだ) 동안 ～ていらっしゃる ~하고 계시다 *「～ている」(~하고 있다)의 존경표현 我慢(がまん) 참음, 견딤 何回(なんかい)か 몇 번인가 吸(す)う (담배를) 피우다 동사의 た형+ことがある ~한 적이 있다 キャンプ 캠핑, 야영 동작성 명사+に ~하러 *동작의 목적 釣(つ)り 낚시 楽(たの)しむ 즐기다 今日中(きょうじゅう) 오늘 중 出(だ)す 내다, 제출하다

9番

男 この件に関して、異議のある方はいらっしゃいますか。

女 1 失敗は成功の元。また頑張ればいいですよ。

2 それが双方とも一歩も譲らなくてまだなんです。

3 反対ではありませんが、もう少し議論の余地があるかと思います。

남 이 건에 관해서 이의가 있는 분은 계십니까?

여 1 실패는 성공의 어머니. 다시 열심히 하면 돼요.

2 그게 양쪽 모두 한걸음도 양보하지 않아서 아직이에요.

3 반대는 아니지만, 조금 더 논의의 여지의 있을 거라고 생각해요.

어휘 件(けん) 건 ～に関(かん)して ～에 관해서 異議(いぎ) 이의 方(かた) 분 いらっしゃる 계시다 *「いる」((사람이) 있다)의 존경어 失敗(しっぱい)は成功(せいこう)の元(もと) 실패는 성공의 어머니 頑張(がんば)る (끝까지) 노력하다, 열심히 하다 双方(そうほう) 쌍방, 양쪽 ～とも (다른 명사 뒤에 붙어서) 모두 一歩(いっぽ) 한걸음 譲(ゆず)る 양보하다 反対(はんたい) 반대 もう少(すこ)し 조금 더 議論(ぎろん) 의논, 논의 余地(よち) 여지 ～かと思(おも)う ～일 것이라고 생각하다

10番

女 今月は予想外の出費が多くて家計がきついわ。

男 1 じゃ、明日は久しぶりに外食でもしようか。

2 当分の間は外食を控えるしかないね。

3 新しいスーツでも買おうと思ってるんだ。

여 이달은 예상외의 지출이 많아서 살림살이가 빠듯해.

남 1 그럼, 내일은 오랜만에 외식이라도 할까?

2 당분간은 외식을 절제할 수밖에 없겠어.

3 새 정장이라도 살까 해.

어휘 今月(こんげつ) 이달 予想外(よそうがい) 예상외 出費(しゅっぴ) 지출 多(おお)い 많다 家計(かけい) 가계, 생계 きつい 힘들다, 빡빡하다 久(ひさ)しぶり 오랜만임 外食(がいしょく) 외식 当分(とうぶん)の間(あいだ) 당분간 控(ひか)える 삼가다, 줄이다, 절제하다 ～しかない ～할 수밖에 없다 新(あたら)しい 새롭다 スーツ 슈트, 정장 買(か)う 사다

11番

男 お忙しい中、わざわざお越しいただきまして、ありがとうございます。

女 1 いいえ、私もお目にかかれて嬉しいです。

2 そうですか。大したことなくてよかったですね。

3 いいえ、こちらこそどうぞよろしくお願いします。

남 바쁘신 와중에 일부러 와 주셔서 감사합니다.

여 1 아니요, 저도 만나 뵙게 되어 기쁩니다.

2 그래요? 별일 아니어서 다행이네요.

3 아니요, 저야말로 아무쪼록 잘 부탁드립니다.

어휘 忙(いそが)しい 바쁘다 わざわざ (특별한 노력이나 수단의) 일부러 お越(こ)し 오심 *「来(く)ること」(옴)의 존경어 お目(め)にかかる 만나 뵙다 *「会(あ)う」(만나다)의 겸양어 嬉(うれ)しい 기쁘다 大(たい)した (부정어 수반) 별, 대단한, 큰 ～てよかった ～해서 다행이다[잘됐다] こちらこそ 저야말로

12番

女 すみませんが、お名刺を頂戴できますか。

男 1 すみません、あいにく今切らしておりますので。

2 賞味期限が過ぎていますから、食べない方がいいと思います。

3 念のため、余分のプリントも用意しておきましたから、心配しなくてもいいです。

여 죄송하지만, 명함을 받을 수 있을까요?

남 1 죄송합니다, 공교롭게도 지금 다 떨어져서요.

2 유통기한이 지났으니까, 안 먹는 편이 좋을 것 같아요.

3 만약을 위해 여분의 프린트도 준비해 두었으니까, 걱정하지 않아도 돼요.

어휘 名刺(めいし) 명함 頂戴(ちょうだい)する (남에게) 받다 *「もらう」의 겸양어 あいにく 공교롭게도 切(き)らす 끊어진 상태로 두다[하다], 다 없애다[쓰다] 賞味期限(しょうみきげん) 유통기한 過(す)ぎる (정해진 기한 · 기간이) 지나다 念(ねん)のため 만약을 위해 余分(よぶん) 여분 プリント 프린트 用意(ようい) 준비 ～ておく ～해 놓다[두다] 心配(しんぱい) 걱정

もんだい
問題 4

問題4では、問題用紙に何もいんさつされていません。まず文を聞いてください。それから、それに対する返事を聞いて、1から3の中から、最も よいものを一つ選んでください。

— メモ —

확인 문제 2 • 스크립트 및 해석(즉시 응답)

1番

女 どうしよう。この服、洗濯したら縮んじゃったわ。
男 1 うん、正に洗濯日和だなあ。
2 買ったばかりの服だったのに、勿体無いなあ。
3 洗濯してみないことにはわからないと思うけど。

여 어떡하지? 이 옷, 세탁했더니 줄어 버렸어.
남 1 응, 진짜 빨래하기 좋은 날씨군.
2 산 지 얼마 안 된 옷이었는데 아깝네.
3 세탁해 보지 않으면 모를 것 같은데.

어휘 服(ふく) 옷 洗濯(せんたく) 세탁, 빨래 縮(ちぢ)む 줄다, 작아지다 正(まさ)に 정말로, 실로
명사+日和(びより) ~하기에 좋은 날씨 동사의 た형+ばかり 막 ~한 참임, ~한 지 얼마 안 됨 ~のに ~는데(도)
勿体無(もったいな)い 아깝다 ~ないことには ~하지 않고서는, ~하지 않으면

2番

男 おかげ様で、だいぶ元気になりました。
女 1 風邪気味のようですね。早く病院に行った方がいいですよ。
2 それはいけませんね。お大事に。
3 でも、退院したばかりだから、まだ無理しないでください。

남 덕분에 꽤 건강해졌어요.
여 1 감기 기운이 있는 것 같네요. 빨리 병원에 가는 편이 좋아요.
2 그거 안됐네요. 몸조리 잘하세요.
3 하지만 퇴원한 지 얼마 안 됐으니까, 아직 무리하지 마세요.

어휘 おかげ様(さま)で 덕분에 *「おかげで」의 공손한 말씨 だいぶ 꽤, 상당히 元気(げんき)だ 건강하다
風邪気味(かぜぎみ) 감기 기운이 있음 ~ようだ ~인 것 같다 早(はや)く 빨리 病院(びょういん) 병원
동사의 た형+方(ほう)がいい ~하는 편[쪽]이 좋다 いけない 안됐다, 딱하다 お大事(だいじ)に 몸조리 잘하세요
でも 하지만 退院(たいいん) 퇴원 동사의 た형+ばかり 막 ~한 참임, ~한 지 얼마 안 됨 無理(むり) 무리
~ないでください ~하지 마세요

3番

女 もう、昨夜もテレビ付けっ放しにして寝たんだね。
男 1 うん、話題になってテレビにまで出た店だからなあ。
2 ごめん。眠くなって消し忘れて寝ちゃった。
3 不眠症で眠りが浅くて毎日が大変だよ。

여 정말, 어젯밤에도 TV 켜 놓고 잤지?
남 1 응, 화제가 되어서 TV에까지 나온 가게니까 말이야.
2 미안. 졸려서 끄는 걸 잊고 자 버렸어.
3 불면증으로 잠이 깊이 들지 않아서 매일이 힘들어.

어휘 もう 정말 *감동·감정을 강조할 때 쓰는 말 昨夜(ゆうべ) 어젯밤 テレビ 텔레비전, TV *「テレビジョン」의 준말
付(つ)ける 켜다 동사의 ます형+っ放(ぱな)し ~한 상태로 내버려 두는 것 寝(ね)る 자다 話題(わだい) 화제
出(で)る 나오다, 출연하다 店(みせ) 가게 眠(ねむ)い 졸리다 消(け)し忘(わす)れる 끄는 것을 잊다 不眠症(ふみんしょう) 불면증
眠(ねむ)りが浅(あさ)い 잠이 설다, 잠이 깊이 들지 않다 毎日(まいにち) 매일 大変(たいへん)だ 힘들다

4番

男 あの二人、ちょっと険悪なムードになってますね。
女 1 一触即発っていう感じですね。
2 悔しいけど、成功するには試行錯誤を重ねるしかないですよ。
3 この雰囲気なら、誰でも気に入ってくれると思いますよ。

남 저 두 사람, 좀 험악한 분위기가 되었네요.
여 1 일촉즉발이라는 느낌이네요.
2 분하지만, 성공하려면 시행착오를 거듭할 수밖에 없어요.
3 이 분위기라면 누구나 마음에 들어할 거예요.

어휘 険悪(けんあく)だ 험악하다 ムード 무드, 분위기 一触即発(いっしょくそくはつ) 일촉즉발 感(かん)じ 느낌 悔(くや)しい 분하다 成功(せいこう) 성공 동사의 보통형+には ~하려면 試行錯誤(しこうさくご) 시행착오 重(かさ)ねる 거듭하다 ~しかない ~할 수밖에 없다 気(き)に入(い)る 마음에 들다 ~てくれる (남이 나에게) ~해 주다

5番

女 中村さん、休む時に何の連絡もないと、困りますよ。	**여** 나카무라 씨, 쉴 때 아무런 연락도 없으면 곤란해요.
男 1 ええ、連絡が来次第、すぐお知らせします。	**남** 1 네, 연락이 오는 대로 바로 알려 드리겠습니다.
2 申し訳ありません。次からはすぐ電話するようにします。	2 죄송합니다. 다음부터는 바로 전화하도록 하겠습니다.
3 廊下の掲示板で確認してください。	3 복도 게시판에서 확인해 주세요.

어휘 休(やす)む 쉬다 何(なん)の 아무런 連絡(れんらく) 연락 困(こま)る 곤란하다, 난처하다 동사의 ます형+次第(しだい) ~하는 대로 (즉시) すぐ 곧, 바로 お+동사의 ます형+する ~하다, ~해 드리다 *겸양표현 知(し)らせる 알리다 申(もう)し訳(わけ)ありません 죄송합니다 *「すみません」보다 정중한 표현 ~ように ~하도록 廊下(ろうか) 복도 掲示板(けいじばん) 게시판 確認(かくにん) 확인

6番

女 ごめん、ちょっと拭く物取ってくれる?	**여** 미안한데, 닦을 것 좀 갖다줄래?
男 1 こぼしちゃったの? これで拭いてよ。	**남** 1 엎지른 거야? 이걸로 닦아.
2 色んな物が散らかっているなあ。すぐ掃除するよ。	2 여러 물건이 어질러져 있네. 당장 청소할게.
3 今手が離せないから、後で運んでおくよ。	3 지금 손을 놓을 수 없으니까, 나중에 옮겨 둘게.

어휘 ごめん 미안 拭(ふ)く 닦다 物(もの) 물건, 것 取(と)る 가져오다, 집다 こぼす 흘리다, 엎지르다 色(いろ)んな 여러 가지, 다양한 散(ち)らかる 흩어지다, 어질러지다 掃除(そうじ) 청소 手(て)が離(はな)せない 손을 놓을 수 없다, 하고 있는 일이 있어서 다른 일을 할 수 없다 後(あと)で 나중에 運(はこ)ぶ 옮기다, 나르다 ~て[で]おく ~해 놓다[두다]

7番

男 あの、この資料の翻訳をお願いしたいのですが。	**남** 저기, 이 자료의 번역을 부탁드리고 싶은데요.
女 1 手が空いていた鈴木さんに翻訳してもらいました。	**여** 1 손이 비어 있던 스즈키 씨가 번역해 주었어요.
2 いいですよ。いつまでに仕上げればよろしいですか。	2 좋아요. 언제까지 완성하면 되나요?
3 計算に相当時間がかかりそうですね。	3 계산에 상당히 시간이 걸릴 것 같네요

어휘 あの 저, 저기 *상대에게 말을 걸 때 하는 말 資料(しりょう) 자료 翻訳(ほんやく) 번역 願(ねが)う 부탁하다 手(て)が空(あ)く (일이 일단 끝나) 손이 비다 ~てもらう (남에게) ~해 받다, (남이) ~해 주다 いつ 언제 ~までに ~까지 *최종기한 仕上(しあ)げる 완성하다 よろしい 좋다, 괜찮다 *「いい・良(よ)い」의 공손한 표현 計算(けいさん) 계산 相当(そうとう) 상당히 時間(じかん) 시간 かかる (시간이) 걸리다 동사의 ます형+そうだ ~일[할] 것 같다 *양태

8番

女 毎晩、寝る前に柔軟体操をしてるの。	**여** 매일 밤 자기 전에 유연체조를 하고 있어.
男 1 だから、そんなに体が柔らかいんだね。	**남** 1 그래서 그렇게 몸이 유연하구나.
2 寝る前に温かい牛乳を飲んでみるのはどうかな。	2 자기 전에 따뜻한 우유를 마셔 보는 건 어떨까?
3 実は目覚まし時計が鳴らなかったんだ。	3 실은 알람 시계가 안 울렸어.

어휘 毎晩(まいばん) 매일 밤 寝(ね)る 자다 동사의 기본형+前(まえ)に ~하기 전에 柔軟(じゅうなん) 유연 体操(たいそう) 체조 だから 그러니까, 그래서 体(からだ) 몸 柔(やわ)らかい (몸이) 유연하다 温(あたた)かい 따뜻하다 牛乳(ぎゅうにゅう) 우유 飲(の)む 마시다 実(じつ)は 실은 目覚(めざ)まし時計(どけい) 자명종, 알람 시계 鳴(な)る 울리다

9番

男 語学は一定時間集中してやると早く上達するみたいだね。
女 1 うん、こんなに手間のかかる仕事だとは思いもしなかったわ。
2 わかってるけど、そのための時間を作るのが難しいわ。
3 さあ、普段の自分の力をまともに発揮できなかったのが敗因じゃないかしら。

남 어학은 일정 시간 집중해서 하면 빨리 느는 것 같아.
여 1 응, 이렇게 손이 많이 가는 일이라고는 생각지도 못했어.
2 알고는 있지만, 그렇게 하기 위한 시간을 내는 게 어려워.
3 글쎄, 평소 자신의 능력을 제대로 발휘하지 못했던 게 패인 아닐까?

어휘 語学(ごがく) 어학 一定(いってい) 일정 集中(しゅうちゅう) 집중 上達(じょうたつ) 기능이 향상됨 手間(てま) (일을 하는 데 드는) 품, 수고, 시간 *「手間(てま)がかかる」- 품이 들다, 어떤 일을 하기 위해 노력과 시간이 들다 ~とは ~라고는 思(おも)いもしない 생각지도 못하다 普段(ふだん) 평소 自分(じぶん) 자기, 자신, 나 力(ちから) 힘, 능력 まともに 제대로 発揮(はっき) 발휘 敗因(はいいん) 패인 ~かしら ~할까 *의문의 뜻을 나타냄

10番

女 最近、日本の景気は回復しているのかな。
男 1 完全に治ったわけではないから、無理しちゃ駄目だよ。
2 かなりの会社が求人を増やしているみたいだから、そうだと思うよ。
3 前より自然だし、悪くないと思うよ。

여 요즘 일본의 경기는 회복되고 있는 걸까?
남 1 완전히 나은 건 아니니까, 무리하면 안 돼.
2 상당한 회사가 구인을 늘리고 있는 것 같으니까, 그렇다고 생각해.
3 전보다 자연스럽고 나쁘지 않은 것 같아.

어휘 景気(けいき) 경기 回復(かいふく) 회복 完全(かんぜん)だ 완전하다 治(なお)る 낫다, 치료되다 ~わけではない (전부) ~인 것은 아니다, (반드시) ~라고는 말할 수 없다 無理(むり) 무리 駄目(だめ)だ 안 된다 求人(きゅうじん) 구인 増(ふ)やす 늘리다 ~より ~보다 自然(しぜん)だ 자연스럽다

11番

男 気象庁が熱帯低気圧の接近で、台風警報を出したそうだなあ。
女 1 うん、震源地からかなり離れた所なのにね。
2 地震ばかりかその後にやってくる津波の被害も多かったね。
3 そう? 今日は早めに帰宅した方がいいよね。

남 기상청이 열대 저기압의 접근으로 태풍 경보를 발령했다는군.
여 1 응, 진원지에서 상당히 떨어진 곳인데 말이야.
2 지진뿐만 아니라 그 후에 오는 쓰나미 피해도 많았지.
3 그래? 오늘은 조금 일찍 귀가하는 편이 좋겠네.

어휘 気象庁(きしょうちょう) 기상청 熱帯(ねったい) 열대 低気圧(ていきあつ) 저기압 接近(せっきん) 접근 警報(けいほう) 경보 出(だ)す 내다 震源地(しんげんち) 진원지 離(はな)れる 떨어지다 ~ばかりか ~뿐만 아니라 やってくる 다가오다 津波(つなみ) 쓰나미, 지진 해일 早(はや)めに (정해진 시간보다) 조금 일찍 帰宅(きたく) 귀가

12番

女 当社では消費者の動向に基づいて商品開発を行っております。
男 1 それで政府の予算をうまく獲得できたんですね。
2 じゃ、どんな方法でお客の要望を把握しているんですか。
3 取引先の要望を聞く担当スタッフが数人いるんです。

여 저희 회사에서는 소비자의 동향에 기초해서 상품 개발을 하고 있습니다.
남 1 그래서 정부 예산을 용케 획득할 수 있었군요.
2 그럼, 어떤 방법으로 고객의 요망을 파악하고 있는 건가요?
3 거래처의 요망을 듣는 담당 스태프가 몇 명 있거든요.

어휘 当社(とうしゃ) 당사, 이[우리] 회사 動向(どうこう) 동향 ~に基(もと)づいて ~에 근거[기초]해서 行(おこな)う 하다, 행하다, 실시하다 政府(せいふ) 정부 予算(よさん) 예산 獲得(かくとく) 획득 要望(ようぼう) 요망 把握(はあく) 파악 取引先(とりひきさき) 거래처 担当(たんとう) 담당 スタッフ 스태프 数人(すうにん) 몇 사람

확인 문제 3 · 즉시 응답

問題 4

問題4では、問題用紙に何もいんさつされていません。まず文を聞いてください。それから、それに対する返事を聞いて、1から3の中から、最もよいものを一つ選んでください。

— メモ —

확인 문제 3 • 스크립트 및 해석(즉시 응답)

1番

男 はい、どうぞ。こちらにコーヒーを置きますよ。
女 1 はい、いただきます。
2 いいえ、お粗末様でした。
3 はい、とても美味しかったです。

남 자, 드세요. 이쪽에 커피를 둘게요.
여 1 예, 잘 마시겠습니다.
2 아니요, 변변치 않았습니다.
3 예, 아주 맛있었습니다.

어휘 はい 자 *주의를 환기시키거나 다짐할 때 씀 どうぞ 무언가를 허락하거나 권할 때 쓰는 말 コーヒー 커피 置(お)く 놓다, 두다 いただきます 잘 먹겠습니다 お粗末様(そまつさま)でした 변변치 못했습니다 *손님을 대접한 뒤에 주인이 하는 겸양표현

2番

女 このはさみ、切れなくなったわ。
男 1 電池を交換しないといけないね。
2 そうだね。新しいの買って来なきゃ。
3 さっき紙で切っちゃったんだ。

여 이 가위, 잘 안 드네.
남 1 전지를 교환해야겠네.
2 그러네. 새 거 사 와야겠네.
3 아까 종이에 베였거든.

어휘 はさみ 가위 切(き)れる (칼 등이) 잘 들다 電池(でんち) 전지 交換(こうかん) 교환
~ないといけない ~하지 않으면 안 된다, ~해야 한다 新(あたら)しい 새롭다 買(か)う 사다
~なきゃ(ならない・いけない) ~하지 않으면 (안 된다), ~해야 한다 *「~なきゃ」는 「~なければ」의 회화체 표현
さっき 아까, 조금 전 紙(かみ) 종이 切(き)る 자르다, 베다

3番

男 どうしてそんなに召し上がらないんですか。お刺身はお嫌いなんですか。
女 1 実は魚料理が大好物なんです。
2 実は生物がちょっと苦手なんです。
3 実は甘い物は控えるように医者に言われたんです。

남 왜 그렇게 안 드세요? 회는 싫어하세요?
여 1 실은 생선 요리를 아주 좋아하거든요.
2 실은 날것을 좀 잘 못 먹거든요.
3 실은 단 음식은 삼가라고 의사한테 말을 들었거든요.

어휘 どうして 왜, 어째서 召(め)し上(あ)がる 드시다 *「食(た)べる」(먹다), 「飲(の)む」(마시다)의 존경어 刺身(さしみ) 회
嫌(きら)いだ 싫어하다 実(じつ)は 실은 魚料理(さかなりょうり) 생선 요리
大好物(だいこうぶつ) 아주 좋아하는 음식, 가장 좋아하는 것 生物(なまもの) 날것 苦手(にがて)だ 거북스럽다, 질색이다
甘(あま)い 달다 控(ひか)える 삼가다, 줄이다, 절제하다 ~ように ~하도록 医者(いしゃ) 의사

4番

女 こう暑くちゃ、眠れないわ。
男 1 今夜も寝苦しいと寝不足になっちゃうよなあ。
2 うん、行き交う人々の服装も軽くなったなあ。
3 エアコンの設定温度が低すぎて冷えちゃったんじゃない?

여 이렇게 더워서는 잘 수가 없어.
남 1 오늘 밤도 잠을 잘 못 자면 수면 부족이 되고 말 거야.
2 응, 오가는 사람들의 복장도 가벼워졌군.
3 에어컨 설정 온도가 너무 낮아서 추워진 거 아니야?

어휘 こう 이렇게 暑(あつ)い 덥다 眠(ねむ)る 자다, 잠들다 今夜(こんや) 오늘 밤
寝苦(ねぐる)しい (고통・더위 따위로) 잠들기 어렵다, 잠을 잘 못 자다 寝不足(ねぶそく) 수면 부족 行(い)き交(か)う 오가다, 왕래하다
人々(ひとびと) 사람들 服装(ふくそう) 복장 エアコン 에어컨 *「エアコンディショナ」의 준말 設定(せってい) 설정
温度(おんど) 온도 い형용사의 어간+すぎる 너무 ~하다 冷(ひ)える (날씨 등이) 차가워지다, 추워지다

5番

男 もうそろそろ年末ですね。
女 1 ええ、洗濯物が干せなくて大変です。
2 新年会が済んでからすぐ始めるそうですよ。
3 ええ、私もお歳暮の準備をしなきゃ。

남 이제 슬슬 연말이네요.
여 1 네, 빨래를 널 수 없어서 큰일이에요.
2 신년회가 끝난 후에 바로 시작한대요.
3 네, 저도 연말 선물을 준비해야겠네요.

어휘 もう 이제 そろそろ 이제 슬슬 年末(ねんまつ) 연말 洗濯物(せんたくもの) 세탁물, 빨래 干(ほ)す 말리다, 널다 大変(たいへん)だ 큰일이다 新年会(しんねんかい) 신년회 済(す)む 끝나다 ～て[で]から ～하고 나서, ～한 후에 始(はじ)める 시작하다 품사의 보통형+そうだ ～라고 한다 *전문 お歳暮(せいぼ) 연말 선물 準備(じゅんび) 준비 ～なきゃ(ならない・いけない) ～하지 않으면 (안 된다), ～해야 (한다) *「～なきゃ」는 「～なければ」의 회화체 표현

6番

女 課長、取引先からお電話なんですけど。
男 1 たぶん午前中は外回りだから、午後にまた電話した方がいいよ。
2 几帳面な彼女のことだから、信じてもいいと思うけど。
3 今面接中だから、後にしてもらったら?

여 과장님, 거래처에서 전화가 왔는데요.
남 1 아마 오전 중에는 외근일 테니까, 오후에 다시 전화하는 편이 좋아.
2 꼼꼼한 그녀니까, 믿어도 될 것 같은데.
3 지금 면접 중이니까, 나중에 해 달라고 하는 게 어때?

어휘 課長(かちょう) 과장 取引先(とりひきさき) 거래처 電話(でんわ) 전화 たぶん 아마 午前中(ごぜんちゅう) 오전 중 外回(そとまわ)り 외근 午後(ごご) 오후 동사의 た형+方(ほう)がいい ～하는 편[쪽]이 좋다 几帳面(きちょうめん)だ 꼼꼼하다 사람+の+ことだから ～이니까 信(しん)じる 믿다 面接(めんせつ) 면접 後(あと) 나중 ～てもらう (남에게) ～해 받다, (남이) ～해 주다 ～たら(どう) ～하는 게 어때? *권유

7番

男 すみませんが、燃えるごみはいつ捨てればいいですか。
女 1 いいえ、生ごみは明日ですよ。
2 毎週の月水に捨てることになっています。
3 粗大ごみは毎週の土曜日に集めています。

남 죄송하지만, 타는 쓰레기는 언제 버리면 되나요?
여 1 아니요, 음식물 쓰레기는 내일이에요.
2 매주 월요일과 수요일에 버리게 되어 있어요.
3 대형 쓰레기는 매주 토요일에 모으고 있어요.

어휘 燃(も)える (불에) 타다 ごみ 쓰레기 捨(す)てる 버리다 生(なま)ごみ 음식물 쓰레기 月水(げっすい) 월수, 월요일과 수요일 동사의 보통형+ことになっている ～하게[하기로] 되어 있다 粗大(そだい)ごみ (냉장고・TV 등의) 대형 쓰레기 土曜日(どようび) 토요일 集(あつ)める 모으다

8番

女 被害者がいるのに、責任を取ろうとしている人は一人もいないね。
男 1 うん、どうやら工事の監督を疎かにした責任は免れないだろう。
2 うん、みんな責任を擦り付け合ってばかりいるね。
3 うん、彼だけに責任を押し付けるのはひどいと思うよ。

여 피해자가 있는데 책임을 지려고 하는 사람은 한 명도 없네.
남 1 응, 아무래도 공사 감독을 소홀히 한 책임은 피하기 어렵겠지.
2 응, 다들 서로 책임을 전가하기만 하고 있네.
3 응, 그 사람한테만 책임을 뒤집어씌우는 건 심하다고 생각해.

어휘 被害者(ひがいしゃ) 피해자 責任(せきにん)を取(と)る 책임을 지다 どうやら 아무래도 工事(こうじ) 공사 監督(かんとく) 감독 疎(おろそ)かだ 소홀하다 免(まぬか)れる 면하다, 모면하다 擦(なす)り付(つ)ける (책임・죄 따위를) 덮어씌우다, 전가하다 동사의 ます형+合(あ)う 서로 ～하다 ～てばかりいる ～하고만 있다 押(お)し付(つ)ける (책임을) 뒤집어씌우다, 덮어씌우다 ひどい 심하다

9番

女 昨日、財布を無くしたと聞いたけど、どうやって家に帰ったの?
男 1 もう、君ったら、また財布落としたのかよ。
2 親しい友達に交通費を立て替えてもらったよ。
3 毎日10時過ぎに家に帰るので、疲れて…。

여 어제 지갑을 잃어버렸다고 들었는데, 어떻게 집에 돌아갔어?
남 1 정말, 너도 참, 또 지갑 잃어버렸어?
2 친한 친구가 교통비를 대신 내줬어.
3 매일 10시 넘어서 집에 돌아가니까, 피곤해서….

어휘 昨日(きのう) 어제 財布(さいふ) 지갑 無(な)くす 잃어버리다, 분실하다 どうやって 어떻게 (해서) 帰(かえ)る 돌아가다 もう 정말 *감동 · 감정을 강조할 때 쓰는 말 君(きみ) 너, 자네 명사+ったら ~도 참 *친밀감이나 가벼운 비난의 뜻을 나타냄 落(お)とす 떨어뜨리다, 잃어버리다, 분실하다 親(した)しい 친하다 友達(ともだち) 친구 交通費(こうつうひ) 교통비 立(た)て替(か)える 대신 지불하다 ~過(す)ぎ (때를 나타내는 명사에 붙어서) ~지남, ~넘음 疲(つか)れる 지치다, 피로해지다

10番

男 あの店はいつ見ても長蛇の列ができていますね。
女 1 値段が安い上に、味もいいから無理もありませんよ。
2 ええ、本当に売り上げがさっぱりですよ。
3 列に割り込むなんて、非常識極まりないですね。

남 저 가게는 언제 봐도 긴 줄이 생겨 있네요.
여 1 가격이 싼 데다가 맛도 좋으니까 무리도 아니죠.
2 네, 정말로 매출이 형편없어요.
3 줄에 끼어들다니 정말 몰상식하네요.

어휘 店(みせ) 가게 長蛇(ちょうだ)の列(れつ) 긴 뱀과 같이 길게 늘어선 줄이나 행렬 できる 생기다 値段(ねだん) 가격 安(やす)い 싸다 ~上(うえ)に ~인 데다가, ~일 뿐만 아니라 味(あじ) 맛 無理(むり) 무리 売(う)り上(あ)げ 매상, 매출 さっぱりだ (경기 · 성적 등이) 말이 아니다, 형편없다 列(れつ) 열, 줄 割(わ)り込(こ)む 끼어들다, 새치기하다 ~なんて ~라니, ~하다니 非常識(ひじょうしき) 비상식, 몰상식 명사+極(きわ)まりない ~하기 짝이 없다, 정말 ~하다

11番

女 私、編み物が好きだから、暇さえあれば編んでるの。
男 1 そう? 僕も一度ぐらいは君にご馳走してほしいなあ。
2 そう言えばいつも持ち歩くバッグも手作りなんだろう?
3 うん、短歌の専門誌にもたまに投稿しているらしいね。

여 나 뜨개질을 좋아해서 틈만 나면 뜨고 있어.
남 1 그래? 나도 한 번 정도는 네가 대접해 줬음 좋겠네.
2 그러고 보니 늘 들고 다니는 가방도 직접 만든 거지?
3 응, 단가 전문지에도 가끔 투고하고 있는 것 같던데.

어휘 編(あ)み物(もの) 뜨개질 好(す)きだ 좋아하다 暇(ひま) (한가한) 짬, 시간 ~さえ~ば ~만 ~하면 編(あ)む 뜨다, 뜨개질하다 一度(いちど) 한 번 ご馳走(ちそう)する 대접하다 ~てほしい ~해 주었으면 하다, ~하길 바라다 そう言(い)えば 그러고 보니 持(も)ち歩(ある)く 가지고[들고] 다니다 バッグ 백, 가방 手作(てづく)り 손수 만듦 短歌(たんか) 단가 専門紙(せんもんし) 전문지 たまに 가끔 投稿(とうこう) 투고 ~らしい ~인 것 같다

12番

男 上半期の業績、前年度割れだそうですよ。
女 1 おめでとう。みんな頑張った甲斐があったんだね。
2 みんな頑張ったのに残念だなあ。何か手を打たなきゃ。
3 めでたい話ね。この状態が続くように来年もお互いに頑張ろう。

남 상반기 실적이 전년도에 못 미친대요.
여 1 축하해. 모두 열심히 한 보람이 있었네.
2 모두 열심히 했는데 아쉽네. 뭔가 대책을 강구해야겠네.
3 경사스러운 소식이네. 이 상태가 계속되도록 내년에도 서로 열심히 하자.

어휘 上半期(かみはんき) 상반기 業績(ぎょうせき) 업적, 실적 前年度(ぜんねんど) 전년도 ~割(わ)れ ~에 못 미침 품사의 보통형+そうだ ~라고 한다 *전문 おめでとう 축하해 頑張(がんば)る (끝까지) 노력하다, 열심히 하다 甲斐(かい) 보람 ~のに ~는데(도) 残念(ざんねん)だ 아쉽다, 유감스럽다 手(て)を打(う)つ 대책을 강구하다 めでたい 경사스럽다, 축하할 만하다 状態(じょうたい) 상태 続(つづ)く 이어지다, 계속되다 ~ように ~하도록 お互(たが)いに 서로

문제 5 통합 이해

출제 유형

문제 5 통합 이해는 비교적 긴 텍스트를 듣고, 여러 가지 정보를 비교하고 통합하면서 내용 이해가 가능한지를 묻는다. 두 가지 유형의 4문항이 출제되는데, 처음 두 문제는 선택지가 음성으로 제시되지만, 뒤에 나오는 문제 3은 문제지에 선택지가 인쇄되어 있으므로 그것을 읽고 정답을 찾아야 한다.

실제 시험 예시

問題 5

問題5では、長めの話を聞きます。この問題には練習はありません。
問題用紙にメモをとってもかまいません。

1番、2番

問題用紙に何もいんさつされていません。まず話を聞いてください。それから、質問とせんたくしを聞いて、1から4の中から、最もよいものを一つ選んでください。

― メモ ―

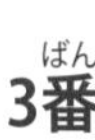

3番

まず話を聞いてください。それから、二つの質問を聞いて、それぞれ問題用紙の1から4の中から、最もよいものを一つ選んでください。

質問1

1 一つ目の方法
2 二つ目の方法
3 三つ目の方法
4 四つ目の方法

質問2

1 一つ目の方法
2 二つ目の方法
3 三つ目の方法
4 四つ目の方法

[예제 스크립트]

유형 1. 선택지가 음성으로 제시되는 유형(문제 1, 2)

例

市の体育館の受付で女の人と職員が話しています。

① 이야기의 배경과 상황 설명

② 이야기

女 すみません。今月からこちらで水泳を始めたいと思ってるんですが、どんな教室がありますか。

男 はい、子供から大人まで各曜日や時間に合わせた四つのプログラムが用意されております。まず、水慣れから上級者までお子様のレベルに合った練習を行う小学生水泳教室、次に20歳以上の方で初心者から上級者までレベルに合わせて練習を行う一般水泳教室、それから10人定員で音楽に合わせ水中で歩いたり、走ったり、踊ったりと、有酸素運動によって心肺機能を向上し、水の抵抗を利用し筋力トレーニングもできるアクアビクス、最後に個人の泳力レベルに合わせて1対1で個人レッスンをする個人レッスン水泳教室がございます。

女 そうですか。実は私じゃなく、息子なんですけど、幼い時からやっていたので、実力では中以上はなると思いますが。

男 そうですか。失礼ですが、お子さんは今年おいくつですか。

女 高校1年生です。

男 では、こちらの教室とこちらの教室はちょっと合いませんね。え～と、水中ならではの全身運動ができるこちらの教室はいかがでしょうか。

女 うーん、うちの子、ちょっと人見知りが激しくて…。

男 ああ、そうですか。では、こちらの教室ですね。

女 そうですね。参加費はいくらですか。

男 毎月3万円でございます。ちなみに、室内用シューズやタオルなどのご持参もお願いいたします。

女 はい、わかりました。じゃ、この教室でお願いします。

女の人はどの教室に決めましたか。

③ 질문

1 小学生水泳教室
2 一般水泳教室
3 アクアビクス
4 個人レッスン水泳教室

④ 네 개의 선택지(음성으로만 제시)

|정답| 4

청해

통합 이해

유형 2. 선택지가 문제지에 인쇄되어 있는 유형(문제 3)

例

ラジオで男の人が話しています。

① 이야기의 배경과 상황 설명

② 이야기

男1 片付けが苦手な人は「部屋が散らかっているせいで、友達を家に呼べなかった」、「遅刻寸前な時に、探し物が見つからなかった」といったような、困った経験を持っていることが多いでしょう。そこで今回はみなさんに四つの方法を提案します。
一つ目は見えないように収納することです。物が見える収納は、ごちゃごちゃした印象を与えてしまうことが多いため、物が見えないよう収納することをお薦めします。二つ目は出しっ放しのものは収納場所を作ることです。常に出しっ放しになっているものや、片付けにくいと感じるものは、収納場所が生活スタイルに合っていない証拠です。頻繁に使うものにもかかわらず、しまうのが面倒な場所を収納場所に決めていたり、違う部屋で使うことが多いものを収納していたりと、収納場所を間違えてはいませんか。物の定位置を見直し、家族みんなが収納しやすいようにしまう場所を決めましょう。三つ目はストックできる量だけを収納することです。「いつか必ず使うものだから」といって、大量にストックを置いておくのも、部屋に物が溢れてしまう原因になります。安いからといって大量に日用品などを購入するのではなく、収納場所にストックできる量だけを購入するようにしましょう。四つ目の方法はものが増えないように持っているものを有効に再利用することです。具体的には、次々に新しい服を買うのではなく、今ある服にスカーフやベルトを使って変化をつけてみましょう。

男2 最近、うちもものが増えて困ってるよなあ。いい機会だから、やってみようか。

女 うん、私も気になってたわ。そうね。整理するなら、私は服ね。当分の間は買うのは止めて持っているものをアレンジしてもう一度使ってみるわ。

男2 そうだな。僕はよく使っているものがあちこちに散らかっていることが多いから、収納場所を作っておいた方がいいかな。

女 それは小さいものばかりだから、何とかなると思うわ。それよりあなたはものを大量に購入する習慣を直さないと…。たくさん残っているのに、また買っちゃうでしょ?

男2 そう言えば、そうだなあ。わかった。じゃ、僕はこの方法から始めてみるよ。

質問1

女の人はどの方法を試しますか。

③ 질문1

1 一つ目の方法
2 二つ目の方法
3 三つ目の方法
4 四つ目の方法

④ 네 개의 선택지(텍스트로만 제시)

質問2

男の人はどの方法を試しますか。

⑤ 질문2

1 一つ目の方法
2 二つ目の方法
3 三つ目の方법
4 四つ目の方法

⑥ 네 개의 선택지(텍스트로만 제시)

| 정답 | 1 4 2 3

시험 대책

통합 이해는 두 가지 유형의 문제가 출제된다. 첫 번째는 '① 이야기의 배경과 상황 설명 듣기 → ② 이야기 듣기 → ③ 질문 듣기 → ④ 선택지 듣기'의 순서로 문제 3 개요 이해와 같은 방식으로 진행된다. 두 번째는 '① 이야기의 배경과 상황 설명 듣기 → ② 이야기 듣기 → ③ 질문1 듣기 → ④ 문제지에 있는 선택지에서 고르기 → ⑤ 질문2 듣기 → ⑥ 문제지에 있는 선택지에서 고르기' 순으로 진행된다. 통합 이해는 이야기가 비교적 길기 때문에 메모가 필수다. 또한 두 명 이상의 이야기를 듣고 정보를 비교·통합해야 하는 문제도 출제되므로, 누가 어떤 이야기를 했는지 각 인물별로 잘 메모를 하면서 들어야 실수가 없다. 마지막으로 선택지가 문제지에 인쇄되어 있는 문제 3은 미리 선택지를 봐 두면 질문을 어느 정도 유추할 수 있으므로, 먼저 선택지를 보고 메모하면서 듣도록 하자.

問題5

동영상 30

음원

問題5では、長めの話を聞きます。この問題には練習はありません。
問題用紙にメモをとってもかまいません。

1番、2番

問題用紙に何もいんさつされていません。まず話を聞いてください。それから、質問とせんたくしを聞いて、1から4の中から、最もよいものを一つ選んでください。

－ メモ －

3番

まず話を聞いてください。それから、二つの質問を聞いて、それぞれ問題用紙の1から4の中から、最も よいものを一つ選んでください。

質問1

1 A小学校
2 B中学校
3 C小学校
4 D中学校

質問2

1 A小学校
2 B中学校
3 C小学校
4 D中学校

음원

확인 문제 1 • 스크립트 및 해석(통합 이해)

1番 大学で体育祭の係の学生3人が話しています。
대학에서 체육대회 담당인 학생 3명이 이야기하고 있습니다.

女1 来週から体育祭ね。

男 そうだね。楽しみだなあ。

女2 そう言えば、去年の体育祭後のアンケートで、トイレがどこにあるのかちょっとわかりにくかったっていう声が多かったこと、覚えてる?

男 もちろん、覚えてるよ。その問題を今年はどうしたらいいかそろそろ決めなきゃなあ。来場者に配った会場案内のちらしにトイレの場所もちゃんと書いておいたんだけど、もしかしてちらしの数が足りなかったかなあ。

女1 いや、ちらしは足りないどころかむしろたくさん余ってたよ。

男 そう? じゃ、字が小さすぎて見にくかったかもしれないなあ。今年はもう少し字を大きくして見やすくしようか。

女2 うーん、ちらしの字のサイズは問題なかったと思うわ。それより会場案内の表示に問題があったんじゃないかしら?「トイレはあちらです」という看板はあったけど、字が小さすぎて見えにくかったと思うわ。

男 トイレの表示以外にもいろんな表示があったから、ちょっと複雑だったかもしれないなあ。

女1 そうよ。それに日本語だけで書いてあって外国の方がトイレがどこにあるか私に何回も聞いたわ。だから、日本語の下に英語の表記を入れるのも必要だと思うよ。

男 じゃ、字のサイズと表記が問題だね。

女2 うん、体育祭まではまだ時間があるから、一つ一つ準備していこう。

女1 うん、そうしよう。

여1 다음 주부터 체육대회네.

남 그러네. 기대되는군.

여2 그러고 보니 작년 체육대회 후의 앙케트에서 화장실이 어디에 있는 건지 조금 알기 힘들었다는 의견이 많았던 거 기억해?

남 물론 기억하지. 그 문제를 올해는 어떻게 하면 좋을지 이제 슬슬 결정해야지. 오는 사람들에게 나눠 준 회장 안내 전단지에 화장실 위치도 제대로 써 뒀는데, 혹시 전단지 수가 부족했던 걸까?

여1 아니, 전단지는 부족하기는커녕 오히려 많이 남았었어.

남 그래? 그럼, 글자가 너무 작아서 보기 힘들었을지도 모르겠네. 올해는 좀 더 글자를 크게 해서 보기 편하게 할까?

여2 음…, 전단지의 글자 크기는 문제없었다고 생각해. 그것보다 회장 안내 표시에 문제가 있던 거 아닐까? '화장실은 저쪽입니다'라는 간판은 있었지만, 글자가 너무 작아서 잘 안 보였던 것 같아.

남 화장실 표시 이외에도 여러 표시가 있었으니까, 조금 복잡했을지도 모르겠군.

여1 맞아. 게다가 일본어로만 쓰여 있어서 외국분이 화장실이 어디에 있는지 나한테 몇 번이나 물었어. 그러니까 일본어 밑에 영어 표기를 넣는 것도 필요할 것 같아.

남 그럼, 글자 크기와 표기가 문제네.

여2 응, 체육대회까지는 아직 시간이 있으니까, 하나하나 준비해 가자.

여1 응, 그러자.

問題を解決するために、何をすることにしましたか。
1 案内板の高さを去年より低くする
2 会場で配るちらしの数を大幅に増やす
3 ちらしの字を大きくし、英語の表記を入れる
4 案内板の字を大きくし、英語の表記を入れる

문제를 해결하기 위해 무엇을 하기로 했습니까?
1 안내판의 높이를 작년보다 낮게 한다
2 회장에서 나눠 주는 전단지 수를 큰 폭으로 늘린다
3 전단지의 글자를 크게 하고 영어 표기를 넣는다
4 안내판의 글자를 크게 하고 영어 표기를 넣는다

어휘 大学(だいがく) 대학 体育祭(たいいくさい) 체육대회 係(かかり) 담당 学生(がくせい) 학생, (특히) 대학생 楽(たの)しみ 기대됨 そう言(い)えば 그러고 보니 去年(きょねん) 작년 アンケート 앙케트 トイレ 화장실 *「トイレット」의 준말 わかる 알다, 이해하다 동사의 ます형+にくい ~하기 어렵다[힘들다] 声(こえ) 목소리, 말 多(おお)い 많다 覚(おぼ)える 기억하다 もちろん 물론 問題(もんだい) 문제 今年(ことし) 올해 そろそろ 이제 슬슬 決(き)める 정하다, 결정하다 ~なきゃ(ならない·いけない) ~하지 않으면 (안 된다), ~해야 한다 *「~なきゃ」는 「~なければ」의 회화체 표현 来場者(らいじょうしゃ) 그 장소[회장]에 온 사람 配(くば)る 나누어 주다, 배포하다 会場(かいじょう) 회장 案内(あんない) 안내 ちらし 전단지 場所(ばしょ) 곳, 지점, 자리 ちゃんと 제대로, 확실히 ~ておく ~해 놓다[두다] もしかして 혹시 数(かず) 수 足(た)りない 모자라다, 부족하다 ~どころか ~은커녕 むしろ 오히려 たくさん 많이 余(あま)る 남다 字(じ) 글씨, 글자 小(ちい)さい 작다 い형용사의 어간+すぎる 너무 ~하다 ~かもしれない ~일지도 모른다 もう少(すこ)し 조금 더 大(おお)きい 크다 동사의 ます형+やすい ~하기 쉽다[편하다] サイズ 사이즈, 크기 表示(ひょうじ) 표시 看板(かんばん) 간판 見(み)える 보이다 以外(いがい) 이외 いろんな 여러 가지, 다양한 複雑(ふくざつ)だ 복잡하다 타동사+てある ~해져 있다 *상태표현 外国(がいこく) 외국 方(かた) 분 何回(なんかい)も 몇 번이나, 여러 번 下(した) 아래, 밑 英語(えいご) 영어 表記(ひょうき) 표기 入(い)れる 넣다 必要(ひつよう)だ 필요하다 時間(じかん) 시간 準備(じゅんび) 준비 解決(かいけつ) 해결 案内板(あんないばん) 안내판 高(たか)さ 높이 低(ひく)い 낮다 大幅(おおはば)に 대폭적으로, 큰 폭으로 増(ふ)やす 늘리다

2番 男の人と女の人が市のホームページを見ながら話しています。
남자와 여자가 시의 홈페이지를 보면서 이야기하고 있습니다.

男 ここを見て。市のホームページに地域のテーマパークが紹介されてるね。今週の土曜日、行ってみようか。

女 うん、最近二人とも忙しくてめったに出かけてないもんね。そうしよう。

男 え〜と、どんなとこがいい?

女 うーん、スリルを楽しんだり大好きなキャラクターと一緒に写真を撮ったりできるとこ、距離は車で1時間以内で行けるとこならもっといいわ。

男 そうだなあ。Aランドなら車で1時間で行けるよ。説明によると、大好きなキャラクターと触れ合ったり、一緒に写真を撮ったりできるって。でも、ジェットコースターのような乗り物はないみたいだけど。それからBランド。距離はAランドと同じくらいで、定番のコースターやバンジージャンプなど絶叫マシンが充実してるって。

女 へえ。

男 それからCランド。距離は車で1時間半ぐらいで、話題のキャラクターの等身大サイズの立像やシーンを再現したフォトスポットは大人にも大評判だって。でも、ここはスリルは楽しめないなあ。

女 それは残念だね。

男 うん。最後にDランド。ここから車で1時間ぐらいかかってキャラクターとの写真は撮れないけど、その代わり東京湾一望のカフェで撮る夜景は最高だって。

女 ふーん、迷っちゃうわ。あまり遠いとこは嫌だし、決めた! 今回は写真よりスリルを優先したいわ。そうすると、ここね。

男 うん、ここにしよう。

남 여길 봐. 시 홈페이지에 지역의 테마파크가 소개돼 있네. 이번 주 토요일에 가 볼까?

여 응, 요즘 둘 다 바빠서 좀처럼 외출하지 않았는걸. 그러자.

남 어디 보자. 어떤 데가 좋아?

여 음…, 스릴을 즐기거나 최애 캐릭터와 함께 사진을 찍거나 할 수 있는 데, 거리는 차로 1시간 이내로 갈 수 있는 곳이라면 더 좋아.

남 그렇구나. A랜드라면 차로 1시간이면 갈 수 있어. 설명에 의하면 최애 캐릭터를 만나거나 같이 사진을 찍거나 할 수 있대. 하지만 롤러코스터 같은 놀이기구는 없는 것 같지만. 그리고 B랜드. 거리는 A랜드와 같은 정도이고 기본 놀이기구나 번지점프 등 절규 머신이 충실하대.

여 허.

남 그리고 C랜드. 거리는 차로 1시간 반 정도이고, 화제인 캐릭터의 사람 신장과 같은 크기의 입상이랑 장면을 재현한 포토 스폿은 어른한테도 평판이 아주 좋다는군. 하지만 여기는 스릴은 즐길 수 없겠네.

여 그건 아쉽네.

남 응. 끝으로 D랜드. 여기서 차로 1시간 정도 걸리고 캐릭터와의 사진은 찍을 수 없지만, 그 대신 도쿄만이 한눈에 보이는 카페에서 찍는 야경은 최고래.

여 흠…, 고민되네. 너무 먼 데는 싫고, 정했어! 이번에는 사진보다 스릴을 우선하고 싶어. 그렇다면 여기네.

남 응, 여기로 하자.

女の人はどのテーマパークに行きたいと言っていますか。

1 Aランド
2 Bランド
3 Cランド
4 Dランド

여자는 어느 테마파크에 가고 싶다고 말하고 있습니까?

1 A랜드
2 B랜드
3 C랜드
4 D랜드

어휘 市(し) 시 ホームページ 홈페이지 동사의 ます형+ながら ~하면서 *동시동작 地域(ちいき) 지역 テーマパーク 테마파크, 놀이공원 紹介(しょうかい) 소개 今週(こんしゅう) 이번 주 土曜日(どようび) 토요일 最近(さいきん) 최근, 요즘 ~とも (다른 명사에 붙어) 모두 忙(いそが)しい 바쁘다 めったに (부정어 수반) 거의, 좀처럼 出(で)かける 나가다, 외출하다 ~もん ~인 걸 え~と 말이나 생각이 미처 나지 않아 생각할 때 내는 소리 とこ 곳 *「ところ」의 준말 スリル 스릴 楽(たの)しむ 즐기다 大好(だいす)きだ 아주 좋아하다 キャラクター 캐릭터 一緒(いっしょ)に 함께, 같이 写真(しゃしん) 사진 撮(と)る (사진을) 찍다 距離(きょり) 거리 車(くるま) 자동차, 차 時間(じかん) 시간 以内(いない) 이내 もっと 더, 더욱 ランド 랜드 *공원, 유원지 등의 장소나 오락 시설을 나타내는 말 説明(せつめい) 설명 ~によると ~에 의하면, ~에 따르면 触(ふ)れ合(あ)う 서로 접촉하다, 직접 만나 보거나 해서 가까이 하다 ~って ~대, ~래 でも 하지만 ジェットコースター 제트 코스터, 롤러코스터 乗(の)り物(もの) 탈것 ~みたいだ ~인 것 같다 それから 그리고 同(おな)じだ 같다 定番(ていばん) 유행에 좌우되지 않고 안정된 매상을 유지하는 상품 バンジージャンプ 번지점프 絶叫(ぜっきょう)マシン 절규 머신, 스릴을 즐길 수 있는 놀이기구 充実(じゅうじつ) 충실 ~半(はん) ~반 話題(わだい) 화제 等身大(とうしんだい) 등신대, 사람 신장과 같은 크기 サイズ 사이즈, 크기 立像(りつぞう) 입상, 서 있는 모습의 상 シーン 장면 再現(さいげん) 재현 フォトスポット 포토 스폿, 사진을 찍는 지점 大人(おとな) 어른 大評判(だいひょうばん) 평판이 좋음 残念(ざんねん)だ 아쉽다, 유감스럽다 最後(さいご) 최후, 마지막 かかる (시간이) 걸리다 その代(か)わり 그 대신에 東京湾(とうきょうわん) 도쿄만 一望(いちぼう) 일망, 한눈에 바라봄 カフェ 카페 夜景(やけい) 야경 最高(さいこう) 최고 迷(まよ)う 망설이다 あまり 너무 遠(とお)い 멀다 嫌(いや)だ 싫다 ~し ~하고 決(き)める 정하다, 결정하다 今回(こんかい) 이번 優先(ゆうせん) 우선

3番 男の人と女の人が使用されなくなった学校の校舎の再活用について聞いています。

남자와 여자가 사용되지 않게 된 학교 건물 재활용에 대해서 듣고 있습니다.

女1 生徒数の減少や校舎の劣化などによって使用されなくなった学校、いわゆる「廃校」が全国的に増えています。そうした廃校の校舎を取り壊すのではなく、別の形で活用しようという取り組みが、日本の各地で行われているのをご存じでしょうか。今日はその中から四つをご紹介します。まず、宮崎市の郊外にあるA小学校。スモールビジネスの支援を目的としており、ビジネス支援施設としては、宮崎県で最大の規模を誇ります。また、スタートアップ企業やベンチャー起業家を支える仕組みを生み出し、ビジネスコミュニティーを通じて九州の地方創生に貢献することを目指しています。二つ目の淡路市にあるB中学校は、2010年に廃校となった淡路市の中学校を活用し、自然とアートを楽しめるスペースとしてオープンしたところです。それから海に面した和歌山県にあるC小学校は、廃校の校庭、体育館、プールを修理後無料開放し、合宿利用ニーズにも対応しています。四つ目の青森県の農村地域にあるD中学校は、宿泊だけでなく、自然を楽しめる古里自然体験プログラムを提供します。出される料理は地域のお母さんたちが作る郷土料理で、四季を楽しめることもアピールポイントだそうです。宿泊料金は高校生以上で1泊2,500円というリーズナブルな価格設定で、歴史ある校舎の雰囲気と自然を格安で楽しめる宿泊施設です。

男 今聞いてた学校で友達がスモールビジネスを始めてるんだ。

女2 へえ、どんな分野のビジネスなの?

男 詳しくはわからないけど、ＩＴ関係のビジネスだって。今週の週末に見に行こうと思ってるんだ。

女2 そうなんだ。私は慌ただしいところから離れて自然が楽しめるとこがいいわ。もちろん、美味しい料理も食べたいし。ここ、あまり高くないし、今度一緒に行ってみない?

男 いいね。じゃ、来週の週末に行ってみようか。

女2 うん、そうしよう。

여1 학생 수 감소와 학교 건물의 기능 저하 등에 의해 사용되지 않게 된 학교, 소위 '폐교'가 전국적으로 늘고 있습니다. 그러한 폐교의 건물을 허는 것이 아니라, 다른 형태로 활용하려는 대처가 일본 각지에서 행해지고 있는 것을 아시나요? 오늘은 그중에서 네 곳을 소개하겠습니다. 우선 미야자키시 교외에 있는 A초등학교. 스몰 비즈니스 지원을 목적으로 하고 있으며, 비즈니스 지원 시설로는 미야자키현에서 최대 규모를 자랑합니다. 또한 스타트업 기업이나 벤처 창업가를 지원하는 구조를 새로 만들어 비즈니스 커뮤니티를 통해 규슈의 지방 활성화에 공헌하는 것을 목표로 하고 있습니다. 두 번째인 아와지시에 있는 B중학교는 2010년에 폐교가 된 아와지시의 중학교를 활용해 자연과 예술을 즐길 수 있는 공간으로 오픈한 곳입니다. 그리고 바다에 인접한 와카야마현에 있는 C초등학교는 폐교의 교정, 체육관, 수영장을 수리한 후 무료 개방해서 합숙 이용 요구에도 대응하고 있습니다. 네 번째인 아오모리현의 농촌 지역에 있는 D중학교는 숙박뿐만 아니라 자연을 즐길 수 있는 고향 자연 체험 프로그램을 제공합니다. 나오는 요리는 지역의 어머니들이 만드는 향토요리로, 사계절을 즐길 수 있는 것도 어필 포인트라고 합니다. 숙박 요금은 고등학생 이상으로 1박에 2,500엔이라는 합리적인 가격 설정으로, 역사 있는 학교 건물의 분위기와 자연을 아주 싸게 즐길 수 있는 숙박 시설입니다.

남 지금 들은 학교에서 친구가 스몰 비즈니스를 시작했거든.

여2 허, 어떤 분야의 비즈니스야?

남 자세히는 모르지만, IT 관계 비즈니스래. 이번 주 주말에 보러 가려고 하거든.

여2 그렇구나. 나는 분주한 곳에서 벗어나 자연을 즐길 수 있는 곳이 좋아. 물론 맛있는 요리도 먹고 싶고. 여기 별로 비싸지 않고 다음에 같이 가 보지 않을래?

남 좋아. 그럼, 다음 주 주말에 가 볼까?

여2 응. 그러자.

質問1

男の人は今週の週末にどの学校に行くつもりだと言っていますか。

1 A小学校
2 B中学校
3 C小学校
4 D中学校

質問2

女の人はどの学校に行きたいと言っていますか。

1 A小学校
2 B中学校
3 C小学校
4 D中学校

질문1

남자는 이번 주 주말에 어느 학교에 갈 생각이라고 말하고 있습니까?

1 A초등학교
2 B중학교
3 C초등학교
4 D중학교

질문2

여자는 어느 학교에 가고 싶다고 말하고 있습니까?

1 A초등학교
2 B중학교
3 C초등학교
4 D중학교

어휘 使用(しよう) 사용 校舎(こうしゃ) 교사, 학교 건물 再活用(さいかつよう) 재활용 生徒数(せいとすう) (중·고교) 학생 수 減少(げんしょう) 감소 劣化(れっか) 열화, 시간이 지남에 따라 품질·성능이 떨어지는 것 ～によって ～에 의해 いわゆる 소위 廃校(はいこう) 폐교 全国的(ぜんこくてき)だ 전국적이다 増(ふ)える 늘다, 늘어나다 取(と)り壊(こわ)す (건물을) 헐다 別(べつ)の～ 다른～ 形(かたち) 형태 活用(かつよう) 활용 取(と)り組(く)み 대처 各地(かくち) 각지 行(おこな)う 하다, 행하다, 실시하다 ご存(ぞん)じだ 아시다 *「知(し)る」(알다)의 존경어 紹介(しょうかい) 소개 まず 우선 宮崎市(みやざきし) 미야자키시 *지명 郊外(こうがい) 교외 小学校(しょうがっこう) 초등학교 スモールビジネス 스몰 비즈니스 支援(しえん) 지원 目的(もくてき) 목적 ～ておる ～하고 있다 *「～ている」의 겸양표현 施設(しせつ) 시설 ～として ～로서 宮崎県(みやざきけん) 미야자키현 *지명 最大(さいだい) 최대 規模(きぼ) 규모 誇(ほこ)る 자랑하다 スタートアップ 스타트업 企業(きぎょう) 기업 ベンチャー 벤처 起業家(きぎょうか) 창업가 支(ささ)える 지탱하다, (정신적·경제적으로) 지원하다 仕組(しく)み 구조 生(う)み出(だ)す 새로 만들어 내다 コミュニティー 커뮤니티 ～を通(つう)じて ～을 통해서 九州(きゅうしゅう) 규슈 *지명 地方創生(ちほうそうせい) 지방 창생, 지방 활성화 貢献(こうけん) 공헌 目指(めざ)す 목표로 하다, 지향하다 淡路市(あわじし) 아와지시 *지명 中学校(ちゅうがっこう) 중학교 自然(しぜん) 자연 アート 아트, 예술 楽(たの)しむ 즐기다 スペース 스페이스, 공간 オープン 오픈, 개장 それから 그 다음에, 그리고 海(うみ) 바다 面(めん)する 면하다, 인접하다 和歌山県(わかやまけん) 와카야마현 *지명 校庭(こうてい) 교정 体育館(たいいくかん) 체육관 プール 풀, 수영장 修理(しゅうり) 수리 無料(むりょう) 무료 開放(かいほう) 개방 合宿(がっしゅく) 합숙 利用(りよう) 이용 ニーズ 요구 対応(たいおう) 대응 青森県(あおもりけん) 아오모리현 *지명 農村(のうそん) 농촌 地域(ちいき) 지역 宿泊(しゅくはく) 숙박 ～だけで(は)なく ～뿐만 아니라 古里(ふるさと) 고향 体験(たいけん) 체험 プログラム 프로그램 提供(ていきょう) 제공 出(だ)す (음식 등을) 내다 料理(りょうり) 요리 お母(かあ)さん 어머니 作(つく)る 만들다 郷土(きょうど) 향토 四季(しき) 사계절 アピールポイント 어필 포인트 품사의 보통형+そうだ ～라고 한다 *전문 料金(りょうきん) 요금 高校生(こうこうせい) 고교생, 고등학생 以上(いじょう) 이상 1泊(いっぱく) 1박 *「～泊(はく)」– ～박 リーズナブルだ (가격 등이) 적당하다, 비싸지 않다 価格(かかく) 가격 設定(せってい) 설정 歴史(れきし) 역사 雰囲気(ふんいき) 분위기 格安(かくやす)だ 아주 싸다 始(はじ)める 시작하다 分野(ぶんや) 분야 詳(くわ)しい 상세하다, 자세하다 関係(かんけい) 관계 週末(しゅうまつ) 주말 동사의 ます형+に ～하러 *동작의 목적 慌(あわ)ただしい 분주하다, 어수선하다 離(はな)れる 벗어나다 とこ 곳 *「ところ」의 준말 もちろん 물론 美味(おい)しい 맛있다 あまり (부정어 수반) 그다지, 별로 高(たか)い 비싸다 今度(こんど) 다음 번 一緒(いっしょ)に 함께, 같이

확인 문제 2 • 통합 이해

問題 5

問題5では、長めの話を聞きます。この問題には練習はありません。
問題用紙にメモをとってもかまいません。

1番、2番

問題用紙に何もいんさつされていません。まず話を聞いてください。それから、質問とせんたくしを聞いて、1から4の中から、最もよいものを一つ選んでください。

― メモ ―

3番

まず話を聞いてください。それから、二つの質問を聞いて、それぞれ問題用紙の1から4の中から、最も よいものを一つ選んでください。

質問1

1 中村さん
2 村上さん
3 山田さん
4 渡辺さん

質問2

1 中村さん
2 村上さん
3 山田さん
4 渡辺さん

확인 문제 2 • 스크립트 및 해석(통합 이해)

1番 市役所で職員3人がライブイベントの混雑について話しています。
시청에서 직원 세 명이 라이브 이벤트의 혼잡에 대해서 이야기하고 있습니다.

女1 今年で2回目となるライブイベントですが、去年イベント終了後、会場から最寄り駅までの混雑がひどかったので、今年は何とかしたいですね。何かいい案はないでしょうか。

男 そうですね。会場からは少し離れますけど、大型スピーカーを設置して一時的に公共施設を開放するのはどうでしょうか。そうすれば、利用者を分散させる効果があると思います。

女2 でも、大型スピーカーの費用や騒音の問題もありますから、そう簡単な問題ではないと思いますけど。

男 そうですね。それが難しいなら、地域の商業施設に協力してもらって屋上で観覧できるようにするのはどうでしょうか。音はちょっと遠くなりますが、現場の雰囲気は十分伝わると思います。

女1 なるほどね。でも、今から商業施設に協力を要請しても、書類などの問題もあるし、イベントまでには間に合いそうもありませんね。

男 言われてみれば、そうですね。時間がなさすぎますね。

女2 それより観客の好みに合わせて歌の順番を調整するのはどうでしょうか。例えば、年配の方が好きな歌は夕方に配置して若い人が好きな歌は8時以降に配置すれば、人数の分散は可能だと思います。

女1 その案も悪くはないですね。また、市が運営するバスなどの交通の便をイベント終了後観客に提供するのはどうでしょうか。そうすれば、電車や地下鉄での混雑はある程度避けられると思います。

女2 でも、それはライブイベントに参加しない一般市民に被害を与えかねない問題ですので、慎重に考えるべきだと思います。

男 結局、費用や時間、一般市民への影響などを考えると、今の段階で考えられる方法は限られますね。

女1 そうですね。その方法でいきましょう。

女2 ええ、そうしましょう。

여1 올해로 2회째인 라이브 이벤트 말인데요, 작년에 이벤트 종료 후 회장에서 가장 가까운 역까지의 혼잡이 심해서 올해는 어떻게든 하고 싶네요. 뭔가 좋은 안은 없을까요?

남 글쎄요. 회장에서는 조금 멀어지지만, 대형 스피커를 설치해서 일시적으로 공공시설을 개방하는 건 어떨까요? 그렇게 하면 이용자를 분산시키는 효과가 있을 것 같아요.

여2 하지만 대형 스피커 비용이나 소음 문제도 있으니까, 그렇게 간단한 문제는 아닌 것 같은데요.

남 그러네요. 그게 어려우면 지역의 상업 시설에 협력을 얻어서 옥상에서 관람할 수 있도록 하는 건 어떨까요? 소리는 조금 멀어지지만, 현장의 분위기는 충분히 전해질 것 같아요.

여1 과연 그렇겠네요. 하지만 지금부터 상업 시설에 협력을 요청해도 서류 등의 문제도 있고, 이벤트까지는 시간에 맞출 것 같지 않네요.

남 듣고 보니 그러네요. 시간이 너무 없네요.

여2 그것보다 관객의 취향에 맞춰서 노래 순번을 조정하는 건 어떨까요? 예를 들어 어르신이 좋아하는 노래는 저녁때로 배치하고 젊은 사람이 좋아하는 노래는 8시 이후로 배치하면 인원수 분산은 가능할 것 같아요.

여1 그 안도 나쁘지는 않네요. 또 시가 운영하는 버스 등의 교통편을 이벤트 종료 후 관객에게 제공하는 건 어떨까요? 그렇게 하면 전철이나 지하철에서의 혼잡은 어느 정도 피할 수 있을 것 같아요.

여2 하지만 그건 라이브 이벤트에 참가하지 않는 일반 시민에게 피해를 줄지도 모르는 문제니까, 신중하게 생각해야 할 것 같아요.

남 결국 비용이나 시간, 일반 시민에 끼치는 영향 등을 생각하면 지금 단계에서 생각할 수 있는 방법은 한정되네요.

여1 그러네요. 그 방법으로 가요.

여2 네. 그러죠.

3人は問題を解決するために、どうすることにしましたか。
1 地域の商業施設に場所の提供を依頼する
2 ライブイベント終了後に最寄り駅までの交通の便を提供する
3 ライブイベントのプログラムを年齢に合わせて分ける
4 大型スピーカーを設置して一時的に公共施設を観客に開放する

세 사람은 문제를 해결하기 위해서 어떻게 하기로 했습니까?
1 지역의 상업 시설에 장소 제공을 의뢰한다
2 라이브 이벤트 종료 후에 가장 가까운 역까지의 교통편을 제공한다
3 라이브 이벤트의 프로그램을 연령에 맞춰서 나눈다
4 대형 스피커를 설치해서 일시적으로 공공시설을 관객에 개방한다

어휘 市役所(しやくしょ) 시청 職員(しょくいん) 직원 ライブ 라이브 イベント 이벤트 混雑(こんざつ) 혼잡 ~について ~에 대해서 *내용 今年(ことし) 올해 ~回目(かいめ) ~번째 去年(きょねん) 작년 終了(しゅうりょう) 종료 会場(かいじょう) 회장 最寄(もよ)り 가장 가까움 駅(えき) 역 ひどい 심하다 何(なん)とか 어떻게든 案(あん) 안, 생각 離(はな)れる 거리가 멀어지다 大型(おおがた) 대형 スピーカー 스피커 設置(せっち) 설치 一時的(いちじてき)だ 일시적이다 公共(こうきょう) 공공 施設(しせつ) 시설 開放(かいほう) 개방 利用者(りようしゃ) 이용자 分散(ぶんさん) 분산 効果(こうか) 효과 でも 하지만 費用(ひよう) 비용 騒音(そうおん) 소음 簡単(かんたん)だ 간단하다 難(むずか)しい 어렵다 地域(ちいき) 지역 商業(しょうぎょう) 상업 協力(きょうりょく) 협력 ~てもらう (남에게) ~해 받다, (남이) ~해 주다 屋上(おくじょう) 옥상 観覧(かんらん) 구경, 관람 音(おと) 소리 遠(とお)い 멀다 現場(げんば) 현장 雰囲気(ふんいき) 분위기 十分(じゅうぶん)(に) 충분히 伝(つた)わる 전해지다 なるほど 과연 要請(ようせい) 요청 書類(しょるい) 서류 間(ま)に合(あ)う 시간에 맞게 대다, 늦지 않다 동사의 ます형+そうもない ~일[할] 것 같지 않다 時間(じかん) 시간 なさすぎる 너무 없다 観客(かんきゃく) 관객 好(この)み 좋아함, 취향 合(あ)わせる 맞추다 歌(うた) 노래 順番(じゅんばん) 순번, 차례 調整(ちょうせい) 조정 例(たと)えば 예를 들어 年配(ねんぱい) 연배 好(す)きだ 좋아하다 夕方(ゆうがた) 저녁때 配置(はいち) 배치 若(わか)い 젊다 以降(いこう) 이후 人数(にんずう) 인원수 可能(かのう)だ 가능하다 運営(うんえい) 운영 バス 버스 交通(こうつう)の便(べん) 교통편 提供(ていきょう) 제공 電車(でんしゃ) 전철 地下鉄(ちかてつ) 지하철 ある 어느 程度(ていど) 정도 避(さ)ける 피하다 参加(さんか) 참가 一般(いっぱん) 일반 市民(しみん) 시민 被害(ひがい) 피해 与(あた)える (주의·영향 등을) 주다 동사의 ます형+かねない ~할 수도 있다, ~할지도 모른다 慎重(しんちょう)だ 신중하다 동사의 기본형+べきだ (마땅히) ~해야 한다 *단, 동사 「する」의 경우에는 「するべきだ」, 「すべきだ」 모두 쓸 수 있음 結局(けっきょく) 결국 影響(えいきょう) 영향 段階(だんかい) 단계 方法(ほうほう) 방법 限(かぎ)る 한정하다, 제한하다 解決(かいけつ) 해결 동사의 보통형+ために ~하기 위해서 場所(ばしょ) 장소 依頼(いらい) 의뢰 プログラム 프로그램 年齢(ねんれい) 연령, 나이 分(わ)ける 나누다

2番 男の人と女の人が受付をスムーズに済ませる方法について話しています。

남자와 여자가 접수를 원활하게 끝낼 수 있는 방법에 대해서 이야기하고 있습니다.

男 ビジネスイベントでは、当日開場してからイベントが開始するまでの間で来場者数のピークを迎えることが一般的ですね。少しでも来場者の方々に受付をスムーズに済ませていただき、ストレスなく入場していただくにはどうすれば良いのでしょうか。

女 イベント自体の受付を事前登録にするのはいかがですか。

男 事前登録とおっしゃいますと?

女 例えば、受付で名刺をいただいたり、アンケート用紙にご記入いただいたり、ウェブサイトでご登録いただくことなど、様々な方法があると思います。

男 そうですね。オンライン決済やオンライン領収書の発行を採用するのも必要だと思います。有料イベントの場合、当日現金のやりとりをすることは、受付における現金管理のリスクが発生したり、お釣りの準備などの手間もあります。ですから、事前にオンラインで決済の申し込みをしていただいておけば、領収書もオンラインで対応することができるので、当日会場で現金の受け渡しや領収書を発行する時間をかけずに済むと思います。

女 それもいい方法ですね。また、受付レーンを分けることも必要なのではないでしょうか。事前登録受付、当日受付、VIP受付など、受付窓口を分けることで、受付の担当者がすべき業務も絞られますので、スマートに対応することができると思います。

男 ええ。受付動線を確保することも一つの方法だと思います。スタッフが声出しをしたり、誘導のサインなどを使って受付まで誘導することは、来場者にとって迷うことなく、スムーズに受付を済ませるのに効果的だと思います。

남 비즈니스 이벤트에서는 당일 개장한 후 이벤트가 개시되기까지의 사이에 오는 사람들 수가 절정을 맞는 경우가 일반적이죠. 조금이라도 오신 분들이 접수를 원활하게 끝내시고 스트레스 없이 입장하시게 하려면 어떻게 하면 좋을까요?

여 이벤트 자체의 접수를 사전 등록으로 하는 건 어떠세요?

남 사전 등록이라고 말씀하시면?

여 예를 들어 접수처에서 명함을 받거나 앙케트 용지에 기입해 주시거나 웹사이트에서 등록하시는 것 등 여러 방법이 있을 것 같아요.

남 그렇군요. 온라인 결제와 온라인 영수증 발행을 채택하는 것도 필요하다고 생각해요. 유료 이벤트의 경우 당일 현금을 주고받는 것은 접수처에서의 현금 관리 위험이 발생하기도 하고 거스름돈 준비 같은 수고도 있어요. 그래서 사전에 온라인으로 결제 신청을 받아 두면 영수증도 온라인으로 대응할 수 있어서 당일 회장에서 현금을 주고받거나 영수증을 발행하는 시간을 들이지 않고 될 것 같아요.

여 그것도 좋은 방법이네요. 또 접수 레인을 나누는 것도 필요하지 않을까요? 사전 등록 접수, 당일 접수, VIP 접수 등 접수 창구를 나눔으로써 접수 담당자가 해야 할 업무도 좁혀지니까 스마트하게 대응할 수 있을 것 같아요.

남 네. 접수 동선을 확보하는 것도 하나의 방법이라고 생각해요. 스태프가 목소리를 내거나 유도 사인 등을 써서 접수처까지 유도하는 것은 오는 사람들에게 있어서 헤매지 않고 원활하게 접수를 끝내기에 효과적일 것 같아요.

二人が受付をスムーズに済ませる方法として言っていないのはどれですか。

1 受付動線を確保する
2 受付レーンを分ける
3 事前に徹底的なシミュレーションをする
4 オンライン決済やオンライン領収書の発行を採用する

두 사람이 접수를 원활하게 끝낼 수 있는 방법으로 말하고 있지 않은 것은 어느 것입니까?

1 접수 동선을 확보한다
2 접수 레인을 나눈다
3 사전에 철저한 시뮬레이션을 한다
4 온라인 결제나 온라인 영수증 발행을 채택한다

어휘 受付(うけつけ) 접수 スムーズだ 원활하다 済(す)ます 끝내다, 마치다 方法(ほうほう) 방법 ビジネス 비즈니스 イベント 이벤트 当日(とうじつ) 당일 開場(かいじょう) 개장 ～てから ~하고 나서, ~한 후 開始(かいし) 개시 間(あいだ) 동안, 사이 来場者(らいじょうしゃ) 그 장소[회장]에 오는 사람 ピーク 피크, 절정 迎(むか)える (사람·때를) 맞다, 맞이하다 一般的(いっぱんてき)だ 일반적이다 方々(かたがた) 분들 ～ていただく (남에게) ~해 받다, (남이) ~해 주시다 *「～てもらう」((남에게) ~해 받다, (남이) ~해 주다)의 겸양표현 ストレス 스트레스 入場(にゅうじょう) 입장 自体(じたい) 자체 事前(じぜん) 사전 登録(とうろく) 등록 いかがですか 어떠십니까? *「どうですか」(어떻습니까?)의 공손한 표현 おっしゃる 말씀하시다 *「言(い)う」(말하다)의 존경어 例(たと)えば 예를 들어 名刺(めいし) 명함 いただく (남에게) 받다 *「もらう」의 겸양어 アンケート 앙케트 用紙(ようし) 용지 ご+한자명사+いただく (남에게) ~해 받다, (남이) ~해 주시다 *겸양표현 記入(きにゅう) 기입 ウェブサイト 웹사이트 様々(さまざま)だ 다양하다 オンライン 온라인 決済(けっさい) 결제 領収書(りょうしゅうしょ) 영수증 発行(はっこう) 발행 採用(さいよう) 채용, 채택 必要(ひつよう)だ 필요하다 有料(ゆうりょう) 유료 場合(ばあい) 경우 現金(げんきん) 현금 やりとり 주고받음 ～における ~에 있어서의, ~에서의 管理(かんり) 관리 リスク 리스크, 위험 発生(はっせい) 발생 お釣(つ)り 거스름돈 準備(じゅんび) 준비 手間(てま) (일을 하는 데 드는) 품, 수고 ですから 그러므로, 그래서 *「だから」의 정중한 표현 申(もう)し込(こ)み 신청 対応(たいおう) 대응 会場(かいじょう) 회장 受(う)け渡(わた)し 주고받음 時間(じかん) 시간 かける (돈·시간 등을) 들이다, 쓰다 ～ずに ~하지 않고 済(す)む 끝나다, 해결되다 レーン 레인, 길 分(わ)ける 나누다 窓口(まどぐち) 창구 ～ことで ~함으로써 担当者(たんとうしゃ) 담당자 동사의 기본형+べき (마땅히) ~해야 할, ~할 만한 業務(ぎょうむ) 업무 絞(しぼ)る 좁히다 スマートだ 스마트하다, 재치 있다 対応(たいおう) 대응 動線(どうせん) 동선 確保(かくほ) 확보 スタッフ 스태프, 부원 声出(こえだ)し 소리를 냄 誘導(ゆうどう) 유도 サイン 사인, 신호 使(つか)う 쓰다, 사용하다 ～にとって ~에(게) 있어서 迷(まよ)う 헤매다 効果的(こうかてき)だ 효과적이다 徹底的(てっていてき)だ 철저하다 シミュレーション 시뮬레이션

3番 高校で先生が卒業した先輩たちを生徒たちに紹介しています。
고등학교에서 선생님이 졸업한 선배들을 학생들에게 소개하고 있습니다.

男1 今日は皆さんに将来の仕事について理解を深めるために、社会の各分野で活躍している4人の先輩の話を伺いたいと思います。では、これからご紹介しますので、話を聞きたい生徒は、各先輩のところに移動してください。まず、音楽評論家の中村さんです。中村さんは幼い時から音楽を聞くのが趣味で、大学でも音楽学部を専攻し、音楽評論家としての道を歩き始めました。次はレコード会社でアルバム作りの仕事をしている村上さんです。村上さんも子供の頃から音楽が好きで、夢だったアルバム製作者になって今も色々なジャンルのアルバム作りに当たっているそうです。それから山田さんはお父さんの仕事の都合で20年前にアメリカに移住し、その時から身に付けた語学力を生かして今は海外営業部で働いているそうです。最後に渡辺さんは、昔からファッションに興味があってアパレルメーカーでデザインの仕事をしています。今も忙しい中で、充実した毎日を送っているそうです。

女 私、音楽を聞くのが趣味だから、音楽関係の仕事に就くのが幼い時からの夢なんだ。

男2 へえ、そうだったんだ。じゃ、聞くのが好きなの？ それとも作る方?

女 音楽を聞いて評価するのも悪くはないけど、最近は自分の手で作る方に興味があるんだ。実は暇な時に少しずつ曲も作ってるよ。

男2 そうだったんだ。すごいなあ。僕は語学の勉強に興味があって英語や韓国語を習ってるんだ。それで、語学力を生かせる仕事にはどんな仕事があるのか聞きたいなあ。

女 へえ、そうなんだ。じゃ、二人ともどの先輩の方に行くかは決まりだね。そろそろ行こう。

男2 うん。

남1 오늘은 여러분에게 장래 일에 대해서 이해를 깊게 하기 위해서 사회 각 분야에서 활약하고 있는 네 명의 선배 이야기를 듣고자 합니다. 그럼, 이제부터 소개할 테니 이야기를 듣고 싶은 학생은 각 선배가 있는 곳으로 이동해 주세요. 우선 음악 평론가인 나카무라 씨입니다. 나카무라 씨는 어릴 때부터 음악을 듣는 게 취미여서, 대학에서도 음악학부를 전공하고 음악 평론가로서의 길을 걷기 시작했습니다. 다음은 음반 회사에서 앨범 제작 일을 하고 있는 무라카미 씨입니다. 무라카미 씨도 어릴 때부터 음악을 좋아해서 꿈이었던 앨범 제작자가 되어 지금도 다양한 장르의 앨범 제작을 담당하고 있다고 합니다. 그리고 야마다 씨는 부친의 사업 사정으로 20년 전에 미국으로 이주해 그때부터 익힌 어학 능력을 살려서 지금은 해외영업부에서 일하고 있다고 합니다. 마지막으로 와타나베 씨는 옛날부터 패션에 흥미가 있어서 의류업체에서 디자인 일을 하고 있습니다. 지금도 바쁜 와중에 충실한 매일을 보내고 있다고 합니다.

여 난 음악을 듣는 게 취미여서 음악 관계 일에 종사하는 게 어릴 때부터의 꿈이야.

남2 허, 그랬구나. 그럼, 듣는 걸 좋아해? 아니면 만드는 쪽?

여 음악을 듣고 평가하는 것도 나쁘지는 않지만, 요즘은 내 손으로 만드는 쪽에 흥미가 있거든. 실은 한가할 때 조금씩 곡도 만들고 있어.

남2 그랬구나. 굉장하네. 난 어학 공부에 흥미가 있어서 영어와 한국어를 배우고 있어. 그래서 어학 능력을 살릴 수 있는 일에는 어떤 일이 있는 건지 듣고 싶네.

여 허, 그렇구나. 그럼, 둘 다 어느 선배 쪽으로 갈지는 정해졌네. 이제 슬슬 가자.

남2 응.

質問1

男の生徒はどの先輩の話を聞きに行きますか。

1 中村さん
2 村上さん
3 山田さん
4 渡辺さん

質問2

女の生徒はどの先輩の話を聞きに行きますか。

1 中村さん
2 村上さん
3 山田さん
4 渡辺さん

질문1

남학생은 어느 선배의 이야기를 들으러 갑니까?

1 나카무라 씨
2 무라카미 씨
3 야마다 씨
4 와타나베 씨

질문2

여학생은 어느 선배의 이야기를 들으러 갑니까?

1 나카무라 씨
2 무라카미 씨
3 야마다 씨
4 와타나베 씨

어휘 高校(こうこう) 고교 *「高等学校(こうとうがっこう)」(고등학교)의 준말 卒業(そつぎょう) 졸업 先輩(せんぱい) 선배 生徒(せいと) (중·고교) 학생 紹介(しょうかい) 소개 将来(しょうらい) 장래 仕事(しごと) 일 ~について ~에 대해서 *내용 理解(りかい) 이해 深(ふか)める 깊게 하다 동사의 보통형+ために ~하기 위해서 各(かく)~ 각~ 分野(ぶんや) 분야 活躍(かつやく) 활약 伺(うかが)う 듣다 *「聞(き)く」의 겸양어 移動(いどう) 이동 まず 우선 音楽(おんがく) 음악 評論家(ひょうろんか) 평론가 幼(おさな)い 어리다 趣味(しゅみ) 취미 大学(だいがく) 대학 学部(がくぶ) 학부 専攻(せんこう) 전공 ~として ~로서 道(みち) 길, 분야 歩(ある)く 걷다 동사의 ます형+始(はじ)める ~하기 시작하다 次(つぎ) 다음 レコード会社(がいしゃ) 레코드 회사, 음반 회사 アルバム 앨범 명사+作(づく)り ~만듦, 제작 好(す)きだ 좋아하다 夢(ゆめ) 꿈 製作者(せいさくしゃ) 제작자 色々(いろいろ)だ 여러 가지다, 다양하다 ジャンル 장르 当(あ)たる 담당하다 お父(とう)さん 아버지 都合(つごう) 사정, 형편 アメリカ 아메리카, 미국 移住(いじゅう) 이주 身(み)に付(つ)ける 몸에 익히다 語学力(ごがくりょく) 어학 능력 生(い)かす 살리다, 발휘하다 海外(かいがい) 해외 営業部(えいぎょうぶ) 영업부 働(はたら)く 일하다 품사의 보통형+そうだ ~라고 한다 *전문 最後(さいご) 최후, 마지막 昔(むかし) 옛날 ファッション 패션 興味(きょうみ) 흥미 アパレル 어패럴, 의류 メーカー 메이커, 제조회사 デザイン 디자인 忙(いそが)しい 바쁘다 充実(じゅうじつ) 충실 毎日(まいにち) 매일 送(おく)る (세월을) 보내다, 지내다 関係(かんけい) 관계 就(つ)く 종사하다 それとも 그렇지 않으면, 아니면 評価(ひょうか) 평가 最近(さいきん) 최근, 요즘 自分(じぶん) 자기, 자신, 나 実(じつ)は 실은 暇(ひま)だ 한가하다 少(すこ)しずつ 조금씩 曲(きょく) 곡 すごい 굉장하다 勉強(べんきょう) 공부 英語(えいご) 영어 韓国語(かんこくご) 한국어 習(なら)う 배우다 ~とも (다른 명사 뒤에 붙어서) 모두 決(き)まり 정해짐 そろそろ 이제 슬슬

확인 문제 3・통합 이해

問題 5

問題 5では、長めの話を聞きます。この問題には練習はありません。
問題用紙にメモをとってもかまいません。

1番、2番

問題用紙に何もいんさつされていません。まず話を聞いてください。それから、質問とせんたくしを聞いて、1から4の中から、最もよいものを一つ選んでください。

― メモ ―

3番

まず話を聞いてください。それから、二つの質問を聞いて、それぞれ問題用紙の1から4の中から、最も よいものを一つ選んでください。

質問1

1 1番のアルバム
2 2番のアルバム
3 3番のアルバム
4 4番のアルバム

質問2

1 1番のアルバム
2 2番のアルバム
3 3番のアルバム
4 4番のアルバム

확인 문제 3 • 스크립트 및 해석(통합 이해)

1番 スマホ売り場で女の人と販売員が話しています。
스마트폰 매장에서 여자와 판매원이 이야기하고 있습니다.

女 あの、スマホを探しているんですけど、なるべく安いもので、機能はあまり多くなくてもいいです。

男 そうですか。え～と、では、こちらの1番のスマホが最も安いスマホですが、電話以外の機能はほとんど付いていません。こちらの2番のスマホは筆記認識機能が付いています。

女 筆記認識機能?

男 はい。専用のペンで液晶画面に直接筆記ができる機能です。それに、ちょっと下手な字で書いても、きちんと認識してきれいな字に替えてくれます。それからこちらの3番のスマホは、画面が大きくて動画を見るには持って来いの商品です。あとはちょっと高くなりますが、こちらの4番のスマホは、真ん中から縦に折り曲げられるディスプレーを搭載してジャケットやバッグのポケットにも心地よく収まります。

女 うーん、電話以外の機能がほとんど付いていないのはちょっと…。この筆記認識機能はよさそうですね。それから、動画はあまり見ないから、サイズは小さくてもいいし、折り曲げられるスマホは折り目と画面の強度がちょっと不安ですね。じゃ、これにします。

男 はい、かしこまりました。少々お待ちください。

여 저, 스마트폰을 찾고 있는데요, 되도록 싼 걸로 기능은 별로 많지 않아도 돼요.

남 그렇군요. 어디 보자, 그럼, 이쪽의 1번 스마트폰이 가장 싼 스마트폰인데요, 전화 이외의 기능은 거의 딸려 있지 않아요. 이쪽의 2번 스마트폰은 필기 인식 기능이 딸려 있어요.

여 필기 인식 기능이요?

남 예. 전용 펜으로 액정 화면에 직접 필기를 할 수 있는 기능이에요. 게다가 조금 서툰 글씨로 써도 제대로 인식해서 예쁜 글씨로 바꿔 줘요. 그리고 이쪽의 3번 스마트폰은 화면이 커서 동영상을 보기에는 안성맞춤인 상품이에요. 다음은 조금 비싸지지만, 이쪽의 4번 스마트폰은 한가운데에서 세로로 접을 수 있는 디스플레이를 탑재해 재킷이나 가방 포켓에도 깔끔하게 들어가요.

여 음…, 전화 이외의 기능이 거의 딸려 있지 않은 건 좀…. 이 필기 인식 기능은 좋을 것 같네요. 그리고 동영상은 별로 안 보니까 크기는 작아도 되고, 접을 수 있는 스마트폰은 접히는 부분과 화면의 강도가 조금 불안하네요. 그럼, 이걸로 할게요.

남 예, 알겠습니다. 잠시 기다려 주세요.

女の人はどのスマホを買うことにしましたか。
1 1番のスマホ
2 2番のスマホ
3 3番のスマホ
4 4番のスマホ

여자는 어느 스마트폰을 사기로 했습니까?
1 1번 스마트폰
2 2번 스마트폰
3 3번 스마트폰
4 4번 스마트폰

어휘 スマホ 스마트폰 *「スマートフォン」의 준말 売(う)り場(ば) 매장 販売員(はんばいいん) 판매원 探(さが)す 찾다, 구하다
なるべく 되도록, 가능한 한 安(やす)い 싸다 機能(きのう) 기능 あまり (부정어 수반) 그다지, 별로 多(おお)い 많다
え～と 말이나 생각이 미처 나지 않아 생각할 때 내는 소리 最(もっと)も 가장, 제일 電話(でんわ) 전화 以外(いがい) 이외
ほとんど 거의, 대부분 付(つ)く 갖추어지다, 딸리다 筆記(ひっき) 필기 認識(にんしき) 인식 専用(せんよう) 전용 ペン 펜
液晶(えきしょう) 액정 画面(がめん) 화면 直接(ちょくせつ) 직접 それに 게다가 下手(へた)だ 잘 못하다, 서투르다
字(じ) 글씨, 글자 きちんと 제대로, 확실히 きれいだ 예쁘다 替(か)える 바꾸다 ～てくれる (남이 나에게) ~해 주다
大(おお)きい 크다 動画(どうが) 동영상 持(も)って来(こ)い 안성맞춤 商品(しょうひん) 상품 あと (차례로) 다음
高(たか)い 비싸다 真(ま)ん中(なか) 한가운데 縦(たて) 세로 折(お)り曲(ま)げる 구부리다 ディスプレー 디스플레이
搭載(とうさい) 탑재 ジャケット 재킷 バッグ 백, 가방 ポケット 주머니 心地(ここち)よい 기분 좋다, 상쾌하다
収(おさ)まる (속에) 들어가다 よさそうだ 좋을 것 같다 サイズ 사이즈, 크기 折(お)り目(め) 접히는 부분 強度(きょうど) 강도
不安(ふあん)だ 불안하다 ～にする ~로 하다 かしこまりました 알겠습니다 *「わかりました」의 격식 차린 말
少々(しょうしょう) 잠시 お+동사의 ます형+ください ~해 주십시오 *존경표현 待(ま)つ 기다리다

2番 家で家族3人がペットについて話しています。

집에서 가족 세 명이 반려동물에 대해서 이야기하고 있습니다.

女1 ねえねえ、お母さん! ペット飼ってもいい?

女2 えっ? いきなり?

男 どんなペットが飼いたい?

女1 以前は猫が飼いたかったけど、今は犬!

男 うーん、犬か…。

女2 駄目駄目! 動物飼うのって簡単そうに見えるけど、家族と一緒なのよ。一度飼ったら、途中で止めるわけにはいかないからね。慎重に考えるべき問題よ。

女1 私がちゃんと世話するから、お願い。

女2 でもね、毎日水もちゃんとやって自分が世話すると言ったから、買ってあげたのに、この鉢植えの世話、今誰がやってる?

女1 それは…、学校から帰ってきて宿題なんかやってると、つい忘れちゃって…。今度は私がちゃんと世話するから、お願い。

男 まあ、一応お父さんは動物を飼うことには賛成だよ。遊び相手にもなってくれて癒されるし。それに生活も規則的になると思うなあ。

女1 本当?

男 うん。でも、一つ条件があるんだ。

女1 条件?

男 うん。まず、今の鉢植えの世話をちゃんとすること。それができたら、飼ってもいいよ。植物の世話ができないのに、動物の世話ができるはずがないからなあ。

女1 わかった。私、頑張って世話するわ。お父さんが言った条件をちゃんと守れば、お母さんも賛成でしょ?

女2 そうね。しょうがないわね。その代わり、約束だからね。

女1 うん、わかった。

여1 저기 있잖아, 엄마! 반려동물 길러도 돼?

여2 뭐? 갑자기?

남 어떤 반려동물을 기르고 싶어?

여1 전에는 고양이를 기르고 싶었는데 지금은 개!

남 음…, 개란 말이지….

여2 안 돼 안 돼! 동물을 기르는 건 간단한 듯 보이지만, 가족과 마찬가지야. 한번 기르면 도중에 그만둘 수 없으니까 말이야. 신중하게 생각해야 할 문제야.

여1 내가 제대로 돌볼 테니까, 부탁이야.

여2 하지만 매일 물도 잘 주고 본인이 보살핀다고 해서 사 줬는데, 이 화분을 보살피는 건 지금 누가 하고 있니?

여1 그건…, 학교에서 돌아와서 숙제 같은 걸 하다 보면 그만 깜빡해서…. 이번에는 내가 제대로 보살필 테니까, 부탁이야.

남 뭐 일단 아빠는 동물을 기르는 것에는 찬성이야. 놀이 상대도 되어 줘서 위로받고, 게다가 생활도 규칙적으로 될 거라고 생각해.

여1 정말?

남 응. 하지만 한 가지 조건이 있어.

여1 조건?

남 응. 우선 지금의 화분 보살피는 걸 제대로 할 것. 그게 가능하다면 길러도 좋아. 식물을 보살필 수 없는데, 동물을 돌볼 수 있을 리가 없으니까 말이야.

여1 알겠어. 나 열심히 보살필게. 아빠가 말한 조건을 제대로 지키면 엄마도 찬성이지?

여2 그러게. 어쩔 수 없네. 그 대신에 약속이니까.

여1 응, 알겠어.

両親はどうすることに決めましたか。
1 毎日の世話が大変だから、犬は飼わない
2 子供に鉢植えの世話ができたら、犬を飼う
3 既に鉢植えがあるから、犬は飼わない
4 子供が寂しがっているから、すぐに犬を飼う

부모는 어떻게 하기로 결정했습니까?
1 매일 돌보는 것이 힘드니까, 개는 기르지 않는다
2 아이가 화분을 보살필 수 있으면 개를 기른다
3 이미 화분이 있으니까, 개는 기르지 않는다
4 아이가 적적해하고 있으니까, 곧바로 개를 기른다

어휘 家族(かぞく) 가족 ペット 펫, 애완동물, 반려동물 お母(かあ)さん 어머니 飼(か)う (동물을) 기르다, 사육하다
~てもいい ~해도 된다[좋다] いきなり 갑자기 以前(いぜん) 전, 예전 猫(ねこ) 고양이 동사의 ます형+たい ~하고 싶다
犬(いぬ) 개 駄目(だめ)だ 안 된다 動物(どうぶつ) 동물 簡単(かんたん)だ 간단하다
な형용사의 어간+そうだ ~일[할] 것 같다 *양태 見(み)える 보이다 一緒(いっしょ) 같음, 마찬가지임 途中(とちゅう) 도중
止(や)める 그만두다, 관두다 동사의 기본형+わけにはいかない ~할 수는 없다 慎重(しんちょう)だ 신중하다
考(かんが)える 생각하다 동사의 기본형+べき (마땅히) ~해야 할, ~할 만한 問題(もんだい) 문제 ちゃんと 제대로, 확실히
世話(せわ) 보살핌, 돌봄 お願(ねが)い 부탁 毎日(まいにち) 매일 水(みず) 물 やる ① (손아랫사람이나 동물・식물에) 주다 ② 하다
自分(じぶん) 자기, 자신, 나 買(か)う 사다 ~てあげる (내가 남에게) ~해 주다 ~のに ~는데(도) 鉢植(はちう)え 화분
学校(がっこう) 학교 帰(かえ)る 돌아오다 宿題(しゅくだい) 숙제 ~なんか ~따위, ~등 つい 그만, 나도 모르게
忘(わす)れる 잊다 今度(こんど) 이번 一応(いちおう) 일단 お父(とう)さん 아버지 賛成(さんせい) 찬성
遊(あそ)び相手(あいて) 놀이 상대 ~てくれる (남이 나에게) ~해 주다 癒(いや)す 고치다, 다스리다, 달래다 それに 게다가
生活(せいかつ) 생활 規則的(きそくてき)だ 규칙적이다 条件(じょうけん) 조건 まず 우선 植物(しょくぶつ) 식물
~はずがない ~일 리가 없다 頑張(がんば)る (끝까지) 노력하다, 열심히 하다 守(まも)る 지키다 しょうがない 어쩔 수 없다
その代(か)わり 그 대신에 約束(やくそく) 약속 両親(りょうしん) 양친, 부모 決(き)める 정하다, 결정하다
大変(たいへん)だ 힘들다 既(すで)に 이미 寂(さび)しがる 쓸쓸해하다, 적적해하다 すぐに 곧바로, 즉시

3番 ラジオでアナウンサーがプレゼントするアルバムについて紹介しています。

라디오에서 아나운서가 선물할 앨범에 대해 소개하고 있습니다.

女1 では、今日の聴取者プレゼントです。今日は特別にアルバムを4枚ご用意しました。放送中に出たクイズの正解を当てた4名の方にそれぞれ1枚ずつアルバムをプレゼントします。今からご紹介しますので、ぜひご応募くださいね。1番目はクラシックの曲をリラックス効果が高いオルゴールで演奏したものです。聞き慣れたクラシックの名曲が多く、眠れない夜を安らぎの時間に変えてくれるので、今私もよく聞いています。次に2番目は、世界の民族音楽を西アフリカ発祥の楽器であるジャンベで演奏したアルバムです。聞いていると、日本では味わえない異国情緒が感じられます。3番目は、1960年代から10年単位で当時流行った名曲を集めたアルバムです。聞いていると、その時代の風景が蘇りますね。そして最後の4番目は、ちょっと恥ずかしいですが、つい最近私が出したアルバムです。じわじわと盛り上がりを見せてくれる曲がほとんどですが、メロディー自体はとても簡単なので、歌がちょっと苦手な方でも容易く歌える曲です。

男 へえ、この人っててっきりアナウンサーだと思ってたのに、最近アルバムまで出したなあ。全然知らなかった。

女2 私も。ねえ、応募してみない?

男 えっ? 今? 放送中に出たクイズの正解は知ってるけど、どんなアルバムがいいかな。

女2 私はもう決めた! 最近、不眠症でなかなか眠れないから、このアルバムにするわ。この人もよく聞いてるって言ってるし、何か効果ありそう。

男 ああ、そっちね。じゃ、僕も応募してみようかな。僕は最近仕事に追われてろくに外出もできなかったから、こっちにして海外旅行の気分でも味わってみようか。

女2 そう? 早速応募しよう。

여1 그럼, 오늘의 청취자 선물입니다. 오늘은 특별히 앨범을 4장 준비했습니다. 방송 중에 나온 퀴즈의 정답을 맞힌 네 분께 각각 한 장씩 앨범을 선물합니다. 지금부터 소개해 드릴 테니 꼭 응모해 주세요. 첫 번째는 클래식 곡을 릴랙스 효과가 높은 오르골로 연주한 것입니다. 귀에 익은 클래식 명곡이 많아서 잠들지 못하는 밤을 편안한 시간으로 바꿔 주기 때문에 지금 저도 자주 듣고 있습니다. 다음으로 두 번째는 세계의 민족 음악을 서아프리카 발상의 악기인 젬베로 연주한 앨범입니다. 듣고 있으면 일본에서는 맛볼 수 없는 이국 정서가 느껴집니다. 세 번째는 1960년대부터 10년 단위로 당시 유행했던 명곡을 모은 앨범입니다. 듣고 있으면 그 시대의 풍경이 되살아나죠. 그리고 마지막 네 번째는 조금 부끄럽지만, 아주 최근에 제가 낸 앨범입니다. 서서히 고조를 보여 주는 곡이 대부분이지만, 멜로디 자체는 아주 간단해서 노래가 조금 서툰 분이라도 쉽게 부를 수 있는 곡입니다.

남 허, 이 사람 틀림없이 아나운서라고 생각했는데, 최근 앨범까지 냈네. 전혀 몰랐어.

여2 나도. 저기, 응모해 보지 않을래?

남 뭐? 지금? 방송 중에 나온 퀴즈의 정답은 알고 있는데 어떤 앨범이 좋을까?

여2 나는 벌써 정했어! 요즘 불면증으로 좀처럼 못 자니까, 이 앨범으로 할래. 이 사람도 자주 듣고 있다고 하고, 뭔가 효과가 있을 것 같아.

남 아–, 그쪽이구나. 그럼, 나도 응모해 볼까? 나는 요즘 일에 쫓겨서 제대로 외출도 못했으니까, 이 쪽으로 해서 해외여행 기분이라도 맛봐 볼까?

여2 그래? 당장 응모하자.

質問1

女の人はどのアルバムに応募したいと言っていますか。

1 1番のアルバム

2 2番のアルバム

3 3番のアルバム

4 4番のアルバム

質問2

男の人はどのアルバムに応募したいと言っていますか。

1 1番のアルバム

2 2番のアルバム

3 3番のアルバム

4 4番のアルバム

질문1

여자는 어느 앨범에 응모하고 싶다고 말하고 있습니까?

1 1번 앨범

2 2번 앨범

3 3번 앨범

4 4번 앨범

질문2

남자는 어느 앨범에 응모하고 싶다고 말하고 있습니까?

1 1번 앨범

2 2번 앨범

3 3번 앨범

4 4번 앨범

어휘 ラジオ 라디오 アナウンサー 아나운서 プレゼント 선물 アルバム 앨범 紹介(しょうかい) 소개
聴取者(ちょうしゅしゃ) 청취자 特別(とくべつ)だ 특별하다 ～枚(まい) ～장 ご+한자명사+する ～하다, ～해 드리다 *겸양표현
用意(ようい) 준비 放送(ほうそう) 방송 出(で)る 나오다 クイズ 퀴즈 正解(せいかい) 정답 当(あ)てる (문제를) 맞히다
方(かた) 분 それぞれ 각각 ～ずつ ～씩 ぜひ 꼭 ご+한자명사+ください ～해 주십시오 *존경표현 応募(おうぼ) 응모
～番目(ばんめ) ～번째 クラシック 클래식 曲(きょく) 곡 リラックス 릴랙스 効果(こうか) 효과 高(たか)い 높다
オルゴール 오르골 演奏(えんそう) 연주 聞(き)き慣(な)れる (항상 들어서) 귀에 익다 名曲(めいきょく) 명곡 多(おお)い 많다
眠(ねむ)る 자다, 잠들다 夜(よる) 밤 安(やす)らぎ 평온, 평안 時間(じかん) 시간 変(か)える 바꾸다
～てくれる (남이 나에게) ～해 주다 次(つぎ)に 다음으로 世界(せかい) 세계 民族(みんぞく) 민족 音楽(おんがく) 음악
西(にし)アフリカ 서아프리카 発祥(はっしょう) 발상 楽器(がっき) 악기 ジャンベ 젬베 *나팔형 몸체를 가진 아프리카계의 타악기
味(あじ)わう 맛보다, 체험하다 異国(いこく) 이국 情緒(じょうちょ) 정서 感(かん)じる 느끼다 単位(たんい) 단위
当時(とうじ) 당시 流行(はや)る 유행하다 集(あつ)める 모으다 時代(じだい) 시대 風景(ふうけい) 풍경
蘇(よみがえ)る 되살아나다 そして 그리고 最後(さいご) 최후, 마지막 恥(は)ずかしい 부끄럽다, 창피하다
つい (시간·거리적으로) 조금, 바로 最近(さいきん) 최근, 요즘 出(だ)す 내다 じわじわ 천천히, 서서히
盛(も)り上(あ)がり 올라감, 고조 見(み)せる 보이다, 보여 주다 ほとんど 대부분 メロディー 멜로디 自体(じたい) 자체
簡単(かんたん)だ 간단하다 歌(うた) 노래 苦手(にがて)だ 서투르다, 잘 못하다 容易(たやす)い 쉽다, 용이하다
歌(うた)う (노래를) 부르다 てっきり 틀림없이 全然(ぜんぜん) (부정어 수반) 전혀 知(し)る 알다 決(き)める 정하다, 결정하다
不眠症(ふみんしょう) 불면증 なかなか (부정어 수반) 좀처럼 何(なん)か 뭔가 効果(こうか) 효과
동사의 ます형+そうだ ～일[할] 것 같다 *양태 仕事(しごと) 일 追(お)う 쫓다 *「追(お)われる」- 쫓기다
ろくに (부정어 수반) 제대로 外出(がいしゅつ) 외출 海外(かいがい) 해외 旅行(りょこう) 여행 気分(きぶん) 기분
早速(さっそく) 당장, 즉시

JLPT N2

실전모의고사

N2

言語知識
(文字・語彙・文法)
・
読解

(105分)

동영상 31

동영상 32

동영상 33

問題1 ＿＿＿の言葉の読み方として最もよいものを、1・2・3・4から一つ選びなさい。

1 最近、情報通信技術は<u>著しい</u>進歩を見せている。

1 おびただしい　　2 かがやかしい　　3 いちじるしい　　4 たのもしい

2 地震の影響で、壁が少し<u>傾いて</u>いました。

1 かわいて　　2 かたむいて　　3 きずついて　　4 まいて

3 需要が伸びているため、製造設備の<u>拡充</u>が必要だ。

1 こうじゅ　　2 かくじゅ　　3 こうじゅう　　4 かくじゅう

4 みなさんの<u>声援</u>に応えられるように、最後まで頑張ります。

1 しえん　　2 せいえん　　3 せいいん　　4 しいん

5 割れたガラスの<u>破片</u>が床に落ちているから、気を付けてください。

1 ひへん　　2 ひがた　　3 はへん　　4 はがた

問題2 ＿＿＿＿の言葉を漢字で書くとき、最もよいものを1・2・3・4から一つ選びなさい。

6 私が生まれた故郷は、自然がとてもゆたかなところです。

1 恵か　2 富か　3 豊か　4 福か

7 買ってから1週間過ぎてしまったので、へんぴんはできなかった。

1 返品　2 逆品　3 変品　4 戻品

8 私の彼氏は運転がとてもらんぼうなので、いつもはらはらする。

1 乱亡　2 荒亡　3 乱暴　4 荒暴

9 私は記録をきそう競技の中で、マラソンが一番好きだ。

1 争う　2 競う　3 戦う　4 問う

10 色々と探してみたが、特に目立ったじゃくてんは見えなかった。

1 弱点　2 欠点　3 低点　4 悪点

問題3（　　　）に入れるのに最もよいものを、1・2・3・4から一つ選びなさい。

11 体をボール（　　　）に丸めて身を守る動物は、この動物の他にもたくさんいる。

1 状　2 性　3 式　4 感

12 備品の問題で、明日のイベントは（　　　）会場で行われます。

1 別　2 違　3 離　4 補

13 （　　　）社長の体制で、経営の正常化を図るのは難しいだろう。

1 今　2 近　3 現　4 直

14 この高校は、県内にある高校の中で最も進学（　　　）が高い。

1 割　2 率　3 価　4 量

15 （　　　）学期から新しいプログラムが導入される。

1 隣　2 近　3 明　4 来

問題4 (　　　)に入れるのに最もよいものを、1・2・3・4から一つ選びなさい。

16 遅い時間でもかまわないので、いつでも (　　　) 声をかけてください。

1 正直に　　2 気軽に　　3 無事に　　4 器用に

17 メールに (　　　) されたファイルが文字化けしていた。

1 輸送　　2 添付　　3 郵送　　4 付属

18 彼女には人の顔を (　　　) 見る悪い癖がある。

1 じろじろ　　2 めっきり　　3 すっかり　　4 さっさと

19 自分の力の (　　　) がどこまでなのかを知ることは、とても大切である。

1 境界　　2 限界　　3 制限　　4 境目

20 彼はその出来事がきっかけになって、弁護士になる決意を (　　　)。

1 固めた　　2 仕上げた　　3 まとめた　　4 集めた

21 先生の質問がよく理解できなくて (　　　) 答えたのに、正解だった。

1 まじめに　　2 のんきに　　3 わがままに　　4 でたらめに

22 私はどんなに忙しい時でも、朝の運動を (　　　)。

1 奪わない　　2 欠かさない　　3 隠さない　　4 空けない

問題5 ＿＿＿＿の言葉に意味が最も近いものを、1・2・3・4から一つ選びなさい。

23 彼女のいい加減な態度には失望した。

1 がっかりした　2 すっきりした　3 きちんとした　4 うっかりした

24 あまり時間がありませんので、すぐに仕事に取りかかります。

1 仕事を始めます　2 仕事を探します　3 仕事を頼みます　4 仕事を教えます

25 肉筆（にくひつ）にはどうしても書いた人の人柄が出てしまう。

1 性格　2 気分　3 体調　4 格好

26 人気の店だから、込んでいるとは思ったが、案の定もう満席だった。

1 たとえ　2 相変わらず　3 やっぱり　4 ちっとも

27 このまま捨てると危ないから、新聞紙にくるんで捨ててください。

1 集めて　2 絞って　3 包んで　4 届けて

問題6 次の言葉の使い方として最もよいものを、1・2・3・4から一つ選びなさい。

28 引用

1 通路には<u>引用</u>防止用のゲートが設置されている。
2 レポートで、新聞記事を<u>引用</u>する。
3 この資料を2部ずつ<u>引用</u>してください。
4 スピーチがうまい彼のやり方を<u>引用</u>した。

29 ほっと

1 無くしたと思っていた大事な書類が見つかって、<u>ほっと</u>した。
2 <u>ほっと</u>気付いたら、机の上に置いておいたスマホがなかった。
3 会議中に眠くて<u>ほっと</u>していて、上司に注意されてしまった。
4 好きな彼女に話しかけられて、<u>ほっと</u>顔が赤くなってしまった。

30 展開

1 山田教授は、今までずっと昆虫の<u>展開</u>の歴史を研究してきた。
2 自分が好きなことをしている時は、時間の<u>展開</u>が速いものだ。
3 優勝経験の多い彼女のことだから、決勝戦<u>展開</u>は無難だろう。
4 このドラマは、ストーリーの<u>展開</u>がとても面白くて毎週見ている。

31 妥当

1 この品質にこの値段なら、妥当な金額だと言える。

2 彼がそんな行動までするとは、私には妥当だった。

3 この曲は、歌詞が今の私の気持ちに妥当なので、最近毎日聞いている。

4 遠足の日は雨の予報だったが、幸いなことに、朝からからりと晴れて妥当な天気になった。

32 かばう

1 これは開発した新技術をかばうための保安システムである。

2 この鳥は法律でかばわれていて、勝手に捕まえたり、飼ったりすることは禁止されている。

3 両親に叱られている弟を見て「実は私がしたよ」と言って、弟をかばった。

4 週末は公園に行ってごみ拾いやごみの分別など、環境をかばう活動をしている。

問題7 次の文の(　　)に入れるのに最もよいものを、1・2・3・4から一つ選びなさい。

33 お暇な（　　　）、この報告書に目を通しておいてください。
1 限り　2 一方　3 折りに　4 どころか

34 この件は私ではちょっとわかり（　　　）ので、係員（かかりいん）を呼んでまいります。
1 かねます　2 かねません　3 かけます　4 かけません

35 考え方（　　　）、当時の苦しい経験も貴重な思い出になり得る。
1 にとっては　2 については　3 に関しては　4 次第では

36 この件についてはよく（　　　）、詳しい説明はできない。
1 調べた上は　2 調べると共に　3 調べただけに　4 調べてからでないと

37 宿題がたくさんあって、テレビを見ている（　　　）。
1 に相違ない　2 に過ぎない　3 どころではない　4 恐れがある

38 (会社で)
A「じゃ、来週の打ち合わせも月曜日でいいでしょうか。」
B「あ、スケジュールを（　　　）わからないので、あとで連絡します。すみません。」
1 確認しているか　2 確認してみないと　3 確認していないと　4 確認してみるか

39 学生たちの要望（　　　）、学食のメニューにカロリーの表示を追加した。
1 に際して　2 において　3 として　4 に応えて

40 これは実験データ（　　　）新しく立てた仮説です。

1 に対して　　2 として　　3 に伴って　　4 に基づいて

41 これぐらいの失敗で諦める（　　　）。もう一度挑戦してみるつもりだ。

1 ものだから　　2 ものがある　　3 ものを　　4 ものか

42 明日のパーティーは年齢（　　　）、どなたでもご参加いただけます。

1 に伴って　　2 と共に　　3 を問わず　　4 にしろ

43 結婚相手なら、顔（　　　）、性格の合うのが一番いい。

1 はともかく　　2 をおいて　　3 において　　4 に対して

44 (会社の受付で)

杉本「すみません。ABC社の杉本と申しますが、営業部の鈴木さんをお願いします。」

受付「申し訳ございません。あいにく鈴木はただ今外出しております。」

杉本「え？ 鈴木さんご本人から、この時間だったらいらっしゃると（　　　）が。」

1 ご存じなんです　　2 伺ったんです

3 お聞きになったんです　　4 申し上げたんです

問題8 次の文の ＿★＿ に入る最もよいものを、1・2・3・4から一つ選びなさい。

(問題例)

あそこで ＿＿＿ ＿＿＿ ＿★＿ ＿＿＿ は山田(やまだ)さんです。

1 テレビ　　2 見ている　　3 を　　4 人

(解答のしかた)

1. 正しい文はこうです。

あそこで ＿＿＿ ＿＿＿ ＿★＿ ＿＿＿ は山田(やまだ)さんです。 1 テレビ　3 を　2 見ている　4 人

2. ＿★＿ に入る番号を解答用紙にマークします。

（解答用紙）

(例)	① ● ③ ④

---

45 完璧に ＿＿＿ ＿＿＿ ＿★＿ ＿＿＿ 驚いたことに０点を取った。

1 理解した　　2 のに　　3 問題を解いた　　4 つもりで

46 この湖に ＿＿＿ ＿＿＿ ＿★＿ ＿＿＿ という話を聞いてびっくりした。

1 魚の中には　　2 100年以上生きる　　3 すんでいる　　4 ものもいる

47 来週卒業式がある。この学校で先生や友達と過ごす ＿＿＿ ＿＿＿ ＿★＿ ＿＿＿。

1 時間も　　2 寂しさが増している
3 あと1週間だ　　4 と思うと

48 A「営業マンから酪農家に ＿＿＿ ＿＿＿ ＿★＿ ＿＿＿。」
B「色々と迷ったけど、自分の夢をどうしても諦め切れなくてね。」

1 なる　　2 あるんだね　　3 ずいぶんと勇気が　　4 とは

49 息子は遠足の日の朝、「行ってきます」と ＿＿＿ ＿＿＿ ＿★＿ ＿＿＿ 飛び出していった。

1 終わらないか　　2 のうちに　　3 家を　　4 言い終わるか

問題9 次の文章を読んで、文章全体の内容を考えて、50 から 54 の中に入る最もよいものを、1・2・3・4から一つ選びなさい。

みなさんは折れた骨がどのような過程でくっつくかご存じですか。50 ただ骨がくっついて治ると思ってはいませんでしたか。今日は骨折が治るメカニズムについてちょっと説明してみます。

骨折した経験のある人しかわからないあの辛さ。痛み 51、骨折部分を何週間も固定しておかなければならないので、体の他の部分にも負担がかかります。52、この骨折の治癒のメカニズムはどうなっているのでしょうか。固定している間に、ただ単に骨が増殖して折れたところがくっつくのだろうと思ったら、そうではありませんでした。53 が固まって骨に変わるのです。骨が折れると、骨の中の血管が破れて血の固まりができます。これが内出血を止め、更に折れた骨の隙間を埋めるように溜まっていきます。2週間ぐらい経つと、この血の固まりは、毛細血管が詰まった状態の、盛んに細胞増殖を起こす「肉芽(にくが)」という組織になります。傷口が治る時に、傷口が赤く盛り上がってくることがありますが、54。そして、この肉芽(にくが)から丈夫な骨が作られていくのです。

50

1 もしかして　　2 辛うじて　　3 たとえ　　4 めっきり

51

1 だけあって　　2 からして　　3 はもとより　　4 にもまして

52

1 しかし　　2 さて　　3 それで　　4 しかも

53

1 骨　　2 軟骨　　3 血管　　4 血液

54

1 あれと同じようなものです　　2 あれと全く違うものです

3 あれに比例するものです　　4 あれに反比例するものです

問題10 次の(1)から(5)の文章を読んで、後の問いに対する答えとして最もよいものを、1・2・3・4から一つ選びなさい。

(1)

「頑張れ」という言葉は便利な言葉である。「もう少し頑張れ! 諦めないで頑張れ! 次はきっと良いことがあるから、頑張れ!」。しかし、頑張っている時に他人から「頑張って」と言われるほど腹の立つことはない。特に、そんなことを言った本人が頑張っていない人物だとしたら、尚更(なおさら)のことである。そもそも頑張ったからといって、すぐ状況が改善するかどうかわからないではないか。アドバイスというのは、その人の役に立つから有益なのである。具体的な解決策が言えないのなら、いっそ黙っていてくれた方がいい。

55 筆者が「頑張れ」と言われると腹が立つ理由として合っていないのはどれか。

1 頑張っても必ずしも成功するわけではないのに、言われるから

2 具体的なアドバイスを言わず、無責任だと感じているから

3 自分は頑張っていないのに、相手に気軽に言うから

4 色々話すより、黙っていた方が成功のために役に立つから

(2)

近年、外国からの輸入食料品に対して不審(注)の目を向ける人が増加してきた。これは外国産商品によって起きた食品衛生問題が報道されたからだろう。

もちろん、人の健康に直接関わる食べ物に関しては、今後一層管理をしなければならないのは当たり前であるが、それに伴って理由のない国産品信仰が起こっていることに違和感を感じざるを得ない。国産品であれば、無条件に外国産より優れているといった思い込みが、いつか大きな過ちを起こすのではないか。

(注)不審: 疑わしく思うこと、怪しいと思うこと

56 筆者はどのような過ちが起こると思っているか。

1 国産品を過信したあまり、国内で作られたという食品による健康被害が起こると思っている。

2 外国産の食品が衛生的で安全であるという間違った認識が広がると思っている。

3 価格の高い国産品の値段が下がり、高品質の維持ができなくなると思っている。

4 管理が一層厳しくなり、外国産の食品の価格が高騰すると思っている。

(3)

はっきりした原因はないのだが、なぜか体の調子が悪い。誰でも一度ぐらいはこんな経験をしたことがあるだろう。しかし、あそこが痛い、ここが痛いなど、一々自分の体の悪いところを訴えてばかりいては、きりがない(注1)。それで、我慢してしまう人も多い。私の友人の医者にそういうことを言ったら、面白い話を聞かせてくれた。人間は一生のうち、平均17,000回も体の不調を感じるそうだ。そして、その痛みの99%は無視してもいいのだが、1%は本当に命に関わる痛みであるため、それを見逃(みのが)さない(注2)ことが長生きする秘訣(ひけつ)なのだという。

(注1)きりがない: 終わりがない
(注2)見逃(みのが)す: 見ていながら、気付かないでそのままにする

57 筆者が友人の医者から聞いた長生きの秘訣(ひけつ)とは何か。

1 痛い時には痛いと言い、我慢せずにすぐに医者へ行くこと
2 体の不調を一々気にせず、ストレスを感じないように生活すること
3 ただの不調と命に関わる痛みを分け、危険を感じ取ること
4 美味しいものをたくさん食べ、楽しい機会を見逃(みのが)さないようにすること

(4)

しばしば、テレビのドキュメンタリー番組ではアフリカやアジアで食べ物がなくて苦しむ人々の映像が流れる。何とかして助けてあげたいと思うのだが、このような番組は私の子供の頃からあり、今も変わらず報道されているのを見ると、その当時から状況は変わっていないようだ。

19世紀の有名な経済学者マルサスは、彼の著書である『人口論』で、食糧の増加は人口の増加に追い付かず、多くの人が貧困と飢え(注)で苦しむのは宿命的だと述べた。しかし、そのように諦めてしまって良いのだろうか。

(注)飢え: 食べ物がなくて、お腹が減っている様子

58 この文章の後に、筆者が続けて書くと思われる文はどれか。

1 これだけ科学技術が進歩してきたから、彼らを救う道を探すべきだ。
2 宿命的という言葉は言い過ぎで、運命的と表現するべきだ。
3 やはり、マルサスの言葉が正しかったことを証明している。
4 マルサスを超える、新しい経済学者が出てくることが楽しみだ。

(5)

「来年の春夏の流行色は明るい白です。」このように自信を持って将来の流行を断言しているファッション評論家を見たことがあるはずだ。なぜこうもはっきりと言い切れるのだろうと疑問に思ったことはないだろうか。

それには、理由があるのだ。実は流行色というのは、流行色協会という組織より2年前から決められている。ここで決まった流行色をもとに、多くの商品を作り、街に流行色を広めていくのだ。彼らは未来を予言しているのではない。ただ結果を伝えているだけなのだ。

59 筆者はなぜただ結果を伝えているだけと表現しているのか。

1 詳しい分析の結果、自分の予想に自信を持っているから

2 予め、決まっていることを話しているのに過ぎないから

3 流行色というものは繰り返し来るものであり、今年が白の順番だとわかったから

4 商品を実際に販売して、客の好みを知っているから

問題11 次の(1)から(3)の文章を読んで、後の問いに対する答えとして最もよいものを、1・2・3・4から一つ選びなさい。

(1)

世界にはキリスト教や仏教、イスラム教など様々な宗教があるが、これらの宗教よりも広く信じられているものがある。それは女性は痩(や)せていなくてはならない、と考える「スリム教」だ。

いつの頃からか、この価値観は多くの人の行動や考え方を制限し、中には絶食したり無理な運動を続ける人が出てきた。更に、この価値観から外れた人々を差別し、精神的な虐(ぎゃく)待(たい)(注1)をするような傾向さえある。

健康的な理想体重は、人々がなりたいと望む体重に比べて10キロも多いという報告もある。このような考え方が世界中に広がる理由の一つには、痩(や)せるために人々が行うダイエットが、大きな産業になっているということもあるだろう。先進国の人々が、痩(や)せるために使う金額は莫大なものになる。人々は太ることを恐れ、スポーツクラブに通って汗を流し、カロリー計算をしながらダイエット食品を食べ、新しいダイエット器具が出る度に、効果を期待して買い続ける。ダイエット産業は、このような人々の恐怖を更に高めさせ、安心させることはない。果たして人類が、このような邪教(じゃきょう)(注2)から逃げられる日は来るのだろうか。

(注1)虐待(ぎゃくたい): ひどい扱いをしたり、いじめたりすること
(注2)邪教(じゃきょう): 間違ったことを教え、人々を悪の道へと導く宗教

60 筆者は、「スリム教」と表現する最近のダイエットの風潮をどう思っているか。

1 太っている人に対する肉体的な虐待について、心を痛めている。
2 痩せたいと思う人の気持ちに理解を示し、やり過ぎなければいいと共感している。
3 健康的な理想体重に近付けるよう、努力する必要があると思っている。
4 人々を過剰なダイエットへ向かわせるダイエット産業の動きを心配している。

61 このような考え方が指しているのはどれか。

1 人々がなりたいと望む体重が一定であること
2 人々がなりたいと望む体重がそれぞれ違うこと
3 人々がなりたいと望む体重が健康的な理想体重より多いこと
4 人々がなりたいと望む体重が健康的な理想体重より少ないこと

62 本文の内容と合っていないのはどれか。

1 スリム教という新しい宗教が誕生し、他の宗教から数多くの信者を奪っている。
2 世界で多くの人々が、ダイエット産業のために不安になり、痩せるためにお金を使っている。
3 健康的な理想体重は、人々の望む理想体重より10キロほど多い。
4 自分を太っていると感じている人々の中には、絶食をしたり、無理な運動をする人もいる。

(2)

学校の活性化と幅広い人材の育成を目的として、2000年より教師の経験を持たない民間人からの校長起用が可能になった。これにより元銀行員や人材派遣会社の社員、現役の弁護士などの経歴を持った校長先生が続々と現れている。

岩手県のある商業高校には、会社員として企業の人事部に30年以上勤めた経験のある馬上達幸校長が3年前から就任している。そしてこの高校では、馬上校長が就任して以来、卒業生の就職率が100%を記録しているという。こうした成果について校長は、1年生の時から始める就職関連の資格準備や、教職員たちによるきめ細かな(注1)就職支援活動の結果だという。

就職支援活動には、教師による徹底した指導がある。その過程は、実社会を知らない高校生に厳しい現実を知らせることにもなる。"「自己理解」や「個性の尊重」など、教育現場には美しい言葉が多い。しかし、本校では競争の激しい社会の現状を伝え、「社会理解」を深めることを重視している"と馬上校長は言う。この結果、就職先の企業や学生の父母からの評判もとても良いという。就職難が厳しくなっている現在でも、適切な指導とそれに応える学生の真面目な態度さえあれば、それを乗り越える(注2)答えは必ずあるものだ。

(注1)きめ細かだ: 物事に細かく気を配る
(注2)乗り越える: 困難なことを解決して先に進む

63 本文の内容からみて、民間人から校長を起用した目的は何か。

1 学校の活性化と幅広い人材を育成するため
2 高齢者の再就職を促進するため
3 全般的な雇用の質を改善するため
4 落ち込んでいる景気を回復させるため

64 この商業高校で行われている指導として正しいのはどれか。

1 現実を知らせるための体験学習
2 教師による個別的な厳しいマナー教育
3 入学当初から行われる資格取得の準備
4 父母と協力して行う社会支援活動

65 筆者は、就職難の時代を乗り越えるために必要なのは、何だと考えているか。

1 民間人出身の校長によるリーダーシップ
2 自己理解や個性の尊重といった学生の素質を育てる教育
3 適切な就職活動の指導とそれに応える学生の真面目な態度
4 現実の社会と同じように行われる学校内での厳しい競争

(3)

人によって清潔感というのは違うものです。多少汚れた部屋でも気にせず生活できる人もいれば、塵(ちり)(注1)一つ落ちていない部屋を何度も拭き続ける潔癖症(けっぺきしょう)(注2)の人もいます。全ての人に共通したきれいさの基準というものはありません。

ところで、身近(みぢか)にあるものの中で汚いものと言えば、あまり知られていませんが、実は私たちがいつも使っている携帯電話、意外とばい菌でいっぱいだそうです。

イギリスのマンチェスター・メトロポリタン大学のジョアンナ・ヴェラン教授がこんな研究結果を発表しました。それは「携帯電話に棲息(せいそく)(注3)しているばい菌の数は、トイレの便座よりも多い」という衝撃的な内容でした。携帯電話は充電池などによる熱によってばい菌が繁殖しやすく、四六時中(しろくじちゅう)(注4)、唾液(だえき)や手の垢(あか)に接しているので、ばい菌にとって食べる餌には事欠かないということです。あくまでもイギリスの事例であるそうですが、やはり少し気になります。日本の最近の携帯電話のほとんどは、厳しい抗菌コーティングがされたものなので、比較的安心できるそうですが、本当でしょうか。

(注1)塵(ちり): とても小さなゴミ
(注2)潔癖症(けっぺきしょう): 病的なほどに汚いものを嫌う態度。あるいはそのような性質
(注3)棲息(せいそく): 動物や昆虫などがすんでいること
(注4)四六時中(しろくじちゅう): 一日中、いつも

66 全ての人に共通したきれいさの基準というものはありませんの理由として、正しいのはどれか。

1 誰も共通した基準を決めようとしなかったから
2 清潔感を気にする人が少ないから
3 人によって清潔感というのが違うから
4 共通した基準を決めるのを嫌がる人が多いから

67 ばい菌が繁殖する理由として挙げられているのはどれか。

1 携帯電話はトイレで使われることが多いから
2 携帯電話は抗菌コーティングされることが多いから
3 携帯電話は充電池の影響で温かいから
4 携帯電話は潔癖症(けっぺきしょう)の人でもあまり拭かないから

68 筆者の考えと合っているのはどれか。

1 イギリスの携帯電話は、とても汚いので使いたくないと思っている。
2 清潔感に関しては、潔癖症(けっぺきしょう)の人ぐらい厳しくした方が良いと思っている。
3 日本の携帯電話は、厳しい抗菌コーティングがされているので、安心している。
4 携帯電話に、トイレの便座と同じぐらいのばい菌がいるとの報告に驚いている。

問題12 次のAとBの文章を読んで、後の問いに対する答えとして最もよいものを、1・2・3・4から一つ選びなさい。

A

最近、学校や会社などでボランティア活動をするところが増えています。その心掛けは大変いいと思います。道路の掃除や募金活動などは、きっと地域のために役に立つでしょう。

昨日、病院に行って入院している子供たちの遊び相手になってあげるボランティア活動をした人の投稿記事を読みました。その人は病院である男の子の担当だったそうですが、「お姉ちゃんはどうせ、もう二度と来ないんでしょ? だったら遊んでくれなくてもいいよ。」と言われて大変ショックを受け、うまく遊んであげることができなかったそうです。このように人の世話をするボランティア活動は、決して軽い気持ちで始めてはいけないものだと思います。人との付き合いは大変難しいものです。しかも、病気で入院されている方には、特別な配慮が必要なのではないでしょうか。

B

朝刊にボランティア活動をした人の投稿記事が載っていたので、読んでみました。記事によると、ボランティア活動で行った病院で入院している男の子に「お姉ちゃんはどうせ、もう二度と来ないんでしょ? だったら遊んでくれなくてもいいよ。」と言われてしまったそうです。

ボランティア活動は一方的に何かをしてあげるのではなく、その活動を通じてボランティアをする側にもたくさんのメリットがあるものです。記事を投稿した人はこの体験で辛い思いをしたかもしれませんが、それと同時に大きな成長をしたとも言えると思います。ぜひこの体験を生かしてこれからもボランティア活動を続けてほしいと思います。その男の子もあなたがもう一度来てくれることを待っているかもしれません。

69 どうして新聞の投稿者は男の子とうまく遊んであげることができなかったと言ったのか。

1 投稿者がボランティア活動の初心者だったので、遊び方を知らなかったから

2 投稿者が男の子が苦手だったので、うまく話せなかったから

3 投稿者は老人ホームに行きたかったのに、病院に行かされてしまったから

4 投稿者が男の子に思いがけないことを言われ、傷付いてしまったから

70 新聞の投稿者に対するA、Bの考えとして、正しいのはどれか。

1 AもBも、ボランティア活動はいいことなので、どんなボランティアでも積極的にするべきだと言っている。

2 Aは投稿者の悩みを十分に理解しているが、Bは全く理解していない。

3 Aはボランティアだからといって、初心者が何でもしていいとは思っていない。

4 Bはボランティアはメリットよりデメリットが多いと思っている。

問題13 次の文章を読んで、後の問いに対する答えとして最もよいものを、1・2・3・4から一つ選びなさい。

先進国では現在、出生率の低下と高齢化が深刻なレベルで進行している。日本もそれらの国と同じように、いや、それらの国を遥かに超えるスピードで①少子高齢化社会に突入している。この結果、最も劇的に変化するのは人口だ。

日本は既に2005年から人口が減り始めている。ある研究所の報告によると、2055年の日本の将来人口は約8,900万人になり、ピーク時に比べて約4,000万人近く減少することがわかった。しかも、この数値は日本の女性が一生のうち何人の子供を産むかを表す出生率の数値が、現状のレベルを維持(いじ)すると仮定して算出したデータである。実際には出生率も減少傾向にあり、8,900万人というのも希望的な観測だと言える。このような事態になれば、現在のような製造業による、輸出中心の経済体制は維持(いじ)できなくなるだろう。更に、高齢者が増えることにより、彼らを支える社会保障費の負担も一層増すだろう。

では、生き残るために日本には、どのような選択が残されているだろうか。それは、フランスやスイスのように国家としてのブランドイメージを高め、世界中の人々を日本に集めることである。昔からある文化遺産や、自然の景観。また、アニメーションや漫画などのソフトや、若者のファッション。このような日本固有のコンテンツを利用し、日本の魅力を訴(うった)える必要がある。

政府は2000年から②「クール・ジャパンキャンペーン」を行っている。世界に向けて日本の良さをアピールしていこうというのだ。しかし、発想自体は悪くないのだが、やり方に問題がある。大体、政府が「これはかっこいいものです。クールなものです」などと言うこと自体がクールではない。第一、政府がアピールしようとしているものは、そもそも海外に向けて建てられたり、描かれたりしたものではなかった。彼らは自分が気に入ったものや、日本人を対象としてものを作っていく過程で、世界水準を超えるものを作っただけなのである。海外ばかりに目を向けるのではなく、日本人にとって魅力的な日本を作ることで、自然と海外からの訪問客や移民なども増え、未来の日本が今と変わらない繁栄を築(きず)けるのだと思う。

71 ①少子高齢化社会による影響とは何か。

1 製造業を中心とした産業構造が維持できなくなり、経済が悪化する。

2 ブランドイメージが低下し、日本を訪問する外国人の数が減少する。

3 生産者が減り、消費者が増えることで消費が増大し、輸入が増加する。

4 減少した若者世代に対する社会保障費が増大し、社会不安が拡大する。

72 日本政府が進めている②「クール・ジャパンキャンペーン」とはどのようなことか。

1 日本人をかっこよくすることで、海外からの訪問客を増やすこと

2 日本固有の文化やコンテンツを利用し、ブランドイメージを高めること

3 民間の意見を中心に、海外の好みに合わせた魅力的なコンテンツを開発すること

4 移民を積極的に支援し、計画的に移住を進めること

73 筆者がこの文章で一番言いたいことはどれか。

1 日本は将来、少子高齢化社会になり、現在のような繁栄(はんえい)は維持(いじ)できなくなる。

2 これからも日本人にとって魅力的なものを作り、それを海外に広く知らせる必要がある。

3 少子高齢化社会を防ぐために、女性を支援し、出生率を上げる必要がある。

4 日本には海外に頼らなくても、世界水準のものが作れる技術力がある。

問題14 右のページは、ある国際交流イベントの参加者募集の案内である。下の問いに対する答えとして最もよいものを、1・2・3・4から一つ選びなさい。

74 アメリカからの留学生であるマイケルさんは、普段から日本語と日本の伝統遊びに興味を持っていて国際交流イベントに参加してみようと思っている。現在、午前10時から12時まではアルバイトをしていて、交流イベントへの参加は午後しかできない。マイケルさんは何回目の会に参加すればいいか。

1 第1回　　2 第3回　　3 第4回　　4 第5回

75 国際交流イベントについての説明の中で、合っているのはどれか。

1 日本国籍の人でも家族参加の場合は、今でも申し込める。

2 オンライン交流に参加したい人は、最大1回しか参加できない。

3 日本の文化が体験したい人は、第3回と第4回の交流イベントに申し込めばいい。

4 交流イベント中に発生した事故などの補償は、全額加入した保険で支給される。

国際交流イベントの参加者募集のご案内

春日市で国際交流をしている団体が集まり、情報交換をしながら国際交流を推進する「春日市国際交流ネットワーク会」が主催する国際交流イベントです。全5回のイベントを通して、日本に住む外国籍の人と日本国籍の人とで交流を図り、お互いへの理解を深めます。対面で行う事業やオンライン会議システム(ZOOM)を活用したオンライン交流を予定していますので、ぜひ参加してください。

※この事業は、「春日市ふれあい保険」の適用になりますが、事故などの際の補償はお見舞金程度の支給となります。心配な人は、必要に応じて自身で保険に加入してください。

開催時間	◆ 第1回(9月25日) / 第2回(10月9日): 午前10時～正午 ◆ 第3回(11月14日): 午後3時～4時 ◆ 第4回(12月12日) / 第5回(来年2月19日): 午前10時～正午
対象	◆ 市民、親子、その他国際交流に興味がある人
開催場所	◆ 第1回: サツマイモ畑(筑紫野市) ◆ 第2回: ZOOM ◆ 第3回: 春日市役所2階大会議室 ◆ 第4回 / 第5回: 状況に応じてZOOM
内容	◆ 第1回: ワクワク! 多文化芋掘り ◆ 第2回: アフリカの真ん中? ウガンダってどんな国? (ZOOM) ◆ 第3回: 日本の伝統遊び ◆ 第4回: 日本のお茶を通じて多文化交流(状況に応じてZOOM) ◆ 第5回: 日本語で遊ぼう(状況に応じてZOOM)
申し込み	◆ 必要(募集期間を延長しています。ぜひ申し込んでください。) ※日本国籍の人の申し込みは、定員に達したため、終了しています。
申し込み締切日	◆ 9月10日(金曜日)
定員	◆ 外国籍の人：10組 ◆ 日本国籍の人：10組(申し込み受付終了)
費用	◆ 家族参加：3,000円(1家族当たり) ◆ 個人参加：2,000円

〒816-8501 福岡県春日市原町3-1-5
※代表電話: 092-123-4567

N2

聴解

(50分)

問題1

問題1では、まず質問を聞いてください。それから話を聞いて、問題用紙の1から4の中から、最もよいものを一つ選んでください。

例

1 毎月3,000円ずつ払う
2 3か月分を先に払う
3 6か月分を先に払う
4 ただで6か月間見てから毎月3,000円ずつ払う

1番

1 ジャケット

2 ズボン

3 シャツ

4 セーター

2番

1 今日は始めない

2 今すぐ始める

3 全員来てから始める

4 10分ぐらい待ってから始める

3番

1 歩いて行くことにした
2 車で行くことにした
3 タクシーで行くことにした
4 電車で行くことにした

4番

1 約束通り木曜日渡辺さんに会う
2 木曜日は誰とも会わない
3 渡辺さんとの約束を後回しにする
4 前田さんとの約束を後回しにする

5番

1 まだはっきり決めていない
2 すぐ就職するつもりである
3 海外に留学するつもりである
4 大学院に進学するつもりである

問題2

問題2では、まず質問を聞いてください。そのあと、問題用紙のせんたくしを読んでください。読む時間があります。それから話を聞いて、問題用紙の1から4の中から、最もよいものを一つ選んでください。

例

1 まだ山田さんには及ばないと思っている
2 山田さんよりちょっと上手になったと思っている
3 山田さんと肩を並べられるようになったと思っている
4 自分も1年間練習すれば、山田さんより上手になれると思っている

1番

1 面接で緊張してしまった
2 筆記試験がとても難しかった
3 専門知識の問題が意外に易しかった
4 専門知識の問題以外は何とかできた

2番

1 筋肉痛で足が痛い
2 睡眠不足で体がだるい
3 運動のやり過ぎで肩と腰が痛い
4 寝相が悪くて肩が凝っている

3番

1 原子力発電所の建設は自分とは関係のないことだ
2 一応地域住民の同意は得たから、原子力発電所は作ってもいい
3 地域住民の同意を得てからでないと、原子力発電所は作れない
4 電力需要に問題がないから、今の段階で原子力発電所は作る必要がない

4番

1 先週から資源ごみの数が大幅に減った
2 先週から燃えるごみの数が増えた
3 先週から瓶や缶は資源ごみから排除された
4 先週からカップ麺の容器やビニールは燃えないごみに変わった

5番

1 まだ油断は禁物だと思っている

2 これからずっと回復すると思っている

3 もっと悪化し、ずっと低迷し続けると思っている

4 当分の間は横這いの状態になると思っている

6番

1 人材の育成が何よりも重要だ

2 将来を考えて人材の育成より設備の機械化に力を入れるべきだ

3 設備の機械化はあくまでも理論にすぎない

4 人材の育成と設備の機械化は両方とも捨てがたい

問題3

問題3では、問題用紙に何もいんさつされていません。この問題は、全体としてどんな内容かを聞く問題です。話の前に質問はありません。まず話を聞いてください。それから、質問とせんたくしを聞いて、1から4の中から、最もよいものを一つ選んでください。

— メモ —

問題4

問題4では、問題用紙に何もいんさつされていません。まず文を聞いてください。それから、それに対する返事を聞いて、1から3の中から、最もよいものを一つ選んでください。

— メモ —

N2
실전모의고사
청해

問題5

問題5では、長めの話を聞きます。この問題には練習はありません。
問題用紙にメモをとってもかまいません。

1番、2番

問題用紙に何もいんさつされていません。まず話を聞いてください。それから、質問とせんたくしを聞いて、1から4の中から、最もよいものを一つ選んでください。

— メモ —

3番

まず話を聞いてください。それから、二つの質問を聞いて、それぞれ問題用紙の1から4の中から、最もよいものを一つ選んでください。

質問1

1 ハウスクリーニング
2 植物の管理
3 食料品の買い物
4 専門性が求められる業務

質問2

1 ハウスクリーニング
2 植物の管理
3 食料品の買い物
4 専門性が求められる業務

실전모의고사 • 정답

구분	문제													
언어지식 (문자 · 어휘 · 문법) · 독해 ↓ 105분	1	1	2	3	4	5								
		3	2	4	2	3								
	2	6	7	8	9	10								
		3	1	3	2	1								
	3	11	12	13	14	15								
		1	1	3	2	4								
	4	16	17	18	19	20	21	22						
		2	2	1	2	1	4	2						
	5	23	24	25	26	27								
		1	1	1	3	3								
	6	28	29	30	31	32								
		2	1	4	1	3								
	7	33	34	35	36	37	38	39	40	41	42	43	44	
		3	1	4	4	3	2	4	4	4	3	1	2	
	8	45	46	47	48	49								
		3	2	4	3	2								
	9	50	51	52	53	54								
		1	3	2	3	1								
	10	55	56	57	58	59								
		4	1	3	1	2								
	11	60	61	62	63	64	65	66	67	68				
		4	4	1	1	3	3	3	3	4				
	12	69	70											
		4	3											
	13	71	72	73										
		1	2	2										
	14	74	75											
		2	3											
청해 ↓ 50분	1	예	1	2	3	4	5							
		3	1	4	4	3	1							
	2	예	1	2	3	4	5	6						
		1	4	4	3	2	1	4						
	3	예	1	2	3	4	5							
		2	1	3	2	4	4							
	4	예	1	2	3	4	5	6	7	8	9	10	11	12
		1	1	3	1	3	2	1	2	3	1	3	1	1
	5	1	2	3										
				(1)	(2)									
		3	2	3	4									

실전모의고사 • 해석 및 스크립트

언어지식(문자 · 어휘 · 문법) · 독해

문제 1 _____의 단어 읽기로 가장 적당한 것을 1 · 2 · 3 · 4에서 하나 고르시오.

1

해석 최근에 정보 통신 기술은 현저한 진보를 보이고 있다.
어휘 最近(さいきん) 최근, 요즘 情報(じょうほう) 정보
通信(つうしん) 통신 技術(ぎじゅつ) 기술
著(いちじる)しい 두드러지다, 현저하다
進歩(しんぽ) 진보 見(み)せる 보이다, 보여 주다
おびただ(夥)しい (수량이) 엄청나다
かがや(輝)かしい 빛나다, 훌륭하다
たの(頼)もしい 믿음직스럽다

2

해석 지진의 영향으로 벽이 조금 기울어져 있었습니다.
어휘 地震(じしん) 지진 影響(えいきょう) 영향
壁(かべ) 벽 少(すこ)し 조금 傾(かたむ)く 기울다, 기울어지다
かわ(乾)く 마르다, 건조하다
きずつ(傷付)く (몸을) 다치다, 상처를 입다 ま(巻)く 감다

3

해석 수요가 늘고 있기 때문에 제조설비의 확충이 필요하다.
어휘 需要(じゅよう) 수요 伸(の)びる 늘다, 신장하다
製造(せいぞう) 제조 設備(せつび) 설비
拡充(かくじゅう) 확충 必要(ひつよう)だ 필요하다

4

해석 여러분의 성원에 부응할 수 있도록 끝까지 노력하겠습니다.
어휘 みなさん 여러분 声援(せいえん) 성원
応(こた)える 부응하다 ～ように ～하도록
最後(さいご) 최후, 마지막
頑張(がんば)る (끝까지) 노력하다, 열심히 하다
しえん(支援) 지원 せいいん(正員) 정원 しいん(子音) 자음

5

해석 깨진 유리 파편이 바닥에 떨어져 있으니까, 조심하세요.
어휘 割(わ)れる 깨지다 ガラス 유리 破片(はへん) 파편
床(ゆか) 마루, 바닥 落(お)ちる 떨어지다
気(き)を付(つ)ける 조심하다, 주의하다

문제 2 _____의 단어를 한자로 쓸 때 가장 적당한 것을 1 · 2 · 3 · 4에서 하나 고르시오.

6

해석 내가 태어난 고향은 자연이 아주 풍부한 곳입니다.
어휘 生(う)まれる 태어나다 故郷(ふるさと) 고향
自然(しぜん) 자연 とても 아주, 매우
ゆた(豊)かだ 풍부하다

7

해석 산 지 일주일이 지나 버렸기 때문에 반품은 할 수 없었다.
어휘 買(か)う 사다 過(す)ぎる (시간 · 기한이) 지나다, 끝나다
へんぴん(返品) 반품

8

해석 내 남자 친구는 운전이 아주 난폭하기 때문에 항상 조마조마하다.
어휘 彼氏(かれし) 남자 친구 運転(うんてん) 운전
らんぼう(乱暴)だ 난폭하다 はらはら 조마조마

9

해석 나는 기록을 겨루는 경기 중에서 마라톤을 가장 좋아한다.
어휘 記録(きろく) 기록 きそ(競)う 겨루다, 경쟁하다
競技(きょうぎ) 경기 マラソン 마라톤
一番(いちばん) 가장, 제일 好(す)きだ 좋아하다
争(あらそ)う 다투다, 싸우다 戦(たたか)う 싸우다
問(と)う 묻다

10

해석 여러 가지로 찾아봤는데 특별히 두드러진 약점은 보이지 않았다.
어휘 色々(いろいろ)と 여러 가지로 探(さが)す 찾다
特(とく)に (부정어 수반) 별로, 특별히
目立(めだ)つ 눈에 띄다, 두드러지다 じゃくてん(弱点) 약점
見(み)える 보이다 欠点(けってん) 결점
悪点(あくてん) 사물을 나쁘게 비평하는 것

문제 3 (　　)에 넣을 것으로 가장 적당한 것을 1 · 2 · 3 · 4에서 하나 고르시오.

11

해석 몸을 공 (모양)으로 둥글게 해서 몸을 지키는 동물은 이 동물 외에도 많이 있다.
어휘 体(からだ) 몸 ボール 공 ～状(じょう) ～상, ～모양
丸(まる)める 둥글게 하다 身(み) 몸 守(まも)る 지키다
動物(どうぶつ) 동물 他(ほか) 밖, 외 たくさん 많이

12

해석 비품 문제로 내일 이벤트는 (다른) 회장에서 열립니다.
어휘 備品(びひん) 비품 問題(もんだい) 문제
イベント 이벤트 別(べつ)～ 별～, 다른～
会場(かいじょう) 회장 行(おこな)う 하다, 행하다, 실시하다

13

해석 (현) 사장 체제로 경영 정상화를 꾀하는 것은 어려울 것이다.
어휘 現(げん)～ 현～, 현재～ 社長(しゃちょう) 사장
体制(たいせい) 체제 経営(けいえい) 경영
正常化(せいじょうか) 정상화 図(はか)る 도모하다, 꾀하다
難(むずか)しい 어렵다

14

해석 이 고등학교는 현내에 있는 고등학교 중에서 가장 진학(률)이 높다.
어휘 高校(こうこう) 고교 *「高等学校(こうとうがっこう)」(고등학교)의 준말 県内(けんない) 현내, 현의 행정 구역 내

最(もっと)も 가장, 제일 進学(しんがく) 진학
~率(りつ) ~율 高(たか)い 높다

15
해석 (다음) 학기부터 새로운 프로그램이 도입된다.
어휘 来(らい)~ 다음~ 学期(がっき) 학기
新(あたら)しい 새롭다 プログラム 프로그램
導入(どうにゅう) 도입

문제 4 ( )에 넣을 것으로 가장 적당한 것을 1·2·3·4에서 하나 고르시오.

16
해석 늦은 시간이라도 상관없으니까, 언제든지 (부담 없이) 말을 걸어 주세요.
어휘 遅(おそ)い 늦다 時間(じかん) 시간
かまわない 상관없다 いつでも 언제든지
気軽(きがる)だ 부담 없다 声(こえ)をかける 말을 걸다
正直(しょうじき)だ 정직하다 無事(ぶじ)だ 무사하다
器用(きよう)だ 손재주가 좋다

17
해석 메일에 (첨부)된 파일이 글자가 깨져 있었다.
어휘 メール 메일 添付(てんぷ) 첨부 ファイル 파일
文字化(もじば)け 글자가 깨짐 輸送(ゆそう) 수송
郵送(ゆうそう) 우송 付属(ふぞく) 부속

18
해석 그녀에게는 다른 사람의 얼굴을 (빤히) 보는 나쁜 버릇이 있다.
어휘 人(ひと) 남, 타인 顔(かお) 얼굴 じろじろ 빤히, 뚫어지게
癖(くせ) 버릇 めっきり 뚜렷이, 현저히 すっかり 완전히
さっさと 서둘러, 빨리

19
해석 자기 능력의 (한계)가 어디까지인지를 아는 것은 아주 중요하다.
어휘 自分(じぶん) 자기, 자신, 나 力(ちから) 능력
限界(げんかい) 한계 知(し)る 알다
大切(たいせつ)だ 중요하다 境界(きょうかい) 경계
制限(せいげん) 제한 境目(さかいめ) 갈림길

20
해석 그는 그 사건이 계기가 되어 변호사가 될 결심을 (굳혔다).
어휘 出来事(できごと) 일어난 일, 사건 きっかけ 계기
弁護士(べんごし) 변호사 決意(けつい) 결의, 결심
固(かた)める 굳히다 仕上(しあ)げる 완성하다
まとめる 정리하다 集(あつ)める 모으다

21
해석 선생님의 질문을 잘 이해하지 못해서 (엉터리로) 대답했는데, 정답이었다.
어휘 質問(しつもん) 질문 理解(りかい) 이해
でたらめだ 엉터리다 答(こた)える 대답하다 ~のに ~는데(도)
正解(せいかい) 정답 まじめ(真面目)だ 진지하다
のんき(呑気)だ 태평하다 わがままだ 제멋대로다

22
해석 나는 아무리 바쁜 때라도 아침 운동을 (빠뜨리지 않는다).
어휘 どんなに 아무리 忙(いそが)しい 바쁘다
朝(あさ) 아침 運動(うんどう) 운동 欠(か)かす 빠뜨리다

奪(うば)う 빼앗다 隠(かく)す 숨기다 空(あ)ける 비우다

문제 5 ____의 단어에 의미가 가장 가까운 것을 1·2·3·4에서 하나 고르시오.

23
해석 그녀의 무책임한 태도에는 실망했다.
어휘 いい加減(かげん)だ 무책임하다
態度(たいど) 태도 失望(しつぼう) 실망
がっかりする 실망하다 すっきりする 상쾌하다, 개운하다
きちんとした 제대로 된, 확실한 うっかりする 깜빡하다

24
해석 별로 시간이 없으니까, 바로 일에 착수하겠습니다.
어휘 あまり (부정어 수반) 그다지, 별로 時間(じかん) 시간
すぐに 곧, 바로 仕事(しごと) 일
取(と)りかかる 착수하다, 시작하다
始(はじ)める 시작하다 探(さが)す 찾다 頼(たの)む 부탁하다
教(おし)える 가르치다, 알려 주다

25
해석 육필에는 아무래도 쓴 사람의 인품이 나와 버린다.
어휘 肉筆(にくひつ) 육필, 손으로 직접 쓴 글씨
どうしても 아무리 해도 人柄(ひとがら) 인품, 사람됨
出(で)る 나오다 性格(せいかく) 성격 気分(きぶん) 기분
体調(たいちょう) 몸 상태, 컨디션 格好(かっこう) 모습

26
해석 인기 있는 가게니까 붐빌 거라고는 생각했지만, 생각했던 대로 이미 만석이었다.
어휘 人気(にんき) 인기 店(みせ) 가게 込(こ)む 붐비다
案(あん)の定(じょう) 아니나 다를까, 생각했던 대로
もう 이미, 벌써 満席(まんせき) 만석 たとえ 설령, 설사
相変(あいか)わらず 여전히, 변함없이
やっぱり 역시 *「やはり」의 회화체 표현
ちっとも (부정어 수반) 조금도, 전혀

27
해석 이대로 버리면 위험하니까, 신문지에 싸서 버려 주세요.
어휘 このまま 이대로 捨(す)てる 버리다
危(あぶ)ない 위험하다 新聞紙(しんぶんし) 신문지
くるむ 감싸다, 싸다 集(あつ)める 모으다
絞(しぼ)る (물기를) 짜다, 쥐어짜다 包(つつ)む 싸다, 포장하다
届(とど)ける (관청 등에) 신고하다

문제 6 다음 단어의 사용법으로 가장 적당한 것을 1·2·3·4에서 하나 고르시오.

28 引用 인용
해석 1 통로에는 도난 방지용 게이트가 설치되어 있다.
(引用いんよう ➜ 盗難とうなん)
2 보고서에서 신문 기사를 인용한다.
3 이 자료를 2부씩 복사해 주세요.
(引用いんよう ➜ コピー)
4 연설을 잘하는 그의 방식을 모방했다.
(引用いんよう ➜ 模倣もほう)
어휘 引用(いんよう) 인용 通路(つうろ) 통로
盗難(とうなん) 도난 防止用(ぼうしよう) 방지용

ゲート 게이트, 문, 출입구 設置(せっち) 설치
レポート 리포트, 보고서 新聞(しんぶん) 신문
記事(きじ) 기사 資料(しりょう) 자료 ～部(ぶ) ～부
～ずつ ～씩 コピー 카피, 복사 スピーチ 스피치, 연설
うまい 잘하다, 능숙하다 やり方(かた) (하는) 방법, 방식
模倣(もほう) 모방

29 **ほっと** 안심하는 모양
해석 1 잃어버렸다고 생각했던 중요한 서류가 발견되어서 안심했다.
2 문득 깨닫고 보니 책상 위에 놔둔 스마트폰이 없었다.
(ほっと ➜ ふと)
3 회의 중에 졸려서 멍하게 있다가 상사에게 주의를 받고 말았다.
(ほっと ➜ ぼうっと)
4 좋아하는 그녀가 말을 걸어와서 그만 얼굴이 빨개져 버렸다.
(ほっと ➜ つい)
어휘 ほっと 안심하는 모양 無(な)くす 잃어버리다, 분실하다
大事(だいじ)だ 중요하다 書類(しょるい) 서류
見(み)つかる 발견되다, 찾게 되다 ふと 문득
気付(きづ)く 깨닫다, 알아차리다 机(つくえ) 책상
置(お)く 놓다, 두다 ～ておく ～해 놓다[두다]
スマホ 스마트폰 *「スマートフォン」의 준말
会議(かいぎ) 회의 眠(ねむ)い 졸리다 ぼうっと 멍한 모양
上司(じょうし) 상사 注意(ちゅうい)する 주의를 주다
好(す)きだ 좋아하다 話(はな)しかける 말을 걸다
つい 그만, 나도 모르게 顔(かお) 얼굴 赤(あか)い 빨갛다

30 **展開** 전개
해석 1 야마다 교수는 지금까지 쭉 곤충 진화의 역사를 연구해 왔다.
(展開てんかい ➜ 進化しんか)
2 자신이 좋아하는 것을 하고 있을 때는 시간의 흐름이 빠른 법이다. (展開てんかい ➜ 流ながれ)
3 우승 경험이 많은 그녀니까, 결승전 진출은 무난할 것이다.
(展開てんかい ➜ 進出しんしゅつ)
4 이 드라마는 스토리 전개가 아주 재미있어서 매주 보고 있다.
어휘 展開(てんかい) 전개 教授(きょうじゅ) 교수
ずっと 쭉, 계속 昆虫(こんちゅう) 곤충 進化(しんか) 진화
歴史(れきし) 역사 研究(けんきゅう) 연구
時間(じかん) 시간 流(なが)れ 흐름 速(はや)い 빠르다
～ものだ ～인 법[것]이다 *상식 · 진리 · 본성
優勝(ゆうしょう) 우승 経験(けいけん) 경험
多(おお)い 많다 사람+の+ことだから ～이니까
決勝戦(けっしょうせん) 결승전 進出(しんしゅつ) 진출
無難(ぶなん)だ 무난하다 ドラマ 드라마
ストーリー 스토리, 이야기

31 **妥当** 타당
해석 1 이 품질에 이 가격이라면 타당한 금액이라고 할 수 있다.
2 그가 그런 행동까지 하다니 나에게는 의외였다.
(妥当だとう ➜ 意外いがい)
3 이 곡은 가사가 지금의 내 마음에 딱 맞기 때문에 요즘 매일 듣고 있다. (妥当だとう ➜ ぴったり)
4 소풍날은 비 예보였는데 다행스럽게도 아침부터 화창하게 개어 상쾌한 날씨가 되었다. (妥当だとう ➜ 爽さわやか)
어휘 妥当(だとう) 타당 *「妥当(だとう)だ」 – 타당하다
品質(ひんしつ) 품질 値段(ねだん) 가격
金額(きんがく) 금액 行動(こうどう) 행동
意外(いがい)だ 의외다 曲(きょく) 곡
歌詞(かし) 가사 ぴったりだ 딱 들어맞다
最近(さいきん) 최근, 요즘 遠足(えんそく) 소풍
雨(あめ) 비 予報(よほう) 예보 幸(さいわ)いだ 다행이다
～ことに ～하게도 *감탄 · 놀람 からりと 화창하게
晴(は)れる 맑다, 개다 爽(さわ)やかだ 상쾌하다, 산뜻하다
天気(てんき) 날씨

32 **かばう** 감싸다, 비호하다
해석 1 이것은 개발한 신기술을 지키기 위한 보안 시스템이다.
(かばう ➜ 守まもる)
2 이 새는 법률로 보호받고 있어서 함부로 잡거나 기르거나 하는 것은 금지되어 있다.
(かばわれて ➜ 守まもられて)
3 부모님께 야단맞고 있는 남동생을 보고 '실은 내가 했어'라고 말하며 남동생을 감쌌다.
4 주말에는 공원에 가서 쓰레기 줍기나 쓰레기 분리 등 환경을 지키는 활동을 하고 있다. (かばう ➜ 守まもる)
어휘 かばう 감싸다, 비호하다 開発(かいはつ) 개발
新技術(しんぎじゅつ) 신기술 守(まも)る 지키다, 보호하다
保安(ほあん) 보안 システム 시스템 鳥(とり) 새
法律(ほうりつ) 법률 勝手(かって)に 함부로, 제멋대로
捕(つか)まえる 잡다, 붙잡다 飼(か)う (동물을) 기르다, 사육하다
禁止(きんし) 금지 両親(りょうしん) 양친, 부모
叱(しか)る 꾸짖다, 야단치다 弟(おとうと) (자신의) 남동생
実(じつ)は 실은 週末(しゅうまつ) 주말
公園(こうえん) 공원 ごみ拾(ひろ)い 쓰레기 줍기
ごみ 쓰레기 分別(ぶんべつ) 분별, 분류, 분리
環境(かんきょう) 환경 活動(かつどう) 활동

문제 7 다음 문장의 (　　)에 넣을 것으로 가장 적당한 것을 1 · 2 · 3 · 4에서 하나 고르시오.

33
해석 한가할 (때) 이 보고서를 훑어봐 두세요.
어휘 暇(ひま)だ 한가하다 ～折(お)りに ～할 때, ～하는 기회에
報告書(ほうこくしょ) 보고서 目(め)を通(とお)す 훑어보다
～限(かぎ)り ～(하는) 한 ～一方(いっぽう) ～하는 한편
～どころか ～은커녕

34
해석 이 건은 저로서는 조금 이해하(기 어려우)니 담당자를 불러오겠습니다.
어휘 件(けん) 건 동사의 ます형+かねる ～하기 어렵다
係員(かかりいん) 담당자 呼(よ)ぶ 부르다
～てまいる ～해 오다 *「～てくる」의 겸양표현
동사의 ます형+かねない ～할 수도 있다, ～할지도 모른다

35
해석 사고방식(에 따라서는) 당시의 괴로운 경험도 귀중한 추억이 될 수 있다.
어휘 考(かんが)え方(かた) 사고방식
명사+次第(しだい)では ～에 따라서는, ～나름으로는
当時(とうじ) 당시 苦(くる)しい 괴롭다 経験(けいけん) 경험
貴重(きちょう)だ 귀중하다 思(おも)い出(で) 추억
동사의 ます형+得(う · え)る ～할 수 있다
～にとっては ～에(게) 있어서는
～については ～에 대해서는 *내용
～に関(かん)しては ～에 관해서는

36

해석 이 건에 대해서는 잘 (조사한 후가 아니면) 자세한 설명은 할 수 없다.

어휘 件(けん) 건 調(しら)べる 조사하다
～てからでないと ～하고 나서가 아니면, ～한 후가 아니면
詳(くわ)しい 상세하다, 자세하다 説明(せつめい) 설명
～上(うえ)は ～한[인] 이상은
～と共(とも)に ① ～와 함께 ② ～함과 함께, ～와 동시에
～だけに ～인 만큼

37

해석 숙제가 많이 있어서 TV를 보고 있을 (상황이 아니다).

어휘 宿題(しゅくだい) 숙제
テレビ 텔레비전, TV *「テレビジョン」의 준말
～どころではない ～할 여유가 없다, ～할 상황이 아니다
～に相違(そうい)ない ～임에 틀림없다
～に過(す)ぎない ～에 지나지 않다, ～에 불과하다
～恐(おそ)れがある ～할 우려가 있다

38

해석 (회사에서)
A "그럼, 다음 주 미팅도 월요일로 괜찮을까요?"
B "아, 스케줄을 (확인해 보지 않으면) 알 수 없으니 나중에 연락할게요. 죄송해요."

어휘 会社(かいしゃ) 회사 打(う)ち合(あ)わせ 협의, 미팅
月曜日(げつようび) 월요일 スケジュール 스케줄, 일정
確認(かくにん) 확인 ～てみる ～해 보다 あとで 나중에
連絡(れんらく) 연락

39

해석 학생들의 요망(에 부응해서) 학생 식당 메뉴에 칼로리 표시를 추가했다.

어휘 学生(がくせい) 학생, 특히 대학생
～たち (사람이나 생물을 나타내는 말에 붙어서) ～들
要望(ようぼう) 요망 ～に応(こた)えて ～에 부응해서
学食(がくしょく) 학생 식당 *「学生食堂(がくせいしょくどう)」의 준말 メニュー 메뉴 カロリー 칼로리 表示(ひょうじ) 표시
追加(ついか) 추가 ～に際(さい)して ～함에 있어서, ～할 때
～において ～에 있어서, ～에서 ～として ～로서

40

해석 이것은 실험 데이터(에 기초해서) 새로 세운 가설입니다.

어휘 実験(じっけん) 실험 データ 데이터
～に基(もと)づいて ～에 근거[기초]해서
新(あたら)しい 새롭다 立(た)てる 세우다 仮説(かせつ) 가설
～に対(たい)して ～에 대해서, ～에게 *대상 ～として ～로서
～に伴(ともな)って ～에 동반해서, ～에 따라서

41

해석 이 정도의 실패로 단념할(까 보냐). 한 번 더 도전해 볼 생각이다.

어휘 失敗(しっぱい) 실패 諦(あきら)める 체념하다, 단념하다
～ものか ～할까 보냐 *강한 반대나 부정
もう一度(いちど) 한 번 더
挑戦(ちょうせん) 도전 つもり 생각, 작정
～ものだから ～이니까, ～이기 때문에 *변명조
～ものがある ～인 것이 있다, 정말 ～하다
～ものを ～인 것을 *유감

42

해석 내일 파티는 나이(를 불문하고) 누구나 참가하실 수 있습니다.

어휘 パーティー 파티 年齢(ねんれい) 연령, 나이
～を問(と)わず ～을 불문하고
どなた 어느 분, 누구 *「誰(だれ)」의 공손한 말씨
ご+한자명사+いただく (남에게) ～해 받다, (남이) ～해 주시다 *겸양표현 参加(さんか) 참가
～に伴(ともな)って ～에 동반해서, ～에 따라서
～にしろ ～라고 해도, ～도, ～든

43

해석 결혼 상대라면 얼굴(은 제쳐 두고) 성격이 맞는 것이 가장 좋다.

어휘 結婚(けっこん) 결혼 相手(あいて) 상대 顔(かお) 얼굴
～はともかく ～은 어쨌든 간에, ～은 (우선) 제쳐 두고
性格(せいかく) 성격 合(あ)う 맞다
一番(いちばん) 가장, 제일 ～をおいて ～을 제외하고
～において ～에 있어서, ～에서
～に対(たい)して ～에 대해서, ～에게 *대상

44

해석 (회사 접수처에서)
스기모토 "실례합니다. ABC사의 스기모토라고 하는데요, 영업부의 스즈키 씨 부탁드립니다."
접수처 "죄송합니다. 공교롭게도 스즈키는 현재 외출 중입니다."
스기모토 "네? 스즈키 씨 본인한테 이 시간이라면 계신다고 (들었습니다)만."

어휘 受付(うけつけ) 접수처
～と申(もう)す ～라고 하다 *「～と言(い)う」의 겸양표현
営業部(えいぎょうぶ) 영업부
申(もう)し訳(わけ)ございません 죄송합니다 *「申(もう)し訳(わけ)ありません」보다 정중한 표현
あいにく 공교롭게도 ただ今(いま) 지금, 현재
外出(がいしゅつ) 외출
～ておる ～하고 있다 *「～ている」의 겸양표현
本人(ほんにん) 본인 時間(じかん) 시간
いらっしゃる 계시다 *「いる」((사람이) 있다)의 존경어
伺(うかが)う 듣다 *「聞(き)く」의 겸양어
ご存(ぞん)じだ 아시다 *「知(し)る」(알다)의 존경어
お+동사의 ます형+になる ～하시다 *존경표현
申(もう)し上(あ)げる 말씀드리다 *「言(い)う」(말하다)의 겸양어

문제 8 다음 문장의 ___★___ 에 들어갈 가장 적당한 것을 1·2·3·4에서 하나 고르시오.

45 理解した つもりで 問題を解いた★ のに

해석 완벽하게 이해했다고 생각하고 문제를 풀었★ 는데 놀랍게도 0점을 받았다.

어휘 完璧(かんぺき)だ 완벽하다 理解(りかい) 이해
동사의 た형+つもりで ～했다고 생각하고, ～한 셈치고
問題(もんだい) 문제 解(と)く (의문·문제를) 풀다
～のに ～는데(도) 驚(おどろ)く 놀라다
～ことに ～하게도 *감탄·놀람 取(と)る (점수를) 따다, 받다

46 すんでいる 魚の中には 100年以上生きる ★ ものもいる

N2 실전모의고사 해석 및 스크립트

해석 이 호수에 살고 있는 물고기 중에는 100년 이상 사는★ 것도 있다는 이야기를 듣고 깜짝 놀랐다.
어휘 湖(みずうみ) 호수 すむ (동물이) 살다, 서식하다
魚(さかな) 물고기 以上(いじょう) 이상
生(い)きる 살다, 생존하다 話(はなし) 이야기
びっくりする 깜짝 놀라다

47 時間も あと1週間だ と思うと★ 寂しさが 増している

해석 다음 주에 졸업식이 있다. 이 학교에서 선생님이랑 친구와 보내는 시간도 앞으로 일주일이 라고 생각하니★ 섭섭함이 더해진다.
어휘 来週(らいしゅう) 다음 주
卒業式(そつぎょうしき) 졸업식 学校(がっこう) 학교
先生(せんせい) 선생님 友達(ともだち) 친구
過(す)ごす (시간을) 보내다, 지내다 時間(じかん) 시간
あと 앞으로 寂(さび)しさ 섭섭함, 쓸쓸함
増(ま)す (수·양·정도가) 커지다, 많아지다, 늘다

48 なる とは ずいぶんと勇気が★ あるんだね

해석 A "영업 사원에서 낙농인이 되 다니 아주 용기가★ 있군."
B "여러모로 망설였지만 내 꿈을 도저히 단념할 수 없어서 말이야."
어휘 営業(えいぎょう)マン 영업 사원
酪農家(らくのうか) 낙농가, 낙농인 ～とは ～하다니
ずいぶんと 아주, 매우 勇気(ゆうき) 용기
迷(まよ)う 망설이다 夢(ゆめ) 꿈
どうしても (부정어 수반) 아무리 해도, 도저히
諦(あきら)める 체념하다, 단념하다
동사의 ます형+切(き)れない 완전히[다] ～할 수 없다

49 言い終わるか 終わらないか のうちに★ 家を

해석 아들은 소풍날 아침 "다녀오겠습니다."라고 말을 끝내 자 마자★ 집을 뛰쳐나갔다.
어휘 息子(むすこ) (자신의) 아들 遠足(えんそく) 소풍
朝(あさ) 아침 行(い)ってきます 다녀오겠습니다 *인사말
言(い)い終(お)わる 끝까지 말을 다 끝내다
～か～ないかのうちに ～하자마자
飛(と)び出(だ)す 뛰쳐나가다

문제 9 다음 글을 읽고 글 전체의 내용을 생각해서 50부터 54 안에 들어갈 가장 적당한 것을 1·2·3·4에서 하나 고르시오.

여러분은 부러진 뼈가 어떤 과정으로 붙는지 아십니까? 50 혹시 그냥 뼈가 붙어서 낫는다고 생각하고 있지는 않았습니까? 오늘은 골절이 낫는 메커니즘에 대해서 잠시 설명해 보겠습니다.

골절된 경험이 있는 사람밖에 모르는 그 괴로움. 통증 51 은 물론이고 골절 부분을 몇 주 동안이나 고정해 두지 않으면 안 되기 때문에 몸의 다른 부분에도 부담이 가해집니다. 52 그런데 이 골절 치유의 메커니즘은 어떻게 되어 있는 걸까요? 고정되어 있는 동안에 그저 단순히 뼈가 증식해서 부러진 부분이 붙는 것일 거라고 생각했더니 그렇지 않았습니다. 53 혈관 이 굳어서 뼈로 바뀌는 것입니다. 뼈가 부러지면 뼛속의 혈관이 찢어져서 핏덩어리가 생깁니다. 이것이 내출혈을 멎게 하고 게다가 부러진 뼈의 틈을 메우도록 쌓여 갑니다. 2주일 정도 지나면 이 핏덩어리는 모세 혈관이 막힌 상태의, 왕성하게 세포 증식을 일으키는 '육아(肉芽)'라는 조직이 됩니다. 상처가 나을 때 상처가 빨갛게 부풀어 오르는 경우가 있는데, 54 그것과 같은 것입니다 . 그리고 이 육아에서 튼튼한 뼈가 만들어져 가는 것입니다.

어휘 折(お)れる 부러지다 骨(ほね) 뼈 過程(かてい) 과정
くっつく 붙다 ご存(ぞん)じだ 아시다 *「知(し)る」의 존경어
ただ 그냥, 그저 治(なお)る 낫다, 치료되다
骨折(こっせつ) 골절 *「骨折(こっせつ)する」－골절되다
メカニズム 메커니즘, 구조 説明(せつめい) 설명
経験(けいけん) 경험 ～しか (부정어 수반) ～밖에
辛(つら)さ 괴로움 痛(いた)み (상처 등의) 통증
部分(ぶぶん) 부분 固定(こてい) 고정
～なければならない ～하지 않으면 안 된다, ～해야 한다
体(からだ) 몸 負担(ふたん) 부담
かかる 어떤 작용이 미치다, 작용·힘이 더해지다
治癒(ちゆ) 치유 ～間(あいだ)に ～동안에, ～사이에 *한정된 시간
単(たん)に 단순히 増殖(ぞうしょく) 증식
固(かた)まる 굳어지다 変(か)わる 바뀌다, 변하다
破(やぶ)れる 찢어지다 血(ち) 피 固(かた)まり 덩어리
できる 생기다 内出血(ないしゅっけつ) 내출혈
止(と)める (계속되는 것을) 중단하다, 멎게 하다
更(さら)に 게다가, 더욱더 隙間(すきま) (빈)틈
埋(う)める 메우다 溜(た)まる 쌓이다
経(た)つ (시간이) 지나다, 경과하다
毛細血管(もうさいけっかん) 모세 혈관
詰(つ)まる 가득 차다, 막히다 状態(じょうたい) 상태
盛(さか)んだ 왕성하다, 활발하다 細胞(さいぼう) 세포
起(お)こす 일으키다, 발생시키다
肉芽(にくが) 육아 *모세 혈관, 섬유 모세포 따위로 이루어진 증식력이 강한 어린 결합 조직 組織(そしき) 조직
傷口(きずぐち) 상처 赤(あか)い 빨갛다
盛(も)り上(あ)がる 부풀어 오르다 そして 그리고
丈夫(じょうぶ)だ 튼튼하다 作(つく)る 만들다

50
해석 1 혹시
2 겨우
3 설령
4 뚜렷이
어휘 もしかして 혹시 辛(かろ)うじて 겨우, 간신히
たとえ 설령, 설사 めっきり 뚜렷이, 현저히

51
해석 1 인 만큼
2 부터가
3 은 물론이고
4 보다 더
어휘 ～だけあって ～인 만큼 ～からして (우선) ～부터가
～はもとより ～은 물론이고 ～にもまして ～보다 더

52
해석 1 그러나
2 그런데
3 그래서
4 게다가
어휘 しかし 그러나 さて 그런데 それで 그래서 しかも 게다가

53
해석 1 뼈
2 연골
3 혈관
4 혈액
어휘 骨(ほね) 뼈 軟骨(なんこつ) 연골 血管(けっかん) 혈관
血液(けつえき) 혈액

54
해석 1 그것과 같은 것입니다
2 그것과 아주 다른 것입니다
3 그것에 비례하는 것입니다
4 그것에 반비례하는 것입니다
어휘 あれ (서로 알고 있는) 그것 全(まった)く 아주, 완전히
違(ちが)う 다르다 比例(ひれい) 비례
反比例(はんぴれい) 반비례

문제 10 다음 (1)부터 (5)의 글을 읽고 다음 질문에 대한 답으로 가장 적당한 것을 1·2·3·4에서 하나 고르시오.

(1)

'힘내'라는 말은 편리한 말이다. '조금 더 힘내! 단념하지 말고 힘내! 다음에는 분명히 좋은 일이 있을 테니까 힘내!'. 그러나 노력하고 있을 때 타인에게서 '힘내'라는 말을 듣는 것만큼 화가 나는 일은 없다. 특히 그런 말을 한 본인이 노력하지 않는 인물이라면 더더욱 그렇다. 애초에 노력한다고 해서 바로 상황이 개선될지 어떨지 모르지 않는가? 조언이라는 것은 그 사람에게 도움이 되기 때문에 유익한 것이다. 구체적인 해결책을 말할 수 없는 것이라면 차라리 가만히 있어 주는 편이 낫다.

어휘 頑張(がんば)る (끝까지) 노력하다, 열심히 하다
言葉(ことば) 말 便利(べんり)だ 편리하다
もう少(すこ)し 조금 더 諦(あきら)める 체념하다, 단념하다
~ないで ~하지 말고 次(つぎ) 다음 きっと 분명히, 틀림없이
しかし 그러나 他人(たにん) 타인, 남
~と言(い)われる ~라는 말을 듣다, ~라고 하다
~ほど ~만큼 腹(はら)が立(た)つ 화가 나다
特(とく)に 특히 本人(ほんにん) 본인 人物(じんぶつ) 인물
~としたら ~라고 한다면 *가정 尚更(なおさら) 더욱더
そもそも 처음, 애초 ~からといって ~라고 해서
状況(じょうきょう) 상황 改善(かいぜん) 개선
~かどうか ~일지 어떨지 アドバイス 조언, 충고
役(やく)に立(た)つ 도움이 되다 有益(ゆうえき)だ 유익하다
具体的(ぐたいてき)だ 구체적이다
解決策(かいけつさく) 해결책 いっそ 차라리
黙(だま)る 침묵하다, 가만히 있다
~てくれる (남이 나에게) ~해 주다
동사의 た형+方(ほう)がいい ~하는 편[쪽]이 좋다

55 필자가 '힘내'라는 말을 들으면 화가 나는 이유로 맞지 않는 것은 어느 것인가?
1 노력해도 반드시 성공하는 것은 아닌데 말을 듣기 때문에
2 구체적인 조언을 하지 않아서 무책임하다고 느끼고 있기 때문에
3 자신은 노력하지 않으면서 상대에게 가볍게 말하기 때문에
4 이것저것 이야기하는 것보다 가만히 있는 편이 성공을 위해 도움이 되기 때문에
어휘 必(かなら)ずしも (부정어 수반) 반드시, 꼭
~わけではない (전부) ~인 것은 아니다, (반드시) ~라고는 말할 수 없다 ~のに ~인데(도) ~ず(に) ~하지 않아서
無責任(むせきにん)だ 무책임하다 感(かん)じる 느끼다
気軽(きがる)だ 부담 없다 명사+の+ために ~을 위해서

(2)

요즘 외국에서 오는 수입 식료품에 대해서 의심스러운(주) 시선으로 보는 사람이 증가했다. 이것은 외국산 상품에 의해 발생한 식품 위생 문제가 보도되었기 때문일 것이다.

물론 사람의 건강에 직접 관계되는 음식에 관해서는 앞으로 한층 관리를 해야 하는 것은 당연하지만, 그것에 동반해서 이유 없는 국산품 신앙이 생기고 있는 것에 위화감을 느끼지 않을 수 없다. 국산품이면 무조건 외국산보다 우수하다는 맹신이 언젠가 큰 불상사를 일으키는 것은 아닐까?

(주)不審(의심스러움): 의심스럽게 생각하는 것, 수상하다고 생각하는 것

어휘 近年(きんねん) 근래, 요즘 外国(がいこく) 외국
輸入(ゆにゅう) 수입 食料品(しょくりょうひん) 식료품
~に対(たい)して ~에 대해서, ~에게 *대상
不審(ふしん) 의심스러움
目(め)を向(む)ける (수식어구를 동반하여) 어떤 태도로 상대를 보다 増加(ぞうか) 증가 外国産(がいこくさん) 외국산
商品(しょうひん) 상품 ~により ~에 의해
起(お)きる 일어나다, 발생하다 食品(しょくひん) 식품
衛生(えいせい) 위생 問題(もんだい) 문제
報道(ほうどう) 보도 もちろん 물론 健康(けんこう) 건강
直接(ちょくせつ) 직접 関(かか)わる 관계되다
食(た)べ物(もの) 음식, 먹을 것 今後(こんご) 금후, 앞으로
一層(いっそう) 한층 管理(かんり) 관리
~なければならない ~하지 않으면 안 된다, ~해야 한다
当(あ)たり前(まえ)だ 당연하다
~に伴(ともな)って ~에 동반해서, ~에 따라서
国産品(こくさんひん) 국산품 信仰(しんこう) 신앙
起(お)こる 일어나다, 발생하다 違和感(いわかん) 위화감
感(かん)じる 느끼다
동사의 ない형+ざるを得(え)ない ~하지 않을 수 없다
無条件(むじょうけん) 무조건 ~より ~보다
優(すぐ)れる 뛰어나다, 우수하다 ~といった ~라고 하는
思(おも)い込(こ)み 굳게 믿는 것, 맹신
過(あやま)ち 실수, 잘못, 불상사
起(お)こす 일으키다, 발생시키다
疑(うたが)わしい 의심스럽다 怪(あや)しい 수상하다

56 필자는 어떤 불상사가 일어날 것이라고 생각하고 있는가?
1 국산품을 과신한 나머지 국내에서 만들어졌다는 식품에 의한 건강 피해가 발생할 것이라고 생각하고 있다.

2 외국산 식품이 위생적이고 안전하다는 잘못된 인식이 확대될 것이라고 생각하고 있다.
3 가격이 비싼 국산품의 값이 떨어져서 고품질 유지를 할 수 없게 될 것이라고 생각하고 있다.
4 관리가 한층 엄격해져서 외국산 식품의 가격이 크게 오를 것이라고 생각하고 있다.

어휘 過信(かしん) 과신 동사의 た형+あまり ~한 나머지
被害(ひがい) 피해 衛生的(えいせいてき)だ 위생적이다
間違(まちが)う 잘못되다, 틀리다 認識(にんしき) 인식
広(ひろ)がる 확대되다 価格(かかく) 가격
高(たか)い 비싸다 値段(ねだん) 가격
下(さ)がる (값·온도·지위·기능 등이) 떨어지다
高品質(こうひんしつ) 고품질 維持(いじ) 유지
厳(きび)しい 엄하다, 엄격하다
高騰(こうとう) 고등, 물가나 가격 등이 높이 올라감

(3)

확실한 원인은 없는데, 어쩐지 몸 상태가 좋지 않다. 누구나 한 번쯤은 이런 경험을 한 적이 있을 것이다. 그러나 저기가 아프다, 여기가 아프다 등 일일이 자기 몸의 안 좋은 곳을 호소하고만 있어서는 끝이 없다(주1). 그래서 참아 버리는 사람도 많다. 의사인 내 친구에게 그런 말을 했더니, 재미있는 이야기를 들려주었다. 인간은 평생 동안 평균 17,000번이나 몸 상태가 좋지 않음을 느낀다고 한다. 그리고 그 통증의 99%는 무시해도 되는 것이지만, 1%는 진짜 목숨에 관계되는 통증이기 때문에 그것을 간과하지 않는(주2) 것이 장수하는 비결이라고 한다.

(주1)きりがない(끝이 없다): 끝이 없다
(주2)見逃す(간과하다): 보고 있으면서 알아차리지 못하고 그대로 두다

어휘 はっきりした 확실한, 분명한 原因(げんいん) 원인
なぜか 웬일인지, 어쩐지
体(からだ)の調子(ちょうし)が悪(わる)い 몸 상태가 나쁘다
一度(いちど) 한 번 こんな 이런 経験(けいけん) 경험
痛(いた)い 아프다 一々(いちいち) 일일이
訴(うった)える 호소하다 ~てばかりいる ~하고만 있다
きりがない 끝이 없다 それで 그래서 我慢(がまん) 참음, 견딤
友人(ゆうじん) 친구 医者(いしゃ) 의사
聞(き)かせる 들려주다 人間(にんげん) 인간
一生(いっしょう) 평생 ~うち ~동안, ~사이
平均(へいきん) 평균 不調(ふちょう) 상태가 나쁨
痛(いた)み 통증 無視(むし) 무시
本当(ほんとう)に 정말로, 진짜로 命(いのち) 목숨, 생명
関(かか)わる 관계되다 見逃(みのが)す 간과하다
長生(ながい)き 장수 秘訣(ひけつ) 비결
~という ~라고 한다 終(おわ)り 끝
気付(きづ)く 깨닫다, 알아차리다 そのまま 그대로

57 필자가 의사인 친구에게서 들은 장수의 비결이란 무엇인가?
1 아플 때에는 아프다고 말하고 참지 말고 바로 의사에게 갈 것
2 몸 상태가 나쁜 것을 일일이 신경 쓰지 말고 스트레스를 느끼지 않도록 생활할 것
3 그냥 상태가 나쁜 것과 생명에 관계되는 통증을 구분해서 위험을 감지할 것
4 맛있는 것을 많이 먹고 즐거운 기회를 놓치지 않도록 할 것

어휘 気(き)にする 신경을 쓰다, 걱정하다 ストレス 스트레스
ただ 그냥, 그저 分(わ)ける 나누다, 구분하다
危険(きけん) 위험 機会(きかい) 기회
感(かん)じ取(と)る 감지하다 楽(たの)しい 즐겁다

(4)

자주 TV 다큐멘터리 프로그램에서는 아프리카나 아시아에서 먹을 것이 없어서 고생하는 사람들의 영상이 흘러나온다. 어떻게든 도와주고 싶다고 생각하지만, 이러한 프로그램은 내가 어릴 때부터 있었고, 지금도 변함없이 보도되고 있는 것을 보면 그 당시로부터 상황은 변하지 않은 것 같다.

19세기의 유명한 경제학자 맬서스는 그의 저서인 『인구론』에서 식량 증가는 인구 증가를 따라잡지 못해서 많은 사람이 빈곤과 기아(주)로 고생하는 것은 숙명적이라고 서술했다. 그러나 그렇게 체념해 버려도 되는 것일까?

(주)飢え(기아): 먹을 것이 없어서 배가 고픈 모양

어휘 しばしば 자주 ドキュメンタリー 다큐멘터리
番組(ばんぐみ) (방송·연예 등의) 프로그램
食(た)べ物(もの) 음식, 먹을 것
苦(くる)しむ 괴로워하다, 고생하다 人々(ひとびと) 사람들
映像(えいぞう) 영상 流(なが)れる 흘러나오다
何(なん)とかして 어떻게든 助(たす)ける 돕다
~てあげる (내가 남에게) ~해 주다 変(か)わらず 변함없이
報道(ほうどう) 보도 当時(とうじ) 당시
状況(じょうきょう) 상황 変(か)わる 바뀌다, 변하다
世紀(せいき) 세기 有名(ゆうめい)だ 유명하다
経済(けいざい) 경제 学者(がくしゃ) 학자
マルセス 맬서스 *영국의 경제학자 著書(ちょしょ) 저서
人口論(じんこうろん) 인구론 食糧(しょくりょう) 식량
増加(ぞうか) 증가
追(お)い付(つ)く (어떤 수준까지) 따라붙다, 따라잡다
貧困(ひんこん) 빈곤 飢(う)え 기아, 굶주림
宿命的(しゅくめいてき)だ 숙명적이다
述(の)べる 말하다, 서술하다 諦(あきら)める 체념하다, 단념하다
お腹(なか)が減(へ)る 배가 고프다

58 이 글 뒤에 필자가 계속해서 쓸 것이라고 생각되는 문장은 어느 것인가?
1 이만큼 과학 기술이 진보되어 왔으므로 그들을 구할 길을 찾아야 한다.
2 숙명적이라는 말은 지나친 말이고 운명적이라고 표현해야 한다.
3 역시 맬서스의 말이 옳았다는 것을 증명하고 있다.
4 맬서스보다 뛰어난 새로운 경제학자가 나올 것이 기대된다.

어휘 科学(かがく) 과학 技術(ぎじゅつ) 기술
進歩(しんぽ) 진보 救(すく)う 구하다, 살리다
探(さが)す 찾다 동사의 기본형+べきだ (마땅히) ~해야 한다
言(い)い過(す)ぎ 말이 지나침, 과언
運命的(うんめいてき)だ 운명적이다 やはり 역시
正(ただ)しい 옳다 証明(しょうめい) 증명
超(こ)える 뛰어나다 楽(たの)しみ 기대됨

(5)

'내년 봄과 여름의 유행색은 밝은 흰색입니다.' 이와 같이 자신감을 가지고 장래의 유행을 단언하는 패션 평론가를 본 적이 있을 것이다. 어째서 이렇게나 확실하게 단언할 수 있는 것일까 하고 의문스럽게 여긴 적은 없을까?

거기에는 이유가 있는 것이다. 실은 유행색이라는 것은 유행색 협회라는 조직에서 2년 전부터 정해지고 있다. 여기에서 정해진 유행색을 바탕으로 많은 상품을 만들어 거리에 유행색을 널리 퍼지게 하는 것이다. 그들은 미래를 예언하고 있는 것이 아니다. 단지 결과를 전하고 있을 뿐인 것이다.

어휘 来年(らいねん) 내년 春夏(しゅんか) 춘하, 봄과 여름
流行色(りゅうこうしょく) 유행색 明(あか)るい 밝다
白(しろ) 흰색 自信(じしん) 자신, 자신감 持(も)つ 가지다
将来(しょうらい) 장래 流行(りゅうこう) 유행
断言(だんげん) 단언 ファッション 패션
評論家(ひょうろんか) 평론가
동사의 た형+ことがある ~한 적이 있다
~はずだ (당연히) ~할 것[터]이다 なぜ 왜, 어째서
はっきりと 분명하게, 확실하게 言(い)い切(き)る 단언하다
疑問(ぎもん) 의문 理由(りゆう) 이유 実(じつ)は 실은
協会(きょうかい) 협회 組織(そしき) 조직
~より ~에서, ~부터 決(き)める 정하다, 결정하다
決(き)まる 정해지다, 결정되다 ~をもとに ~을 바탕으로
商品(しょうひん) 상품 街(まち) 거리
広(ひろ)める 널리 퍼지게 하다, 보급시키다
未来(みらい) 미래 予言(よげん) 예언 ただ 단지
結果(けっか) 결과 伝(つた)える 전하다

59 필자는 왜 단지 결과를 전하고 있을 뿐이라고 표현하고 있는 것인가?

1 자세한 분석 결과, 자신의 예상에 자신을 가지고 있기 때문에
2 미리 정해져 있는 것을 이야기하고 있는 것에 불과하기 때문에
3 유행색이라는 것은 되풀이해서 오는 것이고, 올해가 흰색 차례임을 알았기 때문에
4 상품을 실제로 판매해서 고객의 취향을 알고 있기 때문에

어휘 詳(くわ)しい 상세하다, 자세하다 分析(ぶんせき) 분석
自分(じぶん) 자기, 자신, 나 予想(よそう) 예상
予(あらかじ)め 미리, 사전에
~に過(す)ぎない ~에 지나지 않다, ~에 불과하다
繰(く)り返(かえ)し 되풀이함, 반복함
順番(じゅんばん) 순번, 차례 実際(じっさい) 실제
販売(はんばい) 판매 客(きゃく) 손님
好(この)み 좋아함, 취향

문제 11 다음 (1)부터 (3)의 글을 읽고 다음 질문에 대한 답으로 가장 적당한 것을 1 · 2 · 3 · 4에서 하나 고르시오.

(1)

세계에는 기독교나 불교, 이슬람교 등 다양한 종교가 있는데, 이들 종교보다도 널리 믿어지고 있는 것이 있다. 그것은 여성은 마르지 않으면 안 된다고 생각하는 '슬림교'다.

언제쯤부터인지 이 가치관은 많은 사람의 행동이나 사고방식을 제한해서 그중에는 단식을 하거나 무리한 운동을 계속하는 사람이 생겨났다. 더욱이 이 가치관에서 벗어난 사람들을 차별하고 정신적인 학대(주1)를 하는 듯한 경향마저 있다.

건강한 이상 체중은 사람들이 되고 싶다고 바라는 체중에 비해 10kg이나 많다는 보고도 있다. 이러한 사고방식이 전 세계로 퍼지는 이유 중 하나에는 마르기 위해서 사람들이 하는 다이어트가 큰 산업이 되고 있다는 것도 있을 것이다. 선진국 사람들이 마르기 위해서 쓰는 금액은 막대하다. 사람들은 살찌는 것을 두려워해서 스포츠 클럽에 다니며 땀을 흘리고, 칼로리 계산을 하면서 다이어트 식품을 먹고, 새로운 다이어트 기구가 나올 때마다 효과를 기대하며 계속 산다. 다이어트 산업은 이러한 사람들의 공포를 더욱더 고조시키고 안심하게 하는 일은 없다. 과연 인류가 이러한 사교(주2)로부터 벗어날 수 있는 날은 올 것인가?

(주1)虐待(학대): 심한 취급을 하거나 괴롭히거나 하는 것
(주2)邪教(사교): 잘못된 것을 가르치고 사람들을 악의 길로 유도하는 종교

어휘 世界(せかい) 세계 キリスト教(きょう) 기독교
仏教(ぶっきょう) 불교 イスラム教(きょう) 이슬람교
宗教(しゅうきょう) 종교 これら 이들, 이것들
広(ひろ)い 넓다 信(しん)じる 믿다 女性(じょせい) 여성
痩(や)せる 여위다, 마르다, 살이 빠지다
~なくてはならない ~하지 않으면 안 된다, ~해야 한다
スリム 슬림, 호리호리함 価値観(かちかん) 가치관
行動(こうどう) 행동 考(かんが)え方(かた) 사고방식
制限(せいげん) 제한 絶食(ぜっしょく) 절식, 단식
無理(むり)だ 무리하다 運動(うんどう) 운동
続(つづ)ける 계속하다 更(さら)に 게다가, 더욱더
外(はず)れる 벗어나다 人々(ひとびと) 사람들
差別(さべつ) 차별 精神的(せいしんてき)だ 정신적이다
虐待(ぎゃくたい) 학대 傾向(けいこう) 경향 ~さえ ~마저
健康的(けんこうてき)だ 건강하다 理想(りそう) 이상
体重(たいじゅう) 체중 望(のぞ)む 바라다, 원하다, 기대하다
~に比(くら)べて ~에 비해서 報告(ほうこく) 보고
世界中(せかいじゅう) 전 세계
広(ひろ)がる 넓은 범위에 미치다, 퍼지다
行(おこな)う 하다, 행하다, 실시하다 ダイエット 다이어트
大(おお)きな 큰 産業(さんぎょう) 산업
先進国(せんしんこく) 선진국 金額(きんがく) 금액
莫大(ばくだい)だ 막대하다 太(ふと)る 살찌다
恐(おそ)れる 두려워하다 スポーツクラブ 스포츠 클럽
通(かよ)う 다니다 汗(あせ) 땀 流(なが)す 흘리다
カロリー 칼로리 計算(けいさん) 계산
食品(しょくひん) 식품 器具(きぐ) 기구
~度(たび)に ~할 때마다 効果(こうか) 효과
期待(きたい) 기대 買(か)う 사다
동사의 ます형+続(つづ)ける 계속 ~하다
恐怖(きょうふ) 공포 高(たか)める 높이다
安心(あんしん) 안심 果(は)たして 과연 人類(じんるい) 인류
邪教(じゃきょう) 사교, 건전하지 못하고 요사스러운 종교
逃(に)げる 벗어나다 ひどい (정도가) 심하다, 가혹하다
扱(あつか)い 취급 いじめる 괴롭히다

間違(まちが)う 잘못되다, 틀리다
教(おし)える 가르치다, 알려 주다 悪(あく) 악 道(みち) 길
導(みちび)く 유도하다

60 필자는 '슬림교'라고 표현하는 요즘의 다이어트 풍조를 어떻게 생각하고 있는가?

1 살찐 사람에 대한 육체적인 학대에 대해 마음 아파하고 있다.
2 마르고 싶다고 생각하는 사람의 마음에 이해를 보이고 너무 과하지 않으면 괜찮다고 공감하고 있다.
3 건강한 이상 체중에 비슷해질 수 있도록 노력할 필요가 있다고 생각하고 있다.
4 사람들을 과잉된 다이어트로 향하게 하는 다이어트 산업의 동향을 걱정하고 있다.

어휘 風潮(ふうちょう) 풍조
肉体的(にくたいてき)だ 육체적이다
～について ~에 대해서 *내용 痛(いた)める 아프게 하다
示(しめ)す (나타내) 보이다 やり過(す)ぎる 지나치게 하다
共感(きょうかん) 공감 近付(ちかづ)く 접근하다, 비슷해지다
努力(どりょく) 노력 過剰(かじょう)だ 과잉되다
向(む)かう 향하다 動(うご)き 움직임, 동향
心配(しんぱい) 걱정

61 이러한 사고방식이 가리키는 것은 어느 것인가?

1 사람들이 되고 싶다고 바라는 체중이 일정한 것
2 사람들이 되고 싶다고 바라는 체중이 각각 다른 것
3 사람들이 되고 싶다고 바라는 체중이 건강한 이상 체중보다 많은 것
4 사람들이 되고 싶다고 바라는 체중이 건강한 이상 체중보다 적은 것

어휘 一定(いってい) 일정 それぞれ 각각
違(ちが)う 다르다 多(おお)い 많다 少(すく)ない 적다

62 본문의 내용과 맞지 않는 것은 어느 것인가?

1 슬림교라는 새로운 종교가 탄생해서 다른 종교로부터 수많은 신도를 빼앗고 있다.
2 세계에서 많은 사람들이 다이어트 산업 때문에 불안해져서 마르기 위해서 돈을 쓰고 있다.
3 건강한 이상 체중은 사람들이 바라는 이상 체중보다 10kg 정도 많다.
4 자신을 살쪘다고 느끼고 있는 사람들 중에는 단식을 하거나 무리한 운동을 하는 사람도 있다.

어휘 誕生(たんじょう) 탄생 数多(かずおお)い 수많다
信者(しんじゃ) 신자, 신도 奪(うば)う 빼앗다

(2)

학교 활성화와 폭넓은 인재 육성을 목적으로 2000년부터 교사 경험을 가지지 않은 민간인에서의 교장 기용이 가능해졌다. 이에 따라 전 은행원이나 인재 파견 회사의 사원, 현역 변호사 등의 경력을 가진 교장 선생님이 속속 나타나고 있다.

이와테현(岩手県)의 어떤 상업고등학교에는 회사원으로서 기업의 인사부에 30년 이상 근무한 경험이 있는 마가미 다쓰유키(馬上達幸) 교장이 3년 전부터 취임해 있다. 그리고 이 고등학교에서는 마가미 교장이 취임한 이래, 졸업생의 취직률이 100%를 기록하고 있다고 한다. 이러한 성과에 대해 교장은 1학년 때부터 시작하는 취직 관련 자격증 준비나 교직원들에 의한 세심한(주1) 취직 지원 활동의 결과라고 한다.

취직 지원 활동에는 교사에 의한 철저한 지도가 있다. 그 과정은 실제 사회를 모르는 고등학생에게 혹독한 현실을 알리는 것도 된다. "'자기 이해'나 '개성 존중' 등 교육 현장에는 아름다운 말이 많다. 그러나 본교에서는 경쟁이 심한 사회의 현재 상태를 전하고 '사회 이해'를 깊게 하는 것을 중시하고 있다"고 마가미 교장은 말한다. 이 결과, 취직처인 기업과 학부모로부터의 평판도 아주 좋다고 한다. 취직난이 심해지고 있는 현재라도 적절한 지도와 그것에 부응하는 학생의 성실한 태도만 있으면 그것을 극복할(주2) 답은 반드시 있는 법이다.

(주1)きめ細かだ(세심하다): 매사에 세심하게 마음을 쓰다
(주2)乗り越える(극복하다): 곤란한 것을 해결하고 앞으로 나아가다

어휘 活性化(かっせいか) 활성화 幅広(はばひろ)い 폭넓다
人材(じんざい) 인재 育成(いくせい) 육성
目的(もくてき) 목적 教師(きょうし) 교사
経験(けいけん) 경험 持(も)つ 가지다
民間人(みんかんじん) 민간인 校長(こうちょう) 교장
起用(きよう) 기용 可能(かのう)だ 가능하다
元(もと) 전, 전직 銀行員(ぎんこういん) 은행원
派遣(はけん) 파견 社員(しゃいん) 사원
現役(げんえき) 현역 弁護士(べんごし) 변호사
経歴(けいれき) 경력 続々(ぞくぞく)と 속속
現(あらわ)れる 나타나다, 출현하다
商業(しょうぎょう) 상업 ～として ~로서
企業(きぎょう) 기업 人事部(じんじぶ) 인사부
勤(つと)める 근무하다 就任(しゅうにん) 취임
～て以来(いらい) ~한 이래 卒業生(そつぎょうせい) 졸업생
就職率(しゅうしょくりつ) 취직률 記録(きろく) 기록
成果(せいか) 성과 ～年生(ねんせい) ~학년(생)
始(はじ)める 시작하다 関連(かんれん) 관련
資格(しかく) 자격(증) 準備(じゅんび) 준비
教職員(きょうしょくいん) 교직원 ～による ~에 의한
きめ細(こま)かだ 세심하다 就職(しゅうしょく) 취직
支援(しえん) 지원 活動(かつどう) 활동
教師(きょうし) 교사 徹底(てってい)する 철저하다
指導(しどう) 지도 過程(かてい) 과정
実社会(じっしゃかい) 실사회, 실제의 사회
厳(きび)しい 혹독하다, 심하다 知(し)らせる 알리다
自己(じこ) 자기 個性(こせい) 개성 尊重(そんちょう) 존중
教育(きょういく) 교육 現場(げんば) 현장
本校(ほんこう) 본교 競争(きょうそう) 경쟁
激(はげ)しい 심하다, 격하다, 격렬하다
現状(げんじょう) 현상, 현재 상태 伝(つた)える 전하다
深(ふか)める 깊게 하다 重視(じゅうし) 중시
就職先(しゅうしょくさき) 취직처 父母(ふぼ) 부모
評判(ひょうばん) 평판 就職難(しゅうしょくなん) 취직난
適切(てきせつ)だ 적절하다 応(こた)える 부응하다
真面目(まじめ)だ 성실하다 態度(たいど) 태도

〜さえ〜ば 〜만 〜하면 乗(の)り越(こ)える 극복하다
答(こた)え 답 必(かなら)ず 반드시
〜ものだ 〜인 법[것]이다 *상식 · 진리 · 본성
物事(ものごと) 물건과 일, (일체의) 사물
細(こま)かい 세심하다
気(き)を配(くば)る 마음을 쓰다, 배려하다
困難(こんなん)だ 곤란하다 解決(かいけつ) 해결
先(さき) 앞, 장래 進(すす)む 나아가다, 진행되다

63 본문의 내용으로 보아 민간인에서 교장을 기용한 목적은 무엇인가?
1 학교 활성화와 폭넓은 인재를 육성하기 위해
2 고령자의 재취직을 촉진하기 위해
3 전반적인 고용의 질을 개선하기 위해
4 침체된 경기를 회복시키기 위해

어휘 高齢者(こうれいしゃ) 고령자
再就職(さいしゅうしょく) 재취직 促進(そくしん) 촉진
全般的(ぜんぱんてき)だ 전반적이다 雇用(こよう) 고용
質(しつ) 질 改善(かいぜん) 개선
落(お)ち込(こ)む (나쁜 상태에) 빠지다, 침체되다
景気(けいき) 경기 回復(かいふく) 회복

64 이 상업고등학교에서 실시되고 있는 지도로 옳은 것은 어느 것인가?
1 현실을 알리기 위한 체험 학습
2 교사에 의한 개별적인 엄격한 예절 교육
3 입학 당초부터 실시되는 자격증 취득 준비
4 부모와 협력해서 실시하는 사회 지원 활동

어휘 体験(たいけん) 체험 学習(がくしゅう) 학습
個別的(こべつてき)だ 개별적이다 マナー 매너, 예절
当初(とうしょ) 당초, 최초 行(おこな)う 하다, 행하다, 실시하다
取得(しゅとく) 취득 協力(きょうりょく) 협력

65 필자는 취직난의 시대를 극복하기 위해서 필요한 것은 무엇이라고 생각하고 있는가?
1 민간인 출신의 교장에 의한 리더십
2 자기 이해와 개성 존중이라는 학생의 소질을 키우는 교육
3 적절한 취직 활동 지도와 그에 부응하는 학생의 성실한 태도
4 현실 사회와 동일하게 실시되는 학교 내에서의 심한 경쟁

어휘 出身(しゅっしん) 출신 リーダーシップ 리더십
素質(そしつ) 소질 育(そだ)てる 키우다

(3)

사람에 따라 청결감이라는 것은 다른 법입니다. 다소 더러워진 방이라도 신경 쓰지 않고 생활할 수 있는 사람도 있고 티끌(주1) 하나 떨어져 있지 않은 방을 몇 번이나 계속 닦는 결벽증(주2)인 사람도 있습니다. 모든 사람에게 공통된 깨끗함의 기준이라는 것은 없습니다.

그런데 내 가까이 있는 것들 중에서 더러운 것이라고 하면 별로 알려져 있지 않지만, 실은 우리가 늘 사용하고 있는 휴대 전화가 의외로 세균으로 가득하다고 합니다.

영국의 맨체스터 메트로폴리탄 대학의 조안나 베랑 교수가 이런 연구 결과를 발표했습니다. 그것은 '휴대 전화에 서식(주3)하고 있는 세균 수는 화장실의 변기 자리보다도 많다'라는 충격적인 내용이었습니다. 휴대 전화는 충전지 등에 의한 열에 의해 세균이 번식하기 쉽고, 하루 종일(주4) 침이나 손때에 접하고 있어서 세균에게 있어서 먹는 먹이로는 부족함이 없다고 합니다. 어디까지나 영국의 사례라고 하지만, 역시 조금 신경이 쓰입니다. 일본의 최근 휴대 전화의 대부분은 엄격한 항균 코팅이 된 것이라서 비교적 안심할 수 있다고 하는데, 정말일까요?

(주1)塵(티끌): 아주 작은 먼지
(주2)潔癖症(결벽증): 병적일 정도로 더러운 것을 싫어하는 태도, 혹은 그러한 성질
(주3)棲息(서식): 동물이나 곤충 등이 살고 있는 것
(주4)四六時中(하루 종일): 하루 종일, 언제나

어휘 〜によって 〜에 따라 清潔感(せいけつかん) 청결감
違(ちが)う 다르다 〜ものだ 〜인 법[것]이다 *상식 · 진리 · 본성
多少(たしょう) 다소 汚(よご)れる 더러워지다
気(き)にする 신경을 쓰다 〜ず(に) 〜하지 않고
〜も〜ば〜も 〜도 〜하고[하거니와] 〜도 塵(ちり) 먼지, 티끌
落(お)ちる 떨어지다 拭(ふ)く 닦다
동사의 ます형+続(つづ)ける 계속 〜하다
潔癖症(けっぺきしょう) 결벽증 共通(きょうつう) 공통
きれいさ 깨끗함 基準(きじゅん) 기준
ところで 그것은 그렇고, 그런데
身近(みぢか) 자기 몸에 가까운 곳, 신변
汚(きたな)い 더럽다 あまり(부정어 수반) 그다지, 별로
知(し)られる 알려지다 実(じつ)は 실은
携帯電話(けいたいでんわ) 휴대 전화 意外(いがい)と 의외로
ばい菌(きん) 박테리아, 세균 いっぱいだ 가득하다
イギリス 영국 教授(きょうじゅ) 교수
研究(けんきゅう) 연구 発表(はっぴょう) 발표
棲息(せいそく) 서식 数(かず) 수
トイレ 화장실 *「トイレット」의 준말
便座(べんざ) 양변기의 앉는 자리
衝撃的(しょうげきてき)だ 충격적이다
充電池(じゅうでんち) 충전지 熱(ねつ) 열
繁殖(はんしょく) 번식 동사의 ます형+やすい 〜하기 쉽다
四六時中(しろくじちゅう) 하루 종일 唾液(だえき) 타액, 침
垢(あか) 때 接(せっ)する 접하다, 접촉하다
〜にとって 〜에(게) 있어서 餌(えさ) 먹이
事欠(ことか)く 모자라다, 부족하다
〜ということだ 〜라고 한다 *전문 あくまでも 어디까지나
事例(じれい) 사례 気(き)になる 신경이 쓰이다, 걱정되다
ほとんど 거의, 대부분 抗菌(こうきん) 항균
コーティング 코팅 比較的(ひかくてき)だ 비교적이다
安心(あんしん) 안심 ゴミ 먼지, 쓰레기
病的(びょうてき)だ 병적이다 嫌(きら)う 싫어하다
態度(たいど) 태도 性質(せいしつ) 성질 あるいは 또는, 혹은
昆虫(こんちゅう) 곤충 すむ (동물이) 살다
一日中(いちにちじゅう) 하루 종일

66 모든 사람에게 공통된 깨끗함의 기준이라는 것은 없습니다의 이유로 옳은 것은 어느 것인가?
1 아무도 공통된 기준을 정하려고 하지 않았기 때문에
2 청결감을 신경 쓰는 사람이 적기 때문에
3 사람에 따라 청결감이라는 것이 다르기 때문에

4 공통된 기준을 정하는 것을 싫어하는 사람이 많기 때문에

어휘 決(き)める 정하다, 결정하다 少(すく)ない 적다
嫌(いや)がる 싫어하다

67 세균이 번식하는 이유로 예로 든 것은 어느 것인가?

1 휴대 전화는 화장실에서 사용되는 경우가 많기 때문에
2 휴대 전화는 항균 코팅되는 경우가 많기 때문에
3 휴대 전화는 충전지의 영향으로 따뜻하기 때문에
4 휴대 전화는 결벽증인 사람이라도 별로 닦지 않기 때문에

어휘 挙(あ)げる (예로서) 들다 影響(えいきょう) 영향
温(あたた)かい 따뜻하다

68 필자의 생각과 맞는 것은 어느 것인가?

1 영국의 휴대 전화는 매우 더러워서 사용하고 싶지 않다고 생각하고 있다.
2 청결감에 관해서는 결벽증인 사람 정도로 엄격하게 하는 편이 좋다고 생각하고 있다.
3 일본의 휴대 전화는 엄격한 항균 코팅이 되어 있어서 안심하고 있다.
4 휴대 전화에 화장실 변기 자리와 같은 정도의 세균이 있다는 보고에 놀라고 있다.

어휘 ～に関(かん)しては ~에 관해서는 報告(ほうこく) 보고
驚(おどろ)く 놀라다

문제 12 다음 A와 B의 글을 읽고 다음 질문에 대한 답으로 가장 적당한 것을 1 · 2 · 3 · 4에서 하나 고르시오.

A

요즘 학교나 회사 등에서 봉사 활동을 하는 곳이 늘고 있습니다. 그 마음가짐은 대단히 좋다고 생각합니다. 도로 청소나 모금 활동 등은 분명히 지역을 위해서 도움이 될 것입니다.

어제 병원에 가서 입원해 있는 아이들의 놀이 상대가 되어 주는 봉사 활동을 한 사람의 투고 기사를 읽었습니다. 그 사람은 병원에서 어떤 남자아이의 담당이었다고 하는데, '누나는 어차피 이제 두 번 다시 안 오겠죠? 그렇다면 놀아 주지 않아도 돼요.'라는 말을 듣고 매우 충격을 받아서 잘 놀아 줄 수 없었다고 합니다. 이처럼 다른 사람을 돌보는 봉사 활동은 결코 가벼운 마음으로 시작해서는 안 되는 것이라고 생각합니다. 다른 사람과의 교제는 대단히 어려운 것입니다. 게다가 병으로 입원해 계신 분들에게는 특별한 배려가 필요하지 않을까요?

어휘 最近(さいきん) 최근, 요즘 ボランティア 자원봉사
活動(かつどう) 활동 増(ふ)える 늘다, 늘어나다
心掛(こころが)け 마음가짐 大変(たいへん) 대단히, 매우
道路(どうろ) 도로 掃除(そうじ) 청소 募金(ぼきん) 모금
きっと 분명히, 틀림없이 地域(ちいき) 지역
명사+の+ために ~을 위하여 役(やく)に立(た)つ 도움이 되다
昨日(きのう) 어제 病院(びょういん) 병원
入院(にゅういん) 입원 遊(あそ)び相手(あいて) 놀이 상대
～てあげる (내가 남에게) ~해 주다 投稿(とうこう) 투고
記事(きじ) 기사 担当(たんとう) 담당
お姉(ねえ)ちゃん 언니, 누나 どうせ 어차피
もう 이제 二度(にど)と 두 번 다시 だったら 그렇다면
遊(あそ)ぶ 놀다 ～て[で]くれる (남이 나에게) ~해 주다
～と言(い)われる ~라는 말을 듣다, ~라고 하다
ショック 쇼크, 충격 受(う)ける 받다 うまく 잘, 능숙하게
世話(せわ)をする 돌보다 決(けっ)して (부정어 수반) 결코
軽(かる)い 가볍다 気持(きも)ち 기분, 마음
始(はじ)める 시작하다 ～てはいけない ~해서는 안 된다
付(つ)き合(あ)い 교제 難(むずか)しい 어렵다
しかも 게다가 特別(とくべつ)だ 특별하다
配慮(はいりょ) 배려 必要(ひつよう)だ 필요하다

B

아침 신문에 봉사 활동을 한 사람의 투고 기사가 실려 있어서 읽어 봤습니다. 기사에 의하면 봉사 활동으로 간 병원에서 입원해 있는 남자아이에게 '누나는 어차피 이제 두 번 다시 안 오겠죠? 그렇다면 놀아 주지 않아도 돼요.'라는 말을 들어 버렸다고 합니다.

봉사 활동은 일방적으로 뭔가를 해 주는 것이 아니라 그 활동을 통해서 봉사를 하는 쪽에도 많은 이점이 있는 것입니다. 기사를 투고한 사람은 이 체험으로 괴로웠을지도 모르겠습니다만, 그것과 동시에 큰 성장을 했다고도 말할 수 있을 것 같습니다. 아무쪼록 이 체험을 살려서 앞으로도 봉사 활동을 계속해 주었으면 합니다. 그 남자아이도 당신이 다시 한 번 와 주기를 기다리고 있을지도 모릅니다.

어휘 朝刊(ちょうかん) 조간, 아침 신문
載(の)る (신문 · 잡지 등에) 실리다
～によると ~에 의하면, ~에 따르면
一方的(いっぽうてき)だ 일방적이다
～を通(つう)じて ~을 통해서 側(かわ) 측, 쪽
メリット 이점 体験(たいけん) 체험
辛(つら)い思(おも)いをする 힘든[고통스러운] 경험을 하다
～かもしれない ~일지도 모른다
～と同時(どうじ)に ~와 동시에 大(おお)きな 큰
成長(せいちょう) 성장 ぜひ 아무쪼록
生(い)かす 살리다, 발휘하다, 활용하다 続(つづ)ける 계속하다
～てほしい ~해 주었으면 하다, ~하길 바라다
待(ま)つ 기다리다

69 왜 신문 투고자는 남자아이와 잘 놀아 줄 수 없었다고 말한 것인가?

1 투고자가 봉사 활동 초보자여서 노는 법을 몰랐기 때문에
2 투고자가 남자아이를 꺼려 해서 잘 이야기하지 못했기 때문에
3 투고자는 양로원에 가고 싶었는데 병원에 가게 되어 버렸기 때문에
4 투고자가 남자아이에게 의외의 말을 들어서 상처를 받고 말았기 때문에

어휘 初心者(しょしんしゃ) 초심자, 초보자
동사의 ます형+方(かた) ~하는 방법[방식]
苦手(にがて)だ 서투르다, 상대하기 어렵다
老人(ろうじん)ホーム 양로원
思(おも)いがけない 의외다, 뜻밖이다
傷付(きずつ)く (마음의) 상처를 입다

70 신문 투고자에 대한 A, B의 생각으로 옳은 것은 어느 것인가?

1 A도 B도 봉사 활동은 좋은 일이므로 어떤 봉사라도 적극적으로 해야 한다고 말하고 있다.

2 A는 투고자의 고민을 충분히 이해하고 있지만, B는 전혀 이해하고 있지 않다.

3 A는 봉사라고 해서 초보자가 뭐든지 해도 된다고는 생각하지 않는다.

4 B는 봉사는 이점보다 단점이 많다고 생각하고 있다.

어휘 積極的(せっきょくてき)だ 적극적이다
동사의 기본형+べきだ (마땅히) ~해야 한다 悩(なや)み 고민
十分(じゅうぶん)に 충분히 理解(りかい) 이해
全(まった)く (부정어 수반) 전혀 デメリット 단점

문제 13 다음 글을 읽고 다음 질문에 대한 답으로 가장 적당한 것을 1·2·3·4에서 하나 고르시오.

선진국에서는 현재 출생률 저하와 고령화가 심각한 수준으로 진행되고 있다. 일본도 그 나라들과 마찬가지로, 아니, 그 나라들을 훨씬 웃도는 속도로 ①저출산 고령화 사회에 돌입했다. 이 결과, 가장 극적으로 변화하는 것은 인구이다.

일본은 이미 2005년부터 인구가 줄기 시작했다. 어느 연구소의 보고에 의하면 2055년 일본의 장래 인구는 약 8,900만 명이 되어 절정일 때에 비해 약 4천 만 명 가까이 감소한다는 것을 알 수 있었다. 게다가 이 수치는 일본 여성이 평생 동안 몇 명의 아이를 낳는지를 나타내는 출생률 수치가 현재 상태의 수준을 유지한다고 가정하고 산출한 데이터다. 실제로는 출생률도 감소 경향에 있어 8,900만 명이라는 것도 희망적인 관측이라고 할 수 있다. 이러한 사태가 되면 현재와 같은 제조업에 의한 수출 중심의 경제 체제는 유지할 수 없게 될 것이다. 더욱이 고령자가 늘어남으로써 그들을 지원하는 사회 보장비 부담도 한층 커질 것이다.

그럼, 살아남기 위해서 일본에는 어떤 선택이 남겨져 있는 것일까? 그것은 프랑스나 스위스처럼 국가로서의 브랜드 이미지를 높여 전 세계 사람들을 일본에 모으는 것이다. 옛날부터 있는 문화유산이나 자연 경관, 또 애니메이션이나 만화 등의 소프트웨어나 젊은이의 패션. 이러한 일본 고유의 콘텐츠를 이용해 일본의 매력을 호소할 필요가 있다.

정부는 2000년부터 ②'쿨 재팬 캠페인'을 실시하고 있다. 세계를 향해 일본의 장점을 어필해 가자는 것이다. 그러나 발상 자체는 나쁘지 않지만 방식에 문제가 있다. 도대체 정부가 '이것은 멋진 것입니다. 쿨한 것입니다'라고 말하는 것 자체가 쿨하지 않다. 무엇보다도 정부가 어필하려고 하는 것은 애초에 해외를 위해 지어졌거나 그려진 것이 아니었다. 그들은 자신이 마음에 든 것이나 일본인을 대상으로 해서 물건을 만들어 가는 과정에서 세계 수준을 뛰어넘는 것을 만들었을 뿐이다. 해외에만 눈을 돌릴 게 아니라 일본인에게 있어서 매력적인 일본을 만듦으로써 자연스럽게 해외로부터의 방문객이나 이민 등도 늘어나서 미래의 일본이 지금과 변함없는 번영을 이룰 수 있을 것이라고 생각한다.

어휘 先進国(せんしんこく) 선진국
出生率(しゅっせいりつ) 출생률 低下(ていか) 저하
高齢化(こうれいか) 고령화 深刻(しんこく)だ 심각하다
レベル 레벨, 수준 進行(しんこう) 진행 国(くに) 나라
～と同(おな)じように ~와 마찬가지로
遥(はる)かに 훨씬 超(こ)える (정도를) 넘다
少子高齢化(しょうしこうれいか) 저출산 고령화
突入(とつにゅう) 돌입 劇的(げきてき)だ 극적이다
変化(へんか) 변화 人口(じんこう) 인구 既(すで)に 이미
減(へ)る 줄다, 줄어들다
동사의 ます형+始(はじ)める ~하기 시작하다
研究所(けんきゅうじょ) 연구소 報告(ほうこく) 보고
将来(しょうらい) 장래 ピーク 피크, 절정
～に比(くら)べて ~에 비해서 減少(げんしょう) 감소
しかも 게다가 数値(すうち) 수치 一生(いっしょう) 평생
うち 동안 産(う)む 낳다 表(あらわ)す 나타내다, 표현하다
現状(げんじょう) 현상, 현재 상태 維持(いじ) 유지
仮定(かてい) 가정 算出(さんしゅつ) 산출 データ 데이터
傾向(けいこう) 경향 希望的(きぼうてき)だ 희망적이다
観測(かんそく) 관측 事態(じたい) 사태
製造業(せいぞうぎょう) 제조업 輸出(ゆしゅつ) 수출
中心(ちゅうしん) 중심 体制(たいせい) 체제
更(さら)に 게다가, 더욱더 増(ふ)える 늘다, 늘어나다
～ことにより ~하는 것에 의해, ~함으로써
支(ささ)える 지탱하다, (정신적·경제적으로) 지원하다
社会保障費(しゃかいほしょうひ) 사회 보장비
負担(ふたん) 부담 一層(いっそう) 한층
増(ま)す (수·양·정도가) 커지다, 많아지다, 늘다
生(い)き残(のこ)る 살아남다 選択(せんたく) 선택
残(のこ)す 남기다 国家(こっか) 국가
ブランドイメージ 브랜드 이미지, 특정 상표가 소비자에게 주는 인상 高(たか)める 높이다 世界中(せかいじゅう) 전 세계
人々(ひとびと) 사람들 集(あつ)める 모으다
文化遺産(ぶんかいさん) 문화유산 景観(けいかん) 경관
アニメーション 애니메이션 漫画(まんが) 만화
ソフト 소프트웨어 *「ソフトウェア」의 준말
固有(こゆう) 고유 コンテンツ 콘텐츠 魅力(みりょく) 매력
訴(うった)える 호소하다 政府(せいふ) 정부
キャンペーン 캠페인 行(おこな)う 하다, 행하다, 실시하다
向(む)ける 향하(게 하)다 良(よ)さ 좋은 점, 장점
アピール 어필, 호소 発想(はっそう) 발상
自体(じたい) 자체 やり方(かた) 하는 방식
大体(だいたい) 도대체, 대관절 かっこいい 멋지다, 근사하다
クールだ 쿨하다, 멋지다 第一(だいいち) 무엇보다도
そもそも 애초에 建(た)てる (집을) 짓다, 세우다
描(えが)く 그리다(=描(か)く) 気(き)に入(い)る 마음에 들다
対象(たいしょう) 대상 過程(かてい) 과정
水準(すいじゅん) 수준
目(め)を向(む)ける 눈을 돌리다, 시선[관심]을 돌리다
魅力的(みりょくてき)だ 매력적이다 ～ことで ~함으로써
自然(しぜん)と 자연스럽게, 저절로
訪問客(ほうもんきゃく) 방문객 移民(いみん) 이민
未来(みらい) 미래 繁栄(はんえい) 번영
築(きず)く 쌓다, 구축하다, 이루다

71 ①저출산 고령화 사회에 따른 영향이란 무엇인가?

1 제조업을 중심으로 한 산업 구조를 유지할 수 없게 되어 경제가 악화된다.

2 브랜드 이미지가 저하되어 일본을 방문하는 외국인 수가 감소한다.

3 생산자가 줄고 소비자가 늘어남으로써 소비가 증대되어 수입이 증가한다.

4 감소한 젊은 세대에 대한 사회 보장비가 증대되어 사회 불안이 확대된다.

어휘 産業(さんぎょう) 산업 構造(こうぞう) 구조
悪化(あっか) 악화 訪問(ほうもん) 방문
生産者(せいさんしゃ) 생산자 消費者(しょうひしゃ) 소비자
増大(ぞうだい) 증대 輸入(ゆにゅう) 수입
増加(ぞうか) 증가 拡大(かくだい) 확대

72 일본 정부가 진행하고 있는 ②'쿨 재팬 캠페인'이란 어떤 것인가?

1 일본인을 멋지게 함으로써 해외로부터의 방문객을 늘리는 것

2 일본 고유의 문화나 콘텐츠를 이용해서 브랜드 이미지를 높이는 것

3 민간의 의견을 중심으로 해외 취향에 맞춘 매력적인 콘텐츠를 개발하는 것

4 이민을 적극적으로 지원해서 계획적으로 이주를 진행하는 것

어휘 進(すす)める 진행하다 増(ふ)やす 늘리다
好(この)み 좋아함, 취향 合(あ)わせる 맞추다
開発(かいはつ) 개발 積極的(せっきょくてき)だ 적극적이다
支援(しえん) 지원 計画的(けいかくてき)だ 계획적이다
移住(いじゅう) 이주

73 필자가 이 글에서 가장 말하고 싶은 것은 어느 것인가?

1 일본은 장래 저출산 고령화 사회가 되어 현재와 같은 번영은 유지할 수 없게 된다.

2 앞으로도 일본인에게 있어서 매력적인 것을 만들어 그것을 해외에 널리 알릴 필요가 있다.

3 저출산 고령화 사회를 막기 위해서 여성을 지원하여 출생률을 올릴 필요가 있다.

4 일본에는 해외에 의존하지 않아도 세계 수준의 물건을 만들 수 있는 기술력이 있다.

어휘 知(し)らせる 알리다 防(ふせ)ぐ 막다
頼(たよ)る 의지하다, 의존하다
技術力(ぎじゅつりょく) 기술력

문제 14 오른쪽 페이지는 어느 국제 교류 이벤트의 참가자 모집 안내이다. 아래 질문에 대한 답으로 가장 적당한 것을 1 · 2 · 3 · 4에서 하나 고르시오.

국제 교류 이벤트 참가자 모집 안내

가스가시에서 국제 교류를 하고 있는 단체가 모여서 정보 교환을 하면서 국제 교류를 추진하는 '가스가시 국제 교류 네트워크 모임'이 주최하는 국제 교류 이벤트입니다. 모두 5회의 이벤트를 통해서 일본에 거주하는 외국 국적의 사람과 일본 국적의 사람이 교류를 도모하여 서로에 대한 이해를 깊게 합니다. 대면으로 실시하는 사업과 온라인 회의 시스템(ZOOM)을 활용한 온라인 교류를 예정하고 있으니 꼭 참가해 주십시오.

※이 사업은 '가스가시 시민활동 재해보장보험'이 적용되지만, 사고 등이 일어났을 때의 보상은 위로금 정도가 지급됩니다. 걱정스러운 사람은 필요에 따라 스스로 보험에 가입해 주십시오.

개최 시간	◆ 제1회(9월 25일) / 제2회(10월 9일): 오전 10시~정오 ◆ 제3회(11월 14일): 오후 3시~4시 ◆ 제4회(12월 12일) / 제5회(내년 2월 19일): 오전 10시~정오
대상	◆ 시민, 부모와 자녀, 그 외 국제 교류에 흥미가 있는 사람
개최 장소	◆ 제1회: 고구마밭(지쿠시노시) ◆ 제2회: 줌(ZOOM) ◆ 제3회: 가스가시청 2층 대회의실 ◆ 제4회 / 제5회: 상황에 따라서 줌(ZOOM)
내용	◆ 제1회: 두근두근! 다문화 고구마 캐기 ◆ 제2회: 아프리카의 한가운데? 우간다는 어떤 나라?(ZOOM) ◆ 제3회: 일본의 전통 놀이 ◆ 제4회: 일본 차를 통해서 다문화 교류 (상황에 따라서 ZOOM) ◆ 제5회: 일본어로 놀자 (상황에 따라서 ZOOM)
신청	◆ 필요(모집 기간을 연장했습니다. 꼭 신청해 주십시오.) ※일본 국적인 사람의 신청은 정원에 도달했기 때문에 종료했습니다.
신청 마감일	◆ 9월 10일(금요일)
정원	◆ 외국 국적인 사람: 10팀 ◆ 일본 국적인 사람: 10팀 (신청 접수 종료)
비용	◆ 가족 참가: 3,000엔(1가족당) ◆ 개인 참가: 2,000엔

〒816-8501 후쿠오카현 가스가시 하라마치 3-1-5
※대표 전화 : 092-123-4567

어휘 国際(こくさい) 국제 交流(こうりゅう) 교류
イベント 이벤트 参加者(さんかしゃ) 참가자
募集(ぼしゅう) 모집 案内(あんない) 안내
団体(だんたい) 단체 集(あつ)まる 모이다
情報(じょうほう) 정보 交換(こうかん) 교환
동사의 ます형+ながら ~하면서 *동시 동작
推進(すいしん) 추진 ネットワーク 네트워크
~会(かい) ~모임 主催(しゅさい) 주최
~を通(とお)して ~을 통해서, ~을 수단으로 하여
住(す)む 살다, 거주하다 外国籍(がいこくせき) 외국 국적
国籍(こくせき) 국적 図(はか)る 도모하다, 꾀하다
お互(たが)い 서로 理解(りかい) 이해
深(ふか)める 깊게 하다 対面(たいめん) 대면
行(おこな)う 하다, 행하다, 실시하다 事業(じぎょう) 사업
オンライン 온라인 会議(かいぎ) 회의 システム 시스템
活用(かつよう) 활용 予定(よてい) 예정 ぜひ 꼭
参加(さんか) 참가 ふれあい保険(ほけん) 시민활동 재해보장보험 *시민단체 등의 활동 시 발생한 사고를 보장하는 보험
適用(てきよう) 적용 事故(じこ) 사고 際(さい) 때

補償(ほしょう) 보상 お見舞金(みまいきん) 위로금
程度(ていど) 정도 支給(しきゅう) 지급
心配(しんぱい)だ 걱정이다, 걱정스럽다 必要(ひつよう) 필요
～に応(おう)じて ～에 따라서, ～에 맞게
自身(じしん) 자기, 스스로 加入(かにゅう) 가입
開催(かいさい) 개최 時間(じかん) 시간 午前(ごぜん) 오전
正午(しょうご) 정오 午後(ごご) 오후
対象(たいしょう) 대상 市民(しみん) 시민
親子(おやこ) 부모와 자식 その他(ほか) 그 외
興味(きょうみ) 흥미 場所(ばしょ) 장소
サツマイモ畑(ばたけ) 고구마밭 市役所(しやくしょ) 시청
大会議室(だいかいぎしつ) 대회의실
状況(じょうきょう) 상황 内容(ないよう) 내용
わくわく 두근두근 多文化(たぶんか) 다문화
芋掘(いもほ)り 고구마 · 감자 · 토란 등을 캠
アフリカ 아프리카 真(ま)ん中(なか) 한가운데
ウガンダ 우간다 国(くに) 나라
伝統遊(でんとうあそ)び 전통 놀이 お茶(ちゃ) 차
～を通(つう)じて ～을 통해서 遊(あそ)ぶ 놀다
申(もう)し込(こ)み 신청 期間(きかん) 기간
延長(えんちょう) 연장 申(もう)し込(こ)む 신청하다
定員(ていいん) 정원 達(たっ)する 이르다, 도달하다, 달하다
終了(しゅうりょう) 종료 締切日(しめきりび) 마감일
金曜日(きんようび) 금요일 ～組(くみ) ～쌍
受付(うけつけ) 접수 費用(ひよう) 비용 家族(かぞく) 가족
～当(あ)たり ～당 個人(こじん) 개인
代表電話(だいひょうでんわ) 대표 전화

74 미국에서 온 유학생인 마이클 씨는 평소에 일본어와 일본의 전통 놀이에 흥미를 가지고 있어서 국제 교류 이벤트에 참가해 보려고 한다. 현재 오전 10시부터 12시까지는 아르바이트를 하고 있어서 교류 이벤트 참가는 오후밖에 할 수 없다. 마이클 씨는 몇 회째 모임에 참가하면 되는가?

1 제1회
2 제3회
3 제4회
4 제5회

어휘 アメリカ 아메리카, 미국 留学生(りゅうがくせい) 유학생
普段(ふだん) 평소 現在(げんざい) 현재
アルバイト 아르바이트 ～しか (부정어 수반) ～밖에

75 국제 교류 이벤트에 대한 설명 중에서 맞는 것은 어느 것인가?

1 일본 국적인 사람이라도 가족 참가의 경우는 지금이라도 신청할 수 있다.
2 온라인 교류에 참가하고 싶은 사람은 최대 한 번밖에 참가할 수 없다.
3 일본 문화를 체험하고 싶은 사람은 제3회와 제4회 교류 이벤트에 신청하면 된다.
4 교류 이벤트 중에 발생한 사고 등의 보상은 전액 가입한 보험으로 지급된다.

어휘 説明(せつめい) 설명 場合(ばあい) 경우
最大(さいだい) 최대 体験(たいけん) 체험
発生(はっせい) 발생 全額(ぜんがく) 전액

청해

음원

(日本語能力試験 聴解 N2
これからN2の聴解試験を始めます。問題用紙にメモをとってもかまいません。問題用紙を開けてください。問題用紙のページがない時は手を上げてください。問題がよく見えない時も手を上げてください。いつでもいいです。)

(일본어능력시험 청해 N2
이제부터 N2 청해 시험을 시작합니다. 문제지에 메모를 해도 좋습니다. 문제지를 펴 주세요. 문제지의 페이지가 없을 때는 손을 들어 주세요. 문제가 잘 보이지 않을 때도 손을 들어 주세요. 언제든지 좋습니다.)

問題 1

問題 1では、まず質問を聞いてください。それから話を聞いて、問題用紙の1から4の中から、最もよいものを一つ選んでください。
(では、練習しましょう。)

문제 1
문제 1에서는 먼저 질문을 들어 주세요. 그리고 나서 이야기를 듣고 문제지의 1부터 4 중에서 가장 적당한 것을 하나 고르세요.
(그럼, 연습합시다.)

例(예)

男の人と女の人が話しています。男の人は雑誌の購読料をどうしますか。
남자와 여자가 이야기하고 있습니다. 남자는 잡지 구독료를 어떻게 합니까?

男 すみませんが、この雑誌の講読料はいくらですか。
실례지만, 이 잡지 구독료는 얼마예요?
女 1か月3,000円ですが、3か月、6か月の長期前払いですと、割引があります。
한 달에 3천 엔인데요, 3개월, 6개월 장기 선불이면 할인이 있어요.
男 そうですか。3か月前払いはいくらですか。
그래요? 3개월 선불은 얼마예요?
女 3か月の場合は、10%の割引があります。
3개월인 경우는 10% 할인이 있어요.
男 じゃ、6か月の場合はいくらですか。
그럼, 6개월인 경우는 얼마예요?
女 6か月ですと、20%の割引で提供しています。
6개월이면 20% 할인으로 제공하고 있어요.

男 ずいぶんと安くなりますね。じゃ、6か月でお願いします。
꽤 싸지네요. 그럼, 6개월로 부탁드려요.

女 ありがとうございます。こちらの欄にご住所とお名前をお願いします。
감사합니다. 이쪽 난에 주소와 성함을 부탁드려요.

男 はい、わかりました。
예, 알겠어요.

男の人は雑誌の購読料をどうしますか。
남자는 잡지 구독료를 어떻게 합니까?

1 毎月3,000円ずつ払う
매달 3천 엔씩 낸다

2 3か月分を先に払う
3개월치를 먼저 낸다

3 6か月分を先に払う
6개월치를 먼저 낸다

4 ただで6か月間見てから毎月3,000円ずつ払う
무료로 6개월간 보고 나서 매달 3천 엔씩 낸다

(最もよいものは3番です。解答用紙の問題1の例のところを見てください。最もよいものは3番ですから、答えはこのように書きます。では、始めます。)

(가장 적당한 것은 3번입니다. 해답용지 문제 1의 예를 봐 주세요. 가장 적당한 것은 3번이므로, 답은 이와 같이 씁니다. 그럼, 시작합니다.)

어휘 雑誌(ざっし) 잡지 購読料(こうどくりょう) 구독료
いくら 얼마 ~か月(げつ) ~개월 長期(ちょうき) 장기
前払(まえばら)い 선불 割引(わりびき) 할인
場合(ばあい) 경우 提供(ていきょう) 제공
ずいぶんと 꽤, 몹시, 퍽 安(やす)い 싸다 こちら 이쪽
欄(らん) 란, 난 住所(じゅうしょ) 주소
お名前(なまえ) 성함 毎月(まいつき) 매월, 매달
~ずつ ~씩 払(はら)う (돈을) 내다, 지불하다
~分(ぶん) ~분 先(さき)に 먼저 ただ 무료, 공짜
~てから ~하고 나서, ~한 후

1番

服屋で夫と妻が話しています。二人は何を買おうとしていますか。
옷가게에서 남편과 아내가 이야기하고 있습니다. 두 사람은 무엇을 사려고 하고 있습니까?

男 へえ、服が本当にたくさんあるなあ。
허, 옷이 정말 많이 있네.

女 そうね。独特なデザインもたくさんあるね。ほら、こっちの黒はどう? 生地も柔らかいし、デザインもあなたにぴったりだわ。
그러게. 독특한 디자인도 많이 있네. 봐, 이쪽의 검정색은 어때? 옷감도 부드럽고 디자인도 당신한테 딱이야.

男 ふーん、黒もいいけど、こっちの青もなかなかいいなあ。
흠…, 검정색도 좋은데, 이쪽의 파란색도 꽤 괜찮네.

女 あなたに青はちょっと派手すぎるんじゃない? それよりは地味な黒の方が似合うと思うわ。
당신한테 파란색은 좀 너무 화려하지 않아? 그것보다는 수수한 검정색이 더 어울리는 것 같아.

男 そう? じゃ、黒にしようか。
그래? 그럼, 검정색으로 할까?

女 うん、あっちに試着室があるから、着てみたら?
응, 저쪽에 피팅 룸이 있으니까, 입어 보는 게 어때?

男 あれ? これ、肩のところがちょっときつそうだなあ。
어? 이거 어깨 부분이 좀 끼는 것 같네.

女 今セーターを着てるからじゃない? シャツの上に直接着るのにちょうどいいと思うけど。
지금 스웨터를 입고 있어서 그런 거 아니야? 셔츠 위에 바로 입기에 딱 좋을 것 같은데.

男 あ、そうか。じゃ、これにしようか。
아, 그런가? 그럼, 이걸로 할까?

女 うん、家にあるシャツともよく合うと思うわ。
응, 집에 있는 셔츠와도 잘 맞을 것 같아.

男 うん、わかった。レジに行ってお会計してもらおう。
응, 알겠어. 계산대에 가서 계산해 달라고 하자.

二人は何を買おうとしていますか。
두 사람은 무엇을 사려고 하고 있습니까?

1 ジャケット
재킷

2 ズボン
바지

3 シャツ
셔츠

4 セーター
스웨터

어휘 服屋(ふくや) 옷가게 夫(おっと) 남편 妻(つま) 아내
買(か)う 사다 へえ 허 *감탄하거나 놀랐을 때 내는 소리
服(ふく) 옷 本当(ほんとう)に 정말로 たくさん 많이
独特(どくとく)だ 독특하다 デザイン 디자인
ほら 급히 주의를 환기할 때 내는 소리 こっち 이쪽
黒(くろ) 검정 生地(きじ) 옷감 柔(やわ)らかい 부드럽다
～し ～하고 あなた 당신 *부부 사이에서 아내가 남편을 부르는 말
ぴったり 꼭, 딱 *꼭 알맞은[들어맞는] 모양
青(あお) 파랑 なかなか 꽤, 상당히 派手(はで)だ 화려하다
な형용사의 어간+すぎる 너무 ～하다 ～よりは ～보다는
地味(じみ)だ 수수하다 似合(にあ)う 어울리다
～にする ～로 하다 あっち 저쪽
試着室(しちゃくしつ) 옷 등을 사기 전에 입어 보는 방, 피팅 룸
着(き)る (옷을) 입다 肩(かた) 어깨
ところ 부분 きつい 꽉 끼다
い형용사의 어간+そうだ ～일[할] 것 같다, ～인 듯하다 *양태
セーター 스웨터 シャツ 셔츠
上(うえ) 위 直接(ちょくせつ) 직접
동사의 보통형+のに ～하는 데에, ～하기에
ちょうど 딱, 알맞게 よく 잘 合(あ)う 맞다, 어울리다
レジ 계산대 *「レジスター」의 준말
お会計(かいけい) (식당 등에서의) 계산
～てもらう (남에게) ～해 받다, (남이) ～해 주다
ジャケット 재킷 ズボン 바지

2番

会場(かいじょう)で女(おんな)の人(ひと)と男(おとこ)の人(ひと)が話(はな)しています。二人(ふたり)は新製品(しんせいひん)の説明会(せつめいかい)をいつ始(はじ)めますか。
회장에서 여자와 남자가 이야기하고 있습니다. 두 사람은 신제품 설명회를 언제 시작합니까?

男 新製品(しんせいひん)の説明会(せつめいかい)、3時(じ)からですよね。
신제품 설명회, 3시부터죠?

女 はい、そうです。
예, 맞아요.

男 もうすぐ3時(じ)なのに、空席(くうせき)が目立(めだ)ちますね。
이제 곧 3시인데, 빈자리가 눈에 띄네요.

女 ええ、そうですね。
네, 그러네요.

男 現在(げんざい)、何人集(なんにんあつ)まりましたか。
현재 몇 명 모였어요?

女 確認(かくにん)してみます。え～と、まだ30人(にん)しか来(き)ていませんね。
확인해 볼게요. 어디 보자, 아직 30명밖에 안 왔네요.

男 そうですか。困(こま)ったなあ。予定(よてい)では50人(にん)でしたね。
그래요? 곤란한데. 예정으로는 50명이었죠?

女 はい、うちの会社(かいしゃ)の社員(しゃいん)が20人(にん)、外部参加者(がいぶさんかしゃ)が30人(にん)です。
예, 우리 회사 사원이 20명, 외부 참가자가 30명이에요.

男 いつまでも待(ま)ってるわけにはいきませんから、このまま始(はじ)めましょうか。
언제까지나 기다리고 있을 수는 없으니까, 이대로 시작할까요?

女 そうですね。遅刻(ちこく)して来(く)る人(ひと)もいると思(おも)いますから、後(あと)10分(ぷん)ぐらい待(ま)ってみましょう。その時(とき)には全員(ぜんいん)来(こ)なくても一応始(いちおうはじ)めましょう。
글쎄요. 지각해서 올 사람도 있을 것 같으니까, 앞으로 10분 정도 기다려 보죠. 그때에는 전원이 오지 않아도 일단 시작하죠.

男 はい、わかりました。じゃ、まだ来(き)ていない人(ひと)たちには僕(ぼく)が連絡(れんらく)してみます。
예, 알겠어요. 그럼, 아직 오지 않은 사람들한테는 내가 연락해 볼게요.

女 はい、お願(ねが)いします。
예, 부탁드려요.

二人(ふたり)は新製品(しんせいひん)の説明会(せつめいかい)をいつ始(はじ)めますか。
두 사람은 신제품 설명회를 언제 시작합니까?

1 今日(きょう)は始(はじ)めない
오늘은 시작하지 않는다
2 今(いま)すぐ始(はじ)める
지금 바로 시작한다
3 全員来(ぜんいんき)てから始(はじ)める
전원 온 후에 시작한다
4 10分(ぷん)ぐらい待(ま)ってから始(はじ)める
10분 정도 기다린 후에 시작한다

어휘 会場(かいじょう) 회장 新製品(しんせいひん) 신제품
説明会(せつめいかい) 설명회 いつ 언제
始(はじ)める 시작하다 もうすぐ 이제 곧
～のに ～는데(도) 空席(くうせき) 공석, 빈자리
目立(めだ)つ 눈에 띄다, 두드러지다 現在(げんざい) 현재
何人(なんにん) 몇 명 集(あつ)まる 모이다
確認(かくにん) 확인
え～と 말이나 생각이 미처 나지 않아 생각할 때 내는 소리
～しか (부정어 수반) ～밖에 困(こま)る 곤란하다, 난처하다
予定(よてい) 예정 うち 우리 会社(かいしゃ) 회사
社員(しゃいん) 사원 外部(がいぶ) 외부
参加者(さんかしゃ) 참가자 いつまでも 언제까지나
待(ま)つ 기다리다
동사의 기본형+わけにはいかない ～할 수는 없다
このまま 이대로 遅刻(ちこく) 지각 後(あと) 앞으로
全員(ぜんいん) 전원 一応(いちおう) 일단
連絡(れんらく) 연락 ～てから ～하고 나서, ～한 후에

3番

家(いえ)で妻(つま)と夫(おっと)が話(はな)しています。二人(ふたり)はどうやって行(い)くことにしましたか。

집에서 아내와 남편이 이야기하고 있습니다. 두 사람은 어떻게 가기로 했습니까?

女 ねえ、外出の支度は済んだの?
저기, 외출 준비는 끝났어?

男 いや、まだだよ。上演時間は8時だから、時間はまだ十分に残ってるんだろう?
아니, 아직이야. 상연 시간은 8시니까, 시간은 아직 충분히 남아 있잖아?

女 早くしてよ。間に合うかどうか心配なんだから。
빨리 해. 시간에 댈지 어떨지 걱정스러우니까.

男 何でそんなに急ぐのよ。30分後に出発しても、7時半頃には劇場に着くんだから、ゆっくり支度してもいいじゃない?
왜 그렇게 서두르는 거야. 30분 후에 출발해도 7시 반쯤에는 극장에 도착하니까, 천천히 준비해도 되잖아?

女 違うよ。今日は月末の金曜日だし、それに雨の予報もあるから、道がとても込むと思うわ。だから、さっさと支度して出ようよ。
아니야. 오늘은 월말의 금요일이고, 게다가 비 예보도 있어서 길이 아주 혼잡할 것 같아. 그러니까 빨리 준비해서 나가자.

男 何言ってるのよ。もしかして車で行くと思ってるの? 一昨日から急に車の調子が悪くて、車はだめって言ったじゃない。
무슨 소리 하는 거야. 혹시 차로 간다고 생각하고 있는 거야? 그저께부터 갑자기 차 상태가 나빠서 차는 안 된다고 했잖아.

女 えっ? いつ言ったのよ。全然覚えてないよ。
뭐? 언제 말했어. 전혀 기억이 없어.

男 全く、人の話を上の空で聞かないでよ。
정말이지 사람 말을 건성으로 듣지 말라고.

女 嫌だな。せっかくおしゃれしたのに。あ、そうだ。じゃ、タクシーで行こうよ。
싫다. 모처럼 멋을 냈는데. 아, 맞다. 그럼, 택시로 가자.

男 へえ、さっき今日は道がとても込むと自分で言ってたじゃない。
허, 조금 전에 오늘은 길이 매우 혼잡할 거라고 본인이 말했잖아.

女 ふーん、しょうがないね。だったら電車で行くしかないわね。
흠…, 어쩔 수 없네. 그렇다면 전철로 가는 수밖에 없겠네.

男 うん、今日は電車に乗った方がいいと思うよ。
응, 오늘은 전철을 타는 편이 좋을 것 같아.

二人はどうやって行くことにしましたか。
두 사람은 어떻게 가기로 했습니까?

1 歩いて行くことにした
걸어서 가기로 했다

2 車で行くことにした
차로 가기로 했다

3 タクシーで行くことにした
택시로 가기로 했다

4 電車で行くことにした
전철로 가기로 했다

어휘 妻(つま) 아내 夫(おっと) 남편
どうやって 어떻게 (해서)
동사의 보통형+ことにする ~하기로 하다
ねえ 남을 부를 때 쓰는 말 外出(がいしゅつ) 외출
支度(したく) 준비 済(す)む 끝나다, 마치다 いや 아니
まだ 아직 上演(じょうえん) 상연 時間(じかん) 시간
十分(じゅうぶん)に 충분히 残(のこ)る 남다
早(はや)く 빨리 間(ま)に合(あ)う 시간에 맞게 대다, 늦지 않다
~かどうか ~일지 어떨지
心配(しんぱい)だ 걱정이다, 걱정스럽다
何(なん)で 왜, 어째서 そんなに 그렇게 急(いそ)ぐ 서두르다
出発(しゅっぱつ) 출발 劇場(げきじょう) 극장
着(つ)く 도착하다 ゆっくり 천천히, 느긋하게
違(ちが)う 틀리다 月末(げつまつ) 월말
金曜日(きんようび) 금요일 ~し ~하고 それに 게다가
雨(あめ) 비 予報(よほう) 예보 道(みち) 길, 도로
込(こ)む 붐비다, 혼잡하다
さっさと 서둘러, 빨리 *망설이거나 지체하지 않는 모양
出(で)る 나가다 もしかして 혹시 車(くるま) 자동차, 차
一昨日(おととい) 그저께 急(きゅう)に 갑자기
調子(ちょうし) 상태, 컨디션 悪(わる)い 나쁘다
だめだ 안 된다 全然(ぜんぜん) (부정어 수반) 전혀
覚(おぼ)える 기억하다 全(まった)く 정말, 참으로, 실로
上(うわ)の空(そら) 건성 ~ないで ~하지 마
嫌(いや)だ 싫다 せっかく 모처럼 おしゃれする 멋을 내다
~のに ~는데(도) タクシー 택시 さっき 아까, 조금 전
自分(じぶん) 자기, 자신, 나 しょうがない 어쩔 수 없다
だったら 그렇다면 電車(でんしゃ) 전철
~しかない ~할 수밖에 없다 乗(の)る (탈것에) 타다
동사의 た형+方(ほう)がいい ~하는 편[쪽]이 좋다

4番

会社で男の人と女の人が話しています。女の人はどうすることにしましたか。
회사에서 남자와 여자가 이야기하고 있습니다. 여자는 어떻게 하기로 했습니까?

女 ただ今戻りました。
다녀왔습니다.

男 お疲れ様です。あ、田中さん、外回りに出ている間に松田家電の前田さんから電話がありました。
수고하셨습니다. 아, 다나카 씨, 외근하러 나가 있는 동안에 마쓰다 가전의 마에다 씨한테 전화가 왔었어요.

女 そうですか。用件は何でしたか。
그래요? 용건은 뭐였어요?

男 来月発売する予定の新製品の件で、今週の木曜日にぜひ相談したいことがあるということでした。
다음 달에 발매할 예정인 신제품 건으로, 이번 주 목요일에 꼭 의논하고 싶은 게 있다고 했어요.

女 木曜日ですか。ちょっと日程表を見てみます。あ、木曜日の午後は田村企画の渡辺さんが来ることになってますね。午前中なら空いてますけど。
목요일이요? 잠깐 일정표를 봐 볼게요. 아, 목요일 오후에는 다무라 기획의 와타나베 씨가 오기로 되어 있네요. 오전 중이라면 비어 있는데요.

男 あ、前田さんが木曜日の午前中は会議があってだめだと…。それに、他の曜日はスケジュールが詰まってるらしくて…。
아, 마에다 씨가 목요일 오전 중에는 회의가 있어서 안 된다고…. 게다가 다른 요일은 스케줄이 꽉 차 있는 것 같고….

女 そうですか。仕方がありませんね。では、渡辺さんとの約束を他の日に変更するしかないですね。
그래요? 어쩔 수 없네요. 그럼, 와타나베 씨와의 약속을 다른 날로 변경할 수밖에 없겠네요.

男 はい。では、前田さんにそう連絡しておきます。
예. 그럼, 마에다 씨한테 그렇게 연락해 둘게요.

女 ええ、お願いします。
네, 부탁드려요.

女の人はどうすることにしましたか。
여자는 어떻게 하기로 했습니까?

1 約束通り木曜日渡辺さんに会う
약속대로 목요일에 와타나베 씨를 만난다

2 木曜日は誰とも会わない
목요일에는 누구와도 만나지 않는다

3 渡辺さんとの約束を後回しにする
와타나베 씨와의 약속을 미룬다

4 前田さんとの約束を後回しにする
마에다 씨와의 약속을 미룬다

어휘 동사의 보통형+ことにする ~하기로 하다
ただ今戻(いまもど)りました 다녀왔습니다 *외근을 마치고 회사로 돌아왔을 때 하는 인사
お疲(つか)れ様(さま)です (근무 중에) 수고하셨습니다
外回(そとまわ)り 외근 동작성 명사+に ~하러 *동작의 목적
出(で)る 나가다
~間(あいだ)に ~동안에, ~사이에 *한정된 시간
家電(かでん) 가전 電話(でんわ) 전화
用件(ようけん) 용건 来月(らいげつ) 다음 달
発売(はつばい) 발매 予定(よてい) 예정
新製品(しんせいひん) 신제품 件(けん) 건
今週(こんしゅう) 이번 주 木曜日(もくようび) 목요일
ぜひ 꼭 相談(そうだん) 상담, 의논
~ということだ ~라고 한다 *전문
日程表(にっていひょう) 일정표 午後(ごご) 오후
企画(きかく) 기획
동사의 보통형+ことになっている ~하게[하기로] 되어 있다
午前中(ごぜんちゅう) 오전 중 ~なら ~라면
空(あ)く 비다 会議(かいぎ) 회의 だめだ 안 된다
それに 게다가 他(ほか)の~ 다른~ 曜日(ようび) 요일
スケジュールが詰(つ)まる 스케줄이 꽉 차다
~らしい ~인 것 같다 仕方(しかた)がない 어쩔 수 없다
約束(やくそく) 약속 変更(へんこう) 변경
~しかない ~할 수밖에 없다 そう 그렇게
連絡(れんらく) 연락 ~ておく~해 놓다[두다]
명사+通(どお)り ~대로 会(あ)う 만나다
後回(あとまわ)しにする 뒤로 미루다

5番

大学で女の学生と男の学生が話しています。女の学生は卒業した後、どうするつもりですか。
대학에서 여학생과 남학생이 이야기하고 있습니다. 여학생은 졸업한 후에 어떻게 할 생각입니까?

女 もう大学生活も終わりだと思うと、ちょっと寂しいわ。
이제 대학 생활도 끝이라고 생각하니 좀 섭섭해.

男 うん、そうだね。あっという間に時間が過ぎちゃったな。
응, 그러네. 눈 깜짝할 사이에 시간이 지나 버렸네.

女 大学での4年間、私なりには充実したキャンパスライフを送ったと思うわ。
대학에서의 4년간, 나 나름대로는 충실한 대학 생활을 보냈다고 생각해.

男 うん、僕もなかなか有益な日々を送ったと思うよ。
응, 나도 꽤 유익한 날들을 보낸 것 같아.

女 で、卒業後、どうするつもり？ 進路は決めた？
그런데 졸업 후에 어떻게 할 생각이야? 진로는 정했어?

男 そうだなあ。今の専攻が面白くて一応大学院に進むつもりなんだけど。
글쎄. 지금 전공이 재미있어서 일단 대학원에 진학할 생각인데.

女 そう？ 私は就職しようかどうかで迷ってるのよ。
그래? 난 취직할지 어떨지로 망설이고 있어.

男 え？ この間は大学院に進みたいって言ってただろう？
어? 지난번에는 대학원에 진학하고 싶다고 했잖아?

女 そうしたい気もあるけど、学費も気になるし、うまくできるかも自信がなくてね。
그렇게 하고 싶은 마음도 있지만, 학비도 걱정되고 잘할 수 있을지도 자신이 없어서 말이야.

男 そうだなあ。最近、就職試験もかなり難しくなったらしいね。
그렇구나. 요즘 취직 시험도 꽤 어려워진 모양이야.

女 うん、それに何の資格もないと、就職に不利だし…。
응, 게다가 아무런 자격증도 없으면 취직에 불리하고….

男 いずれにしろ頑張って。
아무튼 열심히 해.

女 うん、焦らないでもう少し色々と考えてみるわ。
응, 초조해하지 않고 조금 더 여러 가지로 생각해 볼게.

女の学生は卒業した後、どうするつもりですか。
여학생은 졸업한 후에 어떻게 할 생각입니까?

1 まだはっきり決めていない
아직 확실하게 정하지 않았다

2 すぐ就職するつもりである
바로 취직할 생각이다

3 海外に留学するつもりである
해외에 유학할 생각이다

4 大学院に進学するつもりである
대학원에 진학할 생각이다

어휘 大学(だいがく) 대학 学生(がくせい) 학생, (특히) 대학생
卒業(そつぎょう) 졸업 동사의 た형+後(あと) ~한 후
동사의 보통형+つもりだ ~할 생각[작정]이다 もう 이제
生活(せいかつ) 생활 終(お)わり 끝
寂(さび)しい 쓸쓸하다, 섭섭하다
あっという間(ま)に 눈 깜짝할 사이에 時間(じかん) 시간
過(す)ぎる (시간이) 지나다, 지나가다 명사+なり ~나름
充実(じゅうじつ) 충실
キャンパスライフ 캠퍼스 라이프, 대학 생활
送(おく)る (세월을) 보내다, 지내다 なかなか 꽤, 상당히
有益(ゆうえき)だ 유익하다 日々(ひび) 나날, 날들
進路(しんろ) 진로 決(き)める 정하다, 결정하다
専攻(せんこう) 전공 面白(おもしろ)い 재미있다
一応(いちおう) 일단 大学院(だいがくいん) 대학원
進(すす)む 진학하다 就職(しゅうしょく) 취직
~かどうか ~일지 어떨지 迷(まよ)う 망설이다
この間(あいだ) 요전, 지난번 気(き) 마음 学費(がくひ) 학비
気(き)になる 신경이 쓰이다, 걱정되다 ~し ~하고
うまく 잘, 능숙하게 できる 할 수 있다, 가능하다
自信(じしん) 자신, 자신감 最近(さいきん) 최근, 요즘
試験(しけん) 시험 かなり 꽤, 상당히 難(むずか)しい 어렵다
~らしい ~인 것 같다 それに 게다가
何(なん)の 아무런 資格(しかく) 자격(증)
不利(ふり)だ 불리하다 いずれにしろ 어쨌든
頑張(がんば)る (끝까지) 노력하다, 열심히 하다
焦(あせ)る 안달하다, 초조해하다 もう少(すこ)し 조금 더
色々(いろいろ)と 여러 가지로 考(かんが)える 생각하다
はっきり 분명하게, 확실하게 すぐ 곧, 바로
海外(かいがい) 해외 留学(りゅうがく) 유학
進学(しんがく) 진학

問題 2

問題2では、まず質問を聞いてください。そのあと、問題用紙のせんたくしを読んでください。読む時間があります。それから話を聞いて、問題用紙の1から4の中から、最もよいものを一つ選んでください。
(では、練習しましょう。)

문제 2

문제 2에서는 먼저 질문을 들어 주세요. 그다음 문제지를 봐 주세요. 읽는 시간이 있습니다. 그리고 나서 이야기를 듣고 문제지의 1부터 4 중에서 가장 적당한 것을 하나 고르세요.
(그럼, 연습합시다.)

例(예)

ダンス教室で男の人と女の人が話しています。女の人は自分のダンスをどう思っていますか。
댄스 교실에서 남자와 여자가 이야기하고 있습니다. 여자는 자신의 댄스를 어떻게 생각하고 있습니까?

男 いや〜、ダンス、とても上手になりましたね。
야~, 댄스, 아주 능숙해졌네요.

女 いいえ、そんなことありません。まだうまくいかないところが多いですよ。
아니에요, 그렇지 않아요. 아직 잘 안되는 데가 많아요.

男 でも、たった1か月でこんなに上手になるなんて、びっくりしました。何か秘訣でもあるんですか。

하지만 고작 한 달만에 이렇게 능숙해지다니 놀랐어요. 무슨 비결이라도 있나요?

女 そうですね。授業が終わった後、個人的に1時間ぐらい練習したおかげでしょうか。それに最近、踊るのが面白くなって暇な時間には動画を見ながら家で練習しています。

글쎄요. 수업이 끝난 후에 개인적으로 1시간 정도 연습한 덕분일까요? 게다가 요즘 춤추는 게 재밌어져서 한가한 시간에는 동영상을 보면서 집에서 연습하고 있어요.

男 やっぱり「上達の近道は興味を持つこと」でしょうか。でも、山本さんは他の人に比べて上達するのが本当に速いですよ。私はここまで来るのに1年もかかりましたから。

역시 '숙달의 지름길은 흥미를 갖는 것'일까요? 하지만 야마모토 씨는 다른 사람에 비해 향상되는 게 정말 빨라요. 저는 여기까지 오는 데 1년이나 걸렸으니까요.

女 買い被りです。私はまだ山田さんとは比べ物になりませんよ。

과대 평가세요. 저는 아직 야마다 씨와는 비교가 안 돼요.

男 とにかくお互いに頑張りましょう。

어쨌든 서로 노력합시다.

女 ええ、頑張りましょう。

네, 열심히 하자고요.

女の人は自分のダンスをどう思っていますか。

여자는 자신의 댄스를 어떻게 생각하고 있습니까?

1 まだ山田さんには及ばないと思っている
아직 야마다 씨에게는 미치지 않는다고 생각하고 있다

2 山田さんよりちょっと上手になったと思っている
야마다 씨보다 조금 잘하게 됐다고 생각하고 있다

3 山田さんと肩を並べられるようになったと思っている
야마다 씨와 어깨를 나란히 할 수 있게 되었다고 생각하고 있다

4 自分も1年間練習すれば、山田さんより上手になれると思っている
자신도 1년 동안 연습하면 야마다 씨보다 잘하게 될 수 있다고 생각하고 있다

(最もよいものは1番です。解答用紙の問題2の例のところを見てください。最もよいものは1番ですから、答えはこのように書きます。では、始めます。)

(가장 적당한 것은 1번입니다. 해답용지 문제 2의 예를 봐 주세요. 가장 적당한 것은 1번이므로, 답은 이와 같이 씁니다. 그럼, 시작합니다.)

어휘 ダンス 댄스, 춤 教室(きょうしつ) 교실
自分(じぶん) 자기, 자신, 나 上手(じょうず)になる 능숙해지다
そんなことない 그렇지 않다
うまくいく 잘되다, 순조롭게 진행되다 多(おお)い 많다
たった 겨우, 고작 ～なんて ~라니, ~하다니
びっくりする 깜짝 놀라다 秘訣(ひけつ) 비결
授業(じゅぎょう) 수업 終(お)わる 끝나다
個人的(こじんてき)だ 개인적이다
練習(れんしゅう)する 연습하다
～おかげだ ~덕분이다 最近(さいきん) 최근, 요즘
踊(おど)る 춤추다 面白(おもしろ)い 재미있다
暇(ひま)だ 한가하다 動画(どうが) 동영상
やっぱり 역시 *「やはり」의 회화체 표현
上達(じょうたつ) 기능이 향상[숙달]됨
近道(ちかみち) 지름길 興味(きょうみ) 흥미
持(も)つ 가지다 他(ほか)の～ 다른~
～に比(くら)べて ~에 비해서
本当(ほんとう)に 정말로, 진짜로 速(はや)い 빠르다
かかる (시간 등이) 걸리다 買(か)い被(かぶ)り 과대 평가
比(くら)べ物(もの)にならない 비교가 안 된다
とにかく 어쨌든, 하여간 お互(たが)いに 서로
頑張(がんば)る (끝까지) 노력하다, 열심히 하다
～には及(およ)ばない ~에는 미치지 않는다
肩(かた)を並(なら)べる 어깨를 나란히 하다
～ようになる ~하게(끔) 되다 *변화

1番

道で男の人と女の人が話しています。昨日の女の人の試験はどうでしたか。

길에서 남자와 여자가 이야기하고 있습니다. 어제 여자의 시험은 어땠습니까?

男 おはよう。

안녕.

女 あ、中村君! おはよう。

아, 나카무라 군! 안녕.

男 昨日は一日中ご苦労さん。筆記試験に面接まであったんだろう? どうだった?

어제는 하루 종일 고생했어. 필기 시험에 면접까지 있었지? 어땠어?

女 うーん、一応面接は質問も平凡だったため、上がらないで何とか切り抜けたとは思うけどね…。

음…, 일단 면접은 질문도 평범했기 때문인지 얼지 않고 그럭저럭 해냈다고는 생각하는데 말이야….

男 じゃ、常識問題が難しかったの?

그럼, 상식 문제가 어려웠어?

女 常識問題はニュースや新聞などを活用して普段からしっかりと勉強しておいたから、別に問題なかったけどね…。
상식 문제는 뉴스랑 신문 등을 활용해서 평소에 확실히 공부해 뒀으니까, 딱히 문제없었는데….

男 そう? じゃ、何が問題だったの?
그래? 그럼, 뭐가 문제였어?

女 専門知識の問題、これが難しくて…。
전문 지식 문제, 이게 어려워서….

男 うーん、でも、君は4時間しか寝ないで専門知識の勉強をしてたから、たぶん大丈夫だと思うよ。まだ結果が出たわけじゃないから、発表日まで待ってみよう。
음…, 하지만 너는 4시간밖에 안 자고 전문 지식 공부를 했었으니까, 아마 괜찮을 거야. 아직 결과가 나온 건 아니니까, 발표일까지 기다려 보자.

女 うん、ありがとう。
응, 고마워.

昨日の女の人の試験はどうでしたか。
어제 여자의 시험은 어땠습니까?

1 面接で緊張してしまった
면접에서 긴장해 버렸다

2 筆記試験がとても難しかった
필기 시험이 아주 어려웠다

3 専門知識の問題が意外に易しかった
전문 지식 문제가 의외로 쉬웠다

4 専門知識の問題以外は何とかできた
전문 지식 문제 이외에는 그럭저럭 잘 봤다

어휘 道(みち) 길 試験(しけん) 시험
一日中(いちにちじゅう) 하루 종일
ご苦労(くろう)さん 수고했어 *아랫사람의 수고에 대해 가볍게 고마움을 전하는 말 筆記(ひっき) 필기
面接(めんせつ) 면접 一応(いちおう) 일단
質問(しつもん) 질문 平凡(へいぼん)だ 평범하다
上(あ)がる 얼다, 긴장하다 何(なん)とか 어떻게(든), 그럭저럭
切(き)り抜(ぬ)ける 타개하다, (난국을 뚫고) 나가다
常識(じょうしき) 상식 問題(もんだい) 문제
難(むずか)しい 어렵다 ニュース 뉴스
新聞(しんぶん) 신문 活用(かつよう) 활용
普段(ふだん) 평소 しっかりと 똑똑히, 확실히
勉強(べんきょう) 공부 ～ておく ～해 놓다[두다]
別(べつ)に (부정어 수반) 별로, 특별히 専門(せんもん) 전문
知識(ちしき) 지식 ～しか (부정어 수반) ～밖에
寝(ね)る 자다 ～ないで ～하지 않고 たぶん 아마
大丈夫(だいじょうぶ)だ 괜찮다 結果(けっか) 결과
出(で)る 나오다 ～わけじゃない (전부) ～인 것은 아니다, (반드시) ～라고는 할 수 없다(=～わけではない)
発表日(はっぴょうび) 발표일 待(ま)つ 기다리다
緊張(きんちょう) 긴장 意外(いがい)に 의외로
易(やさ)しい 쉽다 以外(いがい) 이외
できる (시험 등을) 잘 보다

2番

男の人と女の人が話しています。女の人の体調は今どうですか。
남자와 여자가 이야기하고 있습니다. 여자의 몸 상태는 지금 어떻습니까?

男 どうしたの? 顔色があまりよくないね。
무슨 일 있어? 안색이 별로 안 좋네.

女 そう見える? 実は朝から肩と腰が痛いわ。
그렇게 보여? 실은 아침부터 어깨랑 허리가 아파.

男 先週から始めた運動のせいじゃない? 意欲満々でちょっとやり過ぎたと思うけど。
지난주부터 시작한 운동 탓 아니야? 의욕이 넘쳐서 좀 과했던 것 같은데.

女 違うの。三日間ぐらいは一生懸命やってたけど、最近は無理しないで適当にやってるよ。なのに、今朝起きたら急に痛くて痛くて…。
아니야. 사흘 정도는 열심히 했지만, 최근에는 무리하지 않고 적당히 하고 있어. 그런데도 오늘 아침에 일어났더니 갑자기 너무 아파서….

男 運動じゃないと、何だろう。あっ、最近残業続きだったから、椅子の座り過ぎのせいかもしれないなあ。座り過ぎは血行を悪くし、血栓など深刻な病気にも繋がるって。
운동이 아니면 뭐지? 앗, 요즘 야근이 계속되었으니까, 의자에 너무 오래 앉아 있었던 탓일지도 모르겠네. 너무 오래 앉아 있는 건 혈행을 나쁘게 하고 혈전 등 심각한 병으로도 이어진대.

女 いや、仕事中も1時間に1回程度は軽い運動をしてたから、それも理由ではないと思うわ。
아니, 업무 중에도 1시간에 한 번 정도는 가벼운 운동을 했으니까, 그것도 이유는 아닐 거야.

男 じゃ、君は寝相が悪いと言ってたから、たぶんそれだね。
그럼, 너는 험하게 잔다고 했으니까, 아마도 그거네.

女 そうかしら? 突然痛くなったから、そうかも。
그런가? 갑자기 아파졌으니까, 그럴지도.

男 うん、絶対そうだよ。
응, 틀림없이 그래.

女の人の体調は今どうですか。
여자의 몸 상태는 지금 어떻습니까?

1 筋肉痛で足が痛い
근육통으로 다리가 아프다

2 睡眠不足で体がだるい
수면 부족으로 몸이 나른하다

3 運動のやり過ぎで肩と腰が痛い
운동을 너무 해서 어깨와 허리가 아프다

4 寝相が悪くて肩が凝っている
험하게 자서 어깨가 결린다

어휘 体調(たいちょう) 몸 상태, 컨디션 顔色(かおいろ) 안색
あまり (부정어 수반) 그다지, 별로 見(み)える 보이다
実(じつ)は 실은 朝(あさ) 아침 肩(かた) 어깨 腰(こし) 허리
痛(いた)い 아프다 先週(せんしゅう) 지난주
始(はじ)める 시작하다 運動(うんどう) 운동
~せい ~탓 意欲満々(いよくまんまん) 의욕 넘침
やり過(す)ぎる 지나치게 하다 違(ちが)う 틀리다
一生懸命(いっしょうけんめい) 열심히 やる 하다
最近(さいきん) 최근, 요즘 無理(むり) 무리
適当(てきとう)だ 적당하다
なのに 그런데도 *「それなのに」의 준말
今朝(けさ) 오늘 아침 起(お)きる 일어나다, 기상하다
急(きゅう)に 갑자기 残業(ざんぎょう) 잔업, 야근
명사+続(つづ)き ~이 계속됨 椅子(いす) 의자
座(すわ)る 앉다 동사의 ます형+過(す)ぎ 너무 ~함
~かもしれない ~일지도 모른다
血行(けっこう) 혈행, 혈액 순환 血栓(けっせん) 혈전
深刻(しんこく)だ 심각하다 病気(びょうき) 병
繋(つな)がる 이어지다, 연결되다
いや 아니 ~回(かい) ~회, ~번 程度(ていど) 정도
軽(かる)い 가볍다 理由(りゆう) 이유
寝相(ねぞう) 잠자는 모습[모양] *「寝相(ねぞう)が悪(わる)い」
– 험하게 자다 たぶん 아마
突然(とつぜん) 돌연, 갑자기 絶対(ぜったい) 절대로, 틀림없이
筋肉痛(きんにくつう) 근육통 足(あし) 다리
睡眠不足(すいみんぶそく) 수면 부족 体(からだ) 몸, 신체
だるい 나른하다 肩(かた)が凝(こ)る 어깨가 결리다

3番

男の人と女の人が原子力発電所の建設について話しています。女の人の考えとして正しいのはどれですか。
남자와 여자가 원자력 발전소 건설에 대해서 이야기하고 있습니다. 여자의 생각으로 옳은 것은 어느 것입니까?

男 あの話、聞いた?
그 얘기 들었어?

女 どんな話?
어떤 얘기?

男 僕も新聞の記事を読んでわかったんだけど、足りない電力を賄うため、この近くに原子力発電所を作るそうだよ。調査では今、賛成と反対がほぼ同じだそうだね。
나도 신문 기사를 읽고 알았는데, 부족한 전력을 조달하기 위해 이 근처에 원자력 발전소를 짓는대. 조사로는 지금 찬성과 반대가 거의 같다네.

女 えっ? 私は初耳だわ。地元の人の同意もなしにそんなの作るなんて到底納得できないわ。もし他の人が同意したとしても、放射能廃棄物の処理問題などもあるし、私は嫌だわ。
뭐? 나는 처음 들어. 그 고장 사람의 동의도 없이 그런 걸 짓는다니 도저히 납득할 수 없어. 만약 다른 사람이 동의했다고 해도 방사능 폐기물 처리 문제 등도 있고, 나는 싫어.

男 まあ、こんな大規模な工事には地域住民の同意は必要だと思うけど、もし作れなかったら、一番被害を受けるのはここの住民じゃないかな。そんなに簡単な問題ではないと思うよ。
하긴, 이런 대규모 공사에는 지역 주민의 동의는 필요하겠지만, 만약 못 지으면 가장 피해를 입는 건 이곳 주민이지 않을까? 그렇게 간단한 문제는 아닌 것 같아.

女 だからといって、勝手に作っちゃ駄目じゃない?
그렇다고 해서 함부로 지어서는 안 되잖아?

男 それはそうだけど…。
그야 그렇지만….

女 抗議デモでもしなきゃ。とにかく、地域住民の同意は絶対に必要よ。
항의 시위라도 해야지. 어쨌든 지역 주민의 동의는 반드시 필요해.

女の人の考えとして正しいのはどれですか。
여자의 생각으로 옳은 것은 어느 것입니까?

1 原子力発電所の建設は自分とは関係のないことだ
원자력 발전소 건설은 자신과는 관계 없는 일이다

2 一応地域住民の同意は得たから、原子力発電所は作ってもいい
일단 지역 주민의 동의는 얻었으니까, 원자력 발전소는 지어도 된다

3 地域住民の同意を得てからでないと、原子力発電所は作れない
지역 주민의 동의를 얻은 후가 아니면 원자력 발전소는 지을 수 없다

4 電力需要に問題がないから、今の段階で原子力発電所は作る必要がない
전력 수요에 문제가 없기 때문에 지금 단계에서 원자력 발전소는 지을 필요가 없다

어휘 原子力(げんしりょく) 원자력
発電所(はつでんしょ) 발전소 建設(けんせつ) 건설
考(かんが)え 생각 新聞(しんぶん) 신문 記事(きじ) 기사
読(よ)む 읽다 わかる 알다, 이해하다
足(た)りない 모자라다, 부족하다 電力(でんりょく) 전력
賄(まかな)う 조달하다 동사의 보통형+ため ~하기 위해(서)
近(ちか)く 근처 作(つく)る 만들다, 짓다
동사의 보통형+そうだ ~라고 한다 *전문 調査(ちょうさ) 조사
賛成(さんせい) 찬성 反対(はんたい) 반대 ほぼ 거의
同(おな)じだ 같다 初耳(はつみみ) 처음 들음
地元(じもと) 그 고장, 그 지방 同意(どうい) 동의
~なしに ~없이 ~なんて ~라니, ~하다니
到底(とうてい) (부정어 수반) 도저히 納得(なっとく) 납득
もし 만약 他(ほか)の~ 다른~ ~としても ~라고 하더라도
放射能(ほうしゃのう) 방사능 廃棄物(はいきぶつ) 폐기물
処理(しょり) 처리 問題(もんだい) 문제
~し ~하고 嫌(いや)だ 싫다 こんな 이런
大規模(だいきぼ)だ 대규모다 工事(こうじ) 공사
地域(ちいき) 지역 住民(じゅうみん) 주민
必要(ひつよう)だ 필요하다 一番(いちばん) 가장, 제일
被害(ひがい)を受(う)ける 피해를 입다 そんなに 그렇게
簡単(かんたん)だ 간단하다 だからといって 그렇다고 해서
勝手(かって)に 함부로, 제멋대로
~ちゃ ~해서는 *「~ては」의 회화체 표현
駄目(だめ)だ 안 된다 抗議(こうぎ) 항의
デモ 데모, 시위 *「デモンストレーション」의 준말
~なきゃ(ならない・いけない) ~하지 않으면 (안 된다), ~해야 (한다) *「~なきゃ」는 「~なければ」의 회화체 표현
とにかく 어쨌든 絶対(ぜったい)に 절대로, 반드시
自分(じぶん) 자기, 자신, 나 関係(かんけい) 관계
一応(いちおう) 일단 得(え)る 얻다
~てからでないと ~하고 나서가 아니면, ~한 후가 아니면
需要(じゅよう) 수요 段階(だんかい) 단계

4番

夫と妻がごみについて話しています。二人の会話でどんなことがわかりますか。
남편과 아내가 쓰레기에 대해서 이야기하고 있습니다. 두 사람의 대화로 어떤 것을 알 수 있습니까?

男 ごみ出して来るね。
쓰레기 내놓고 올게.

女 あっ! ちょっと待って! それ今日捨てちゃ駄目なのよ!
앗! 잠깐만! 그거 오늘 버려서는 안 돼!

男 えっ? どうして? 今日燃えないごみを出す日だろう?
뭐? 왜? 오늘 타지 않는 쓰레기를 내놓는 날이잖아?

女 今まではそうだったけど、先週からカップ麺の容器やビニールも燃えるごみになったのよ。だから、今日じゃなくて明日捨てて。
지금까지는 그랬는데, 지난주부터 컵면 용기랑 비닐도 타는 쓰레기가 됐어. 그러니까 오늘이 아니라 내일 버려.

男 わかった。ところで、それって大気汚染など環境にはよくないんじゃないの?
알겠어. 그런데 그건 대기 오염 등 환경에는 안 좋은 거 아니야?

女 確かにそうだけど、日本ではごみを埋める場所が無くなっているから、しょうがない処置だって。
확실히 그렇지만, 일본에서는 쓰레기를 묻을 장소가 없어지고 있으니까, 어쩔 수 없는 조치래.

男 うーん、難しい問題だね。じゃ、瓶や缶は今まで通りに資源ごみでいいんだね。
음…, 어려운 문제네. 그럼, 병이랑 캔은 지금까지대로 재활용 쓰레기로 괜찮은 거지?

女 うん、それは明後日出してね。
응, 그건 모레 내놔.

男 わかった。
알았어.

二人の会話でどんなことがわかりますか。
두 사람의 대화로 어떤 것을 알 수 있습니까?

1 先週から資源ごみの数が大幅に減った
지난주부터 재활용 쓰레기 수가 큰 폭으로 줄었다

2 先週から燃えるごみの数が増えた
지난주부터 타는 쓰레기 수가 늘었다

3 先週から瓶や缶は資源ごみから排除された
지난주부터 병이랑 캔은 재활용 쓰레기에서 배제되었다

4 先週からカップ麺の容器やビニールは燃えないごみに変わった
지난주부터 컵면 용기랑 비닐은 타지 않는 쓰레기로 바뀌었다

어휘 夫(おっと) 남편 妻(つま) 아내 ごみ 쓰레기
わかる 알다, 이해하다 出(だ)す 내놓다 待(ま)つ 기다리다
捨(す)てる 버리다 ~ちゃ ~해서는 *「~ては」의 회화체 표현
駄目(だめ)だ 안 된다 どうして 왜, 어째서
燃(も)える (불에) 타다 日(ひ) 날
先週(せんしゅう) 지난주 カップ麺(めん) 컵면
容器(ようき) 용기, 그릇 ビニール 비닐
だから 그러니까, 그래서 ところで 그것은 그렇고, 그런데
大気汚染(たいきおせん) 대기 오염

環境(かんきょう) 환경 確(たし)かに 확실히, 분명히
埋(う)める 묻다, 파묻다 場所(ばしょ) 장소, 곳
無(な)くなる 없어지다 しょうがない 어쩔 수 없다
処置(しょち) 처치, 조치 難(むずか)しい 어렵다
問題(もんだい) 문제 瓶(びん) 병 缶(かん) 캔
今(いま)まで通(どお)り 지금까지대로
資源(しげん)ごみ 재활용 쓰레기
明後日(あさって) 모레 数(かず) 수
大幅(おおはば)に 대폭적으로, 큰 폭으로
減(へ)る 줄다, 줄어들다 増(ふ)える 늘다, 늘어나다
排除(はいじょ) 배제 変(か)わる 바뀌다, 변하다

5番

会社の休憩室で男の人と女の人が話しています。二人は今後の株価についてどう思っていますか。

회사 휴게실에서 남자와 여자가 이야기하고 있습니다. 두 사람은 앞으로의 주가에 대해서 어떻게 생각하고 있습니까?

男 ちょっと一休みしましょうか。
잠깐 쉴까요?

女 ええ、そうしましょう。
네, 그렇게 해요.

男 そう言えば鈴木さん、今朝のニュース、見ましたか。とてもいいニュースがありましたよ。
그러고 보니 스즈키 씨, 오늘 아침 뉴스 봤나요? 아주 좋은 뉴스가 있었어요.

女 朝はちょっと忙しくて見ませんでしたが、どんなニュースでしたか。
아침에는 좀 바빠서 못 봤는데요, 어떤 뉴스였나요?

男 世界金融危機の影響で低迷し続けていた株価が遂に底を打ったそうですね。
세계 금융 위기의 영향으로 계속 침체돼 있던 주가가 드디어 바닥을 쳤다네요.

女 それはいいニュースですね。じゃ、景気も回復基調に乗ったと言えるでしょうね。
그거 좋은 뉴스네요. 그럼, 경기도 회복 기조에 올랐다고 할 수 있겠네요.

男 でも、まだ株価の反騰だけで気を緩めてはいけないと思いますよ。
하지만 아직 주가 반등만으로 긴장을 풀어서는 안 된다고 생각해요.

女 どうしてですか。
왜요?

男 なぜなら、このいい基調が一時的な現象で終わってしまうかもしれませんから、もっと長い目で見る必要があると思いますよ。
왜냐하면 이 좋은 기조가 일시적인 현상으로 끝나 버릴지도 모르니까, 더 긴 안목으로 볼 필요가 있을 것 같아요.

女 そうですね。当分の間は成り行きを見極める必要がありそうですね。
그렇군요. 당분간은 추이를 지켜볼 필요가 있을 것 같네요.

男 ええ、そうですね。
네, 그렇죠.

二人は今後の株価についてどう思っていますか。
두 사람은 앞으로의 주가에 대해서 어떻게 생각하고 있습니까?

1 まだ油断は禁物だと思っている
아직 방심은 금물이라고 생각하고 있다

2 これからずっと回復すると思っている
앞으로 계속 회복될 것이라고 생각하고 있다

3 もっと悪化し、ずっと低迷し続けると思っている
더 악화되어 계속 침체될 것이라고 생각하고 있다

4 当分の間は横這いの状態になると思っている
당분간은 보합 상태가 될 것이라고 생각하고 있다

어휘 休憩室(きゅうけいしつ) 휴게실 今後(こんご) 앞으로
株価(かぶか) 주가 一休(ひとやす)み 잠깐 쉼
そう言(い)えば 그러고 보니 今朝(けさ) 오늘 아침
ニュース 뉴스 朝(あさ) 아침 忙(いそが)しい 바쁘다
世界(せかい) 세계 金融(きんゆう) 금융
危機(きき) 위기 影響(えいきょう) 영향
低迷(ていめい) (나쁜 상태에서) 헤어나지 못하여 헤맴, 침체
동사의 ます형+続(つづ)ける 계속 ~하다
遂(つい)に 마침내, 드디어 底(そこ)を打(う)つ 바닥을 치다
품사의 보통형+そうだ ~라고 한다 *전문
景気(けいき) 경기 回復(かいふく) 회복
基調(きちょう) 기조 乗(の)る (궤도에) 오르다
反騰(はんとう) 반등, 내리던 시세가 반대로 오름
気(き)を緩(ゆる)める 긴장을 풀다
~てはいけない ~해서는 안 된다 どうして 왜, 어째서
なぜなら 왜냐하면 一時的(いちじてき)だ 일시적이다
現象(げんしょう) (자연·사회) 현상 終(お)わる 끝나다
~かもしれない ~일지도 모른다 もっと 더, 더욱
長(なが)い目(め)で見(み)る 긴 안목으로 보다
必要(ひつよう) 필요 当分(とうぶん)の間(あいだ) 당분간
成(な)り行(ゆ)き 되어 가는 형편, 추이
見極(みきわ)める 끝까지 지켜보다, 확인하다
동사의 ます형+そうだ ~일[할] 것 같다 *양태
油断(ゆだん) 방심 禁物(きんもつ) 금물
ずっと 쭉, 계속 悪化(あっか) 악화
横這(よこば)い 시세가 별로 변동이 없음, 보합 상태
状態(じょうたい) 상태

6番

女の人と男の人が話しています。二人の考えとして正しいのはどれですか。

여자와 남자가 이야기하고 있습니다. 두 사람의 생각으로 옳은 것은 어느 것입니까?

女 日本の企業がグローバルな企業になるためには、何が必要でしょうか。
일본 기업이 세계적인 기업이 되기 위해서는 뭐가 필요할까요?

男 色々あると思いますが、時代の変化に適応できる自己変革能力、常に顧客の動向に注意を払うこと、人材を生かす経営などでしょうね。
여러 가지 있다고 생각하는데, 시대 변화에 적응할 수 있는 자기 변혁 능력, 항상 고객의 동향에 주의를 기울일 것, 인재를 활용하는 경영 등이겠죠.

女 じゃ、その中で一つ選ぶとしたら、何でしょうか。
그럼, 그중에서 하나 고른다고 하면 뭘까요?

男 そうですね。やっぱり今の企業にとって人材の育成は、何よりも重要だと思います。
글쎄요. 역시 지금의 기업에 있어서 인재 육성은 무엇보다도 중요하다고 생각해요.

女 確かにそうですが、熟練するまでの時間の問題もありますから、それより設備の機械化を図った方が速いのではないでしょうか。
확실히 그렇지만, 숙련되기까지의 시간 문제도 있으니까, 그것보다 설비의 기계화를 꾀하는 편이 빠르지 않을까요?

男 でも、結局その機械を操作するのも人ですから、人材の育成なしに設備の機械化は実現できないと思いますよ。
하지만 결국 그 기계를 조작하는 것도 사람이니까, 인재 육성 없이 설비의 기계화는 실현할 수 없다고 생각해요.

女 うーん、それもそうですね。でも、企業にとって人件費は支出の大部分を占めていますから、いずれにしろ設備の機械化も並行した方がいいと思いますけど。
음…, 그도 그러네요. 하지만 기업에 있어서 인건비는 지출의 대부분을 차지하고 있으니까, 어쨌든 설비의 기계화도 병행하는 편이 좋을 것 같은데요.

男 ええ、その話も一理あると思いますね。
네, 그 얘기도 일리 있다고 생각해요.

二人の考えとして正しいのはどれですか。

두 사람의 생각으로 옳은 것은 어느 것입니까?

1 人材の育成が何よりも重要だ
인재 육성이 무엇보다도 중요하다

2 将来を考えて人材の育成より設備の機械化に力を入れるべきだ
장래를 생각해서 인재 육성보다 설비의 기계화에 힘을 쏟아야 한다

3 設備の機械化はあくまでも理論にすぎない
설비의 기계화는 어디까지나 이론에 불과하다

4 人材の育成と設備の機械化は両方とも捨てがたい
인재 육성과 설비의 기계화는 양쪽 모두 포기하기 힘들다

어휘 企業(きぎょう) 기업
グローバルだ 글로벌하다, 세계적이다
동사의 보통형+ためには ~하기 위해서는
必要(ひつよう)だ 필요하다 色々(いろいろ) 여러 가지
時代(じだい) 시대 変化(へんか) 변화 適応(てきおう) 적응
自己(じこ) 자기 変革(へんかく) 변혁
能力(のうりょく) 능력 常(つね)に 늘, 항상
顧客(こきゃく) 고객 動向(どうこう) 동향
注意(ちゅうい)を払(はら)う 주의를 기울이다
人材(じんざい) 인재 生(い)かす 활용하다
経営(けいえい) 경영 選(えら)ぶ 고르다, 선택하다
～としたら ~라고 한다면 *가정
やっぱり 역시 *「やはり」의 회화체 표현
～にとって ~에(게) 있어서 育成(いくせい) 육성
何(なに)よりも 무엇보다도 重要(じゅうよう)だ 중요하다
確(たし)かに 확실히, 분명히 熟練(じゅくれん) 숙련
時間(じかん) 시간 問題(もんだい) 문제
それより 그것보다 設備(せつび) 설비
機械化(きかいか) 기계화 図(はか)る 도모하다, 꾀하다
速(はや)い (속도가) 빠르다 結局(けっきょく) 결국
操作(そうさ) 조작 ～なしに ~없이 実現(じつげん) 실현
人件費(じんけんひ) 인건비 支出(ししゅつ) 지출
大部分(だいぶぶん) 대부분 占(し)める 점하다, 차지하다
いずれにしろ 어쨌든 並行(へいこう) 병행
동사의 た형+方(ほう)がいい ~하는 편[쪽]이 좋다
一理(いちり) 일리, 어떤 면에서 타당성이 있는 이치
将来(しょうらい) 장래 力(ちから)を入(い)れる 힘을 쏟다
동사의 기본형+べきだ (마땅히) ~해야 한다 *단, 동사「する」의 경우에는「するべきだ」와「すべきだ」모두 쓸 수 있음
あくまでも 어디까지나 理論(りろん) 이론
～にすぎない ~에 지나지 않다, ~에 불과하다
両方(りょうほう) 양쪽 ～とも (다른 명사 뒤에 붙어서) 모두
捨(す)てる 버리다, 포기하다
동사의 ます형+がたい ~하기 어렵다, ~할 수 없다

問題 3

問題3では、問題用紙に何もいんさつされていません。この問題は、全体としてどんな内容かを聞く問題です。話の前に質問はありません。まず話を聞いてください。それから、質問とせんたくしを聞いて、

1から4の中から、最も よいものを一つ選んでください。

(では、練習しましょう。)

문제 3

문제 3에서는 문제지에 아무것도 인쇄되어 있지 않습니다. 이 문제는 전체로서 어떤 내용인지를 묻는 문제입니다. 이야기 전에 질문은 없습니다. 먼저 이야기를 들어 주세요. 그리고 나서 질문과 선택지를 듣고 1부터 4 중에서 가장 적당한 것을 하나 고르세요.

(그럼, 연습합시다.)

例(예)

オンライン説明会で男の人が話しています。

온라인 설명회에서 남자가 이야기하고 있습니다.

男 今回のオンラインイベントにはどなたでもご参加いただけます。それでは、パソコンからの参加方法をご説明いたします。まず、ABC社の公式ページより「ミーティング用ABCクライアント」をダウンロードしてください。ダウンロードされたファイルをクリックすると、自動的にインストールされます。インストール後に「ABCミーティングを開きますか」とABCアプリを開く許可を求められたら、「ABCミーティングを開く」をクリックしてください。その後、「コンピューターでオーディオに参加」をクリックし、「ビデオ付き通話」を選んでください。ミーティング画面が立ち上がり、ご自身の顔が映っていれば、準備完了です。

이번 온라인 이벤트에는 누구시든지 참가하실 수 있습니다. 그럼, 컴퓨터로의 참가 방법을 설명해 드리겠습니다. 우선 ABC사의 공식 페이지에서 '미팅용 ABC클라이언트'를 다운로드해 주세요. 다운로드받은 파일을 클릭하면 자동으로 인스톨됩니다. 인스톨 후에 'ABC 미팅을 열겠습니까?'라고 ABC앱을 여는 허가를 요청받으면 'ABC미팅을 연다'를 클릭해 주세요. 그런 다음 '컴퓨터로 오디오에 참가'를 클릭하고 '화상 통화'를 선택해 주세요. 미팅 화면이 설치되고 자신의 얼굴이 비치고 있으면 준비 완료입니다.

男の人は何について話していますか。

남자는 무엇에 대해서 이야기하고 있습니까?

1 オンラインイベントの現状
  온라인 이벤트의 현재 상태

2 オンラインイベントへの参加方法
  온라인 이벤트로의 참가 방법

3 オンラインイベントの結果報告
  온라인 이벤트 결과 보고

4 オンラインイベントの開催理由
  온라인 이벤트 개최 이유

(最もよいものは2番です。解答用紙の問題3の例のところを見てください。最もよいものは2番ですから、答えはこのように書きます。では、始めます。)

(가장 적당한 것은 2번입니다. 해답용지 문제 3의 예를 봐 주세요. 가장 적당한 것은 2번이므로 답은 이와 같이 씁니다. 그럼, 시작합니다.)

어휘 オンライン 온라인 説明会(せつめいかい) 설명회 今回(こんかい) 이번 イベント 이벤트 どなた 어느 분 ご＋한자명사＋いただく (남에게) ~해 받다, (남이) ~해 주시다 *겸양표현 参加(さんか) 참가 それでは 그럼 パソコン (개인용) 컴퓨터 *「パーソナルコンピューター」(퍼스널 컴퓨터)의 준말 方法(ほうほう) 방법 ご＋한자명사＋いたす ~하다, ~해 드리다 *겸양표현 説明(せつめい) 설명 まず 우선 公式(こうしき) 공식 ページ 페이지 ～より ~에서 ミーティング 미팅 ～用(よう) ~용 クライアント 클라이언트 ダウンロード 다운로드 ファイル 파일 クリック 클릭 ～と ~하면 自動的(じどうてき)だ 자동적이다 インストール 인스톨 ～後(ご) ~후 開(ひら)く 열다 アプリ 앱(app), 어플 *「アプリケーション(ソフト)」의 준말 許可(きょか) 허가 求(もと)める 요구하다, (요)청하다 その後(あと) 그 후 コンピューター 컴퓨터 ～で ~로 *수단 オーディオ 오디오 ビデオ 비디오 ～付(つ)き ~딸림 通話(つうわ) 통화 選(えら)ぶ 선택하다 画面(がめん) 화면 立(た)ち上(あ)がる 일어서다, 컴퓨터 프로그램이 기동하다, 설치되다 自身(じしん) 자기 자신 顔(かお) 얼굴 映(うつ)る (영상으로) 비치다 準備(じゅんび) 준비 完了(かんりょう) 완료 現状(げんじょう) 현상, 현재 상태 結果(けっか) 결과 報告(ほうこく) 보고 開催(かいさい) 개최 理由(りゆう) 이유

1番

教室で男の人が話しています。

교실에서 남자가 이야기하고 있습니다.

男 それでは、私が3年間の日記生活を通して、個人的な視点から感じたメリットについて紹介します。まず、一つ目は、日記を毎日書くことで「継続癖」が付きました。この日記を毎日書くことで付いた「継続癖」は、勉強や趣味など、他のことにも十分生かせる大切な習慣だと思います。次に二つ目は、「人生における年数が可視化できる」ということです。つまり、人生における時間への意識がちょっと変わり、これまでとは違った視点から時間について考える機会が生まれるということです。

그럼, 제가 3년간의 일기 생활을 통해서 개인적인 시점에서 느낀 장점에 대해 소개하겠습니다. 우선 첫 번째는 일기를 매일 씀으로써 '계속하는 습관'이 생겼습니다. 이 일기를 매일 씀으로써 생긴 '계속하는 습관'은 공부와 취미 등 다른 것에도 충분히 활용할 수 있는 중요한 습관이라고 생각합니다. 다음으로 두 번째는 '인생에 있어서의 햇수를 가시화할 수 있다'는 것입니다. 즉, 인생에 있어서의 시간에 대한 의식이 조금 변해서 지금까지와는 다른 시점에서 시간에 대해서 생각할 기회가 생긴다는 것입니다.

男の人は何について話していますか。
남자는 무엇에 대해서 이야기하고 있습니까?

1 日記を書くメリット
일기를 쓰는 장점

2 日記の目次
일기의 목차

3 日記の書き方
일기 쓰는 법

4 日記の素材
일기의 소재

어휘 教室(きょうしつ) 교실
日記(にっき) 일기 生活(せいかつ) 생활
～を通(とお)して ～을 통해서, ～을 수단으로 하여
個人的(こじんてき)だ 개인적이다 視点(してん) 시점
感(かん)じる 느끼다 メリット 장점
～について ～에 대해서 *내용 紹介(しょうかい) 소개
まず 우선 ～目(め) ～째 毎日(まいにち) 매일
書(か)く (글씨·글을) 쓰다 ～ことで ～함으로써
継続癖(けいぞくぐせ) 뭔가를 계속하는 버릇이나 습관
付(つ)く 생기다, (버릇 등이) 들다 勉強(べんきょう) 공부
趣味(しゅみ) 취미 他(ほか)の～ 다른～
十分(じゅうぶん)(に) 충분히 生(い)かす 살리다, 활용하다
大切(たいせつ)だ 중요하다 習慣(しゅうかん) 습관
次(つぎ)に 다음으로 人生(じんせい) 인생
～における ～에 있어서의, ～에서의
年数(ねんすう) 연수, 햇수 可視化(かしか) 가시화, 직접 볼 수 없는 것을 볼 수 있는 것으로 나타냄
～ということだ ～라는 것이다 *설명·결론 つまり 즉
時間(じかん) 시간 意識(いしき) 의식
変(か)わる 변하다, 바뀌다 これまで 지금까지
違(ちが)う 다르다 考(かんが)える 생각하다
機会(きかい) 기회 生(う)まれる (비유적으로) 태어나다, 생기다
目次(もくじ) 목차 書(か)き方(かた) 쓰는 법
素材(そざい) 소재, 예술 작품이나 학술 연구의 바탕이 되는 재료

2番

映画館の前で女の人が話しています。
영화관 앞에서 여자가 이야기하고 있습니다.

女 今見た映画の感想ですか。そうですね。親子関係の難しさを感じるニュースが多い中、この映画が示すテーマが家庭や家族のあり方の一つの答えのように感じられました。また、最初は下手でも、だんだん親になっていくというのも大切なことだと思いました。親元を離れてもまだ子供でいたい私自身と、大人っぽく振る舞うけど、年相応なところもある主人公が重なりました。

지금 본 영화의 감상 말인가요? 글쎄요. 부모 자식 관계에 어려움을 느끼는 뉴스가 많은 가운데, 이 영화가 나타내는 주제가 가정이나 가족의 이상적인 상태에 대한 하나의 대답처럼 느껴졌어요. 또한 처음에는 서툴러도 점점 부모가 되어 간다는 것도 소중한 일이라고 생각했어요. 부모님 곁을 떠나도 아직 아이로 있고 싶다는 제 자신과, 어른스럽게 행동하지만 나이에 맞는 점도 있는 주인공이 겹쳐졌어요.

女の人は映画についてどのように思っていますか。
여자는 영화에 대해서 어떻게 생각하고 있습니까?

1 期待していたが、つまらなかった
기대하고 있었는데 재미없었다

2 どう共感したらいいのか、よくわからない
어떻게 공감하면 좋을지 잘 모르겠다

3 自分の歩んできた人生と重なって、心に響く物語であった
자신이 걸어온 인생과 겹쳐져서 마음에 와닿는 이야기였다

4 演技が下手で作品にのめり込むことができなかった
연기가 서툴러서 작품에 열중하지 못했다

어휘 映画館(えいがかん) 영화관 感想(かんそう) 감상
親子(おやこ) 부모와 자식 関係(かんけい) 관계
難(むずか)しさ 어려움 感(かん)じる 느끼다 ニュース 뉴스
多(おお)い 많다 示(しめ)す 보이다, 나타내다
テーマ 테마, 주제 家庭(かてい) 가정 家族(かぞく) 가족
あり方(かた) 본연의 자세, 이상적인 상태 答(こた)え 대답
～ように ～처럼 最初(さいしょ) 최초, 맨 처음
下手(へた)だ 잘 못하다, 서투르다 だんだん 점점
親(おや) 부모 大切(たいせつ)だ 소중하다
親元(おやもと) 부모 곁, 부모 슬하 離(はな)れる 떠나다
自身(じしん) 자신 *체언에 접속하여 그 말을 강조함
大人(おとな)っぽい 어른스럽다
振(ふ)る舞(ま)う 행동하다, 처신하다 年(とし) 나이
相応(そうおう) 상응, 어울림 ところ 부분, 데, 점
主人公(しゅじんこう) 주인공
重(かさ)なる 겹치다, 겹쳐지다
期待(きたい) 기대 つまらない 재미없다
共感(きょうかん) 공감 わかる 알다, 이해하다

歩(あゆ)む 걷다 人生(じんせい) 인생 心(こころ) 마음
響(ひび)く (강한 호소력으로) 가슴을 찌르다, (찡하게) 가슴에 와 닿다 物語(ものがたり) 이야기 演技(えんぎ) 연기
作品(さくひん) 작품 のめり込(こ)む 빠져들다, 열중하다

3番

テレビで男の人が話しています。
TV에서 남자가 이야기하고 있습니다.

男 本を読むと、たくさんの言葉が出てきます。知っている言葉はもちろん、知らない言葉も出てくるため、必要に応じて調べることもあるのではないでしょうか。すると、自然とたくさんの言葉が身に付くはずです。同時に、良い文章にたくさん触れることで、文章力も磨かれると思います。多くの言葉を知り、使える言葉が増えて論理的な文章のコツが身に付くので、わかりやすく説得力のある文章が書けるのです。

책을 읽으면 많은 단어가 나옵니다. 알고 있는 단어는 물론, 모르는 단어도 나오기 때문에 필요에 따라서 조사할 경우도 있지 않을까요? 그렇게 하면 자연스럽게 많은 단어가 자신의 것이 될 것입니다. 동시에 좋은 글을 많이 접함으로써 문장력도 연마될 것이라고 생각합니다. 많은 단어를 알고, 구사할 수 있는 단어가 늘어서 논리적인 글쓰기 요령이 몸에 배기 때문에 알기 쉽고 설득력 있는 글을 쓸 수 있는 것입니다.

男の人は読書がもたらす効果について何と言っていますか。
남자는 독서가 가져오는 효과에 대해서 뭐라고 말하고 있습니까?

1 教養や知識が身に付く
교양과 지식이 몸에 밴다

2 語彙力や文章力が養われる
어휘력과 문장력이 길러진다

3 仕事に役立つ知恵を得られる
업무에 유용한 지혜를 얻을 수 있다

4 想像力が豊かになる
상상력이 풍부해진다

어휘 本(ほん) 책 読(よ)む 읽다 たくさん 많이
言葉(ことば) 말, 단어 出(で)る 나오다 知(し)る 알다
もちろん 물론 必要(ひつよう)だ 필요하다
～に応(おう)じて ～에 따라서, ～에 맞게
調(しら)べる 조사하다 すると 그렇게 하면
自然(しぜん)と 자연스럽게, 저절로
身(み)に付(つ)く (지식·기술 등이) 몸에 배다, 자신의 것이 되다
～はずだ (당연히) ～할 것[터]이다 同時(どうじ)に 동시에
文章(ぶんしょう) 문장, 글 触(ふ)れる 접하다
～ことで ～함으로써 文章力(ぶんしょうりょく) 문장력
磨(みが)く (학문·기예를) 연마하다, 갈고 닦다
使(つか)う 쓰다, 사용하다 増(ふ)える 늘다, 늘어나다
論理的(ろんりてき)だ 논리적이다 コツ 요령
동사의 ます형+やすい ～하기 쉽다
説得力(せっとくりょく) 설득력 書(か)く (글씨·글을) 쓰다
読書(どくしょ) 독서 もたらす 가져오다, 초래하다
効果(こうか) 효과 教養(きょうよう) 교양
知識(ちしき) 지식 語彙力(ごいりょく) 어휘력
養(やしな)う (실력 등을) 기르다 仕事(しごと) 일
役立(やくだ)つ 도움이 되다, 유용하다 知恵(ちえ) 지혜
得(え)る 얻다 想像力(そうぞうりょく) 상상력
豊(ゆた)かだ 풍부하다

4番

テレビで医者が話しています。
TV에서 의사가 이야기하고 있습니다.

女 午前11時頃、会議中にお腹がグーッと鳴って恥ずかしい思いをしたことはありませんか。これぱかりは予知するわけにもいかず、突然鳴り出すので困ってしまいます。どうしてお腹が空くと鳴るのでしょう。この音は、主に胃から出ます。胃の中が空っぽになると、胃が強く収縮します。その時に、中に入っている胃液やガスが動くので、グーッと音がするのです。

오전 11시쯤 회의 중에 배에서 꼬르륵 하고 소리가 나서 부끄러운 경험을 한 적은 없습니까? 이것만은 미리 알 수도 없고 갑자기 소리가 나기 시작하기 때문에 난감해지고 맙니다. 왜 배가 고프면 소리가 나는 걸까요? 이 소리는 주로 위에서 납니다. 위 속이 텅 비게 되면 위가 강하게 수축됩니다. 그때 안에 들어 있는 위액이나 가스가 움직이기 때문에 꼬르륵 하고 소리가 나는 것입니다.

医者は空腹になると、お腹が鳴る理由について何と言っていますか。
의사는 공복이 되면 배에서 소리가 나는 이유에 대해서 뭐라고 말하고 있습니까?

1 突然胃が膨張してしまうから
갑자기 위가 팽창해 버리기 때문에

2 唾液の減少で胃の中が乾いてしまうから
타액 감소로 위 속이 말라 버리기 때문에

3 喉から多くの空気が胃の中に入ってしまうから
목에서 많은 공기가 위 속에 들어가 버리기 때문에

4 胃が収縮した時に中に入っている胃液やガスが動くから
위가 수축되었을 때 안에 들어 있는 위액이나 가스가 움직이기 때문에

어휘 医者(いしゃ) 의사 午前(ごぜん) 오전 お腹(なか) 배
グーッ 꼬르륵 *「グー」의 강조 鳴(な)る 소리가 나다, 울리다
恥(は)ずかしい 부끄럽다 思(おも)い 느낌, 기분, 경험
予知(よち) 예지, 미리 앎
동사의 기본형+わけにはいかない ~할 수는 없다
突然(とつぜん) 돌연, 갑자기
동사의 ます형+出(だ)す ~하기 시작하다
困(こま)る 곤란하다, 난처하다 どうして 왜, 어째서
お腹(なか)が空(す)く 배가 고프다 音(おと) 소리
主(おも)に 주로 胃(い) 위 出(で)る 나오다
空(から)っぽ 텅 빔 強(つよ)い 강하다
収縮(しゅうしゅく) 수축 入(はい)る 들다
胃液(いえき) 위액 ガス 가스 動(うご)く 움직이다
音(おと)がする 소리가 나다 空腹(くうふく) 공복
膨張(ぼうちょう) 팽창 唾液(だえき) 타액, 침
減少(げんしょう) 감소 乾(かわ)く 마르다, 건조하다
喉(のど) 목구멍 空気(くうき) 공기

5番

ラジオで動物学者が話しています。
라디오에서 동물학자가 이야기하고 있습니다.

男 野生の動物の中には、肥満の動物は一匹も見られません。一体理由は何でしょう。野生動物は満腹しているように見えても、決してお腹がはち切れるほど食べません。例えば、ライオンの場合、空腹でない時は近くに獲物となる動物が近付いても見向きもしません。野性動物が猟をするのは飢えた時だけで、それもせっかく苦労してしとめた獲物なのに、適当に食べてぴたりと食べるのを止めてしまうのです。

야생 동물 중에는 비만인 동물은 한 마리도 볼 수 없습니다. 도대체 이유가 뭘까요? 야생 동물은 배가 부른 것처럼 보여도 결코 배가 터질 만큼 먹지 않습니다. 예를 들면 사자의 경우 공복이 아닐 때는 근처에 사냥감이 되는 동물이 다가와도 거들떠보지도 않습니다. 야생 동물이 사냥을 하는 것은 굶주렸을 때뿐으로, 그것도 애써 고생해서 숨통을 끊어 놓은 사냥감인데도 적당히 먹고 먹는 것을 딱 그만둬 버리는 것입니다.

動物学者は野生動物が太らない理由について何と言っていますか。
동물학자는 야생 동물이 살찌지 않는 이유에 대해서 뭐라고 말하고 있습니까?

1 毎日の運動量が多いから
매일 하는 운동량이 많기 때문에

2 食べる量自体が少なすぎるから
먹는 양 자체가 너무 적기 때문에

3 胃が小さくてたくさん食べられないから
위가 작아서 많이 먹을 수 없기 때문에

4 お腹が空いても腹八分に食べるから
배가 고파도 적당히 먹기 때문에

어휘 ラジオ 라디오 動物学者(どうぶつがくしゃ) 동물학자
野生(やせい) 야생 動物(どうぶつ) 동물 肥満(ひまん) 비만
一匹(いっぴき) 한 마리 *「~匹(ひき)」- ~마리
一体(いったい) 도대체, 대관절 理由(りゆう) 이유
満腹(まんぷく) 만복, 배가 부름 ~ように ~처럼
見(み)える 보이다 決(けっ)して (부정어 수반) 결코
お腹(なか) 배 はち切(き)れる (가득 차서) 터지다
~ほど ~정도, ~만큼 例(たと)えば 예를 들면
ライオン 라이온, 사자 場合(ばあい) 경우
空腹(くうふく) 공복 近(ちか)く 근처
獲物(えもの) 사냥감 近付(ちかづ)く 다가오다, 접근하다
見向(みむ)きもしない 거들떠보지도 않다 猟(りょう) 사냥
飢(う)える 굶주리다 せっかく 모처럼, 애써
苦労(くろう) 고생 しとめる 숨통을 끊어 놓다
適当(てきとう)だ 적당하다 ぴたりと 딱 *갑자기 그치는 모양
止(や)める 그만두다, 관두다 太(ふと)る 살찌다
毎日(まいにち) 매일 運動量(うんどうりょう) 운동량
多(おお)い 많다 自体(じたい) 자체 少(すく)ない 적다
い형용사의 어간+すぎる 너무 ~하다 小(ちい)さい 작다
たくさん 많이 お腹(なか)が空(す)く 배가 고프다
腹八分(はらはちぶ) 조금 양에 덜 참, 덜 차게 먹음, 적당히 먹음

問題4

問題4では、問題用紙に何もいんさつされていません。まず文を聞いてください。それから、それに対する返事を聞いて、1から3の中から、最もよいものを一つ選んでください。
(では、練習しましょう。)

문제 4
문제 4에서는 문제지에 아무것도 인쇄되어 있지 않습니다. 먼저 문장을 들어 주세요. 그리고 나서 그에 대한 대답을 듣고, 1부터 3 중에서 가장 적당한 것을 하나 고르세요.
(그럼, 연습합시다.)

例(예)

男 お父さんの病気はどうですか。
아버지 병환은 어떠세요?

女 1 お蔭様で、だんだんよくなっています。
덕분에 점차 좋아지고 있어요.

2 大変ですね。薬は飲みましたか。
큰일이군요. 약은 먹었어요?

3 そうですか。お見舞いに行かなくちゃ。
그래요? 병문안 가야겠네요.

(最もよいものは1番です。解答用紙の問題4の例のところを見てください。最もよいものは1番ですか

ら、答えはこのように書きます。では、始めます。)

(가장 적당한 것은 1번입니다. 해답용지 문제 4의 예를 봐 주세요. 가장 적당한 것은 1번이므로, 답은 이와 같이 씁니다. 그럼 시작합니다.)

1番

女 だいぶ秋らしくなりましたね。
제법 가을다워졌네요.

男 1 ええ、朝晩は本当に冷えますね。
네, 아침저녁은 정말 쌀쌀하네요.

2 ええ、本当に暖かくなりましたね。
네, 정말 따뜻해졌네요.

3 ええ、もうすぐ1月ですからね。
네, 이제 곧 1월이니까요.

어휘 だいぶ 꽤, 상당히, 제법 秋(あき) 가을
명사+らしい ~답다 朝晩(あさばん) 아침저녁
本当(ほんとう)に 정말로 冷(ひ)える 차가워지다, 쌀쌀해지다
暖(あたた)かい 따뜻하다 もうすぐ 이제 곧

2番

男 明日、そちらに伺いたいんですが。
내일 그쪽에 찾아뵙고 싶은데요.

女 1 はい、このページをご覧になってください。
예, 이 페이지를 봐 주세요.

2 はい、どうぞ召し上がってください。
예, 어서 드세요.

3 はい、では、お待ちしております。
예, 그럼, 기다리고 있을게요.

어휘 伺(うかが)う 찾아뵙다 *「訪(おとず)れる」(방문하다)의 겸양어 ページ 페이지
ご覧(らん)になる 보시다 *「見(み)る」(보다)의 존경어
どうぞ 부디, 어서
召(め)し上(あ)がる 드시다 *「食(た)べる」(먹다), 「飲(の)む」(마시다)의 존경어
お+동사의 ます형+する ~하다, ~해 드리다 *겸양표현
待(ま)つ 기다리다
~ておる ~하고 있다 *「~ている」의 겸양표현

3番

女 来週の日曜、みんなでハイキングに行くんですが、一緒にどうですか。
다음 주 일요일에 다 같이 하이킹하러 갈 건데 같이 어때요?

男 1 いいですね。たぶん大丈夫だと思います。
좋네요. 아마 괜찮을 거예요.

2 6時間も山登りをしたら、足がふらふらしました。
6시간이나 등산을 했더니, 다리가 휘청거렸어요.

3 土曜日、駅前のレストランで会うことになっています。
토요일, 역 앞에 있는 레스토랑에서 만나기로 되어 있어요.

어휘 来週(らいしゅう) 다음 주 日曜(にちよう) 일요일
みんなで 다 같이 ハイキング 하이킹
동작성 명사+に ~하러 *동작의 목적
一緒(いっしょ)に 함께, 같이 たぶん 아마
大丈夫(だいじょうぶ)だ 괜찮다
山登(やまのぼ)り 산에 오름, 등산 足(あし) 다리
ふらふら 휘청휘청 土曜日(どようび) 토요일
駅前(えきまえ) 역 앞 レストラン 레스토랑 会(あ)う 만나다
동사의 보통형+ことになっている ~하게[하기로] 되어 있다

4番

男 昨夜から頭痛が治らないんだ。
어젯밤부터 두통이 낫질 않아.

女 1 頭が固くて困っちゃうよ。
융통성이 없어서 곤란해.

2 本当に頭の回転が速いね。
정말 머리 회전이 빠르네.

3 この薬飲んでみたら? 頭痛によく効くよ。
이 약 먹어 보는 게 어때? 두통에 잘 들어.

어휘 昨夜(ゆうべ) 어젯밤 頭痛(ずつう) 두통
治(なお)る 낫다, 치료되다
頭(あたま)が固(かた)い 융통성이 없다
困(こま)る 곤란하다, 난처하다 本当(ほんとう)に 정말로
頭(あたま) 머리 回転(かいてん) 회전
速(はや)い (속도가) 빠르다 薬(くすり) 약
飲(の)む (약을) 먹다 ~たら(どう) ~하는 게 어때? *권유
よく 잘 効(き)く 듣다, 효과가 있다

5番

女 この写真、何回見てもおかしいわ。
이 사진, 몇 번을 봐도 웃겨.

男 1 また故障したんだね。すぐ修理の人呼ぶよ。
또 고장 났군. 바로 수리하는 사람 부를게.

2 本当だね。笑っちゃうよね。
정말이네. (보면) 웃고 마네.

3 すごく大事にしてるんだね。
굉장히 소중히 여기고 있네.

어휘 写真(しゃしん) 사진 何回(なんかい) 몇 회, 몇 번
おかしい 웃기다 故障(こしょう)する 고장 나다
修理(しゅうり) 수리 呼(よ)ぶ 부르다

本当(ほんとう)だ 정말이다 笑(わら)う 웃다
すごく 굉장히, 몹시 大事(だいじ)にする 소중히 하다

6番

男 あれ? 腕時計をどこかに忘れて来ちゃったなあ。
어? 손목시계를 어딘가에 놓고 와 버렸네.

女 1 本当? 今日行った所を思い出してみて。
정말? 오늘 갔던 곳을 떠올려 봐.

2 電池が切れてるんじゃない?
전지가 다 된 거 아니야?

3 幸いなことに、置いた場所は覚えてるんだね。
다행스럽게도 둔 장소는 기억하고 있구나.

어휘 腕時計(うでどけい) 손목시계
忘(わす)れる (물건을) 잊고 두고 오다
思(おも)い出(だ)す 떠올리다, 생각해 내다
電池(でんち) 전지 切(き)れる 떨어지다, 다 되다
幸(さいわ)いだ 다행이다 ～ことに ～하게도 *감탄 · 놀람
置(お)く 놓다, 두다 場所(ばしょ) 장소, 곳
覚(おぼ)える 기억하다

7番

女 あらっ、鈴木さん。髪がだいぶ伸びましたね。
어머, 스즈키 씨. 머리가 꽤 길었네요.

男 1 じゃ、パーマでもかけてみましょうか。
그럼, 파마라도 해 볼까요?

2 ええ、スタイルを変えようと思って。
네, 스타일을 바꿔 보려고요.

3 ええ、昨日床屋に行って来たんです。
네, 어제 이발소에 갔다 왔거든요.

어휘 髪(かみ) 머리(카락) だいぶ 꽤, 상당히
伸(の)びる 자라다 パーマをかける 파마를 하다
スタイル 스타일 変(か)える 바꾸다 床屋(とこや) 이발소

8番

男 給料日まで十日も残ってるのに、もうお金、使い果たしちゃった。
월급날까지 열흘이나 남았는데, 벌써 돈을 다 써 버렸어.

女 1 うん、こつこつ貯金しといたお金で思い切って買っちゃった。
응, 꾸준히 저금해 둔 돈으로 큰맘 먹고 사 버렸어.

2 頑張ったね。ところでそのお金で何をするつもりなの?
열심히 모았네. 그런데 그 돈으로 뭘 할 생각이야?

3 君って無駄遣いや衝動買いが多いからよ。
너는 낭비나 충동구매가 많으니까.

어휘 給料日(きゅうりょうび) 월급날
十日(とおか) 10일, 열흘 残(のこ)る 남다
～のに ～는데(도) もう 이미, 벌써
使(つか)い果(は)たす 다 써 버리다, 탕진하다
こつこつ 꾸준히 貯金(ちょきん) 저금
～とく ～해 놓다[두다] *「～ておく」의 준말
思(おも)い切(き)って 과감히, 큰맘 먹고
頑張(がんば)る (끝까지) 노력하다, 열심히 하다
ところで 그것은 그렇고, 그런데
동사의 보통형+つもりだ ～할 생각[작정]이다
無駄遣(むだづか)い 낭비 衝動買(しょうどうが)い 충동구매
多(おお)い 많다

9番

女 あの演劇は舞台演出がとてもよかったわ。
그 연극은 무대 연출이 아주 좋았어.

男 1 うん、ドライアイスが特殊効果として使われたのが印象的だったね。
응, 드라이아이스가 특수 효과로 사용된 게 인상적이었지.

2 うん、映画館の大画面で見ると、やっぱり違うなあ。
응, 영화관의 대형 화면으로 보니 역시 다르네.

3 テレビはあまり見ないから、よくわからないなあ。
TV는 별로 안 봐서 잘 모르겠는데.

어휘 演劇(えんげき) 연극 舞台(ぶたい) 무대
演出(えんしゅつ) 연출 とても 아주, 매우
ドライアイス 드라이아이스 特殊(とくしゅ) 특수
効果(こうか) 효과 ～として ～로서
使(つか)う 쓰다, 사용하다
印象的(いんしょうてき)だ 인상적이다
映画館(えいがかん) 영화관 大画面(だいがめん) 대형 화면
やっぱり 역시 *「やはり」의 회화체 표현 違(ちが)う 다르다
テレビ 텔레비전, TV *「テレビジョン」의 준말
あまり (부정어 수반) 그다지, 별로

10番

男 アジアで、日本酒の消費は右肩上がりだそうだよ。
아시아에서 청주 소비는 계속 늘고 있대.

女 1 韓国に比べて辛口のビールが多いから、人気がないと思うわ。
한국에 비해 쌉쌀한 맛의 맥주가 많아서 인기가 없다고 생각해.

2 うん、日本企業もそろそろ海外から撤収するべきだわ。
응, 일본 기업도 이제 슬슬 해외에서 철수해야 해.

3 うん、私も聞いたよ。特に、若者の間で流行っているみたいだわ。
응, 나도 들었어. 특히 젊은이 사이에서 유행하고 있는 것 같아.

어휘 アジア 아시아 日本酒(にほんしゅ) 니혼슈, 청주
消費(しょうひ) 소비
右肩上(みぎかたあ)がり (꺾은선 그래프에서 오른쪽으로 갈수록 올라가는 것에서) 시간이 지날수록 수량이 늘어가는 모습
품사의 보통형+そうだ ~라고 한다 *전문
~に比(くら)べて ~에 비해서
辛口(からくち) (술맛이) 쌉쌀함 ビール 맥주
多(おお)い 많다 人気(にんき) 인기
企業(きぎょう) 기업 そろそろ 이제 슬슬
海外(かいがい) 해외 撤収(てっしゅう) 철수
동사의 기본형+べきだ (마땅히) ~해야 한다 *단, 동사 「する」의 경우에는 「するべきだ」와 「すべきだ」 모두 쓸 수 있음
特(とく)に 특히 若者(わかもの) 젊은이 間(あいだ) 사이
流行(はや)る 유행하다 ~みたいだ ~인 것 같다

11番

女 あの店っていつも閑古鳥が鳴いていますね。
저 가게는 늘 손님이 너무 없네요.

男 1 ふーん、味に問題があるのではないかな。
흠…, 맛에 문제가 있는 게 아닐까?

2 今度、僕の行き付けの店に連れて行くよ。
다음에 내 단골 가게에 데려갈게.

3 たぶん芸能人がテレビで紹介したおかげだろう。
아마 연예인이 TV에서 소개한 덕분이겠지.

어휘 店(みせ) 가게 いつも 항상, 늘
閑古鳥(かんこどり)が鳴(な)く (뻐꾹새 우는 소리가 들릴 정도로) 손님이 너무 없어 한산하다
味(あじ) 맛 問題(もんだい) 문제 今度(こんど) 다음번
行(い)き付(つ)け 단골 連(つ)れる 데리고 가다 たぶん 아마
芸能人(げいのうじん) 연예인 紹介(しょうかい) 소개
おかげ 덕분

12番

男 あの国、教育熱がすごいですね。でも子供たちがちょっとかわいそうな気もしますね。
그 나라, 교육열이 굉장하네요. 하지만 애들이 좀 불쌍한 생각도 드네요.

女 1 ええ、小学生の時から夜遅くまで勉強させているんですね。
네, 초등학생 때부터 밤늦게까지 공부시키고 있죠.

2 二十歳を過ぎたら、もう子供ではないでしょう? 少しぐらいは許してあげなさいよ。
스무 살이 넘었으면 이제 아이가 아니잖아요? 조금쯤은 허락해 줘요.

3 うちの子と反対ですね。うちの子はどうしても語学が苦手なんで…。
우리 애와 반대네요. 우리 애는 아무리 해도 어학을 잘 못해서….

어휘 国(くに) 나라 教育熱(きょういくねつ) 교육열
すごい 굉장하다 かわいそうだ 불쌍하다
気(き)がする 느낌[생각]이 들다
小学生(しょうがくせい) 초등학생 夜(よる) 밤
遅(おそ)い 늦다 二十歳(はたち) 20세, 스무 살
過(す)ぎる (수량이 일정 수준을) 넘다, 지나다
許(ゆる)す 허락하다 ~てあげる (내가 남에게) ~해 주다
うち 우리 反対(はんたい) 반대 どうしても 아무리 해도
語学(ごがく) 어학 苦手(にがて)だ 서투르다, 잘 못하다

問題5

問題5では、長めの話を聞きます。この問題には練習はありません。問題用紙にメモをとってもかまいません。

문제 5

문제 5에서는 약간 긴 이야기를 듣습니다. 이 문제에는 연습은 없습니다. 문제지에 메모를 해도 상관없습니다.

1番、2番

問題用紙に何もいんさつされていません。まず話を聞いてください。それから、質問とせんたくしを聞いて、1から4の中から、最もよいものを一つ選んでください。

(では、始めます。)

1번, 2번

문제지에 아무것도 인쇄되어 있지 않습니다. 우선 이야기를 들어 주세요. 그리고 나서 질문과 선택지를 듣고 1부터 4 중에서 가장 적당한 것을 하나 고르세요.

(그럼, 시작합니다.)

1番

男の人と女の人が野球の練習をする場所について話しています。
남자와 여자가 야구 연습을 할 장소에 대해서 이야기하고 있습니다.

男 来週から県大会だなあ。
다음 주부터 현 대회군.

女 はい、いよいよですね。
예, 드디어네요.

男 あ、そう言えば山田さん、大学の体育祭のため、明後日から野球場が使えないから、代わりに練習できるところ探してみた?

아, 그러고 보니 야마다 씨, 대학 체육대회 때문에 모레부터 야구장을 사용할 수 없으니까, 대신에 연습할 수 있는 곳 찾아봤어?

女 あ、はい。おっしゃった通り、なるべく大学から近距離、照明設備、使用料2万円以内といった三つの条件に当てはまりそうなところを4か所ピックアップしました。一つ目はA野球場。ここは大学から徒歩5分で近いし、照明付きで値段も1万5千円です。ただ、使用する一週間前に予約が必要です。

아, 예. 말씀하신 대로 되도록 대학에서 근거리, 조명 시설, 사용료 2만 엔 이내라는 세 가지 조건에 꼭 들어맞을 듯한 곳을 네 군데 골랐어요. 첫 번째는 A야구장. 이곳은 대학에서 도보 5분으로 가까운 데다 조명이 딸려 있고 가격도 만 5천 엔이에요. 다만 사용하기 일주일 전에 예약이 필요해요.

男 そっか。来週から試合だから、今予約してもあまり使えないなあ。

그래? 다음 주부터 시합이니까, 지금 예약해도 별로 쓸 수 없겠네.

女 残念ながらそうです。それから大学のすぐ後ろにあるB野球場は、1万2千円で最も安かったところですが、照明はないんですね。

유감스럽지만 그래요. 그리고 대학 바로 뒤에 있는 B야구장은 만 2천 엔으로 가장 싼 곳인데, 조명은 없네요.

男 うーん、できれば夕方以降も練習できるように、ナイター設備が整っているところがいいと思うけど。

음…, 가능하면 저녁때 이후에도 연습할 수 있도록 야간 경기 시설이 갖춰져 있는 곳이 좋을 것 같은데.

女 そうですね。あと2か所は今すぐにでも使えますが、予算をオーバーしてしまいます。まず、C野球場は、大学から徒歩で10分、ナイター設備も完備されていますが、使用料は2万5千円です。最後に、D野球場は徒歩で30分で照明付きですが、使用料はちょっと高い3万円です。どうしましょうか。

그렇군요. 나머지 두 곳은 지금 당장이라도 사용할 수 있는데, 예산을 초과해 버려요. 우선 C야구장은 대학에서 도보로 10분, 야간 경기 시설도 완비되어 있지만, 사용료는 2만 5천 엔이에요. 마지막으로 D야구장은 도보로 30분이고 조명이 딸려 있지만 사용료는 조금 비싼 3만 엔이에요. 어떻게 할까요?

男 練習回数にしてみても10回も残っていないから、やっぱり日が暮れてからも遅くまで練習できるところがいいなあ。また、遠すぎるのは練習の後、帰るのに疲れるから、嫌だし。

연습 횟수로 해 봐도 열 번도 안 남았으니까, 역시 해가 진 뒤에도 늦게까지 연습할 수 있는 곳이 좋겠군. 또 너무 먼 데는 연습 후 귀가하는 데 피곤하니까 싫고….

女 そうですね。

그러네요.

男 しょうがないなあ。じゃ、ちょっと予算オーバーになっちゃうけど、今すぐ予約できるところで手続きしてくれる?

어쩔 수 없네. 그럼, 조금 예산이 초과되어 버리지만, 지금 당장 예약할 수 있는 곳으로 수속해 주겠어?

女 はい、わかりました。

예, 알겠어요.

女の人はどこの野球場を予約しますか。

여자는 어디 야구장을 예약합니까?

1 A野球場

A야구장

2 B野球場

B야구장

3 C野球場

C야구장

4 D野球場

D야구장

어휘 野球(やきゅう) 야구 練習(れんしゅう) 연습
場所(ばしょ) 장소 県大会(けんたいかい) 현 대회
いよいよ 드디어 そう言(い)えば 그러고 보니
大学(だいがく) 대학 体育祭(たいいくさい) 체육대회
明後日(あさって) 모레 野球場(やきゅうじょう) 야구장
使(つか)う 쓰다, 사용하다 代(か)わりに 대신에
ところ(所) 곳, 장소 探(さが)す 찾다
おっしゃる 말씀하시다 *「言(い)う」(말하다)의 존경어
～通(とお)り ～대로 なるべく 되도록, 가능한 한
近距離(きんきょり) 근거리 照明(しょうめい) 조명
設備(せつび) 설비, 시설 使用料(しようりょう) 사용료
以内(いない) 이내 条件(じょうけん) 조건
当(あ)てはまる 꼭 들어맞다, 적합하다
동사의 ます형+そうだ ～일[할] 것 같다 *양태

～か所(しょ) ～개소, ～군데　ピックアップ 픽업, 골라냄
～目(め) ～째 *순서를 나타낼 때 붙이는 말　徒歩(とほ) 도보
近(ちか)い 가깝다　～し ～하고, ～한 데다가
～付(つ)き ～이 딸림　値段(ねだん) 가격　ただ 다만
使用(しよう) 사용　一週間(いっしゅうかん) 일주간, 일주일
前(まえ) 전　予約(よやく) 예약　必要(ひつよう)だ 필요하다
試合(しあい) 시합　あまり (부정어 수반) 그다지, 별로
残念(ざんねん)ながら 유감스럽게도, 유감스럽지만
それから 그다음에, 그리고　後(うし)ろ 뒤
最(もっと)も 가장, 제일　安(やす)い 싸다
夕方(ゆうがた) 저녁때　以降(いこう) 이후
～ように ～하도록　ナイター 나이터, (야구 등의) 야간 경기
整(ととの)う 갖추어지다　予算(よさん) 예산
オーバー 오버, 초과　まず 우선　完備(かんび) 완비
最後(さいご) 최후, 마지막　高(たか)い 비싸다
回数(かいすう) 횟수　残(のこ)る 남다
やっぱり 역시 *「やはり」의 회화체 표현　日(ひ) 해, 날
暮(く)れる (날이) 저물다　～てから ～하고 나서, ～한 후에
遅(おそ)い 늦다　遠(とお)い 멀다
い형용사의 어간+すぎる 너무 ～하다　帰(かえ)る 돌아가다
疲(つか)れる 지치다, 피로해지다　嫌(いや)だ 싫다
しょうがない 어쩔 수 없다　手続(てつづ)き 수속
～てくれる (남이 나에게) ～해 주다

2番

会社で男の人と女の人が講演会について話しています。
회사에서 남자와 여자가 강연회에 대해서 이야기하고 있습니다.

男 毎年秋に実施している講演会なんですが、一昨年から参加者が徐々に減っていますね。参加者を増やすための何かいい方法はないでしょうか。
매년 가을에 실시하고 있는 강연회 말인데요, 재작년부터 참가자가 서서히 줄고 있네요. 참가자를 늘리기 위한 뭔가 좋은 방법은 없을까요?

女 そうですね。今までは会社の入り口にパンフレットを置いておいたり、ホームページで宣伝したりしましたが、効果はあまりなかったですね。うーん、新聞に講演会の広告を掲載したら、もっと多くの人のお目に止まるんじゃないでしょうか。
글쎄요. 지금까지는 회사 입구에 팸플릿을 놔두거나 홈페이지에서 선전하거나 했는데, 효과는 별로 없었네요. 음…, 신문에 강연회 광고를 게재하면 더 많은 사람의 눈에 띄지 않을까요?

男 どんな風にですか。
어떤 식으로요?

女 新聞の広告欄に講演会の具体的な内容と共にホームページの住所を書いておいてインターネットで申し込めるようにすれば、応募しやすいと思います。
신문 광고란에 강연회의 구체적인 내용과 함께 홈페이지 주소를 적어 두고 인터넷에서 신청할 수 있도록 하면 응모하기 쉬울 것 같아요.

男 そうですね。悪くはないと思いますが、広告は費用がかなりかかりますからね。去年の講演会の後のアンケートによると、講演会の内容が毎年同じだという指摘がありましたね。ですから、内容を見直して二度三度受講できるようにするのはどうでしょうか。そうしたら、申し込みもきっと増えると思います。あと講演会はいつも中村先生にお願いしていますが、他の方に変えてみる方法も考えられます。
그렇군요. 나쁘지는 않은 것 같은데, 광고는 비용이 상당히 들어서요. 작년 강연회 후의 앙케트에 따르면 강연회 내용이 매년 같다는 지적이 있었죠. 그래서 내용을 재검토해서 여러 번 수강할 수 있도록 하는 건 어떨까요? 그렇게 하면 신청도 틀림없이 늘 거라고 생각해요. 그리고 강연회는 항상 나카무라 선생님께 부탁하고 있는데, 다른 분으로 바꿔 보는 방법도 생각할 수 있어요.

女 中村先生は社員たちに非常に評判がいい方なので、代わりとなる人はなかなか…。中村先生なら、さっきおっしゃった方法に十分に応じてくださると思います。
나카무라 선생님은 사원들에게 대단히 평판이 좋은 분이라서 대신할 사람은 좀처럼…. 나카무라 선생님이라면 조금 전에 말씀하신 방법에 충분히 응해 주실 거예요.

男 それはそうですね。じゃ、さっきの方法で行きましょう。
그건 그러네요. 그럼, 조금 전의 방법으로 가죠.

女 ええ、そうしましょう。
네, 그렇게 해요.

二人は問題を解決するためにどうしますか。
두 사람은 문제를 해결하기 위해서 어떻게 합니까?

1 講演会の講師を変える
강연회 강사를 바꾼다

2 講演会の内容を変える
강연회 내용을 바꾼다

3 講演会の宣伝方法を変える
강연회 선전 방법을 바꾼다

4 講演会の申し込み方法を変える
강연회 신청 방법을 바꾼다

어휘 講演会(こうえんかい) 강연회 毎年(まいとし) 매년 秋(あき) 가을 実施(じっし) 실시 一昨年(おととし) 재작년 参加者(さんかしゃ) 참가자 徐々(じょじょ)に 서서히 減(へ)る 줄다, 줄어들다 増(ふ)やす 늘리다 동사의 보통형+ための ~하기 위한 方法(ほうほう) 방법 入(い)り口(ぐち) 입구 パンフレット 팸플릿 置(お)く 두다 ～ておく ~해 놓다[두다] ホームページ 홈페이지 宣伝(せんでん) 선전 効果(こうか) 효과 あまり (부정어 수반) 그다지, 별로 新聞(しんぶん) 신문 広告(こうこく) 광고 掲載(けいさい) 게재 もっと 더, 더욱 多(おお)く 많음 人(ひと) 사람 目(め)に止(と)まる 눈에 띄다 どんな風(ふう)に 어떤 식으로 広告欄(こうこくらん) 광고란 具体的(ぐたいてき)だ 구체적이다 内容(ないよう) 내용 ～と共(とも)に ~와 함께 住所(じゅうしょ) 주소 インターネット 인터넷 申(もう)し込(こ)む 신청하다 応募(おうぼ) 응모 동사의 ます형+やすい ~하기 쉽다 費用(ひよう) 비용 かなり 꽤, 상당히 かかる (비용이) 들다 去年(きょねん) 작년 アンケート 앙케트 ～によると ~에 의하면, ~에 따르면 同(おな)じだ 같다 指摘(してき) 지적 ですから 그러므로, 그래서 *「だから」의 정중한 표현 見直(みなお)す 다시 살펴보다, 재검토하다 二度三度(にどさんど) 두 번 세 번, 여러 번 중복하여 受講(じゅこう) 수강 申(もう)し込(こ)み 신청 きっと 분명히, 틀림없이 増(ふ)える 늘다, 늘어나다 他(ほか)の～ 다른~ 方(かた) 분 変(か)える 바꾸다 考(かんが)える 생각하다 社員(しゃいん) 사원 非常(ひじょう)に 대단히, 매우 評判(ひょうばん) 평판 代(か)わり 대신함, 대리 なかなか 좀처럼 さっき 아까, 조금 전 おっしゃる 말씀하시다 *「言(い)う」(말하다)의 존경어 十分(じゅうぶん)に 충분히 応(おう)じる 응하다 ～てくださる (남이 나에게) ~해 주시다 *「～てくれる」((남이 나에게) ~해 주다)의 존경표현 問題(もんだい) 문제 解決(かいけつ) 해결 講師(こうし) 강사

3番

まず話を聞いてください。それから、二つの質問を聞いて、それぞれ問題用紙の1から4の中から、最もよいものを一つ選んでください。

(では、始めます。)

3번

우선 이야기를 들어 주세요. 그리고 나서 두 개의 질문을 듣고 각각 문제지의 1부터 4 중에서 가장 적당한 것을 하나 고르세요. (그럼, 시작합니다.)

3番

テレビで女の人が家事代行サービスについて話しています。

TV에서 여자가 가사 대행 서비스에 대해서 이야기하고 있습니다.

女1 お客様のニーズに合わせた生活全般の家事をプロのスタッフが、時間単位でお手伝いします。定期的なご利用から必要な時に1回だけご利用いただけるプランまで、お客様のライフスタイルに合わせ、生活の「いろいろ」、「あれこれ」をお手伝いします。では、具体的な業務内容についてご説明します。まずはハウスクリーニングです。クリーニングの専門技術を持つスタッフが専用の機材や洗剤を利用して、普段の家事ではなかなか掃除しない部分を、プロの技術で徹底的に洗浄・クリーニングするサービスとなります。次は植物の管理です。仕事で忙しいお客様の代わりに、植物の種類に合わせて水をやったり、手入れをしたりします。それから我が社は食料品の買い物も代行しております。スーパーマーケットで夕食の材料を購入したり、ドラッグストアで日用品を買ったり、買い物は日常的に行う家事の一つです。ただ、仕事が忙しかったり、子育ての真っ最中だったりすると、なかなか思うように時間が取れないですよね。そんなお客様のために、日常の食材や生活用品だけではなく、趣味のものや限定販売のグッズなども代行で買って来られます。最後は介護や自宅での医療行為、ペットの散歩など、専門性が求められる業務です。ただし、ペットの世話については、ペットの種類や内容により異なります。

고객의 요구에 맞춘 생활 전반의 가사를 전문 스태프가 시간 단위로 도와 드립니다. 정기적인 이용부터 필요할 때 한 번만 이용하실 수 있는 플랜까지, 고객의 라이프 스타일에 맞춰 생활의 '여러 가지', '이것저것'을 도와 드립니다. 그럼, 구체적인 업무 내용에 대해서 설명드리겠습니다. 우선은 집안 청소입니다. 청소 전문 기술을 가진 스태프가 전용 기계나 세제를 이용해 평소 가사에서는 좀처럼 청소하지 않는 부분을 전문 기술로 철저하게 세정 · 청소하는 서비스입니다. 다음은 식물 관리입니다. 일 때문에 바쁜 고객님 대신에 식물 종류에 맞춰 물을 주거나 손질을 하거나 합니다. 그리고 저희 회사는 식료품 장보기도 대행하고 있습니다. 슈퍼마켓에서 저녁식사 재료를 구입하거나 드러그 스토어에서 일용품을 사거나 장보기는 일상적으로 하는 가사 중 하나입니다. 다만 일이 바쁘거나 한창 육아 중이거나 하면

좀처럼 생각처럼 시간을 낼 수 없죠. 그런 고객님들을 위해 일상의 식재료나 생활용품뿐만 아니라 취미용품이나 한정 판매 상품 등도 대행해서 사 올 수 있습니다. 마지막은 간병이나 자택에서의 의료 행위, 반려동물의 산책 등 전문성이 요구되는 업무입니다. 다만 반려동물 돌보기에 대해서는 반려동물의 종류나 내용에 따라 다릅니다.

女2 家事代行サービスと言われても本当にいろんなサービスがあるんだね。一度利用してみたいわ。
가사 대행 서비스라고 해도 정말 여러 서비스가 있네. 한 번 이용해 보고 싶어.

男 そうだなあ。僕も利用してみようか。で、君はどんなサービスが気に入ったの?
그러게. 나도 이용해 볼까? 그래서 너는 어떤 서비스가 마음에 들었어?

女2 さあ、こっちはいくら忙しくても掃除は毎日やってるから、要らないし、家に植物もないから、こっちもアウト! もし残業でもすれば、会社の帰りに開いている店がほとんどないから、私はこっちにするわ。
글쎄, 이쪽은 아무리 바빠도 청소는 매일 하고 있으니까 필요 없고, 집에 식물도 없으니까 이쪽도 아웃! 만약 야근이라도 하면 회사 퇴근길에 열려 있는 가게가 거의 없으니까, 나는 이쪽으로 할래.

男 そう? 君にぴったりのサービスだね。僕は…。ちょっと恥ずかしいけど、部屋の掃除はおふくろにやってもらっているから、要らないし、他のサービスも僕にはあまり要らないなあ。あっ! こっちのサービス、朝みんな出かけて寂しがっているうちのポチにぴったりかも。夜帰っても遅くて散歩もろくにできないし、昼の間世話してもらったらいいと思うなあ。僕はこっちにするよ。
그래? 너한테 딱 맞는 서비스네. 나는…. 조금 부끄럽지만 방 청소는 어머니가 해 주니까 필요 없고, 다른 서비스도 나한테는 별로 필요 없네. 앗! 이 서비스, 아침에 모두 나가서 쓸쓸해하는 우리 포치한테 딱일지도. 밤에 돌아와도 늦어서 산책도 제대로 할 수 없고, 낮 동안에 보살펴 주면 좋겠네. 난 이걸로 할래.

女2 うん、いいね。
응, 좋네.

質問1

女の人はどのサービスを利用しますか。
여자는 어느 서비스를 이용합니까?

1 ハウスクリーニング
집안 청소
2 植物の管理
식물 관리
3 食料品の買い物
식료품 장보기
4 専門性が求められる業務
전문성이 요구되는 업무

質問2

男の人はどのサービスを利用しますか。
남자는 어느 서비스를 이용합니까?

1 ハウスクリーニング
집안 청소
2 植物の管理
식물 관리
3 食料品の買い物
식료품 장보기
4 専門性が求められる業務
전문성이 요구되는 업무

어휘 家事(かじ) 가사, 집안일 代行(だいこう) 대행 サービス 서비스 お客様(きゃくさま) 손님, 고객 ニーズ 요구 合(あ)わせる 맞추다 生活(せいかつ) 생활 全般(ぜんぱん) 전반 プロ 프로, 전문가 スタッフ 스태프, 부원 単位(たんい) 단위 お+동사의 ます형+する ~하다, ~해 드리다 *겸양표현 手伝(てつだ)う 돕다 定期的(ていきてき)だ 정기적이다 利用(りよう) 이용 必要(ひつよう)だ 필요하다 ご+한자명사+いただく (남에게) ~해 받다, (남이) ~해 주시다 *겸양표현 プラン 플랜, 계획 ライフスタイル 라이프 스타일 いろいろ 여러 가지 あれこれ 이것저것 具体的(ぐたいてき)だ 구체적이다 業務(ぎょうむ) 업무 内容(ないよう) 내용 ご+한자명사+する ~하다, ~해 드리다 *겸양표현 説明(せつめい) 설명 まずは 우선은 ハウス 하우스, 집 クリーニング 클리닝, 청소 専門(せんもん) 전문 技術(ぎじゅつ) 기술 持(も)つ 가지다 専用(せんよう) 전용 機材(きざい) 기재, 기계 洗剤(せんざい) 세제 普段(ふだん) 평소 なかなか (부정어 수반) 좀처럼 掃除(そうじ) 청소 部分(ぶぶん) 부분 徹底的(てっていてき)だ 철저하다 洗浄(せんじょう) 세정 次(つぎ) 다음 植物(しょくぶつ) 식물 管理(かんり) 관리 仕事(しごと) 일 忙(いそが)しい 바쁘다 代(か)わりに 대신에 種類(しゅるい) 종류 水(みず) 물 やる ① (손아랫사람이나 동물·식물에) 주다 ② 하다 手入(てい)れ 손질 それから 그리고

我(わ)が社(しゃ) 저희 회사
食料品(しょくりょうひん) 식료품
買(か)い物(もの) 쇼핑, 장을 봄
～ておる ～하고 있다 *「～ている」의 겸양표현
スーパーマーケット 슈퍼마켓 夕食(ゆうしょく) 저녁식사
材料(ざいりょう) 재료 購入(こうにゅう) 구입
ドラッグストア 드러그 스토어, 간단한 약이나 일용품을 파는 가게
日用品(にちようひん) 일용품
日常的(にちじょうてき)だ 일상적이다
行(おこな)う 하다, 행하다, 실시하다 子育(こそだ)て 육아
真(ま)っ最中(さいちゅう) 한창 ～중
取(と)れる 취할 수 있다 食材(しょくざい) 식재료
生活用品(せいかつようひん) 생활용품
～だけではなく ～뿐만 아니라 趣味(しゅみ) 취미
限定(げんてい) 한정 販売(はんばい) 판매
グッズ 상품, 용품 最後(さいご) 최후, 마지막
介護(かいご) 간병 自宅(じたく) 자택 医療(いりょう) 의료
行為(こうい) 행위 ペット 펫, 애완동물, 반려동물

散歩(さんぽ) 산책 専門性(せんもんせい) 전문성
求(もと)める 요구하다, (요)청하다 ただし 다만
世話(せわ) 보살핌, 돌봄 ～により ～에 따라
異(こと)なる 다르다 一度(いちど) 한 번
気(き)に入(い)る 마음에 들다
さあ 글쎄 *확실한 대답을 회피할 때의 소리
いくら～ても 아무리 ～해도 要(い)る 필요하다
アウト 아웃 もし 만약 残業(ざんぎょう) 잔업, 야근
帰(かえ)り 돌아옴, 귀가 開(あ)く 열리다 店(みせ) 가게
ほとんど 거의, 대부분
ぴったり 꼭, 딱 *꼭 알맞은[들어맞는] 모양
恥(は)ずかしい 부끄럽다, 창피하다 部屋(へや) 방
おふくろ (속어) 어머니 *남성이 자기 어머니를 남에게 말할 때 씀
～てもらう (남에게) ～해 받다, (남이) ～해 주다
出(で)かける 나가다, 외출하다
寂(さび)しがる 쓸쓸해하다, 적적해하다
夜(よる) 밤 遅(おそ)い 늦다 ろくに (부정어 수반) 제대로
昼(ひる) 낮 間(あいだ) 동안

절대합격 JLPT N2 나홀로 30일 완성 解答用紙

N2 言語知識(文字・語彙・文法)・読解

受験番号 Examinee Registration Number	

名前 Name	

〈ちゅうい Notes〉

1. くろいえんぴつ (HB、No.2) でかいてください。
Use a black medium soft (HB or No.2) pencil.
(ペンやボールペンではかかないでください。)
(Do not use any kind of pen.)
2. かきなおすときは、けしゴムできれいにけしてください。
Erase any unintended marks completely.
3. きたなくしたり、おったりしないでください。
Do not soil or bend this sheet.
4. マークれい Marking Examples

よいれい Correct Example	わるいれい Incorrect Examples
●	⊘ ◯ ⊖ ⓪ ⊜ ◐ ◍

問題 1				
1	①	②	③	④
2	①	②	③	④
3	①	②	③	④
4	①	②	③	④
5	①	②	③	④
問題 2				
6	①	②	③	④
7	①	②	③	④
8	①	②	③	④
9	①	②	③	④
10	①	②	③	④
問題 3				
11	①	②	③	④
12	①	②	③	④
13	①	②	③	④
14	①	②	③	④
15	①	②	③	④
問題 4				
16	①	②	③	④
17	①	②	③	④
18	①	②	③	④
19	①	②	③	④
20	①	②	③	④
21	①	②	③	④
22	①	②	③	④

問題 5				
23	①	②	③	④
24	①	②	③	④
25	①	②	③	④
26	①	②	③	④
27	①	②	③	④
問題 6				
28	①	②	③	④
29	①	②	③	④
30	①	②	③	④
31	①	②	③	④
32	①	②	③	④
問題 7				
33	①	②	③	④
34	①	②	③	④
35	①	②	③	④
36	①	②	③	④
37	①	②	③	④
38	①	②	③	④
39	①	②	③	④
40	①	②	③	④
41	①	②	③	④
42	①	②	③	④
43	①	②	③	④
44	①	②	③	④

問題 8				
45	①	②	③	④
46	①	②	③	④
47	①	②	③	④
48	①	②	③	④
49	①	②	③	④
問題 9				
50	①	②	③	④
51	①	②	③	④
52	①	②	③	④
53	①	②	③	④
54	①	②	③	④
問題 10				
55	①	②	③	④
56	①	②	③	④
57	①	②	③	④
58	①	②	③	④
59	①	②	③	④

問題 11				
60	①	②	③	④
61	①	②	③	④
62	①	②	③	④
63	①	②	③	④
64	①	②	③	④
65	①	②	③	④
66	①	②	③	④
67	①	②	③	④
68	①	②	③	④
問題 12				
69	①	②	③	④
70	①	②	③	④
問題 13				
71	①	②	③	④
72	①	②	③	④
73	①	②	③	④
問題 14				
74	①	②	③	④
75	①	②	③	④

절대합격 JLPT N2 나홀로 30일 완성 解答用紙

N2 聴解

受験番号 Examinee Registration Number	

名前 Name	

〈ちゅうい Notes〉
1. くろいえんぴつ（HB、No.2）でかいてください。
Use a black medium soft (HB or No.2) pencil.
（ペンやボールペンではかかないでください。）
(Do not use any kind of pen.)
2. かきなおすときは、けしゴムできれいにけしてください。
Erase any unintended marks completely.
3. きたなくしたり、おったりしないでください。
Do not soil or bend this sheet.
4. マークれい Marking Examples

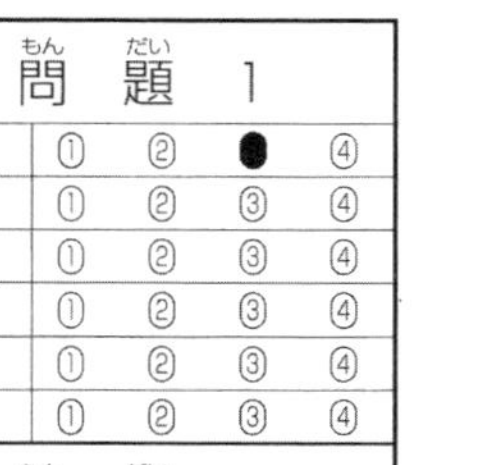

よいれい Correct Example	わるいれい Incorrect Examples
●	

問題 1				
例	①	②	●	④
1	①	②	③	④
2	①	②	③	④
3	①	②	③	④
4	①	②	③	④
5	①	②	③	④

問題 2				
例	●	②	③	④
1	①	②	③	④
2	①	②	③	④
3	①	②	③	④
4	①	②	③	④
5	①	②	③	④
6	①	②	③	④

問題 3				
例	①	●	③	④
1	①	②	③	④
2	①	②	③	④
3	①	②	③	④
4	①	②	③	④
5	①	②	③	④

問題 4			
例	●	②	③
1	①	②	③
2	①	②	③
3	①	②	③
4	①	②	③
5	①	②	③
6	①	②	③
7	①	②	③
8	①	②	③
9	①	②	③
10	①	②	③
11	①	②	③
12	①	②	③

問題 5					
1		①	②	③	④
2		①	②	③	④
3	(1)	①	②	③	④
	(2)	①	②	③	④